Barbara Meier, Ria Ruhland, Burkhard Schneider, Johannes Wolframm

Gemeinsam handeln

Politik an berufsbildenden Schulen

11. Auflage

W0210692

Bestellnummer 21476

Bildungsverlag EINS
westermann

Die in diesem Werk aufgeführten Internetadressen sind auf dem Stand zum Zeitpunkt der Drucklegung. Die ständige Aktualität der Adressen kann vonseiten des Verlages nicht gewährleistet werden. Darüber hinaus übernimmt der Verlag keine Verantwortung für die Inhalte dieser Seiten.

service@bv-1.de
www.bildungsverlag1.de

Bildungsverlag EINS GmbH
Ettore-Bugatti-Straße 6-14, 51149 Köln

ISBN 978-3-427-**21476**-2

westermann GRUPPE

© Copyright 2018: Bildungsverlag EINS GmbH, Köln
Das Werk und seine Teile sind urheberrechtlich geschützt. Jede Nutzung in anderen als den gesetzlich zugelassenen Fällen bedarf der vorherigen schriftlichen Einwilligung des Verlages.
Hinweis zu § 52a UrhG: Weder das Werk noch seine Teile dürfen ohne eine solche Einwilligung eingescannt und in ein Netzwerk eingestellt werden. Dies gilt auch für Intranets von Schulen und sonstigen Bildungseinrichtungen.

Inhaltsverzeichnis

Medien kritisch wahrnehmen und nutzen

Verantwortungsvoll wirtschaften

Vorwort

Gemeinsam handeln – die Demokratie mitgestalten

„Gemeinsam handeln“ ist ein Buch für die Fächer Politik/Wirtschafts- und Sozialkunde für den Unterricht an berufsbildenden Schulen. Mit der beruflichen Ausbildung bekommen diese Fächer eine besondere Bedeutung, denn es müssen z. B. viele arbeitsrechtliche Fragen geklärt werden.
Studien haben ergeben, dass bei den meisten Jugendlichen zu Hause oftmals kaum noch Gespräche über Politik stattfinden. Medien und Schule sind daher besonders gefragt, bei jungen Menschen Interesse für Politik zu wecken und zu entwickeln.
Hier kann das vorliegende Unterrichtswerk „Gemeinsam handeln“ entscheidende Hilfestellungen geben.
Es gibt genug Gründe, sich mit politischen, wirtschaftlichen, geschichtlichen und aktuellen gesellschaftlichen Themen auseinanderzusetzen. Mündige und sich als mündige Bürgerinnen und Bürger sollten lernen, sich in die Politik einzumischen, eigene Rechte zu erkennen und zu erstreiten. „Gemeinsam handeln“ will dazu einen Beitrag leisten. Autoren und Verlag haben ein Lehr- und Arbeitsbuch entwickelt, das dem Gedanken der Richtlinien entspricht, die Selbstständigkeit der Schülerinnen und Schüler zu fördern sowie die systematische Reflexion des Vorgehens zu üben.
Durch die in die einzelnen Kapitel eingefügten Methoden werden die Lernenden in die Lage versetzt, gegenwärtige und zukünftige politische Problemstellungen am Beispiel konkreter Fälle aus der Sicht unterschiedlicher gesellschaftlicher Interessen zu analysieren, Lösungsmöglichkeiten immer wieder neu gegeneinander abzuwägen und sich eine eigene begründete Meinung zu bilden.
Die angebotenen Lernmethoden tragen dazu bei, sich neue Zusammenhänge selbstständig effektiv anzueignen.
Das Buch enthält für die Vorbereitung auf die Abschlussprüfung notwendige Lerninhalte.
Die von der Kultusministerkonferenz für gewerblich-technische Ausbildungsberufe im Bereich „Wirtschafts- und Sozialkunde“ festgelegten Lerngebiete sind integriert.
Die Arbeit mit dem Buch wird durch eine klare Gliederung und ein ansprechendes Layout erleichtert. Für das Verständnis werden notwendige Fremdwörter und Fachausdrücke erklärt.
Autoren und Verlag hoffen, dass mithilfe dieses Buchs nicht nur Prüfungen bestanden werden, sondern darüber hinaus auch das Interesse an Politik und Wirtschaft geweckt wird.

Die Verfasser

Methodenübersicht

Methode	Kurzbeschreibung
Gruppenlesen, S. 10	Schüler und Schülerinnen übernehmen in Gruppen beim Gespräch über einen Text abwechselnd unterschiedliche Rollen: Sie sind Gruppenleiter/-innen oder lernende Gruppenmitglieder. Dabei geht es um einen gemeinsamen strukturierten und kooperativen Wissensaufbau.
Karikaturenrallye, S. 12	Zu verschiedenen Aspekten eines Themas werden Karikaturen in Gruppen besprochen und die Ergebnisse präsentiert.
Gruppenpuzzle, S. 26	Beim Gruppenpuzzle werden Schüler und Schülerinnen auf Gruppen verteilt. Jede dieser Gruppen (Expertengruppen) bearbeitet einen anderen Teil eines Gesamtthemas. Dann werden die Gruppen aufgelöst und neue Gruppen (Stammgruppen) gebildet. In der neuen Gruppe informiert jedes Gruppenmitglied die anderen darüber, was es vorher in der Expertengruppe gelernt hat.
Collage, S. 50	Die Collage ist eine Technik, bei der durch Aufkleben verschiedener Elemente ein Thema bearbeitet und dargestellt wird.
Planspiel, S. 60	Planspiele dienen dazu, konfliktreiche Situationen mit vielen Akteuren zu simulieren.
Rollenspiel, S. 102	Beim Rollenspiel lernen Spieler, die Rollen erdachter Personen zu übernehmen und dementsprechend zu handeln.
ABC-Methode, S. 107	Durch die Vorgabe eines leeren ABC-Blatts werden die Teilnehmer/-innen angeregt, ihre Assoziationen/Haltungen zu bestimmten Themen auszudrücken. Geeignet für den Einstieg in einen Themenbereich, Wiederholungen und Prüfungsvorbereitung.
Internetrecherche, S. 121	Die Internetrecherche ermöglicht es, im Internet Informationen aus zuverlässigen Quellen zu finden.
Diagramme auswerten, S. 122	Bild- und Textinformationen werden ausgewertet.
Mindmap, S. 137	Eine Mindmap ist eine grafische Darstellung, die Beziehungen zwischen verschiedenen Sachverhalten/Themen aufzeigt.
Präsentieren, S. 164	Durch eine Präsentation können viele Zuhörer/-innen an den Ergebnissen einer Arbeit teilhaben! Hier werden einige Tipps dazu gegeben.
Spinnwebanalyse, S. 194	Die Spinnwebanalyse ist eine Methode, um Ursachen nachzugehen, Zusammenhänge darzustellen oder Folgen aufzuzeigen.
Textanalyse, S. 206	Texte werden erfasst und analysiert.
Textbearbeitung, S. 207	Texte werden nach einem vorgegebenen Schema bearbeitet.
Spickzettel, S. 207	Durch eine begrenzte Anzahl von Schlüsselwörtern und Symbolen auf einem kleinen Zettel wird ein Vortrag vorbereitet.
WebQuests, S. 218	Um effizient Ergebnisse bei der Recherche im Internet zu erzielen, bedarf es einer guten Suchstrategie.
Debatte, S. 219	Die Debatte ist eine wesentliche Form zur Klärung politischer Standpunkte, die von Parteien in einem Parlament vertreten werden. Eine Bundestagsdebatte kann im Unterricht simuliert werden.
Analyse politischer Karikaturen, S. 246	Karikaturen werden im Unterricht eingesetzt, um politische, wirtschaftliche oder gesellschaftliche Probleme zu analysieren.
Szenario, S. 264	Das Ziel der Entwicklung von Zukunftsszenarien ist es, alternative Möglichkeiten vorauszudenken, um so zu besseren Entscheidungen zu gelangen.

Methode:

Gruppenlesen

Gruppenlesen = schwere Texte gemeinsam erarbeiten

Arbeitsvorschlag

Starten Sie einen Versuch mit der Methode „Gruppenlesen".

1. Runde

Bilden Sie Vierergruppen! Nummerieren Sie die Mitglieder von eins bis vier. Wählen Sie einen Gruppensprecher.

- Alle Gruppenmitglieder lesen den ersten Textabschnitt zwei- bis dreimal leise.
- Der Gruppensprecher liest den Textabschnitt der Gruppe vor.
- Der Gruppensprecher stellt Fragen, die aus dem Text heraus beantwortet werden können.
- Im Uhrzeigersinn: Das nächste Gruppenmitglied formuliert eine Zusammenfassung des Textabschnitts.
- Im Uhrzeigersinn: Das nächste Gruppenmitglied fragt nach unverstandenen Wörtern/Sätzen (anschließend dürfen auch die anderen Gruppenmitglieder nach nicht verstandenen Wörtern und Sätzen fragen).
- Im Uhrzeigersinn: Das nächste Gruppenmitglied erklärt, wie es den Text weiterführen würde.

1. Fragen zum Text stellen
2. Zusammenfassung des Textabschnitts
3. Fragen nach unklaren Textstellen
4. Vorhersage zum weiteren Textverlauf wagen

2. Runde

- Im Uhrzeigersinn: Wahl des neuen Gruppensprechers
- Lesen des nächsten Textabschnitts

(Ablauf wie oben beschrieben)

Neue Macht des Volkes

Weltweit zählt man heute etwa zehn Millionen „Nicht-Regierungs-Organisationen" (NGOs). Das können lokale Initiativen für eine Umgehungsstraße sein, lose Protestnetzwerke, aber auch internationale Organisationen wie Greenpeace, Amnesty International oder das Rote Kreuz. Die globale Zivilgesellschaft ist mehr als nur „öko"- oder „friedensbewegt" und weit mehr als die Summe ihrer Teile. Sie gestaltet Sozialpolitik, verhindert Kriege, verwirklicht Menschenrechte, baut Städte nachhaltig um oder leistet den Umbau zu einer grünen Landwirtschaft. Dabei erreicht sie oft mehr als gewählte Regierungen. Oder stößt diese sogar vom Thron.

Das Herz der Revolution ist die Revolution des Herzens

Weltweit werden Menschen aktiv, weil sie nicht mehr darauf vertrauen, dass ihre Regierungen das Richtige tun, haben als „Davids" Erstaunliches gegen die „Goliaths" dieser Welt bewirkt: Gewaltlos Diktaturen gestürzt, erfolgreich gegen Atomwaffen gekämpft, Kriege verhindert oder Frieden wiederhergestellt und ganze Regionen aufgeforstet. Die Pioniere dieser globalen Zivilgesellschaft erkennen immer öfter, dass sie für die Erschaffung einer wirklich „anderen Welt" auch tiefe spirituelle und religiöse Werte brauchen – eine Alternative zum nackten Materialismus. Spiritualität und aktives Mitgefühl sind die Werkzeuge, um die Welt zu verändern.

Nichtregierungsorganisationen starten Transparenzkampagne

Egal ob Luxuskonzern oder Discounter, immer wieder sind Unternehmen für die Verletzung von Arbeitnehmerrechten und Umweltschäden entlang ihrer Lieferkette verantwortlich. Während sie in ihren Hochglanzbroschüren soziale und ökologische Werte beschwören, setzen sie ihre Lieferanten zunehmend unter Preis- und Termindruck. Neben der Offenlegung von zentralen Informationen zur Unternehmenspraxis in Bezug auf Arbeitnehmerrechte, Korruption, Lobbyaktivitäten sowie Umwelt- und Klimaschutz sollen Unternehmen auch ihre Lieferanten und Produktionsstandorte veröffentlichen.

Ranking Europas Klimasünder

Eine britische Umweltorganisation hat erstmals ein Treibhausgas-Ranking der 300 größten Firmen Europas aufgestellt. Nur ein deutsches Unternehmen kam unter die ersten zehn Plätze. In einem 42-seitigen Bericht werden 300 Unternehmen nach ihrem $C0_2$-Aufkommen gelistet. Laut Aussage der Environmental Investment Organisation (EIO) ist die Rangliste aus verschiedenen Gründen zwar inkonsistent, z. B. geben viele Firmen ihre erfassten Daten nicht weiter oder verwenden ältere Daten, dennoch sei das Ranking sinnvoll. Da dieses Verhalten der Unternehmen als ein Negativ-Kriterium für eine notwendige Transparenz zählt, leiden diese in Zukunft aus Sicht von CSR und Konsumentenvertrauen unter Imageverlust.

Wohlstand ohne Wachstum

Brauchen wir wirklich Wachstum, um Wohlstand zu erfahren? Der britische Wirtschaftswissenschaftler Tim Jackson, Professor für Nachhaltige Entwicklung an der Universität Surrey, plädiert in seinem gerade auf Deutsch erschienenen Buch für einen neuen Wohlstandsbegriff, der weniger auf materiellem Wohlstand beruht, sondern eher darauf, ein sinnerfülltes Leben zu führen – und zwar nicht zu Lasten der Umwelt. [...]. Die Politik müsse die strukturellen Wachstumszwänge aufbrechen, fordert Jackson. Genau dies haben ja NGOs und Akteure aus der Nachhaltigkeits-Szene zuerst an die Politik und Gesellschaft herangetragen, sie verfolgen ja bereits sehr lang aktive Öffentlichkeitsarbeit und Transparenz.

von Lüpke, Geseko: Die neue Macht des Volkes. In: Natur und Kosmos 05/2011, S. 20–27 (Auszug)

Arbeitsvorschlag

Notieren Sie auf Karten je zwei Vor- und Nachteile der Methode „Gruppenlesen" und präsentieren Sie Ihre Karten im Plenum.

Eigene Lebenskonzepte entwickeln und andere respektieren

Methode:

Karikaturenrallye

Die Geschichte vom Hasen und vom Igel (moderne Version)

Arbeitsvorschläge

1. *Karikaturenrallye – So geht es in drei Schritten!*
Schritt 1
Stationengespräch:
Zufallsgruppen werden entsprechend der Anzahl der Karikaturen gebildet (zur Bearbeitung dieser Buchseite vier Gruppen). Die Teilnehmer/-innen arbeiten pro Karikatur ca. fünf Minuten zu folgenden Fragestellungen:
a) Welches Problem wird dargestellt?
b) Wie äußert sich dieses Problem?
c) Welche Lösungen bieten sich für dieses Problem an?
Schritt 2
Spezialisierung auf eine Karikatur:
Jede Gruppe bearbeitet eine per Los ermittelte Karikatur ausführlich unter den bekannten Fragestellungen a), b) und c).
Die Arbeitsergebnisse werden auf Karten festgehalten.
Schritt 3
Präsentation des Spezialgebiets:
Die Gruppen stellen nacheinander ihre Ergebnisse vor.

2. *Ordnen Sie die Karikaturen dem Lernfeld „Eigene Lebenskonzepte entwickeln und andere respektieren" zu. Nehmen Sie dabei das Inhaltsverzeichnis dieses Buches zu Hilfe.*

1 Schulische Ausbildung – betriebliche Ausbildung

1.1 Der Wert der Berufsausbildung

M 1

Unser Rohstoff heißt Bildung.

M 2

Thesen zur Arbeit

- Ohne Arbeit wäre das Leben schön!
- Meine Arbeit – mein Beruf!
- Eigenarbeit ist prima, arbeiten für andere ist blöd!
- Ohne Arbeit kein Geld!
- Leben, um zu arbeiten!
- Arbeiten, um zu leben!
- Freizeit ja – Arbeit? Nein danke!
- Mir ist egal, was ich arbeite!
- Arbeiten = jobben!

Das wichtigste Kapital der Bundesrepublik Deutschland ist unsichtbar, denn es steckt in den Köpfen der Menschen. Bildung und Ausbildung, technisches und wissenschaftliches Können sowie die produktive Zusammenarbeit von Menschen garantieren der Bundesrepublik Deutschland Wohlstand, und das trotz mangelnder Rohstoffe. Die rund 43 Millionen Erwerbstätigen sorgen dafür, dass

- die Volkswirtschaft in ihren verschiedenen Bereichen funktioniert,
- der Staat zu Steuereinnahmen kommt, die er für seine Aufgaben benötigt,
- alle Einwohner, auch die Erwerbslosen und Nichterwerbspersonen, einen gewissen Lebensstandard halten können.

M 4

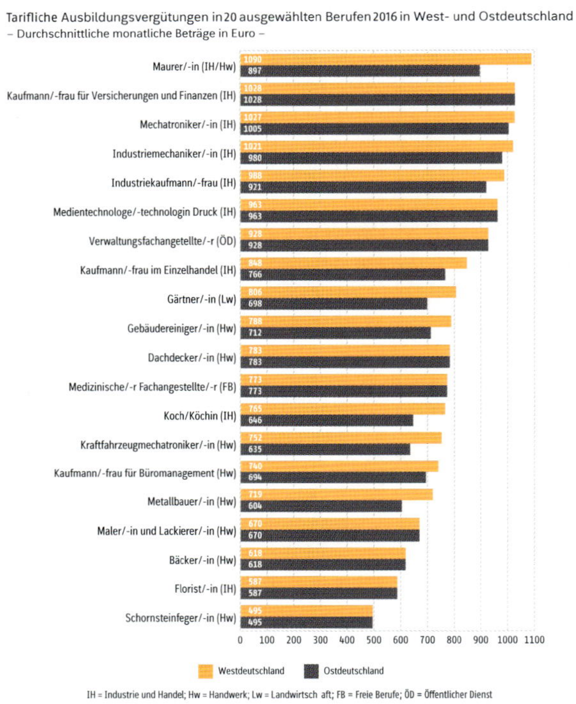

Berechnungen des Bundesinstituts für Berufsbildung

Um dieses Kapital zu erhalten, stellt sich allen an der Ausbildung Beteiligten die Aufgabe, die Ausbildung den tiefgreifenden Veränderungen in Handel, Industrie, Handwerk, Landwirtschaft, Schule und Staat schnell genug anzupassen. Schon heute arbeitet jeder zweite Arbeitnehmer in einem anderen als dem erlernten Beruf. Die **Flexibilität** der Arbeitskräfte wird zu einem entscheidenden Faktor der nächsten Jahre.

Unter beruflicher Flexibilität versteht man die Fähigkeit, sich wandelnden Anforderungen in Arbeitswelt und Gesellschaft erfolgreich anzupassen.

M 3

Aus einer Umfrage: Überlegungen zur Berufswahl

- Der Beruf muss Spaß machen.
- Das Geld muss stimmen.
- Arbeitsbedingungen und Arbeitszeiten müssen passen.
- Der Beruf muss Zukunft haben.

§

M 5 **Artikel 12 Absatz 1 Grundgesetz [Freiheit der Berufswahl]**

(1) Alle Deutschen haben das Recht, Beruf, Arbeitsplatz und Ausbildungsstätte frei zu wählen. Die Berufsausübung kann durch Gesetz geregelt werden.

Unser Grundgesetz verbürgt sich für das Recht aller Deutschen, den Beruf frei zu wählen. Das ist so zu verstehen, dass es jedem Bürger der Bundesrepublik Deutschland freisteht, entsprechend seinen Fähigkeiten aus dem vorhandenen Arbeitsplatz- und Ausbildungsangebot den Beruf zu wählen, der ihm gefällt. Ein Anspruch auf einen bestimmten Beruf oder Arbeitsplatz kann aus dem Grundgesetz nicht abgeleitet werden.

Arbeitsvorschläge

1. *Stimmt Ihrer Meinung nach die in M 1 gemachte Aussage? Begründen Sie Ihre Meinung.*
2. *Sortieren Sie die Thesen aus M 2 nach Wichtigkeit. Vergleichen Sie Ihre Ergebnisse mit denen eines Partners/einer Partnerin.*
3. *Berichten Sie über Ihre wichtigsten Überlegungen zur Berufswahl. (M 3)*
4. *Erläutern Sie M 4.*
5. *Sammeln Sie Vor- und Nachteile für ein Recht auf eine Berufsausbildung. (M 5)*

1.2 Moderne Berufsausbildung

M 1 Die zunehmende Globalisierung, die rasante Entwicklung der modernen Informations- und Kommunikationstechnologien und der gesellschaftliche und wirtschaftliche Wandel von der Industriegesellschaft zur Wissens- und Informationsgesellschaft führen zu immer neuen Anforderungen an die Fachkräfte. Berufliche Bildung gewinnt im Zuge dieser Entwicklung immer mehr an Bedeutung und wird zum Schlüssel für die erfolgreiche Durchsetzung individueller Karrierewünsche. Deutschland verfügt heute noch über eines der besten Berufsbildungssysteme. Durch die Kombination von Theorie und Praxis bietet die deutsche Berufsbildung gute Voraussetzungen, um junge Menschen für die beruflichen Herausforderungen der Zukunft fit zu machen.

M 2 **Ab wann ist man reif für eine Ausbildung?**

Kriterium	Merkmale	Beispiele
Schulische Kenntnisse	(Recht-)Schreiben	Er/sie kann sich verständlich in Deutsch ausdrücken.
	Lesen – mit Texten/Medien umgehen	
	Sprechen und Zuhören	Der Wortschatz reicht zur Bewältigung von Alltagssituationen.
	Mathematische Grundkenntnisse	
Psychologische Leistungsmerkmale	Logisches Denken	Einfache Aufgaben können zügig bearbeitet werden.
	Rechnerisches Denken	
	Merkfähigkeit	
	Räumliches Vorstellungsvermögen	Räumliche Geometrieaufgaben können gelöst werden.
	Bearbeitungsgeschwindigkeit	
Arbeits- und Sozialverhalten	Teamfähigkeit	Kritik kann sachlich begründet werden.
	Kritikfähigkeit	
	Zuverlässigkeit	
	Leistungsbereitschaft	
Physische Merkmale	Altersgerechter Entwicklungsstand	Der Entwicklungsstand ist mindestens normal.
	Gesundheitliche Voraussetzungen	Die Gesundheit lässt einen 8-Std.-Tag zu.
Berufswahlreife	Selbsteinschätzungskompetenz	Realistische Einschätzung der eigenen Bedürfnisse, Fähigkeiten und Fertigkeiten
	Informationskompetenz	Informationen über Berufe können zielgerecht recherchiert werden.

Bundesagentur für Arbeit: Kriterienkatalog zur Ausbildungsreife, Nürnberg 2009, S. 20 ff. (Auszug)

M 3

Schlüsselqualifikationen

Handlungskompetenz eines Menschen

Fachkompetenz

Wissen

Fertigkeiten
Fähigkeit und Bereitschaft, Aufgaben- und Problemstellungen eigenständig, fachlich angemessen, methodengeleitet zu bearbeiten und das Ergebnis zu beurteilen

Personale Kompetenz

Sozialkompetenz
Selbstständigkeit

Fähigkeit und Bereitschaft, sich weiterzuentwickeln und das eigene Leben eigenständig und verantwortlich im jeweiligen sozialen, kulturellen bzw. beruflichen Kontext zu gestalten

Methodenkompetenz

Fähigkeit zur erfolgreichen Anwendung von Arbeitstechniken, Verfahrensweisen und Lernstrategien

Arbeitsvorschläge

1. *a) Begründen Sie mithilfe von M 1 warum eine moderne Berufsausbildung für Deutschland unverzichtbar ist.*
   b) Suchen Sie weitere Argumente und ordnen Sie diese nach ihrer Wichtigkeit.
2. *Bewerten Sie Ihre eigene Ausbildungsreife (M 2)*
3. *Erklären Sie den Begriff „Schlüsselqualifikationen“. (M 3)*

1.3 Wege der Berufsausbildung

Berufsbildungsgesetz (BBiG)

Das Berufsbildungsgesetz (BBiG) regelt in Deutschland die Berufsausbildung, im Handwerk gilt darüber hinaus auch die Handwerksordnung. Als Grundlage für eine geordnete und einheitliche Berufsausbildung gelten die staatlich anerkannten Ausbildungsberufe und die hierzu erlassenen Ausbildungsordnungen. Wie und von wem die Auszubildenden ihre Ausbildung erhalten, entscheidet mit über ihre künftige Qualifikation. Die Ausbildung führt zu einem staatlich anerkannten Berufsabschluss. Vor Beginn der Ausbildung muss ein schriftlicher Ausbildungsvertrag geschlossen werden. Auszubildende sind beim Ausbildungsbetrieb für die Zeit der Ausbildung beschäftigt. Sie erhalten eine Ausbildungsvergütung und sind sozialversichert.

M 1 **§ 1 BBiG Ziele und Begriffe der Berufsbildung**

(1) Berufsbildung im Sinne dieses Gesetzes sind die Berufsausbildungsvorbereitung, die Berufsausbildung, die berufliche Fortbildung und die berufliche Umschulung.
(2) Die Berufsausbildungsvorbereitung dient dem Ziel, durch die Vermittlung von Grundlagen für den Erwerb beruflicher Handlungsfähigkeit an eine Berufsausbildung in einem anerkannten Ausbildungsberuf heranzuführen.
(3) Die Berufsausbildung hat die für die Ausübung einer qualifizierten beruflichen Tätigkeit in einer sich wandelnden Arbeitswelt notwendigen beruflichen Fertigkeiten, Kenntnisse und Fähigkeiten (berufliche Handlungsfähigkeit) in einem geordneten Ausbildungsgang zu vermitteln. Sie hat ferner den Erwerb der erforderlichen Berufserfahrungen zu ermöglichen.
(4) Die berufliche Fortbildung soll es ermöglichen, die berufliche Handlungsfähigkeit zu erhalten und anzupassen oder zu erweitern und beruflich aufzusteigen.
(5) Die berufliche Umschulung soll zu einer anderen beruflichen Tätigkeit befähigen.

Bundesgesetzblatt Jahrgang 2005, Teil I Nr. 20, ausgegeben zu Bonn am 31. März 2005, S. 932

M 2

Ausbildung in der Wirtschaft, durchgeführt in Betrieb und Berufsschule (anerkannte Ausbildungsberufe = duales System)	**Ausbildung im öffentlichen Dienst** (Beamtenausbildung)	**Berufsausbildung in der Schule** (Berufe mit geregelten Ausbildungsgängen)
Dazu zählen: • Industriebetriebe • Betriebe des Groß- und Einzelhandels • Banken • Versicherungen • Hotel- und Gaststättengewerbe • Betriebe des Handwerks • freie Berufe, z. B. – Ärzte/Apotheker – Rechtsanwälte/Notare • Dienststellen und Betriebe des öffentlichen Dienstes* • Betriebe der Land- und Hauswirtschaft • Seeschifffahrt	Dazu zählen: • Polizei/Bundespolizei • Verwaltungsfachangestellte/-r • Sozialversicherungsfachangestellte/-r • Bundeswehr • Justizfachangestellte-/r • BND • Verfassungsschutz • Bundesagentur für Arbeit • Feuerwehr • Zoll u. a.	Zum Beispiel: • im naturwissenschaftlich-technischen Bereich: – biologisch-technischer Assistent – medizinisch-technische Radiologie-Assistentin • im Gesundheits- und Pflegebereich: – Masseur/-in – Krankenpfleger/-schwester – Logopäde/Logopädin • im sozialen Bereich: – Erzieher/-in u. a.

**) Ausbildung in anerkannten Ausbildungsberufen – nicht zu verwechseln mit der Beamtenausbildung*

Arbeitsvorschläge

1. *Erklären Sie einem Partner/einer Partnerin die Begriffe „Berufsausbildungsvorbereitung", „Berufsausbildung", „berufliche Fortbildung" und „berufliche Umschulung". (M 1)*
2. *Stellen Sie Vor- und Nachteile der drei Wege der Berufsausbildung zusammen. (M 2)*

1.4 Duale Ausbildung in Schule und Betrieb

M 1

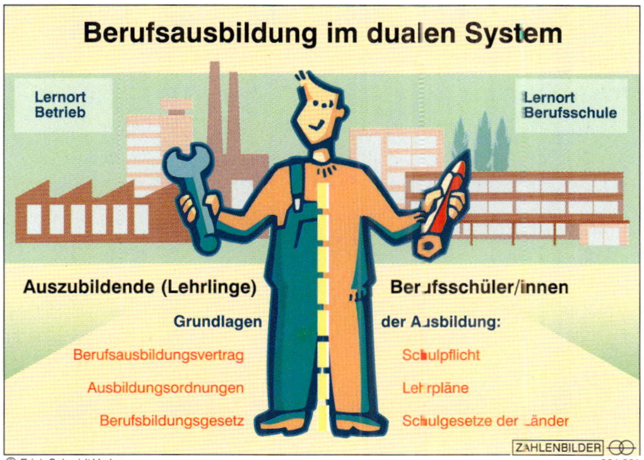

© Erich Schmidt Verlag 264 201

M 2

Mit **dualer Ausbildung** bezeichnet man das **duale Berufsausbildungssystem**. Hierunter versteht man die parallele Ausbildung in Betrieb und Berufsschule. Voraussetzung für eine Berufsausbildung im dualen System ist ein Berufsausbildungsvertrag. Am Ende der Ausbildung steht eine Abschlussprüfung. Die Prüfungen werden organisiert von den zuständigen Stellen, in der gewerblichen Wirtschaft z. B. von den Handwerkskammern und den Industrie- und Handelskammern (IHKs). Abgenommen werden sie von den durch die Kammern eingesetzten („berufenen") Prüfungsausschüssen.
In neu geordneten Berufen ist eine gestreckte Prüfung vorgesehen. Die Zwischenprüfung wird benotet und bildet Teil 1 der gesamten Prüfung. So steht nicht die ganze Prüfung am Ende der Ausbildung.

M 3 **Vorteile des dualen Systems:**
- qualitativ hochwertige, bundesweit einheitliche berufliche Qualifizierung (Mindeststandards)
- duale Ausbildung sichert die Mobilität von Fachkräften
- Verankerung in der betrieblichen Praxis
- Absolventen finden in der Regel gut in eine Beschäftigung – weit besser als nur mit einer schulischen Ausbildung

Für Unternehmen:
- bedarfsgerechte Berufe für jeden Bereich
- produktive Leistungen der Auszubildenden
- Sicherung des Fachkräftebedarfs

Für Auszubildende:
- praxisnahe Ausbildung
- Erlangen fachlicher und sozialer Kompetenzen im Betrieb
- Motivation durch Lernen und Geldverdienen

Für den Staat:
- Entlastung der öffentlichen Haushalte
- relativ niedrige Jugendarbeitslosigkeit

Arbeitsvorschläge

1. *Beschreiben Sie das duale System der Berufsausbildung. (M 1)*

2. *Sammeln Sie in einer Tabelle Vor- und Nachteile der dualen Berufsausbildung. (M 3)*

3. *Bearbeiten Sie die Karikatur M 2 mit der Methode „Analyse politischer Karikaturen". (s. S. 246)*

1.5 Gesetzliche Grundlagen der Berufsausbildung

Das Berufsbildungsgesetz

Bestimmungen aus dem Berufsbildungsgesetz zum Ausbildungsvertrag

M 1 **§ 10 BBiG Vertrag**

(1) Wer andere Personen zur Berufsausbildung einstellt (Ausbildende), hat mit den Auszubildenden einen Berufsausbildungsvertrag zu schließen.
(2) Auf den Berufsausbildungsvertrag sind, soweit sich aus seinem Wesen und Zweck und aus diesem Gesetz nichts anderes ergibt, die für den Arbeitsvertrag geltenden Rechtsvorschriften und Rechtsgrundsätze anzuwenden.

M 2

Ausbildender ← Ausbildungsvertrag (schriftlich, unverzüglich vor Beginn der Ausbildung) → **Auszubildende/-r**

↓

Inhalt

- Art, sachliche und zeitliche Gliederung, Ziel der Berufsausbildung
- Beginn und Dauer der Ausbildung
- Ausbildungsmaßnahmen außerhalb der Ausbildungsstätte
- Dauer der regelmäßigen täglichen Ausbildungszeit
- Dauer der Probezeit (mindestens ein Monat, höchstens vier Monate)
- Zahlung und Höhe der Vergütung
- Dauer des Urlaubs
- Voraussetzungen für die Kündigung des Ausbildungsvertrags
- allgemeine Hinweise auf Tarifverträge, Betriebs- oder Dienstvereinbarungen

2005 beschließt der Deutsche Bundestag eine Reform des Berufsbildungsgesetzes. Das reformierte Gesetz berücksichtigt den Wandel in der Berufs- und Arbeitswelt und passt sich an neue Bedürfnisse an. Ziel der Reform ist, die Ausbildungschancen sowie eine hohe Qualität der beruflichen Ausbildung für alle jungen Menschen zu sichern und zu verbessern.

M 3 **§ 12 BBiG Nichtige Vereinbarungen**

(1) Eine Vereinbarung, die Auszubildende für die Zeit nach Beendigung des Berufsausbildungsverhältnisses in der Ausübung ihrer beruflichen Tätigkeit beschränkt, ist nichtig. Dies gilt nicht, wenn sich Auszubildende innerhalb der letzten sechs Monate des Berufsausbildungsverhältnisses dazu verpflichten, nach dessen Beendigung mit den Ausbildenden ein Arbeitsverhältnis einzugehen.
(2) Nichtig ist eine Vereinbarung über
1. die Verpflichtung Auszubildender, für die Berufsausbildung eine Entschädigung zu zahlen,
2. Vertragsstrafen,
3. den Ausschluss oder die Beschränkung von Schadensersatzansprüchen,
4. die Festsetzung der Höhe eines Schadensersatzes in Pauschbeträgen.

Arbeitsvorschläge

1. *Nennen Sie Gründe dafür, einen Ausbildungsvertrag schriftlich abzuschließen. (M 1)*
2. *Listen Sie die Inhalte eines Ausbildungsvertrags nach ihrer Wichtigkeit. (M 2)*
3. *Begründen Sie die Notwendigkeit des § 12 BBiG über nichtige Vereinbarungen. (M 3)*

Pflichten der Vertragspartner §§ 13, 14 BBiG

Wie bei jedem Vertrag ergeben sich auch beim Ausbildungsvertrag für beide Partner Rechte und Pflichten.

M 1

Pflichten von Ausbildenden	Pflichten von Auszubildenden
- erforderliche Kenntnisse und Fertigkeiten vermitteln	- übertragene Aufgaben sorgfältig ausführen
- selbst ausbilden oder einen Ausbilder beauftragen	- an Ausbildungsmaßnahmen, für die sie freigestellt sind, teilnehmen (z. B. Berufsschulbesuch)
- Ausbildungsmittel kostenlos zur Verfügung stellen	- den Weisungen von Ausbildendem und Ausbilder folgen, die im Rahmen der Berufsausbildung erteilt werden
- zum Berufsschulbesuch anhalten und freistellen	- die geltende Ordnung beachten
- charakterlich fördern, sittlich und körperlich nicht gefährden	- Werkzeug, Maschinen und Einrichtungen pfleglich behandeln
- nur Aufgaben übertragen, die dem Ausbildungszweck dienen	- über Betriebs- und Geschäftsgeheimnisse Stillschweigen bewahren
- bei Beendigung der Ausbildung ein Zeugnis ausstellen	

§ 16 BBiG

Zeugnis

(1) Ausbildende haben den Auszubildenden bei Beendigung des Berufsausbildungsverhältnisses ein schriftliches Zeugnis auszustellen. Die elektronische Form ist ausgeschlossen. Haben Ausbildende die Berufsausbildung nicht selbst durchgeführt, so soll auch der Ausbilder oder die Ausbilderin das Zeugnis unterschreiben.
(2) Das Zeugnis muss Angaben enthalten über Art, Dauer und Ziel der Berufsausbildung sowie über die erworbenen beruflichen Fertigkeiten, Kenntnisse und Fähigkeiten der Auszubildenden. Auf Verlangen Auszubildender sind auch Angaben über Verhalten und Leistung aufzunehmen.

M 2

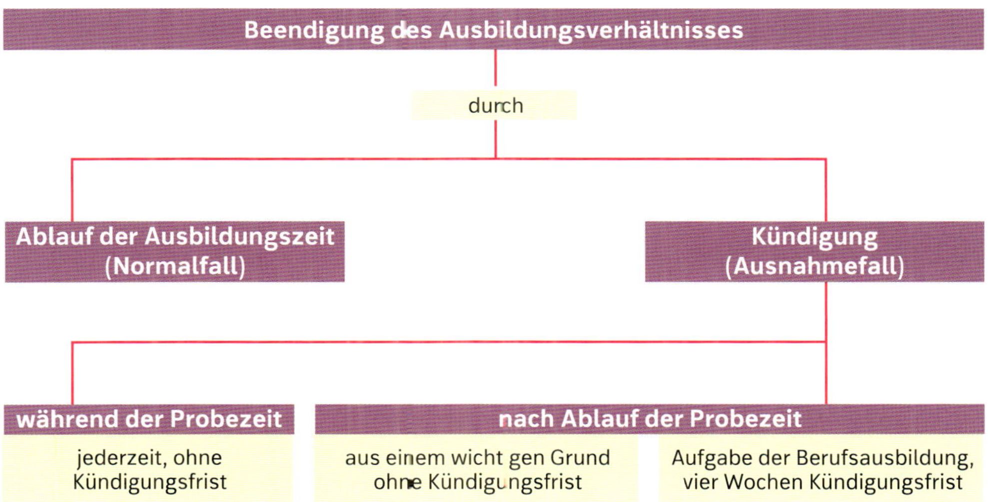

M 3

Bestehen Auszubildende vor Ablauf der Ausbildungszeit die Abschlussprüfung, so endet das Berufsausbildungsverhältnis mit Bekanntgabe des Ergebnisses durch den Prüfungsausschuss.
Bestehen Auszubildende die Abschlussprüfung nicht, so verlängert sich das Berufsausbildungsverhältnis auf ihr Verlangen bis zur nächstmöglichen Wiederholungsprüfung, höchstens um ein Jahr.

Arbeitsvorschläge

1. *Sortieren Sie die Pflichten von Ausbildenden und Auszubildenden nach Wichtigkeit. Begründen Sie Ihre Meinung. (M 1)*
2. *Bearbeiten Sie alle Möglichkeiten der Beendigung eines Ausbildungsvertrags. (M 2, M 3) Stellen Sie eine Möglichkeit im Rollenspiel dar (s. S. 102).*

1.6 Das Jugendarbeitsschutzgesetz

M 1 Ein wirksamer Schutz für Kinder und Jugendliche bei der Arbeit ist besonders wichtig. Deshalb gilt in der Bundesrepublik Deutschland das Gesetz zum Schutze der arbeitenden Jugend (Jugendarbeitsschutzgesetz – JArbSchG).

Das Jugendarbeitsschutzgesetz verpflichtet die Arbeitgeber, Beschäftigte unter 18 Jahren entsprechend ihrem Entwicklungsstand vor Überforderungen und Gefahren am Arbeitsplatz zu schützen.

Trotz aller Bemühungen, die Ausbildungsqualität zu verbessern, kommt es immer wieder vor, dass Ausbildungsbetriebe und Berufsschulen die übernommenen Ausbildungsaufgaben gar nicht oder nur zu einem Teil erfüllen.

M 2

Fragen während der Ausbildung zum Jugendarbeitsschutz

Wen schützt das Gesetz?
Was ist ein Gesundheitscheck?
Wie lang ist die Arbeitszeit?
Welche Pausen gibt es?
Wie viel Freizeit muss sein?
Wann herrscht Nachtruhe?
Wie steht es mit Wochenendarbeit?
Muss man zur Berufsschule gehen?
Wie viel Urlaub gibt es?
Wer überwacht das Gesetz?
Mit welchen Arbeiten dürfen Jugendliche nicht beschäftigt werden?

M 3 Ausbildungsreport 2016: Die wichtigsten Ergebnisse im Überblick:

- 71,7 % der Auszubildenden sind mit ihrer Ausbildung zufrieden.
- 33,6 % der Auszubildenden haben keinen betrieblichen Ausbildungsplan.
- 10,6 % der Auszubildenden müssen „häufig" oder „immer" ausbildungsfremde Tätigkeiten ausüben.
- 10,1 % der Auszubildenden steht ihr/-e Ausbilder/-in „selten" oder „nie" am Ausbildungsplatz zur Verfügung.
- 13,4 % der Auszubildenden werden „selten" oder „nie" von ihrem/ihrer Ausbilder/-in betreut.
- 34,8 % der Auszubildenden müssen regelmäßig Überstunden machen.
- 4,3 Stunden arbeiten die Auszubildenden, die regelmäßig Überstunden machen müssen, durchschnittlich pro Woche mehr.
- 14,4 % der Auszubildenden bekommen für ihre Überstunden weder einen Freizeitausgleich noch eine Bezahlung.
- 11,2 % der Auszubildenden unter 18 Jahren müssen in der Woche mehr als 40 Stunden arbeiten.
- 717,00 € ist die durchschnittliche Ausbildungsvergütung über alle Ausbildungsjahre, Berufe und das Geschlecht hinweg.
- 56,7 % der Auszubildenden finden die fachliche Qualität des Berufsschulunterrichts „sehr gut" oder „gut".
- 44,4 % der Auszubildenden im letzten Ausbildungsjahr wissen noch nicht, ob sie im Anschluss an ihre Ausbildung übernommen werden.
- 26,1 % der Auszubildenden haben „immer" oder „häufig" Probleme, sich nach der Ausbildung in der Freizeit zu erholen.

DGB-Bundesvorstand: Ausbildungsreport 2016, Berlin, S. 29 f.

M 4 Was tun bei Problemen in der Ausbildung?

	innerbetrieblich	außerbetrieblich
Auskunft oder Beschwerde	Ausbildender, Ausbilder, Betriebsrat, Jugend- und Auszubildendenvertretung	zuständige Stelle (= Kammer, Innung), Ausbildungsberater (bei der Kammer), Berufsausbildungsausschuss (bei der Kammer), Agentur für Arbeit (für den Bereich der Ausbildungsberufe und -stätten), Gewerbeaufsicht, Berufsgenossenschaft
gerichtliche Klage		Arbeitsgericht (vorher muss ein besonderer Ausschuss angerufen werden, der zu schlichten versucht)

M 5

Bewertung der Ausbildungsberufe

Berufe mit den besten Bewertungen
Mechatroniker/-in
Industriemechaniker/-in
Zerspanungsmechaniker/-in
Bankkaufmann/-kauffrau
Elektroniker/-in für Betriebstechnik

Berufe mit mittleren Bewertungen
Industriekaufmann/-kauffrau
Fachinformatiker/-in
Kaufmann/Kauffrau für Büromanagement
Elektroniker/-in
Steuerfachangestellte/-r
Kfz-Mechatroniker/-in
Fachkraft für Lagerlogistik
Kaufmann/Kauffrau im Groß- und Außenhandel
Medizinische/-r Fachangestellte/-r
Metallbauer/-in
Verkäufer/-in
Friseur/-in
Kaufmann/Kauffrau im Einzelhandel
Tischler/-in
Anlagenmechaniker/-in

Berufe mit den schlechtesten Bewertungen
Zahnmedizinische/-r Fachangestellte/-r
Koch/Köchin
Maler/-in und Lackier/-in
Hotelfachmann/-fachfrau
Fachverkäufer/-in im Lebensmittelhandwerk

DGB-Bundesvorstand, Ausbildungsreport 2016, S. 6

Arbeitsvorschläge

1. *Begründen Sie die Notwendigkeit des Jugendarbeitsschutzes. (M 1)*
2. *Beantworten Sie die in M 2 formulierten Fragen zum JArbSchG.*
3. *Schreiben Sie wesentliche Inhalte des DGB-Ausbildungsreports heraus. (M 3)*
4. *Entwerfen Sie einen Plan, wie Sie gegen Verstöße gegen das JArbSchG vorgehen würden, (M 4) und stellen Sie diesen zur Diskussion.*
5. *Analysieren Sie M 5 unter Berücksichtigung der Aussagen von M 3.*

Auszug aus dem Jugendarbeitsschutzgesetz

§ 1 Geltungsbereich
(1) Dieses Gesetz gilt für die Beschäftigung von Personen, die noch nicht 18 Jahre alt sind,
1. in der Berufsausbildung [...]
4. in einem der Berufsausbildung ähnlichen Ausbildungsverhältnis.

§ 5 Verbot der Beschäftigung von Kindern
(1) Die Beschäftigung von Kindern (§ 2 Abs. 1) ist verboten.

§ 8 Dauer der Arbeitszeit
(1) Jugendliche dürfen nicht mehr als acht Stunden täglich und nicht mehr als 40 Stunden wöchentlich beschäftigt werden.
(2a) Wenn an einzelnen Werktagen die Arbeitszeit auf weniger als acht Stunden verkürzt ist, können Jugendliche an den übrigen Werktagen derselben Woche achteinhalb Stunden beschäftigt werden.
(3) In der Landwirtschaft dürfen Jugendliche über 16 Jahre während der Erntezeit nicht mehr als neun Stunden täglich und nicht mehr als 85 Stunden in der Doppelwoche beschäftigt werden.

§ 9 Berufsschule
(1) Der Arbeitgeber hat den Jugendlichen für die Teilnahme am Berufsschulunterricht freizustellen. Er darf den Jugendlichen nicht beschäftigen
1. vor einem vor 9 Uhr beginnenden Unterricht, dies gilt auch für Personen, die über 18 Jahre alt und noch berufsschulpflichtig sind,
2. an einem Berufsschultag mit mehr als fünf Unterrichtsstunden von mindestens je 45 Minuten, einmal in der Woche,
3. in Berufsschulwochen mit einem planmäßigen Blockunterricht von mindestens 25 Stunden an mindestens fünf Tagen; zusätzliche betriebliche Ausbildungsveranstaltungen bis zu zwei Stunden wöchentlich sind zulässig.

(2) Auf die Arbeitszeit werden angerechnet
1. Berufsschultage nach Absatz 1 Nr. 2 mit acht Stunden,
2. Berufsschulwochen nach Absatz 1 Nr. 3 mit 40 Stunden,
3. im Übrigen die Unterrichtszeit einschließlich der Pausen.

(3) Ein Entgeltausfall darf durch den Besuch der Berufsschule nicht eintreten.

§ 11 Ruhepausen, Aufenthaltsräume
(1) Jugendlichen müssen im Voraus feststehende Ruhepausen von angemessener Dauer gewährt werden. Die Ruhepausen müssen mindestens betragen
1. 30 Minuten bei einer Arbeitszeit von mehr als viereinhalb bis zu sechs Stunden,
2. 60 Minuten bei einer Arbeitszeit von mehr als sechs Stunden.
   Als Ruhepause gilt nur eine Arbeitsunterbrechung von mindestens 15 Minuten.

§ 13 Tägliche Freizeit
Nach Beendigung der täglichen Arbeitszeit dürfen Jugendliche nicht vor Ablauf einer ununterbrochenen Freizeit von mindestens 12 Stunden beschäftigt werden.

§ 14 Nachtruhe
(1) Jugendliche dürfen nur in der Zeit von 6 bis 20 Uhr beschäftigt werden.
(2) Jugendliche über 16 Jahre dürfen
1. im Gaststätten- und Schaustellergewerbe bis 22 Uhr,
2. in mehrschichtigen Betrieben bis 23 Uhr,
3. in der Landwirtschaft ab 5 oder bis 21 Uhr,
4. in Bäckereien und Konditoreien ab 5 Uhr beschäftigt werden.

(3) Jugendliche über 17 Jahre dürfen in Bäckereien ab 1 Uhr beschäftigt werden.
(4) An dem einem Berufsschultag unmittelbar vorangehenden Tag dürfen Jugendliche auch nach Absatz 2 Nr. 1 bis 3 nicht nach 20 Uhr beschäftigt werden, wenn der Berufsschulunterricht am Berufsschultag vor 9 Uhr beginnt.

§ 15 Fünftagewoche
Jugendliche dürfen nur an fünf Tagen in der Woche beschäftigt werden.
Die beiden wöchentlichen Ruhetage sollen nach Möglichkeit aufeinander folgen.

§ 16 Samstagsruhe
(1) An Samstagen dürfen Jugendliche nicht beschäftigt werden.
(2) Zulässig ist die Beschäftigung Jugendlicher an Samstagen nur
1. in Krankenanstalten sowie in Alten-, Pflege- und Kinderheimen,
2. in offenen Verkaufsstellen, in Betrieben mit offenen Verkaufsstellen, in Bäckereien und Konditoreien, im Friseurhandwerk und im Marktverkehr,
3. im Verkehrswesen,
4. in der Landwirtschaft und Tierhaltung,
5. im Familienhaushalt,
6. im Gaststätten- und Schaustellergewerbe,
7. bei Musikaufführungen, Theatervorstellungen und anderen Aufführungen, bei Aufnahmen im Rundfunk (Hörfunk/Fernsehen), auf Ton- und Bildträger sowie bei Film- und Fotoaufnahmen,
8. bei außerbetrieblichen Ausbildungsmaßnahmen,
9. beim Sport,
10. im ärztlichen Notdienst,
11. in Reparaturwerkstätten für Kraftfahrzeuge.

Mindestens zwei Samstage im Monat sollen beschäftigungsfrei bleiben.
(3) Werden Jugendliche am Samstag beschäftigt, ist ihnen die Fünftagewoche (§ 15) durch Freistellung an einem anderen berufsschulfreien Arbeitstag derselben Woche sicherzustellen. In Betrieben mit einem Betriebsruhetag in der Woche kann die Freistellung auch an diesem Tag erfolgen, wenn die Jugendlichen an diesem Tag keinen Berufsschulunterricht haben.

§ 19 Urlaub
(1) Der Arbeitgeber hat Jugendlichen für jedes Kalenderjahr einen bezahlten Erholungsurlaub zu gewähren.
(2) Der Urlaub beträgt jährlich
1. mindestens 30 Werktage, wenn der Jugendliche zu Beginn des Kalenderjahres noch nicht 16 Jahre alt ist.
2. mindestens 27 Werktage, wenn der Jugendliche zu Beginn des Kalenderjahres noch nicht 17 Jahre alt ist.
3. mindestens 25 Werktage, wenn der Jugendliche zu Beginn des Kalenderjahres noch nicht 18 Jahre alt ist.

(3) Der Urlaub soll Berufsschülern in der Zeit der Berufsschulferien gegeben werden. Soweit er nicht in den Berufsschulferien gegeben wird, ist für jeden Berufsschultag, an dem die Berufsschule während des Urlaubs besucht wird, ein weiterer Urlaubstag zu gewähren.

Arbeitsvorschläge

1. *Arbeiten Sie die für Ihren Ausbildungsberuf wichtigsten Bestimmungen des Jugendarbeitschutzgesetzes (JArbSchG) heraus.*
2. *Spielen Sie in Kleingruppen den Fall eines Verstoßes gegen das JArbSchG der Klasse vor. Diskutieren Sie anschließend Lösungsmöglichkeiten.*

1.7 Lebenslanges Lernen

M 1 **Lernen ist keine Strafe!**

Zugegeben: Lebenslänglich klingt eher bedrohlich als spaßig, aber das liegt in erster Linie an den negativen Assoziationen mit dem Wort und daran, was wir mit dem Begriff Lernen verbinden: Anstrengung, Ausdauer und teilweise auch Langeweile. Wenn überhaupt, ist das aber nur eine Seite der Medaille. Meist gerät in Vergessenheit, was Lernen auch sein kann: **Spaß, Unterhaltung, Glück, Zufriedenheit, der Motor für Ihre Karriere.**

Denken Sie dahingehend um – es lohnt sich. Denn vor allem im Berufsleben ist lebenslanges Lernen längst nicht mehr Kür, sondern Notwendigkeit. Die Globalisierung, der rasante technische Fortschritt und der demographische Wandel bedingen, dass wir uns in immer kürzerer Zeit zunehmend mehr Wissen aneignen müssen.

Dietz, Sonja: Lebenslanges Lernen – warum Sie nie aufhören sollten, Zugriff am 08.10.2017 unter www.karrierebibel.de/lebenslanges-lernen/

M 2 **Lebenslanges Lernen – Europäische Förderungsprogramme**

Auf europäischer Ebene gibt es verschiedene Programme, die lebenslanges Lernen fördern sollen. Vier Programme sind auf einzelne Bildungsbereiche und Altersgruppen zugeschnitten:

- Comenius – Schulbildung,
- Erasmus – Hochschulbildung,
- Leonardo da Vinci – berufliche Bildung,
- Grundtvig – allgemeine Erwachsenenbildung

M 3 **Leonardo da Vinci – Europäisches Förderprogramm für Berufsschüler und Ausbilder**

Mit dem Programm Leonardo da Vinci können junge Leute im Rahmen ihrer Berufsausbildung ins Ausland gehen. Ähnlich wie beim Programm Erasmus, das sich an Studenten richtet, finden Berufsschüler Unterstützung, wenn sie einen Teil ihrer Ausbildung in einem anderen EU-Land absolvieren möchten. Doch Leonardo bietet mehr. Neben Auszubildenden in der Erstausbildung können auch Fachleute der Berufsbildung sowie Organisationen, die in der beruflichen Bildung tätig sind, an Leonardo-Projekten teilnehmen. Auch Arbeitslose können eine Förderung erhalten.

M 4 **Die Türen öffnen zum Lernen und Arbeiten in Europa. Der Europass. Was ist der Europass?**

Die fünf Europass-Dokumente machen Ihre Kompetenzen und Qualifikationen europaweit transparent und verständlich:

- Zwei Europass-Dokumente können Sie selbst ausfüllen:
  - Mit dem **Europass-Lebenslauf** können Sie Ihre Fähigkeiten, Kompetenzen und Qualifikationen wirksam und klar darstellen. Sie können Ihren Lebenslauf online erstellen oder das Formular, Beispiele und den Leitfaden herunterladen.
  - Der **Europass-Sprachenpass** ist ein Werkzeug zur Selbsteinschätzung Ihrer Sprachkenntnisse und -qualifikationen; Sie können Ihren Sprachenpass online erstellen oder das Formular, Beispiele und den Leitfaden herunterladen.
- Folgende der Europass-Dokumente werden von Einrichtungen der allgemeinen und beruflichen Bildung ausgestellt:
  - Der **Europass-Mobilitätsnachweis** erfasst Kenntnisse, Fähigkeiten und Kompetenzen, die während eines Lernaufenthaltes im europäischen Ausland erworben wurden.
  - Die **Europass-Zeugniserläuterungen** beschreiben Kenntnisse, Fähigkeiten und Kompetenzen, die Inhaberinnen und Inhaber beruflicher Abschlusszeugnisse erworben haben. Sie ergänzen die im Originalzeugnis enthaltenen Angaben und helfen, diese besser nachzuvollziehen, insbesondere im Ausland.

Europäische Union/Europäisches Zentrum für Förderung der Berufsbildung (CEDEFOP): Was ist der Europass?, Zugriff am 22.05.2018 unter www.europass.cedefop.europa.eu/de/about (leicht verändert und gekürzt) © Europäische Union

Arbeitsvorschläge

1. *Fassen Sie M 1 in Stichworten zusammen.*
2. *Erläutern Sie europäische Bildungsprogramme. (M 2, M 3)*
3. *Nennen Sie die fünf Bausteine des Europasses und erläutern Sie deren Bedeutung. (M 4)*

1.8 Weiterbildung

Berufliche Fortbildung

Die berufliche Fortbildung ist ein Teil der Weiterbildung im Beruf. Sie baut auf einer abgeschlossenen Berufsausbildung oder ausreichender Berufspraxis auf. Durch berufliche Fortbildung erhöhen sich für den Arbeitnehmer die Chancen,
- seinen Arbeitsplatz zu erhalten,
- mit der technischen Entwicklung Schritt zu halten,
- „aufzusteigen".

Über Aufstiegsmöglichkeiten informieren die Blätter zur Berufskunde. Sie können bei der Arbeitsagentur eingesehen werden. Die Bundesagentur für Arbeit fördert die Fortbildung je nach Lage und Entwicklung auf dem Arbeitsmarkt. Neben der Bundesanstalt für Arbeit fördern auch Unternehmen die Weiterbildung im Betrieb.

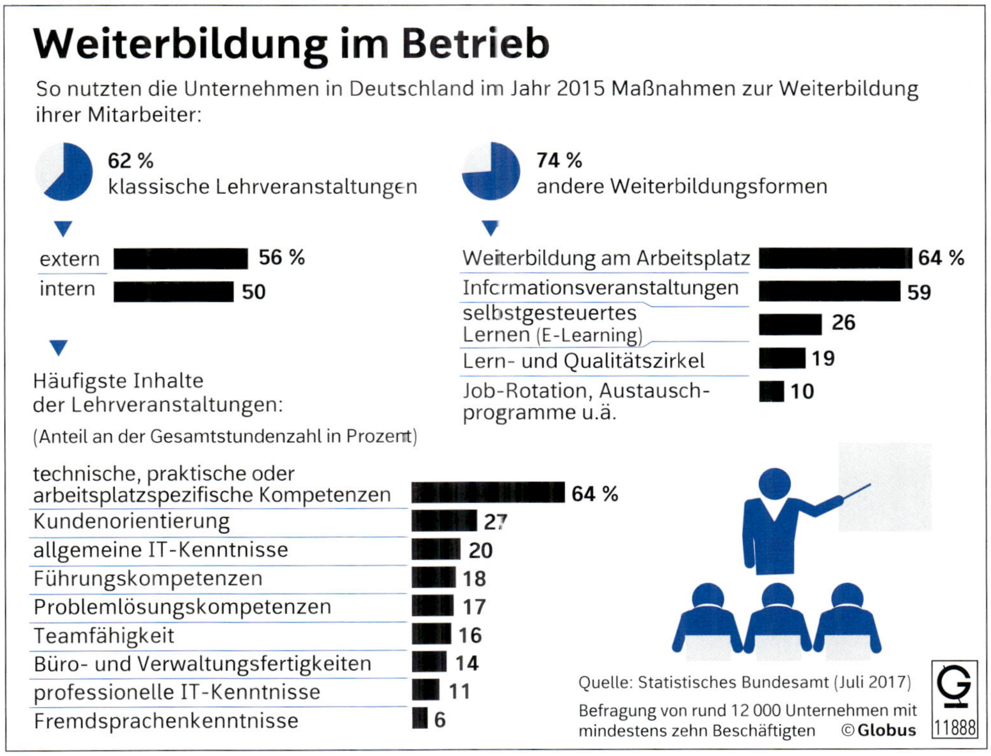

Umschulung

Eine Umschulung, d. h. das Erlernen eines neuen Berufs, kann aus verschiedenen Gründen notwendig sein:
- bei Arbeitslosigkeit,
- wenn der erlernte Beruf keine Zukunft mehr hat,
- bei Berufsunfähigkeit wegen Krankheit,
- beim persönlichen Wunsch nach einem Berufswechsel.

www.fernuni-hagen.de
Alles rund um's Fernstudium.

www.bfw.de
Seminarangebote des Berufsfortbildungswerks des DGB mit Kurz-Infos und Anmeldung.

www.ihk.de
Von hier aus geht's zum Weiterbildungs-Informationssystem der Industrie- und Handelskammern und Handwerkskammern.

www.bibb.de
Informationen über alle Ausbildungsberufe, neue Berufe und Weiterbildungsberufe.

www.zfu.de
Auflistung aller zugelassenen Fernlehrinstitute.

www.daa-bw.de
Das Bildungsangebot der Deutschen Angestellten-Akademie der DAG.

Arbeitsvorschläge

1. *Unterscheiden Sie berufliche Fortbildung und Umschulung.*
2. *Erkunden Sie im Internet Ihre persönlichen Fortbildungsmöglichkeiten.*

1.9 Staatliche Fördermaßnahmen

M 1

M 2 Berufsausbildungsbeihilfe (BAB)

Die Berufsausbildungsbeihilfe für Auszubildende und Teilnehmer an berufsvorbereitenden Bildungsmaßnahmen ist ein Zuschuss zu den Unterhalts- und Ausbildungskosten. Die Beihilfe ist grundsätzlich abhängig vom Einkommen der Auszubildenden, ihrer Eltern und Ehepartner; lediglich bei berufsvorbereitenden Bildungsmaßnahmen wird von der Einkommensanrechnung abgesehen.

Förderung von Ausbildungen

Gefördert werden in der Regel deutsche, aber unter bestimmten Voraussetzungen auch ausländische Antragsteller. Spezielle Voraussetzungen für die Förderung einer Ausbildung sind:

- Als Auszubildende(-r) erhalten Sie eine BAB, wenn Sie während der Ausbildung nicht bei den Eltern wohnen können, weil der Ausbildungsbetrieb vom Elternhaus zu weit entfernt ist. Sind Sie älter als 18 Jahre oder verheiratet (oder waren verheiratet) oder haben mindestens ein Kind, können Sie auch eine BAB erhalten, wenn Sie zwar nicht bei Ihren Eltern, aber in der Nähe des Elternhauses leben.
- Eine berufliche Ausbildung wird nur dann mit BAB gefördert, wenn Ihnen die erforderlichen Mittel zur Bestreitung Ihres Lebensunterhalts, für die Fahrkosten und die sonstigen Aufwendungen („Gesamtbedarf") nicht anderweitig zur Verfügung stehen. Auf den „Gesamtbedarf" wird im Rahmen einer Bedürftigkeitsprüfung Ihr eigenes Einkommen, ebenso das Einkommen Ihrer Eltern und Ihres Ehegatten bzw. Lebenspartners angerechnet, soweit das jeweilige Einkommen bestimmte Freibeträge übersteigt.
- Förderungsfähig ist eine betriebliche oder außerbetriebliche Ausbildung in einem anerkannten Ausbildungsberuf. Für die Ausbildung muss ein Ausbildungsvertrag abgeschlossen worden sein, der bei der zuständigen Stelle in das Ausbildungsverzeichnis eingetragen worden ist. BAB wird in der Regel nur für die erste Ausbildung geleistet.

Arbeitsförderungsgesetz

§ 1

Die Maßnahmen nach diesem Gesetz sind im Rahmen der Sozial- und Wirtschaftspolitik der Bundesregierung darauf auszurichten, dass ein hoher Beschäftigungsstand erzielt und aufrechterhalten, die Beschäftigungsstruktur ständig verbessert und damit das Wachstum der Wirtschaft gefördert wird.

M 3 Das Arbeitsförderungsgesetz (AFG)

Nach dem AFG fördert die Bundesagentur für Arbeit in Nürnberg die Berufsausbildung, die berufliche Fortbildung und Umschulung. Beihilfen für die Berufsausbildung werden nur gewährt, wenn der Antragsteller die erforderlichen Mittel nicht selbst aufbringen kann und dies den Unterhaltsverpflichteten nicht zugemutet werden kann.

Besondere Bedeutung kommt der beruflichen Fortbildung und Umschulung zu. Die Fortbildungs- und Umschulungsmaßnahmen sollen in der Regel nicht länger als zwei Jahre dauern. Erfolgen diese in ganztägigem Unterricht (Vollzeitform), so erhalten die Teilnehmer ein Unterhaltsgeld. Daneben werden Aufwendungen für Lernmittel, Fahrten, Arbeitskleidung usw. ganz oder teilweise erstattet.

Arbeitsvorschläge

1. *Bearbeiten Sie die Karikatur (M 1) mit der Methode „Analyse politischer Karikaturen" (s. S. 246).*
2. *Ermitteln Sie die unterschiedlichen Ziele der Berufsausbildungsbeihilfe (M 2) und des Arbeitsförderungsgesetzes (M 3).*
3. *Erarbeiten Sie die notwendigen Voraussetzungen für die Gewährung von Leistungen gemäß Berufsausbildungsbeihilfe (M 2) und des Arbeitsförderungsgesetzes (M 3).*

Das BAföG

Eine gute Ausbildung ist heute wichtiger als je zuvor. Das gilt für den Einzelnen wie für unsere Gesellschaft insgesamt. Wissen und die Anwendung von Wissen sind das größte Potenzial, das wir in Deutschland haben. Das Bundesausbildungsförderungsgesetz (BAföG) ist ein Garant dafür, dass Jugendliche und junge Erwachsene eine ihrer Eignung und Neigung entsprechende Ausbildung absolvieren können – auch unabhängig davon, ob die finanzielle Situation ihrer Familie diese Ausbildung zulässt oder nicht.

BAföG für Schüler/-innen

BAföG ist nicht nur etwas für Studierende. Das BAföG ist auch eine finanzielle Unterstützung für diejenigen, die eine Ausbildung ergreifen, auch wenn die Eltern sie nicht finanzieren können. Schüler/-innen, die einen berufsqualifizierenden Abschluss oder einen weiterführenden Schulabschluss erreichen wollen, können BAföG beziehen.

Der Bildungskredit

Das Bildungskreditprogramm ist eine weitere Möglichkeit der Ausbildungsfinanzierung, die ergänzend zum BAföG zur Verfügung steht. Der Bildungskredit ist von Einkommen und Vermögen der Auszubildenden oder ihrer Eltern unabhängig. Durch Ausfallbürgschaften des Bundes sind die Konditionen besonders günstig.

Durch das Bildungskreditprogramm wird ein zeitlich befristeter, zinsgünstiger Kredit zur Unterstützung von Studierenden sowie Schülerinnen und Schülern in fortgeschrittenen Ausbildungsphasen angeboten, der neben oder zusätzlich zu Leistungen nach dem Bundesausbildungsförderungsgesetz (BAföG) als weitere Möglichkeit der Ausbildungsfinanzierung zur Verfügung steht.

Das Aufstiegsfortbildungsförderungsgesetz (AFBG) – „Meister-BAföG“

Mit dem von Bund und Ländern gemeinsam finanzierten Aufstiegsfortbildungsförderungsgesetz (AFBG) – dem sogenannten „Meister-BAföG“ – ist ein individueller Rechtsanspruch auf Förderung von beruflichen Aufstiegsfortbildungen, d. h. von Meisterkursen oder anderen auf einen vergleichbaren Fortbildungsabschluss vorbereitenden Lehrgängen, eingeführt worden. Das „Meister-BAföG" unterstützt die Erweiterung und den Ausbau beruflicher Qualifizierung, stärkt damit die Fortbildungsmotivation des Fachkräftenachwuchses und bietet über den Darlehensteilerlass hinaus für potenzielle Existenzgründer einen Anreiz, nach erfolgreichem Abschluss der Fortbildung den Schritt in die Selbstständigkeit zu wagen und Arbeitsplätze zu schaffen.

„Hab ich mir doch gleich gedacht, dass da'n Trick bei war: Hinterher sollen wir nämlich malochen!“

Arbeitsvorschläge

1. *Erkunden Sie die Voraussetzungen zur Gewährung staatlicher Förderungen.*
2. *Ermitteln Sie die jeweiligen Bedarfssätze.*
3. *Überprüfen Sie, welche der aufgezeigten Fördermaßnahmen für Sie infrage kommen würden.*

2 Sozialversicherung – Individualversicherung

Methode:

Gruppenpuzzle

Das Gruppenpuzzle ist eine besondere Form der Gruppenarbeit. Verschiedene Gruppen erarbeiten ein Thema arbeitsteilig.

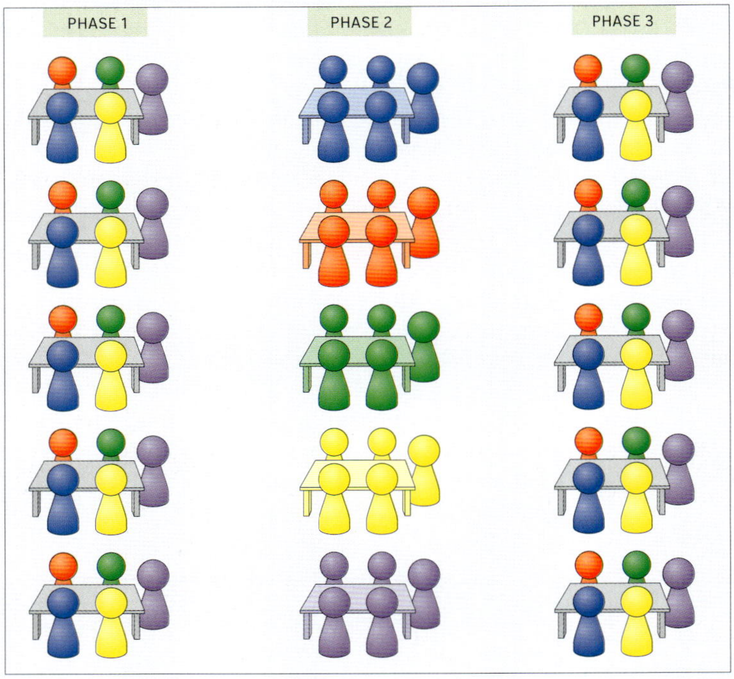

Ablauf eines Gruppenpuzzles

Phase 1: Zunächst werden die Schüler in verschiedene, gleich große Gruppen (ca. vier bis sechs Schüler) eingeteilt. Das Thema ist für alle Gruppen identisch und in so viele Teilaufgaben unterteilt, wie es Gruppenmitglieder gibt.

Innerhalb der Gruppe bekommt jeder Schüler eine eigene Teilaufgabe. Zu dieser Teilaufgabe erhält er Teilinformationen, die er zunächst allein bearbeitet.

Phase 2: Jetzt kommen alle Schüler/-innen, die sich mit demselben Teilthema beschäftigt haben, in „Expertengruppen" zusammen. Sie besprechen ihre Ergebnisse und überlegen gemeinsam, wie diese den anderen Gruppenmitgliedern am besten vermittelt werden könnten.

Phase 3: Nach der Arbeit in den Expertengruppen kehren die Schüler/-innen in ihre ursprüngliche Gruppe zurück und stellen der Reihe nach die Ergebnisse zu ihrem Teilgebiet vor. Die anderen Gruppenmitglieder stellen bei Bedarf Fragen an die Experten. In der Runde werden gemeinsam die Ergebnisse diskutiert.

Arbeitsvorschlag

Auf den folgenden Seiten finden Sie Informationen zum Thema „Soziale Sicherung". Sie haben die Aufgabe, die fünf Zweige der Sozialversicherung mit der **Methode „Gruppenpuzzle"** *zu bearbeiten.*
Zu Beginn eines jeden Kapitels, in dem es um die Sozialversicherungszweige geht, finden Sie eine Begebenheit mit dem Malerauszubildenden Fritz Klein. Auf diese Situationen beziehen sich die Fragen in den jeweiligen Teilaufgaben.
Nutzen Sie für die Bearbeitung der Aufgaben die folgenden Seiten und zusätzlich das Internet.

Teilaufgabe 1 – Gesetzliche Krankenversicherung

1. *Listen Sie auf, welche Leistungen die Krankenkasse im Fall Fritz Klein erbringt. Erfassen Sie auch, welche Zuzahlungen er dabei übernehmen muss.*
2. *Klären Sie Fritz Klein über Träger, Versicherungspflichtige, Beitragsbemessungsgrenze, Beitragssatz und weitere Leistungen der gesetzlichen Krankenversicherung auf, und erläutern Sie ihm die Funktionsweise des Gesundheitsfonds.*
3. *Erläutern Sie den Unterschied zwischen Beitragsbemessungsgrenze und Versicherungspflichtgrenze in der gesetzlichen Krankenversicherung.*
4. *Erarbeiten Sie eine Übersicht zu den Selbstbeteiligungskosten der Versicherten an den Leistungen der gesetzlichen Krankenversicherung.*

Teilaufgabe 2 – Gesetzliche Unfallversicherung

1. *Ermitteln Sie, was unmittelbar nach dem Unfall erfolgen muss, damit Fritz Klein die genannten Leistungen in Anspruch nehmen kann. Erstellen Sie eine Leistungsübersicht. Beschreiben Sie, welche Rolle die Schuldfrage bei der Leistungserbringung spielt.*
2. *Klären Sie Fritz Klein über Träger, Versicherungspflichtige, Beitragssatz und weitere Leistungen der Unfallversicherung auf.*
3. *Erläutern Sie den Begriff „Solidaritätsprinzip".*

Teilaufgabe 3 – Gesetzliche Arbeitslosenversicherung

1. *Ermitteln Sie, welche Leistungen Fritz Klein aus der Arbeitslosenversicherung beanspruchen kann, wenn er*
   a) die Gesellenprüfung bestanden hätte und nicht übernommen werden würde,
   b) die Gesellenprüfung nicht bestanden hätte,
   c) nach 4-jähriger Gesellentätigkeit in seiner Unternehmung ordentlich gekündigt würde,
   d) die 6-monatige Probezeit als Geselle nicht bestehen würde,
   e) wie im Beispiel beschrieben seine Berufsausbildung beenden muss.
2. *Berichten Sie über Träger, Versicherungspflichtige, Beitragsbemessungsgrenze, Beitragssatz und weitere Leistungen der gesetzlichen Arbeitslosenversicherung.*

Teilaufgabe 4 – Gesetzliche Rentenversicherung

1. *Übernehmen Sie die Funktion eines Beraters der Deutschen Rentenversicherung und erläutern Sie Fritz Klein Träger, Versicherungspflichtige, Beitragsbemessungsgrenze, Beitragssatz und Leistungen der gesetzlichen Rentenversicherung.*
2. *Klären Sie folgende Begriffe: Dynamisierung der Renten, Umlageverfahren, Generationenvertrag.*
3. *Ergründen Sie, warum die Renten in Deutschland nicht mehr garantiert werden können. Finden Sie Erklärungen und Lösungsansätze.*

Teilaufgabe 5 – Gesetzliche Pflegeversicherung

1. *Berichten Sie Fritz Klein über Träger, Versicherungspflichtige, Beitragsbemessungsgrenze und Beitragssatz in der gesetzlichen Pflegeversicherung.*
2. *Finden Sie heraus, was seine Familie jetzt tun muss, um Leistungen der Pflegeversicherung in Anspruch nehmen zu können.*
3. *Erarbeiten Sie eine Übersicht zu den Leistungen, die Fritz Klein in den verschiedenen Pflegegraden erhalten kann.*

2.1 Der Sozialstaat Deutschland

Soziale Sicherung – eine Bestandsaufnahme

M 1 Bürger unseres Landes äußern sich zur Notwendigkeit unseres Sozialsystems

- Gunter F., 35 Jahre, Gärtner: „Einen Arztbesuch könnte ich mir ohne Versicherung kaum leisten, schon gar nicht einen Krankenhausaufenthalt."
- Fabian A., 18 Jahre, Auszubildender zum Mechatroniker: „Ohne Berufsgenossenschaften und Unfallkassen wäre ich auf meinem Arbeits- oder Schulweg nicht unfallversichert."
- Christin Z., 20 Jahre, Frisörin: „Sollte ich durch einen Arbeitsunfall arbeitsunfähig werden, müsste ich selbst schauen, wie ich weiterkomme."
- Paul S., 30 Jahre, Gebäudereiniger: „Ohne Arbeitsagentur würde sich niemand um mich kümmern und mich finanziell unterstützen, wenn ich ohne Arbeit wäre."
- Werner H., 56 Jahre, Stahlarbeiter: „Mit spätestens 67 Jahren kann ich aufhören mit dem Arbeiten, sonst müsste ich bis an mein Lebensende malochen."
- Sarah P., 27 Jahre, Kauffrau für Bürokommunikation: „Fort- und Weiterbildungen auf eigene Kosten kämen für mich nicht infrage. Ich könnte mich den Veränderungen im Job kaum anpassen."

Die Sozialstaatlichkeit (s. auch Sozialstaatsprinzip in M 3) ist zwar im Grundgesetz definiert, ihre konkrete Ausgestaltung aber weitgehend dem Gesetzgeber überlassen. Der Staat ist verpflichtet, allen Bürgern das Existenzminimum zu sichern.
Die Sozialstaatlichkeit ist im Grundgesetz an zwei Stellen verankert: so in Art. 20 Abs. 1, der den sozialen Bundesstaat fordert, und in Art. 28, in dem die Bundesrepublik Deutschland als „sozialer Rechtsstaat" bezeichnet wird.

§ **M 2 Aus dem Grundgesetz**

Artikel 1: (1) Die Würde des Menschen ist unantastbar. Sie zu achten und zu schützen ist Verpflichtung aller staatlichen Gewalt.
Artikel 20: (1) Die Bundesrepublik Deutschland ist ein demokratischer und sozialer Bundesstaat.
Artikel 28: (1) Die verfassungsmäßige Ordnung in den Ländern muss den Grundsätzen des republikanischen, demokratischen und sozialen Rechtsstaates im Sinne dieses Grundgesetzes entsprechen.

M 3

Sozialstaatsprinzip

Die Prinzipien des Rechtsstaates sind unveränderlich und zeitlos gültig. Soziale Gerechtigkeit, die zentrale Zielsetzung des Sozialstaates, lässt sich nicht ein für alle Mal verbindlich definieren. Ihre Ausgestaltung hängt ab von der wirtschaftlichen und sozialen Entwicklung sowie dem gesellschaftlichen Bewusstsein. Das Sozialstaatsprinzip ist somit ein dynamisches Prinzip, das den Gesetzgeber verpflichtet, die sozialen Verhältnisse immer wieder neu zu regeln.

Pötzsch, Horst: Sozialstaat, Bundeszentrale für politische Bildung (Hg.), Zugriff am 13.09.2017 unter www.bpb.de/politik/grundfragen/deutsche-demokratie/39302/sozialstaat (Auszug)

Um die vom Grundgesetz geforderte Sozialstaatlichkeit umsetzen zu können, ist eine Vielfalt von Regelungen notwendig, die als **Sozialrecht** bezeichnet werden. Sie werden im **Sozialgesetzbuch (SGB)** beschrieben.

M 4 Ziel dieser Rechte im SGB ist vor allem die soziale Gerechtigkeit. Das bedeutet, dass hier die Grundlagen geschaffen wurden für

- die Sicherung eines **menschenwürdigen** Daseins,
- die Schaffung gleicher Voraussetzungen für die **freie Entfaltung der Persönlichkeit,** insbesondere auch für junge Menschen,
- den Schutz und die Förderung der Familie,
- die Möglichkeit, seinen Lebensunterhalt durch eine **frei gewählte Tätigkeit** zu bestreiten,
- das Verhindern oder **Ausgleichen besonderer Belastungen** des Lebens, auch durch Hilfe zur Selbsthilfe.

Es gibt viele – auch junge – Menschen, die es nicht schaffen, aus eigenen Kräften ihren Lebensunterhalt zu bestreiten. Man spricht dann davon, dass sie sich nicht selbst helfen können. Oft erhalten sie auch von anderer Seite keine Hilfe, z. B. von Familienangehörigen. In solch einem Fall kann derjenige persönliche und wirtschaftliche Hilfe nach dem SGB erhalten. Diese soll ihm ein menschenwürdiges Dasein ermöglichen. Das bedeutet gleichzeitig ein Recht auf Teilnahme am Leben der Gemeinschaft. Wichtig dabei: Der Betroffene hat nicht nur das Recht, sondern auch die Pflicht, dabei tatkräftig mitzuwirken.

Die Bundesrepublik Deutschland gilt als einer der am besten ausgebauten Sozialstaaten. Seit ihrem Bestehen ist ein **soziales Netz** geschaffen worden, das allen Bürgern einen gesetzlich garantierten Rechtsanspruch auf vielfältige soziale Leistungen gibt.

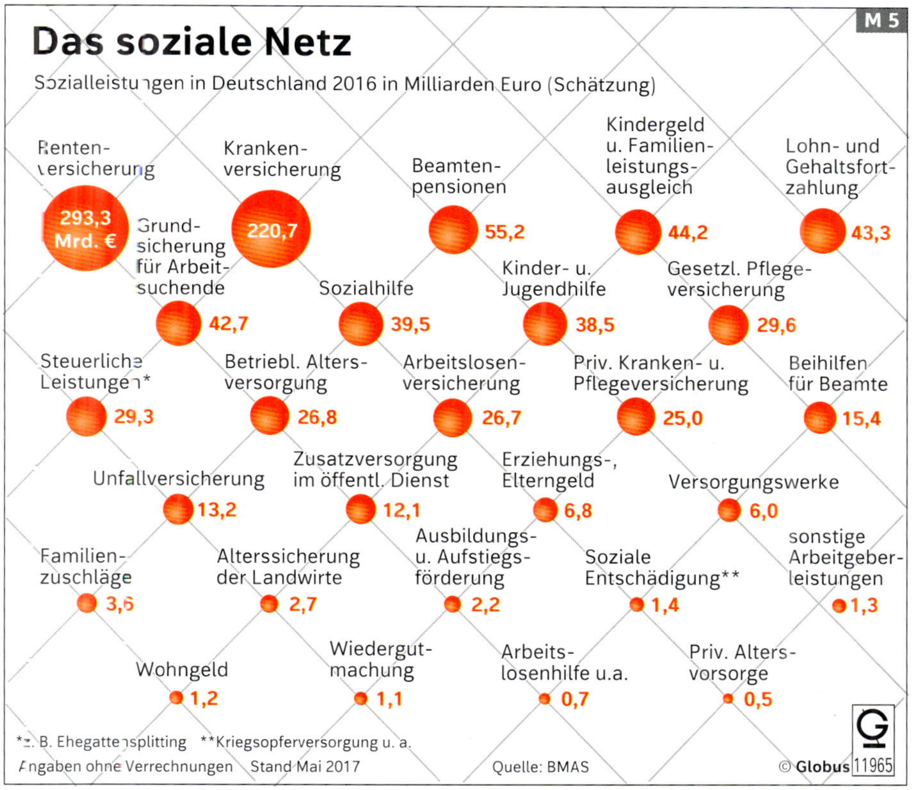

Arbeitsvorschläge

1. *Notieren Sie, welche Bereiche der sozialen Sicherung in M 1 angesprochen werden.*
2. *Bearbeiten Sie die Karikatur in M 3 mit der Methode „Analyse politischer Karikaturen" (s. S. 246).*
3. *Erarbeiten Sie die Ziele des SGB in M 4. Vergleichen Sie diese mit dem Auftrag gemäß Artikel 1 Absatz 1 und 2 und Artikel 20 Grundgesetz. (M 2)*
4. *Ordnen Sie folgende soziale Leistungen den angeführten Grundsätzen in M 4 zu: Kindergeld, Wohngeld, Einrichtung einer Berufsinformationszentrale, Sozialhilfe, BAföG, Arbeitslosengeld II, Kfz-Haftpflichtversicherung, Unfallrente.*
5. *Schildern Sie Fälle, in denen Sie schon Sozialleistungen in Anspruch genommen haben. Nehmen Sie dabei die Grafik M 5 zu Hilfe.*

2.2 Die Prinzipien der sozialen Sicherung

M 1 Das könnte auch Ihnen passieren.

Klaus F. ist unterwegs zur Arbeit. In einer lang gezogenen Rechtskurve verliert er die Kontrolle über sein Fahrzeug, gerät ins Schleudern und prallt frontal auf einen entgegenkommenden Pkw. Während der Fahrer des anderen Fahrzeugs wie durch ein Wunder fast unverletzt bleibt, erleidet Klaus F. schwere Verletzungen.

Die Bilanz (Sachschaden ausgenommen):	
Bergung des Verletzten	600,00 €
Arztkosten	3350,00 €
Krankenhauskosten 90 Tage à 185,00 €	16650,00 €
Rehabilitationsmaßnahmen/Kuraufenthalt	7150,00 €
Verdienstausgleich durch Verletztengeld	2250,00 €
Umschulungsmaßnahmen wegen Berufsunfähigkeit	5000,00 €
Summe der einmaligen Kosten	35000,00 €
Verletztenrente pro Jahr	17500,00 €

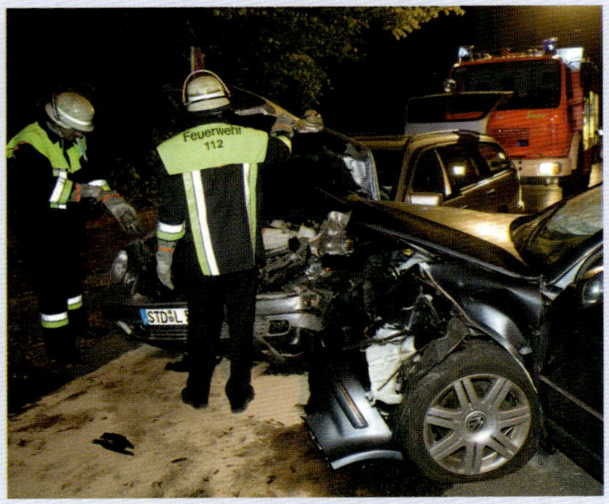

Grundsätzlich gilt, dass jeder Bürger unseres Staates die Pflicht hat, durch Eigenverantwortlichkeit für sich selbst zu sorgen. Erst wenn er dazu nicht mehr in der Lage ist, greift die Gemeinschaft ein.

Das Versicherungsprinzip

Dieses Prinzip stellt die Grundlage für die **Sozialversicherungen** dar.
Im Mittelpunkt des Versicherungsprinzips steht die Solidarität der Versicherten nach dem Leitsatz: **„Einer für alle, alle für einen.“**

Eine Versicherung beruht darauf, dass Menschen, die bestimmten Risiken ausgesetzt sind, sich zusammenschließen. Dies tun sie,
- um mögliche Schadensfolgen für den Einzelnen zu begrenzen,
- um die Last auf viele Schultern verteilen zu können.

Durch ihre Beiträge finanzieren sie **gemeinsam** die Versicherungsleistungen. Sie erwerben dadurch gleichzeitig einen **Leistungsanspruch** für den Fall, dass sie selbst einmal zu den Betroffenen gehören.
Die große Mehrheit der Sozialversicherten ist durch Pflichtmitgliedschaft in die soziale Grundsicherung einbezogen. Die Höhe der Beiträge richtet sich nach ihrem Einkommen. In der Arbeitslosen- und Rentenversicherung bestimmt das Einkommen auch die Höhe der Versicherungsleistung.

Solidarität (lat.-fr.)
Zusammengehörigkeitsgefühl, Kameradschaftsgeist, Übereinstimmung

Das Versorgungsprinzip

Grundlage des Versorgungsprinzips ist die **Solidarität der staatlichen Gemeinschaft**. Die Versorgung ist eine Entschädigung der Gesellschaft für diejenigen, die der Allgemeinheit besondere Dienste leisten. Dazu gehören:
- Beamte und
- Bürger, die besondere Opfer für die Gesellschaft erbracht haben und dadurch gesundheitliche oder wirtschaftliche Nachteile erlitten haben, wie z. B. Kriegsopfer oder Vertriebene.

Die Versorgungsleistungen, die der Staat erbringt, werden aus Steuermitteln finanziert. Ein Versorgungsanspruch wird nicht durch Beitragszahlungen, sondern durch die Leistung der besonderen Dienste erworben.

Das Fürsorgeprinzip

Das Fürsorgeprinzip (**Subsidiaritätsprinzip**) kommt dann zur Anwendung, wenn die anderen Prinzipien oder Einrichtungen des sozialen Sicherungssystems keine Hilfe mehr bieten können.
Fürsorge in Form von ALG II, Wohngeld u. a. wird in der Regel erst dann gewährt, wenn:
- der Betroffene keine oder nur unzureichende Versicherungs- oder Versorgungsleistungen erhält,
- der Betroffene sich nicht selbst aus seiner Notlage befreien kann und auch andere Hilfe, wie z. B. durch die Familie, nicht zur Verfügung steht,
- Bedürftigkeit besteht.

Fürsorge ist unabhängig von Vorleistungen des Betroffenen und wird aus Steuermitteln finanziert.

Subsidiarität (lat.-fr.)
Gesellschaftspolitisches Prinzip, nach dem der Staat nur solche Aufgaben übernehmen soll, zu deren Wahrnehmung die Familie nicht in der Lage ist.

M 2

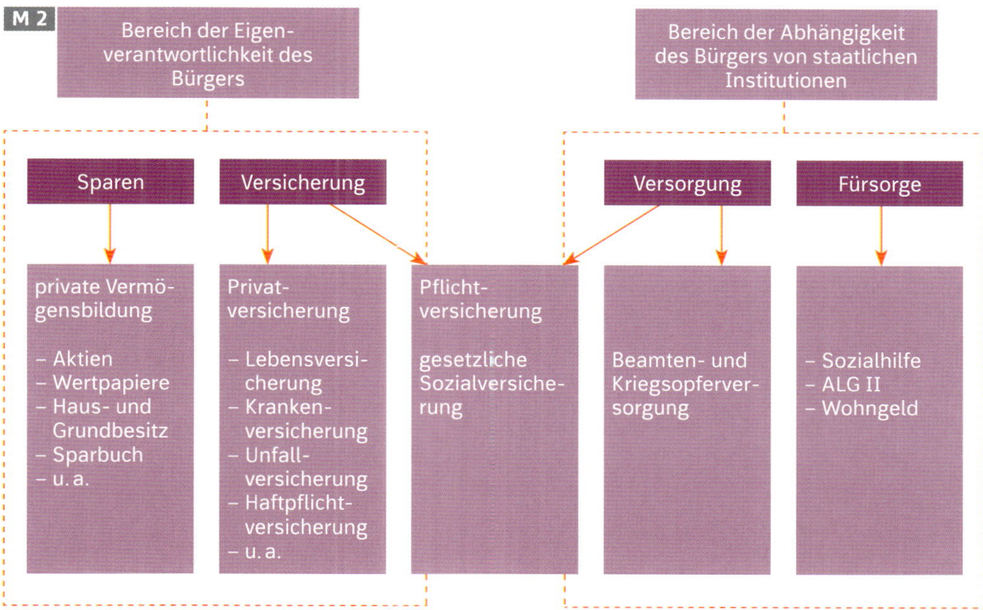

Arbeitsvorschläge

1. *Erarbeiten Sie die Prinzipien der sozialen Sicherung mithilfe der Methode „Gruppenlesen" (s. S. 10).*
2. *Erstellen Sie einen Spickzettel (s. S. 207) mit maximal 15 Stichpunkten, mit deren Hilfe Sie die Prinzipien der sozialen Sicherung erläutern können.*
3. *Überlegen Sie, welches Versicherungsprinzip die Grundlage ist, damit Klaus F. (M 1) Leistungen erhalten kann. Begründen Sie Ihre Antwort.*
4. *Führen Sie in der Klasse eine Pro- und Kontra-Diskussion zu folgender Forderung durch: „Es sollte jedem Bürger selbst überlassen bleiben, ob er sich gegen die Risiken Krankheit, Pflegebedürftigkeit, Arbeitslosigkeit sowie Erwerbsunfähigkeit versichert".*
5. *Erklären Sie einem Mitschüler/einer Mitschülerin die Übersicht M 2. Überlegen Sie sich weitere Beispiele zu den Bereichen und diskutieren Sie diese mit ihm/ihr.*

2.3 Die Entwicklung der sozialen Sicherung

M 1 „Schon im Februar d. J. haben wir unsere Überzeugung aussprechen lassen, dass die Heilung der sozialen Schäden nicht ausschließlich im Wege der Repression sozialdemokratischer Ausschreitungen, sondern gleichmäßig auf dem der positiven Förderung des Wohles der Arbeiter zu suchen sein werde [...]"

Kaiser Wilhelm I., 17.11.1881

M 2 „Wenn wir 700 000 kleine Rentner, die vom Reiche ihre Renten beziehen, haben, gerade in diesen Klassen, die sonst nicht viel zu verlieren haben und bei einer Veränderung irrtümlich glauben, dass sie viel gewinnen können, so halte ich das für einen außerordentlichen Vorteil; [...] Wir beugen damit einer Revolution vor, die in 50 Jahren ausbrechen kann, aber auch schon in 10 Jahren, und die, selbst wenn sie nur für ein paar Monate Erfolg hätte, ganz andere Summen verschlingen würde als unsere Vorbeugungsmittel."

Otto von Bismarck, 18.05.1889, Rede vor dem Reichstag

aus: Rothfels, Hans: Bismarck und der Staat. Ausgewählte Dokumente, Wissenschaftliche Buchgemeinschaft, Darmstadt 1953, S.103

Im 19. und 20. Jahrhundert vollzieht sich ein gewaltiger gesellschaftlicher Umbruch: Aus einer landwirtschaftlich-handwerklich geprägten Gesellschaft wird die Industriegesellschaft. Die industrielle Revolution schafft die neue Klasse der „Arbeiter". Sie und ihre Familien waren sozial nicht abgesichert und litten daher bei Krankheit, Unfällen oder im Alter oft unter großer Not.

Soziale Unruhen und der zunehmende Druck der Arbeiterbewegung veranlassen schließlich die politisch Verantwortlichen, Arbeitsschutzgesetze zu verabschieden. Der Reichskanzler Bismarck wird zum Begründer der deutschen Sozialgesetzgebung, als er auf gesetzlichem Wege die ersten Sozialversicherungen einführt.

Otto von Bismarck (1815–1898)

Bismarck ist erster Reichskanzler des 1871 gegründeten Deutschen Reiches. Nach Zerwürfnissen mit dem deutschen Kaiser Wilhelm II. wird er von diesem 1890 entlassen.

M 3

1883	Krankenversicherungsgesetz für Arbeiter
1884	Unfallversicherungsgesetz; erste Ortskrankenkassen
1889	Gesetz über die Invaliden- und Altersversicherung der Arbeiter
1911	Reichsversicherungsordnung (RVO) mit Rentenversicherung
1916	Rentenaltersgrenze für Frauen (60 Jahre), Männer (65 Jahre)
1927	Gesetz über die Arbeitsvermittlung und die Arbeitslosenversicherung
1952	Mutterschutzgesetz
1957	bruttolohnbezogene, dynamische Rente; Altershilfe für Landwirte
1972	Öffnung der Rentenversicherung für Selbstständige und Hausfrauen
1975	Gesetz über die Sozialversicherung Behinderter
1976	Jugendarbeitsschutzgesetznovelle
1979	Mutterschaftsurlaub
1986	Gleichstellung von Witwen und Witwern bei der Rente; Babyjahr
1990	Rentenreform (Nettolohnbezug)
1992	Betriebsrentengesetz (Unverfallbarkeit der Leistungen)
1995	Gesetzliche Pflegeversicherung
2003	Gesetze für moderne Dienstleistungen am Arbeitsmarkt (Hartz)
2009	Einführung des Gesundheitsfonds der gesetzlichen Krankenversicherung
2012	schrittweise Einführung der „Rente mit 67" für alle
2014	Einführung der Mütterrente für Mütter von vor 1992 geborenen Kindern

Arbeitsvorschläge

1. *Bearbeiten Sie die Texte in M 1 und M 2 mithilfe der Methode „Textanalyse" (s. S. 206).*
2. *Gestalten Sie einen Zeitstrahl zur Geschichte der sozialen Sicherung in Deutschland mithilfe der Methode „Herstellung einer Collage" (s. S. 50). (M 3)*
3. *Erstellen Sie ein Referat zum Thema „Die Entwicklung der sozialen Sicherung in Deutschland".*

2.4 Zweige der Sozialversicherung

2.4.1 Gesetzliche Krankenversicherung (GKV)

M 1 **Was sein muss, muss sein**

Der Malerazubi Fritz Klein verbringt seinen Winterurlaub in den Bergen und stürzt bei der Skiabfahrt auf der Piste schwer. Ein Rettungshubschrauber bringt den Verletzten in das nächstgelegene Krankenhaus. In der Notaufnahme stellt man durch eine Röntgenaufnahme einen Kreuzbandriss und eine Bänderdehnung im linken Knie fest. Am nächsten Tag wird Fritz Klein operiert. Er bleibt acht Tage im Krankenhaus und wird mit einer vom Sanitätshaus gelieferten Orthese (Stützapparat) und Gehhilfen entlassen. Zum Muskelaufbau erhält er ambulante physiotherapeutische Maßnahmen. Nach insgesamt 12 Wochen ist er wieder arbeitsfähig.

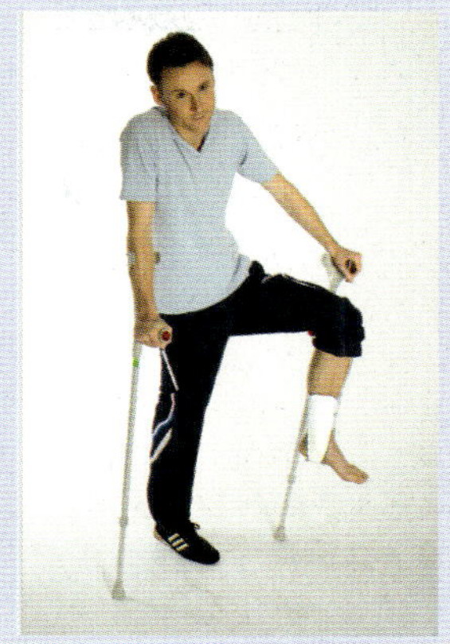

Aufgabe der gesetzlichen Krankenversicherung (GKV)

Sie hat die Aufgabe, die Gesundheit der Versicherten zu erhalten, wiederherzustellen oder ihren Gesundheitsstand zu bessern (§ 1 SGB V). Dazu gehört auch, Krankheitsbeschwerden zu lindern (§ 27 SGB V). Dies alles wird von den gesetzlichen Krankenkassen realisiert.

M 2 **Leistungen der GKV**

Die gesetzlichen Krankenkassen stellen die erforderlichen Leistungen zur Verfügung, auf die grundsätzlich alle Versicherten Anspruch haben. Die gesetzlich vorgeschriebenen Leistungen (auch „Regelleistungen" genannt) werden von allen Krankenkassen im gleichen Umfang, in gleicher Höhe und unter gleichen Bedingungen bewilligt. Dazu gehören:

- **Gesundheitsvorsorge:** Maßnahmen zur Früherkennung und Verhütung von Krankheiten, z. B. Gesundheitsuntersuchungen, Prophylaxe (vorbeugende Untersuchung) zur Verhütung von Zahnerkrankungen, Impfungen (z. B. gegen Kinderkrankheiten wie Masern, Mumps und weitere, aber auch zum Grippeschutz).
- **Behandlung von Krankheiten:** z. B. ärztliche Behandlung einschließlich Psychotherapie, Krankenhausbehandlung, zahn- und kieferorthopädische Behandlung, Zahnersatz, Arznei-, Heil- und Hilfsmittel.
- **Mutterschaftshilfe**: Mutterschaftsvorsorge wie ärztliche Betreuung, Hebammenhilfe, Entbindung, Mutterschaftsgeld und Familienhilfe.
- **Krankengeld:** In der Regel 70 % des Bruttolohns ab der siebten Krankheitswoche für maximal 78 Wochen innerhalb von drei Jahren.

Arbeitsvorschläge

1. *Notieren Sie die Ihrer Ansicht nach wichtigsten Leistungen der gesetzlichen Krankenversicherung. Beziehen Sie sich dabei auf M 2.*

2. *a) Erstellen Sie eine Übersicht der Leistungen, die Fritz Klein als Folge seines Skiunfalls in Anspruch genommen hat. (M 1)*

b) Ermitteln Sie mithilfe der Methode „WebQuests" (s. S. 218) die Höhe der einzelnen Behandlungskosten für Fritz Klein, die von der GKV erbracht werden müssen.

Versicherte und Beiträge

In der gesetzlichen Krankenversicherung gibt es Pflichtversicherte, freiwillig Versicherte und Familienversicherte.

- **Pflichtversichert** sind alle Arbeitnehmer/-innen, deren Bruttoentgelt die Versicherungspflichtgrenze nicht übersteigt, sowie Auszubildende, Studenten, Rentner, Arbeitslose und selbstständige Landwirte.
- **Freiwillig versichern** können sich Beschäftigte, die der Versicherungspflicht nicht mehr unterliegen (Weiterversicherte), und Personen, für die keine Versicherungspflicht besteht (Selbstversicherte).
- **Familienversichert** können der Ehegatte und die Kinder eines Mitglieds der GKV sein, vorausgesetzt, sie sind nicht schon selbst Mitglied.

Seit dem 01.01.2015 beträgt der Beitragssatz für alle Mitglieder der gesetzlichen Krankenversicherung 14,6 % des Bruttoentgelts, höchstens aber bis zur **Beitragsbemessungsgrenze**. Die Hälfte, also 7,3 % trägt der Arbeitgeber, die andere Hälfte der Arbeitnehmer. Jede Krankenkasse kann einen eigenen, einkommensabhängigen **Zusatzbeitrag** erheben, den Sie als Arbeitnehmer/-in allein tragen. Es lohnt sich daher, zu vergleichen und wenn es vorteilhaft ist, die Krankenkasse zu wechseln. Informationen finden sich z. B. unter www.krankenkassen.de.
Beitragsfrei sind Arbeitnehmer, deren Arbeitsentgelt die Geringfügigkeitsgrenze von 450,00 € nicht überschreitet, z. B. bei einem Minijob. Gleiches gilt für **Auszubildende, die weniger als 325,00 € Ausbildungsvergütung** erhalten.

M 1

Beitragsbemessungsgrenze:
Bis zu dieser Höchstgrenze des Bruttoentgelts werden maximal die Beiträge in der Sozialversicherung berechnet. Für die GKV beträgt sie 2018 4 425,00 € monatlich (oder 53 100,00 € jährlich).

Versicherungspflichtgrenze (Jahresarbeitsentgeltgrenze):
Höchstgrenze des Bruttoentgelts, die zwei Jahre überschritten werden muss, damit man als Arbeitnehmer die Möglichkeit hat, in die private Krankenversicherung zu wechseln. Für die GKV beträgt sie 2018 59 400,00 € jährlich.

M 2

Risikostrukturausgleich:
Durch gesetzliche Bestimmungen haben Krankenkassen mit einem höheren Anteil an „günstigen Versicherungsrisiken" Ausgleichszahlungen an andere Kassen vorzunehmen, die aufgrund ihrer Versicherten geringere Beitragseinnahmen zu verzeichnen haben.

Im **Gesundheitsfonds** (Fonds = Geldvorrat für einen bestimmten Zweck) werden alle Gelder der gesetzlichen Krankenversicherungen gesammelt und umverteilt.

M 3 Der Gesundheitsfonds

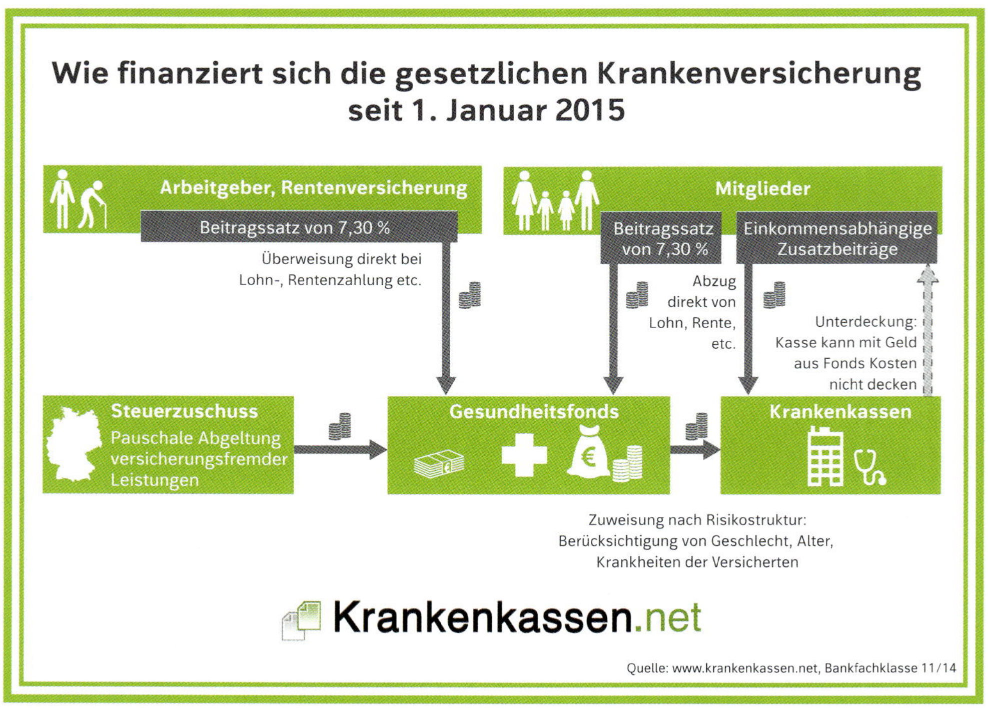

Quelle: www.krankenkassen.net, Bankfachklasse 11/14

Arbeitsvorschläge

1. *Arbeiten Sie den Unterschied zwischen Beitragsbemessungs- und Versicherungspflichtgrenze heraus. (M 1)*
2. *Erläutern Sie die Funktionsweise des Gesundheitsfonds (M 3) und des Risikostrukturausgleichs. (M 2)*

M 1 Wahltarife: Vielfalt bei Krankenkassen

Mit Wahltarifen können Versicherte Geld sparen oder ihren Versicherungsschutz um besondere Leistungen erweitern. Allerdings binden sie sich dadurch für drei Jahre an die Krankenkasse. Diese Mindestlaufzeit ist gesetzlich vorgeschrieben.

Wahltarif Selbstbehalt
Der Versicherte verpflichtet sich, einen Teil der anfallenden Kosten für medizinische Leistungen selbst zu tragen und erhält im Gegenzug eine Prämie. Die Gestaltung des Tarifs steht den Kassen frei. Zu beachten ist allerdings, dass die Prämie nicht mehr als 20 % des Jahresbeitrags ausmachen und nicht mehr als 600,00 € betragen darf.
Wahltarif mit Prämie bei Leistungsfreiheit
Maximal 20 % des Jahresbeitrags (bis 600,00 €) Prämie werden dann gezahlt, wenn ein Versicherter und mitversicherte Familienangehörige ab 18 Jahre in einem Kalenderjahr keine Leistungen zulasten der Krankenkasse in Anspruch genommen haben (Ausnahme: Vorsorgeuntersuchungen und -impfungen). Leistungen für Kinder bis 18 Jahre zählen nicht dazu.
Wahltarif Kostenerstattung
Versicherte werden beim Arzt wie Privatpatienten behandelt und erhalten nach der Behandlung eine Rechnung, die sie bei der Krankenkasse einreichen. Da diese Kosten meist höher ausfallen, sollte man in diesem Fall durch einen zusätzlichen Beitrag eine höhere Erstattung vereinbaren.
Wahltarif Krankengeld
Dieser Tarif ist für freiwillig versicherte Selbstständige und Freiberufler. Gesetzliche Forderung: Wahltarife müssen kostendeckend sein.
Wahltarif Vertragsarzt- und Hausarztmodell
In diesem Modell verpflichtet sich der Versicherte, nur von der Krankenkasse vorgeschriebene Ärzte (Vertragsärzte) in Anspruch zu nehmen. Außerdem wird ein Hausarzt für ihn festgelegt. Als Gegenleistung erhält der Versicherte Prämien oder Beitragsrückerstattungen.

M 2

„Hannemann geh du voran ...".

Träger der Krankenversicherung

- Orts-,
- Betriebs-,
- Innungs-,
- Ersatz-,
- Seekrankenkassen
- Landwirtschaftliche Krankenkassen

Arbeitsvorschläge

1. *Erarbeiten Sie innerhalb der Gruppe eine Übersicht über die Vor- und Nachteile der Wahltarife der gesetzlichen Krankenkassen (M 1). Präsentieren Sie Ihr Ergebnis der Klasse.*
2. *Bearbeiten Sie die Karikatur M 2 mithilfe der Methode „Analyse politischer Karikaturen" (s. S. 246).*
3. *Setzen Sie sich mit folgender Aussage auseinander: „Wer oft krank ist, soll auch höhere Krankenversicherungsbeiträge bezahlen". Begründen Sie Ihre Aussage.*

Gesundheitsvorsorge – Eigenverantwortung ist gefragt

Masern gelten als Kinderkrankheit, sind aber alles andere als harmlos. Die Spätfolgen sind besonders gefährlich. Masern enden immer häufiger auch tödlich. Der Grund: Die Spätfolgen, wie z. B. chronische Gehirnentzündungen, sind unheilbar und können sich auch noch Jahre nach einer Ansteckung entwickeln.
Wichtig deshalb für Jugendliche: die im zarten Alter von elf Monaten gegebene Impfung beim Hausarzt auffrischen lassen. Dies beugt einer Ansteckung vor.

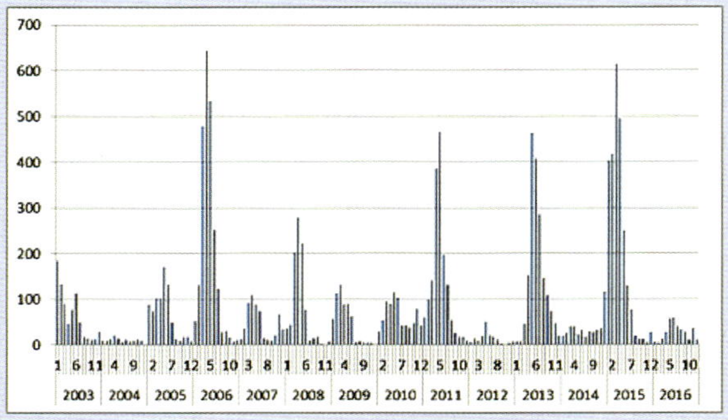

M 1

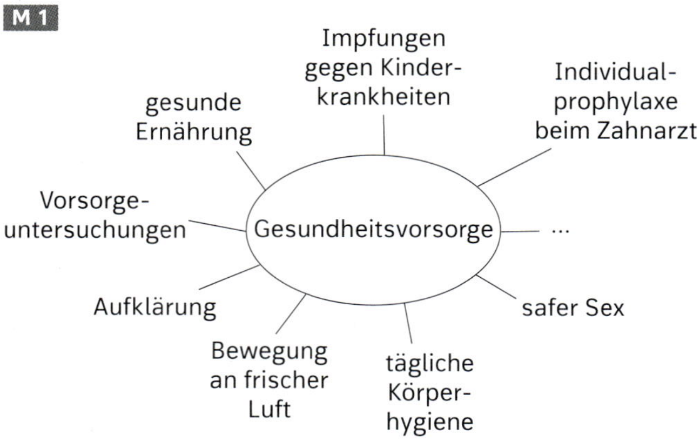

Maßnahmen zur Umsetzung der Gesundheitsvorsorge

„Vorbeugen ist besser als Heilen". Jeder kennt diesen Satz, aber wer richtet sich schon danach? Dabei sind gerade wir Deutschen ein sicherheitsbewusstes Volk. Regelmäßig geben wir unser Auto in die Inspektion, fahren zum TÜV und zur Abgasuntersuchung.
Aber wie und wann „warten" wir uns selbst? Dabei ist es so einfach, Gesundheitsvorsorge aktiv zu betreiben. Dabei helfen Krankenkassen und Berufsgenossenschaften. Sie übernehmen viele Kosten in diesem Bereich. Es ist also Ihre Eigenverantwortung, Gesundheitsvorsorge in die Hand zu nehmen.

Gesunde Ernährung – Du bist, was Du isst

www.bmg.bund.de
www.gbe-bund.de

„Erkrankungen durch falsche Ernährung"
„Wissenschaftler gehen davon aus, dass mehr als 70 % aller Erkrankungen in den westlichen Industrieländern ernährungs- und lebensstilinduziert (lebensstilbedingt) sind. Insbesondere Fehlernährung, Bewegungsmangel und Übergewicht spielen dabei eine große Rolle. Aber auch Nikotingenuss und Alkoholkonsum tragen dazu bei. [...]"
Jordan, Angela: Erkrankungen durch falsche Ernährung, Zugriff am 06.10.2017 unter www.gesundheit.de/ernaehrung/gesund-essen/ernaehrung-und-lebensstil/erkrankungen-durch-falsche-ernaehrung

M 2 Was machen wir falsch? – Unsere Ernährungssünden:

- Wir essen zu viel, zu süß, zu fett.
- Wir essen zu wenig Obst und Gemüse.
- Wir essen zu schnell und zu einseitig.
- Wir naschen zu oft.
- Wir bewegen uns zu wenig im Alltag und treiben zu wenig Sport.
- Wir machen zu viele Diäten.
- Wir trinken zu viel kalorienreiche Getränke und zu wenig Wasser.
- Wir essen zu wenig frisch Zubereitetes, zu viel Fertiggerichte.

Arbeitsvorschläge

1. *Ergänzen Sie das Schaubild M 1 durch weitere mögliche Maßnahmen. Bereiten Sie nun zu dieser Übersicht einen Kurzvortrag vor.*
2. *Erörtern Sie, wie Sie die aufgeführten Ernährungssünden vermeiden könnten.*
3. *Erkundigen Sie sich bei Ihrer Krankenkasse, welche Impfungen Sie als Erwachsene/-r in Anspruch nehmen können. Erstellen Sie dazu eine Übersicht, in der Sie festhalten, wogegen eine Impfung schützt bzw. in welchen Fällen sie empfohlen wird.*

2.4.2 Rentenversicherung (RV)

M 1 Wenn die Arbeitskraft nachlässt

Der Auszubildende Fritz Klein macht sich Gedanken über seine Altersvorsorge. Er hatte ein Gespräch mit seinem Nachbarn, der mit 55 Jahren vor kurzem einen Herzinfarkt erlitten hat und sich jetzt zur Erholung in eine Kurklinik begibt. Ob er wieder arbeiten kann, wird sich erst danach herausstellen. Er braucht jemand, der in der Zeit nach seiner Wohnung sieht. Selbstverständlich erklärt sich Fritz bereit. Aber er nimmt sich vor, gleich morgen einen Termin bei der Deutschen Rentenversicherung zu vereinbaren, denn er möchte wissen, was er von der gesetzlichen Rentenversicherung erwarten kann.

Die Altersversorgung in Deutschland ist bruttolohn- und beitragsbezogen. **Wer mehr und länger einzahlt, hat eine höhere Rente zu erwarten.** Die Rente soll nicht nur die Existenz sichern, sondern ein menschenwürdiges Dasein ohne finanzielle Not ermöglichen.

Die Rente wird an die wirtschaftliche Gesamtentwicklung angepasst (**Dynamisierung der Rente**). Maßgebend hierfür sind u. a. die Entwicklung der Bruttolöhne der Arbeitnehmer, Veränderungen des Beitragssatzes und der **Nachhaltigkeitsfaktor**. Dieser berücksichtigt die jährlichen Veränderungen im Verhältnis Leistungsempfänger zu Beitragszahlern. Sinkt die Anzahl der Beitragszahler, fallen die Rentenerhöhungen geringer aus als der Anstieg der Bruttoeinkommen.

M 2 Das Prinzip der gesetzlichen Rentenversicherung

Das System der gesetzlichen Rentenversicherung arbeitet nach dem Prinzip des **Umlageverfahrens**. Die eingenommenen Beiträge werden gleich wieder dazu verwendet, um die Leistungen an die jetzigen Rentenempfänger auszuzahlen.

M 3

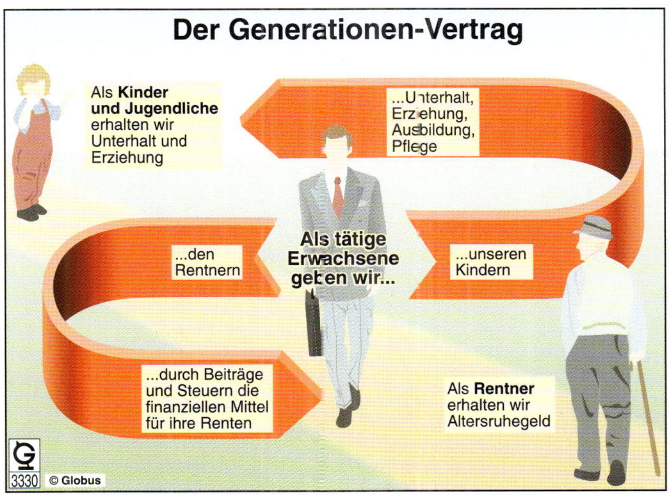

M 4

Generationenvertrag
Die junge Generation zahlt für die alte Generation und erwartet dies von der künftigen Generation für sich selbst.

Umlageverfahren
Die eingezahlten Beiträge von Arbeitnehmer und Arbeitgeber werden sogleich an die Rentner ausgezahlt (umgelegt).

Arbeitsvorschläge

1. *Erläutern Sie die Bedeutung des Generationenvertrags und des Umlageverfahrens in der Sozialversicherung. (M 2, M 3 und M 4)*
2. *Erläutern Sie den Begriff „Dynamisierung der Rente" und begründen Sie die Notwendigkeit dieses Verfahrens.*

Rehabilitation
Wiedereingliederung eines Kranken oder eines Menschen mit körperlicher Behinderung in das berufliche und gesellschaftliche Leben.

M 1 Leistungen der gesetzlichen Rentenversicherung

- Leistungen zur medizinischen und beruflichen Rehabilitation folgen dem Grundsatz: Rehabilitation geht vor Rente.
  Leistungen zur Rehabilitation sind
  - medizinische Leistungen, z. B. Kur- und Heilverfahren,
  - berufsfördernde Leistungen, z. B. Umschulungen,
  - ergänzende Leistungen, z. B. Übergangsgeld.
- Rentenzahlungen an Versicherte und Hinterbliebene.

M 2 Rentenleistung

- **Altersrente** wird gewährt, wenn der Versicherte ein bestimmtes Lebensalter erreicht hat, wobei unterschiedliche Altersgrenzen gelten, z. B. 65 Jahre für die Regelaltersgrenze (schrittweise Anpassung bis 2029 auf 67 Jahre). Für Menschen mit Schwerbehinderung gelten Sonderregelungen.
- **Erwerbsminderungsrente** wird gezahlt bei teilweiser oder voller Erwerbsminderung. Versicherte, die täglich weniger als drei Stunden arbeiten können, erhalten eine volle Erwerbsminderungsrente. Wer noch mindestens drei, aber nicht mehr als sechs Stunden täglich arbeiten kann, erhält eine halbe Erwerbsminderungsrente.
- **Witwen- oder Witwerrente** erhalten die Ehegatten nach dem Tod des Versicherten. Heiratet der überlebende Ehegatte erneut, dann entfällt die Rente.
- **Waisenrente** erhalten die Kinder der verstorbenen Versicherten, solange sie noch kindergeldberechtigt sind.
- **Rente mit bereits 63 Jahren** können ab dem 01.10.2014 diejenigen erhalten, die 45 Jahre Beiträge in die gesetzliche Rentenversicherung gezahlt haben.

Versicherte und Beiträge

Träger der Rentenversicherung
- Deutsche Rentenversicherung Bund,
- Bundesbahn-Versicherungsanstalt,
- Seekasse,
- Bundesknappschaft,
- Landwirtschaftliche Alterskassen

Versicherungspflichtig sind Arbeitnehmer, Handwerker, Landwirte und Auszubildende. Wer nicht versicherungspflichtig ist, kann sich freiwillig versichern.
Geringfügige Beschäftigungen bis 450,00 € (Minijobs) unterliegen seit dem 01.01.2013 der Rentenversicherungspflicht. Der Vorteil: Der Beschäftigte erwirbt Ansprüche auf das volle Leistungspaket der Rentenversicherung. Und dies nur mit 3,9 % vom Arbeitsentgelt Eigenanteil für den Minijobber; den Pauschalbetrag zur Rentenversicherung von 15 % vom Arbeitsentgelt trägt der Arbeitgeber. Weitere Informationen über Minijobs finden sich im Internet unter www.minijob-zentrale.de.
Den Beitrag zur Rentenversicherung übernehmen Arbeitgeber und Arbeitnehmer je zur Hälfte. Der Beitragssatz beträgt 18,7 % vom Bruttoentgelt, die Beitragsbemessungsgrenze 6 500,00 € monatlich (alte Bundesländer), 5 800,00 € monatlich (neue Bundesländer). Diese Zahlen gelten für 2018 und können jährlich angepasst werden.

Arbeitsvorschläge

1. *Erstellen Sie eine Mindmap (s. S. 137) zu den Leistungen der gesetzlichen Rentenversicherung (M 1 und M 2).*
2. *Erörtern Sie den Grundsatz „Rehabilitation geht vor Rente“ (M 1).*
3. *Ermitteln Sie mithilfe der Methode „WebQuests“ (s. S. 218) weitere Voraussetzungen für den Erhalt einer Erwerbsminderungsrente (M 2). Welche persönlichen Schlussfolgerungen ziehen Sie daraus?*
4. *Erkundigen Sie sich in Ihrer Familie und im Bekanntenkreis, aus welchen Gründen und in welchem Lebensjahr betroffene Personen Rentenempfänger geworden sind. Erfragen Sie jeweils den Grund der Rentenbewilligung. Fertigen Sie dazu eine Übersicht an (M 2).*

Die Zukunft der Altersabsicherung

Das Thema „Rente" bleibt in Deutschland auch zukünftig aktuell. So werden weiterhin Rentenkürzungen und Beitragserhöhungen diskutiert, auch längere **Lebensarbeitszeiten** sind zu erwarten. Fest steht, dass auf die gesetzliche Rentenversicherung in Deutschland aufgrund des **demografischen Wandels** große Finanzierungsprobleme zukommen. Die gesetzliche Rente wird für viele Bürger, vor allem für Geringverdiener, nicht mehr ausreichen. Große finanzielle Lücken können entstehen. **Altersarmut** droht. Wer dieser entgehen möchte, dem bleibt nur eine **zusätzliche private Absicherung** (s. dazu auch M 4).

Demografischer Wandel:
Veränderungen und Tendenzen der Bevölkerungsentwicklung, z. B. in Bezug auf die Altersstruktur, Entwicklung von Geburten- und Sterbezahlen.

M 1

M 2

MAL SEHEN, WIE'S DA HINTEN WEITERGEHT ...

M 3 **Lösungsansätze**

Reform der gesetzlichen Rentenversicherung	Staatliche Grundsicherung	Kapitalstockverfahren	Private Vorsorge
– Erhöhung der Beitragsbemessungsgrenze – Senkung der Rentenansprüche – Erhöhung der Lebensarbeitszeit – verringerte Anrechnung von Ausbildungszeiten – Umstellung vom Umlage- zum Kapitaldeckungsverfahren	– Grundsicherung für alle Bürger (Existenzminimum) – Umverteilung von Steuermitteln effizienter gestalten – Pflicht zur zusätzlichen privaten Absicherung	– private Absicherung durch Ansparen in der Versicherung – Kapitalstock ist Bestandteil des privaten Vermögens eines jeden Einzelnen – freie Wahl des Versicherers	– Zusatzversicherungen – Betriebsrente – Immobilienbesitz – privates Kapital

Arbeitsvorschläge

1. *Diskutieren Sie die Lösungsansätze für die Zukunft der Altersabsicherung zunächst in Partner-, danach in Gruppenarbeit. Arbeiten Sie dabei die jeweiligen Vor- und Nachteile heraus. Präsentieren Sie das Ergebnis (M 3).*
2. *Bearbeiten Sie die Karikaturen M 1 und M 2 mithilfe der Methode „Karikaturenrallye" (s. S. 12).*
3. *Entwickeln Sie ein Szenario (s. S. 264) „Versorgung der älteren Generation im Jahr 2050".*

2.4.3 Gesetzliche Unfallversicherung (GUV)

M 1 **Ein Unheil muss reichen**

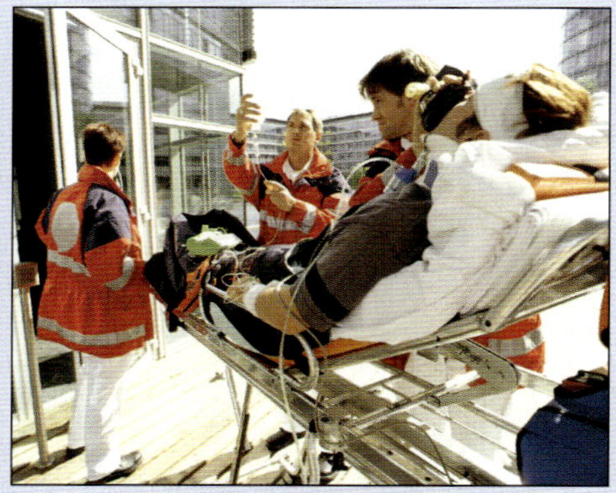

Der Malerazubi Fritz Klein arbeitet mit seinem Kollegen auf einem Gerüst an der Gestaltung einer großen Werbetafel. Durch eine kleine Unachtsamkeit kommt Fritz aus dem Gleichgewicht, stürzt vom Gerüst und bleibt reglos liegen. Sofort kommen die anderen Arbeiter dazu, helfen ihm und rufen den Notarzt. Er wird mit dem Rettungswagen ins Krankenhaus gebracht. Nach einer Computertomografie ist die Sturzfolge erkannt: Fraktur (= Knochenbruch) des dritten Lendenwirbels. Eine Operation ist nicht notwendig. Fritz kann wieder ganz gesund werden. Nach einem achttägigen Krankenhausaufenthalt wird ihm ein Stützkorsett zur Stabilisierung angepasst. Er ist weitere vier Monate arbeitsunfähig und erhält in dieser Zeit täglich Krankengymnastik. Es ist noch einmal gut gegangen.

Träger der Unfallversicherung
- Gewerbliche,
- Landwirtschaftliche,
- See-Berufsgenossenschaften
- Unfallkassen und Gemeindeunfallversicherungsverbände

Die fünf häufigsten anerkannten Berufskrankheiten (in Prozent), die zur Unterlassung aller schädigenden Tätigkeiten gezwungen haben (2015)
1. Hauterkrankungen 33,4 %
2. Bandscheibenerkrankungen 24,1 %
3. Durch Allergien verursachte Atemwegserkrankungen 23,8 %
4. Chemisch verursachte Atemwegserkrankungen 12,7 %
5. Erkrankungen durch Isocyanate 2,2 %

Bundesanstalt für Arbeitsschutz und Arbeitsmedizin (Hg.): „Sicherheit und Gesundheit bei der Arbeit 2015“, S.38, Zugriff am 06.10.2017 unter www.baua.de/DE/Angebote/Publikationen/Berichte/Suga-2015.pdf?__blob=publicationFile&v=8

www.baua.de
www.unfallkassen.de

Das Risiko **Arbeits- bzw. Wegeunfall** oder eine **Berufskrankheit** ist durch die gesetzliche Unfallversicherung abgesichert. Dabei muss eindeutig nachgewiesen sein, dass der Unfall oder die Krankheit in direktem Zusammenhang mit der versicherungspflichtigen Tätigkeit steht.
Der Arbeitgeber hat die Pflicht, jeden Arbeitnehmer umgehend bei Arbeitsantritt der **Berufsgenossenschaft** zu melden.
Der Weg von und zur Arbeitsstelle ist ebenfalls durch die gesetzliche Unfallversicherung abgesichert. Als Wegeunfall wird ein Unfall aber nur dann anerkannt, wenn der Weg nicht länger als zwei Stunden unterbrochen wird und direkt nach Hause oder in den Betrieb führt. Erst dann kann die GUV ihre Leistungen in **unbegrenzter** Höhe erbringen.

Sozialpolitische Zielsetzung und Leistungen

Die Unfallversicherungsträger sollen Arbeitsunfällen und Berufskrankheiten vorbeugen, diese zu verhüten helfen, Unfallfolgen und Berufskrankheiten beseitigen oder mindern sowie eine finanzielle Absicherung leisten.

M 2

Ihre Leistungen umfassen drei Kernpunkte:
- **Unfallverhütung (Prävention)**
  Durch Erlass von Unfallverhütungsvorschriften und deren Überwachung sowie durch Kontrollen in den Betrieben sollen Unfälle vermieden werden.
- **Rehabilitation (Wiederherstellung)**
  Durch Maßnahmen zur Arbeits- und Berufsförderung, durch Heilbehandlung und Berufshilfe soll die Erwerbsfähigkeit wiederhergestellt werden.
- **Finanzielle Sicherung**
  Durch Leistungen an den Verletzten, seine Angehörigen und seine Hinterbliebenen soll eine finanzielle Absicherung erreicht werden.

Arbeitsvorschläge

1. *Tragen Sie die Leistungen der GUV zusammen, die Fritz Klein nach seinem Unfall erhalten hat. (M 1)*
2. *Vergleichen Sie diese mit den in M 2 genannten Leistungen und kennzeichnen Sie Übereinstimmungen.*
3. *Ermitteln Sie die Leistungen, die Fritz Klein zur Verfügung ständen, wenn er durch diesen Unfall erwerbsunfähig geworden wäre.*

Versicherte und Beiträge

Pflichtversichert sind alle Arbeitnehmer und Auszubildenden, unabhängig von der Art und Dauer der Beschäftigung und der Höhe des Einkommens. Landwirte, Schüler, Studenten, Kinder in Kindergärten, Arbeitslose während ihres Aufenthaltes in der Arbeitsagentur und bei Vorstellungsgesprächen, Helfer bei Unglücksfällen, Mitarbeiter des Zivil- und Katastrophenschutzes sowie Blutspender sind ebenfalls versichert.

M 1 Den Beitrag zur Unfallversicherung trägt allein der Arbeitgeber oder die Institution, für die die jeweilige Person gerade tätig ist (z. B. für Schüler die Gemeinde, für Blutspender die Blutspendedienste wie das DRK). Die Beitragshöhe richtet sich hauptsächlich nach dem Gefahrentarif des Unternehmens oder der Institution. Bei gut funktionierendem Unfallschutz gibt es Beitragsnachlässe
Die Unfallversicherung ist demnach eine Haftpflichtversicherung des Unternehmens für die Gefährdungen, denen der Arbeitnehmer während seiner Tätigkeit ausgesetzt ist. Gleiches gilt für die bei Institutionen Beschäftigten.

M 2

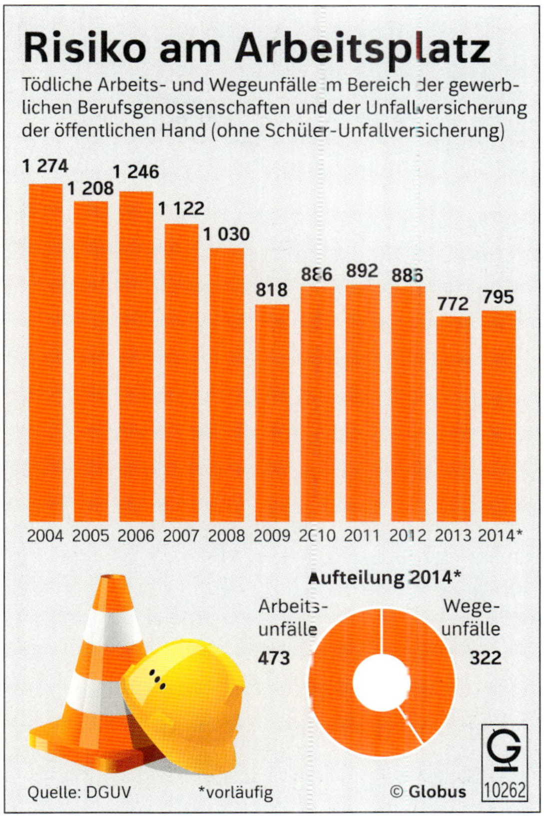

Schüler/-innen an berufsbildenden Schulen genießen den Schutz der gesetzlichen Schülerunfallversicherung durch die „Gemeinde-Unfallversicherungsverbände“, z. B. den Verband Niedersachsen. Sie übernimmt die Kosten, die durch gemeldete Unfälle während des Unterrichts, aber auch auf dem Weg von und zur Schule verursacht werden. Die Versicherungsbeiträge zur Gemeindeunfallversicherung tragen die Gemeinden.

1996 sank die Zahl der tödlichen Arbeitsunfälle erstmals unter 2000. Mehr Aufklärung der Arbeitnehmer zur Unfallverhütung, mehr Investitionen der Unternehmen für Sicherheit am Arbeitsplatz, aber auch strengere Sicherheitsvorschriften haben diese Entwicklung begünstigt.

Arbeitsvorschläge

1. *Ermitteln Sie mithilfe der Methode „WebQuests“ (s. S. 218):*
   a) *Welche Rolle spielt bei der GUV die Schuldfrage bei einem Arbeits- oder Wegeunfall?*
   b) *Was müssen Sie tun, wenn Sie einen Arbeits- oder Wegeunfall erlitten haben?*
   c) *Welche gesetzlichen Leistungen erhalten Sie im Fall einer Berufsunfähigkeit? Erarbeiten Sie Möglichkeiten einer zusätzlichen privaten Absicherung.*
2. *Begründen Sie die ausschließliche Beitragszahlung des Arbeitgebers zur GUV. (M 1)*
3. *Werten Sie M 2 aus und notieren Sie Ursachen für die dargestellte Entwicklung.*
4. *Erkunden Sie in Ihrem Ausbildungsbetrieb und/oder Ihrer Schule, welche Unfallverhütungsvorschriften gelten. Berichten Sie darüber in einem Kurzvortrag.*

Zeichen für Ihre Sicherheit

Feuer, offenes Licht und Rauchen verboten

Warnung vor ätzenden Stoffen

Gehörschutz tragen

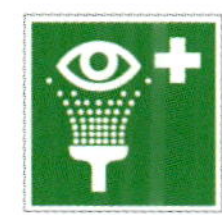
Augenspüleinrichtung

Physische Belastungen am Arbeitsplatz

(bei Prozent der Erwerbstätigen)

Lärm	30 %
Kälte, Hitze, Nässe, Zugluft	30 %
schwere Lasten heben oder tragen	29 %
Öl, Fett, Schmutz, Dreck	25 %
körperliche Zwangshaltung	25 %
Rauch, Staub, Gase, Dämpfe	21 %
Wechselschicht	19 %
gefährliche Stoffe	17 %
Nachtarbeit	12 %

vgl. Deutsche Gesetzliche Unfallversicherung: Gefährdungs- und Belastungs-Katalog. Beurteilung von Gefährdungen und Belastungen am Arbeitsplatz, 12/2009, Zugriff am 09.10.2017 unter http://publikationen.dguv.de/dguv/pdf/10002/i-8700.pdf

M 2

Sozialpolitische Zielsetzung und Aufgaben des Sozialgesetzbuches (SGB) III – Arbeitsförderung

- **Arbeitsförderung:** um den einzelnen Arbeitnehmer vor dem Risiko der Arbeitslosigkeit zu schützen.
- **Sicherung von Arbeitsplätzen:** z. B. durch Kurzarbeitergeld bei Arbeitsausfall, Insolvenzgeld bei Zahlungsunfähigkeit des Arbeitgebers, Maßnahmen der Arbeitsbeschaffung.
- **Finanzielle Leistungen:** um die Existenzgrundlage des Arbeitnehmers und seiner Familie im Fall der Arbeitslosigkeit zu sichern (siehe auch M 1 auf S. 43).

2.4.4 Arbeitslosenversicherung (AV) und Arbeitsförderung

M 1 Das darf doch nicht wahr sein!

In der Berufsschulklasse von Fritz Klein wird ein Auszubildender sechs Monate nach Beginn der Ausbildung von seinem Betrieb fristlos gekündigt. Fritz ist sehr betroffen und macht sich Gedanken, ob dem Gekündigten Leistungen aus der Arbeitslosenversicherung zustehen. Er möchte auch gern wissen, wie sich die Situation bei bestandener oder nicht bestandener Gesellenprüfung ändert.

Versicherte und Beiträge

In der Arbeitslosenversicherung sind alle Arbeitnehmer, Angestellten und Auszubildenden pflichtversichert. Versicherungsfrei sind Selbstständige und Beamte. Der **Beitragssatz** beträgt seit 01.01.2011 3,0 % des Bruttoarbeitsentgelts. Er wird höchstens bis zur **Beitragsbemessungsgrenze** (für 2018: 6500,00 € monatlich alte Bundesländer, 580,00 € monatlich neue Bundesländer) angewendet. Arbeitnehmer und Arbeitgeber tragen den Beitrag je zur Hälfte. **Träger** der Arbeitslosenversicherung ist die **Bundesagentur für Arbeit** in Nürnberg.

M 3 Arbeitslosengeld – auch für Auszubildende?

Eine **Berufsausbildung** im Sinne des Berufsbildungsgesetzes ist ein versicherungspflichtiges Verhältnis. Es gelten hier die gleichen Bedingungen und Voraussetzungen wie in einem Arbeitsverhältnis. Es wird das **Bemessungsentgelt** (s. S. 43) auf Grundlage der Ausbildungsvergütung berechnet. Da in den überwiegenden Fällen das dann ermittelte ALG I sehr niedrig wäre, erfolgt eine **Sonderbemessung** für Auszubildende. Entweder der Ausbildungsbetrieb bescheinigt der Arbeitsagentur das Arbeitsentgelt, welches der Auszubildende nach der Berufsausbildung bei Übernahme in das Beschäftigungsverhältnis erhalten würde, oder die Arbeitsagentur ermittelt das tarifliche Arbeitsentgelt entsprechend dem Berufsabschluss. Dieses **Arbeitsentgelt wird halbiert,** und auf dieser Grundlage wird das ALG I berechnet. In den meisten Fällen ist dies für den Auszubildenden vorteilhafter. Bedingung der Sonderbemessung: Die Ausbildung muss **erfolgreich** abgeschlossen worden sein! Ein Anspruch auf Arbeitslosengeld (ohne Sonderbemessung) besteht auch dann, wenn die Berufsausbildung abgebrochen wurde, aber mindestens ein Jahr bestanden hat.
Eine rein schulische Ausbildung ist kein versicherungspflichtiges Verhältnis nach dem Berufsbildungsgesetz. Deshalb besteht nach dieser Ausbildung **kein Anspruch auf ALG I**.

M 4 Kurzarbeitergeld

Wenn Betriebe aus wirtschaftlichen Gründen die Arbeitszeit vorübergehend verringern müssen und Kurzarbeit anzeigen, kann Kurzarbeitergeld gezahlt werden. **Bedingung ist, dass die Arbeitsplätze der betroffenen Arbeitnehmer erhalten bleiben**. Während der Finanzkrise 2010 hat die Regelung, Kurzarbeitergeld bis maximal 24 Monate zu beziehen, vielen Unternehmen und damit vor allem wichtigen Fachkräften das wirtschaftliche Überleben gesichert. Kurzarbeitergeld wird durch den Betrieb ausgezahlt und auf Antrag des Arbeitgebers oder des Betriebsrats von der Arbeitsagentur erstattet.
Die Höhe des Kurzarbeitergeldes orientiert sich an der Berechnung des ALG I.

Arbeitsvorschläge

1. *Setzen Sie sich mit dem Text M 2 mithilfe der Methode „Textbearbeitung" (s. S. 207) auseinander. Berichten Sie einem Mitschüler/einer Mitschülerin.*
2. *Erkunden Sie weitere Voraussetzungen für die Zahlung von Kurzarbeitergeld. (M 4)*

Leistungen der Arbeitslosenversicherung

M 1

Ausbildung und Umschulung	Arbeitsvermittlung und Berufsberatung	Finanzielle Leistungen an Arbeitslose
Im Rahmen der beruflichen Bildung werden ungelernte Arbeitskräfte ausgebildet. Ausgebildete Fachkräfte, deren Arbeitsplatz durch wirtschaftliche Veränderungen bedroht ist, werden fortgebildet oder umgeschult.	Über die Arbeitsagentur werden Stellensuchenden entsprechend ihrer Eignung und Fähigkeiten geeignete Arbeitsplätze vermittelt. Vor und während des Berufslebens kann sich jeder über Fragen der Berufswahl, der Berufsaussichten und der Berufsbildung beraten lassen.	Anspruch auf ALG I oder ALG II hat nur der Versicherte, der - beschäftigungslos, aber arbeitswillig ist, - sich unverzüglich bei Bekanntwerden der Arbeitslosigkeit, spätestens jedoch am ersten Tag der Arbeitslosigkeit persönlich bei der Arbeitsagentur meldet, - einen Antrag stellt, - die Voraussetzungen für den Erhalt erfüllt.

Weitere Informationen unter www.arbeitsagentur.de

Bemessungsentgelt
Durchschnitts(netto)entgelt im Bemessungszeitraum, mindestens der letzten 150 Tage

M 2

	Arbeitslosengeld I	Arbeitslosengeld II
Voraussetzungen für den Erhalt	- zwölf Monate versicherungspflichtige Beschäftigung innerhalb von zwei Jahren vor Arbeitslosmeldung - beschäftigungslos (verfügbar) sein - Eigenbemühungen zur beruflichen Wiedereingliederung	- Ablauf des Anspruchs auf ALG I oder noch nicht erreichter Anspruch auf ALG I - Bedürftigkeit
Höhe der Unterstützung	- 67 % des Bemessungsentgelts mit Kind(ern) - 60 % des Bemessungsentgelts ohne Kind(er)	- 409,00 € monatlich ab 01.01.2017 (für Alleinstehende; weitere im Haushalt lebende Erwachsene weniger, mit jährlicher Anpassung) - Zuschüsse für Kinder, Wohnung und Heizung
Mögliche Dauer der Unterstützung	abhängig von der Dauer der Beschäftigung und vom Alter (siehe M 3)	Zahlung maximal ein Jahr, danach ist eine neue Antragstellung notwendig.

M 3

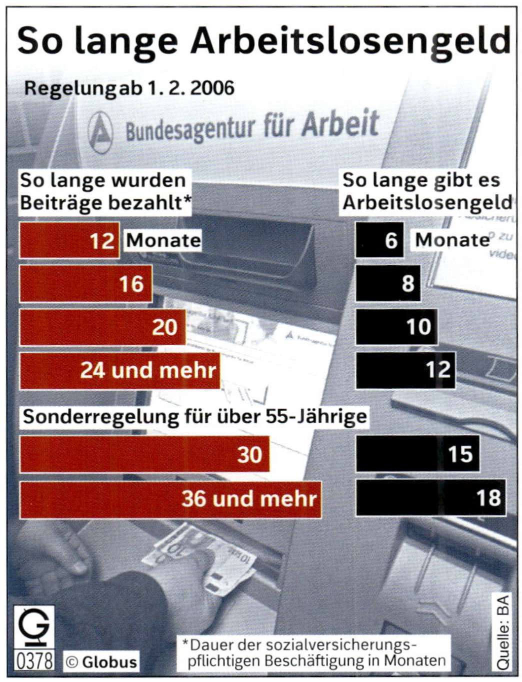

Arbeitsvorschläge

1. *Erstellen Sie eine Übersicht zu den Leistungen, die Sie nach bestandener Ausbildung in Anspruch nehmen können. (M 3 auf S. 42)*
2. *Ermitteln Sie die monatliche Höhe und die Bezugsdauer des ALG I für den 26-jährigen ledigen, kinderlosen Arbeitnehmer Albert Dürrhaupt, der erst 20 Monate in der Firma Mager & Co. KG beschäftigt ist, als er die betriebsbedingte Kündigung erhält. Sein Bemessungsentgelt beträgt 1 425,30 €. (M 2 und M 3)*
3. *Versetzen Sie sich in die Rolle eines Mitarbeiters der Agentur für Arbeit. Beraten Sie Fritz Klein, welche Leistungen im geschilderten Fall (M 1, S. 42) durch die Arbeitslosenversicherung erbracht werden können (M 3 S. 42, M 1 und M 2).*

2.4.5 Pflegeversicherung (PV)

M 1 Der Malerauszubildende Fritz Klein bekommt zu seinem 18. Geburtstag von den Eltern ein Motorrad geschenkt. Die erste Fahrt führt ihn mit druckfrischem Führerschein durch eine kurvenreiche Strecke. Kurz vor dem Berggipfel kommt ihm ein Pkw entgegen. Fritz Klein kann nicht mehr ausweichen, stürzt und verletzt sich schwer. Er wird mit dem Rettungswagen in die Unfallklinik transportiert. Diagnose: Querschnittslähmung, ein Leben im Rollstuhl. Fritz Klein ist ein Fall für die Pflegeversicherung geworden.

Egal, ob jung oder alt, ob der Malerazubi Fritz Klein oder Ihre Eltern – die Leistungen der gesetzlichen Pflegeversicherung werden nicht automatisch gewährt, sondern müssen in einem aufwendigen Verfahren beantragt werden. Die folgende Übersicht zeigt Ihnen die wichtigsten Schritte.

M 2 **Verfahrensweg zur Feststellung der Pflegebedürftigkeit**

Der Pflegebedürftige (oder seine Angehörigen) stellen bei der Pflegekasse einen **Antrag zur Feststellung der Pflegebedürftigkeit.**

↓

Antragsprüfung durch die Pflegekasse

↓

Die Pflegekasse beauftragt den **MDK** (**M**edizinischer **D**ienst der **K**rankenversicherung) als unabhängigen Prüfer, ein **Gutachten** zu erstellen.

↓

Bei einem **Hausbesuch** beim Pflegebedürftigen wird eine **Untersuchung** der Lebensumstände durchgeführt (s. auch die Abbildung unten).

↓

Der MDK erstellt daraufhin ein **Pflegegutachten** (nach dem **NBA** – s. u.) und schlägt der Pflegekasse einen **Pflegegrad** vor.

↓

Die Pflegekasse **prüft** das Gutachten und erstellt einen **Bescheid,** in dem der Pflegebedürftige u. a. den ermittelten Pflegegrad mitgeteilt bekommt.

↓

Ist der Pflegebedürftige mit diesem Bescheid nicht einverstanden, kann er einen **Widerspruch** einlegen. Dabei ist die in der Rechtsbehelfsbelehrung des Bescheids genannte Frist zu beachten.

Die Höhe des Pflegebedarfs wird mithilfe des **N**euen **B**egutachtungs**a**ssessments (NBA) bestimmt und in fünf Pflegegrade (s. S. 45) eingestuft. Gesetzliche Grundlage ist das zweite Pflegestärkungsgesetz.

M 3

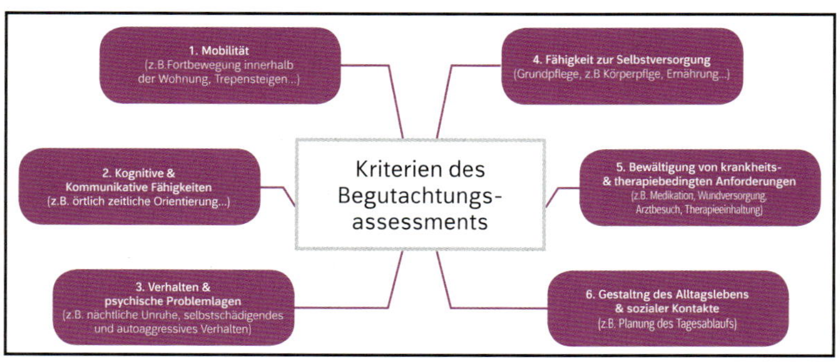

Diakonie Pflegedienst, Zugriff am 13.09.2017 unter www.diakonie-pflegedienst.de/PSG2.html

M 4 **Versicherte und Beiträge**

Pflichtversichert in der gesetzlichen Pflegeversicherung sind alle Personen, die der gesetzlichen Krankenversicherung angehören. Den Beitrag zur Pflegeversicherung übernehmen Arbeitgeber und Arbeitnehmer je zur Hälfte. Der Beitragssatz liegt (Stand 2018) bei 2,55 % vom Bruttoentgelt. Kinderlose Arbeitnehmer/-innen über 23 Jahren zahlen zusätzlich aus eigener Tasche 0,25 % dazu. Die Beitragsbemessungsgrenze beträgt 4 425,00 € monatlich, die Versicherungspflichtgrenze 59 400,00 € jährlich (Stand 2018).

M5 **Die Leistungen der Pflegeversicherung**

Allen Pflegebedürftigen von Pflegegrad 1 bis Pflegegrad 5 stehen Leistungen zu.

Je nachdem, ob ein Pflegebedürftiger zu Hause oder stationär betreut wird, zahlt die Pflegekasse unterschiedliche Leistungen. Wichtig sind außerdem die Pflegegrade.

Vollstationäre Leistungen	**Pflegegeld**	**Weitere Pflegeleistungen**
Wenn ein Pflegebedürftiger auf Dauer in einem Pflegeheim oder einer speziellen Einrichtung gepflegt wird, zahlt die Kasse 125,00 € im Pflegegrad 1, 770,00 € im Pflegegrad 2, 1 262,00 € im Pflegegrad 3, 1 775,00 € im Pflegegrad 4, 2 005,00 € im Pflegegrad 5.	Pflegegeld erhält man, wenn ehrenamtliche Pfleger die häusliche Pflege übernehmen. Das können z. B. Familienangehörige sein. In diesem Fall erhält der Pflegebedürftige das Pflegegeld direkt auf sein Konto, und zwar 316,00 € in Pflegegrad 2, 545,00 € in Pflegegrad 3, 728,00 € in Pflegegrad 4, 901,00 € in Pflegegrad 5. Der Pflegebedürftige bestimmt selbst, wie das Geld ausgegeben wird.	Darüber hinaus können folgende Pflegeleistungen beantragt werden: Tages- und Nachtpflege, Kurzzeitpflege, Verhinderungspflege, Hilfsmittel im Pflegeheim, Wohnraumanpassung

Erst kümmern sich Eltern um ihre Kinder. Später kümmern sich dann in der Regel die Kinder um ihre Eltern. So könnte vereinfacht der Vertrag zwischen junger und alter Generation beschrieben werden (siehe auch S. 37). Eltern erhalten staatliche Hilfe in Form von Kindergeld, steuerlichen Erleichterungen, Zuschüsse zu den Pflichtversicherungen und ein kostenloses bzw. subventioniertes Bildungssystem.

Wenn die Kinder dann längst erwachsen und die Eltern auf deren Hilfe angewiesen sind, gab es bisher nicht viele Möglichkeiten, staatliche Leistungen in Anspruch zu nehmen. Die Voraussetzungen, Pflegeleistungen bezahlt zu bekommen, waren eng gehalten. Das soll nun mit der jetzt gültigen Stufe des **Zweiten Pflegestärkungsgesetzes**, das am 01.01.2017 in Kraft getreten ist, ausgeglichen werden.

M 6

Welche Probleme müssen noch gelöst werden?

Ungeklärt ist vor allem die Frage, woher die zusätzlichen Pflegekräfte für die [...] Reform kommen sollen. Die zunehmend prekäre Versorgungsrealität in deutschen Pflegeheimen werde sich dadurch „weiter zuspitzen", [...] Bei den Personalschlüsseln werde zu wenig berücksichtigt, dass in den Heimen immer mehr Menschen mit höherem Betreuungsbedarf lebten, [...] Schätzungen zufolge bräuchte es 30 000 zusätzliche Pflegekräfte, um die Vorgaben der Reform „angemessen umzusetzen".

Woratschka, Rainer: Bundestag beschließt Revolution des Pflegesystems, Zugriff am 08.10.2017 unter www.tagesspiegel.de/politik/pflegereform-bundestag-beschliesst-revolution-des-pflegesystems/12581374.html

Arbeitsvorschläge

1. *Fertigen Sie eine Collage (s. S. 50) mit Bildern, Zeichnungen, Piktogrammen u. a. m. zu M 2 an.*
2. *Ermitteln Sie mithilfe der Methode „WebQuests" (s. S. 218), wie die in M 3 aufgeführten Module zur Berechnung des Pflegegrades führen.*
3. *Erstellen Sie einen Spickzettel (s. S. 207) zu M 4 und M 5. Halten Sie damit einen Kurzvortrag.*
4. *In M 6 sind ungelöste Probleme der Pflegereform aufgeführt. Recherchieren Sie weitere Probleme, und erarbeiten Sie in der Gruppe Lösungsvorschläge.*
5. *Ermitteln Sie, welche Leistungen der Pflegeversicherung Malerazubi Fritz Klein (M 1) in Anspruch nehmen kann. (M 5)*

2.5 Soziale Sicherung – Können wir sie uns noch leisten?

Immer häufiger werden Bedenken laut, ob der Sozialstaat noch zu finanzieren sei. Tatsache ist, dass die Sozialausgaben und die Belastungen der steuerzahlenden Bürger und Unternehmen wachsen.

Wenn Arbeitgeber und Arbeitnehmer sich über den Arbeitslohn unterhalten, gibt es oft Verständigungsschwierigkeiten. Der Chef stöhnt über die hohen Lohnkosten, der Mitarbeiter beklagt sein niedriges Nettoeinkommen. Und in der Tat: Vom Kostenaufwand für die Arbeit kommt nur gut die Hälfte (54 %) auf dem Konto des Arbeitnehmers an.

Der Arbeitgeber muss also für jeden abhängig Beschäftigten wesentlich mehr kalkulieren, als auf dessen Brutto- und Nettolohnabrechnung ausgewiesen ist.

Den Unterschied zwischen Lohnkosten und Nettolohn kassieren Staat und Sozialversicherung – Tendenz steigend.

M 1

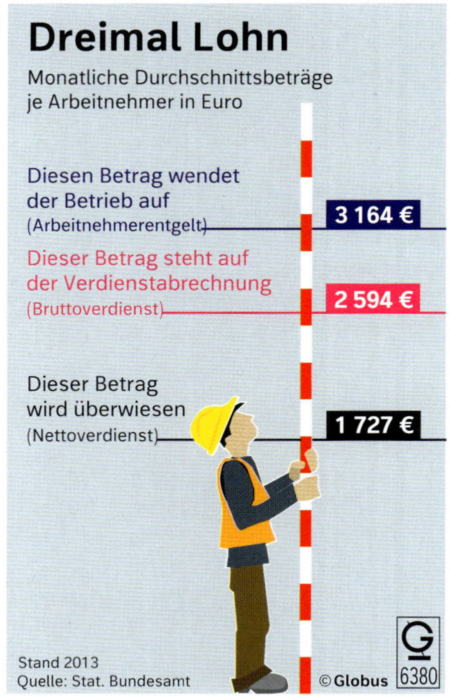

M 2 Die Mängel des deutschen **Sozialsystems**

1. Es ist zersplittert und unübersichtlich. Da die Bürger auf vielfältige Weise zur Kasse gebeten werden, bleibt ihnen verborgen, wie teuer das Sozialsystem inzwischen geworden ist.
2. Es wird zu sehr von staatlichen Institutionen beherrscht. Wettbewerb und Preismechanismus sind weitgehend ausgeschaltet – es herrschen staatliche Zuteilung und Steuerung.
3. Es wird zu viel und mit ungeeigneten Instrumenten umverteilt. Es gilt das sogenannte „Solidarprinzip“ – Beitragshöhe und Leistungen sind selten übereinstimmend.
4. Wirkliche Vorsorge im Sinne einer Ansammlung von Vermögenswerten für schwierige Zeiten kommt zu kurz – sowohl beim Bürger wie auch beim Staat.
5. Es ist zu einseitig an den Arbeitsvertrag gekoppelt – die wachsenden Kosten der sozialen Sicherung werden überwiegend dem Produktionsfaktor Arbeit angelastet.

Arbeitsvorschläge

1. *Erläutern Sie die Grafik M 1.*

2. *Erörtern Sie die in M 2 gemachten Aussagen.*

3. *a) „So viel Sicherheit wie nötig“ oder „So viel Sicherheit wie möglich“. Diskutieren Sie diese Thesen zunächst in Partner-, dann in Gruppenarbeit. Beziehen Sie sich dabei auf M 2.*

b) Erstellen Sie eine Rangfolge derjenigen Bereiche, in denen Sie Möglichkeiten sehen, Lebensrisiken in Eigenverantwortung abzusichern.

2.6 Sozialgerichtsbarkeit

Wie hätten Sie entschieden?

Fall 1: Umzug ins grenznahe Ausland
Ein Arbeitnehmer zog von Deutschland ins grenznahe Ausland und beantragte einige Zeit danach ALG I.
Das Bundessozialgericht:
Ein zuvor in Deutschland wohnhafter und beitragspflichtiger Arbeitnehmer hat auch dann Anspruch auf ALG I, wenn er im Ausland wohnt.
(AZ: B 11 AL 25/08 R)

Fall 2: Neues TV-Gerät für Hartz-IV-Empfänger
Ein Hartz-IV-Empfänger beantragte bei der Arbeitsagentur für die Neueinrichtung seiner Wohnung ein neues TV-Gerät.
Das Bundessozialgericht:
Die Wünsche eines Hartz-IV-Empfängers nach Freizeit, Information und Unterhaltung sind aus dem Regelsatz zu bestreiten.
(AZ: B 14 AS 75/10 R)

Fall 3: Kurzarbeitergeld für Leiharbeiter
Eine Unternehmerin beantragte für die bei ihr beschäftigten Leiharbeiter Kurzarbeitergeld wegen vorübergehendem Auftragsrückgang.
Das Bundessozialgericht:
Zeitarbeitsfirmen unterliegen dem grundsätzlichen Ausschluss vom Kurzarbeitergeld. Die Arbeitnehmer können von der Zeitarbeitsfirma anderweitig beschäftigt werden.
(AZ: B 7 AL 3/08 R)

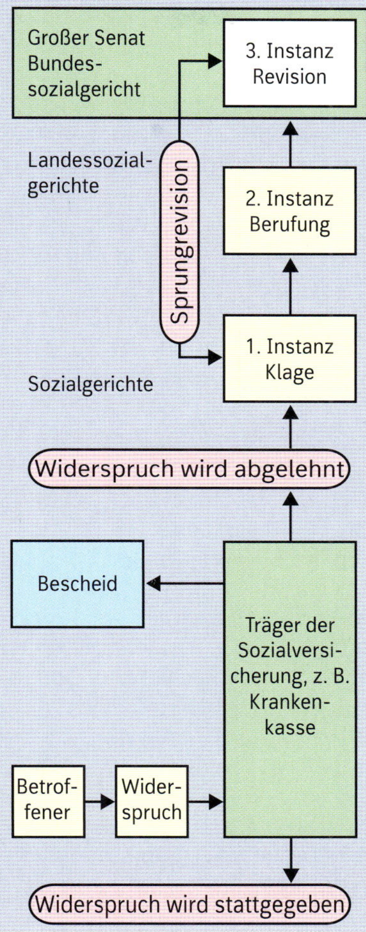

Vor dem Klageweg finden Sie hier Hilfe:

- Gewerkschaften
- Versicherungsträger
- Hauptfürsorgestelle
- Rechtsanwälte

Berufung

Das Urteil wird in tatsächlicher und rechtlicher Hinsicht überprüft. Die Parteien haben grundsätzlich die Möglichkeit, noch neue Tatsachen vorzutragen oder zusätzliche Beweismittel beizubringen.

Revision

Das angefochtene Urteil wird lediglich darauf überprüft, ob das Recht richtig angewandt worden ist; das Revisionsgericht ist an die von der Vorinstanz festgestellten Tatsachen gebunden. In besonderen Fällen kann auch gegen ein Kammerurteil Revision eingelegt werden (Sprungrevision).

www.sozialgerichtsbarkeit.de

Die **Sozialgerichte** sind zuständig bei Streitigkeiten in der Sozialversicherung und anderen Gebieten des Sozialsystems wie z. B. Berufsausbildungsbeihilfe (BAB) und Kindergeld. Bei einem ablehnenden Bescheid kann der Betroffene Widerspruch beim Sozialversicherungsträger einlegen. Bleibt dieser ohne Erfolg, so steht der Klageweg offen; in erster Instanz beim Sozialgericht. Es entscheidet mit einem Urteil. Dagegen kann, falls die Angelegenheit wichtig ist, Berufung beim **Landessozialgericht** eingelegt werden. Revisionsinstanz ist das **Bundessozialgericht** in Kassel.

Die Gerichte sind mit Berufsrichtern und ehrenamtlichen Sozialrichtern (Laienrichtern) besetzt. Das Verfahren ist **kostenfrei** für die Versicherten. Vor den Sozial- und Landessozialgerichten besteht kein Anwaltszwang. Beim Bundessozialgericht muss man sich durch einen Anwalt oder Prozessbevollmächtigten vertreten lassen.

Arbeitsvorschläge

1. *Arbeiten Sie die jeweiligen Gründe für die Ablehnung bzw. Anerkennung des Versicherungsschutzes heraus. Informieren Sie sich über weitere Urteile von Sozialgerichten.*
2. *Organisieren Sie einen Besuch mit Ihrer Klasse beim Sozialgericht. Interviewen Sie den Sozialrichter über den zuletzt behandelten Fall. Sprechen Sie mit ihm über häufige Streitfälle im Sozialrecht.*

2.7 Zusätzliche Sicherung

M 1 Wie viel Versicherung brauchen Sie?

Auf diese Frage gibt es keine eindeutige Antwort. Sie brauchen eine Versicherung immer dann, wenn ein Schaden eintritt. Vorausgesetzt, Sie haben sich auch gegen diesen Schaden wirklich versichert. Und ob dieser Schaden irgendwann überhaupt eintritt, wissen Sie natürlich auch nicht.
Welche Versicherungen Sie abschließen, hängt von Ihnen selbst ab. Wo sehen Sie hohe Gefährdungen, deren Folgekosten Sie nicht selbst verkraften können? Sind die zu zahlenden Prämien im angemessenen Verhältnis zur möglichen Schadenshöhe? Wie hoch ist die Wahrscheinlichkeit eines Schadensfalles, und was zahlt dann die Versicherung? Diese und ähnliche Fragen sollten Sie sich vor dem Abschluss eines Versicherungsvertrags stellen.
Ein konkretes Beispiel. Eine Vollkaskoversicherung ist bei einem neuen Auto sinnvoll, um es bei einem Totalschaden schnell (vor allem finanziell) ersetzen zu können.
Jahr um Jahr sinkt allerdings der Zeitwert des Autos. Sie müssen also überlegen, wann eine Vollkaskoversicherung nicht mehr lohnt.

M 2

§ 823 [Schadensersatzpflicht] BGB

(1) Wer vorsätzlich oder fahrlässig das Leben, den Körper, die Gesundheit, die Freiheit, das Eigentum oder ein sonstiges Recht eines anderen widerrechtlich verletzt, ist dem anderen zum Ersatz des daraus entstehenden Schadens verpflichtet.

www.gdv.de

Ursprünglich waren Familie und Verwandtschaft die wichtigsten Schutzgemeinschaften, um sich gegen Gefahren des Alltags und materiellen Verlust abzusichern. Heute schützt die gesetzliche Sozialversicherung als Pflichtversicherung den Arbeitnehmer vor den Risiken des Arbeitslebens und im Alter. Außerhalb des Arbeitslebens muss sich der Bürger vor weiteren Risiken selbst schützen. Deshalb bieten im Bereich der privaten Vorsorge Versicherungen zusätzlichen Schutz an.

Heute gibt es in der Bundesrepublik Deutschland nach Angaben des Verbands der Versicherer (Stand 2017) rund 431 Millionen Versicherungsverträge. Die Zahl macht deutlich, welchen Stellenwert die Individualversicherung hat, und auch, wie sicherheitsbewusst die Menschen geworden sind. Als Kapitalsammelstelle für Versicherungsbeiträge haben die Versicherungen eine volkswirtschaftliche Bedeutung. Ohne Versicherungsschutz wäre sowohl unsere Gesellschaft als auch unsere Wirtschaft nicht voll funktionsfähig.

individuell (lat.-fr.)

auf das Individuum, den einzelnen Menschen, seine Bedürfnisse, speziellen Verhältnisse u. Ä. zugeschnitten

M 3 Unterscheidungsmerkmale zur Sozialversicherung

Die Individualversicherung
- beruht auf einem freiwilligen gegenseitigen Vertrag,
- versichert so gut wie alle Risiken des Alltags,
- kann immer nur den materiellen (gegenständlichen) Schaden absichern,
- regelt die Leistungen im Schadensfall durch vertragliche Vereinbarungen,
- richtet die Beitragshöhe (Prämie) nach der Höhe des versicherten Risikos und der gewünschten Leistung aus,
- kann bei günstigem Schadensverlauf Beitragsrückerstattungen gewähren,
- wird von privaten und öffentlich-rechtlichen Versicherungsunternehmen getragen.

Arbeitsvorschläge

1. *Interpretieren Sie die Karikatur M 2.*
2. *Erarbeiten Sie eine Übersicht über Merkmale der Sozial- und der Individualversicherung. Nutzen Sie dazu M 3.*
3. *Tragen Sie einige Risiken, denen Sie und Ihre Angehörigen im Alltag ausgesetzt sind, zusammen. Notieren Sie dazu auch, wie Sie diese Risiken vermindern oder gar ausschließen könnten. (M 1)*

Eine Vielzahl von Versicherungsgesellschaften bietet für fast alle Eventualitäten des privaten Lebens Versicherungsschutz. Aus einer Werbebroschüre:

M 1 **Profitieren Sie von Ihrem Vorsorgepartner**

Gesundheit
- problemlose Krankenversicherung
- Krankenhaustagegeld
- Krankentagegeld dynamisch
- Privatpatient als Mitglied von gesetzlichen Kassen
- Unfallversicherung progressiv und dynamisch
- Zahnzusatzversicherung
- betriebliche Altersversorgung

Leben
- Alters- und Hinterbliebenenversorgung
- Privat-Rente
- Rentengutachten
- Berufsunfähigkeits-Zusatzversicherung
- Risiko-Absicherung bei Finanzierungen (z. B. Bau)
- Ausbildungs-/Aussteuerversicherung
- Haftpflicht
- Kraftfahrzeuge
- Rechtsschutz
- Handwerker-Altersversicherung
- Sterbegeldversicherung
- Vorsorgeanalyse

Eigentum
- Feuer
- Einbruchdiebstahl
- Leitungswasser
- Sturm
- Glas
- Hausrat
- Wohngebäude
- Betriebsschließung
- Betriebsunterbrechung

Jede Bürgerin und jeder Bürger kann sich entsprechend der jeweiligen Lebenssituation den persönlichen Versicherungsschutz nach Maß gestalten. Im Interesse der Vorsorge für den Einzelnen und die Gesellschaft hat der Staat z. B. die Haftpflichtversicherung für Kraftfahrzeughalter und die Brandversicherung für Gebäudeeigentümer gesetzlich vorgeschrieben.

Was man bei einem Versicherungsabschluss beachten sollte:

- Angebote mehrerer Unternehmen einholen und die unterschiedlichen Leistungen und Tarife miteinander vergleichen.
- Beim Vergleich muss das billigste Angebot nicht immer das beste sein; neben dem Preis zählt auch Kundenservice wie z. B. Beratung bei Vertragsabschluss und im Schadensfall.
- Jede Frage, die vor Vertragsabschluss geklärt wird, vermeidet Missverständnisse im Schadensfall.
- Der Versicherungsantrag muss wahrheitsgemäß und vollständig ausgefüllt werden.
- Spätestens nach Vertragsabschluss erhält der Versicherte den Versicherungsschein, die „Police" sowie die „Versicherungsbedingungen". Damit ist auch die erste Prämie fällig.

Was tun, wenn es Probleme mit der Versicherung gibt?

Treten nach dem Versicherungsabschluss Meinungsverschiedenheiten und Probleme mit dem Versicherungsunternehmen auf, kann man sich an den sogenannten **Versicherungsombudsmann** wenden (unter www.versicherungsombudsmann.de). Dies ist eine unabhängige und für den Verbraucher kostenfrei arbeitende Schlichtungsstelle.

Bundesaufsichtsamt für das Versicherungswesen (BAV) in Berlin
Beaufsichtigt und kontrolliert die Versicherungswirtschaft. Diese Behörde kann auch von den Bürgern als Beschwerdeinstanz angegangen werden.
Häufige Anfragen beziehen sich darauf, ob in einem gewissen Schadensfall überhaupt Versicherungsschutz besteht oder warum die Regelung eines Schadensfalls so lange dauert. Die Überprüfung einer Beschwerde ist kostenlos.

Versicherungsvertragsgesetz (VVG)
Das VVG enthält allgemeine Vorschriften für den rechtlichen Rahmen eines Versicherungsvertrags.

AVB – Allgemeine Versicherungsbedingungen
Hier formuliert jeder Versicherungszweig eine Produktbeschreibung, wobei Rechte und Pflichten beider Vertragspartner festgelegt werden.

Arbeitsvorschläge

1. *Recherchieren Sie im Internet, welche Risiken die in M 1 genannten Versicherungen abdecken können. Überprüfen Sie, welche dieser Versicherungen für Sie notwendig und sinnvoll sind.*
2. *Erläutern Sie, warum bestimmte Individualversicherungen gesetzlich vorgeschrieben sind. Nennen Sie Beispiele.*
3. *Erkundigen Sie sich bei drei Anbietern über den Abschluss eines Riester-Rentenvertrags. Vergleichen Sie dabei Beitragshöhe und Leistungen.*

3 Lebensgemeinschaften

Methode:

Herstellung einer Collage

Die Collagentechnik ist weitverbreitet und führt mit relativ geringem Aufwand häufig zu erstaunlichen Ergebnissen. Zu einem bestimmten Thema werden aus alten Zeitschriften, Zeitungen, Büchern, Bildern und anderen Materialien Teile entnommen, neu geordnet, gruppiert, bebildert und beschriftet und anschließend auf einem Träger zu einem neuen Ganzen zusammengestellt.

Arbeitsvorschlag

Nun sollen Sie mithilfe dieser Methode herausfinden, wie Sie Ihre Zukunft gestalten möchten, welche Ziele und Wünsche Sie haben und was Sie vielleicht überhaupt nicht wollen.

Ablauf: Erstellung einer Collage

1. Beschaffung von Material
   alte Zeitungen, Zeitschriften, Illustrierte, Bücher, Bilder, Versandhauskataloge sowie Packpapier als Trägermaterial, Klebstoff
2. Aufteilung der Schülerinnen und Schüler
   Collagen in Einzel-, Partner- oder Gruppenarbeit erstellen (Gruppengröße keinesfalls über fünf Teilnehmer/-innen).
3. Durchführung
   Einlesen in das Thema auf den folgenden Seiten. – Herausarbeiten der wesentlichen Inhalte. – Auswählen von Collagenmaterial. – Skizzen und Entwürfe erstellen.
   Collage anfertigen.
4. Auswertung
   Alle Collagen werden im Klassenraum aufgehängt und betrachtet.
   Die Collagen werden von denjenigen, die sie erstellt haben, erläutert und kommentiert.

3.1 Familie – das höchste Gut?

Die Familie ist für die meisten Menschen sehr wichtig. In ihr wird der Mensch am stärksten geprägt, im positiven wie im negativen Sinn. Obwohl die Familie fortgesetzt Wandlungen unterworfen ist, hat sie sich als die widerstandsfähigste gesellschaftliche Gruppe erwiesen.

M 1 Die heute in der Bundesrepublik Deutschland und fast allen Industriestaaten vorherrschende Form der Familie ist die Kleinfamilie: Das sind Ehepaare bzw. Mütter oder Väter, die mit ihren heranwachsenden Kindern zusammenleben (Zweigenerationenfamilie). Diese Familien haben folgende wesentliche Aufgaben:

- Sie sind Lebens- und Wirtschaftsgemeinschaften.
- Sie sorgen für Nachkommen.
- Sie sind für die Erziehung der Kinder und deren gesellschaftliche und soziale Zukunft verantwortlich.
- Sie geben ihren Mitgliedern Halt und Geborgenheit (Nestwärme).

M 2

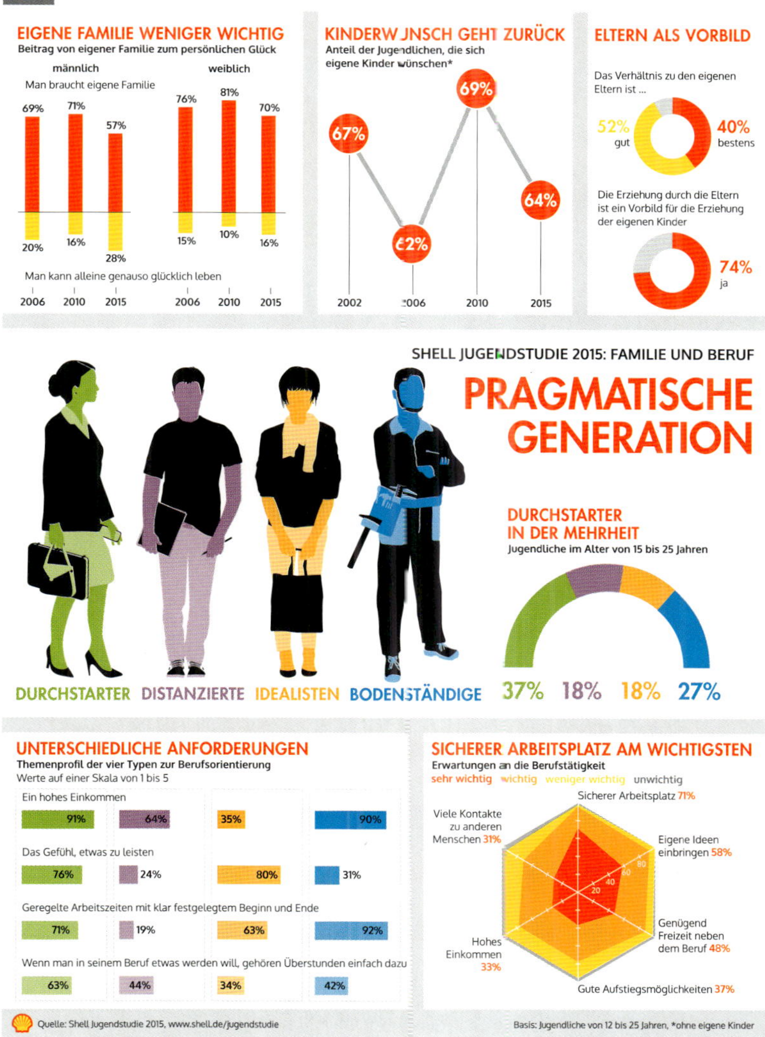

Arbeitsvorschläge

1. *Beziehen Sie anhand von M 1 begründet Stellung, welche Aufgaben der Familien in den nächsten Jahren voraussichtlich an Bedeutung zu- oder abnehmen werden.*
2. *Erarbeiten Sie mithilfe von M2 einen Kurzvortrag mit dem Titel: „Kennzeichen der heutigen Generation.“*

3.2 Schutz der Familie

Traditionelle Familie

Familie mit Hausmann

Alleinerziehende Mütter

Alleinerziehende Väter

Wochenendfamilie

Artikel 6 Grundgesetz [Ehe, Familie, nichteheliche Kinder] M 1

(1) Ehe und Familie stehen unter dem besonderen Schutze der staatlichen Ordnung.
(2) Pflege und Erziehung der Kinder sind das natürliche Recht der Eltern und die zuvörderst ihnen obliegende Pflicht. Über ihre Betätigung wacht die staatliche Gemeinschaft.
(3) Gegen den Willen der Erziehungsberechtigten dürfen Kinder nur aufgrund eines Gesetzes von der Familie getrennt werden, wenn die Erziehungsberechtigten versagen oder wenn die Kinder aus anderen Gründen zu verwahrlosen drohen.
(4) Jede Mutter hat Anspruch auf den Schutz und die Fürsorge der Gemeinschaft.
(5) Den unehelichen Kindern sind durch die Gesetzgebung die gleichen Bedingungen für ihre leibliche und seelische Entwicklung und ihre Stellung in der Gesellschaft zu schaffen wie den ehelichen Kindern.

Der Staat muss die Familien schützen, denn Ehe und Familie stehen aus Verfassungsgründen unter dem besonderen Schutz des Staates.
Den Eltern ist es freigestellt, auf welche Weise sie ihr Erwerbsleben mit dem Familienleben in Einklang bringen. Der Gesetzgeber hat die Aufgabe, finanzielle Anreize zu schaffen, wenn er Familien fördern will.
Der Erziehungsauftrag richtet sich an beide Eltern. Ehemann und Ehefrau haben das Recht, sich an der Kindererziehung zu beteiligen und ihren Beruf vorübergehend aufzugeben.

M 2 Bundeskanzlerin Angela Merkel: „Ich will nicht, dass der Staat lenkend eingreift oder gar Lebensentwürfe vorschreibt." Tatsächlich verbessert zu viel Regulierung weder die Chancen der Mütter und Väter im Berufsleben, noch fördert sie den Wunsch nach Kindern. Das konnte die bisherige Familienförderung nicht leisten. Wenn der Staat aber Familien fördern will, dann muss er mehr Freiheit und finanzielle Möglichkeiten für Familien schaffen.

M 3 **„Wenn Sie so nachdenken, was sind Ihrer Meinung nach die größten Probleme für Familien mit Kindern in der Bundesrepublik Deutschland?"**

Wohnungsprobleme	65 %
fehlende Einrichtungen für Kinder	62 %
Geldprobleme	53 %
Probleme bei der Kindererziehung	43 %
Probleme bei der Schulerziehung	39 %
keine Zeit füreinander	37 %
Ungewissheit über Zukunft	16 %
Sonstiges	5 %

(aus einer Schülerumfrage, Mehrfachnennungen waren möglich)

Arbeitsvorschläge

1. *Übersetzen Sie Artikel 6 des Grundgesetzes in eine leicht verständliche Sprache. (M 1)*
2. *Diskutieren Sie, ob es in Deutschland Ihrer Meinung nach zu viel Regulierung für Familien gibt. (M 2)*
3. *Führen Sie die Meinungsumfrage (M 3) in Ihrer Klasse durch. Vergleichen Sie Ihre Ergebnisse miteinander.*
4. *Erarbeiten Sie Vorschläge zur Minderung der größten Probleme, die Familien in der Bundesrepublik Deutschland haben. Präsentieren Sie Ihre Vorstellungen.*

3.3 Staatliche Unterstützung von Familien

Nach dem Grundgesetz ist der Staat verpflichtet, Ehe und Familie zu fördern und zu schützen. Pflege und Erziehung der Kinder aber sind oberste Pflicht und das natürliche Recht der Eltern, dem Staat fällt nur eine überwachende und ergänzende Aufgabe zu.

Schutz und Förderung der Familie

Kindergeld 2017

1. bis 2. Kind:	192,00 €
3. Kind:	198,00 €
jedes weitere Kind:	223,00 €

Förderungsmaßnahmen des Staates für Familien

Kindergeld gibt es für alle Kinder bis zum 18. Lebensjahr. Für Kinder in Ausbildung verlängert sich der Bezug von Kindergeld bis zum 25. Lebensjahr, für Kinder ohne Arbeitsplatz bis zum 21. Lebensjahr. Für Kinder, die unter 25 Jahre alt sind und ein Freiwilliges Soziales Jahr machen, wird ebenfalls Kindergeld gezahlt. Für Kinder, die wegen ihrer Behinderung außerstande sind, sich selbst zu unterhalten, gibt es keine Altersgrenze.

Eltern haben nach der Geburt ihres Kindes Anspruch auf bis zu drei Jahre **Elternzeit**, um sich um ihr Kind bis zur Vollendung des achten Lebensjahres zu kümmern. Die Elternzeit ist ein Anspruch von Arbeitnehmern gegenüber Arbeitgebern. Während der Elternzeit ruhen die Hauptpflichten des Arbeitsverhältnisses, dieses bleibt aber bestehen. Nach Ablauf der Elternzeit besteht ein Anspruch auf Rückkehr auf den ursprünglichen oder einen vergleichbaren Arbeitsplatz. Eltern haben einen Rechtsanspruch auf Elternzeit. Wenn Eltern ihre Elternzeit vor dem dritten Geburtstag ihres Kindes nicht voll ausgeschöpft haben, können sie maximal 24 Monate auf die Zeit bis zum vollendeten achten Lebensjahr des Kindes übertragen. Jeder Elternteil kann seine Elternzeit auf drei Zeitabschnitte verteilen.

Elterngeld und Elterngeld Plus: Die partnerschaftliche Aufteilung von familiären und beruflichen Aufgaben soll weiter gefördert werden. Deshalb wurde das Gesetz zur Einführung eines Elterngeldes Plus mit Partnerschaftsbonus und einer flexibleren Elternzeit beschlossen. Damit ist es für Mütter und Väter künftig einfacher möglich, Elterngeldbezug und Teilzeitarbeit miteinander zu kombinieren. Die neuen Leistungskomponenten gelten für alle ab dem 01.07.2015 geborenen Kinder. Wer nach der Geburt eines Kindes eine Babypause einlegt, bekommt hierfür von staatlicher Seite ein Elterngeld. Allerdings ist dieses Elterngeld auf ein Maximum von 1 800,00 € pro Monat begrenzt. Zur Auszahlung kommt das Elterngeld Plus bis maximal 28 Monate lang. Die Länge ist abhängig davon, ob Eltern Teilzeit arbeiten, einen Partnerschaftsbonus bekommen oder alleinerziehend sind. Das Elterngeld wird zusätzlich zum Kindergeld gezahlt. Außerdem können weitere Sozialleistungen beantragt werden.

Kinderzuschlag: Gering verdienende Eltern mit minderjährigen Kindern im gemeinsamen Haushalt können einen Kinderzuschlag beantragen. Der Zuschlag in einer Höhe von maximal 170,00 € monatlich pro Kind (ab 2017) wird gezahlt, so lange die Voraussetzungen für seinen Bezug gegeben sind und für das Kind Kindergeld gezahlt wird, also längstens bis zur Vollendung des 25. Lebensjahres. Er Eltern zustehen, die mit ihrem Einkommen bzw. Vermögen zwar das eigene Existenzminimum, nicht jedoch das ihrer Kinder decken können. Er steht Eltern zu, die ohne den Zuschlag auf das Arbeitslosengeld II angewiesen sind.

Unterhaltsvorschuss: Kinder bis zur Vollendung des 17. Lebensjahres, die bei einem alleinerziehenden Elternteil leben und keinen oder unregelmäßigen Unterhalt erhalten, haben Anspruch auf Unterhaltsvorschuss.

Ausbildungsförderung für Schüler und Studenten nach dem Bundesausbildungsförderungsgesetz.

Gewährung von **Ausbildungsbeihilfen** für Jugendliche nach dem Arbeitsförderungsgesetz.

Gewährung von **Wohngeld** zur Sicherstellung einer familiengerechten Wohnung zu tragbaren Mieten.

Arbeitsvorschläge

1. *Erkunden Sie die finanziellen staatlichen Unterstützungen für Familien in Deutschland.*
2. *Sind diese Leistungen Ihrer Meinung nach ausreichend? Begründen Sie Ihre Antwort.*

3.4 Rechtliche Bestimmungen für die Ehe

Eheschließung
- nur vor dem Standesbeamten
- persönliches Jawort
- **Ehemündigkeit:** Volljährigkeit mindestens eines Partners bzw. Erlaubnis des Vormundschaftsgerichts
- **Ehehindernisse:** Es besteht noch eine Ehe, verwandschaftl. Verbindung.

Die Eheschließung ist ein familienrechtlicher Vertrag zwischen Mann und Frau vor dem Standesbeamten mit Rechten und Pflichten. Mit der Eheschließung gehen Frau und Mann weitreichende rechtliche Verpflichtungen ein. Die gesetzlichen Bestimmungen sind im Bürgerlichen Gesetzbuch (BGB) festgelegt.

Rechtsfolgen der Eheschließung

Pflichten

Lebensgemeinschaft:
... Die Ehe wird auf Lebenszeit geschlossen.
... Die Ehegatten sind ... zur ... Lebensgemeinschaft verpflichtet.

Unterhaltspflichten:
... Die Ehegatten sind einander zum Unterhalt verpflichtet.
... sind verpflichtet, die Familie angemessen zu unterhalten.
... ebenso Verwandte in gerader Linie.

elterliche Sorge als Pflichtrecht:
Vater und Mutter haben das RECHT und die PFLICHT, für das minderjährige Kind zu sorgen.

Rechte

Namensrecht (siehe unten)

Haushaltsführung:
... in gegenseitigem Einvernehmen
... beide können berufstätig sein
... dabei haben sie Rücksicht zu nehmen auf den Ehegatten und die Familie

Gleichberechtigung:
... Alle Menschen sind vor dem Gesetz gleich.
... Männer und Frauen sind gleichberechtigt.

Das seit 1994 geltende Namensrecht lässt den beiden Ehepartnern völlig freie Wahl bei der Festlegung eines gemeinsamen Ehenamens. Die Regelung lässt sogar zu, dass beide ihren Namen nach der Heirat behalten. Ehegatten können künftig auch einen Namen als Ehenamen führen, den einer von beiden aus einer früheren Ehe mitgebracht hat.

Die Kinder erhalten den Ehenamen der Eltern oder den Namen der Mutter oder den des Vaters, aber keinen Doppelnamen.

Bei der Erwerbstätigkeit bestimmt das BGB heute, dass beide Ehegatten das Recht haben, berufstätig zu sein.

Eine Gleichberechtigung in der Partnerschaft und Elternschaft scheint für die meisten jungen Ehepaare normal zu sein. Immerhin sind nach einer aktuellen Umfrage 90 % überzeugt, dass sich beide Partner um Familien- und Erziehungsarbeit kümmern sollten. Doch häufig erfolgt mit der Geburt des ersten Kindes eine deutliche Aufgabendifferenzierung in Partner- und Elternschaft. Die traditionellen Rollen werden eingenommen: Der Mann ist für die finanzielle Versorgung der Familie zuständig, die Frau unterbricht ihre Berufstätigkeit oder gibt sie sogar auf, um sich familiären Aufgaben zu widmen.

Arbeitsvorschläge

1. *Wo klaffen gesetzlicher Anspruch und Wirklichkeit im Eherecht Ihrer Meinung nach am stärksten auseinander? Halten Sie dazu einen Kurzvortrag.*
2. *Untersuchen Sie, welche Pflichten und Rechte von Ehepartnern zeitgemäß und welche Ihrer Meinung nach überholt sind.*

3.5 Eheliches Güterrecht

Ein wichtiger Bestandteil des Eherechts ist das eheliche **Güterrecht**. Wenn die Ehepartner keinen Ehevertrag abschließen, in dem sie Gütertrennung oder Gütergemeinschaft vereinbaren, leben sie im gesetzlichen Güterstand einer **Zugewinngemeinschaft**. Das heißt, dass beide ihre Vermögen selbst verwalten und am Ende einer Ehe, z. B. bei einer Scheidung, der entstandene Zugewinn ausgeglichen wird.

	Mann	Frau
Vermögen am Anfang der Ehe	20 000,00 €	10 000,00 €
Vermögen am Ende der Ehe	70 000,00 €	40 000,00 €
Zugewinn	50 000,00 €	30 000,00 €
Ausgleichsforderung der Ehefrau gegen den Ehemann	50 000,00 € – 30 000,00 € : 2 = 10 000,00 €	

Gütertrennung wird durch notariellen Ehevertrag vereinbart. Durch die Gütertrennung erfolgt eine vollständige Trennung der Vermögensmassen beider Ehegatten.

Durch die **Gütergemeinschaft** wird das Vermögen der Eheleute grundsätzlich vollständig gemeinschaftliches Vermögen beider Ehepartner.

Aus dem BGB:

§ 1363. [Zugewinngemeinschaft]
(1) Die Ehegatten leben im Güterstand der Zugewinngemeinschaft, wenn sie nicht durch Ehevertrag etwas anderes vereinbaren.
(2) Das Vermögen des Mannes und das Vermögen der Frau werden nicht gemeinschaftliches Vermögen der Ehegatten; dies gilt auch für Vermögen, das ein Ehegatte nach der Eheschließung erwirbt: Der Zugewinn, den die Ehegatten in der Ehe erzielen, wird jedoch ausgeglichen, wenn die Zugewinngemeinschaft endet.

§ 1364. [Selbstständige Vermögensverwaltung]
Jeder Ehegatte verwaltet sein Vermögen selbstständig.

§ 1365. [Einschränkung der Verfügungsmacht über Vermögen im Ganzen]
(1) Ein Ehegatte kann nur mit Einwilligung des anderen Ehegatten über sein Vermögen im Ganzen verfügen.

§ 1369. [Verfügungen über Haushaltsgegenstände]
(1) Ein Ehegatte kann über ihm gehörende Gegenstände des ehelichen Haushalts nur verfügen, wenn der andere Ehegatte einwilligt.

§ 1373. [Begriff des Zugewinns]
Zugewinn ist der Betrag, um den das Endvermögen eines Ehegatten das Anfangsvermögen übersteigt.

§ 1378. [Ausgleichsforderung]
(1) Übersteigt der Zugewinn des einen Ehegatten den Zugewinn des anderen, so steht die Hälfte des Überschusses dem anderen Ehegatten als Ausgleichsforderung zu.
(3) Die Ausgleichsforderung entsteht mit der Beendigung des Güterstandes und ist von diesem Zeitpunkt an vererblich und übertragbar.

Die modifizierte Zugewinngemeinschaft
Mit der modifizierten Zugewinngemeinschaft bleibt es zunächst beim gesetzlichen Güterstand der Zugewinngemeinschaft. Allerdings können einzelne Vermögenswerte wie Häuser, Praxen, Anteile an Gesellschaften oder Wertpapierdepots, deren Zuwachs normalerweise ausgleichspflichtig wäre, dabei ausgeklammert werden. Sie verbleiben dem Ehepartner allein.

Arbeitsvorschläge

1. *Erörtern Sie, wem Grundstück, Haus, Wohnungseinrichtung und Auto eines Ehepaares gehören könnten, wenn keinerlei Regelungen über das Vermögen getroffen worden sind.*
2. *Notieren Sie in einer Tabelle Vor- und Nachteile der folgenden Vermögensregelungen in einer Ehe:*
   - *Zugewinngemeinschaft,*
   - *Gütertrennung,*
   - *Gütergemeinschaft,*
   - *modifizierte Zugewinngemeinschaft.*

3.6 Die Ehescheidung

Obwohl die Ehe eine Gemeinschaft auf Lebenszeit sein sollte, werden viele Ehen wieder geschieden.

M 1

Eheschließungen in Deutschland

Jahr	Eheschließungen
2015	400 115
2014	385 952
2013	373 660
2012	387 423
2011	377 816
2006	373 681
2001	389 591
1996	427 297
1991	454 291

Statista. Das Statistik-Portal, Zugriff am 07.10.2017 unter https://de.statista.com/statistik/daten/studie/227/umfrage/anzahl-der-eheschliessungen-in-deutschland/ (Zahlen für 2012, 2013, 2014, 2015)

Ehescheidungen in Deutschland

Jahr	Ehescheidungen
2016	162 397
2015	163 335
2014	166 199
2013	169 800
2012	179 100
2011	187 640
2006	190 928
2001	197 498
1996	177 550
1991	136 317

Statistisches Bundesamt, Zugriff am am 07.10.2017 unter www.destatis.de/DE/ZahlenFakten/GesellschaftStaat/Bevoelkerung/Ehescheidungen/Tabellen_/lrbev06.html

M 2 Um das Scheidungsverfahren einzuleiten, muss einer der Ehegatten einen Scheidungsantrag stellen. Dazu muss der Antragsteller einen Anwalt beauftragen. Der Antrag wird vom Anwalt beim Amtsgericht eingereicht. Das Scheidungsverfahren wird durch die Zustellung des Scheidungsantrags an den Ehepartner eingeleitet. Das Gericht sendet dann den Ehegatten Formulare für den Versorgungsausgleich zu. Scheitert eine Ehe, sorgt der Versorgungsausgleich dafür, dass die von den Ehepartnern erworbenen Rentenanrechte geteilt werden. So erhält auch derjenige Ehegatte eine eigenständige Absicherung für Alter und Invalidität, der – z. B. wegen der Kindererziehung – auf eine eigene Erwerbstätigkeit verzichtet hat.
Unter den Versorgungsausgleich fallen:

- gesetzliche oder Beamten-Pensionen,
- betriebliche Renten,
- Leistungen von berufsständischen Versorgungseinrichtungen,
- Leistungen aus staatlich geforderter Altersvorsorge (Riester- und Rürup-Renten),
- private Rentenversicherungen.

Das neue sogenannte „vereinfachte Familienrecht“ ist ab dem 01.09.2009 in Kraft getreten und hat einige Neuerungen gebracht. So ist z. B. der Versorgungsausgleich neu geregelt worden (Berücksichtigung von Schulden, die vor der Eheschließung bestanden).
Die Scheidung kann von einigen Monaten bis zu mehreren Jahren dauern. Das Gericht verkündet in Anwesenheit der Ehegatten das Scheidungsurteil. Wenn beide Ehegatten auf Rechtsmittel gegen die Scheidung verzichten, wird die Scheidung sofort rechtskräftig. Ansonsten muss noch der Ablauf einer einmonatigen Berufungsfrist abgewartet werden. Der Termin ist nicht öffentlich, Zuschauer sind somit nicht zugelassen. Mit der Zustellung des schriftlichen Scheidungsurteils ist das Verfahren beendet.

M 3 Das 2008 reformierte Familienrecht ermöglicht ein vereinfachtes Scheidungsverfahren. Bei einer einvernehmlichen Trennung kinderloser Paare soll es künftig möglich sein, im Gerichtsverfahren auf einen Anwalt zu verzichten; eine übereinstimmende Erklärung beim Notar soll genügen. Ein Versorgungsausgleich findet bei Ehen, die unter drei Jahren gehalten haben, nicht statt. Diese Vereinfachung soll nicht nur die Gerichte entlasten, sondern auch die Betroffenen, da eine solche Scheidung billiger und schneller ist.

Arbeitsvorschläge

1. *Stellen Sie die Zahlen aus M 1 grafisch dar und werten Sie diese aus.*
2. *Stellen Sie das Scheidungsverfahren als Flussdiagramm dar. (M 2)*
3. *Notieren Sie Argumente für und gegen ein vereinfachtes Scheidungsrecht. Stellen Sie diese zur Diskussion. (M 3)*

3.7 Das Kindschaftsrecht

Sorgerecht

Viele Eltern (ca. 75 %) entscheiden sich nach ihrer Scheidung oder Trennung für die gemeinsame **elterliche Sorge**. Nicht miteinander verheirateten Eltern steht die gemeinsame Sorge für ihre Kinder dann zu, wenn sie dies übereinstimmend vor dem Jugendamt oder einem Notar erklären. Die gemeinsame Sorge wird bei getrennt lebenden Eltern dadurch erleichtert, dass der Elternteil, der das Kind betreut, Angelegenheiten des täglichen Lebens allein entscheiden kann.
Trotzdem ist es ratsam, eine Sorgevereinbarung abzuschließen, um Konflikte zu vermeiden.

Hausmann des Jahres

Sorgevereinbarung
Vertrag über die Ausübung der gemeinsamen Sorge nach Trennung und Scheidung.

Sorgevereinbarung von Frau und Herrn:
Für unser Kind:
vereinbaren wir, auch nach unserer Trennung weiterhin gemeinsam zu sorgen.
Zur konkreten Ausgestaltung der gemeinsamen Sorge treffen wir folgende Absprachen:

- Aufenthalt des Kindes:
- Umgang:
- Alltag:
- Kindesunterhalt:
- Schule/Ausbildung:
- Konflikte:
- Anpassung der Sorgevereinbarung:

Wir haben die Sorgevereinbarung gemeinsam erarbeitet und erklären uns mit allen vereinbarten Regelungen einverstanden.

____________________ Unterschrift der Mutter

____________________ Unterschrift des Vaters

Umgangsrecht

Allen Vätern steht ein Umgangsrecht zu, das – genauso wie bisher bei ehelichen Kindern – nur eingeschränkt oder ausgeschlossen werden kann, wenn dies zum Wohle des Kindes erforderlich ist. Darüber hinaus haben auch andere wichtige Bezugspersonen für das Kind – wie Großeltern und Geschwister – ein Umgangsrecht, wenn dies dem Wohl des Kindes dient. Vor allem aber hat das Kind selbst jetzt einen Anspruch auf Umgang mit beiden Eltern. Daraus ergibt sich die Pflicht jedes Elternteils zum Umgang mit dem Kind. Eltern haben alles zu unterlassen, was das Verhältnis des Kindes zum anderen Elternteil beeinträchtigen könnte.

Festlegung des Unterhalts
Entweder legt den Unterhaltsanspruch das Jugendamt fest (gut ein Drittel), die Eltern allein (rund ein Viertel) oder aber ein Anwalt oder Notar ohne Einschaltung eines Gerichts. Nur bei etwa einem Sechstel fällt ein Gerichtsurteil die Entscheidung.

Unterhaltsrecht, Unterhaltspflicht

Beide Elternteile müssen für ihre Kinder Unterhalt erbringen, das ist die Unterhaltspflicht. Der Elternteil, bei dem das Kind lebt, leistet seinen Unterhalt in der Regel durch die Pflege und Erziehung des Kindes, den sogenannten **Naturalunterhalt**. Der andere Elternteil muss seinen Beitrag finanziell ausgleichen. Ab dem 18. Lebensjahr des Kindes müssen die Eltern den Unterhalt als Barunterhalt erbringen, und das Kind muss sich selbst um die Umsetzung seiner Rechte kümmern. Wichtig für Jugendliche, deren Eltern getrennt leben: Hat bisher ein Elternteil den Unterhalt vom anderen Elternteil gefordert, so muss dies nun das volljährige Kind selbst übernehmen.

Arbeitsvorschläge

1. *Erklären Sie die Begriffe „Sorgerecht", „Umgangsrecht" und „Unterhaltsrecht" mit eigenen Worten.*
2. *Stellen Sie weitere Informationen zum Kindsrecht zusammen und berichten Sie darüber.*

3.8 Die Unterhaltspflicht

Unterhaltspflicht bedeutet im Familienrecht in Deutschland, für die Lebensbedürfnisse anderer Personen einstehen zu müssen.

Verwandtschaft

Rechtsbeziehungen zwischen natürlichen Personen, die auf Abstammung beruhen
a) **gerade Linie**
Großeltern
Eltern
Kinder
Enkel
b) **Seitenlinie**
Geschwister
Onkel
Neffen

Unterhaltsanspruch

kraft Gesetzes

- zwischen Ehegatten (§ 1360 BGB)
- zwischen Personen einer aufgelösten oder für nichtig erklärten Ehe (§ 1361 BGB)
- zwischen Verwandten in gerader Linie (§ 1601 BGB)
- zwischen dem Vater and der Mutter eines Kindes nicht miteinander verheirateter Eltern (§ 1615 | BGB)

durch Vertrag

- zwischen Partnern einer nicht ehelichen Lebensgemeinschah

Alle direkt miteinander verwandten Personen können verpflichtet sein, für den anderen Unterhalt zu zahlen. Unterhaltspflicht besteht auch zwischen Personen, die miteinander verheiratet sind oder waren. Nichtverheiratete Personen können gegenseitig zu Unterhalt verpflichtet sein, wenn sie ein gemeinsames Kind haben. Bei Scheidung und Trennung betrifft die Unterhaltsverpflichtung überwiegend nur den Ehegattenunterhalt und den Kindesunterhalt.
Die wesentlichen Faktoren der Unterhaltspflicht sind **Einkommen** und **Bedarf**. Dabei gilt die Faustregel: Je höher das Einkommen des Pflichtigen ist, desto höher ist auch seine Unterhaltspflicht.

Düsseldorfer Tabelle

Sie wird herausgegeben vom OLG Düsseldorf im Benehmen mit den OLG in Deutschland. Den Familiengerichten und Jugendämtern dient sie als Richtschnur für die Festsetzung des Unterhaltes ehelicher und nicht ehelicher Kinder.

DÜSSELDORFER TABELLE

A. Kindesunterhalt

	Nettoeinkommen des Barunterhaltspflichtigen (Anm. 3, 4)	Altersstufen in jahren (§ 1612 a Abs. 1 BGB)				Prozentsatz	Bedarfskontrollbetrag (Anm. 6)
		0–5	6–11	12–17	ab 18		
		Alle Beträge in Euro					
1.	bis 1 900	348	399	467	527	100	880/1 080
2.	1 901 - 2 300	366	419	491	554	105	1 300
3.	2 301 - 2 700	383	439	514	580	110	1 400
4.	2 701 - 3 100	401	459	538	607	115	1 500
5.	3 101 - 3 500	418	479	561	633	120	1 600
6.	3 501 - 3 900	446	511	598	675	128	1 700
7.	3 901 - 4 300	474	543	636	717	136	1 800
8.	4 301 - 4 700	502	575	673	759	144	1 900
9.	4 701 - 5 100	529	607	710	802	152	2 000
10.	5 101 - 5 500	557	639	748	844	160	2 100
		ab 5.101	nach den Umständen des Falles				

Oberlandesgericht Düsseldorf: Tabelle Leitlinien für den Unterhaltsbedarf, veröffentlicht am 01.01.2018 unter: www.olg-duesseldorf.nrw.de/infos/Duesseldorfer_Tabelle/Tabelle-2018/Duesseldorfer-Tabelle-2018.pdf

Arbeitsvorschlag

Wie hoch ist der Unterhalt, den ein Unterhaltspflichtiger (Nettoeinkommen 3 400,00 €) monatlich für seine fünf und acht Jahre alten Kinder zahlen muss, die bei ihrer Mutter leben?

3.9 Die nicht eheliche Lebensgemeinschaft

In Deutschland leben etwa 2,5 Millionen Paare ohne Trauschein zusammen (Stand 2018). Dazu zählen viele junge Menschen, die vor ihrer Eheschließung mit einem Partner in einem gemeinsamen Haushalt leben. Das deutsche Familienrecht kennt diese Partnerschaft nicht. Es gibt im Familienrecht dafür keine gesetzliche Regelung. Nur im Sozialrecht wird bei der Berechnung der finanziellen Unterstützung die „eheähnliche" Gemeinschaft berücksichtigt.

Das Bundesverfassungsgericht hat die nicht eheliche Lebensgemeinschaft folgendermaßen definiert:

> „Es handelt sich um eine auf Dauer angelegte Verbindung eines Mannes mit einer Frau, die daneben keine weiteren Verbindungen gleicher Art zulässt und sich insbesondere durch innere Bindungen auszeichnet, die ein gegenseitiges Einstehen füreinander begründen, und dadurch über das bloße gemeinsame Wirtschaften im Rahmen der Wirtschafts- und Haushaltsgemeinschaft hinausgeht."
> (BVerfG, Neue Juristische Wochenschrift, Verlag C. H. Beck, 1992, 643/645)

Im Sozialhilferecht dagegen werden geringere Anforderungen an den Begriff „eheähnliche Lebensgemeinschaft" gestellt. Hier kommt es vor allem auf das gemeinsame Wohnen in einer „Bedarfsgemeinschaft" an.

Die nicht eheliche Lebensgemeinschaft ist bisher nicht gesetzlich geregelt. Deshalb ist zu überlegen, ob es sinnvoll ist, einen Partnerschaftsvertrag zu vereinbaren. Ein Partnerschaftsvertrag kann für eine größere Sicherheit der Partner sorgen und kostspielige und unangenehme gerichtliche Auseinandersetzungen vermeiden. Eine Trennung kann dann unkomplizierter werden.

M 1 **Muster eines kurzen Partnervertrags**

1) Wir wollen in nicht ehelicher Lebensgemeinschaft zusammenleben.
2) Wir wohnen in einer gemeinsamen Wohnung. Jeder von uns hat ein eigenes Zimmer eingerichtet. Bei den übrigen Einrichtungsgegenständen im Wohnzimmer und in der Küche haben wir jeweils gekennzeichnet, wem was gehört.
3) Wir teilen uns hälftig die Miete und Nebenkosten und die laufenden Haushaltskosten. Wir helfen uns gegenseitig bei der Haushaltsführung.
4) Jeder geht seiner eigenen Berufstätigkeit nach und verfügt über sein eigenes Einkommen selbstständig. Jeder von uns hat sein eigenes Konto und sein eigenes Auto. Wir haben außer der gemeinsamen Wohnung und Haushaltsführung keine gemeinsamen Verpflichtungen.
5) Jeder von uns ist jederzeit berechtigt, die Lebensgemeinschaft aufzukündigen. Wir wollen uns in diesem Falle bemühen, die Trennung einverständlich durchzuführen.
6) Mündliche Nebenabreden haben wir nicht getroffen. Änderungen und Ergänzungen dieses Vertrags bedürfen der Schriftform.

__________ Ort, Datum   ____________________ Unterschriften beider Partner

Drewes, Theo: Ehen ohne Trauschein. Der Rechtsratgeber für nicht eheliche Lebensgemeinschaften, Mosaik bei Goldmann, München 2006, S. 43

M 2 **Lebensformen**

Wochenendbeziehung

Freie Wohn- und Lebensgemeinschaften

Schwule/lesbische Partnerschaften

Singles

Partnerschaft

M 3

Der amerikanische Öl-Milliardär Paul Getty soll gesagt haben: „Wenn man einem Menschen trauen kann, erübrigt sich ein Vertrag. Wenn man ihm nicht trauen kann, ist jeder Vertrag nutzlos."

Arbeitsvorschläge

1. *Verändern Sie M 1 so, wie Sie es für richtig halten würden, und stellen Sie diesen Vertrag zur Diskussion.*
2. *Beurteilen Sie M 1 im Hinblick auf M 3. Wo liegen Ihrer Meinung nach die Tücken des Vertrags?*
3. *Stellen Sie in einer Tabelle Vor- und Nachteile unterschiedlicher Lebensformen zusammen. (M 2)*

Interessen in Schule und Betrieb wahrnehmen

Methode:

Planspiel (vereinfacht): Gründung einer Jugend- und Auszubildendenvertretung (JAV)

Spiele sind Probehandlungen. Eine besondere Form ist hierbei das Planspiel, in dem die Austragung und Lösung von Problemen und Konflikten erprobt werden kann. Das Ziel ist eine anschließende Entscheidung.

Womöglich haben Sie betriebliche Konfliktsituationen schon selbst erlebt, z. B. wenn es um die Gewährung von Urlaub ging.
Wir schlagen Ihnen hier vor, mithilfe eines Planspiels Möglichkeiten der betrieblichen Konfliktregelung durch die Interessenvertretungen Betriebsrat und Jugend- und Auszubildendenvertretung zu erarbeiten und durchzuspielen.

1. Vorbereitung

Kostenlose Literatur:
Mitbestimmung – eine gute Sache
Bundesministerium für Arbeit und Soziales
www.bmas.de

Der Ausgangspunkt ist die Gründung einer Jugend- und Auszubildendenvertretung. Mit ihrer Hilfe sollen betriebliche Konfliktsituationen, z. B. die Festlegung von Arbeitszeiten und Urlaub, gelöst werden.

Zu klärende Fragen:
- Worin besteht der Interessengegensatz?
- Wer sind die Beteiligten?
- Was sind die Ursachen?
- Was wollen wir erreichen?
- Wie ist die Rechtslage?
- Was können wir tun?
- Welche Hilfen brauchen wir?

Besetzen Sie folgende Arbeitsgruppen und besprechen Sie die jeweiligen Arbeitsaufträge, die sich aus dem Ablauf des Planspiels ergeben.

Arbeitsgruppen

Jugendliche und Auszubildende	Wahlberechtigung, Wählbarkeit, Zusammensetzung der JAV (§§ 60–62 BetrVG)
Kandidaten/ Mitglieder der JAV	Aufgaben der JAV (§§ 65–71), Rechtslage Arbeitszeit/Urlaub: § 8, 19 JArbSchG
Betriebsrat	Zusammensetzung und Wahl (§§ 1, 7–9, 21, 26, 30, 39 BetrVG)
Wahlvorstand	Wahlvorschriften JAV (§§ 63 + Teile 14,14a, 16, 18–20 BetrVG)
Belegschaft (Beobachter)	Aufgaben, Mitwirkung und Mitbestimmung des Betriebsrates (§§ 80, 87–90, 97–99, 102, 103 BetrVG)
Geschäftsleitung	Abgrenzung zu Arbeitnehmern, Rechte/Pflichten (§§ 5 Abs. 2, 40, 41, 53 Abs. 2 Punkt 2, 81 BetrVG)

Arbeitsvorschläge

1. *Wählen Sie einen Spielleiter, falls Ihr Fachlehrer/Ihre Fachlehrerin diese Aufgabe nicht übernimmt. Bestimmen Sie dann je Arbeitsgruppe einen Gruppensprecher/eine Gruppensprecherin.*
2. *Informieren Sie sich gemeinsam mit Ihrer Gruppe über die Inhalte Ihrer Rollen und bereiten Sie die Durchführung des Planspiels vor.*
3. *Verabreden Sie, auf welche Weise die Ergebnisse des Planspiels präsentiert werden sollen.*

2. Durchführung

Die nicht beteiligten Schüler/-innen (Beobachter) machen sich Notizen für die Auswertung. Die Kommunikation erfolgt schriftlich oder mündlich.

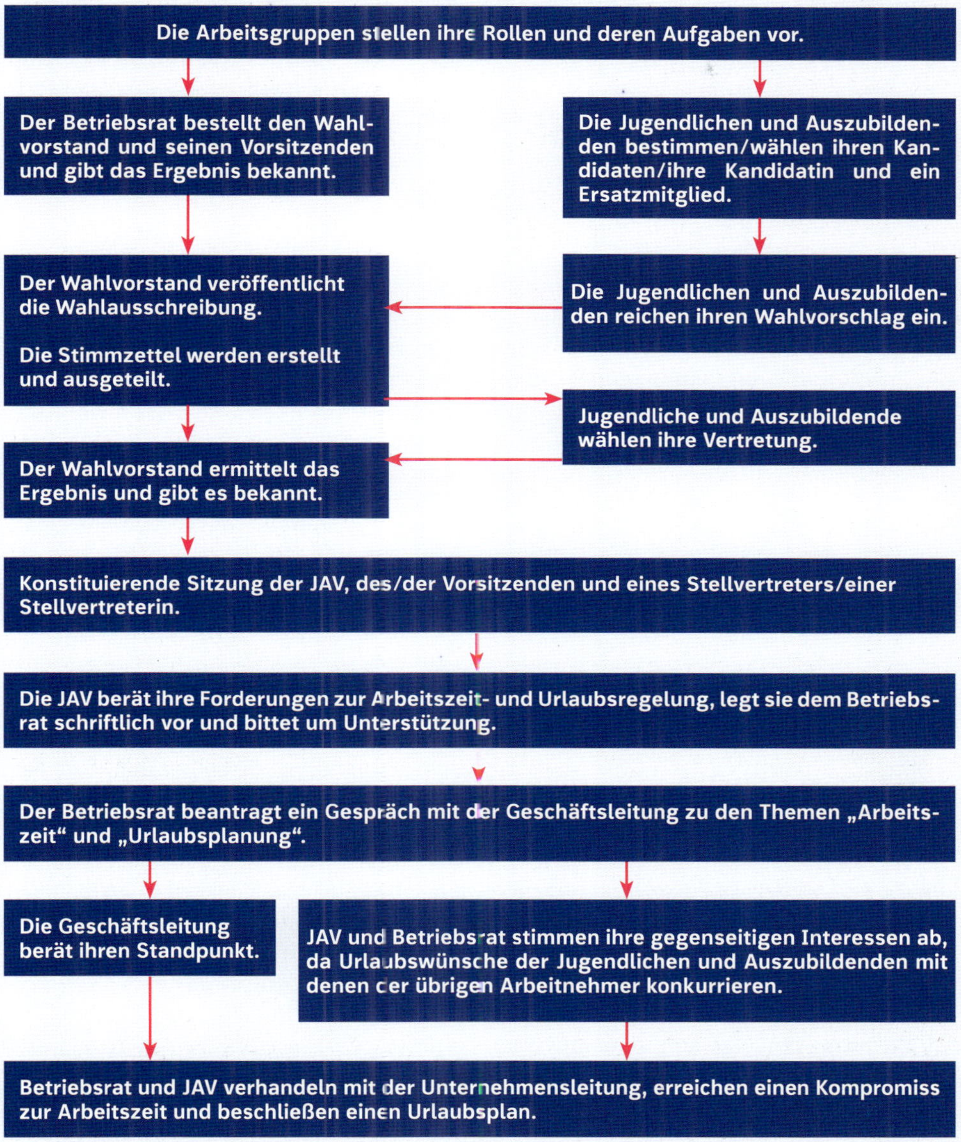

Materialien

Gruppenschilder
Plakatpapier
(z. B. Restrollen von Druckereien)
farbige Marker
Klebeband
Schere

Papier für erforderlichen Schriftverkehr

Formblätter zur JAV-Wahl
Tipp: bei einer Gewerkschaft nachfragen

Wahlumschläge
Wahlurnen
Wahlkabine
„Wahllokal“

Auswertung

Mögliche Fragestellungen für die Auswertung:

- Sind die fachlichen Inhalte deutlich geworden?
- Überzeugten die Spieler in ihren Rollen?
- War die Präsentation optisch und akustisch verständlich?
- Gibt es Verbesserungsvorschläge für das Spiel und den Spielablauf?

Arbeitsvorschläge

1. Führen Sie in Ihrer Klasse ein Planspiel „Wahl einer Jugend- und Auszubildendenvertretung“ durch.

2. Führen Sie die Verhandlungen mit der Unternehmensleitung wegen der Überstunden und der Urlaubsregelungen in einem Rollenspiel durch.

1 Mitbestimmung und Interessenvertretung im Betrieb

1.1 Der Betriebsrat

Logistik
Beschaffungswesen, z. B. Transport und Lagerung von Material

M 1 Zukunftspakt bei VW: Betriebsrat und Unternehmensleitung einigen sich

VW will in Deutschland bis 2025 23 000 Arbeitsplätze „abbauen", die durch technische Entwicklungen nicht mehr erforderlich werden. Parallel dazu werden 9 000 Stellen in „Zukunftsfeldern" erforderlich sein, die vor allem durch Qualifizierung der eigenen Mitarbeiter gewonnen werden. Der Stellenabbau soll ohne betriebsbedingte Kündigungen erfolgen, z. B. durch erweiterte Altersteilzeit. Zudem erhalten alle deutschen VW-Standorte Produktionssicherheit für einzelne Modelle oder Komponenten, z. B. Getriebe.

Vgl. Schweiger, Andreas, in: Braunschweiger Zeitung, 19.11.2016, S. 1 f.

Betriebe mit Betriebsrat nach Beschäftigten 2015

Beschäftigte	Betriebsräte West	Betriebsräte Ost
5 bis 50	9 %	9 %
51 bis 100	35 %	36 %
100 bis 199	58 %	52 %
200 bis 500	74 %	69 %
über 500	89 %	87 %

Im Durchschnitt haben in Westdeutschland ca. 42 % und in Ostdeutschland ca. 33 % aller Beschäftigten einen Betriebsrat. 1996 waren es noch 51 % im Westen und 43 % im Osten.

© Hans-Böckler-Stiftung, WSI-Mitteilungen 4/2016, S. 288 f.

Hinweis: 2018 wird neu gewählt.

Betriebsräte sind die Interessenvertreter der Arbeitnehmer in privaten Unternehmen. Ihre Zusammenarbeit mit den Unternehmensleitungen und ihre Mitbestimmungsmöglichkeiten sind im **Betriebsverfassungsgesetz (BetrVG)** geregelt. Internationale Unternehmen, z. B. VW, haben **Europäische Betriebsräte** und **Weltbetriebsräte**.

Jugendliche und Auszubildende können eigene Vertretungen bilden, wenn ein Betriebsrat besteht. Für die Angestellten und Beamten in öffentlichen Verwaltungen und Schulen sind Personalräte nach dem **Personalvertretungsgesetz** zuständig.

Die Bildung von Betriebsräten ist nicht zwingend vorgeschrieben. Es müssen sich nur genügend Beschäftigte finden, die einen Betriebsrat wollen und bereit sind, dafür zu kandidieren.

M 2 Mit einem Aushang am Schwarzen Brett fängt die Gründung an

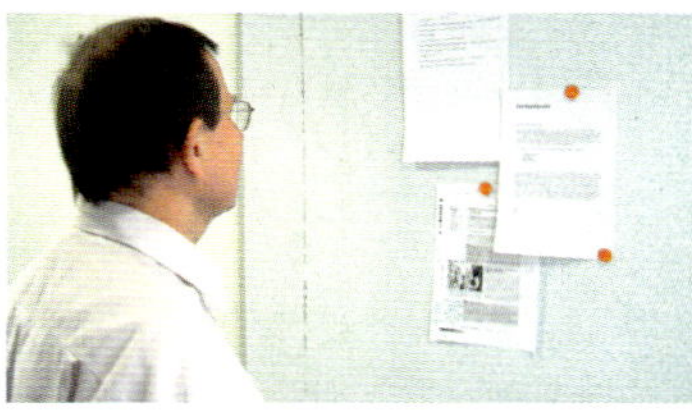

Was müssen Arbeitnehmer tun, die eine Vertretung gründen? Nach dem Betriebsverfassungsgesetz ist zunächst eine Betriebsversammlung einzuberufen, die einen Wahlvorstand wählt. Einladen können drei volljährige Arbeitnehmer des Betriebs oder eine im Betrieb vertretene Gewerkschaft. Eine besondere Form ist nicht vorgeschrieben, meist reicht eine Einladung am Schwarzen Brett. Teilnehmen kann die ganze Belegschaft während der Arbeitszeit. Sind darunter Frauen, sollen auch sie im Wahlvorstand vertreten sein. Der Arbeitgeber macht sich im Übrigen strafbar, wenn er eine Wahl oder die Arbeit des Betriebsrats behindert.

M 3 Die regelmäßige Amtszeit eines Betriebsrats beträgt vier Jahre. Nach der Wahl wählen die neuen Mitglieder „aus ihrer Mitte" einen Vorsitzenden und einen Stellvertreter. Der Vorsitzende lädt zu den Betriebsratssitzungen ein. Fasst der Betriebsrat Beschlüsse, muss mindestens die Hälfte der Mitglieder anwesend ein. Bei Stimmengleichheit ist ein Beschluss abgelehnt. Alle **Kosten** der Betriebsratsarbeit trägt der Arbeitgeber.
Der Betriebsrat führt während der Arbeitszeit regelmäßig **Sprechstunden** für die Arbeitnehmer des Betriebs durch. Ihr Besuch darf nicht zu Entgeltkürzungen führen. Gibt es eine Jugend- und Auszubildendenvertretung (JAV), die keine eigene Sprechstunde durchführt, kann ein Vertreter der JAV zur Beratung der Jugendlichen und Auszubildenden an den Sprechstunden des Betriebsrats teilnehmen.
In Betrieben mit mehr als 200 Beschäftigten ist mindestens ein Betriebsratsmitglied von der beruflichen Tätigkeit „freizustellen". Es kann sich voll seinen Betriebsratsaufgaben widmen. Die Zahl der **Freistellungen** erhöht sich mit der Zahl der Mitarbeiter/-innen.
Der Betriebsrat muss vierteljährlich eine **Betriebsversammlung** einberufen und der Belegschaft einen Tätigkeitsbericht vorlegen. Diese findet grundsätzlich während der Arbeitszeit statt. Der Arbeitgeber ist dazu einzuladen, hat Rederecht und muss einmal im Jahr über das Personal- und Sozialwesen berichten.

Probleme, mit denen Betriebsräte befasst werden
- Arbeitsschutz/Gesundheitsförderung
- Weiterbildung
- Altersversorgung
- Erhöhung des Leistungsdrucks
- Beschäftigungssicherung
- Änderung der Arbeitsorganisation
- Personalabbau
- Kündigungsschutzfragen

M 4 Betriebsverfassungsgesetz

§ 1 Errichtung von Betriebsräten
(1) In Betrieben mit in der Regel mindestens fünf ständigen wahlberechtigten Arbeitnehmern, von denen drei wählbar sind, werden Betriebsräte gewählt. [...]
§ 7 Wahlberechtigung
Wahlberechtigt sind alle Arbeitnehmer des Betriebs, die das 18. Lebensjahr vollendet haben. Werden Arbeitnehmer eines anderen Arbeitgebers zur Arbeitsleistung überlassen, so sind diese wahlberechtigt, wenn sie länger als drei Monate im Betrieb eingesetzt werden.
§ 8 Wählbarkeit
Wählbar sind alle Wahlberechtigten, die sechs Monate dem Betrieb angehören oder als in Heimarbeit Beschäftigte in der Hauptsache für den Betrieb gearbeitet haben. [...]
§ 14 Wahlvorschriften. (1) Der Betriebsrat wird in geheimer und unmittelbarer Wahl gewählt.
(3) Zur Wahl des Betriebsrates können die wahlberechtigten Arbeitnehmer und die im Betrieb vertretenen Gewerkschaften Vorschläge machen.
§ 14a Vereinfachtes Wahlverfahren für Kleinbetriebe. In Betrieben mit in der Regel fünf bis fünfzig wahlberechtigten Arbeitnehmern wird der Betriebsrat in einem zweistufigen Verfahren gewählt. In einer ersten Versammlung wird der Wahlvorstand nach § 17a Nr. 3 gewählt. Auf einer zweiten Wahlversammlung wird der Betriebsrat in geheimer und unmittelbarer Wahl gewählt. Diese Wahlversammlung findet eine Woche nach der Wahlversammlung zur Wahl des Wahlvorstandes statt.
§ 15 Zusammensetzung nach Beschäftigungsarten und Geschlechtern
(1) Der Betriebsrat soll sich möglichst aus Arbeitnehmern der einzelnen Organisationsbereiche und der verschiedenen Beschäftigungsarten der im Betrieb tätigen Arbeitnehmer zusammensetzen.
(2) Das Geschlecht, das in der Belegschaft in der Minderheit ist, muss mindestens entsprechend seinem zahlenmäßigen Verhältnis im Betriebsrat vertreten sein, wenn dieser aus mindestens drei Mitgliedern besteht.

§

Anzahl der Betriebsratsmitglieder

Wahlberechtigte	Mitglieder
5– 20	1
21– 50	3
51– 100	5
101– 200	7
201– 400	9
401– 700	11
701–1 000	13
1 001–1 500	15
1 501–2 000	17
2 001–2 500	19
2 501–3 000	21
3 001–3 500	23
3 501–4 000	25
4 001–4 500	27
4 501–5 000	29
5 001–6 000	31
6 001–7 000	33
7 001–8 000	35
8 001–9 000	37

Je weitere angefangene 3 000 Arbeitnehmer zwei Mitglieder mehr

M 5 § 80 (1) Der Betriebsrat hat folgende allgemeine Aufgaben:

§

1. darüber zu wachen, dass die zugunsten der Arbeitnehmer geltenden Gesetze, Verordnungen, Unfallverhütungsvorschriften, Tarifverträge und Betriebsvereinbarungen durchgeführt werden;
2. Maßnahmen, die dem Betrieb und der Belegschaft dienen, beim Arbeitgeber zu beantragen;
2a die Durchsetzung der tatsächlichen Gleichstellung von Frauen und Männern [...] zu fördern;
2b die Vereinbarkeit von Familie und Erwerbstätigkeit zu fördern;
3. Anregungen von Arbeitnehmern und der Jugend- und Auszubildendenvertretung entgegenzunehmen und, falls sie berechtigt erscheinen, durch Verhandlungen mit dem Arbeitgeber auf eine Erledigung hinzuwirken; er hat [sie] über den Stand und das Ergebnis der Verhandlungen zu unterrichten;
4. die Eingliederung Schwerbehinderter und sonstiger besonders schutzbedürftiger Personen zu fördern;
5. die Wahl einer Jugend- und Auszubildendenvertretung durchzuführen. [...] Er kann von der Jugend- und Auszubildendenvertretung Vorschläge und Stellungnahmen anfordern;
6. die Beschäftigung älterer Arbeitnehmer im Betrieb zu fördern;
7. die Integration ausländischer Arbeitnehmer im Betrieb und das Verständnis zwischen ihnen und den deutschen Arbeitnehmern zu fördern sowie Maßnahmen zur Bekämpfung von Rassismus und Fremdenfeindlichkeit im Betrieb zu beantragen;
8. die Beschäftigung im Betrieb zu fördern und zu sichern;
9. Maßnahmen des Arbeitsschutzes und des betrieblichen Umweltschutzes zu fördern.

Arbeitsvorschläge

1. *Geben Sie den Inhalt von M 1 mit eigenen Worten wieder.*
2. *Stellen Sie die Vorbereitungen zu einer Betriebsratswahl in einer Tabelle zusammen. (M 2, M 4)*
3. *Notieren Sie stichwortartig wichtige Bestandteile der Mitbestimmung. (M 3)*
4. *Ermitteln Sie aus M 5*
a) je zwei Beispiele für Überwachungsaufgaben und Förderpflichten von Betriebsräten und
b) Aufgaben im Zusammenhang mit Jugend- und Auszubildendenvertretungen.
5. *Nennen Sie einige Gründe dafür, dass es in vielen kleineren Betrieben keinen Betriebsrat gibt.*

1.2 Mitwirkung und Mitbestimmung der Arbeitnehmer

Während die Mitwirkung und Mitbestimmung der Arbeitnehmer nur durch einen Betriebsrat erfolgen kann, sind im Betriebsverfassungsgesetz außerdem persönliche Rechte der **einzelnen Arbeitnehmer** geregelt.

M 1 § 81 Unterrichtungs- und Erörterungspflicht des Arbeitgebers

(1) Der Arbeitgeber hat den Arbeitnehmer über dessen Aufgabe und Verantwortung und über die Art seiner Tätigkeit und ihre Einordnung in den Arbeitsablauf des Betriebs zu unterrichten. Er hat den Arbeitnehmer vor Beginn der Beschäftigung über Unfall und Gesundheitsgefahren [...] sowie über die Maßnahmen und Einrichtungen zur Abwehr dieser Gefahren [...] zu belehren.
(2) In Betrieben, in denen kein Betriebsrat besteht, hat der Arbeitgeber die Arbeitnehmer zu allen Maßnahmen zu hören, die Auswirkungen auf Sicherheit und Gesundheit der Arbeitnehmer haben können.

M 3

Werkschließungen
Die deutschen Werke eines Elektronikkonzerns sollen geschlossen und ins Ausland verlegt werden. Der Wirtschaftsausschuss, der Betriebsrat und die Belegschaft erfahren davon durch die Presse.

Europäische Betriebsräte
können gegründet werden, wenn Unternehmen mit mindestens 1 000 Arbeitnehmern in mindestens zwei EU-Staaten mit jeweils mindestens 150 Arbeitnehmern tätig sind.

M 2 Außerdem hat jeder Arbeitnehmer das **Recht**,
- bei betrieblichen Maßnahmen, die ihn betreffen, Stellung zu nehmen und „Vorschläge für die Gestaltung des Arbeitsplatzes und der Arbeitsorganisation zu machen",
- auf Erläuterung der Berechnung und der Zusammensetzung seines Arbeitsentgelts,
- auf Einsicht in seine Personalakte,
- auf Beschwerde bei den „zuständigen Stellen des Betriebs" oder beim Betriebsrat, wenn er sich benachteiligt fühlt,
- beim Betriebsrat Themen zur Beratung vorzuschlagen.

Als **Grundsätze der Zusammenarbeit** zwischen den Arbeitgebern und den Betriebsräten formuliert das Betriebsverfassungsgesetz:

M 4 § 74 Grundsätze für die Zusammenarbeit

(1) Arbeitgeber und Betriebsrat sollen mindestens einmal im Monat zu einer Besprechung zusammentreten. Sie haben über strittige Fragen mit dem ernsten Willen zur Einigung zu verhandeln und Vorschläge für die Beilegung von Meinungsverschiedenheiten zu machen.
(2) Maßnahmen des Arbeitskampfes zwischen Arbeitgeber und Betriebsrat sind unzulässig; Arbeitskämpfe tariffähiger Parteien werden hierdurch nicht berührt. [...]

Kommt es zu Meinungsverschiedenheiten zwischen Arbeitgeber und Betriebsrat, kann eine **Einigungsstelle** eingerichtet werden, die aus einer gleichen Anzahl von Vertretern des Arbeitgebers und des Betriebsrats zusammengesetzt ist. Beide Seiten müssen sich auf einen unparteiischen Vorsitzenden einigen. Beschlüsse werden mit Stimmenmehrheit gefasst. Bei Mitbestimmungsrechten ist der „Spruch" der Einigungsstelle verbindlich, bei anderen Streitigkeiten gilt er nur, wenn ihn beide Seiten annehmen.

Tendenzbetriebe
Betriebe und Unternehmen mit unmittelbaren und überwiegend ideellen und geistigen Zielen

In Unternehmen mit mehr als 100 ständig beschäftigten Arbeitnehmern wird ein **Wirtschaftsausschuss** gebildet. Ausgenommen sind **„Tendenzbetriebe und Religionsgemeinschaften"** wie Zeitungsverlage und kirchliche Einrichtungen. Der Wirtschaftsausschuss wird vom Betriebsrat bestimmt und besteht aus drei bis sieben sachkundigen Betriebsangehörigen, von denen einer dem Betriebsrat angehören muss. Der Ausschuss soll die Unternehmer in wirtschaftlichen Angelegenheiten beraten und den Betriebsrat über die wirtschaftliche Lage des Unternehmens informieren. Deshalb muss ihn die Unternehmensleitung rechtzeitig über alle wirtschaftlichen Angelegenheiten unterrichten, z. B. über die finanzielle Lage oder über Rationalisierungsmaßnahmen.

Arbeitsvorschläge

1. *Notieren Sie aus M 1 und M 2 die Unterrichtungspflichten des Arbeitgebers.*
2. *Ermitteln Sie aus M 1 und M 2, welche Möglichkeiten Sie haben, wenn bei einer Umbaumaßnahme, die Ihren Arbeitsplatz betrifft, der Schallschutz vernachlässigt wurde.*

Die Mitwirkungs- und Schutzmöglichkeiten des Betriebsrats sind von abgestufter Wirksamkeit.

M 5

Mitwirkung und Mitbestimmung der Arbeitnehmer nach dem Betriebsverfassungsgesetz

Mitbestimmungsrechte	Mitwirkungsrechte	Beratungsrechte
Soziale Angelegenheiten (§ 87) - Betriebsordnung - Arbeitszeit und Pausen - Überstunden - Urlaubsplan - Unfallverhütung - betriebliche Sozialeinrichtungen Arbeits- und betrieblicher. Unfallschutz (§ 89) Personalfragebogen und Beurteilungsgrundsätze (§ 94) Maßnahmen der betrieblichen Berufsbildung (§ 96 ff.) Sozialplan bei Betriebsänderung und Konkurs (§ 112)	Personalplanung (§ 92) Beschäftigungssicherung (§ 92a) Ausschreibung von Arbeitsplätzen (§ 93) Beurteilungsgrundsätze (§ 94) Personelle Einzelmaßnahmen (§ 99) - Einstellungen - Ein- und Umgruppierungen - Versetzungen Kündigungen (§ 102) Außerordentliche Kündigung (§ 103)	Wirtschaftliche Angelegenheiten (§ 106), z. B. wirtschaftliche und finanzielle Lage, Produktion, Absatz, Investitionen, Rationalisierung, Betriebsverlegung durch den vom Betriebsrat bestimmten Wirtschaftsausschuss Gestaltung des Arbeitsplatzes (§ 90) - Neu-, Um-, Erweiterungsbauten - technische Anlagen - Arbeitsverfahren
↓	↓	↓
unbedingtes (zwingendes) Mitbestimmungsrecht	eingeschränktes Mitbestimmungsrecht	Recht auf Information und Beratung

Was kann der Betriebsrat gegen Kündigung tun?

1. Er muss sich umfassende Informationen über die Hintergründe der Kündigung vor seiner Stellungnahme beschaffen, z. B. über Fehlzeiten.
2. Er muss den Betroffenen vor einem Beschluss anhören.
3. Er kann innerhalb einer Woche Widerspruch gegen eine ordentliche Kündigung einlegen, wenn
   - die soziale Auswahl vernachlässigt wurde oder
   - eine Weiterbeschäftigung an einem anderen Arbeitsplatz möglich wäre, z. B. nach einer Umschulung.

M 6

Betriebsfrieden

Der Betriebsrat kann vom Arbeitgeber verlangen, Arbeitnehmer zu versetzen oder zu entlassen, wenn sie den Betriebsfrieden grob verletzen, z. B. durch Fremdenfeindlichkeit. Hierfür kann auch das Arbeitsgericht angerufen werden.

§ 104 BetrVG

- **Mitbestimmungsrechte:** Bei sozialen Angelegenheiten ist die Zustimmung des Betriebsrats für eine betriebliche Entscheidung unbedingt erforderlich. Der Betriebsrat ist gegenüber der Betriebsleitung gleichberechtigt, denn auch er kann Maßnahmen beantragen (Initiativrecht). Kommt keine Einigung zustande, unterbleibt die Maßnahme oder die Einigungsstelle (S. 64) entscheidet für beide Seiten verbindlich. Das Arbeitsgericht kann nur bei vermuteten Verfahrensfehlern angerufen werden.
  Wenn ein Unternehmen Personalfragebogen und Beurteilungsgrundsätze oder Auswahlrichtlinien für Einstellungen, Versetzungen und Kündigungen (§§ 94, 95) plant, hat der Personalrat ebenfalls ein Mitbestimmungsrecht. Er kann diese Maßnahmen aber nicht erzwingen.

- **Mitwirkungsrechte:** Der Betriebsrat kann seine Zustimmung nur verweigern, wenn gegen gesetzliche Bestimmungen verstoßen wurde, z. B. bei Kündigungen. Bei personellen Einzelmaßnahmen (s. Übersicht) setzt sein Mitwirkungsrecht erst bei Betrieben mit mehr als 20 wahlberechtigten Arbeitnehmern an. Zudem kann der Arbeitgeber beim Arbeitsgericht beantragen, die Zustimmung durch eine richterliche Entscheidung zu ersetzen.

- **Beratungsrechte:** In wirtschaftlichen Angelegenheiten muss der Arbeitgeber den Betriebsrat rechtzeitig und umfassend unterrichten und sich mit ihm beraten. Ein Widerspruch des Betriebsrats ist aber rechtlich unwirksam, der Arbeitgeber kann letztlich allein entscheiden.

Arbeitsvorschläge

1. *Stellen Sie fest, gegen welche arbeitsrechtlichen Grundsätze (M 1, M 2) im Fall M 3 verstoßen wurde.*
2. *Ermitteln Sie aus M 5 Beispiele aus Ihrem Ausbildungsbetrieb, bei denen eine Zustimmung des Betriebsrats erforderlich wäre.*
3. *Der Betriebsrat eines Betriebs mit Einigungsstelle widerspricht einer ordentlichen fristgerechten Kündigung. Beschreiben Sie die erforderlichen Schritte bis zur Entscheidung über die Wirksamkeit der Kündigung (M 4).*
4. *Ein Mitarbeiter pöbelt einen Kollegen häufig wegen seines Migrationshintergrundes an. Dieser bittet den Betriebsrat um Hilfe. Beurteilen Sie den Fall nach § 80 BetrVG (M 5, S. 63) und M 6, und schlagen Sie Lösungen vor.*

1.3 Die Jugend- und Auszubildendenvertretung (JAV)

M 1

Betriebsversammlung der mittelständischen Bauunternehmung „Hochtief" an einem Nachmittag im Saale der Gaststätte neben dem Betriebsgelände. Der Betriebsrat berichtet über eine insgesamt gute Zusammenarbeit mit dem Chef, kritisiert aber u. a. die häufigen Überstunden, die der Chef in seinem jährlichen Bericht mit dem Termindruck durch die Auftraggeber begründet hat.
An einem Tisch in der Saalecke langweilen sich die „Jungen". „Keiner redet über unsere Probleme", meint Marc. Er ist Auszubildender als Maurer im zweiten Jahr und gerade 18 geworden. André widerspricht: „Das mit den Überstunden betrifft auch Eric und mich. Wir sind häufig auf Baustellen außerhalb, fahren mit dem Betriebsbus mit und müssen so lange auf der Baustelle bleiben wie die Gesellen. André lernt im dritten Jahr und ist 19. Eric ist mit 17 der Jüngste in der Firma. Gregor, der Umschüler aus Kasachstan, ergänzt: „Außerdem ist da noch das Problem mit dem Urlaub. Häufig werden wir vertröstet, wegen der Arbeit oder weil gerade zwei Gesellen im Urlaub sind. Und wir sollten den Urlaub doch in den Berufsschulferien nehmen." „Das ist auch mein Hauptproblem", meint Klara. Sie ist 20 Jahre alt und macht eine Ausbildung zur Kauffrau für Bürokommunikation. „Ich habe aber eine Idee! Meine Freundin arbeitet in einem Betrieb, in dem gibt es eine Jugend- und Auszubildendenvertretung. Die haben über den Betriebsrat einen Urlaubsplan durchgesetzt. Wir sollten uns auch eine Vertretung wählen und dann versuchen, unsere Probleme zu lösen."

In Betrieben mit mindestens fünf Jugendlichen oder Auszubildenden kann eine Jugend- und Auszubildendenvertretung (JAV) gewählt werden, wenn im Betrieb ein Betriebsrat besteht.

M 2

Deine JAV informiert

Eure Jugend- und Auszubildendenvertretung trifft sich alle zwei Wochen dienstags im Betriebsratsbüro zur Sitzung.
Nächster Termin: ...

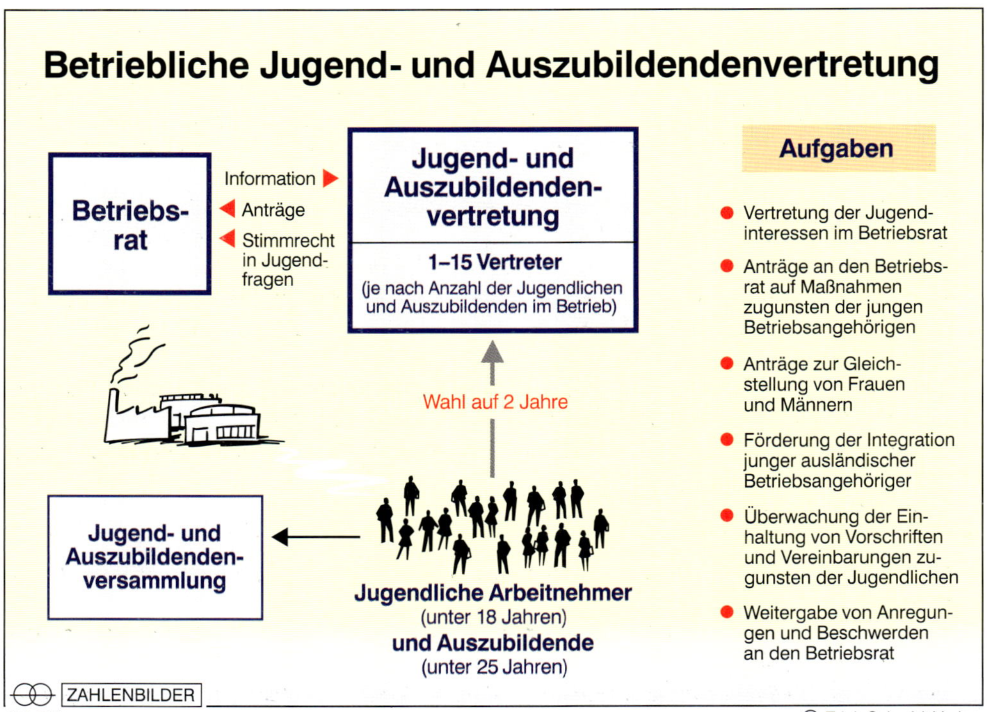

243 513 © Erich Schmidt Verlag

M 3

Zum Kreis der **Wahlberechtigten** zur Jugend- und Auszubildendenvertretung (JAV) zählen neben den Jugendlichen und den Auszubildenden auch Anlernlinge, Umschüler und Praktikanten unter 25 Jahren. „Wählbar sind alle Arbeitnehmer des Betriebes, die das 25. Lebensjahr noch nicht vollendet haben" (§ 61 Abs. 2 BetrVG) mit Ausnahme von Betriebsratsmitgliedern und Personen, denen wegen einer Straftat das Recht auf Bekleidung öffentlicher Ämter aberkannt wurde.

Vorbereitet wird eine JAV-Wahl, indem der Betriebsrat einen Wahlvorstand und seinen Vorsitzenden bestimmt. In kleineren Betrieben mit fünf bis 50 Wahlberechtigten kann die JAV nach dem vereinfachten Wahlverfahren wie bei den Betriebsratswahlen (§ 14a BetrVG) gewählt werden. Ohne Betriebsrat kann keine JAV gewählt werden.

Wahlvorschläge benötigen die Unterstützung von mindestens zwei Wahlberechtigten. Sie müssen schriftlich erfolgen, können aber beim vereinfachten Wahlverfahren auch mündlich auf der ersten Wahlversammlung gemacht werden. Für eine JAV, die aus einer Person besteht, können Vorschläge für die Wahl eines Ersatzmitglieds gemacht werden.

Da die JAV nur über den Betriebsrat tätig werden kann, entsendet sie zu allen Betriebsratssitzungen einen Vertreter. Auch kann sie beantragen, eigene Anliegen auf die Tagesordnung zu bringen. Werden solche Angelegenheiten behandelt, haben alle Mitglieder der JAV das Recht, an der Sitzung teilzunehmen. Sie haben volles Stimmrecht, wenn es um „Anliegen" der Jugendlichen und Auszubildenden geht.

Die JAV kann vor oder nach jeder Betriebsversammlung eine **Jugend- und Auszubildendenversammlung** abhalten, um Tätigkeitsbereiche, Ausbildungsfragen und andere sozialpolitische Themen zu diskutieren. In Betrieben mit über 50 Wahlberechtigten sichern Sprechstunden den Kontakt mit den Jugendlichen und Auszubildenden.

M 4 **Ohne Euch geht nichts!**

Ihr seid von euren Kolleginnen und Kollegen in die Jugend- und Auszubildendenvertretung (JAV) gewählt worden. Das ist gelebte Demokratie. [...] Es ist jetzt eure Aufgabe und Verpflichtung zugleich, die Interessen der Azubis und Jugendlichen im Betrieb zu vertreten und euch für sie während der Ausbildung einzusetzen. Denn alles, was mit der Ausbildung zu tun hat, ist Thema der JAV! Eine Top-Ausbildung ist in den Betrieben nicht immer selbstverständlich. [...] Um im Betrieb mitreden und mitentscheiden zu können, muss sich die JAV gemeinsam mit dem Betriebsrat, der IG Metall und den Azubis in Diskussionen einmischen [...], Bestehendes in Frage stellen, eigene Ideen entwickeln, Forderungen einbringen und Veränderungen erreichen können.

IG Metall-Vorstand, Ressort Jugendarbeit und Politik (Hg.): JAV-Arbeit mit Biss, Frankfurt/M. 2013, S. 4 f.

M 5 **Von der Theorie zur Praxis** – einige Beispiele

- Verbesserung der Sachmittelausstattung in der Ausbildung (neue PCs, CNC-Maschine)
- Einführung einer Ausbildungsstandkontrolle anstelle eines Beurteilungsverfahrens mit Noten
- unbefristete Übernahme aller Auslernenden
- Einführung von Job-Tickets (Fahrtkostenübernahme)
- Verlängerung von Lehrgangsphasen

Vgl. IG Metall-Vorstand, Ressort Jugendarbeit und Politik (Hg.): JAV-Arbeit mit Biss, Frankfurt/M. 2013, S. 16 f.

Arbeitsvorschläge

1. *Nennen Sie die Voraussetzungen für die Wahl einer Jugend- und Auszubildendenvertretung.*
2. *Beschreiben Sie die Bedingungen für die Wahlberechtigung und Wählbarkeit zur JAV.*
3. *Entwickeln Sie Vorschläge, um die in M 1 genannten Probleme der Auszubildenden zu lösen.*
4. *Fassen Sie M 4 in Stichworten zusammen.*
5. *Stellen Sie aus M 2 und M 5 die für Ihre Berufsausbildung wichtigen Aufgaben der JAV in einer Liste zusammen und ergänzen Sie diese um weitere Beispiele.*

1.4 Betriebsvereinbarungen

M 2

Globalisierung mit sozialer Verantwortung – VW-Sozialcharta

„Volkswagen dokumentiert mit dieser Erklärung die grundlegenden Rechte und Prinzipien. [...]
Die Zukunftssicherung von Volkswagen und der Beschäftigten erfolgt im Geiste der kooperativen Konfliktbewältigung und sozialen Verpflichtung [...].
Die Globalisierung von Volkswagen ist für die internationale Wettbewerbsfähigkeit, und damit für die Zukunftssicherung des Unternehmens und seiner Belegschaft, unverzichtbar. [...]"

Als „Rahmenvertrag" am 06.06.2002 in Bratislava vom VW-Weltbetriebsrat, der VW-Konzernleitung und dem Internationalen Gewerkschaftsbund unterzeichnet

Betriebsvereinbarungen zwischen einem Betriebsrat und dem Arbeitgeber sind ein wichtiges Instrument zur praktischen Ausgestaltung der Mitbestimmungsrechte im Betrieb. Sie sind schriftlich abzufassen, von beiden Seiten zu unterschreiben und im Betrieb an geeigneter Stelle auszuhängen. Sie gelten „zwingend" für alle Arbeitnehmer des Unternehmens.
Gegenstand von Betriebsvereinbarungen können alle Angelegenheiten sein, bei denen der Betriebsrat ein Mitbestimmungsrecht hat. Es sind vor allem soziale Angelegenheiten nach § 87 BtrVG sowie Maßnahmen zum betrieblichen Arbeits- und Umweltschutz. Gegenstände, die in Tarifverträgen zu regeln sind, gehören nicht dazu, es sei denn, diese lassen es ausdrücklich in sogenannten **Öffnungsklauseln** (s. S. 93) zu.
Länderübergreifende Vereinbarungen für Konzerne werden auch als **Rahmenverträge** bezeichnet und mit **internationalen Gewerkschaften** vereinbart.

M 1 **Betriebsvereinbarung** Nr. 05/2012

Präambel
Geschäftsleitung und Betriebsrat stimmen darin überein, die Qualifizierung von Auszubildenden und Studierenden im Praxisverbund zu fördern. [...]

Geltungsbereich
Die Betriebsvereinbarung gilt

räumlich:	für die Volkswagen Osnabrück GmbH
persönlich:	für alle Auszubildenden und Studierenden im Praxisverbund im jeweils ersten Ausbildungsjahr

Allgemein
(Sie) erhalten zu Beginn ihrer Ausbildung einen einmaligen Lernmittelzuschuss in Höhe von 150,00 €. Der Zuschuss wird den jeweiligen Regelungen des Volkswagenkonzerns angepasst. Die Auszahlung erfolgt mit der ersten monatlichen Vergütung.

Osnabrück, 20.08.2012	**Volkswagen GmbH Osnabrück**
Geschäftsführung	**Betriebsrat**
Unterschriften	Unterschriften

Volkswagen AG, Globalisierung mit sozialer Verantwortung, VW Sozialcharta, Bratislava, 06.06.2002

M 3 (§ 111 BtrVG)
Betriebsänderungen
von Betrieben oder Betriebsteilen
- Einschränkungen
- Stilllegung
- Verlegungen
- Zusammenlegung
- Änderung von
  - Betriebszweck,
  - Organisation,
  - Fertigungsverfahren,
  - Arbeitsmethoden.

1.5 Interessenausgleich und Sozialplan

Wenn ein Unternehmen mit mehr als 20 Beschäftigten Betriebsänderungen plant, die „wesentliche Nachteile für [...] erhebliche Teile der Belegschaft zur Folge haben können", kann mit dem Betriebsrat ein **Interessenausgleich** erfolgen. Es muss ein **Sozialplan** aufgestellt werden (§ 12 BtrVG), wenn der Betriebsrat das fordert. Wirtschaftliche Nachteile für Arbeitnehmer sollen ausgeglichen oder gemildert werden. Beim Interessenausgleich wird ein Kompromiss zum Schutz der Belegschaft gesucht, z. B. durch Umschulungsmaßnahmen. Ein Sozialplan enthält finanzielle Vereinbarungen wie Lohnausgleich bei Tätigkeitswechsel, Umzugskosten oder Abfindungen bei Verlust des Arbeitsplatzes. Wenn in beiden Fällen keine Einigung zustande kommt, kann die Bundesagentur für Arbeit um Vermittlung gebeten oder die ***Einigungsstelle*** (s. S. 64) angerufen werden. Bleibt das auch erfolglos, ist nur beim Sozialplan ein „Spruch" (Entscheidung) der Einigungsstelle verbindlich.

Arbeitsvorschläge

1. *Stellen Sie fest, wer die Betriebsvereinbarung (M 1) und den Rahmenvertrag (M 2) abgeschlossen hat und für wen diese gelten.*
2. *Erkundigen Sie sich in Ihrem Ausbildungsbetrieb nach Betriebsvereinbarungen und ihren Inhalten.*
3. *Ermitteln Sie aus M 3 was unter „Betriebsänderungen" verstanden wird, und erläutern Sie dies an einem praktischen Beispiel.*

1.6 Mitbestimmung in Unternehmen

M 1 Die Mitbestimmung der Arbeitnehmer in den **Aufsichtsräten** von Unternehmen ab 500 Mitarbeitern ist gesetzlich geregelt. Aufsichtsräte beraten und kontrollieren die Vorstände ihrer Unternehmen, berufen und entlassen Mitglieder der Vorstände, entscheiden über Grundsatzfragen der Unternehmenspolitik und über Investitionsplanungen. Weil das so wichtig ist, wird um den Arbeitnehmeranteil in den Aufsichtsräten gestritten. Einige Arbeitgeberverbände möchten die großen Kapitalgesellschaften (M 3) auf die Drittelbeteiligung (M 2) zurückführen. Gewerkschaften hingegen möchten die Mitbestimmung erweitern. Bei den großen Kapitalgesellschaften (M 3) soll die Mitbestimmung bereits ab 1 000 Mitarbeitern gelten

M 2
Aufsichtsrat
1/3 Beteiligung

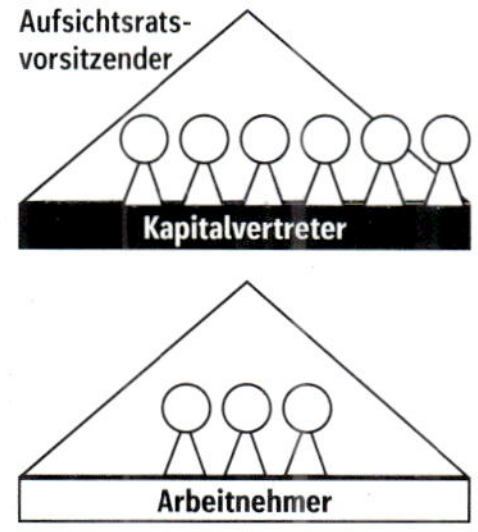

Für die Beteiligung der Arbeitnehmer an der Gestaltung des Arbeitslebens werden seit dem 19. Jahrhundert vor allem zwei Gründe angeführt:
- Zwischen Kapital und Arbeit bestehe Gleichberechtigung, da beide Faktoren für die Produktion unentbehrlich seien und
- die wirtschaftliche Macht der Unternehmen müsse demokratisch kontrolliert werden.

Diese Forderung wird nach dem Zweiten Weltkrieg durch die Mitbestimmungsgesetze erfüllt. Die Arbeitnehmervertreter werden in allgemeinen, gleichen und geheimen Wahlen bestimmt. Die Größe der Aufsichtsräte hängt von der Zahl der Mitarbeiter ab. Diese sind mit 18 Jahren wahlberechtigt.

M 3

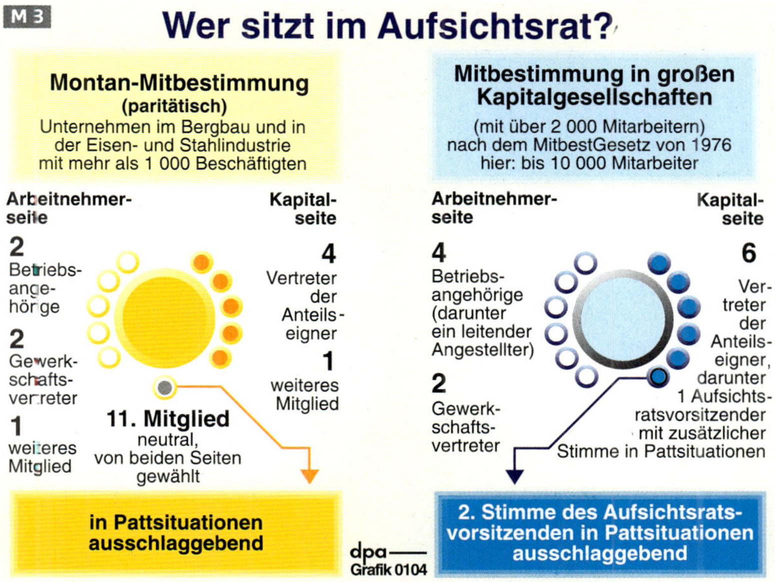

Das **Drittelbeteiligungsgesetz** gilt für Unternehmen mit mehr als 500 Arbeitnehmern. Die Aufsichtsräte sind zu einem Drittel mit Arbeitnehmervertretern zu besetzen. Frauen und Männer müssen anteilmäßig berücksichtigt werden.

Die Mitbestimmung nach dem **Mitbestimmungsgesetz** (1976) gilt für Unternehmen mit mehr als 2000 Mitarbeitern mit Ausnahme des Montanbereichs und von „Tendenzbetrieben“ (s. S. 64). Die Arbeitnehmer erhalten die Hälfte der Aufsichtsratssitze.

Die **Montanmitbestimmung** im Bereich Kohle und Stahl wurde bereits 1951 eingeführt. Auch hier ist der Aufsichtsrat zu gleichen Teilen (paritätisch) mit Arbeitnehmern und Anteilseignern gewählt. Bei Stimmengleichheit entscheidet aber ein neutrales Mitglied. Für die Arbeitnehmerseite ist wichtig, dass der Arbeitsdirektor nicht gegen ihre Stimmen gewählt werden kann.

Verwaltungsrat
Interne Aufsicht, besteht aus mindestens zwei, bei mitbestimmten Unternehmen mindestens drei Mitgliedern, davon ein Arbeitnehmervertreter

Das **Gesetz über Europäische Betriebsräte** regelt die Mitbestimmung in den Aufsichts- und Verwaltungsräten in Unternehmen mit der Rechtsform der Europa-AG (s. S. 160). Über die Form der Mitbestimmung muss verhandelt werden. Ohne Einigung gilt die weitestgehende Regelung der Gründergesellschaft.

Arbeitsvorschläge

1. *Vergleichen Sie die Zusammensetzung der Aufsichtsräte in den drei Formen der deutschen Unternehmensmitbestimmung. (M 2 und 3)*
2. *Begründen Sie die unterschiedlichen Positionen in M 1. Notieren Sie das Ergebnis, besprechen Sie es mit einem Partner/einer Partnerin und präsentieren Sie das gemeinsame Ergebnis.*

2 Arbeitsvertragsrecht

2.1 Grundlagen des Arbeitsrechts

Jeder, der eine Arbeitsstelle antritt, schließt einen Einzelarbeitsvertrag ab. Durch Verträge werden Rechte erworben und Pflichten übernommen, hier z. B. das Recht auf Vergütung und die Pflicht zur Arbeit. Bei Verträgen gilt der Grundsatz der **Vertragsfreiheit**. Das bedeutet, dass es unter Berücksichtigung der geltenden Gesetze jedem freigestellt ist, ob, mit wem und mit welchen Inhalten ein Vertrag abgeschlossen wird. Seit Mitte des vorigen Jahrhunderts schreiben Gesetze und Verordnungen Mindestarbeitsbedingungen zwingend vor, weil sich herausgestellt hat, dass der einzelne Arbeitnehmer gegenüber dem Arbeitgeber häufig der schwächere Vertragspartner ist. Die Verbesserungen zeigen sich deutlich, wenn Bestimmungen aus Betriebsordnungen des vorigen Jahrhunderts mit der heutigen Rechtslage verglichen werden.

Kostenlose Literatur

Arbeitsrecht
Informationen für Arbeitnehmer und Arbeitgeber

Bundesministerium für Arbeit und Soziales
www.bmas.de

M 1 **Arbeitszeiten/Urlaubsregelungen**

Damals

Unsere Firma hat die Arbeitsstunden verkürzt. Das Personal braucht jetzt nur noch an den Wochentagen zwischen 7 Uhr vormittags und 7 Uhr nachmittags anwesend zu sein. Der Sonntag dient dem Kirchendienst. Sollte es jedoch erforderlich sein, wird auch am Sonntag gearbeitet.

[...]

Ferien gibt es nur in dringenden familiären Fällen. Lohn wird für diese Zeit nicht gezahlt.

Bureau-Ordnung um 1860

Heute

Die werktägliche Arbeitszeit der Arbeitnehmer darf acht Stunden nicht überschreiten. Sie kann bis zu zehn Stunden verlängert werden, wenn innerhalb von sechs Kalendermonaten oder innerhalb von 24 Wochen im Durchschnitt acht Stunden werktäglich nicht überschritten werden.

§ 3 Arbeitszeitgesetz von 1994

Jeder Arbeitnehmer hat in jedem Kalenderjahr Anspruch auf bezahlten Erholungsurlaub.

Der Urlaub beträgt jährlich mindestens 24 Werktage.

§§ 1, 3 Bundesurlaubsgesetz von 1993 in der Fassung von 2002

Arbeitsvorschläge

1. *Vergleichen Sie die Wochenarbeitszeit und die Urlaubsregelung von damals und heute. (M 1)*
2. *Bearbeiten Sie die oben stehende Karikatur nach der Anleitung „Analyse politischer Karikaturen" (s. S. 246).*

Wie der Vergleich betrieblicher Arbeitsbedingungen mit den gesetzlichen Mindestarbeitsbedingungen zeigt, gelten in vielen Betrieben und in ganzen Berufszweigen für Arbeitnehmer günstigere Regelungen. Überwiegend beruhen sie auf **Tarifverträgen** und **Betriebsvereinbarungen**. Betriebsvereinbarungen werden von Betriebsräten für die Belegschaft mit dem Arbeitgeber getroffen. Tarifverträge schließen die Gewerkschaften mit einzelnen Arbeitgebern oder Arbeitgeberverbänden (s. S. 90) ab. Solche Verträge, bei denen nicht mehr einzelne Arbeitnehmer mit ihren Arbeitgebern Arbeitsbedingungen aushandeln, sondern ihre Interessenvertreter, werden Kollektivverträge genannt. Sie sind im Tarifvertragsrecht (s. S. 92 ff.) geregelt. Zusammen mit dem Betriebsverfassungsrecht (s. S. 62 ff.) bilden sie das **Kollektivarbeitsrecht**.

M 1

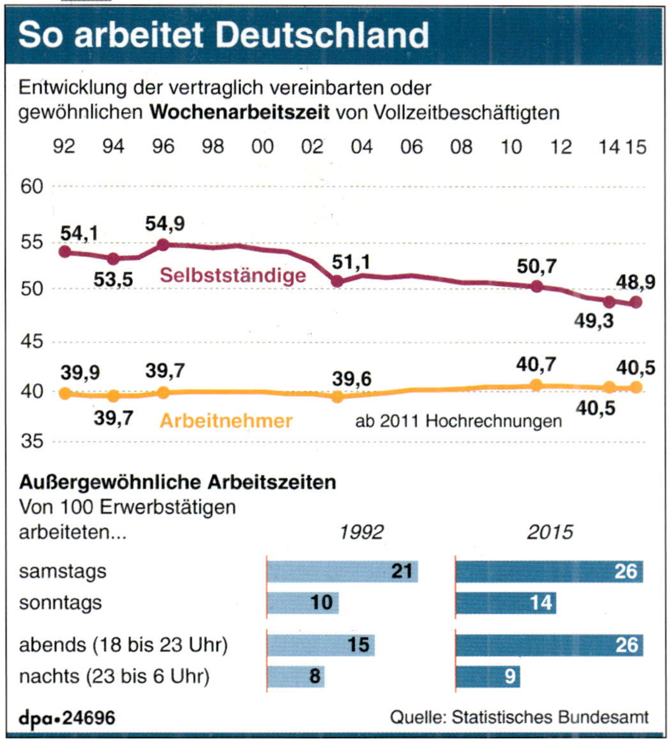

Im Unterschied dazu regelt das **Individualarbeitsrecht** Rechtsbeziehungen zwischen einzelnen Arbeitnehmern und Arbeitgebern durch das Arbeitsvertrags- und Arbeitsschutzrecht.

Durch die Vielfalt der Rechtsgrundlagen und den schnellen wirtschaftlichen, technischen und sozialen Wandel entstehen immer neue Rechtsprobleme, die von oberen Gerichten zu entscheiden sind. Es entsteht als eigenständige Rechtsquelle das **Richterrecht**.

Diese Gesetze, Verordnungen, Verträge und richterlichen Entscheidungen gehören zum **Arbeitsrecht**. Es dient vor allem dem Schutz der Arbeitnehmer, die sich gegenüber den Arbeitgebern oft in einer schwächeren Position befinden. Von der ersten gesetzlichen Regelung in Deutschland, dem „preußischen Regulativ" von 1839 über die Beschäftigung Jugendlicher in Fabriken, bis heute ist das Arbeitsrecht stetig fortentwickelt worden. Obgleich ein einheitliches Arbeitsgesetzbuch seit Langem geplant ist, gib es ein solches immer noch nicht.

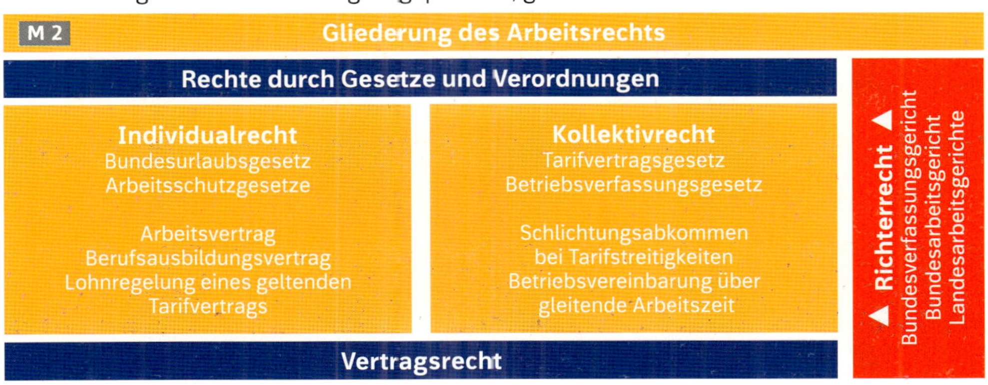

Arbeitsvorschläge

1. *Unterscheiden Sie die Vertragsparteien von Tarifverträgen und Betriebsvereinbarungen.*
2. *Erklären Sie die Begriffe „Individualarbeitsrecht" und „Kollektivarbeitsrecht" mit eigenen Worten.*
3. *Ordnen Sie das Jugendarbeitsschutzgesetz, das Mitbestimmungsgesetz, einen Arbeitsvertrag und eine Betriebsvereinbarung dem Individual- bzw. dem Kollektivarbeitsrecht zu. (M 2)*
4. *Nennen Sie die Rechtsgrundlage für unterschiedliche Arbeitszeiten in Ost- und Westdeutschland. (M 1)*

2.2 Der Abschluss des Arbeitsvertrags

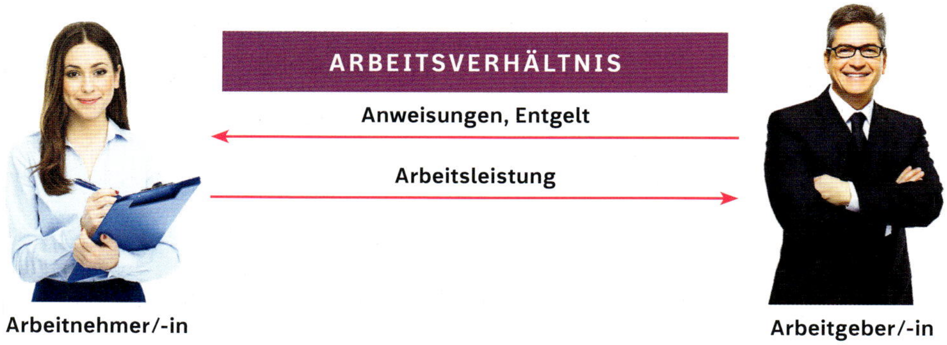

Arbeitsverhältnis
Ein Arbeitsverhältnis besteht dann, wenn jemand freiwillig einen Arbeitsvertrag abschließt und nach den Weisungen des Arbeitgebers tätig wird.

Ein Arbeitsverhältnis beginnt mit dem Abschluss eines Arbeitsvertrags, einem zweiseitigen Rechtsgeschäft, das durch Antrag (Angebot) und Annahme zustande kommt. Arbeitgeber und Arbeitnehmer müssen sich dabei über den Vertragsinhalt geeinigt haben.

Ein Arbeitsvertrag braucht in der Regel nicht schriftlich abgeschlossen zu werden, es sei denn, die Schriftform ist durch Tarifvertrag oder eine Betriebsvereinbarung festgelegt worden. Die Vereinbarung kann mündlich oder sogar „stillschweigend“ erfolgen, wenn beide Partner übereinstimmend (schlüssig) handeln. Übereinstimmung würde z. B. durch die wortlose Übergabe von Fahrzeugpapieren bestehen, wenn ein Kraftfahrer wegen einer Stellenanzeige nachfragt.
Ohne schriftlichen Arbeitsvertrag ist der Arbeitgeber durch das **Nachweisgesetz** von 1995 verpflichtet, allen Arbeitnehmern spätestens einen Monat nach Beginn des Arbeitsverhältnisses die wesentlichen Vertragsbedingungen schriftlich auszuhändigen. Darin müssen auch Hinweise auf geltende Tarifverträge, Betriebs- oder Dienstvereinbarungen enthalten sein. Befristete Arbeitsverträge müssen sofort schriftlich abgefasst werden, Aushilfstätigkeiten bis zu einem Monat sind von der zwingenden Schriftform ausgenommen.
Tritt während der üblichen Probezeit eine Krankheit auf, wird sie bis zur Wiederaufnahme der Arbeit unterbrochen.
Im Unterschied zu EU-Arbeitnehmern benötigen Arbeitnehmer aus anderen Ländern zur Arbeitsaufnahme eine Arbeitserlaubnis. Übergangsfristen galten bis 01.01.2014 für Bürger aus den neu aufgenommenen EU-Mitgliedsländern Rumänien und Bulgarien.

M 1 Arbeitspapiere
- Lohnsteuerbescheinigung,
- Bescheinigung über den im laufenden Kalenderjahr gewährten oder abgegoltenen Urlaub,
- Bescheinigung über Meldungen an den Sozialversicherungsträger,
- Arbeitsbescheinigung über Art und Dauer des Arbeitsverhältnisses,
- Zeugnis

Arbeitnehmer müssen ihre Arbeitspapiere beim Arbeitgeber abholen. Diese sind einem neuen Arbeitgeber (außer Zeugnis, Arbeitsbescheinigung und Sozialversicherungsausweis) auszuhändigen. Dieser muss sie sorgfältig verwahren.

Vgl. Bundesministerium für Arbeit und Soziales (Hrsg.): Arbeitsrecht/Arbeitsschutzrecht 2017/2018, BW Bildung und Wissen Verlag und Software GmbH Nürnberg, 11. Aufl. 2017, S. 317.

Abschluss des Arbeitsvertrags

zwischen (Arbeitgeber) | und (Arbeitnehmer)

mündlich | schriftlich | stillschweigend

durch inhaltliche Übereinstimmung (Einigung) über

Dauer des Arbeitsverhältnisses	Art und Ort der Tätigkeit	Entgelt, Sonderleistungen, Fälligkeit	Arbeitszeit (täglich, wöchentlich)	Urlaub (Dauer, evtl. Zeitpunkt)	Kündigungsfristen

Arbeitsvorschläge

1. *Erklären Sie mit eigenen Worten den Begriff „Arbeitsverhältnis“.*
2. *Erörtern Sie die Vorteile eines schriftlichen Arbeitsvertrags gemäß Nachweisgesetz.*
3. *Zählen Sie die Unterlagen auf, die Sie bei Antritt einer neuen Stelle vorlegen müssen (M 1).*
4. *Ein Arbeitnehmer wird am 1. April mit einer Probezeit von drei Monaten eingestellt. Er wird am 16. Juni nach einem Unfall für sechs Wochen krankgeschrieben. Wann endet die Probezeit?*

2.3 Rechte und Pflichten aus dem Arbeitsvertrag

Die allgemeinen Rechte und Pflichten aus dem Arbeitsvertrag werden vor allem durch folgende Gesetze geregelt:
- Grundgesetz (GG),
- Bürgerliches Gesetzbuch (BGB),
- Handelsgesetzbuch (HGB),
- Gewerbeordnung (GewO).

Daneben gibt es zahlreiche weitere Gesetze und Verordnungen, die der Vertragsfreiheit Grenzen setzen. Es werden unterschieden:
- **Zwingende Gesetze,** die vertraglich nicht verändert werden dürfen, es sei denn zum Vorteil der Arbeitnehmer. Dazu zählen die meisten Arbeitsschutzvorschriften, deren Einhaltung zugleich staatlich überwacht wird, z. B. das Nachtarbeitsverbot für Jugendliche.
- **„Veränderbare" Gesetze,** bei denen abweichende Arbeitsbedingungen entweder nur durch Tarifverträge (z. B. Kündigungsfristen) oder auch durch Betriebsvereinbarungen oder Einzelarbeitsverträge verabredet werden können, z. B. die Aufteilung des Jahresurlaubs. Die Einhaltung dieser Gesetze oder Vereinbarungen muss der Arbeitnehmer notfalls vor Gericht einklagen.

Wenn es in Gesetzen, Tarifverträgen, Betriebsvereinbarungen und Einzelarbeitsverträgen unterschiedliche Regelungen gibt, gilt im Allgemeinen das **Günstigkeitsprinzip**, d. h. die für den Arbeitnehmer günstigste Vorschrift.

Die wichtigsten Rechte und Pflichten der Partner eines Arbeitsvertrags sind in der folgenden Übersicht zusammengestellt:

Rangfolge der Verbindlichkeit im Arbeitsrecht

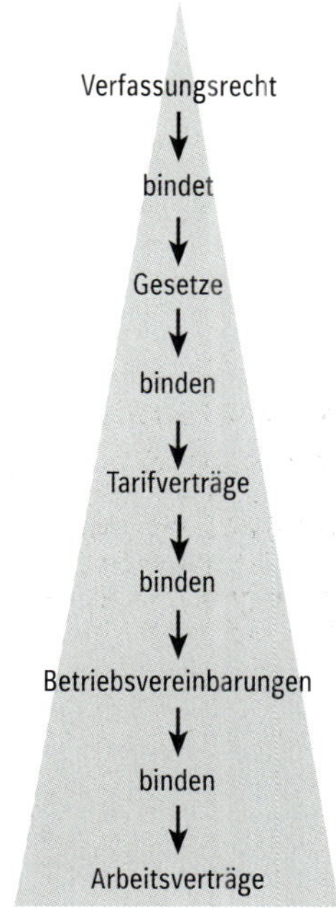

Es gilt das **Günstigkeitsprinzip.**

M 1 **Rechte und Pflichten aus dem Arbeitsvertrag**

Pflichten des Arbeitnehmers (= Rechte des Arbeitgebers)	Pflichten des Arbeitgebers (= Rechte des Arbeitnehmers)
Hauptpflichten	
Arbeitsleistung erbringen – persönlich – nach den Weisungen des Arbeitgebers – in der vereinbarten Art (z. B. als Maurer) und Zeit	Lohn, Gehalt, Entgelt zahlen – in der vereinbarten Höhe – pünktlich zur vereinbarten Zeit – am vereinbarten Ort (Konto)
Nebenpflichten	
„Treuepflicht" – Verschwiegenheit bei Betriebsgeheimnissen – Unterlassung von Rufschädigung – Verbot von Schmiergeldannahme – Wettbewerbsverbot (dem Arbeitgeber keine Konkurrenz machen, z. B. durch Schwarzarbeit) – Pflicht zur Anzeige drohender Schäden – Haftung für schuldhafte Herbeiführung von Schäden	„Fürsorgepflicht" – Beschäftigungspflicht – Schutz für Leben und Gesundheit – Schutz von Persönlichkeitsrechten (u. a. Datenschutz) – Schutz des Eigentums des Arbeitnehmers (Haftung) – Gleichbehandlungspflicht (keine Benachteiligung Einzelner) – Abführen der Sozialabgaben – Pflicht zur Urlaubsgewährung – Zeugnispflicht

Vertragsverletzung

Bei fahrlässiger oder vorsätzlicher Vertragsverletzung hat der Geschädigte, je nach Lage der Dinge, vier Möglichkeiten:
1. Leistung verweigern (nicht arbeiten oder keinen Lohn zahlen),
2. Erfüllung verlangen (Lohn nachzahlen, Arbeitszeit nachholen),
3. haftbar machen (Schaden ersetzen),
4. fristlos kündigen.

Außerdem haben alle Arbeitnehmer nach dem Betriebsverfassungsgesetz u. a. das Recht, in eigener Sache angehört zu werden, sich bei ungerechter Behandlung zu beschweren und Einsicht in die eigene Personalakte zu erhalten.

Arbeitsvorschläge

1. *Begründen Sie mit je einem Beispiel den Sinn von zwingenden und veränderbaren Gesetzen.*
2. *Erläutern Sie die Bedeutung der Haupt- und Nebenpflichten des Arbeitsvertrags (M 1) und nennen Sie dafür Beispiele.*

Frauen: Keine Gleichberechtigung beim Verdienst 2014

Estland	- 28,3 %
Österreich	- 22,9 %
Deutschland	- 21,6 %
Großbritannien	- 18,3 %
Niederlande	- 16,2 %
Frankreich	- 15,3 %
Polen	- 7,7 %
Italien	- 6,5 %
Slowenien	- 2,9 %

Deutscher Bundestag Drucksache 18/7740, 29.02.2016, S. 6 f.

Weitere Informationen unter: www.ec.europa.eu/equalpay

77 Tage umsonst gearbeitet
Die Lohnlücke besteht weiter. Der Equal Pay Day ist 2018 der 18. März. Bis dahin arbeiten Frauen im Prinzip umsonst, wenn man die Unterschiede der Verdienste aller beschäftigten Frauen gegenüber den Männern heranzieht.

Eigene Berechnungen

Verdienstabstand zwischen Frauen und Männern (Vollzeit) in Prozent Bruttomonatsgehalt

Bäckerin	- 13 %
Bürokauffrau	- 13 %
Chemielaborantin	- 14 %
Köchin	- 18 %
Verkäuferin	- 8 %

DGB-Bundesvorstand: UNGLAUBLICH, (März 2017), nach WSI-Daten für 2014

M 1 Warum Frauen weniger verdienen als Männer

In Deutschland verdienen Frauen im Schnitt fast 22 % weniger als Männer. An diese Ungerechtigkeit erinnern seit 2008 Verbände und Parteien am EqualPay Day (Tag des gleichen Lohns). Bis zu diesem Tag arbeiten Frauen „umsonst“, während Männer bereits von Januar an bezahlt würden. 2018 ist der Equal Pay Day der 18. März, der 79. von 365 Tagen. Für die Ungleichheit der Bezahlung gibt es viele Ursachen:

- Viele Frauen wählen Berufe, die häufig schlecht bezahlt sind, vor allem im Dienstleistungsbereich, wie die Alten- und Krankenpflege oder im Verkauf. An vielen besser bezahlten Berufen, z. B. im Handwerk, haben sie einen geringeren Anteil.
- In vielen Chefetagen sind Frauen unterrepräsentiert.
- Vor allem wegen der Kindererziehung unterbrechen viele Frauen ihre Berufstätigkeit oder arbeiten in Teilzeit. Das behindert meist einen beruflichen Aufstieg.

Selbst beim Vergleich von Vollzeitbeschäftigung und gleicher Qualifikation liegt der Unterschied 2017 noch bei 7 %.

vgl. Möhle, Karin, in: Soziale Ordnung (Magazin der CDA, Berlin) 1/2014, S. 16 ff.

Die „Lohnlücke“ bei Frauen verstößt u. a. gegen das **Allgemeine Gleichbehandlungsgesetz (AGG),** das 2006 nach einer EU-Richtlinie umgesetzt wurde.
Das neue **Entgelttransparenzgesetz** vom Juni 2017 berechtigt Frauen „in Betrieben mit in der Regel mehr als 200 Beschäftigten“ (§ 12.1) Auskunft über Entgeltregelungen von Männern bei vergleichbaren Tätigkeiten zu erhalten. Betriebe mit mehr als 500 Beschäftigten müssen über ihre Maßnahmen zur Entgeltgleichheit regelmäßig berichten.

M 2 Das Allgemeine Gleichbehandlungsgesetz

§ 1 Ziel des Gesetzes.
Ziel des Gesetzes ist, Benachteiligungen aus Gründen der Rasse oder wegen der ethnischen Herkunft, des Geschlechts, der Religion oder Weltanschauung, einer Behinderung, des Alters oder der sexuellen Identität (*Homosexualität, Transsexualität*) zu verhindern oder zu beseitigen.

§ 2 Anwendungsbereich
(1) Benachteiligungen aus einem in § 1 genannten Grund sind [...] unzulässig in Bezug auf:
1. die Bedingungen, einschließlich Auswahlkriterien und Einstellungsbedingungen, für den Zugang zu unselbstständiger und selbstständiger Erwerbstätigkeit [...]
2. die Beschäftigungs- und Arbeitsbedingungen einschließlich Arbeitsentgelt und Entlassungsbedingungen, insbesondere in individual- und kollektivrechtlichen Vereinbarungen und Maßnahmen [...]

§ 8 Zulässige unterschiedliche Behandlungen wegen beruflicher Anforderungen.
(1) Eine unterschiedliche Behandlung wegen eines in § 1 genannten Grundes ist zulässig, wenn dieser Grund wegen der Art der auszuübenden Tätigkeit oder der Bedingungen ihrer Ausübung eine wesentliche und entscheidende berufliche Anforderung darstellt, sofern der Zweck rechtmäßig und die Anforderung angemessen ist.
(2) Die Vereinbarung einer geringeren Vergütung für gleiche oder gleichwertige Arbeit [...] wird nicht dadurch gerechtfertigt, dass [...] besondere Schutzvorschriften gelten.

Die Gleichbehandlungspflicht gebietet auch, dass in einem Betrieb für vergleichbare Arbeitnehmergruppen, z. B. alle im Außendienst Beschäftigten, gleiche Arbeitsbedingungen gelten. Damit sollen Benachteiligungen und Willkürmaßnahmen gegen einzelne Arbeitnehmer/-innen ausgeschlossen werden. Bei übertariflichen Leistungen dürfen z. B. Gewerkschaftsmitglieder nicht ausgeschlossen werden. Einzelne Arbeitnehmer/-innen hingegen dürfen aber, z. B. wegen besonderer Leistungen, bessergestellt werden.

Arbeitsvorschläge

1. *Entnehmen Sie M 1 Gründe für die Lohnunterschiede zwischen Männern und Frauen. Ermitteln Sie weitere Gründe und schlagen Sie Lösungsmöglichkeiten für dieses Problem vor.*
2. *Nennen Sie Beispiele für Ausnahmen bei „Auswahlkriterien und Einstellungsbedingungen“ (M 2) bei Bewerbungen von Männern und Frauen.*

Schwarzarbeit

M 1 **Finanzkontrolle Schwarzarbeit prüft in Hamburg**

Über 50 Beamte des Hauptzollamtes Hamburg-Stadt haben im März 2016 im Rahmen einer bundesweiten Schwerpunktprüfung im Bereich Gerüstbau durchgeführt. Dabei wurden in 56 Objekten über 470 Personen befragt. Wie Pressesprecher Oliver Bachmann mitteilte, werden 67 Fälle weiter überprüft. 16 betreffen Mindestlohnverstöße und sieben das Thema Leistungsmissbrauch (z. B. Arbeitslosengeld bezogen). 36-mal wird wegen nicht abgeführter Beiträge ermittelt und 15-mal ist Scheinselbstständigkeit zu vermuten. Zusätzlich wurden acht ausländische Arbeitskräfte ohne Arbeits- oder Aufenthaltsgenehmigung angetroffen. Gegen die Arbeitgeber wurde ein Strafverfahren eingeleitet.

Generalzolldirektion: Finanzkontrolle Schwarzarbeit prüft in Hamburg, Zugriff am 05.10.2017 unter www.zoll.de/SharedDocs/Pressemitteilungen/DE/Schwarzarbeitsbekaempfung/2016/z82_geruestbauer_hh.html

M 2

Schattenwirtschaft in Deutschland

Ausmaß von Schwarzarbeit, illegaler Beschäftigung und anderen illegalen Tätigkeiten in Milliarden Euro (Schätzungen)

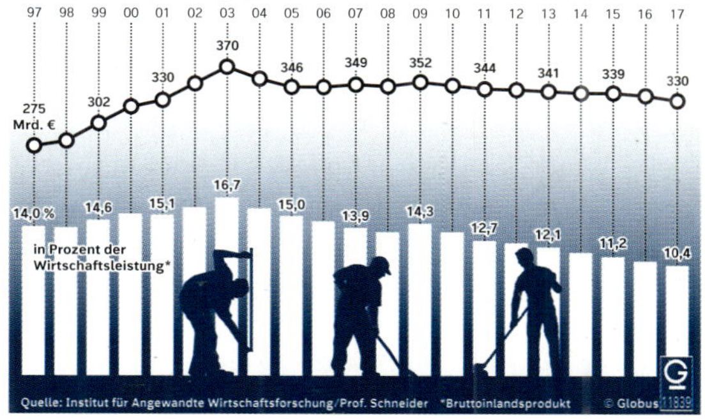

Als **Schwarzarbeit** gelten Tätigkeiten von Arbeitnehmern, die neben ihrer sozialversicherungspflichtigen Beschäftigung gegen Bezahlung arbeiten und dafür keine Steuern und Sozialabgaben zahlen. Typische Erscheinungsformen der Schwarzarbeit sind Arbeits- oder Dienstleistungen ohne Gewerbeerlaubnis oder Eintragung in die Handwerksrolle. Alle Arbeitnehmer verstoßen damit gegen ihre **Treuepflicht** aus dem Arbeitsvertrag. Kaufmännische Angestellte verstoßen außerdem gegen das **Wettbewerbsverbot** des Handelsgesetzbuchs (§ 60), wenn sie ein „Handelsgewerbe" ohne Erlaubnis ihres Arbeitgebers betreiben. Die Erlaubnis gilt als erteilt, wenn die Tätigkeit bei der Anstellung bekannt ist und nicht verboten wird.

Wenn Erwerbslose gegen Bezahlung arbeiten, ohne dies der zuständigen **Agentur für Arbeit** oder dem **Jobcenter** zu melden, liegt ebenfalls Schwarzarbeit vor. Arbeitgeber machen sich strafbar, wenn sie Ausländer ohne Arbeitsgenehmigung zu ungünstigen Arbeitsbedingungen oder unter Mindestlohn beschäftigen.

Zur Aufklärung von Schwarzarbeit gibt es seit 2004 eine Spezialeinheit **„Finanzkontrolle Schwarzarbeit"** aus Beamten der Zollverwaltung.

Außerdem sind seit Anfang 2009 in bestimmten Wirtschaftsbereichen Personal- statt Sozialversicherungsausweise mitzuführen. Alle Verstöße können neben Geldbußen auch mit Haftstrafen bestraft werden.

M 3 **Schwarzarbeitsbekämpfungsgesetz (SchwarzArbG) 2004**

§ 8 Bußgeldvorschriften

(1) Ordnungswidrig handelt, wer [...] der Verpflichtung zur Anzeige vom Beginn des selbstständigen Betriebes [...] nicht nachgekommen ist [...] oder [...] ein zulassungspflichtiges Handwerk [...] selbstständig betreibt, ohne in die Handwerksrolle eingetragen zu sein [...] und Dienst- oder Werkleistungen in erheblichem Umfang erbringt oder [...] Dienst- oder Werkleistungen in erheblichem Umfang ausführen lässt [...]

Leistungen, die „nicht nachhaltig auf Gewinn" ausgerichtet sind, bleiben ausgenommen, z. B. bei Angehörigen, aus Gefälligkeit, in Nachbarschaftshilfe oder Selbsthilfe im Wohnungsbau. Unter den Begriff „nicht nachhaltig auf Gewinn ausgerichtet" fällt auch ein „geringes Entgelt".

M 4

Ausweispflicht für

- Baugewerbe
- Gaststätten und Beherbergungsgewerbe
- Speditionen
- Schausteller
- Forstwirtschaft
- Gebäudereinigung
- Messebau
- Fleischwirtschaft § 28 a SchwarzArbG

Arbeitsvorschläge

1. *Notieren Sie Verstöße gegen bestehende Gesetze in M 1.*

2. *a) Erörtern Sie, warum Schwarzarbeit in bestimmten Branchen besonders häufig vorkommt. (M 2, M 4)*

b) Ermitteln Sie an einem Beispiel die Nachteile von Schwarzarbeit.

3. *Der Maurer Bernd M. arbeitet an Wochenenden am Neubau eines Bekannten. Er benötigt Geld für ein neues Auto. Er wird von seinem Chef gesehen und zur Rede gestellt. Ermitteln Sie,*

a) ob Schwarzarbeit vorliegt (M 3),

b) welche Pflicht aus dem Arbeitsvertrag verletzt wird (M 1, S. 73) und

c) mit welchen Folgen Bernd M. rechnen muss.

2.4 Lohn, Gehalt, Entgelt

Entgelt
(z. B. chemische. Industrie)

Arbeiter — Lohn
Angestellte — Gehalt

Zeitlohn
= Arbeitszeit · Lohnsatz

Akkordlohn
= produzierte Menge · Zeitsatz oder Lohnsatz

Mindestlohn als Schutz gegen Lohndumping auf Basis des Arbeitnehmerentsendegesetzes von 1996.
2018 gelten für 15 Branchen Mindestlöhne, z. B. im Bauhauptgewerbe 14,95 € (West) und 11,75 € (Ost) für alle Lohngruppen. Tariflöhne sind höher: 19,51 € West und 18,15 € Ost (ab 2. Gesellenjahr).

Seit 2015 ist für alle Branchen ein allgemeiner gesetzlicher Mindestlohn verpflichtend. Er ist zum 1. Januar 2017 von 8,50 € auf 8,84 € gestiegen. Zum 1. Januar 2019 wird eine Angleichung an die allgemeine Tarifentwicklung auf 9,19 € erwartet.

Kombilohn:
Staatliche Übernahme von Lohnanteilen zur Beschäftigung von Langzeitarbeitslosen

Bruttoarbeitsentgelt:
vor Abzug von Steuern und Sozialabgaben

Nettoarbeitsentgelt:
nach Abzug von Steuern und Sozialabgaben

Entgeltfortzahlung:
(Beispiele)
- 6 Wochen bei Krankheit
- bei Betriebsstörungen (z. B. Stromausfall)

Sven und Ines treffen sich am Wochenende mit Freunden. Bald dreht sich das Gespräch um das „liebe Geld“. Sie stellen fest, dass sich ihre Vergütungen nicht nur in der Höhe des Geldbetrags unterscheiden.

Sven ist als Maschinenführer am **Akkordlohn** seiner Arbeitsgruppe beteiligt. Anfallende Reparaturarbeiten bekommt er im **Stundenlohn** bezahlt.

Ines erhält vorerst Stundenlohn. „Meine Chefin hat mir aber in Aussicht gestellt, mich bei Bewährung als Angestellte zu übernehmen und mir dann ein festes **Gehalt** zu zahlen.“

Wibke ist als Chemielaborantin in einem größeren Betrieb beschäftigt. „In unserer Firma bekommen Arbeiter und Angestellte gleichermaßen ein **Entgelt**, so heißt das in unserem Tarifvertrag. Außerdem erhalten wir am Jahresende anstelle des Weihnachtsgeldes eine **Gewinnbeteiligung**.“

Lohn gilt als die Bezahlung von „Arbeitern“ verschiedener Qualifikationsstufen (z. B. Ungelernte, Angelernte, Facharbeiter), Gehalt hingegen gilt als monatliche Bezahlung von Angestellten. Erstmals in der chemischen Industrie wurde 1989 für Arbeiter und Angestellte ein einheitlicher „Entgeltrahmentarifvertrag“ abgeschlossen. Weitere Wirtschaftsbereiche sind diesem Beispiel gefolgt.

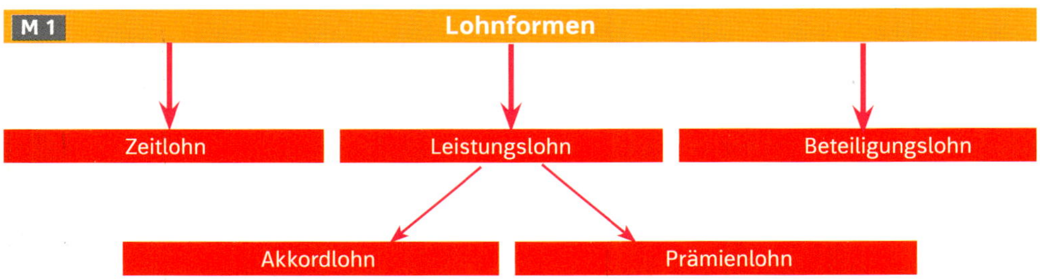

Zeitlohn wird vor allem für Tätigkeiten bezahlt, bei denen
- Leistungen nicht oder schwierig zu messen sind, z. B. bei Reparaturen,
- die Qualität der Arbeit wichtiger ist als die produzierte Menge,
- der Arbeitende keinen Einfluss auf das Arbeitstempo nehmen kann, z. B. bei Fließbandarbeit,
- unterschiedliche Arbeitsmengen anfallen, z. B. im Einzelhandel.

Zeitlohn wird als Stunden-, Wochen- oder Monatslohn gezahlt. Angestellte und Beamte erhalten Gehalt. In einigen Branchen (z. B. Chemieindustrie) und Firmen (z. B. VW) erhalten Arbeiter und Angestellte Entgelt.

Akkordlohn berücksichtigt vor allem die Mengenleistung, die nach Stück, Fläche, Länge, Gewicht oder Volumen abgerechnet wird. Akkordarbeit als Einzel- oder Gruppenakkord findet Anwendung bei Tätigkeiten,

- die sich über eine längere Zeit wiederholen,
- deren Mengenergebnis verhältnismäßig leicht messbar ist,
- deren Arbeitstempo von den Arbeitnehmern selbst beeinflusst werden kann.

Die durchschnittliche Zeit zur Erledigung der Arbeitsaufgabe (Vorgabezeit) wird bei Akkordarbeiten durch Arbeitszeitstudien ermittelt.

M 2

Vorteile des Zeitlohns	Nachteile des Zeitlohns
- einfache Lohnberechnung - Vermeidung von Hetze, Stress und daraus entstehendem Qualitätsrückgang	- Leistungskontrollen erforderlich - Leistungsanreiz, Unzufriedenheit bei leistungsfreudigen Mitarbeitern - Arbeitnehmer kann Lohnhöhe nicht selbst beeinflussen
Vorteile des Akkordlohns	**Nachteile des Akkordlohns**
- leistungsgerechte Entlohnung - Arbeiter kann die Höhe seines Verdienstes beeinflussen - bessere Ausnutzung von Maschinen und Anlagen - Leistungskontrollen sind überflüssig	- hohes Arbeitstempo kann zu körperlicher und seelischer Überforderung führen („Akkord ist Mord") - erhöhter Ausschuss an Material, starker Verschleiß von Maschinen und Werkzeugen - Qualitätskontrollen sind notwendig

Prämienlohn wird als Zusatzvergütung zu Akkord- oder Zeitlohn für besondere Leistungen gezahlt, u. a. als

- Mengenprämien bei Überschreitung der Normalleistungen,
- Qualitätsprämien bei besonders sorgfältiger Arbeit mit geringem Ausschuss,
- Nutzungsprämie für pflegliche Behandlung von Betriebsmitteln oder Verringerung der Leerlaufzeiten von Maschinen,
- Termineinhaltungsprämien bei vorgegebenen Terminen,
- Anerkennungsprämien, z. B. für Verbesserungsvorschläge.

Beteiligungslohn wird entweder als Umsatzbeteiligung oder als Gewinnbeteiligung gewährt. Umsatzbeteiligung neben einem Grundlohn erhalten z. B. Verkaufsfahrer für Bäckereierzeugnisse und Tiefkühlkost. Gewinnbeteiligung gewähren mehrere Tausend deutscher Unternehmen in verschiedenen Formen:

- durch Auszahlung des Gewinnanteils an die Arbeitnehmer, die über den Betrag sofort frei verfügen können,
- durch Kapitalbeteiligung, indem die Gewinnanteile im Unternehmen für eine gewisse Zeit als Darlehen gegen Zinszahlung überlassen werden oder als Beteiligung am Eigenkapital (z. B. Belegschaftsaktien) im Unternehmen verbleiben.

Bei der Gewinnbeteiligung ist die Frage umstritten, ob die Arbeitnehmer auch am Verlust der Unternehmen zu beteiligen seien. Dem wird entgegengehalten, dass das Verlustrisiko des Arbeitgebers durch das Arbeitsplatzrisiko der Arbeitnehmer ausgeglichen werde.

Zur Förderung der Unternehmensbeteiligung wurde Anfang 2009 ein **Mitarbeiterkapitalbeteiligungsgesetz** beschlossen. Der Steuerfreibetrag für betriebliche und überbetriebliche Beteiligungen beträgt jährlich 360,00 €.

Geldakkord

produzierte Menge	10 Stück
Lohnsatz pro Stück	1,80 €

Lohn = Stückzahl · Lohnsatz
= 10 · 1,80 €
= 18,00 €

Zeitakkord

produzierte Menge	10 m^2
Stundensatz/m^2	2,10 Std.
Lohnsatz	22,11 €

Lohn = Menge · Stunden/m^2 · Lohnsatz/h
= 10 · 2,10 · 22,11
= 464,31 €

Ergebnisbeteiligung

2,276 Mio. Mitarbeiter sind 2010 in Deutschland in 4 304 Unternehmen beteiligt, davon 1 501 Mitarbeiter durch Belegschaftsaktien.

Bundesvereinigung der Deutschen Arbeitgeberverbände: Leitfaden Mitarbeiterkapitalbeteiligung, 09.01.2014, S. 3

Volkswagen zahlt den Tarifbeschäftigten für den Erfolg des Jahres 2017 im Mai 2018 einen Bonus von 4 100 €.

Arbeitsvorschläge

1. *Nennen Sie Tätigkeiten, möglichst aus Ihrem Berufsfeld, für die entweder überwiegend Zeit- oder Akkordlohn gezahlt wird. Geben Sie dafür eine kurze Begründung. (M 2)*
2. *Überprüfen Sie die Monatsabrechnung Ihrer Vergütung: Berechnen und begründen Sie den Unterschied zwischen Brutto- und Nettoentgelt.*
3. *Ermitteln Sie einige Vor- und Nachteile von Gruppen- und Einzelakkord.*
4. *Von Sozialexperten wird immer wieder der Vorschlag gemacht, bei Tarifverhandlungen neben dem Grundlohn einen gewinnabhängigen Lohnanteil zu verabreden. Dadurch würde die Ertragslage der Unternehmen berücksichtigt und der Verteilungskampf um Löhne und Gewinne entschärft. Listen Sie Vor- und Nachteile des Beteiligungslohns auf.*

2.5 Beendigung des Arbeitsverhältnisses und Kündigungsschutz

Eine Kündigung gilt als **„zugegangen"**, wenn sie persönlich übergeben oder mit der Post zugestellt wird. Die Postzustellung ist auch gültig, wenn der Arbeitnehmer während seines Urlaubs verreist ist.

Bei **verlängerten Kündigungsfristen** ist eine Kündigung nur zum Monatsende zulässig.

Aufgepasst beim Aufhebungsvertrag

Ein Aufhebungsvertrag setzt Kündigungsschutz und Mitwirkungsrechte des Betriebsrats außer Kraft. Vor Zustimmung sollte geprüft werden:
Liegt eine rechtswidrige Drohung (z. B.: fristlose Kündigung) oder Täuschung vor?

Tipp: Anfechtung

Sind Kündigungsfristen eingehalten worden? Andernfalls gibt es für die Zeit von der Beendigung des Arbeitsverhältnisses bis zum Ablauf der Kündigungsfrist kein Arbeitslosengeld.
Wenn eine ordentliche Kündigung nur bei Zahlung einer Abfindung möglich ist, gilt eine Kündigungsfrist von einem Jahr. Für die Zwischenzeit „ruht" der Anspruch auf Arbeitslosengeld.
Vgl. § 143 a Sozialgesetzbuch III

Tipp: Erkundigung bei einer Arbeitsagentur über die Auswirkung der Abfindung

Abfindungen müssen versteuert werden.

Arbeitsverträge werden überwiegend unbefristet abgeschlossen, also auf unbestimmte Zeit. Befristete Arbeitsverträge sind nur bis zu zwei Jahren zugelassen und enden mit der vereinbarten Tätigkeit, z. B. Bau einer Brücke, oder zum vereinbarten Termin, z. B. bei Urlaubsvertretungen. Sie dürfen höchstens dreimal bis zu der Gesamtdauer von zwei Jahren verlängert werden. Tarifverträge können andere Vereinbarungen enthalten.

Unbefristete Arbeitsverhältnisse können gelöst werden durch
- **Aufhebungsvertrag** zu jeder Zeit, wenn sich Arbeitgeber und Arbeitnehmer im gegenseitigen Einvernehmen trennen,
- **Kündigung** als einseitige „empfangsbedürftige" Willenserklärung, d. h., sie muss dem Gekündigten schriftlich zugegangen sein,
- **Tod** des Arbeitnehmers (selten durch den Tod des Arbeitgebers, da meist Erben vorhanden sind, die den Betrieb weiterführen).

Das Arbeitsrecht unterscheidet ordentliche und außerordentliche Kündigungen. Bei **ordentlichen Kündigungen** sind gesetzliche Kündigungsfristen einzuhalten (s. M 1). Innerhalb einer Probezeit von höchstens sechs Monaten beträgt die Kündigungsfrist zwei Wochen. Seit 2010 gilt bei verlängerten Kündigungsfristen die gesamte Zugehörigkeit zum Unternehmen. Diese Kündigungsfristen können tarifvertraglich geändert werden und gelten nur für die Kündigung durch den Arbeitgeber.

M 1

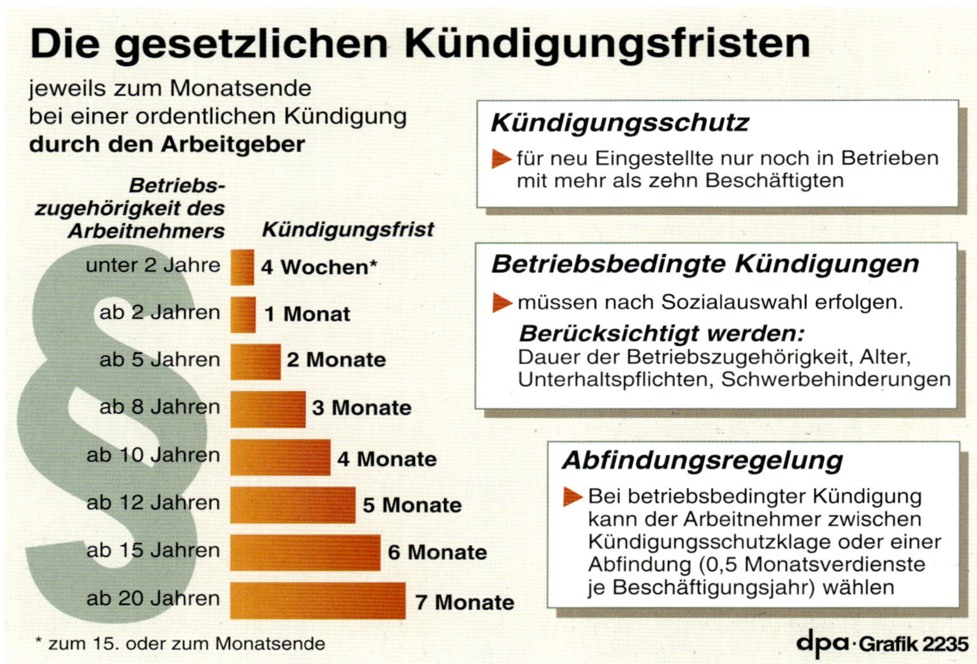

Eine **außerordentliche Kündigung** erfolgt in der Regel fristlos und darf nur aus einem „wichtigen Grund" erfolgen, z. B. bei Diebstahl oder Geheimnisverrat. Sie muss innerhalb von zwei Wochen, nachdem der Kündigungsgrund bekannt wurde, ausgesprochen werden. Gibt es in der Firma einen **Betriebsrat**, muss er vor einer Kündigung angehört werden und den Kündigungsgrund erfahren. Widerspricht er der Kündigung, ist die Einigungsstelle (s. S. 64) oder das Arbeitsgericht anzurufen. Sind Arbeitnehmer länger als sechs Monate in einem Betrieb mit in der Regel mehr als zehn Beschäftigten tätig (Auszubildende zählen nicht), sind nach dem **Kündigungsschutzgesetz** nur sozial gerechtfertigte Kündigungen zulässig. Für vor dem 01.01.2004 eingestellte Mitarbeiter/-innen beginnt der Kündigungsschutz schon, wenn der Betrieb mehr als fünf Mitarbeiter/-innen beschäftigt.

Ausnahmen von der Sozialauswahl bei betriebsbedingten Kündigungen sind aus wichtigen betrieblichen Gründen möglich.
Als sozial ungerechtfertigt gilt eine Kündigung auch, wenn keine dringenden betrieblichen Erfordernisse vorliegen oder eine Weiterbeschäftigungsmöglichkeit an einem anderen Arbeitsplatz des Unternehmens besteht.

M 2 **Soziale Rechtfertigung für Kündigungen**

Gründe

in der Person des Arbeitnehmers liegend	im Verhalten des Arbeitnehmers liegend	dringende betriebliche Erfordernisse
Arbeitsunfähigkeit ansteckende Krankheiten mangelnde Eignung	Pflichtverletzung mangelnde Arbeitsleistungen häufiges „Bummeln“	Wegfall des Arbeitsplatzes Rationalisierung Auftragsmangel

Wenn ein Arbeitnehmer meint, ihm sei sozial ungerechtfertigt gekündigt worden, kann er innerhalb von drei Wochen beim Arbeitsgericht eine **Kündigungsschutzklage** einreichen. Bei ihm liegt jedoch die „Beweislast“, d. h., er muss begründen, worin er die Ungerechtigkeit sieht. Ist ein Betriebsrat vorhanden, kann er bei diesem innerhalb einer Woche Einspruch einlegen. Der Betriebsrat hat sich dann um eine Verständigung mit dem Arbeitgeber zu bemühen. Verzichtet ein Arbeitnehmer bei einer betriebsbedingten Kündigung auf die Kündigungsschutzklage, hat er Anspruch auf eine **Abfindung** von 0,5 Monatsverdiensten für jedes Beschäftigungsjahr.
Wird einem Arbeitnehmer wegen seiner Person oder wegen seines Verhaltens gekündigt, muss vorher eine **Abmahnung** erfolgen. Auch bei einer fristlosen Kündigung muss vorher eine Abmahnung erfolgt sein. Nur wenn die fristlose Kündigung wegen eines „besonders schwerwiegenden Tatbestands“ erfolgt (sexuelle Belästigung, Diebstahl), ist eine vorherige Abmahnung nicht erforderlich.
Wer eine Abmahnung als ungerecht ansieht, kann sie beim Arbeitsgericht anfechten. Das muss nicht sofort erfolgen. Wenn aber eine Kündigung aus dem gleichen Grund ausgesprochen wird, wegen dem der Gekündigte bereits abgemahnt worden ist, dann wäre eine nachträgliche Klage anzuraten.

Abmahnung

Sehr geehrte/-r
am ... haben Sie ... folgende Pflichten aus dem Arbeitsvertrag verletzt:
( ) Verlassen des Arbeitsplatzes ohne Genehmigung
( ) eigenmächtiger Urlaubsantritt
( ) verspäteter Dienstantritt
( ) nicht genehmigte Nebentätigkeit
( ) Vortäuschung einer Krankheit
( ) Arbeit während der Krankheit
( ) unentschuldigtes Fehlen
( ) Arbeitsverweigerung
( ) Schlechtleistung
Wir weisen Sie darauf hin, dass Sie im Wiederholungsfall mit der Auflösung des Arbeitsvertrags rechnen müssen.

Arbeitsvorschläge

1. *Unterscheiden Sie eine ordentliche von einer außerordentlichen Kündigung.*

2. *In der kleinen Maschinenfabrik Anker herrscht Auftragsmangel. Die Betriebsleitung beschließt daher, von den 46 Beschäftigten drei Mitarbeiter zum 15. November zu entlassen. Das Kündigungsschreiben geht den Betroffenen am 14. Oktober zu.*
Betroffen sind der vor einem Jahr eingestellte Kraftfahrer Wilhelm Rother, unverheiratet, die vor drei Jahren eingestellte Buchhalterin Jutta Helbig, ebenfalls ledig, und der 48-jährige Betriebsschlosser Ernst Voges, verheiratet, drei Kinder, seit sechs Jahren im Betrieb.
a) Untersuchen Sie, ob die Kündigungsfristen und -termine eingehalten worden sind. (M 1)
b) Ermitteln Sie, ob die Kündigungen sozial gerechtfertigt sind. (M 2) Herr Voges gibt an, dass es in seinem Betrieb mehrere kinderlose Schlosser gäbe, die zudem jünger seien als er.
c) Stellen Sie fest, ob sich die Gekündigten auf das Kündigungsschutzgesetz berufen können.
d) Formulieren Sie mit einem Partner Ratschläge für die drei Gekündigten und stellen Sie diese zur Diskussion.

3. *Jan Meyer ist seit einem Jahr in einem Betrieb mit elf Mitarbeitern beschäftigt. Er kommt zuweilen zu spät zur Arbeit, wenn sich auf seiner Fahrstrecke Staus bilden. Unverwartet, ohne dass er darauf angesprochen wurde, wird ihm deswegen gekündigt. Der Betrieb hat keinen Betriebsrat.*
a) Überprüfen Sie, ob für Jan Meyer das Kündigungsschutzgesetz gilt.
b) Erörtern Sie seine Erfolgsaussichten bei einer Kündigungsschutzklage.

Kündigungen durch Arbeitgeber oder Arbeitnehmer sind nur gültig, wenn sie schriftlich erklärt wurden (§ 623 BGB) und „zugegangen“ sind. Dies ist der Fall, wenn eine Kündigung persönlich übergeben wurde oder mit der Post zugegangen ist. Bei Einschreibebriefen erfolgt die Aushändigung durch die Post. Kündigungen können auch während einer Krankheit oder eines Urlaubs ausgesprochen werden.

Bei Beendigung des Arbeitsverhältnisses hat jeder Arbeitnehmer Anspruch auf ein schriftliches **Zeugnis** und auf die Herausgabe der **Arbeitspapiere** (S. 72).

Zeugnisarten
- Einfaches Zeugnis mit Angaben zur Person und genauer Beschreibung von Art und Dauer der Beschäftigung.
- Qualifiziertes Zeugnis mit zusätzlichen Angaben über Führung und Leistung.

Der Arbeitnehmer kann ein qualifiziertes Zeugnis verlangen und ein nicht verlangtes ablehnen.

243 810 © Erich Schmidt Verlag

M 1 Besonderer Kündigungsschutz

Aufsichtsbehörden für die Entscheidung über die Zulässigkeit von Kündigungen bei Mutterschutz und Elternzeit

Niedersachsen
Bremen
Sachsen-Anhalt
Mecklenburg-Vorpommern
Gewerbeaufsichtsämter
Brandenburg
Landesamt für Arbeitsschutz

Hamburg
Behörde für Umwelt und Gesundheit

Berlin
Landesamt für Arbeitsschutz, Gesundheitsschutz und technische Sicherheit

Nordrhein-Westfalen
Bezirksregierungen

Für besonders schutzbedürftige Arbeitnehmergruppen gilt ein über den allgemeinen Kündigungsschutz hinausgehender besonderer Kündigungsschutz:
- **Frauen** sind während der Schwangerschaft und innerhalb von vier Monaten nach der Entbindung unkündbar. Dasselbe gilt für die Elternzeit, die Mütter oder Väter nehmen können.
- **Berufstätige Angehörige**, die Pflegezeiten oder Familienpflegezeiten in Anspruch nehmen, sind vom Zeitpunkt der Ankündigung (max. 12 Wochen vor Pflegebeginn) bis zur Beendigung der Pflege unkündbar.
- Die Kündigung von **Menschen mit Schwerbehinderung** bedarf der Zustimmung des Integrationsamts (in Niedersachsen das Landessozialamt Hildesheim), sofern dem Arbeitgeber die Schwerbehinderung angezeigt wurde.
- **Auszubildenden** darf nach der Probezeit nur aus einem wichtigen Grund außerordentlich gekündigt werden. Schlechte Leistungen und Aufsässigkeit sind z. B. für sich allein noch kein wichtiger Grund. Gekündigt werden kann nur dann, wenn die Fortsetzung des Ausbildungsverhältnisses trotz aller „Erziehungsmaßnahmen“ unzumutbar oder die Erreichung des Ausbildungsziels aussichtslos erscheint. „Kurz vor dem Ende der Ausbildungszeit ist die Kündigung im Allgemeinen ausgeschlossen“. (Bundesarbeitsgericht, 10.05.1973).
- **Mitglieder des Betriebsrats und der Jugend- und Auszubildendenvertretung** sind während ihrer Amtszeit und ein Jahr danach unkündbar, es sei denn, es liegt ein besonders wichtiger Grund vor, der eine fristlose Kündigung rechtfertigt.
- Freiwillig dienende **Soldaten** der Bundeswehr sind vom 7. bis zum 23. Monat ihrer Dienstzeit und **Reservisten** vor und während ihrer Wehrübungen unkündbar.

Betriebsverfassungsgesetz

M 2 **§ 78 Schutzbestimmungen**

Die Mitglieder des Betriebsrats [...], der Jugend- und Auszubildendenvertretung [...] dürfen in der Ausübung ihrer Tätigkeit nicht gestört oder behindert werden. Sie dürfen wegen ihrer Tätigkeit weder benachteiligt oder begünstigt werden; dies gilt auch für ihre berufliche Entwicklung.

M 3 **§ 78a Schutz Auszubildender in besonderen Fällen**

(1) Beabsichtigt ein Arbeitgeber, einen Auszubildenden, der Mitglied der Jugend- und Auszubildendenvertretung, des Betriebsrats, der Bordvertretung oder des Seebetriebsrats ist, nach Beendigung des Berufsausbildungsverhältnisses nicht in ein Arbeitsverhältnis auf unbestimmte Zeit zu übernehmen, so hat er dies drei Monate vor Beendigung des Berufsausbildungsverhältnisses dem Auszubildenden schriftlich mitzuteilen.

(2) Verlangt ein in Absatz 1 genannter Auszubildender innerhalb der letzten drei Monate vor Beendigung des Berufsausbildungsverhältnisses schriftlich vom Arbeitgeber die Weiterbeschäftigung, so gilt zwischen Auszubildendem und Arbeitgeber ein Arbeitsverhältnis auf unbestimmte Zeit als begründet [...]

(3) Die Absätze 1 und 2 gelten auch, wenn das Berufsausbildungsverhältnis vor Ablauf eines Jahres nach Beendigung der Amtszeit der Jugend- und Auszubildendenvertretung, des Betriebsrats, der Bordvertretung oder des Seebetriebsrats endet.

(4) Der Arbeitgeber kann spätestens bis zum Ablauf von zwei Wochen nach Beendigung des Berufsausbildungsverhältnisses beim Arbeitsgericht beantragen,
1. festzustellen, dass ein Arbeitsverhältnis [...] nicht begründet wird, oder
2. das bereits [...] begründete Arbeitsverhältnis aufzulösen,

wenn Tatsachen vorliegen, aufgrund derer dem Arbeitgeber unter Berücksichtigung aller Umstände die Weiterbeschäftigung nicht zugemutet werden kann.

M 4

Fristlose Kündigung von Auszubildenden

Die „fristlose Kündigung von zwei Auszubildenden" ging bis zum Bundesarbeitsgericht und wurde Anfang 2002 entschieden. Der Sachverhalt:
Zwei Auszubildende fertigen ein großes Blechschild mit dem Text „Arbeit macht frei – Türkei schönes Land" und befestigen es an der Werkbank eines türkischen Kollegen. Außerdem ergaben die Ermittlungen, dass sie gemeinsam mit anderen antisemitische Lieder gesungen hatten, so ein Lied mit dem Titel „Auschwitz, wir kommen".
Das BAG stellte eine schwerwiegende Pflichtverletzung der beiden Auszubildenden fest, die eine fristlose Kündigung ohne vorhergehende Abmahnung rechtfertigt.

Auch bei sogenannten **Massenentlassungen** enthält das Kündigungsschutzgesetz besondere Bestimmungen, vor allem um die Vermittlung der Betroffenen in neue Arbeitsstellen zu erleichtern. Massenentlassungen liegen vor, wenn
- in Betrieben mit 21 bis 59 Arbeitnehmern mehr als fünf,
- in Betrieben mit 60 bis 499 Arbeitnehmern 10 % oder mehr als 25,
- in Betrieben ab 500 Arbeitnehmern 30 und mehr Arbeitnehmer

entlassen werden sollen. Die betroffenen Arbeitnehmer müssen sich mit dem Betriebsrat beraten und mindestens 30 Tage vorher bei der Agentur für Arbeit gemeldet werden. Die Stellungnahme des Betriebsrats ist beizufügen. Die Arbeitsagentur kann eine Entlassungssperre von bis zu zwei Monaten bestimmen.

Arbeitsvorschläge

1. *Begründen Sie den Sinn eines besonderen Kündigungsschutzes an zwei Beispielen Ihrer Wahl aus M 1.*
2. *Dem Auszubildenden Denis L. wurde zwei Monate vor der Abschlussprüfung wegen angeblich schlechter schulischer und betrieblicher Leistungen mündlich gekündigt.*
   a) *Überprüfen Sie anhand von M 1, ob die Kündigung wirksam ist, und formulieren Sie eine Begründung.*
   b) *Beraten Sie Denis L., wie er gegen die Kündigung vorgehen kann.*
3. *Allen Auszubildenden einer Firma wird vier Monate vor Beendigung des Berufsausbildungsverhältnisses schriftlich mitgeteilt, dass sie wegen schlechter Auftragslage nicht übernommen werden können. Dazu gehört auch ein JAV-Mitglied, dessen Amtszeit drei Monate vor dem Ausbildungsabschluss endet.*
   a) *Beurteilen Sie die Erfolgsaussichten des gekündigten JVA-Mitglieds bei einer Kündigungsschutzklage. (M 2)*
   b) *Stellen Sie fest, ob die Formvorschriften bei der Kündigung eingehalten worden sind. (M 3)*
4. *Überprüfen Sie, ob die fristlose Kündigung der Auszubildenden in M 4 gerechtfertigt ist.*

3 Arbeitsschutz in Deutschland

Unter „Arbeitsschutz" versteht man in Deutschland Maßnahmen für Sicherheit und Gesundheit der Beschäftigten bei der Arbeit. Dazu zählt die Verhütung von Arbeitsunfällen, Berufskrankheiten und arbeitsbedingten Gesundheitsgefahren einschließlich der menschengerechteren Gestaltung der Arbeit. Dazu gehören auch Fragen der Arbeitszeit (z. B. Sonn- und Feiertagsarbeit) und des Schutzes besonders schutzbedürftiger Personengruppen (z. B. Jugendliche, Schwangere). Grundlegende Rechtsvorschriften im Bereich des betrieblichen Arbeitsschutzes sind das Arbeitsschutzgesetz, das Arbeitssicherheitsgesetz, das Siebte Buch Sozialgesetzbuch – Gesetzliche Unfallversicherung und die Gefahrstoffverordnung.

M 1 Arbeitsschutzgesetz – ArbSchG

§ 1 Zielsetzung und Anwendungsbereich

(1) Dieses Gesetz dient dazu, Sicherheit und Gesundheitsschutz der Beschäftigten bei der Arbeit durch Maßnahmen des Arbeitsschutzes zu sichern und zu verbessern. [...]

§ 3 Grundpflichten des Arbeitgebers

(1) Der Arbeitgeber ist verpflichtet, die erforderlichen Maßnahmen des Arbeitsschutzes unter Berücksichtigung der Umstände zu treffen, die Sicherheit und Gesundheit der Beschäftigten bei der Arbeit beeinflussen. [...] Dabei hat er eine Verbesserung von Sicherheit und Gesundheitsschutz der Beschäftigten anzustreben.

§ 4 Allgemeine Grundsätze

Der Arbeitgeber hat bei Maßnahmen des Arbeitsschutzes von folgenden allgemeinen Grundsätzen auszugehen:

1. Die Arbeit ist so zu gestalten, dass eine Gefährdung für Leben und Gesundheit möglichst vermieden und die verbleibende Gefährdung möglichst gering gehalten wird;
2. Gefahren sind an ihrer Quelle zu bekämpfen;
3. bei den Maßnahmen sind der Stand von Technik, Arbeitsmedizin und Hygiene sowie sonstige gesicherte arbeitswissenschaftliche Erkenntnisse zu berücksichtigen;
4. Maßnahmen sind mit dem Ziel zu planen, Technik, Arbeitsorganisation, sonstige Arbeitsbedingungen, soziale Beziehungen und Einfluss der Umwelt auf den Arbeitsplatz sachgerecht zu verknüpfen;
5. individuelle Schutzmaßnahmen sind nachrangig zu anderen Maßnahmen;
6. spezielle Gefahren für besonders schutzbedürftige Beschäftigtengruppen sind zu berücksichtigen;
7. den Beschäftigten sind geeignete Anweisungen zu erteilen;
8. mittelbar oder unmittelbar geschlechtsspezifisch wirkende Regelungen sind nur zulässig, wenn dies aus biologischen Gründen zwingend geboten ist.

§ 5 Beurteilung der Arbeitsbedingungen

(1) Der Arbeitgeber hat durch eine Beurteilung der für die Beschäftigten mit ihrer Arbeit verbundenen Gefährdung zu ermitteln, welche Maßnahmen des Arbeitsschutzes erforderlich sind.

§ 15 Pflichten der Beschäftigten

(1) Die Beschäftigten sind verpflichtet, nach ihren Möglichkeiten sowie gemäß der Unterweisung und Weisung des Arbeitgebers für ihre Sicherheit und Gesundheit bei der Arbeit Sorge zu tragen. Entsprechend Satz 1 haben die Beschäftigten auch für die Sicherheit und Gesundheit der Personen zu sorgen, die von ihren Handlungen oder Unterlassungen bei der Arbeit betroffen sind.

§ 16 Besondere Unterstützungspflichten

(1) Die Beschäftigten haben dem Arbeitgeber oder dem zuständigen Vorgesetzten jede von ihnen festgestellte unmittelbare erhebliche Gefahr für die Sicherheit und Gesundheit sowie jeden an den Schutzsystemen festgestellten Defekt unverzüglich zu melden.

§ 17 Rechte der Beschäftigten

(1) Die Beschäftigten sind berechtigt, dem Arbeitgeber Vorschläge zu allen Fragen der Sicherheit und des Gesundheitsschutzes bei der Arbeit zu machen [...]

Arbeitsvorschläge

1. *Erklären Sie einem Partner den Begriff „Arbeitsschutz".*
2. *Erarbeiten Sie in Gruppen Beispiele, auf welche Weise Sie in Ihren Ausbildungsbetrieben zur Arbeitssicherheit (M 1) beitragen können, und präsentieren Sie die Ergebnisse.*

3.1 Technischer und medizinischer Arbeitsschutz

M 1 **„Was den Wohlstand steigert? Eine gesündere Arbeitswelt!“**
Dampfmaschine, Auto, Computer: Jede dieser Erfindungen hat der Wirtschaft Wachstumsschübe beschert. Aber was steigert dann den Wohlstand? Zukunftsforscher Eric Händler glaubt: eine gesündere Arbeitswelt. [...] „Es geht darum, qualifizierte Arbeitskräfte länger gesund – und damit produktiv – zu halten. [...] Wir können es uns nicht leisten, Leute mit 60 in den Ruhestand zu schicken, weil die Arbeitsbedingungen so schlecht sind, dass sie [...] nicht mehr arbeiten können. [...] Erfolgreich sein werden Unternehmer, die ihre Mitarbeiter vor Mobbing, Stress oder innerer Kündigung bewahren.“
Chmielewski, Marc: Was den Wohlstand steigert? Eine gesündere Arbeitswelt. In: Braunschweiger Zeitung vom 08.06.2011, S. 6

Der technische und medizinische Arbeitsschutz ist Bestandteil des öffentlichen Arbeitsschutzes und eingebunden in europäische und internationale Rechtsgrundlagen.
Arbeit ist nach wie vor untrennbar mit der Benutzung von Arbeitsmitteln und dem Umgang mit Arbeitsstoffen verbunden. Die damit zusammenhängenden Risiken für Leben und Gesundheit sind zwar in den vergangenen Jahrzehnten schrittweise vermindert worden, können aber auch im 21. Jahrhundert nicht vernachlässigt werden.

Der Schutz vor stoffbezogenen Gefahren ist immer dann von Bedeutung, wenn dem Umgang nicht vermeidbar ist und keine geeigneten ungefährlichen Ersatzstoffe zur Verfügung stehen. Vorschriften dazu stammen vor allem aus folgenden Rechtsgebieten:

M 2

Gefahrstoffverordnung	Biostoffverordnung	Gentechnikgesetz
Chemikaliengesetz	Strahlenschutzverordnung	Röntgenverordnung

Gefahren, die vom Betrieb von Geräten und Anlagen ausgehen oder sich aus der Gestaltung der Arbeitsstätte ergeben, sollen durch weitere Gesetze und Verordnungen vermindert werden.

M 3

M 4

Gesunde und sichere Arbeitsplätze sind das Ziel aller Maßnahmen der Prävention

Der Gesundheitsschutz stand lange Jahre nicht so sehr im Blickpunkt wie der schon traditionelle technische Arbeitsschutz. In den vergangenen Jahren ist der Gesundheitsschutz jedoch – insbesondere durch veränderte gesetzliche Rahmenbedingungen – gleichrangig ins Zentrum der präventiven Bemühungen gerückt. Arbeitsbedingte Gesundheitsgefahren sind Zustände, Ereignisse und Einwirkungen bei der Arbeit und/oder in der Arbeitsumwelt, die Gesundheitsstörungen nachvollziehbar verursachen, begünstigen oder in sonstiger Weise nachhaltig beeinflussen können.

Berufsgenossenschaft Metall Nord Süd, Zugriff am 22.11.2011 unter www.bghm.de/arbeitsschutz/gesundheitsschutz.html

Prävention
vorbeugende Maßnahme

Arbeitsvorschläge

1. *Fassen Sie die Aussage von M 1 in einem Satz zusammen. Vergleichen Sie Ihren Satz mit dem eines Partners. Formulieren Sie eine gemeinsame Stellungnahme.*
2. *a) Erkunden Sie die für Ihren Ausbildungsberuf typischen Berufskrankheiten und Unfallgefahren.*
   b) Schlagen Sie Schutzmöglichkeiten vor und ordnen Sie diese, wenn möglich, den in M 2 und M 3 aufgeführten Rechtsgrundlagen zu.
3. *Erläutern Sie an einem Beispiel Einwirkungen (s. M 4), die zusätzlich zu den bereits genannten (s. M 2 und 3) zu gesundheitlichen Beeinträchtigungen führen können. Schlagen Sie vorbeugende Maßnahmen vor.*

3.2 Sozialer Arbeitsschutz

Werktage – Arbeitstage

§ 3 Bundesurlaubsgesetz
(2) Als Werktage gelten alle Kalendertage, die nicht Sonn- oder Feiertage sind.
(Arbeitstage sind die Tage, an denen im Betrieb tatsächlich gearbeitet wird. Anm. d. Verf.)

M 1

Datenschutzgesetz verletzt:
Arbeitgeber überließ der Arbeitsagentur Personaldaten

Es wird vielleicht Jahre dauern ...
Gerade für Mütter ist voller Tarifurlaub wichtig

Übermüdeter Fahrer:
4 Tote und 52 Verletzte bei Busunglück auf der A2

IG Metall: Viel zu wenige Menschen mit Schwerbehinderung in Betrieben
Der Freikauf ist billiger

Im Arbeitsrecht wird Arbeitsschutz mit der Verabschiedung des **Arbeitsschutzgesetzes** von 1996 grundsätzlich als eine Einheit zur Sicherung am Arbeitsplatz und zum Schutz vor körperlicher und seelischer Überforderung angesehen. Dennoch wird in Gesetzen zwischen sozialen und technischen Arbeitsgesetzen unterschieden.

Gesetzliche Grundlagen des **sozialen Arbeitsschutzes** sind vor allem:
- Arbeitszeitgesetz
- Bundesurlaubsgesetz
- Arbeitsplatzschutzgesetz
- Bundeselterngeld- und Elternzeitgesetz
- Jugendarbeitsschutzgesetz
- Mutterschutzgesetz
- Schwerbehindertengesetz

Das Arbeitsministerium plant flexiblere Arbeitszeiten, um diese auf die zunehmende Digitalisierung der Arbeitswelt anzupassen. Umstritten sind u. a. die Ruhepausen. Die Unternehmensverbände Niedersachsens fordern z. B., die Ruhezeit von 11 auf neun Stunden zu verkürzen. Gewerkschaften und Sozialpolitiker sehen das anders. Uwe Lagosky, MdB (2013–2017): „Arbeitszeit braucht Leitplanken, wie sie das Arbeitszeitgesetz bietet."
Eigentext, Lagosky-Zitat nach Schweiger, Andreas, in: Wolfenbüttler Zeitung, 18.05.2016, S. 9

M 2 Das **Arbeitszeitgesetz (ArbZG)** von 1994 regelt die Arbeitszeit der Arbeitnehmer über 18. Bis auf den Bergbau unter Tage zählen die Ruhepausen nicht zur gesetzlichen Arbeitszeit. Das Arbeitsgesetz soll
- die Sicherheit und die Gesundheit bei der Arbeitszeitgestaltung gewährleisten,
- die Rahmenbedingungen für flexiblere Arbeitszeiten verbessern und
- den Sonntag und die staatlich anerkannten Feiertage schützen.

§ 3 Arbeitszeit der Arbeitnehmer. Die werktägliche Arbeitszeit [...] darf acht Stunden nicht überschreiten. Sie kann bis zu zehn Stunden nur verlängert werden, wenn innerhalb von sechs Kalendermonaten oder 24 Wochen im Durchschnitt acht Stunden werktäglich nicht überschritten werden.
§ 5 Ruhezeit. Die Arbeitnehmer müssen nach Beendigung der täglichen Arbeitszeit eine ununterbrochene Ruhezeit von mindestens elf Stunden haben.
§ 6 Nacht- und Schichtarbeit. (1) Die Arbeitszeit der Nacht- und Schichtarbeit ist nach den gesicherten arbeitswissenschaftlichen Erkenntnissen über die menschengerechte Gestaltung der Arbeit festzulegen.

Für **Jugendliche** ist die tägliche Arbeitszeit nach dem **Jugendarbeitsschutzgesetz** grundsätzlich auf acht Stunden begrenzt. Festgesetzte Ruhepausen sind bei einer Arbeitszeit von 4,5 bis sechs Stunden 30 Minuten, darüber 45 Minuten (s. S. 21).
Abweichende Regelungen sind in bestimmten Grenzen durch Tarifverträge, Betriebsvereinbarungen oder Ausnahmegenehmigungen möglich.
Das **Bundesurlaubsgesetz** schreibt einen bezahlten Mindesturlaub von 24 Werktagen für Arbeitnehmer über 18 Jahre vor. Der volle Jahresurlaub wird erstmals nach sechs Monaten Betriebszugehörigkeit fällig, soll möglichst zusammenhängend und grundsätzlich im laufenden Jahr genommen werden, spätestens in den ersten drei Monaten danach, sonst verfällt er.

Urlaubsabgeltung

Beim Ausscheiden aus einem Betrieb besteht der Anspruch auf Resturlaub – ein Zwölftel des Jahresurlaubs pro Monat, unabhängig von der Dauer der Betriebszugehörigkeit. Nur wenn das nicht möglich ist, darf der Urlaub ganz oder teilweise durch Geld abgegolten werden.

Besondere Schutzrechte

Einige Personengruppen benötigen besondere Schutzrechte. Für Jugendliche gilt das **Jugendarbeitsschutzgesetz** (s. S. 20 f.). Außerdem hat nach Artikel 6 des Grundgesetzes jede schwangere Frau „Anspruch auf den Schutz und die Fürsorge der Gemeinschaft". Dieser Forderung trägt das **Mutterschutzgesetz** Rechnung. Darüber hinaus dient das „Bundeselterngeld- und Elternzeitgesetz" dem Schutz und der Förderung der Familie.

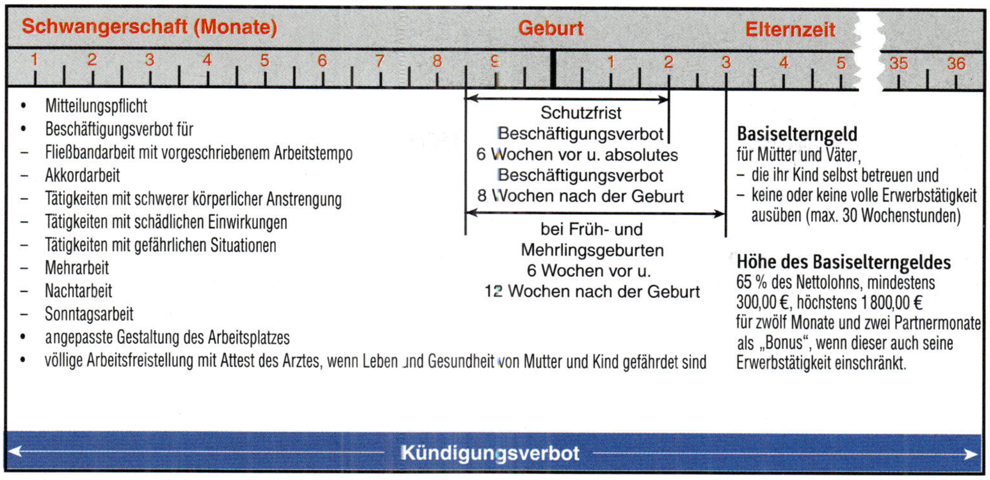

Elterngeld Plus
Eltern, deren Kinder ab dem 1. Juli 2015 geboren sind, können bei Teilzeitarbeit bis 30 Wochenstunden Elterngeld bis zu 28 Monaten erhalten. Ein flexible Zeiteinteilung ist dabei möglich. Das Basiselterngeld wird aber halbiert.

Weitere Informationen unter: www.bmfsfj.de

M 3 § 4 Mutterschutzgesetz

(1) Werdende Mütter dürfen nicht mit schweren körperlichen Arbeiten und nicht mit Arbeiten beschäftigt werden, bei denen sie schädlichen Einwirkungen von gesundheitsgefährdenden Stoffen oder Strahlen, von Staub, Gasen oder Dämpfen, von Hitze, Kälte oder Nässe, von Erschütterungen oder Lärm ausgesetzt sind.
(2) Werdende Mütter dürfen insbesondere nicht beschäftigt werden
1. mit Arbeiten, bei denen regelmäßige Lasten von mehr als 5 kg Gewicht oder gelegentlich von mehr als 10 kg Gewicht ohne mechanische Hilfsmittel von Hand gehoben, bewegt oder befördert werden [...]
(3) die Beschäftigung werdender Mütter mit
1. Akkordarbeiten und sonstigen Arbeiten, bei denen durch ein gesteigertes Arbeitstempo ein höheres Entgelt erzielt werden kann,
2. Fließbandarbeit mit vorgeschriebenem Arbeitstempo ist verboten.

Menschen mit Schwerbehinderung genießen nach dem **Sozialgesetzbuch IX** einen besonderen Schutz, wenn der Grad der körperlichen, geistigen oder seelischen Behinderung mit wenigstens 50 % anerkannt wurde. Menschen mit Behinderung mit einem Behinderungsgrad von 30–49 % können ihnen zeitweilig gleichgestellt werden, wenn sie dadurch ihren alten Arbeitsplatz erhalten oder einen neuen bekommen können. Die Arbeitsplätze sollen der Behinderung entsprechend gestaltet werden.
Weil es für Menschen mit Behinderung oft schwierig ist, einen geeigneten Arbeits- oder Ausbildungsplatz zu erhalten, muss jeder Arbeitgeber mit mehr als 20 Beschäftigten 5 % der Arbeits- und Ausbildungsplätze mit ihnen besetzen. Andernfalls ist für jeden unbesetzten Pflichtplatz eine Ausgleichsabgabe von 100,00 bis 250,00 € monatlich zu leisten. Die Höhe hängt davon ab, in welchem Umfang Pflichtplätze besetzt wurden.
Menschen mit Schwerbehinderung erhalten einen zusätzlichen Jahresurlaub von fünf Arbeitstagen und genießen nach sechsmonatiger Beschäftigung einen besonderen Kündigungsschutz (s. S. 78 f.).
In Betrieben mit mehr als fünf Menschen mit Schwerbehinderung ist eine Vertrauensperson zu wählen, die an den Sitzungen des Betriebsrats teilnimmt.

§ 125 Sozialgesetzbuch IX
[...] verteilt sich die Arbeitszeit auf mehr oder weniger Arbeitstage in der Kalenderwoche, erhöht oder vermindert sich der Zusatzurlaub entsprechend.

Arbeitsvorschläge

1. *Ordnen Sie die in den Zeitungsschlagzeilen (M 1, S. 84) aufgeführten Arbeitsrechtsverletzungen den entsprechenden Arbeitsschutzbestimmungen zu.*
2. *Berichten Sie über die Arbeitszeit- und Pausenregelung Ihres Ausbildungsbetriebs und ermitteln Sie deren Rechtsgrundlagen. (M 2, S. 84)*
3. *Begründen Sie das Verbot von Schwer- und Akkordarbeit für werdende Mütter. (M 3)*

3.3 Humanisierung

M 2

Glücklich am Arbeitsplatz

Das Produkt meiner Arbeit ist nützlich.

Man vermittelt mir:

„Ihre Arbeit ist wichtig und gut!"

Was ich tue, trägt meine eigene Handschrift.

Die Arbeit fordert mich.

Alle meine Kenntnisse und Fähigkeiten sind gefragt.

Wie ich meine Aufgaben erledige, kann ich selbst entscheiden.

Ich verstehe genau den Zweck meiner Arbeit.

Ich arbeite in einem langlebigen Traditionsunternehmen.

Meine Arbeitszeit ist flexibel.

Die Bezahlung ist gut.

Ich habe Aufstiegschancen.

Man bietet mir gute äußere Arbeitsbedingungen.

FOCUS Nr. 7/2004, S. 123

M 1

Seit Jahren wird versucht, neben der Verbesserung des Arbeits- und Gesundheitsschutzes auch die Arbeitsplätze „humaner", d. h. menschengerechter zu gestalten. Die äußeren Arbeitsbedingungen sollen an die körperliche und seelische Leistungsfähigkeit der Menschen angepasst werden. Deshalb wurde 2013 auch die „psychische Belastung bei der Arbeit" in das Arbeitsschutzgesetz (Beurteilung der Arbeitsbedingungen, § 5, S. 82) aufgenommen.

Studien des Instituts für Arbeitsmarkt- und Berufsforschung haben ergeben, dass sich viele Umgebungsbelastungen (Lärm, Kälte, Schmutz) und körperliche Belastungen verringert haben. Schwere Arbeit und das Heben von Lasten wurden zunehmend von Maschinen und Robotern übernommen. Die Baugewerkschaft hat z. B. durchgesetzt, dass Zementsäcke heute höchstens 25 kg statt 50 kg wiegen. Dennoch werden immer noch mehrere Millionen Menschen durch Umgebungsbelastungen beeinträchtigt. Zunehmend verbreitet sind jedoch arbeitsorganisatorische Belastungen wie Termin- und Leistungsdruck, Mobbing (z. B. durch das Verbreiten von Gerüchten, Unwahrheiten) sowie monotone (eintönige) Arbeit. Damit wächst die Unzufriedenheit mit der Arbeit.

Gegen die Monotonie am Arbeitsplatz, vor allem in der Massenproduktion, wurden neue Formen der Arbeitsorganisation entwickelt. In Gruppenarbeit wird ein komplettes Teilprodukt in Selbstbestimmung von Arbeitsablauf und Arbeitsorganisation erstellt. Ein Beispiel ist der Zusammenbau eines Motors durch eine Gruppe.

Weitere Beispiele für die ergonomische Gestaltung von Arbeitsplätzen, um Arbeitsmonotonie zu vermeiden:
- **Aufgabenwechsel** (job rotation): regelmäßiger Wechsel des Arbeitsplatzes,
- **Aufgabenerweiterung** (job enlargement): Kombination ähnlicher Arbeitsaufgaben,
- **Aufgabenbereicherung** (job enrichment): Eigenverantwortlichkeit bei Planung, Arbeitstempo und Kontrolle der Arbeitsqualität.

M 3 Bereiche der Ergonomie

- **Arbeitsplatz:** Arbeitsmittel sollten körpergerecht gestaltet werden.
- **Arbeitszeit:** Arbeitsbeginn, Arbeitsdauer und Pausenregelungen sollen vor Ermüdung schützen. Die Freizeit muss der Erholung dienen.
- **Bewegungsablauf:** Die Belastung einzelner Körperteile soll verringert, die Leistungs-, Reaktions- und Konzentrationsfähigkeit gefördert werden.
- **Arbeitsumgebung:** Schädliche Einflüsse (Hitze, Kälte, Staub, Gase usw.) sollen vermindert, die stoffliche Arbeitsumgebung durch angenehme Farb- und Formgebung verbessert werden.
- **Arbeitsklima:** Anerkennung und Förderung durch die Betriebsleitung, Unterstützung durch freundlichen Umgang mit Kollegen.

Die Arbeitswelt der Zukunft wird sich weiter verändern. Der Einsatz der Elektronik zur Vernetzung von Arbeitsabläufen und Maschinen (Digitalisierung) wird mit dem Begriff **„Industrie 4.0"** oder als „Arbeit 4.0" bezeichnet: Nach der Entwicklung der Produktion durch die Dampfmaschine, Fließbandarbeit und EDV hat die **vierte industrielle Revolution** begonnen (s. auch S. 149 ff.).

Von der Industrie 1.0 zur Industrie 4.0

1.0 1784
Mechanische Produktion mit Dampfkraft

2.0 1870
Massenproduktion mit Elektroenergie

3.0 ab den 1970er-Jahren
Elektronik zur Automatisierung

4.0 zurzeit
digital vernetzte Produktion

M 4

Immer wenn neue Technologien die Arbeitswelt veränderten, sind neue Arbeitsschutzmaßnahmen erforderlich. Diese können je nach Berufszweig unterschiedlich ausfallen. Der Umgang mit neuen Gefahrstoffen erfordert andere Maßnahmen als die Flexibilisierung der Arbeitswelt. Die ständige Erreichbarkeit durch moderne Medien, während der Arbeit, aber auch in der „Freizeit" erzeugt Stress. Ruhezeiten können nicht mehr eingehalten werden. Bei vielen Beschäftigten führt das auch zu psychischen Erkrankungen. Nicht überall sind darauf abgestimmte Ergonomiekonzepte angenommen worden.

Mitbestimmung

An der Arbeitsplatz- und Arbeitszeitgestaltung ist neben der Betriebsleitung auch die **Arbeitnehmerseite** beteiligt und gefordert. Arbeitszeiten z. B. sind mitbestimmungspflichtig (§ 87 BtrVG) und bereits auf der Grundlage von Tarifen und Betriebsvereinbarungen weit verbreitet. Betriebsräte können dabei verlangen, dass bei der Flexibilisierung von Arbeitszeiten der Arbeitsschutz berücksichtigt wird. Dafür gibt es Öffnungsklauseln in Tarifverträgen und Betriebsvereinbarungen bei Betrieben mit Betriebsräten. Auf diese Weise können sowohl betriebliche Erfordernisse berücksichtigt als auch eine bessere Vereinbarung von Familie und Beruf für die Beschäftigten erreicht werden.

Eine besondere Herausforderung für die Mitbestimmung ist die Begleitung geänderter Anforderungen an Unternehmen und Arbeitnehmer durch die Digitalisierung (Industrie 4.0). Bereits jetzt unterstützen Betriebsräte den Einsatz von Robotern bei schwierigen Arbeiten, z. B. beim Einbau der Elektrik bei Pkws im VW-Werk Osnabrück. Darüber hinaus fordern vor allem Kirchen und Gewerkschaften Rücksicht auf ethische Gesichtspunkte, z. B. die grundsätzliche Sicherung des arbeitsfreien Sonntags.

Arbeitsvorschläge

1. *Stellen Sie den Konflikt dar, der mit der Karikatur M 1 auf S. 86 aufgezeigt werden soll.*
2. *Was ist für Sie wichtig (M 2 auf S. 86)? Stellen Sie eine eigene Reihenfolge auf.*
3. *Entwerfen Sie für Ihren Arbeitsplatz Möglichkeiten der Humanisierung und stellen Sie diese Ihrer Klasse vor (M 3). Sprechen Sie darüber mit Ihrem Betriebsrat oder Ihrer Jugend- und Auszubildendenvertretung (sofern vorhanden).*
4. *Notieren Sie in Stichworten, inwiefern sich die Arbeitswelt verändert (M 4)?*
5. *Mit welchen Mitteln können Gewerkschaften und Betriebsräte auf die Arbeitsgestaltung Einfluss nehmen?*

4 Tarifvertragsrecht

4.1 Tarifautonomie

M 1

„Die Tarifautonomie ist ein wesentlicher Stützpfeiler der sozialen Marktwirtschaft. Wer sich als Arbeitgeber der Tarifautonomie verweigert,*) gefährdet die soziale Marktwirtschaft."

Karl-Josef Laumann, Minister für Arbeit, Gesundheit und Soziales in NRW, Soziale Ordnung, CDA-Verlagsges. Berlin, 7./8. Ausg. 2008, S. 3

** gemeint ist die „Tarifflucht" von Arbeitgebern*

Artikel 9 Abs. 3 Grundgesetz (Vereinigungsfreiheit)

(3) Das Recht, zur Wahrung und Förderung der Arbeits- und Wirtschaftsbedingungen Vereinigungen zu bilden, ist für jedermann und für alle Berufe gewährleistet. Abreden, die dieses Recht einschränken oder zu behindern suchen, sind nichtig, hierauf gerichtete Maßnahmen sind rechtswidrig.

Tarifverträge regeln einheitliche Arbeitsbedingungen und werden von den Tarifvertragsparteien ohne staatlichen Zwang ausgehandelt. Dieses Recht wird **Tarifautonomie** genannt und beruht auf dem Grundrecht auf Vereinigungsfreiheit (Koalitionsfreiheit) des Grundgesetzes. Es unterscheidet sich damit grundsätzlich von einer staatlichen Lohnfestsetzung. Vor allem Wirtschaftsverbände sehen in allgemeinen gesetzlichen Mindestlöhnen eine Gefährdung der Tarifautonomie und von Arbeitsplätzen.

M 2 Gefährdet ein allgemeiner Mindestlohn die Tarifautonomie?

Arbeitgeber
Gesetzliche Mindestlöhne setzen die Tarifautonomie außer Kraft. Jede staatliche Lohnfestsetzung ist ein empfindlicher Eingriff in das Verhandlungsgleichgewicht der Tarifpartner [...]. Allgemeine gesetzliche Mindestlöhne machen arbeitslos! Sie orientieren sich nicht an ökonomischen Zwängen und führen im Ergebnis dazu, dass die entsprechenden Arbeitsplätze nicht mehr wirtschaftlich sind.
BDA argumente, März 2013, S. 1

Gewerkschaften
Der Mindestlohn ist nur eine sichernde Untergrenze, darüber kann sich die Tarifautonomie frei entfalten. In vielen Branchen verweigern sich Arbeitgeber Tarifabschlüssen – oder die Verhandlungsmacht der Beschäftigten reicht nicht aus, um auskömmliche Entgelte zu vereinbaren, so dass Mindestlöhne die nicht genutzte Tarifautonomie ersetzen müssen. Der gesetzliche flächendeckende Mindestlohn stellt dabei das absolute Minimum dar [...].
DGB: Blickpunkt Mindestlohn. Eine Broschüre der DGB-Jugend, 2014, S. 8, Zugriff am 25.09.2017 unter www.Blickpunkt-Mindestlohn.pdf

Mindestlöhne in Europa 2017 in 22 von 28 Ländern, Auswahl

Luxemburg	11,27 €
Frankreich	9,76 €
Niederlande	9,52 €
Deutschland	*8,84 €*
Großbritannien	8,79 €
Griechenland	3,35 €
Polen	2,65 €

Statista: Gesetzliche Mindestlöhne pro Stunde in Ländern der EU, Zugriff am 09.01.2018 unter www.statista.com/statistik/daten/studie/37401/umfrage/gesetzliche-mindestloehne-in-der-eu/

Mindestlohnkommission
Je drei Vertreter der Spitzenorganisationen der Tarifpartner. Sie schlagen einen Vorsitzenden vor, der von der Regierung berufen wird. Hinzu kommen zwei Wissenschaftler ohne Stimmrecht.

Mindestlöhne sollen verhindern, dass Arbeitnehmer ohne Tarifvertrag oder zu Tarifen arbeiten, von denen sie ohne Zusatzeinkünfte nicht leben können. Zudem sollen sie den Unternehmen fairen Wettbewerb sichern. 2018 gelten in 15 Branchen, z. B. im Bauhauptgewerbe (s. S. 76), für mehr als vier Millionen Beschäftigte Mindestlöhne nach dem **Arbeitnehmer-Entsendegesetz** auf der Grundlage von **Tarifverträgen**. Sie sind verbindlich für alle in Deutschland tätigen Arbeitnehmer, auch wenn ihre Arbeitgeber ihren Sitz im Ausland haben. Nach dem **Mindestlohngesetz (MiLOG)** von 2014 ermittelt eine Mindestlohnkommission den gesetzlichen Mindestlohn alle zwei Jahre: Erstmals ab dem 1. Januar 2015 8,50 €, ab 2017 8,84 €, und voraussichtlich 9,19 € ab 2019. 2016 wird der Mindestlohn bei knapp 10% der Arbeitnehmer umgangen. **Ausnahmen** gelten u. a. für Jugendliche, Auszubildende, Pflichtpraktika bei Ausbildung und Studium sowie für freiwillige Praktika bis zu drei Monaten.

Arbeitsvorschläge

1. *Erklären Sie den Begriff „Tarifautonomie" mit eigenen Worten.*
2. *Notieren Sie mit einem Partner Auswirkungen von „Tarifflucht" für Arbeitnehmer und Arbeitgeber. (M 1, s. auch S. 59)*
3. *Sammeln Sie Informationen über die Entwicklung der Mindestlöhne und über Probleme bei ihrer Umsetzung.*

4.2 Tarifvertragsparteien

M 1

Zwischen
a) dem Niedersächsischen Hotel- und Gaststättenverband in DEHOGA, Hannover,
b) dem Braunschweigischen Hotel- und Gaststättenverband
in DEHOGA, Braunschweig, einerseits und der Gewerkschaft Nahrung-Genuss-Gaststätten, Landesbezirk Niedersachsen/Bremen, Hannover

Zwischen dem **Einzelhandelsverband Niedersachsen e. V.**, und der **Vereinten Dienstleistungsgewerkschaft ver.di** – Landesbezirk Niedersachsen – Bremen

[...] anderseits, wird folgender Tarifvertrag vereinbart: [...]

Zwischen der **VOLKSWAGEN AG Wolfsburg** und der **INDUSTRIEGEWERKSCHAFT METALL,** Bezirksleitung Hannover

Zwischen dem **Verband der Metallindustriellen Niedersachsens, Hannover,** und der **Industriegewerkschaft Metall, Bezirksleitung Hannover**

Anfang 2018 gelten in Deutschland rund 73 000 Tarifverträge, darunter 30 000 Flächen- und 43 000 Firmentarifverträge. Sie erfassen in Westdeutschland etwa 70 % und in Ostdeutschland 48 % der Beschäftigten. Daneben orientieren sich Betriebe für etwa weitere 25 % der Beschäftigten an einem Tarifvertrag. Durch „Tarifflucht" hat in den letzten Jahren der Anteil tarifgebundener Arbeit abgenommen, weil vor allem in Ostdeutschland viele Firmen ihre Verbände verlassen haben.

M 2 **§ 2 Tarifvertragsparteien**

§

(1) Tarifvertragsparteien sind Gewerkschaften, einzelne Arbeitgeber sowie Vereinigungen von Arbeitgebern.
(2) Zusammenschlüsse von Gewerkschaften und von Vereinigungen von Arbeitgebern (Spitzenorganisationen) können im Namen der ihnen angeschlossenen Verbände Tarifverträge abschließen, wenn sie eine entsprechende Vollmacht haben.
(3) Spitzenorganisationen können selbst Parteien eines Tarifvertrags sein, wenn der Abschluss von Tarifverträgen zu ihren satzungsgemäßen Aufgaben gehört.

Tariffähige Koalitionen (Vereinigungen) müssen folgende Bedingungen erfüllen:
- **Freiwilligkeit des Zusammenschlusses**, d. h., die Gründung muss ohne Zwang erfolgen, ebenso darf niemand zum Beitritt gezwungen werden;
- **Unabhängigkeit von der Gegenseite**, von Staat, Kirchen und Parteien;
- **überbetriebliche Organisation** nach demokratischen Regeln (z. B. Satzung);
- **Tarifwilligkeit**, d. h. Anerkennung der Verbindlichkeit von Tarifverträgen.

In Deutschland sind 2017 mehr als sechs Millionen Arbeitnehmer Mitglieder von Gewerkschaften, die Mitglied des DGB sind. Die meisten Gewerkschaften sind auf Orts- oder Kreis-, Bezirks-, Landes- und Bundesebene organisiert. Wenn sich mehrere Einzelgewerkschaften auf Bundesebene zusammenschließen, entstehen Dachverbände. Der größte ist der Deutsche Gewerkschaftsbund (DGB) mit acht Einzelgewerkschaften.
Während die übrigen Dachverbände (s. S. 90), z. B. der Christliche Gewerkschaftsbund (CGB), zugleich Spitzenorganisationen im Sinne des Tarifvertragsgesetzes sind, trifft dies für den DGB nicht zu. Nur seine Einzelgewerkschaften sind Tarifvertragsparteien.

Arbeitsvorschläge

1. *Ermitteln Sie in M 1 die jeweiligen Tarifvertragsparteien.*
2. *Erkunden Sie in Ihrem Ausbildungsbetrieb, welche Vertragsparteien die für Sie gültigen Tarifverträge abgeschlossen haben.*
3. *Die Belegschaft eines Großbetriebs ist mit der Arbeit der Gewerkschaft unzufrieden und will eine eigene Betriebsgewerkschaft gründen. Beurteilen Sie, ob eine solche Vereinigung tariffähig ist. (M 2)*
4. *Auf Arbeitgeberseite wird hin und wieder der Vorschlag gemacht, auch Betriebsräten Lohnverhandlungen zu erlauben. Klären Sie die Rechtslage (M 2) und führen Sie zu dem hier genannten Vorschlag eine Diskussion.*

Will ein Arbeitnehmer in eine Gewerkschaft eintreten, hat er die Wahl zwischen der für seinen Betrieb zuständigen DGB-Gewerkschaft und einem Berufs- oder Fachverband der übrigen Gewerkschaften.

Organisationsprinzip der DGB-Gewerkschaften

Industrieverbandsprinzip: ein Betrieb – eine Gewerkschaft. Das heißt, jede dieser Gewerkschaften vertritt die Interessen der Beschäftigten bestimmter Wirtschaftszweige und demnach aller Betriebe, die diesen Wirtschaftszweigen angehören.

M 3

2011 hat das Bundesarbeitsgericht entschieden, dass das Grundrecht auf Vereinigungsfreiheit (Art. 9 GG) auch zulässt, dass in einem Unternehmen mehrere Gewerkschaften tariffähig sind.

Nach dem **Tarifeinheitsgesetz** von 2015 kann aber nur der Tarifvertrag angewendet werden, für den die Gewerkschaft in einem Betrieb die meisten Mitglieder hat.

M 1

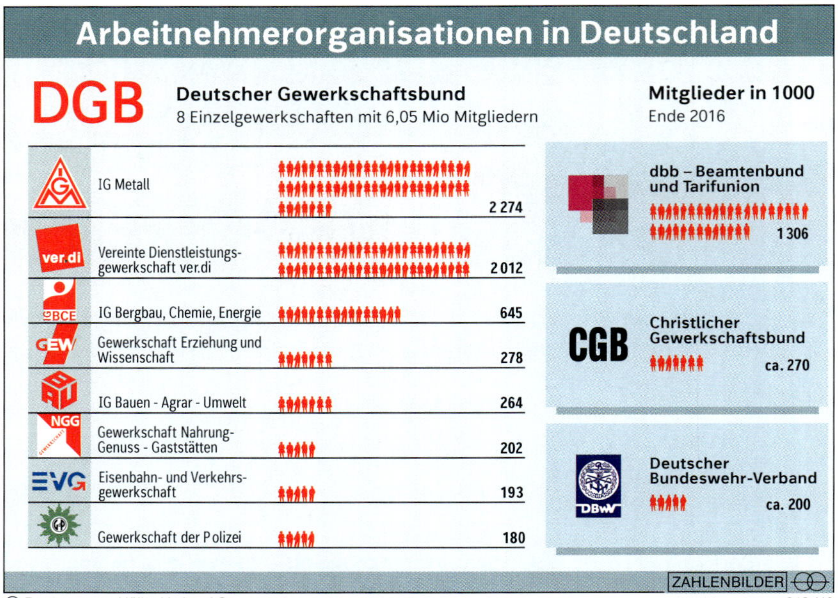

© Bergmoser + Höller Verlag AG 240 110

Auch die Arbeitgeber und Selbstständigen haben sich zu Verbänden zusammengeschlossen. Die Mitgliedschaft in Verbänden mit wirtschaftlichen und sozialpolitischen Interessen (s. S. 160 f.) ist freiwillig. Die in der Bundesvereinigung der Deutschen Arbeitgeberverbände zusammengeschlossenen Berufsgruppenverbände sind Tarifvertragsparteien und geben ihren Mitgliedern Rechtsschutz. Daneben gibt es für viele Berufszweige Kammern mit Pflichtmitgliedschaft (s. S. 160 f.).

M 2

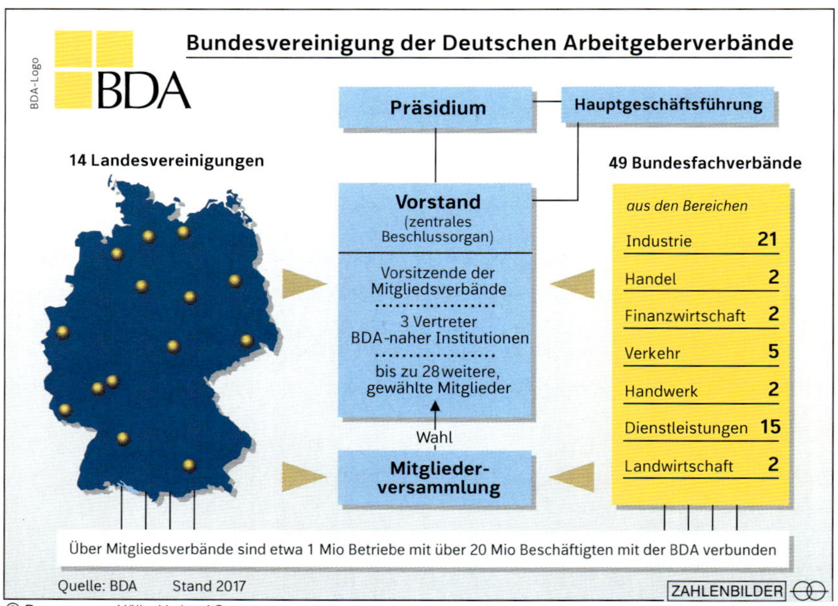

© Bergmoser + Höller Verlag AG 236 150

Arbeitsvorschlag

Ermitteln Sie in M 1 die für Ihr Ausbildungsunternehmen zuständige Gewerkschaft und in M 2 den Arbeitgeberverband, in dem das Unternehmen Mitglied sein könnte.

4.3 Verbindlichkeit von Tarifverträgen

M 1 In einer neu gebildeten Bauzeichnerklasse herrscht Ratlosigkeit und Empörung. Die künftigen Bauzeichnerinnen und Bauzeichner hatten die Höhe der Ausbildungsvergütungen und den Jahresurlaub verglichen und erhebliche Unterschiede festgestellt. Einer kam auf die Idee, das Alter könne eine Rolle spielen. Man habe doch im BGJ etwas vom Jugendarbeitsschutz gehört.

Damit konnten die Unterschiede in der Urlaubsdauer der 16- und 17-Jährigen erklärt werden, nicht aber die bei der Vergütung. Und da waren auch noch die drei „Erwachsenen" Jan, Klara und Lisa. Jan und Klara erhielten über 50,00 € im Monat mehr als Lisa und außerdem 30 Arbeitstage Urlaub, Lisa hingegen nur 24 Werktage.

„Ich bin gleich in die Gewerkschaft eingetreten", sagte Jan, „vielleicht liegt das daran." Klara bezweifelte Jans Vermutung; sie sei nicht in der Gewerkschaft, beide erhielten von ihrem gemeinsamen Betrieb, einer Baufirma, auch gleiche Leistungen. Bezahlt werde nach Tarif, habe sie gehört. Lisa lernt bei einem Architekten, der keinem Verband angehört.

M 3

Sicher bleibt nur,
was unser
Tarifvertrag sichert.

Rechtsanspruch
auf diesen Tarifvertrag
haben nur
Mitglieder der
IG Metall

M 2 Tarifvertragsgesetz (TVG)

§ 3 Tarifgebundenheit

(1) Tarifgebunden sind die Mitglieder der Tarifvertragsparteien und der Arbeitgeber, der selbst Partei des Tarifvertrages ist.

(3) Die Tarifgebundenheit bleibt bestehen, bis der Tarifvertrag endet.

§ 5 Allgemeinverbindlichkeit *(Neuformulierung im Gesetz zur Stärkung der Tarifautonomie 2014)*

(1) Der Bundesminister für Arbeit und Soziales kann einen Tarifvertrag im Einvernehmen mit einem aus je drei Vertretern der Spitzenorganisationen der Arbeitgeber und der Arbeitnehmer bestehenden Ausschuss (Tarifausschuss) auf gemeinsamen Antrag der Tarifvertragsparteien für allgemeinverbindlich erklären, wenn die Allgemeinverbindlichkeit im öffentlichen Interesse geboten erscheint. Die Allgemeinverbindlicherklärung erscheint in der Regel im öffentlichen Interesse geboten, wenn die Tarifvertragsparteien darlegen, dass

1. der Tarifvertrag in seinem Geltungsbereich für die Gestaltung der Arbeitsbedingungen überwiegende Bedeutung erlangt hat oder
2. die Absicherung der Wirksamkeit der tarifvertraglichen Normsetzung gegen die Folgen wirtschaftlicher Fehlentwicklung eine Allgemeinverbindlichkeitserklärung verlangt. […]

(4) Mit der Allgemeinverbindlicherklärung erfassen die Rechtsnormen des Tarifvertrages in seinem Geltungsbereich auch die bisher nicht tarifgebundenen Arbeitgeber und Arbeitnehmer.

M 4 Das **Gesetz zur Stärkung der Tarifautonomie** von 2014 legt fest, dass eine Allgemeinverbindlichkeitserklärung von den Tarifparteien gemeinsam zu beantragen ist und diese nicht mehr 50 % der Beschäftigten vertreten müssen. Die Antragssteller können angehört werden.

Weitere Informationen unter: www.bmas.de

Tarifverträge werden von den Tarifvertragsparteien grundsätzlich nur für ihre Mitglieder abgeschlossen. In der betrieblichen Praxis überwiegen jedoch tarifliche Leistungen auch für die Nichtorganisierten. Außerdem können für Tarifverträge **A**llgemein**v**erbindlichkeits**e**rklärungen (AVE) beantragt werden (M 2, § 5). Mitte 2017 waren es nur noch 443 nach 630 im Jahr 1964. Wenngleich einige aus formalen Gründen gelöscht wurden, scheitern nach Gewerkschaftsberichten neue AVE weiterhin an der Ablehnung durch die Arbeitgeberseite im Tarifausschuss. Die erhoffte Wirkung nach dem Wegfall der 50%-Klausel (s. M 4) wird nicht erreicht. Es wird weiter diskutiert.

Arbeitsvorschläge

1. *Begründen Sie die Unterschiede bei Vergütung und Urlaub in M 1 mithilfe von M 2.*
2. *Einem Arbeitgeber ist die von seinem Verband vereinbarte Lohnerhöhung von 5,3 % zu hoch und ertritt nachträglich aus dem Verband aus. Er bietet der Belegschaft 3 %. Muss diese sich damit abfinden? Überprüfen Sie die Rechtslage anhand von M 2.*
3. *Diskutieren Sie die Aussage von M 3.*
4. *Erörtern Sie mit Vertretern von Tarifparteien, ob gemeinsame Antragsteller im Tarifausschuss Stimmrecht erhalten sollten oder ob der Tarifausschuss entfallen könnte (M 2, M 4).*

4.4 Arten und Inhalte von Tarifverträgen

Die vereinbarten Inhalte der Tarifverträge, also Löhne, Urlaubsdauer usw., sind staatlichen Gesetzen gleichgestellt und binden die Vertragspartner „unmittelbar und zwingend" (§ 4 Tarifvertragsgesetz). Abweichende Vereinbarungen müssen im Tarifvertrag zugelassen oder zugunsten der Arbeitnehmer sein (s. S. 73).

Arbeitszeitverkürzungen

1900: Gewerkschaften erreichen 10-Stunden-Tag
1918: 8-Stunden-Tag gesetzlich eingeführt
1956: von 48 auf 45 Stunden in der Metallindustrie
1967: 40-Stunden-Woche in der Metallindustrie
1975: 40-Stunden-Woche wird Normalarbeitszeit
1984: Einstieg in die 35-Stunden-Woche in der Metallindustrie

Die Funktionen des Tarifvertrags:
- **Schutzfunktion:** Durch Tarifverträge soll die Unterlegenheit, mit der der einzelne Arbeitnehmer dem Arbeitgeber gegenübersteht, aufgehoben werden; Arbeitsbedingungen können damit nicht mehr einseitig diktiert werden.
- **Ordnungsfunktion:** Durch Tarifverträge werden die Millionen von Arbeitsverhältnissen typisiert und vereinheitlicht; das Arbeitsleben wird geordnet und bleibt damit einigermaßen überschaubar.
- **Friedensfunktion:** Während der Laufzeit von Tarifverträgen sind Arbeitskämpfe um bereits im Tarifvertrag geregelte Gegenstände ausgeschlossen.

Adamy, Wilhelm/Steffen, Johannes: Handbuch der Arbeitsbeziehungen. Schriftenreihe der Bundeszentrale für politische Bildung, Band 215, Bonn 1985, S. 245

Jeder Tarifvertrag wird für bestimmte Geltungsbereiche abgeschlossen. Was darunter zu verstehen ist, wird an der folgenden Aufstellung der IG-Metall deutlich.

M 1 **Geltungsbereiche von Tarifverträgen**

Für die Mitglieder der IG Metall werden Tarifverträge abgeschlossen

mit dem **räumlichen Geltungsbereich**:
- für das ganze Bundesgebiet
- für Tarifgebiete
- für einzelne Firmen oder Unternehmen

mit dem **fachlichen Geltungsbereich**
- für die Metall- und Elektroindustrie
- für die Metallhandwerke
- für die Eisen- und Stahlindustrie
- für die Textil- und Bekleidungsindustrie
- für die Textil- und Bekleidungshandwerke
- für die Holz und Kunststoff verarbeitende und die Holz bearbeitende Industrie
- für die Holzhandwerke
- für die Leiharbeit

mit dem **persönlichen Geltungsbereich**:
- für gewerbliche Arbeitnehmer/-innen,
- für Angestellte,
- für Auszubildende,
- für gewerbliche Arbeitnehmer-/innen und Angestellte,
- für gewerbliche Arbeitnehmer/-innen,
- Angestellte und Auszubildende

Aufgrund der Satzung der Industriegewerkschaft Metall werden Tarifverträge vom Vorstand der IG Metall und/oder von den Bezirksleitungen - im Auftrag des Vorstandes - abgeschlossen.

IG Metall Vorstand (Hg.): Daten, Fakten, Informationen 12/2016, Frankfurt/M. 2016, S. 11.

Erster Tarifvertrag

1873 wird als erster einheitlich für das Deutsche Reich geltender Tarifvertrag der Buchdruckertarif abgeschlossen. In ihm werden Vereinbarungen über Mindestlöhne, Arbeitszeit, Überstunden und Kündigungsfristen getroffen.

Nach ihren Inhalten werden traditionell **Lohn-** und **Gehaltstarifverträge** einerseits und **Rahmen-** oder **Manteltarifverträge** andererseits unterschieden. Erstere verzeichnen vor allem die Höhe der Vergütung und ihre Differenzierung nach Leistungsgruppen. In der chemischen Industrie wurde 1989 erstmalig auch ein einheitlicher **Entgelttarifvertrag** für Arbeiter und Angestellte vereinbart. Andere Wirtschaftszweige folgen, z. B. das Kraftfahrzeughandwerk und -gewerbe im Jahr 2001 für das Tarifgebiet Niedersachsen/Bremen. In den Rahmen- oder Manteltarifverträgen werden allgemeine Arbeitsbedingungen wie Arbeitszeit und Urlaubsdauer festgelegt. Sie „ummanteln" bzw. „umrahmen" den Vergütungsanspruch.

Daneben gehen die Tarifvertragsparteien seit vielen Jahren dazu über, **Einzeltarifverträge** mit besonderen Vereinbarungen abzuschließen, z. B. für vermögenswirksame Leistungen, Vorruhestandsregelungen und seit einiger Zeit zur Beschäftigungssicherung. Auch werden die Einstufungen in Leistungsgruppen nicht immer in Lohn-, Gehalts- oder Entgelttarifverträgen vorgenommen, sondern auch in gesonderten **Lohn-, Gehalts- und Entgeltrahmentarifverträgen**. Auf diese Weise können die Streitgegenstände bei Neuverhandlungen begrenzt und unterschiedliche Laufzeiten (Gültigkeitsdauer) der Tarifverträge vereinbart werden. Lohn-, Gehalts- und Entgelttarifverträge werden meist nur für ein Jahr abgeschlossen, um sie schneller an die jeweilige Wirtschaftslage anpassen zu können. Die übrigen Tarifverträge haben längere Laufzeiten.

DGB-Kundgebung

Während der Laufzeit eines Tarifvertrags herrscht **Friedenspflicht**, d. h., es dürfen keine Kampfmaßnahmen zur Veränderung von Arbeitsbedingungen aus diesem Vertrag ergriffen werden. Die Vertragsparteien haben zudem die Pflicht, ihre Mitglieder zur Erfüllung der Verträge anzuhalten. Man spricht in diesem Zusammenhang von einer „Erfüllungs- und Einwirkungspflicht".

M 2 **Arten der Tarifverträge**

Manteltarifverträge Rahmentarifverträge regeln Arbeitsbedingungen, z. B.	**Lohn-, Gehalts-, Entgeltrahmentarifverträge** regeln Tarifgruppen:	**Einzeltarifverträge** regeln Einzelleistungen, z. B.	**Lohn-, Gehalts-, Entgelttarifverträge** regeln in den Tarifgruppen:
– Urlaub – Arbeitszeit – Mehrarbeit – Urlaubsgeld – Probezeit – Kündigungsfristen – Beilegung von Streitigkeiten	– Bezeichnung der Tarifgruppen – Zuordnung der Tätigkeit zu den Tarifgruppen – Grundsätze der Arbeits- und Leistungsbewertung	– Berufsausbildung – vermögenswirksame Leistungen – Vorruhestandsregelungen – Rationalisierungsschutz	– Löhne – Gehälter – Entgelt in den einzelnen Tarifgruppen

Bei Tarifauseinandersetzungen werden Tarifkorridore und Öffnungsklauseln bei Tarifverträgen diskutiert und z. T. praktiziert. Diese tarifpolitischen Möglichkeiten werden vor allem von Arbeitgebern und ihren Verbänden gefordert.

- **Tarifkorridore** ermöglichen Lohnerhöhungen innerhalb eines verabredeten Rahmens, z. B. zwischen 3 % und 5 %. Betriebsleitungen und Belegschaften bzw. ihre Betriebsräte haben dann die Möglichkeit, die Lohnsteigerungen der jeweiligen Wirtschaftslage des Betriebs anzupassen.
- **Öffnungsklauseln** sollen es Betrieben ermöglichen, in wirtschaftlichen Notlagen von tarifvertraglichen Regelungen abzuweichen. Voraussetzung ist, dass die Geschäftsleitung und die Arbeitnehmervertretung eine Ausnahmesituation „einvernehmlich" feststellen. Erst dann besteht die Möglichkeit, abweichende Vereinbarungen zu treffen.

Arbeitsvorschläge

1. *Ermitteln Sie die Geltungsbereiche der Tarifverträge (M 1), die für Ihren Ausbildungsbetrieb angewendet werden. Besteht Allgemeinverbindlichkeit?*
2. *Ordnen Sie die für Sie gültigen Tarifverträge den vier Tarifvertragsarten zu. (M 2)*
3. *Diskutieren Sie Vor- und Nachteile von Tarifkorridoren und Öffnungsklauseln in Ihrer Klasse in einem Rollenspiel mit Arbeitnehmern, Betriebsräten und Gewerkschaftsvertretern.*

M 1

Zwischen der
Tarifgemeinschaft IDKs e. V.
und der
IG Metall, Bezirksleitung Niedersachsen und Sachsen-Anhalt
wird folgender **Entgeltrahmentarifvertrag** abgeschlossen.

§ 1 Geltungsbereich

Dieser Tarifvertrag gilt:
1) räumlich:
für die Innungsbezirke Niedersachsen-Mitte und Osnabrück;
2) fachlich:
a) für alle Betriebe des Handels mit Kraftfahrzeugen und Anhängern, Ersatzteilen und Zubehör und Reifen mit Ausnahme des reinen Teile- und Zubehörgroßhandels;
b) für alle Betriebe des Kfz-Gewerbes sowie Motoreninstandsetzungsbetriebe, Kfz-Elektrikerbetriebe, Kühlerbauer und die hiermit verbundenen zum Zwecke der Kfz-Reparatur unterhaltenen Nebenbetriebe.
C) persönlich:
für alle Beschäftigten einschließlich der Auszubildenden

§ 2 Allgemeine Eingruppierungsgrundsätze

1. Jeder Beschäftigte wird unter Berücksichtigung seines Arbeitsvertrages und der ausgeübten Tätigkeiten in eine Entgeltgruppe eingruppiert. [...]
2. Maßgeblich für die Eingruppierung sind die aufgeführten Gruppenmerkmale bezüglich ihrer Tätigkeit. [...]

§ 3 Entgeltgruppen[1]

Entgeltgruppe 0 - Ausbildungsvergütungen (ab dem 01.08.2017)

1. Ausbildungsjahr	710,00 €	2. Ausbildungsjahr	780,00 €
3. Ausbildungsjahr	900,00 €	4. Ausbildungsjahr	940,00 €

Entgeltgruppe 1:
Tätigkeiten, die keine berufsfachlichen Kenntnisse und Fertigkeiten erfordern. [...]
Monatsentgelt ab 01.09.2018: 1 827,00 €

Entgeltgruppe 2
Tätigkeiten, die geringe berufsfachliche Kenntnisse und Fertigkeiten erfordern, wie sie in der Regel durch mehrwöchiges betriebliches Anleiten oder Anlernen erworben werden.
Monatsentgelt ab 01.09.2018: 2 129,00 €

Entgeltgruppe 3
Tätigkeiten im Rahmen konkreter Anweisung. Erforderlich sind Kenntnisse und Fähigkeiten, wie sie durch eine abgeschlossene Berufsausbildung im Kraftfahrzeuggewerbe nach 6-monatiger Berufspraxis erworben werden.
Gleichzusetzen sind andere abgeschlossene Berufsausbildungen sowie Kenntnisse und Fähigkeiten, die zu einer gleichwertigen Tätigkeit befähigen. Bei dem Nachweis einer mindestens dreijährigen Berufsausbildung ohne Abschluss im Kfz-Gewerbe genügt eine einjährige Berufspraxis.
Beispiele:
- Instandsetzungsarbeiten,
- Wartungsarbeiten,
- Juniorverkäufer/-in (Neu- und Gebrauchtwagen),
- Sekretariatsaufgaben.

Monatsentgelt ab 01.09.2018: 2 411,00 €

Entgeltgruppe 4 (Eckentgelt 100 %)
Tätigkeiten, die eine einschlägige gewerblich-technische Berufsausbildung oder eine kaufmännische Berufsausbildung mit Abschluss und drei Jahre Berufspraxis im Ausbildungsberuf erfordern oder für die gleichwertige vertiefte Fachkenntnisse vorausgesetzt werden, [...].
Beispiele:
- Kfz-Mechatroniker, Kfz-System- und Hochvolttechniker, Karosserietechniker/Fahrzeugbauer mit dreijähriger Berufserfahrung
- Kaufmännische Sachbearbeitung im Sekretariat, Betriebsbüro, Information, Kasse, Neu- und Gebrauchtwagendisposition [...] mit dreijähriger Berufserfahrung [...]

Monatsentgelt ab 01.09.2018: 2 754,00 €

Entgeltgruppe 5
Tätigkeiten qualifizierter Art, die eine einschlägige gewerblich-technische Berufsausbildung oder kaufmännische Berufsausbildung mit Abschluss voraussetzen und die nach allgemeiner Einweisung selbstständig ausgeführt werden.
Monatsentgelt ab 01.09.2018: 2 916,00 €

Entgeltgruppe 6
Hochwertige Tätigkeiten und die Fähigkeiten andere Mitarbeiter/-innen anzuleiten oder Tätigkeiten, die spezielle gleichwertige Fachkenntnisse erfordern, die durch Fortbildung oder mehrjährige Berufspraxis erworben werden.
Monatsentgelt ab 01.09.2018: 3 118,00 €

Entgeltgruppe 7
Verantwortliche Tätigkeiten, die eine umfangreiche Weiterbildung mit abgelegter Prüfung nach bundeseinheitlichem Konzept erfordern [...].
Monatsentgelt ab 01.09.2018: 3 574,00 €

Entgeltgruppe 8
Selbstständige und verantwortliche Tätigkeit mit begrenzter Leitungsbefugnis für einen Arbeitsbereich. [...]
Monatsentgelt ab 01.09.2018: 4 186,00 €

Entgeltgruppe 9
Selbstständige und verantwortungsvolle Tätigkeiten mit eigenständiger Leitungsbefugnis für einen Arbeitsbereich [...].
Monatsentgelt ab 01.09.2018: 4 413,00 €

§ 4 Allgemeine Entgeltbestimmungen

2. Die Tarifentgelte sind Mindestentgelte. Das Entgelt ist als verstetigte Monatsvergütung zu zahlen, [...].

§ 5 Günstigkeitsklausel

1. Bestehende günstigere Regelungen werden durch den Abschluss des Vertrages nicht berührt. [...]

§ 6 Monatsentgelt

1. Das Monatsentgelt stellt eine Vergütung für den Kalendermonat bei einer Arbeitszeit von 36 Wochenstunden dar.

§ 9 Laufzeit

1. Der vorstehende Tarifvertrag tritt am 1. Januar 2014 in Kraft.
2. Dieser Tarifvertrag kann erstmals zum 31.12.2019 mit einer Frist von drei Monaten gekündigt werden.

Hannover/Garbsen, den 10. Dezember 2013 Unterschriften

[1] Die Entgeltbeträge sind der Anlage 1 „Entgelttabelle für die Beschäftigten des Kraftfahrzeuggewerbes im Land Niedersachsen für die Mitgliedsbetriebe der Tarifgemeinschaft der Innungen Niedersachsen-Mitte und Osnabrück" zum Entgeltrahmentarifvertrag vom 7. Juni 2017 entnommen. Die Entgelttabelle kann mit einer Frist von einem Monat erstmals zum 31.05.2019 gekündigt werden.

M 2

Zwischen dem Handelsverband Niedersachsen-Bremen e. V.
handelnd für
Einzelhandelsverband Niedersachsen-Bremen e. V.
Einzelhandelsverband Harz-Heide e. V.
Ostfriesischen Handelsverband e. V.
und der
ver.di Vereinten Dienstleistungsgewerkschaft e.V.
Landesbezirk Niedersachsen-Bremen
wird folgender

Manteltarifvertrag

abgeschlossen:

§ 1 Geltungsbereich

Dieser Tarifvertrag gilt:

räumlich: für das Land Niedersachsen in den Grenzen vom 01.01.1993

fachlich: für die Betriebe des Einzelhandels und des Versandhandels aller Branchen und Betriebsformen einschließlich ihrer Hilfs- und Nebenbetriebe [...].

persönlich: für alle Beschäftigten einschließlich der Auszubildenden (nachstehend „Beschäftigte" genannt)

§ 2 Beginn und Ende des Arbeits- und Ausbildungsverhältnisses
§ 2a Ausbildungswesen
§ 3 Probezeit
§ 4a Aushilfen
§ 4b Teilzeitarbeit
§ 5 Arbeitszeit und Pausen
§ 6 Gehalts- und Lohnregelung (allgemeine Grundsätze)
§ 7a Mehr-, Nacht-, Sonn- und Feiertagsarbeit
§ 7b Zuschläge im Tankstellen- und Garagengewerbe
§ 8 Verdienstsicherung für ältere Arbeitnehmer
§ 9 Urlaub
§ 10 Urlaubsgeld
§ 11a Freistellung von der Arbeit
§ 11b Unbezahlte Freistellung
§ 12 Arbeitsverhinderung
§ 13 Zahlung im Sterbefall
§ 14 Verwirkung von Ansprüchen
§ 15 Tarifschiedsgericht
§ 16 Schlussbestimmungen

1. Dieser Manteltarifvertrag tritt am 01.03.2012 in Kraft mit Ausnahme von § 9, der am 01.01.2012 in Kraft tritt.
2. Die Bedingungen des Tarifvertrages sind Mindestbedingungen. Für die Beschäftigten bestehende günstigere Bedingungen dürfen nicht zu ihren Ungunsten verändert werden.
3. Dieser Vertrag kann von jeder Vertragspartei mit einer Frist von zwei Monaten zum Monatsende – gekündigt werden.
4. Dieser Tarifvertrag bleibt auch nach erfolgter Kündigung bis zum Inkrafttreten eines neuen Vertrages gültig. Hierbei bleibt die Friedenspflicht der Vertragsparteien jedoch nur bis zum Ablauf der Kündigungsfrist bestehen.

Hannover, 8. Juni 2012

Dieser Manteltarifvertrag ist ungekündigt und gilt weiter.

M 3

Inhaltsverzeichnis des Tarifvertrags über die Berufsbildung im Baugewerbe – Bundesrepublik Deutschland (Auszug)

§ 1 Geltungsbereich
§ 2 Ausbildungsvergütung
§ 3 Ausbildungsvergütung bei Verlängerung der Ausbildungszeit
§ 5 Zuschläge bei Mehrarbeit und bei Arbeit an Sonn- und Feiertagen
§ 6 Freistellung zwischen Weihnachten und Neujahr
§ 7 Erschwerniszuschläge
§ 8 Fahrtkosten bei überbetrieblicher Ausbildung
§ 10 Urlaubsdauer für gewerbliche Auszubildende
§ 11 Urlaubsvergütung [...]
§ 12 Entstehung der Urlaubsansprüche [...]
§ 15 Geltung der Rahmentarifverträge
§ 16 Ausschlussfristen (Verfall von Ansprüchen)
§ 17 Gebühren der überbetrieblichen Ausbildungsstätte
§ 18 Urlaubs- und Lohnausgleichskasse der Bauwirtschaft

Arbeitsvorschläge

1. *In M 1 (S. 94) sind unterschiedliche Vergütungen aufgeführt. Ermitteln Sie die jeweiligen Unterscheidungsmerkmale.*
2. *Wählen Sie aus den Vereinbarungen in M 2 diejenigen aus, die für Ihre Ausbildung wichtig sind, und bilden Sie eine Rangfolge. Besprechen Sie diese mit einem Partner/einer Partnerin, dann in einer Gruppe und präsentieren Sie anschließend das gemeinsame Ergebnis Ihrer Klasse.*
3. *Vergleichen Sie die Bestandteile der Tarifverträge M 1 bis M 3 mit den in Ihrem Ausbildungsberuf üblichen Verträgen. Fehlt bei Ihnen eine wichtige Regelung? Benennen Sie diese.*
4. *Begründen Sie die Beschränkung des fachlichen Geltungsbereichs des Manteltarifvertrags.*

4.5 Tarifverhandlungen und Arbeitskampf

M 1

15. November 2017: Tarifverhandlungen für die Metall- und Elektroindustrie
IG Metall: 6 % mehr Lohn und befristete Teilzeit mit Lohnausgleich für belastete Arbeitnehmer.

9. Januar 2018: 60 000 Metaller sind ganztägig im Warnstreik.
IG Metall: 2 % mehr Lohn und 200 € Einmalzahlung sind zu wenig. Arbeitgeber: 6 % gefährden die Wettbewerbsfähigkeit und Zukunftsinvestitionen für Digitalisierung. Lohnzuschuss für befristete Teilzeit ist Ungleichbehandlung der ständig Teilzeitbeschäftigten.

6. Februar 2018: Pilotabschluss in Baden-Württemberg
4,3 % mehr Lohn ab 1.April 2018, Zusatzgeld ab 2019, Recht auf befristete Teilzeit, Bei Kindererziehung, Pflege und Schichtarbeit kann Zusatzgeld in freie Tage umgewandelt werden. Zum Ausgleich kann die Wochenarbeitszeit bei einem Teil der Beschäftigten von 35 auf 40 Stunden erhöht werden.

Arbeitnehmer und Arbeitgeber tragen ihre Interessengegensätze in Tarifverhandlungen aus. Sie werden nötig, wenn die vereinbarte Geltungsdauer eines Tarifvertrags abgelaufen und er fristgerecht gekündigt worden ist. (Sonst gilt er bis zum nächsten Kündigungstermin weiter). Da die Einnahmen aus der wirtschaftlichen Tätigkeit der Unternehmen zunächst ihnen zufließen, sind es in der Regel Gewerkschaften, die für ihre Mitglieder neue und bessere Verträge anstreben. Wenn sich die wirtschaftliche Situation in einem Wirtschaftszweig verschlechtert, kündigen aber auch Unternehmerverbände Tarifverträge.
Jede Partei bestimmt ihre Tarif- und Verhandlungskommissionen. Nach Beratungen mit den Mitgliedern werden dann die Forderungen bzw. Angebote formuliert. Zu ihrer Begründung werden vor allem Argumente aus drei Bereichen angeführt:

Leiharbeitnehmer
haben Verträge mit Zeitarbeitsfirmen und werden an Unternehmen ausgeliehen.

M 2

- der **Produktivitätszuwachs**, mit dem die Leistungssteigerung der Wirtschaft im Verhältnis zur aufgewendeten Arbeitszeit gemessen wird (s. S. 147). So werden z. B. in 1 000 Arbeitsstunden 2 000 Geräte montiert. Wenn später mit dem gleichen Zeitaufwand 2 100 Geräte montiert werden, ist die Arbeitsproduktivität um 5 % gestiegen. Unternehmen sind in der Regel häufig bereit, bei Tarifverhandlungen Entgelte in diesem Umfang zu erhöhen.
- der **Preisanstieg** („Inflationsrate"), der die Kaufkraft der Einkommen mindert, wenn z. B. die Preise um 2 %, die Einkommen aber nur um 1 % steigen.
- die **Lohnquote**, d. h. der Lohnanteil der Arbeitnehmer am gesamten Volkseinkommen in einem Jahr. Der andere Teil ist das Einkommen aus Unternehmertätigkeit (der eigentliche Gewinn) und Vermögen (z. B. Miet- und Zinseinnahmen). An den Vermögenseinkommen sind auch Arbeitnehmer, Rentner und sogar Kinder beteiligt, wenn sie ein Sparbuch haben.

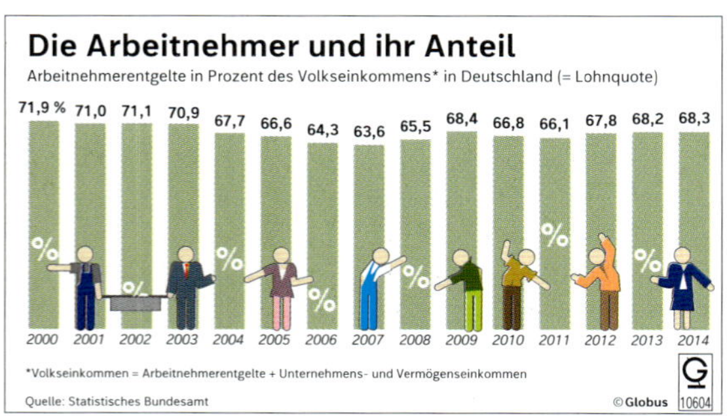

Grundsätzlich wollen die im DGB zusammengeschlossenen Gewerkschaften eine Umverteilung der Gewinne zugunsten der Arbeitnehmer (**expansive Lohnpolitik**). Nur dadurch könne die Massenkaufkraft und die Nachfrage nach Gütern und auch die Zahl der Arbeitsplätze erhöht werden.
Weitere Gewerkschaftsforderungen sind die gleiche Bezahlung von Männern und Frauen sowie von **Leiharbeitnehmern** und Stammbelegschaft (**„equal pay"**).
In den neuen Bundesländern kommt die Gewerkschaftsforderung nach einer Angleichung von Einkommen und den übrigen Arbeitsbedingungen an das Niveau der „alten" Bundesländer hinzu.

Arbeitsvorschläge

1. *Sammeln Sie Informationen über eine aktuelle Tarifrunde und überprüfen Sie, mit welchen wirtschaftlichen Daten Forderungen und Angebote begründet werden. (M 1 und M 2)*
2. *Erkunden Sie in Ihrem Ausbildungsbetrieb, ob und zu welchen Bedingungen Leiharbeitnehmer/-innen beschäftigt werden.*
3. *Bestimmen Sie anhand aktueller Wirtschaftsdaten eine eigene Lohnforderung.*

Schlichtung

„Bitte die Herren, das übliche Zeremoniell – es ist angerichtet!"!" Bis hierher und nicht weiter!

Bei den meisten Tarifverhandlungen kommen die Vertragspartner nach mehr oder weniger zähen Verhandlungen zu einem für beide Seiten tragbaren Kompromiss. Können sie sich nach mehreren Verhandlungsrunden nicht einigen, bleibt es zunächst beim „tariflosen" Zustand. In der Regel gelten dann die bisherigen Arbeitsbedingungen weiter. Die Gewerkschaften versuchen nun, über die Belegschaften auf die Arbeitgeber Druck auszuüben. Es gibt Betriebsversammlungen, Warnstreiks, und es wird mit einem längerfristigen Streik gedroht.

Der Arbeitsfriede kann erhalten werden, wenn eine Seite das **Scheitern** der Verhandlungen erklärt und ein **Schlichtungsverfahren** beantragt. Es gibt tarifliche Vereinbarungen über die Einsetzung von Schlichtungskommissionen. Häufig wird ein neutraler Schlichter hinzugezogen, der nach eingehender Beratung einen Einigungsvorschlag unterbreitet. Dieser wird wirksam, wenn beide Seiten zustimmen.

Schlichtungsabkommen für das Baugewerbe in der Bundesrepublik Deutschland vom 12. März 1979 in der Fassung vom 26. März 1993 (gilt nun auch für die neuen Bundesländer)

§ 1 Voraussetzungen [...]

(1) Entsteht zwischen den Tarifvertragsparteien [...] ein Streitfall, der zu Kampfmaßnahmen führen kann, so haben die Tarifvertragsparteien innerhalb von vierzehn Kalendertagen in Verhandlungen einzutreten und zu versuchen, zu einer Einigung zu gelangen.

(2) Erklärt eine der streitenden Tarifvertragsparteien der anderen, dass eine Einigung nicht zu erzielen sei oder lehnt eine dieser Parteien es ab, weiter zu verhandeln, so ist ein Schlichtungsverfahren [...] durchzuführen.

§ 2 Verfahren

(2) Die Zentralschlichtungsstelle hat in jedem Stadium des Verfahrens zu versuchen, eine Einigung der Parteien herbeizuführen.

Arbeitskampf

Nach Scheitern einer Schlichtung kann es zu Arbeitskämpfen kommen. Das Kampfmittel der Gewerkschaften ist der Streik, das der Arbeitgeber die Aussperrung.

Streik

Streik ist die planmäßige gemeinsame Arbeitsniederlegung einer Mehrzahl von Arbeitnehmern, um ihre Forderungen zur Verbesserung der Arbeitsbedingungen durchzusetzen. Streiks sind nur dann rechtmäßig, wenn sie gewerkschaftlich organisiert sind und einen neuen Tarifvertrag erzwingen sollen. Illegal ist ein Sympathie- oder Solidaritätsstreik ohne ein eigenes Streikziel, der zur Unterstützung der Forderungen einer anderen Gewerkschaft geführt wird. Ebenfalls unzulässig ist ein Streik gegen staatliches Handeln, das sich im Rahmen der Verfassung befindet, z. B. gegen eine vom Bundestag beschlossene Steuererhöhung.
Die erste Stufe des Arbeitskampfes der Arbeitnehmer sind zeitlich befristete **Warnstreiks** nach Ablauf der **Friedenspflicht**. Sie können von einer Gewerkschaft ohne **Urabstimmung** aufgerufen werden, wenn die Arbeitgeber z. B. kein Angebot vorlegen. Urabstimmungen sind in den Satzungen der Gewerkschaften für längerfristige Streiks festgelegt, bei der eine Mehrheit der aufgerufenen Mitglieder zustimmen muss, bei der IG Metall z. B. 75 %. Streikende und ausgesperrte Arbeitnehmer erhalten von ihrer Gewerkschaft ein Streikgeld. Bei Warnstreiks wird in der Regel kein Streikgeld gezahlt. Ausnahmen davon sind ganztägige Warnstreiks mit Streikgeld, z. B. 2009 bei Kindertagesstätten in Braunschweig oder Anfang 2018 beim Tarifkonflikt in der Metall- und Elektroindustrie.

Arbeitsvorschlag

Interpretieren Sie die Karikatur M 1 mithilfe der Methode „Analyse politischer Karikaturen" (s. S. 246).

Chronik der Streikziele

1951: mehr Lohn
1955: 5-Tage-Woche
1957: Lohnfortzahlung im Krankheitsfall
1978: Sozialschutz bei Rationalisierungsmaßnahmen
1984: Einstieg in die 35-Stunden-Woche
1993: Stufenplan zur Angleichung der Ostlöhne an das Westniveau
2003: Angleichung der ostdeutschen Arbeitszeiten an das Westniveau (erfolglos)
2004: mehr Lohn, Erhalt der 35-Stunden-Woche
2009: mehr Lohn
2015: Recht auf Zeit für eigene Weiterbildung
2018: flexiblere Arbeitszeit

Dürfen Auszubildende an Streiks teilnehmen? Diese Frage ist immer noch umstritten.

M 1 Die Gewerkschaft darf Auszubildende zur Teilnahme an kurzen, zeitlich befristeten Warnstreiks jedenfalls dann auffordern, wenn über die Ausbildungsvergütung verhandelt wird. Ausbildungsvergütungen sind auch ein Teil der Arbeits- und Wirtschaftsbedingungen im Sinne von Art. 9 Abs. 3 GG, selbst wenn man das Ausbildungsverhältnis als ein Vertragsverhältnis besonderer Art ansieht [...]
Ausbildungsvergütungen können durch Tarifverträge geregelt werden. Deshalb müssen Auszubildende auch die Möglichkeit haben, auf die Ausbildungsbedingungen über ihre Gewerkschaft Einfluss nehmen zu können. Ob damit dem Auszubildenden auch ein Recht zusteht, für längere Zeit zu „streiken", kann hier offenbleiben. Die Teilnahme an Warnstreiks kann den Ausbildungszweck nicht gefährden.

Aus einem Urteil des Bundesarbeitsgerichts vom 12.09.1984

Legale Streiks werden im Gegensatz zu wilden Streiks von Gewerkschaften organisiert, wenn alle Verhandlungsmöglichkeiten über einen Kompromiss erfolglos gewesen sind. Die Rechtsprechung hat dafür den Begriff „letzte Mittel" geprägt. Legale Streikformen sind:

- Teil- oder Schwerpunktstreiks: Es werden nur einige ausgewählte Betriebe bestreikt, bei denen die Gewerkschaft einen schnellen Streikerfolg erwartet, z. B. bei Zulieferbetrieben.
- Flächenstreiks: Eine größere Zahl oder alle Betriebe des Tarifgebiets werden bestreikt.

Satzung der IG Metall § 22 Streik (gültig ab 1. Januar 2016) M 2

1. Der Vorstand kann Bezirksleitungen und Ortsverwaltungen ermächtigen, zu Warnstreiks aufzurufen.
2. Arbeitseinstellungen setzen den Beschluss des Vorstandes voraus.
3. Vor der Beschlussfassung über Arbeitseinstellungen hat der Vorstand sowohl die Geschäftslage der betreffenden Industriegruppe als auch die allgemeinen wirtschaftlichen Verhältnisse in Betracht zu ziehen. Der Vorstand hat ferner zu berücksichtigen, ob zur Durchführung des Streiks die nötigen Mittel vorhanden sind oder beschafft werden können [...] Der Antrag muss abgelehnt werden, wenn nicht mindestens 75 Prozent der für die Bewegung in Betracht kommenden Gewerkschaftsmitglieder in der vom Vorstand beschlossenen geheimen Urabstimmung für die Arbeitseinstellung gestimmt haben.

Arbeitsvorschläge

1. *Fassen Sie das Urteil des Bundesarbeitsgerichts zur Teilnahme von Auszubildenden an Arbeitskämpfen (M 1) mit eigenen Worten zusammen. Unterscheiden Sie dabei Warnstreiks von längerfristigen Streiks.*
2. *Halten Sie eine Erweiterung des Streikrechts für Auszubildende für wünschenswert? Führen Sie zu diesem Thema eine Pro- und Kontra-Diskussion durch.*

Während einer legalen Arbeitsniederlegung „ruht" das Arbeitsverhältnis. Es wird ohne Lohnanspruch unterbrochen. Das Arbeitsverhältnis wird nach Beendigung des Arbeitskampfes fortgesetzt. Vorsorglich werden jedoch beim Tarifabschluss „Maßregelungsklauseln" vereinbart, d. h., die am Arbeitskampf Beteiligten dürfen keine Nachteile erleiden. Allerdings kann die Teilnahme an einem „wilden" Streik, der nicht von einer Gewerkschaft organisiert ist, oder an einem illegalen Streik wegen Arbeitsverweigerung zu einer fristlosen Kündigung und zu Schadensersatzforderungen führen.

Ein Streik wird beendet, wenn die Tarifkommission ein Verhandlungsergebnis erreicht hat, dem in der Regel mindestens 25 % der Gewerkschaftsmitglieder in einer erneuten Urabstimmung zustimmen.

Bundesarbeitsgericht

Die Gewerkschaft darf einen Streik vor gesetzlichen Feiertagen unterbrechen. Damit haben die Beschäftigten Anspruch auf Feiertagszahlungen.
Die Arbeitgeber können darauf nur mit Aussperrung reagieren.

Legale Streikformen

- Warnstreiks: kurzfristig, ohne Urabstimmung
- Teil- oder Schwerpunktstreiks: nur wenige Betriebe, z. B. Zulieferer werden bestreikt
- Flächenstreiks: größere Zahl von Betrieben, ganze Tarifbezirke werden bestreikt
- neu: Solidarstreik bei „Verhältnismäßigkeit"

Illegale Streikformen

- während der Friedenspflicht
- nicht von Gewerkschaften organisiert
- gegen verfassungsgemäßes staatliches Handeln

Aussperrung

Aussperrung ist der von einem Arbeitgeber oder mehreren Arbeitgebern vorgenommene planmäßige Ausschluss einer Gruppe von Mitarbeitern, z. B. der Facharbeiter, oder einer Betriebsabteilung von der Arbeit. Rechtswidrig ist die gezielte Aussperrung nur der Mitglieder der streikenden Gewerkschaft, wenn nichtorganisierte Arbeitnehmer „verschont" werden. Dies verstößt nach Auffassung des BAG gegen die Koalitionsfreiheit (Bündnisfreiheit) nach Artikel 9 Abs. 3 des Grundgesetzes.
Durch Verweigerung der Entgeltzahlung soll Druck ausgeübt werden, den Streik schnell zu beenden.
Bei einer **Abwehraussperrung** gegen einen von einer Gewerkschaft begonnenen Streik können auch – mit Ausnahme des Notpersonals – die arbeitswilligen Beschäftigten von der Arbeit ausgeschlossen werden.
Von einer **„kalten Aussperrung"** sprechen Gewerkschaften dann, wenn nicht bestreikte Betriebe (z. B. VW) aussperren, weil sie nicht mehr weiterproduzieren können. Dies ist der Fall, wenn bestreikte Zulieferbetriebe dringend erforderliche Bauteile nicht mehr liefern können.

Bundesverfassungsgericht schränkt das Recht auf Aussperrung ein

KARLSRUHE Das Bundesverfassungsgericht hat das Recht der Arbeitgeber auf Aussperrung von Beschäftigten in einem Urteil von 1984 beschränkt.
Bei Tarifauseinandersetzungen ist die Aussperrung danach nur zulässig, wenn die Arbeitgeber damit angemessen auf Streikmaßnahmen reagieren.
Zwar seien Aussperrungen vom Grundrecht auf Koalitionsfreiheit insofern gedeckt, als sie durch Abwehr von Teil- und Schwerpunktstreiks „der Herstellung der Verhandlungsparität" dienten. Sie könnten jedoch nach dem Grundsatz der Verhältnismäßigkeit beschränkt werden.

Mit dem Grundsatz der Verhältnismäßigkeit ist gemeint, dass höchstens die gleiche Zahl von Arbeitnehmern ausgesperrt werden darf wie die, die sich im Streik befindet. Das Recht auf Aussperrungen endet, wenn insgesamt 50 % der Arbeitnehmer bei einer Tarifauseinandersetzung an Streiks beteiligt oder von Aussperrung betroffen sind.

Arbeitsvorschläge

1. *Entnehmen Sie M 2 wirtschaftliche Sachverhalte, die von der Gewerkschaft vor Streikbeginn zu berücksichtigen sind.*
2. *Erklären Sie die Begriffe „Streik" und „Aussperrung" mit eigenen Worten.*
3. *Erläutern Sie den Begriff „kalte Aussperrung".*
4. *Nehmen Sie Stellung zu der Aussage: „Wenn ich als Nichtorganisierter schon kein Streikgeld bekomme, möchte ich bei Urabstimmungen mitentscheiden können, ob gestreikt wird".*
5. *Bei Arbeitskämpfen streiken in einem Betrieb 10 % der Beschäftigten, in einem anderen 60 %. Stellen Sie fest, in welchem Umfang entsprechend dem Gebot der Verhältnismäßigkeit in den betroffenen Betrieben zusätzlich ausgesperrt werden darf.*

M 2

Aussperrung

Das Arbeitskampfmittel Aussperrung ist auch nach dem Aussperrungsurteil des Bundesverfassungsgerichts (s. S. 99) weiterhin rechtlich umstritten. Gewerkschaften berufen sich auf Arbeitsrichter und Arbeitsrechtler, die Aussperrung für rechtswidrig halten, weil es das Streikrecht „massiv" beschränke und damit das Kräftegleichgewicht zugunsten der Arbeitgeber außer Kraft setze.

Während das Streikrecht unumstritten zu den Merkmalen demokratischer Gesellschaften zählt, fordern Gewerkschaften seit Jahren das gesetzliche Verbot der Aussperrung.

M 1 **Pro und Kontra Aussperrung**

Gewerkschaften	Arbeitgeber
Aussperrung verstößt gegen die Menschenwürde, weil sie Arbeitnehmern Angst macht und ihnen das Recht auf Arbeit nimmt. Aussperrung gefährdet das Streikrecht und die Tarifautonomie, weil sie die Gewerkschaften schwächt. Die Verfügungsmacht der Unternehmer über die Produktionsmittel ist Übermacht und kann nur durch das Streikrecht eingeschränkt werden.	Aussperrung erfolgt nur als Gegenmaßnahme von Schwerpunktstreiks. Die Gewerkschaften haben es also bei ihrer Streiktaktik in der Hand, ob ausgesperrt werden muss. Aussperrungen verkürzen Arbeitskämpfe. Die Gewerkschaften bestimmen selbst Umfang und Dauer von Arbeitskämpfen. Zudem verfügen sie über hohe Mitgliederzahlen mit großen Beitragseinnahmen. Die Verfügungsmacht über Produktionsmittel endet bei Streiks, wenn keiner mehr arbeitet. Stillstehende Maschinen sind teuer.

M 3

Arbeitsvorschläge

1. *Führen Sie zum Thema „Ist es zu vertreten, dass Nichtbeteiligte durch Streiks beeinträchtigt werden?" eine Pro- und Kontra-Diskussion durch. Beziehen Sie sich dabei auf ein aktuelles Beispiel.*
2. *Sammeln Sie zusätzliche Argumente zu M 1 und M 2 für und gegen die Gewerkschaftsforderung nach einem gesetzlichen Verbot der Aussperrung. Bereiten Sie damit ein Rollenspiel vor.*
3. *Erarbeiten Sie aus M 3 die üblichen Regeln für den Beginn und für die Beendigung eines Arbeitskampfes in Form eines Ablaufschemas.*

4.6 Wirtschaftliche Auswirkungen von Tarifpolitik

Tarifverträge sind zeitlich befristete Kompromisse (ausgleichende Vereinbarungen) im Streit zwischen den beteiligten Parteien, wie die Erträge der Wirtschaft – der sogenannte „Kuchen" – aufgeteilt werden sollen. Wer in einer Lohnrunde wirklich gewonnen hat, bleibt häufig offen. Auch über die wirtschaftlichen Auswirkungen eines Tarifabschlusses wird oftmals gestritten.

Kaufkraft
Möglichkeit, mit Geld eine bestimmte Menge an Waren und Dienstleistungen erwerben zu können (s. S. 138)

M 1 **Der Gewerkschaftsstandpunkt**

Bei Lohnverzicht bewegt sich nichts

Lohnverzicht – Kaufkraftverlust

Kaufkraftverlust – Absatzschwund

Absatzschwund – Produktionsrückgang

Produktionsrückgang – Arbeitsplatzverlust

M 2 **Der ehemalige Arbeitgeberpräsident Dr. Dieter Hundt:**
Beschäftigungsorientierte Tarifpolitik

Die Tarifpolitik der letzten Jahre ist der Hauptgrund für die Belebung am Arbeitsmarkt, ein kräftigeres Wachstum, die Erhöhung der Investitionen und die anhaltende Preisstabilität. [...] Die private Nachfrage ist nicht trotz, sondern wegen der Lohnzurückhaltung angesprungen. Die richtige Formel für Kaufkrafttheoretiker lautet:

- Moderate Lohnpolitik bedeutet verbesserte Wettbewerbsfähigkeit,
- moderate Lohnpolitik bedeutet deshalb mehr Investitionen und mehr Arbeitsplätze
- und moderate Lohnpolitik bedeutet auch Preisstabilität.

Nur so kann die Kaufkraft gesteigert werden.

Gespräch mit Dr. Dieter Hundt, von ihm am 24.04.2009 autorisiert

M 3

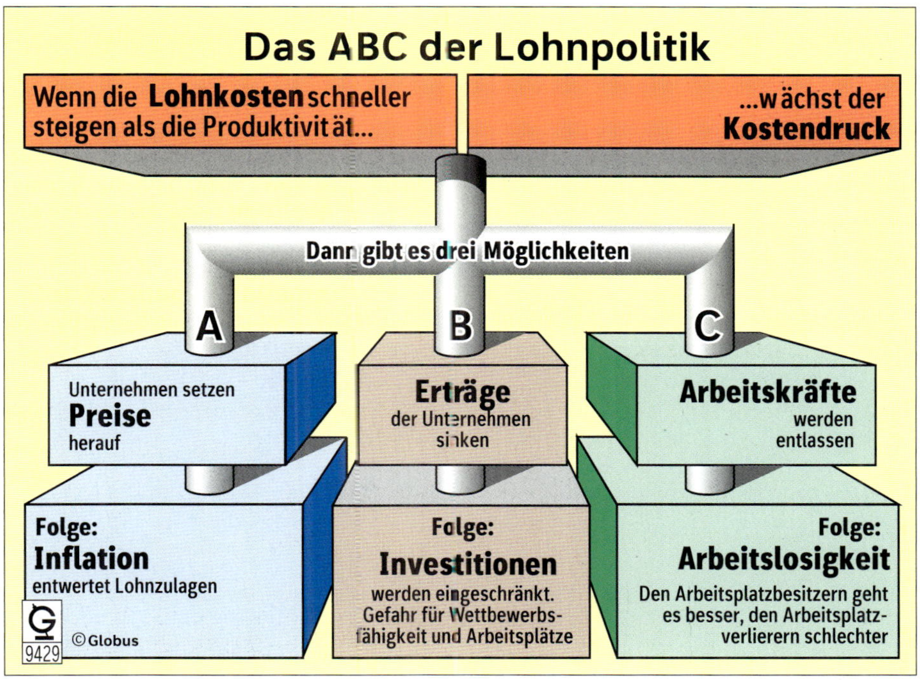

Arbeitsvorschläge

1. *Stellen Sie die unterschiedlichen Standpunkte zu Lohnerhöhungen von Gewerkschaften (M 1) und Arbeitgebern (M 2) in einer Tabelle gegenüber.*
2. *Überprüfen Sie die Aussagen in M 1 und M 2 anhand Ihrer Erfahrungen, ergänzen Sie diese durch die Auswertung von M 3 und führen Sie eine Pro- und Kontra-Diskussion durch.*

Methode:

Rollenspiel

Rollenspiel – Situation

Tino ist Auszubildender im zweiten Lehrjahr in einer Bauschlosserei. In diesem Betrieb ist es üblich, dass der Hilfsarbeiter das Frühstück holt. Zurzeit ist dieser aber krank, und so muss jeder reihum Frühstück holen. Tino ist an diesem Tag, wie auch in den zurückliegenden Wochen, mit sehr vielen Hilfsarbeiten beauftragt worden. Als er dann auch noch Frühstück holen soll, lehnt er das ab. Sein Meister berichtet die Weigerung dem Chef, der gerade mit einem Kunden die Werkstatt betritt. Tino wird daraufhin von seinem Chef aufgefordert, Frühstück zu holen. Da verliert er die Nerven, schreit seinen Chef an und weigert sich erneut sehr lautstark. Der Chef kündigt ihm daraufhin fristlos.

Konfliktschema

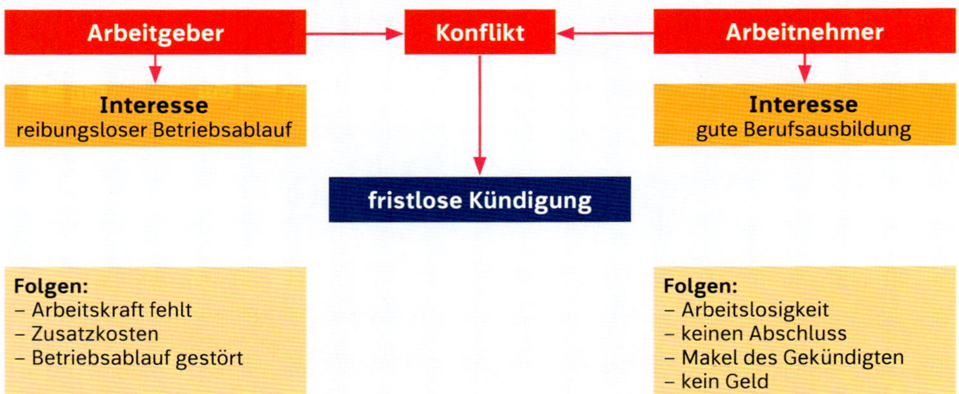

Gesetzliche Grundlagen:

- Berufsbildungsgesetz
- Ausbildungsvertrag
- Kündigungsschutzgesetz

Rechtsberatungsmöglichkeiten:

- Zuständige Stelle (IHK, HWK)
- Gewerkschaft, Betriebsrat
- Rechtsantragsstelle des Arbeitsgerichts
- Rechtsanwalt mit Schwerpunkt „Arbeitsrecht“

Situation aus der Sicht des Auszubildenden

„Beim Betriebsratsvorsitzender habe ich mich schon über die ausbildungsfremden Arbeiten beschwert. So musste ich Handlangerarbeiten beim Mauern durchführen, Putzlappen einsammeln und verteilen, Pakete zur Post fahren, im Winter Schnee schippen und in anderen Abteilungen helfen. Andere Auszubildende unserer Firma sind durch die Gesellenprüfung gefallen, ich glaube, die Ausbildung ist nicht gut. Ich bin an dem Tag, an dem es zu der Auseinandersetzung gekommen ist, wieder hin und her gehetzt worden, und da hat es mir gereicht. Außerdem haben die Kollegen mich schon wegen meines Arbeitseifers gehänselt. Jetzt wollte ich auch mal zeigen, dass ich einen eigenen Willen habe."

Situation aus der Sicht des Ausbilders

„Bisher war ich mit Tino sehr zufrieden. Er ist nur in Ausnahmefällen zu ausbildungsfernen Arbeiten herangezogen worden. Den Einkaufsgang sollte er nur übernehmen, weil der Hilfsarbeiter krank war. Alle anderen Mitarbeiter waren mit dringenden Terminaufträgen beschäftigt. Ich dulde es nicht, wenn mich ein Auszubildender im Beisein von Mitarbeitern und eines Kunden anschreit und meinen Weisungen nicht Folge leistet. Mein Verständnis für junge Menschen ist groß, aber ich muss darauf bestehen, dass jeder seine Pflicht tut. Solche Vorkommnisse untergraben die Arbeitsmoral der ganzen Belegschaft. Das kann ich nicht durchgehen lassen."

Arbeitsvorschläge

Führen Sie ein Rollenspiel mit drei Gruppen durch:

1. ***Aufgabe der Gruppe, die die Rolle des Auszubildenden einnimmt:***
   Formulieren Sie eine Klageschrift und geben Sie diese an die Gruppe der Arbeitgeber und die Gruppe der Richter weiter. Nutzen Sie die gesetzlichen Grundlagen. Notieren Sie eine Strategie, die Tino und sein Rechtsbeistand bei Gericht verfolgen sollten.
2. ***Aufgabe der Arbeitgebergruppe:***
   Formulieren Sie in Stichworten eine Verteidigungsstrategie, die der Ausbilder und sein Rechtsanwalt verfolgen sollten. Nutzen Sie die gesetzlichen Grundlagen.
3. ***Aufgabe der Richtergruppe***
   Führen Sie die Verhandlung nach den Etappen des Arbeitsgerichtsverfahrens durch. Befragen Sie Kläger und Beklagten und finden Sie ein Urteil. Nutzen Sie die gesetzlichen Grundlagen.

5 Arbeitsgerichte und Arbeitsgerichtsverfahren

M 1

Hungerlohn für Azubis unzulässig

Mechatronik-Lehrling musste zweiten Ausbildungsvertrag unterschreiben

Ein junger Mann machte eine Lehre zum Kfz-Mechatroniker. Seinem Ausbilder musste er gleich zwei Ausbildungsverträge unterzeichnen: Der erste sah eine viel zu niedrige Ausbildungsvergütung vor, der zweite eine erlaubte. Diese orientierte sich an der Mindestvergütung, die höchstens 20 Prozent unter Tarif sein darf. Auch Betriebe, die nicht tarifgebunden sind, müssen sich daran halten.

Den rechtlich gerade noch zulässigen Vertrag legte der Werkstatt-Chef der zuständigen Handwerkskammer zur Eintragung in die Lehrlingsrolle vor. Der Azubi erhielt jedoch die wesentlich geringere Ausbildungsvergütung. Rund zweieinhalb Jahre ließ dieser sich das gefallen. Dann klagte er auf Nachzahlung.

Der Werkstatt-Chef argumentierte bei Gericht, dass der der Kammer vorgelegte Ausbildungsvertrag gelte, er habe nur versehentlich zu wenig Ausbildungsvergütung gezahlt. Doch das sächsische Landesarbeitsgericht überzeugte dies nicht. Der zweite Vertrag sei rechtlich ein Scheinvertrag, weil die darin enthaltene noch angemessene Vergütung während der Lehrzeit nicht gezahlt wurde. Da im ersten Vertrag die Ausbildungsvergütung um mehr als 20 Prozent unter Tarif lag, müsse der Lehrherr nicht nur die Differenz zu 80 Prozent des Tarifes, sondern rückwirkend den vollen Tarif zahlen. Die Ausbildungsvergütung müsse sich an einem branchenüblichen Tarifvertrag orientieren. (Aktenzeichen 7 Sa 254/10)

Dorenbeck, Peter, Rechtsanwalt in Braunschweig, Lehrbeauftragter der Hochschule Ostfalia; in: Braunschweiger Zeitung vom 13.09.2011, S. 9 (verändert)

Zusammensetzung der Arbeitsgerichte

Arbeitsgerichte sind Fachgerichte der Zivilgerichtsbarkeit. Die Rechtsgrundlage ist das Arbeitsgerichtsgesetz (ArbGG). Arbeitsgerichte (1. Instanz) und Landesarbeitsgerichte (2. Instanz) sind mit einem Berufsrichter als Vorsitzendem und zwei ehrenamtlichen Richtern besetzt. Die ehrenamtlichen Richter werden „je zur Hälfte aus den Kreisen der Arbeitnehmer und der Arbeitgeber entnommen" (§ 16 Abs. 1 ArbGG). Sie werden von ihren Verbänden (Gewerkschaften, Arbeitgeberverbände) vorgeschlagen und von einer Landesbehörde auf fünf Jahre berufen. Das Bundesarbeitsgericht hat eine größere Zahl von Richtern.

Zuständigkeit der Arbeitsgerichte

Hochkonjunktur der Arbeitsgerichte

Beispiel: Arbeitsgericht Braunschweig

Von 3 748 eingegangenen Klagen im Jahr 2017 sind
- 2 109 Bestandsklagen, z. B. Kündigungen, Arbeitsverträge
- 1 635 Zahlungsklagen, z. B. Entgelte, Urlaubsgeld
- 1 198 Sonstiges (z. B.: Abmahnungen, Urlaubsstreitigkeiten, Zeugnisse)

Mehrere Klagen enthalten verschiedene Streitgegenstände.

M 2 Arbeitsgerichte sind zuständig für alle Streitfälle, die sich aus einem Arbeitsverhältnis ergeben oder in einem Zusammenhang damit stehen. Vor allem sind es Streitfälle
- zwischen Arbeitnehmern und Arbeitgebern aus dem Arbeitsvertrag, z. B. zum Kündigungsschutz,
- zwischen Auszubildenden und Ausbildern aus dem Ausbildungsvertrag,
- zwischen den Tarifvertragsparteien aus dem Tarifvertrag und
- zwischen Betriebsräten und Arbeitgebern nach dem Betriebsverfassungsgesetz.

Gerichtsverfahren

Bei Streitfällen vor dem zuständigen Arbeitsgericht muss eine Klage „eingereicht" werden:
- schriftlich in dreifacher Ausfertigung oder
- mündlich zu Protokoll beim Gericht.

Jede Partei hat drei Möglichkeiten der Prozessführung. Für den Arbeitnehmer bedeutet das:
- Er führt seinen Prozess selbst. Wenn er verliert, hat er die Gerichtskosten zu zahlen.
- Er kann sich, wenn er Mitglied ist, von seiner Gewerkschaft vertreten lassen. Diese übernimmt auch die Gerichtskosten.
- Er lässt sich von einem Rechtsanwalt vertreten. Die Anwaltskosten muss er selbst bezahlen, selbst wenn er den Prozess gewinnt, weil er in der ersten Instanz keinen Anwalt haben muss. Hat er eine Rechtsschutzversicherung abgeschlossen, übernimmt diese die Kosten. Bei geringem Verdienst oder Arbeitslosigkeit kann das Gericht auf Antrag Prozesskostenhilfe bewilligen, wenn Erfolgsaussicht besteht.

Auch Arbeitgeber können sich von ihren Verbänden oder Anwälten vertreten lassen.

Zu beachten ist: Will sich ein Arbeitnehmer gegen eine Kündigung wehren, so muss er innerhalb von drei Wochen ab Zugang der Kündigung eine Kündigungsschutzklage beim zuständigen Arbeitsgericht einreichen. Versäumt er dies, so gilt die Kündigung von Anfang an als wirksam, auch wenn sie ganz offensichtlich wegen schwerer Mängel unwirksam ist.

Bei Beginn eines Gerichtsverfahrens vor einem Berufsrichter wird zunächst in einer **Güteverhandlung** der Versuch einer Einigung durch einen **Vergleich** unternommen. Damit sollen den Beteiligten Kosten erspart werden, denn es fallen noch keine Gebühren an.

Gerichtskostengesetz

Streitwert	Gebühr
Bis ... €	... €
300,00	25,00
600,00	35,00
900,00	45,00
....	....
500 000,00	2 956,00

Vergleiche bei Kündigungsschutzklagen enden häufig mit der Lösung des Arbeitsverhältnisses. Der Arbeitnehmer erhält dann meist eine **Abfindung**. Diese richtet sich nach seinem bisherigen Verdienst und der Dauer der Betriebszugehörigkeit, in der Regel 0,5 Monatsentgelte je Beschäftigungsjahr. Die Abfindung muss versteuert werden. Endet ein Arbeitsverhältnis nach einem Vergleich vor Ablauf dieser Kündigungsfrist, „ruht" ein Anspruch auf Arbeitslosengeld in der Zwischenzeit.

Gelingt die Güteverhandlung nicht, schließt sich das eigentliche Verfahren an, die Verhandlung vor der Kammer (Kammerverhandlung). Im Mittelpunkt steht zunächst die Beweisaufnahme. Beweismittel sind z. B. Zeugenaussagen, Urkunden und Sachverständigengutachten. Die Parteien können ihre Standpunkte vortragen. Nach Abschluss der Verhandlung zieht sich das Gericht zunächst zur Beratung zurück und verkündet dann das **Urteil**. Es wird den Parteien vom Gericht zugestellt.

Die Gebühren beim Arbeitsgericht sind relativ günstig. Rechtsstreitigkeiten werden erst teuer, wenn Rechtsanwälte eingeschaltet werden.

M 3

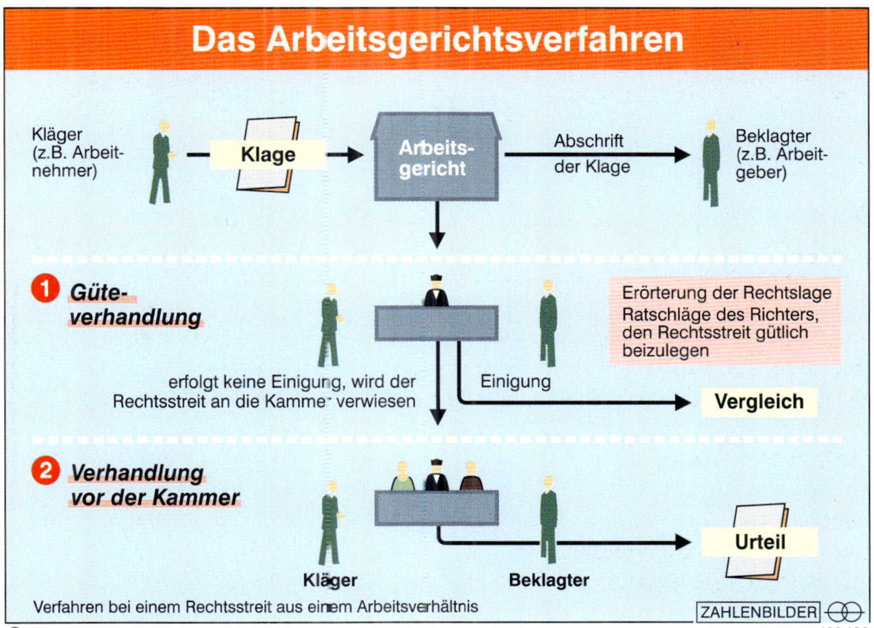

© Erich Schmidt Verlag 129 162

Streitigkeit zwischen Ausbilder und Auszubildenden

Zur Beilegung von Streitigkeiten zwischen Ausbildenden und Auszubildenden können bei den Handwerksinnungen und den übrigen „zuständigen Stellen" Ausschüsse gebildet werden, die vor Einschaltung des Arbeitsgerichtes versuchen müssen, eine Einigung zu erzielen.

§ 111 Arbeitsgerichtsgesetz (gekürzt)

Arbeitsvorschläge

1. *Nennen Sie aus M 2 Beispiele für die Zuständigkeit von Arbeitsgerichten.*
2. *Beschreiben Sie den Zweck einer Güteverhandlung.*
3. *Fertigen Sie ein Ablaufschema für eine Arbeitsgerichtsverhandlung an. (M 3)*
4. *a) Stellen Sie die streitenden Parteien und den Gegenstand aus M 1 fest.*
   b) Formulieren Sie das Urteil des Landesarbeitsgerichts in eigenen Worten.
   c) Entwerfen Sie die Urteilsbegründung des Arbeitsgerichts.

Bei Prozessen in der zweiten Instanz, vor dem Landesarbeitsgericht, müssen sich die Parteien von ihren Verbandsvertretern oder von Rechtsanwälten vertreten lassen. Hier sind erhöhte Rechtskenntnisse erforderlich. Die dritte Instanz, das Bundesarbeitsgericht, prüft nicht mehr allein die Sache, sondern auch grundsätzliche Rechtsfragen. Deshalb sind vor diesem Gericht nur noch Rechtsanwälte mit entsprechendem Sachwissen zugelassen. Sie kommen überwiegend von den Verbänden.

Jedes **Urteil** eines Arbeitsgerichts muss Angaben über die Höhe des Streitwerts und eine „Rechtsmittelbelehrung“ (Hinweis auf Widerspruchsmöglichkeiten) enthalten. Mit Ausnahme von Kündigungsschutzklagen ist nämlich eine Berufung beim Landesarbeitsgericht nur möglich, wenn der festgesetzte Streitwert 600,00 € übersteigt oder eine Berufung ausdrücklich zugelassen ist. Bei Kündigungsschutzklagen wird der Streitwert auf höchstens drei Monatseinkommen festgesetzt.

Gerichtsentscheidungen bei Streitigkeiten aus den Bereichen des Betriebsverfassungsgesetzes und der Mitbestimmungsgesetze heißen **Beschlüsse**. Ist eine Partei mit einem Beschluss nicht einverstanden, kann sie **Beschwerde** beim Landesarbeitsgericht „einreichen“.

Erster Senat des Bundesarbeitsgerichts in Kassel

Arbeitsvorschläge

1. *Wegen einer angeblich stark fehlerhaften Arbeit, verursacht durch Fahrlässigkeit, hat eine Baufirma einem Maurer mit einem Bruttoverdienst von 2450,00 € fristgemäß gekündigt. Dieser erhebt eine Kündigungsschutzklage und beantragt, die Kündigung als sozial ungerechtfertigt zu erklären und das Arbeitsverhältnis wegen Unzumutbarkeit der Fortsetzung gegen Zahlung einer Abfindung aufzulösen. Er kann auch einen Kollegen als Zeugen benennen, der ihn entlastet.*
Der Maurer bekommt recht. Die Baufirma wird zur Zahlung einer Abfindung in Höhe eines Monatslohns verpflichtet.
Die Baufirma ist mit diesem Urteil nicht einverstanden. Sie führt an, dass ihr Zeuge, der Bauherr, nicht vernommen worden sei.
a) Benötigte der Maurer für seine Klage beim Arbeitsgericht einen Rechtsbeistand oder konnte er sich selbst vertreten?
b) Stellen Sie die erforderlichen Voraussetzungen fest, eine Abfindung zu erwirken.
c) Überprüfen Sie, ob die Baufirma die Möglichkeit der Berufung hat. Welches Gericht ist die Berufungsinstanz?
d) Begründen Sie, ob der Maurer im Fall einer Berufungsverhandlung eine Vertretung benötigt.

2. *a) Besuchen Sie eine Verhandlung des Arbeitsgerichts und fertigen Sie ein Protokoll über Streitgegenstand, Ablauf und Ergebnis an.*
b) Bitten Sie in einer Verhandlungspause oder am Verhandlungsende um ein Gespräch mit dem Richter bzw. der Richterin über die Verhandlung.

Die ABC-Methode

Durch die Vorgabe eines leeren ABC-Blatts sollen die Schüler/-innen angeregt werden, ihre Haltungen und Vorkenntnisse zu bestimmten Themen deutlich zu machen.

Ablauf:
Jede/-r erhält ein Blatt mit der Bitte, zu jedem Buchstaben von A bis Z einen Begriff, Ausdruck, Satz, Einfall zu einem bestimmten Thema usw. aufzuschreiben.

Die Methode kann als Einzelarbeit oder als Partnerarbeit angewendet werden. Die Ergebnisse werden den anderen so vorgelesen, dass zunächst Aussagen zu „A“, dann zu „B“ usw. mitgeteilt werden.
Auf diese Weise wird eine Fülle von Begriffen und Einfällen gesammelt, die das Thema beschreiben.

Die Vorgaben können sehr weit oder gezielt auf einen Begriff hin gegeben werden.

Beispiele:
Was umfasst für Sie der Begriff **„Arbeitnehmerinteressen“**?
Was bedeutet für Sie **„Familie“**?
Was fällt Ihnen zum Thema **„Berufsbildung“** ein?

Mit der ABC-Methode können auch Pro- und Kontra-Argumente zu einem Thema gesammelt werden. Eine Untergruppe sammelt die Pro-Argumente, eine andere Untergruppe die Kontra-Argumente anhand der ABC-Liste.

Beispiel:
Sollen Arbeitnehmer/-innen sich in allen Instanzen des Arbeitsgerichts selbst vertreten können?

Die ABC-Methode zur Wiederholung und/oder Auswertung

Die Methode kann auch zur Wiederholung verwendet werden. Hierbei reflektieren und/oder bewerten die Schüler/-innen mit dieser Methode eine zurückliegende Unterrichtsreihe.

Beispiel:
Was fällt Ihnen zum Thema **„Arbeitsgericht“** ein?

(Zeitbedarf ca. 20 Minuten)

A
B
C
D
E
F
G
H
I
J
K
L
M
N
O
P
Q
R
S
T
U
V
W
X
Y
Z

Medien kritisch wahrnehmen und nutzen

1 Medien in Demokratien

M 1 Artikel 5 Abs. 1 und 2 Grundgesetz (Die Meinungs- und Pressefreiheit)

(1) Jeder hat das Recht, seine Meinung in Wort, Schrift und Bild frei zu äußern und zu verbreiten und sich aus allgemein zugänglichen Quellen ungehindert zu unterrichten. Die Pressefreiheit und die Freiheit der Berichterstattung durch Rundfunk und Film werden gewährleistet. Eine Zensur findet nicht statt.
(2) Diese Rechte finden ihre Schranken in den Vorschriften der allgemeinen Gesetze, den gesetzlichen Bestimmungen zum Schutze der Jugend und in dem Recht der persönlichen Ehre.

Für eine funktionierende Demokratie sind freie Medien eine wichtige Voraussetzung. Sie sollten möglichst unbeeinflusst von staatlichen Vorgaben sein. Die meisten Länder Europas haben öffentlich-rechtliche oder ähnlich gestaltete Medien. Eine wesentliche Aufgabe öffentlich-rechtlicher Medien ist die Wahrung der politischen und wirtschaftlichen Unabhängigkeit. Da die Bürger/-innen in einer Demokratie mitbestimmen können und sollen, müssen sie über wichtige politischen Abläufe und Inhalte informiert werden. Dies geschieht, wenn Medien

- über Politik, Wirtschaft, Kultur und Soziales möglichst vollständig, sachlich und so verständlich wie möglich **informieren**,
- zur **Meinungsbildung** durch Diskussion beitragen,
- mit **Kritik und Kontrolle** politische Abläufe begleiten,
- zur **Unterhaltung** der Bürger beitragen.

M 2 Pressefreiheit – warum?

Informationen sind der erste Schritt zu Veränderungen – deshalb fürchten nicht nur autoritäre Regierungen eine freie und unabhängige Berichterstattung.
Wo Medien nicht über Unrecht, Machtmissbrauch oder Korruption berichten können, findet auch keine öffentliche Kontrolle statt, keine freie Meinungsbildung und kein friedlicher Ausgleich von Interessen.
Pressefreiheit ist die Basis einer demokratischen Gesellschaft.
Reporter ohne Grenzen, Zugriff am 26.09.2017 unter www.reporter-ohne-grenzen.de/themen/pressefreiheit-warum/

Rangliste der Pressefreiheit aller Länder
Deutschland Platz 16 (2017)
Reporter ohne Grenzen, Zugriff am 3.5.2018 unter www.reporter-ohne-grenzen.de/fileadmin/Redaktion/Presse/Downloads/Ranglisten/Rangliste_2016/Rangliste_der_Pressefreiheit_2016.pdf

Insgesamt ist das Arbeitsumfeld für Journalisten in Deutschland gut. Aber auch hier wurden in den vergangenen Jahren Journalisten staatlich überwacht. Die wirtschaftliche Krise vieler Zeitungs- und Zeitschriftenverlage hält unvermindert an. Die Anzahl der Zeitungen mit eigener Vollredaktion geht zurück. Pressevielfalt besteht in vielen Regionen oft nur beim Layout, nicht mehr bei Inhalt und Ausrichtung der Zeitungen. Der Zugang zu Behördeninformationen ist je nach Bundesland unterschiedlich geregelt und mit Zeit und Kosten verbunden.

Arbeitsvorschläge

1. *Geben Sie Beispiele für die Funktionen von Medien in einer Demokratie. (M 1)*
2. *Erläutern Sie, welche Bedeutung die Meinungs- und Pressefreiheit für Sie persönlich hat.*
3. *Begründen Sie Ihre Meinung zu folgender Behauptung: „Pressefreiheit ist die Basis einer demokratischen Gesellschaft.“ (M 2)*

2 Information durch Medien

M 1

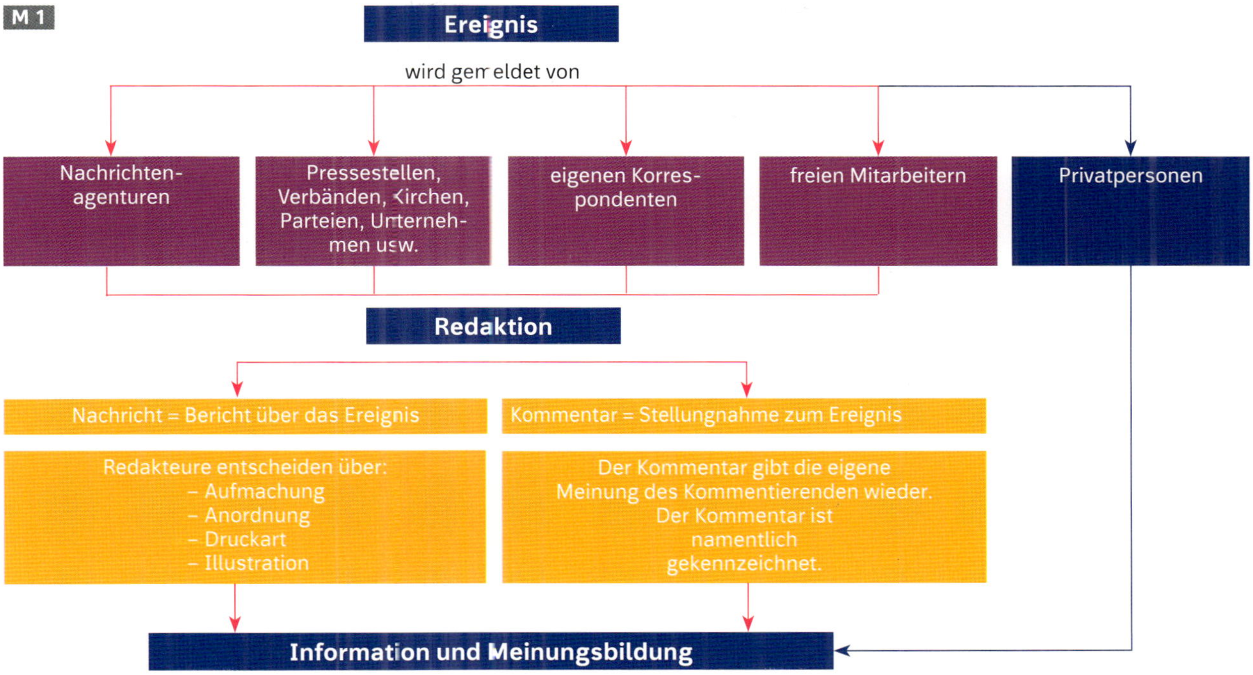

Massenmedien sind auf Informationen angewiesen, wenn sie die ihnen zugeschriebenen Funktionen in einer Demokratie erfüllen wollen. Deswegen haben die Bundesländer Behörden zur Auskunftserteilung verpflichtet. In der Bundesrepublik Deutschland gibt es amtliche Pressestellen. Die von ihnen ausgegebenen Nachrichten sollen das Regierungs- und Verwaltungsgeschehen transparent machen, Maßnahmen und Ansichten von Regierungen und Verwaltungen darstellen. Weiterhin sollen sie die Bereitschaft zur Teilnahme an den öffentlichen Angelegenheiten wecken. Die Praxis hat jedoch gezeigt, dass amtliche Pressestellen dazu neigen, angenehme Nachrichten zu verbreiten und unangenehme zurückzuhalten.

M 2 Vorenthaltene Informationen

„Eine gesellschaftliche Ordnung, die stolz darauf ist, sich demokratisch zu nennen [...] steht unter der klaren Forderung, den Bereich der vorenthaltenen Informationen auf ein Minimum zu beschränken. Die Exekutivorgane einer solchen Gesellschaft müssen im Zweifelsfall eher zu großzügig informieren. Umgekehrt gilt das natürlich auch für Journalisten, die in einer solchen Gesellschaft tätig sind. Sie müssen die Grenzen ihrer Informationssuche so weit wie irgend möglich ziehen, dürfen sich auf Geheimhaltungswünsche der Exekutive nur so sparsam wie irgend möglich einlassen. In den Machtzentren unserer Exekutiven herrscht aber das gegenteilige Bestreben: den Bereich der Geheimhaltung immer weiter auszudehnen."

Alexander von Hoffmann: Anspruch auf Wahrheit, in: Bernt Engelmann, Alfred Horné, Stephan Lohr (Hrsg.): Wie werden wir durch Presse, Funk und Fernsehen informiert?, Steidl Verlag, Göttingen 1981, S. 137

Exekutivorgane
(vollziehende Gewalt) in Deutschland: Bundesebene, z. B. Bundesregierung, Behörden des Bundes

Länderebene, z. B. Landesverwaltungen, Staatsanwaltschaft, Polizei und Finanzamt, Kreisverwaltungen

Kommunen, z. B. Stadtverwaltungen, Gemeindeverwaltungen, Kreistage und Gemeindevertretungen

Arbeitsvorschläge

1. *Beschreiben Sie Wege vom Ereignis zur Information und zur Meinungsbildung. (M 1)*
2. *Fassen Sie den Inhalt von M 2 zusammen und beziehen Sie dazu Stellung.*

2.1 Rechte und Pflichten bei Veröffentlichungen

Das **Urheberrecht** schützt „Werke“ wie z. B. Texte, Fotos, Musikstücke, Zeichnungen oder Filme. Wer fremde Werke verwenden will (auch online), muss bei den Rechteinhabern nachfragen. Dabei spielt es keine Rolle, ob das fremde Werk nur in Ausschnitten veröffentlicht wird. Erlaubt ist es hingegen, eigene Inhalte im Netz zu veröffentlichen (solange bei Fotos keine Persönlichkeitsrechte verletzt werden) oder auch Inhalte zu verwenden, die von den Urhebern explizit zur Verwendung freigegeben sind. Viele Informationen verletzen oft – gewollt oder ungewollt – Persönlichkeitsrechte.

M 1 Beispiele für Persönlichkeitsrechte

- Recht am eigenen Bild
- Verfügungsrecht über Darstellungen der eigenen Person
- Recht am gesprochenen Wort
- Recht am geschriebenen Wort
- Recht der persönlichen Ehre
- Schutz vor Entstellung und Unterschieben von Äußerungen
- Schutz vor Imitationen der Persönlichkeit
- Recht auf informationelle Selbstbestimmung
- Recht am eigenen Namen
- Grundrecht auf Gewährleistung der Vertraulichkeit und Integrität informationstechnischer Systeme
- Schutz vor stigmatisierenden Darstellungen
- Einschränkung identifizierender Berichterstattung über Straftaten
- postmortales Persönlichkeitsrecht
- Recht auf Weiterbeschäftigung im Arbeitsverhältnis
- Recht auf Resozialisierung
- Recht auf Kenntnis der eigenen Abstammung

Meinungs- und Pressefreiheit enden in Deutschland oftmals bei der Verletzung fremder Rechte. Trotzdem müssen Medien die Möglichkeit haben, Missstände aufzudecken und zu diskutieren, wie man diese beheben könnte. Dazu darf das Verhalten von Politikern, Behörden, Wirtschaftsunternehmen oder Prominenten kritisiert werden. Diese müssen die Kritik auch dann hinnehmen, wenn diese ihr öffentliches Ansehen schädigt oder ihre Geschäfte stört. Personenfotos dürfen grundsätzlich nur mit Einwilligung des Abgebildeten veröffentlicht werden (Recht am eigenen Bild). Es dürfen aber Bilder von Menschen verbreitet werden, die im Blickpunkt der Öffentlichkeit stehen oder durch eigenes Verhalten das öffentliche Interesse geweckt haben, oder von sogenannten „Personen der Zeitgeschichte“. Fotos vom Privatleben solcher Menschen dürfen nur veröffentlicht werden, wenn sie für die öffentliche Meinungsbildung wichtig sind. Kinder genießen besonderen Schutz. Nur mit elterlicher Erlaubnis dürfen Bilder von ihnen veröffentlicht werden.

Gegendarstellung
Gegen falsche Behauptungen können sich Betroffene auch mithilfe von Gerichten durch eine Klage auf Gegendarstellung, Unterlassung, Widerruf und Schmerzensgeld wehren.

Und was gilt für Veröffentlichungen im Internet?

Bevor Inhalte hochgeladen werden, sollte man folgendes prüfen: Greife ich in fremde Urheber- und Persönlichkeitsrechte ein? Wäre ich selbst mit einer entsprechenden Veröffentlichung einverstanden? Was sagt der Inhalt über mich aus? Könnte der Inhalt missverstanden werden? Welche weiteren Risiken gehe ich mit einer Veröffentlichung ein?

Arbeitsvorschläge

1. *Informieren Sie sich über die Bedeutung von mindestens zwei Persönlichkeitsrechten und berichten Sie darüber. (M 1)*
2. *Notieren Sie Rechte und Pflichten bei Veröffentlichungen in einer Tabelle und vergleichen Sie diese mit denen Ihrer Mitschüler/-innen.*
3. *Schreiben Sie mindestens fünf Tipps zum richtigen Veröffentlichen im Internet auf, und stellen Sie diese zur Diskussion.*

2.2 Datenschutz im Internet – muss das sein?

Fast jeder hat es selbst schon erlebt: Kaum hat man sich im Internet über etwas informiert, schon erscheint kurze Zeit später passgenaue, personalisierte Werbung. Wer im Internet surft, ruft Daten ab, hinterlässt aber selbst auch welche. Und was passiert dann mit diesen Daten? Unternehmen können Kundendaten vermieten oder verkaufen, wenn sie sich an das Bundesdatenschutzgesetz (BDSG) halten. Dazu muss man als Kunde vorher seine Einwilligung gegeben haben, die häufig im „Kleingedruckten“ bei Kaufverträgen versteckt ist. Informationen, die einmal in das Netz gestellt werden, sind kaum mehr zu kontrollieren. Vielen ist nicht bewusst, dass sensible Daten wie Name, Telefonnummer und Adresse nicht an Fremde weitergegeben werden sollten und im Netz nichts zu suchen haben.

M 1 Der Aufruf

In den vergangenen Monaten ist ans Licht gekommen, in welch ungeheurem Ausmaß wir alle überwacht werden. Mit ein paar Maus-Klicks können Staaten unsere Mobiltelefone, unsere E-Mails, unsere sozialen Netzwerke und die von uns besuchten Internet-Seiten ausspähen. Sie haben Zugang zu unseren politischen Überzeugungen und Aktivitäten, und sie können, zusammen mit kommerziellen Internet-Anbietern, unser gesamtes Verhalten, nicht nur unser Konsumverhalten, vorhersagen. Eine der tragenden Säulen der Demokratie ist die Unverletzlichkeit des Individuums. Doch die Würde des Menschen geht über seine Körpergrenze hinaus. Alle Menschen haben das Recht, in ihren Gedanken und Privaträumen, in ihren Briefen und Gesprächen frei und unbeobachtet zu bleiben. Dieses existentielle Menschenrecht ist inzwischen null und nichtig, weil Staaten und Konzerne die technologischen Entwicklungen zum Zwecke der Überwachung massiv missbrauchen. Ein Mensch unter Beobachtung ist niemals frei; und eine Gesellschaft unter ständiger Beobachtung ist keine Demokratie mehr. Deshalb müssen unsere demokratischen Grundrechte in der virtuellen Welt ebenso durchgesetzt werden wie in der realen.

Zeh, Juli; Trojanow, Ilija; Menasse, Eva; Teller, Janne; Basil, Priya; Fargo Cole, Isabel; Haslinger, Josef: Die Demokratie verteidigen im digitalen Zeitalter. In: Change.org. Zugriff am 31.05.2018 unter https://www.change.org/p/die-demokratie-verteidigen-im-digitalen-zeitalter

M 2 Google & Co.

Was weiß Google wirklich über Sie? Das Dashboard verrät's!

Wenn Sie wissen möchten, welche Informationen Google über Sie gesammelt hat, können Sie das mit dem Google Dashboard herausfinden. Das erreichen Sie online über die Adresse google.com/dashboard [...]

- Danach präsentiert es alle durch die verschiedenen Google-Dienste mit diesem Google-Konto verknüpften Daten. [...]
- Dabei finden Sie in jeder Rubrik neben den Informationen weiterführende Links zum Bearbeiten Ihrer Profile und Einstellungen.
- Um auch die von Google gespeicherten Suchergebnisse zu sehen, geben Sie auf www.google.de Ihren Namen mit Anführungszeichen ein, z. B. „Angela Merkel“.

Brandstetter, Jonas: Was weiß Google über mich? So finden Sie es heraus. In: Chip Online, 29.09.2017. Zugriff am 13.06.2018 unter https://praxistipps.chip.de/was-weiss-google-ueber-mich-so-finden-sie-es-heraus_27427

Arbeitsvorschlag

1. *Wie wichtig ist Datenschutz für Sie? Bereiten Sie eine Stellungnahme vor.*
2. *Nehmen Sie Stellung zur folgenden Aussage: „Ein Mensch unter Beobachtung ist niemals frei; und eine Gesellschaft unter ständiger Beobachtung ist keine Demokratie mehr.“ (M 1)*
3. *Überprüfen Sie, welche Daten über Sie im Internet gespeichert sind. (M 2)*
4. *Erstellen Sie eine Mindmap mit dem Thema „Datenschutz und Demokratie“.* *(siehe S. 137)*

2.3 Informationen aus dem Internet – Wahrheit oder Lüge?

M 1

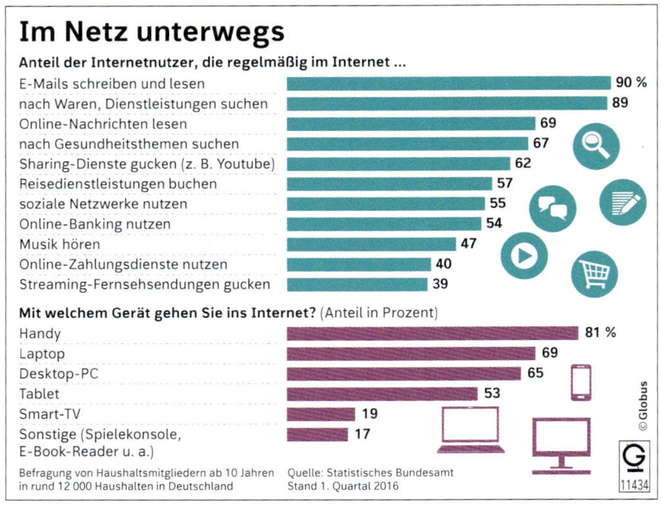

M 4

Blitz-Check: Wahrheit oder Lüge im Internet ?

Ist der Verfasser mit Vor- und Zuname angegeben?

Ist Ihnen der Verfasser oder seine Organisation dem Namen nach bekannt?

Ist die Domain bekannt oder problemlos zu ermitteln?

Ist aus der Quelle der Zeitpunkt der Veröffentlichung bzw. Aktualisierung ersichtlich?

M 2 Lügen im Internet

Das Internet ist unbestreitbar eine der größten Kulturleistungen der Menschheit. Doch die Frage ist: Werden wir das in einigen Jahren auch noch so sehen? Das Netz ist hässlich geworden in der jüngsten Zeit, erregt und feindselig. Menschlichkeit, Achtung, Toleranz sind in dem globalen Medium vielerorts auf dem Rückzug. Jetzt kommt ihm auch noch die Wahrheit abhanden. Das intelligenteste Kommunikationswerkzeug, das der Menschheit je zur Verfügung stand, wandelt sich zusehends in ein Instrument der Irritation, der Desinformation und der Propaganda. Und niemand schafft es derzeit, diese Entwicklung umzudrehen. [...]
Warum hat es dann die Wahrheit so schwer? Das Netz wurde einmal als Medium der Aufklärung konzipiert, es sollte Erkenntnisgewinn beschleunigen und Wissen schneller zugänglich machen. Doch je mehr es sich zum Massenmedium wandelte, umso mehr wandelte sich sein Charakter. Heute ist das Internet vielerorts eine gigantische Emotionsmaschine, bei der nicht Erkenntnis im Vordergrund steht, sondern pralle Unterhaltung nach den Regeln des Boulevards. Wer Gefühl aufwühlt, gewinnt den Kampf um die Aufmerksamkeit: Katzenvideo schlägt Naturdoku. Wutrede schlägt differenzierte Argumentation. Und Erfundenes verdrängt oft die Wahrheit.

Müller von Blumencron, Mathias: Lügen im Internet – Trennt Propaganda von Wahrheit. In: FAZ .NET vom 05.02.2016. Zugriff am 27.09.2017 unter www.faz.net/aktuell/politik/inland/luegen-im-internet-spannen-ein-netz-der-verwirrung-14052436.html © Alle Rechte vorbehalten. Frankfurter Allgemeine Zeitung GmbH, Frankfurt. Zur Verfügung gestellt vom Frankfurter Allgemeine Archiv

M 3 Im Internet ist Wahrheit oft nicht von Lüge zu unterscheiden

Die meisten Internetnutzer geben an, dass es sehr schwierig sei herauszufinden, ob Informationen im Internet die Wahrheit wiedergeben oder falsch sind. Fake News verbreiten sich in kürzester Zeit über Facebook, Twitter und Co. auf der ganzen Welt. Besonders Journalisten, müssen sich einmal mehr die Frage stellen, wie sie ihrer Sorgfaltspflicht ausreichend nachkommen können. Viele meinen aber, dass man Wahrheit und Lüge unterscheiden kann. Man müsste sich nur hinsetzen und recherchieren.

Arbeitsvorschläge

1. *Führen Sie eine Umfrage entsprechend M 1 durch und werten Sie diese aus.*
2. *Fassen Sie M 2 mit eigenen Worten zusammen und nehmen Sie dazu Stellung.*
3. *Entwickeln Sie eigene Vorschläge, um im Internet Wahrheit von Lüge zu unterscheiden. Stellen Sie diese zur Diskussion. (M 3, M 4)*

2.4 Informationen durch Medien bei extremen Ereignissen

M 1 Der Weg der Informationen verändert sich

Früher verlief der Nachrichtenzyklus bei überraschenden, extremen Ereignissen so: Das Ereignis geschah. Dann berichteten Medien darüber, als Erstes in der Regel Radio und Fernsehen, mit einem Tag Verzögerung die gedruckten Zeitungen. Dann ermittelten die zuständigen Behörden oder Institutionen, was eigentlich genau passiert war und warum. Dann wurden Reaktionen eingeholt und veröffentlicht, politische Forderungen formuliert, es wurde versucht, politisches Kapital aus dem Ereignis zu schlagen. Manche der Vorschläge wurden später vielleicht sogar umgesetzt, ob sinnvoll oder nicht. Der Zyklus Ereignis-Ermittlung-Einordnung-Reaktion-Forderung funktioniert schon längst nicht mehr. Jetzt wird gefordert, reagiert, politisch ausgeschlachtet, bevor überhaupt klar ist, was eigentlich genau passiert ist. [...] Der alten Nachrichtenzyklus, in dem auf die Fakten gewartet wurde, bevor man reagierte, bekommen wir nicht zurück. Aber zumindest Kommunikationsprofis wie Politiker und Journalisten sollten sich dringend darauf besinnen, dass Hysterie bislang in keinem Beruf als herausragendes Qualifikationsmerkmal galt. Wenn tatsächlich der gewinnt, der zuerst schreit, verlieren wir am Ende alle.

Stöcker, Christian: Mediale Erregungszyklen. Politik der Hysterie. In: SPIEGEL ONLINE, 25.12.2016. Zugriff am 31.05.2018 unter www.spiegel.de/wissenschaft/mensch/berlin-mediale-erregungszyklen-und-die-politik-der-hysterie-kolumne-a-1127329.html

M 2 Auf Fake News reingefallen – Pakistan droht Israel mit Nuklearwaffen

Wie schnell gefälschte Nachrichten gefährlich werden können, zeigt einmal wieder ein Fall, der zu einer Konfrontation zwischen Pakistan und Israel führte. Offenbar ist der pakistanische Verteidigungsminister auf eine falsche Meldung einer Fake-News-Seite hereingefallen und hat Israel mit dem nuklearen Arsenal seines Landes gedroht. Die Meldung, die nicht nur Rechtschreibfehler enthielt, war offenbar frei erfunden. Trotzdem drohte der pakistanische Verteidigungsminister [...] per Twitter: Auch Pakistan sei eine Nuklearmacht.

Albert, Andreas: Auf Fake News reingefallen – Pakistan droht Israel mit Nuklearwaffen. In: SPIEGEL ONLINE, 25.12.2016. Zugriff am 26.09.2017 unter www.spiegel.de/politik/ausland/fake-news-pakistans-verteidigungsminister-droht-israel-mit-atomarsenal-a-1127507.html

M 3

Arbeitsvorschläge

1. Schreiben Sie auf, wie der Weg der Informationen bei extremen Ereignissen ablaufen kann. Nennen Sie mögliche Folgen dieses Ablaufs (M 1).
2. Geben Sie Beispiele für Fake News und erläutern Sie, woran Sie diese erkannt haben (M 2).
3. Interpretieren Sie die Karikatur M 3 (s. S. 246).

3 Meinungsbildung durch Medien

Demokratie setzt die freie Meinungs- und Willensbildung aller Bürgerinnen und Bürger voraus. Diese Meinungs- und Willensbildung ist abhängig von den Wertvorstellungen, der Lebenslage, dem Wissen und den Erfahrungen der Menschen.
Medien können auf unterschiedliche Arten auf Meinungen einwirken, indem sie:

- Wissen vermitteln.
- Themen als wichtig erachten und auf die Tagesordnung setzen.
- Teilaspekte von Themen behandeln.
- Themen kommentieren und interpretieren.
- Anstöße zum Handeln geben usw.

Die Sicherung der Meinungsvielfalt in den Medien ist ein Ziel demokratischer Gesellschaften. Das soll in Deutschland durch den Rundfunkstaatsvertrag erreicht werden. Dort heißt es, dass kein Unternehmen mehr als 30 % Zuschaueranteil im Durchschnitt eines Jahres haben soll. Sonst könnte eine marktbeherrschende Stellung bestehen. Eine solche marktbeherrschende Stellung wird gegenwärtig weder von den öffentlich-rechtlichen noch privaten Unternehmen erreicht.

M 1 **Anteile der Medienkonzerne am Meinungsmarkt 2. Halbjahr 2015**

Rang	Titel	Marktanteil in Prozent
1	ARD	22,0
2	Bertelsmann SE & Co. KGaA	12,3
3	ProSiebenSat.1 Media	8,3
4	Axel Springer SE	7,9
5	ZDF	7,4
6	Hubert Burda Media	2,8

Bayerische Landeszentrale für neue Medien (BLM): Meinungsbildung und Kontrolle der Medien, S. 10, Zugriff am 26.09.2017 unter www.blm.de/files/pdf1/medienvielfaltsmonitor_2.halbjahr_2015_11.05.16.pdf

M 2

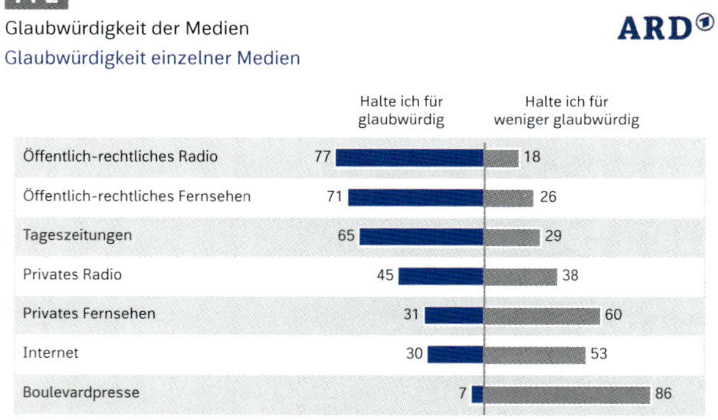

Frage: Ich nenne Ihnen jetzt einige Medien. Sagen Sie mir bitte jeweils, ob Sie diese für glaubwürdig oder für weniger

Heutzutage sind Soziale Netzwerke, Instant-Messaging-Dienste, Suchmaschinen oder Videoportale wesentliche Elemente des Kommunikations- und Informationsverhaltens.

Studien zeigen, dass Meinungsbildung nach wie vor besonders im direkten Kontakt mit anderen Menschen stattfindet. Damit spielen traditionelle Medien sowie der persönliche Austausch noch immer die entscheidende Rolle.

Arbeitsvorschläge

1. *Erklären Sie die Aussage: „Demokratie setzt die freie Meinungs- und Willensbildung aller Bürgerinnen und Bürger voraus."*
2. *Aktualisieren Sie M1 durch eine Internetrecherche (s. S. 121) und benennen Sie die Veränderungen.*
3. *Führen Sie eine Umfrage in Ihrer Klasse entsprechend M 2 durch, und werten Sie diese aus.*
4. *Schreiben Sie in einem kurzen Aufsatz, welche Rolle Ihrer Meinung nach Medien bei der politischen Meinungsbildung haben.*

3.1 Meinungsbildung und Internet – Gefahren für den Nutzer?

Das Internet hat entscheidende Veränderungen im Bereich der Meinungsbildung hervorgerufen. Suchmaschinen, Soziale Netzwerke, Instant-Messaging-Dienste und Bild-/Videoplattformen werden immer häufiger genutzt. Hier stellt sich die Frage, ob es eine Gefahr für die freie Meinungsbildung geben könnte Das Internet bietet durch seinen schnellen Zugriff auf eine schier endlose Fülle von Daten große Chancen der Informationsbeschaffung. Demgegenüber steht eine Reihe von Risiken, denen der Nutzer ausgesetzt ist.

M 1 Vorteile der Internetnutzung	Risiken der Internetnutzung
- freie Auswahl, - in Sekunden gewünschte Inhalte, - automatisch neueste Artikel, - Newsgroup: Möglichkeit, Mitglied einer Gruppe zu sein, - Hilfe bei Problemen, - Mitgestaltung von Inhalten möglich, - Suchen und Bestellen, - E-Mail weltweit, - Blogs, - Chats - u. a.	- nicht alle Sachinformationen sind richtig, - häufig schlechte Umgangsformen in Foren und Chats, - Kriminalität im Netz, wie z. B. Kinderpornografie, Seiten mit rechtsradikalen Inhalten, Rekrutierung von Dschihadisten für den Krieg der Terrormiliz „Islamischer Staat" in Syrien und Abzock-Versuche, - Cyber-Mobbing: Gefahr des Rufmords, - Totalüberwachung der Nutzer: Suchmaschinen wie z. B. Google werten Suchanfragen einzelner Nutzer aus - u. a.

M 2 Maschinen bestimmen immer mehr unser Leben– eine Gefahr?

Ein Beispiel, was schon Schule macht: China hat ein Kreditsystem entwickelt, das an jeden Bürger und jede Bürgerin ein Punktekonto vergibt. Der Punktestand setzt sich aus verschiedenen Faktoren zusammen: wo man arbeitet, ob man verheiratet ist oder ledig, was man einkauft, googelt auf sozialen Netzwerken postet oder wie viele Freunde man dort hat. Kaufen Eltern zum Beispiel viele Windeln, werden sie als verantwortungsvoll eingestuft, derjenige, der Videospiele kauft, als faul. Das wirkt sich auf das reale Leben aus: Man bekommt einfacher einen Kredit oder – im besten Fall – ein Visum für Auslandsreisen. Im schlimmsten Fall: Wenn jemand Schulden hat oder sich kritisch gegenüber der Regierung äußert, gibt es keinen Kredit, keinen Mietvertrag, nur schlecht bezahlte Jobs. Laut Berichten der BBC plant die Kommunistische Partei [...] bis 2020 alle Chinesen in einer riesigen nationalen Datenbank zu erfassen [...] und wonach es dann möglich sei, die „Vertrauenswürdigkeit" der Bürger zu bewerten, mit entsprechenden Belohnungen und Bestrafungen.

Elsner, Katharina: Apokalypse jetzt. In: Weser Kurier vom 29.09.2016, S. 18

M 3 Wer surft wo? Benutzerprofile sind viel wert

Google sammelt akribisch Daten und Verhaltensmuster der Kunden – und je mehr Dienste ein Anwender nutzt, umso detaillierter wird das Profil, das Google daraus erstellen könnte. Insbesondere die Werbeindustrie leckt sich nach solchen Profilen die Finger. Je mehr über einen Web-Surfer bekannt ist, desto besser kann ein Werbenetzwerk ihm Banner einblenden, die an seinen Interessen ausgerichtet sind. Und je zielgerichteter Werbung ist, desto eher nimmt ein Anwender sie wahr und klickt sie an. Ob Google tatsächlich alle anfallenden Daten zu einer Person über alle Dienste hinweg verknüpft, weiß nur das Unternehmen selbst. Theoretisch möglich wäre es auf jeden Fall.

Behrens, Daniel: Datenkrake Google – so schützen Sie sich. In: PC-WELT, 15.03.2010. Zugriff am 26.09.2017 unter www.pcwelt.de/ratgeber/Google-weiss-alles-ueber-Sie-Datenkrake-Google-so-schuetzen-Siesich-350828.html

Arbeitsvorschläge

1. *Stellen Sie Chancen und Risiken des Internets nach ihrer Wichtigkeit zusammen. (M 1)*
2. *Informieren Sie sich über weitere Chancen und Risiken des Internets und berichten Sie darüber.*
3. *Entwerfen Sie Empfehlungen, wie Sie Risiken des Internets begegnen könnten. Stellen Sie diese zur Diskussion. (M 2 und M 3)*

3.2 Welchen Einfluss haben soziale Medien auf Politik und Gesellschaft?

M 1 Soziale Medien wie Facebook, YouTube oder Wikipedia haben sich innerhalb weniger Jahre als meistgenutzte Seiten im Internet etabliert. Dabei basiert ihr Erfolg auf einem für die Geschichte der Massenmedien völlig neuen Prinzip: Während die Inhalte der klassischen Massenmedien, wie des Fernsehens, des Radios oder der Printmedien, hauptsächlich passiv wahrgenommen werden können, kann der Bürger die Inhalte der sozialen Medien im Internet selbst mitgestalten. [...]
Politische Beteiligung wird durch das Internet zwar einfacher, jedoch nicht gerechter. Durch das Internet sind zwar einerseits die Hürden der Partizipation gesunken, andererseits werden mit der Verlagerung von politischen Beteiligungsformen in das Internet diejenigen ausgeschlossen, die interaktive Möglichkeiten nicht nutzen wollen oder nicht nutzen können. Dennoch kann das Internet die Demokratie bereichern. Online-Plattformen können als Ideenwerkstätte der Politik dafür sorgen, dass Kommunikation „von unten nach oben" – also direkt vom Volk zu den Entscheidungsträgern – ermöglicht wird und die Menschen somit ihre Alltagserfahrungen und ihre Expertenmeinungen einbringen können.

Pump, Christian: Chancen und Grenzen der Partizipation im Internet, in: Hans Zehetmair (Hg.): Wie verändern Internet und soziale Medien die Politik? Hanns-Seidel-Stiftung, München 2013, S. 89 ff.

M 2

M 3 Soziale Netzwerke schädigen soziale Fähigkeiten

Gespräch war gestern: Im Zeitalter der totalen Vernetzung ist fast jeder permanent online. Doch die direkte Kommunikation verkümmert mehr und mehr [...] Die sozialen Netzwerke drohen uns ironischerweise von unserem sozialen Leben abzuschneiden. [...] Wir ersetzen Begegnungen in der realen Welt mit virtuellen Kontakten. Das hat gefährliche Folgen – nicht nur in der Freizeit, sondern auch und gerade im Business. Wir verlieren auf dramatische Weise unsere Kompetenz, mit Kollegen, Kunden und Vorgesetzten erfolgreich zu kommunizieren [...] Längst schon ist uns die Lust an Kommunikation zur Last geworden. Tag für Tag empfängt uns eine schier unbeherrschbare Menge an digitaler Post am Arbeitsplatz. Wer antwortet noch auf alle Mails, die eigentlich eine Antwort verdient hätten? Und wer liest seine Antwort-Mails nochmals gründlich durch, bevor die Hand reflexhaft auf „Senden" klickt?
„Muss nur noch kurz die Welt retten, ... 148 Mails checken" – der Refrain des Hits von Tim Bendzko beschreibt den alltäglichen Wahnsinn präzise. Wir leben im Zeitalter der Kommunikationsrevolution – und die droht, ihre Kinder zu fressen. Wir tippen immer mehr und immer schneller. Aber auch fehlerhafter, oberflächlicher, unpersönlicher. Und wir reden immer weniger. Vor allem aber lässt uns der digitale Stress oft genug das Eigentliche im Leben verpassen: echte menschliche Begegnungen.

Spengler, Robert: Soziale Netzwerke schädigen soziale Fähigkeiten. In: WELT.de, 13.06.2012. Zugriff am 27.09.2017 unter https://www.welt.de/wirtschaft/karriere/leadership/article106568479/Soziale-Netzwerke-schaedigen-soziale-Faehigkeiten.html *© Axel Springer SE. Alle Rechte vorbehalten*

Arbeitsvorschläge

1. *Erklären Sie einem Partner/einer Partnerin den Begriff „Soziale Medien".*
2. *Fassen Sie M 1 in Stichworten zusammen.*
3. *Bearbeiten Sie die Karikatur M 2 mit der Methode „Analyse politischer Karikaturen".* *(s. S. 244)*
4. *Begründen Sie Ihre Meinung zur Aussage „Soziale Netzwerke schädigen soziale Fähigkeiten". (M 3)*

3.3 Sind soziale Medien eine Gefahr für die Demokratie?

Politische Meinungsbildung findet heutzutage immer stärker im Netz statt. Viele begrüßen diese Entwicklung. Politiker würden so sehr schnell ein Feedback zu ihrer politischen Arbeit bekommen. Damit könnten sie viel besser auf Trends und Stimmungen reagieren. Die stärkere Nutzung von Social Media für die Meinungsbildung bietet aber auch eine größere Gefahr für Manipulationen. Social Bots versuchen, Meinungen zu beeinflussen. Manchmal reicht schon ein einziger Kommentar aus, um eine Hasstirade echter Benutzer auszulösen. Eine sachliche Diskussion über ein kontroverses Thema wird so fast unmöglich.

M 1

M 2 Social Bots sind eine Gefahr für die Demokratie

Der Begriff „Social Bot" bedeutet übersetzt sozialer Roboter. Im Grunde genommen handelt es sich um kleine, sehr intelligente Software-Programme, die sich so verhalten, als seien sie reale, menschliche Nutzer. Hierfür werden die Profile meist mit echten Fotos aus dem Internet oder belanglosen Comic-Zeichnungen sowie mit einer erfundenen Biografie bestückt und die Bots mit anderen realen Nutzern vernetzt. Wohl jeder User kennt die gutaussehenden jungen Frauen, die einem auf Facebook eine Freundschaftsanfrage senden. Sie werden zu tausenden programmiert. Schätzungen gehen von 100 Millionen Fake-Accounts auf allen großen Plattformen aus. Prognosen sagen zudem ein starkes Wachstum in den nächsten Jahren voraus. Und die Bots werden immer schlauer. Dank künstlicher Intelligenz können diese „Nutzer" nicht nur die Follower- und Fanzahlen politischer Accounts in die Höhe schnellen lassen oder die Abrufzahlen von Videos manipulieren. Sie posten auch selbstständig eigene Inhalte und antworten auf Postings realer Nutzer, veröffentlichen Tweets sowie Facebook- oder YouTube-Kommentare. In letzter Zeit wurden Chat-Bots beobachtet, die sinnvolle und durchaus längere politische Diskussionen führen und verschiedene Argumente austauschen können, ohne dass sich der „Besitzer" des Bots auch nur eine Sekunde darum kümmern musste.

Fuchs, Martin: Social Bots sind eine Gefahr für die Demokratie, in: Politik und Kommunikation, 18.08.2016, Zugriff am 27.09.2017 unter www.politik-kommunikation.de/ressorts/artikel/social-bots-sind-eine-gefahr-fuer-die-demokratie-1100839956

M 3 Der Bot macht Meinung

Ist also die Demokratie in Gefahr? Die Frage taucht immer häufiger auf, doch noch spricht nach Ansicht von Beobachtern viel dafür, dass Social Bots und Falschmeldungen die öffentliche Meinungsbildung nicht entscheidend beeinflussen können. So zeigen Untersuchungen, dass die meisten Nutzer ihre Meinung nicht nur aufgrund von Facebook oder Twitter ändern. Auch müssten Politiker damit rechnen, dass die Wähler sie abstrafen, wenn sie auf solche Mittel setzen. Und schließlich haben die sozialen Netzwerke einen großen Einfluss darauf, welche Inhalte ihre Nutzer sehen. Facebook und Google haben schon angekündigt, dass Falschmeldungen künftig nicht mehr beworben werden sollen. Twitter wiederum hat offenbar die Accounts einiger Mitglieder einer ultrarechten Gruppierung geschlossen. Ob das ausreicht, um des Problems Herr zu werden, muss sich noch zeigen.

Beeger, Britta: Der Bot macht Meinung. In: FAZ.NET vom 15.01.2017. Zugriff am 23.05.2018 unter www.faz.net/aktuell/wirtschaft/netzkonferenz-dld/dld-2017-der-bot-macht-meinung-14630988-p2.html *© Alle Rechte vorbehalten. Frankfurter Allgemeine Zeitung GmbH, Frankfurt. Zur Verfügung gestellt vom Frankfurter Allgemeine Archiv*

Arbeitsvorschläge

1. *Bearbeiten Sie die Karikatur M 1 mithilfe der Methode „Analyse politischer Karikaturen" (s. S. 246).*
2. *Fassen Sie M 2 oder M 3 mit zehn Stichpunkten zusammen und nehmen Sie dazu Stellung.*

4 Kritik- und Kontrollfunktion durch Medien

Gemäß Grundgesetz Artikel 20 wird unser demokratisches System durch die Kontrolle der Staatsgewalt gekennzeichnet. Indem sie Missstände in unserem Staat und unserer Gesellschaft aufdecken und die Verantwortlichen nennen, üben die Medien eine Art Kontrolle der Staatsgewalt aus.

M 1 Was ist die Aufgabe der Presse?

Die übliche und wohl zutreffende Antwort lautet: zu informieren und zu kontrollieren. Kontrollieren scheint ein großes Wort zu sein, aber es gibt niemanden außer der Presse, der so gründlich und ausdauernd recherchieren könnte – auch das Parlament kann dies nicht, es hat gar nicht die Möglichkeiten dazu. Überdies besteht die Gefahr, dass die Fälle, die durchleuchtet werden müssten, unter Umständen durch parteipolitischen Kuhhandel zugedeckt werden.

Dönhoff, Marion Gräfin: Kompassnadel für Journalisten. In: DIE ZEIT Nr. 44/1987 vom 23.10.1987, S. 3. © Zeitverlag Gerd Bucerius GmbH & Co. KG

M 2

Kuhhandel
undurchsichtiger Handel mit Neben- und Zusatzvereinbarungen

M 3 Politische Beteiligung der Bürger wird erst möglich, wenn diese möglichst umfassend informiert sind bzw. sein können. Untrennbar mit der Informationsfunktion ist die Kritik- und Kontrollfunktion der Massenmedien verbunden. Sie verbreiten die entsprechenden Informationen, sie erläutern politische Zusammenhänge, kommentieren politische Ereignisse und kritisieren Missstände. [...]
Ohne Presse, Hörfunk und Fernsehen, die Missstände aufspüren und durch ihre Berichte unter anderem parlamentarische Anfragen und Untersuchungsausschüsse anregen, liefe die Demokratie Gefahr, der Korruption oder der bürokratischen Willkür zu erliegen. Die Betroffenen wehren sich häufig mit dem Argument, sie seien Kampagnen der Medien ausgesetzt. Dabei ist stets daran zu erinnern: Nicht jene, die Mängel aufdecken, schaden dem Staat, sondern diejenigen, die für solche Missstände verantwortlich sind. Kritik als bewertendes Element und Kontrolle als investigatives Moment können auf unterschiedliche Weise ausgeübt werden:

- Dritte erhalten die Möglichkeit, mit Kritik- und Kontrollaussagen in Zeitung, Radio oder Fernsehen zu Wort kommen, um beispielsweise auf Missstände in der Gesellschaft oder inkonsistente Entscheidungen der Politik hinzuweisen.
- Die Journalisten selbst machen Missstände in Politik, Wirtschaft, Wissenschaft und Kultur öffentlich bekannt oder beurteilen in meinungsbetonten Beiträgen (Kommentaren, Glossen und Leitartikeln) politisches Handeln nach sorgfältiger Abwägung wichtiger Argumente.

Initiative Tageszeitung e. V., Online-Lexikon zum Presserecht, Zugriff am 27.09.2017 unter www.initiative-tageszeitung.de/lexikon/kontrollfunktion/

investigativ
aufdeckend, enthüllend, nachforschend

investigativer Journalismus
Enthüllungs-journalismus

inkonsistent
widersprüchlich, ohne Bestand

Arbeitsvorschlag

1. *Nennen Sie Beispiele, bei denen Medien über staatliches Handeln informieren, Missstände aufdecken und Verantwortliche nennen. (M 1)*
2. *Bearbeiten Sie die Karikatur M 2 mit der Methode „Analyse politischer Karikaturen".*
3. *Fassen Sie M 3 mit zehn Stichworten zusammen.*

Manipulation durch Medien

M 1

Seit Anbeginn der menschlichen Kommunikation wurde gelogen, verschwiegen, übertrieben, verführt, überzeugt und damit manipuliert. Dass dies auch in den Medien geschieht, weiß eigentlich jeder. Die Frage ist nur, wie stark man sich davon beeinflussen lässt. Wer viele Kontakte hat, ist meist weniger gefährdet. Wer Tatsachen von Meinungen trennen kann, ebenfalls. Und es gibt immer Menschen, die der Wahrheit auf den Grund gehen wollen. Medien werden immer wieder genannt, wenn es um die Manipulation der Gesellschaft geht. Sie greifen Stimmungen und Gefühle auf und bedienen diese, denn davon hängen ja Auflagen oder Einschaltquoten ab. Medien geht es nicht nur darum zu informieren, denn sie müssen Geld verdienen. Je genauer man Wünsche und Motive der Menschen kennt, desto gezielter können diese bedient werden und desto leichter kann man Menschen beeinflussen.

Manipulation
gezielte und verdeckte Einflussnahme

Heutzutage gehen PR-Firmen bei der Vorbereitung von Nachrichtenmeldungen sehr geschickt vor. Sie verknüpfen die Namen von Wissenschaftlern mit bestimmten Forschungsergebnissen. Wissenschaftler allerdings, die unter Umständen ihre Nase nicht ein einzige Mal in die betreffende Forschungsarbeit hineingesteckt haben. Auf diese Weise wird Redakteuren von Zeitungen oder Nachrichtensendungen oft nicht einmal bewusst, dass einzelne Berichte reine PR-Fabrikationen sind.

M 2 Wie wir manipuliert werden!

① Der Manipulator: ein Unternehmen, eine Organisation, ein Ministerium, eine Regierung, ein Hedgefonds oder eine sonstige Geldmacht wollen eine Geschichte in den Medien verbreiten.

② Es wird eine PR-Agentur beauftragt.

③ Die PR-Agentur sucht jemanden, der glaubwürdig ist.

④ Dafür wird ein Experte beauftragt.

⑤ Ein „unabhängiger" Experte übernimmt den Auftrag, einen geeigneten Report oder eine Forschung durchzuführen. Gibt es keinen geeigneten Experten, so wird ein neues unabhängiges Institut gegründet. Ein Zusammenhang zwischen PR-Agentur und Institut ist nicht erkennbar.

⑥ Die gewünschte Expertise wird geliefert.

⑦ Die Nachricht, eine Expertise oder eine Story, die für den Auftraggeber „günstig" ist, wird vermarktet.

⑧ Lieferung der Story ohne Entgelt

⑨ Verbreitung der Story durch die Nachrichtenagenturen, Internetmedien, Blog-Gemeinschaften, Foren, Plattformen usw.

⑩ **Veröffentlichung der Nachricht mit dem Anschein der Objektivität**

Blaß, Georg u. a.: Medien und Manipulation, in: Politik – Aktuell für den Unterricht, Nr. 18/2009, S. 3

Arbeitsvorschläge

1. *Bearbeiten Sie das Schaubild M 1.*
2. *Erklären Sie einem Partner/einer Partnerin das Schaubild M 2.*
3. *Spielen Sie Redaktionskonferenz: Kürzen Sie eine Tageszeitung auf zwei DIN-A4-Seiten.*

5 Unterhaltung durch Medien

Unterhaltung gehört ebenfalls zu den Aufgaben von Medien. Sie soll Zerstreuung, Spaß und Entlastung bewirken oder auch Wirklichkeitsflucht. Bisher haben die neuen Medien die alten nicht verdrängt, eher findet eine Parallelnutzung beider Formen statt. Obwohl die Internetnutzung stark zunimmt, ist das „Fernseh-Zeitalter" nicht zu Ende. Fernsehen bleibt nach wie vor auf Platz eins der beliebtesten Freizeitaktivitäten, während das Internet lediglich den fünften Platz belegt.

M 1

M 2

Die häufigsten Freizeitbeschäftigungen
Medien dominieren unseren Alltag

Von je 100 Befragten sagen, sie üben in ihrer Freizeit regelmäßig (mindestens einmal pro Woche) aus:

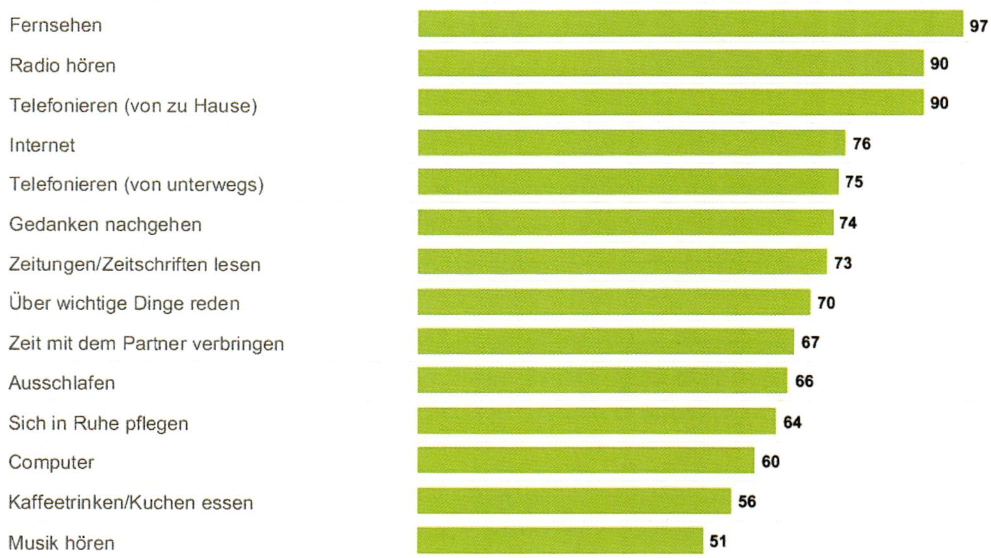

Stiftung für Zukunftsfragen. Eine Initiative von British American Tobacco: Freizeitmonitor 2016, unter www.freizeitmonitor.de/zahlen/daten/statistik/freizeit-aktivitaeten/2016/gewinner-und-verlierer/

Arbeitsvorschläge

1. *Bearbeiten Sie die Karikatur M 1 mithilfe der Methode „Analyse politischer Karikaturen" (s. S. 246).*
2. *Werten Sie M 2 aus und stellen Sie Ihre Auswertung zur Diskussion.*
3. *Führen Sie in Ihrer Klasse eine Umfrage entsprechend M 2 durch und vergleichen Sie Ihre Ergebnisse mit denen von M 2.*

Die Internetrecherche

Das Thema ist gefunden. Jetzt brauchen Sie nur noch die richtigen Quellen. Doch wie beginnt man nur mit einer Recherche? Wie geht man dabei möglichst strukturiert vor? Wer jedoch überstürzt in die Recherche einsteigt, kann sich kaum sicher sein, ob ihm dabei nicht Fehler unterlaufen. Recherche heißt heute meist: Google und Wikipedia. Und das ist nicht das schlechteste Vorgehen, wenn dies nur der Anfang ist. Denn es gibt weitere Suchmaschinen (z.B. Bing, Yahoo, t-online, AOL, Ask.com, yandex, metager usw).
Vor der Recherche sollten Wortlisten mit Synonymen, Übersetzungen, Ober- und Unterbegriffen zum Thema erstellt werden. Diese Aufgabe kann mithilfe eines sogenannten Thesaurus durchgeführt werden.

Überprüfen Sie Quellen aus dem Internet auf ihre Vertrauenswürdigkeit.
Fragen Sie nach Wahrheit, Vollständigkeit, falscher Darstellung oder Lüge.
- Wer ist der Urheber
- Wer ist die Quelle? (öffentliche Institution, Zeitung, Zeitschrift, Privatsender usw.)
- Stellt der Anbieter Informationen über sich selbst zur Verfügung? (Impressum)
- Welches Interesse steckt hinter den Informationen? (Selbstdarstellung, Information, Kommentar, Meinung, wissenschaftliche Information usw.)
- Wie aktuell ist die Quelle?
- Gibt es Möglichkeiten zur Kontaktaufnahme mit dem Anbieter? (z. B. bei Fragen zum Inhalt)

Sind die Informationen sachlich, ausführlich und durch Quellen gesichert?

Arbeitsvorschläge

Suchen Sie aus dem Internet zwei Quellen zum gleichen Thema heraus (z. B. zur Verletzung von Persönlichkeitsrechten). Vergleichen Sie beide Quellen miteinander. Verwenden Sie dazu die oben genannten Hilfen. Bewerten Sie beide Quellen.

Verantwortungsvoll wirtschaften

Methode:

Diagramme auswerten und erstellen

Statistisches Material wird häufig zum besseren Verständnis in Diagrammen dargestellt. Dabei bieten sich vor allem folgende vier Diagrammtypen an:

Säulendiagramm vertikal

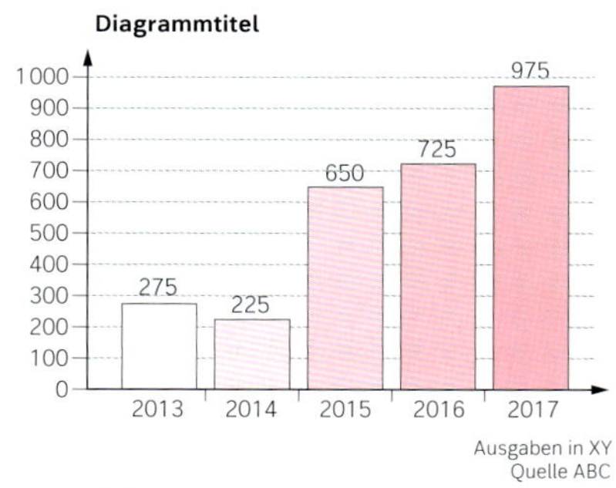

Säulendiagramm horizontal

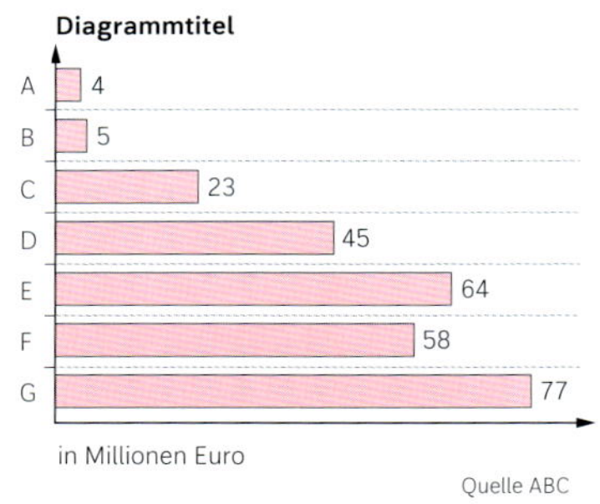

Säulendiagramme eignen sich dazu, die Entwicklungen einer einzelnen Position darzustellen. Horizontal angeordnete Säulendiagramme lassen mehr Raum für Beschriftung.

Balkendiagramm vertikal

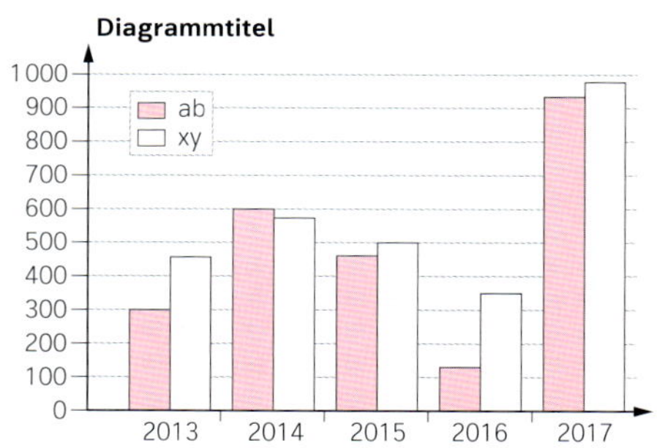

Balkendiagramme sind zum Vergleich unterschiedlicher Werte geeignet.

Kurvendiagramm

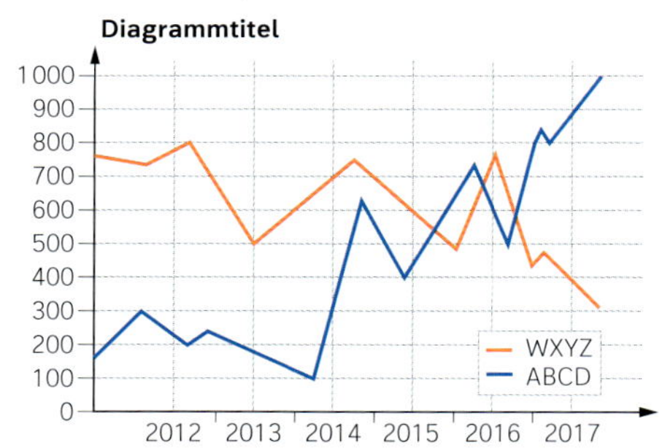

Kurvendiagramme eignen sich zur Darstellung der Entwicklung von Positionen, wenn eine Vielzahl von Messpunkten vorliegt.

Tortendiagramm

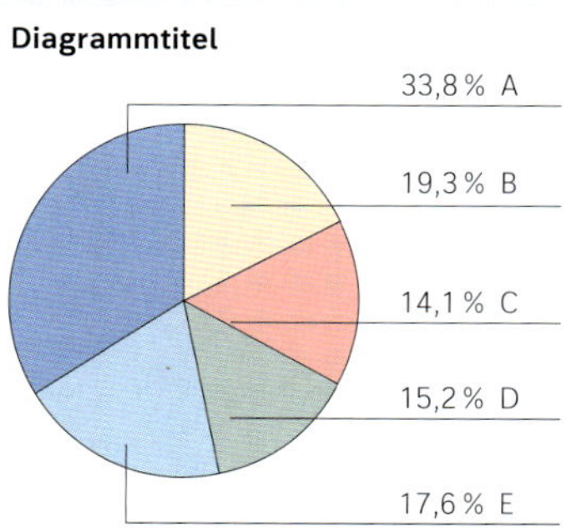

Tortendiagramme dienen dazu, Anteile an einem Gesamtwert darzustellen.

Auswertung von Diagrammen

1. **Thema erkennen**
2. **Beschreibung**
   - Darstellungsform
   - Einheiten
   - Jahr der Erstellung
   - Quelle des Materials
   - absolute oder relative Zahlen?
3. **Auswertung**
   - Welche Minimal- und Maximalwerte sind erkennbar?
   - Sind einzelne Phasen erkennbar?
   - Sind Zunahmen oder Abnahmen erkennbar?
   - Lassen sich Trends erkennen?
   - Sind Zusammenhänge sichtbar?
4. **Bewertung und Kritik**
   - Ist die Form der grafischen Darstellung geeignet?
   - Welchen Aussagewert hat die Grafik?

Arbeitsvorschläge

1. *Benennen Sie das folgende Diagramm richtig.*
2. *Werten Sie das folgende Diagramm entsprechend der Anleitung aus.*
3. *Erstellen Sie aus den Daten „Erwerbstätige in Deutschland nach Wirtschaftssektoren" und aktuellen Daten ein geeignetes Diagramm.*
4. *Bearbeiten Sie die Karikatur mit der Methode „Analyse politischer Karikaturen" (s. S. 246).*

Erwerbstätigkeit und Erwerbslosigkeit
in Mill.

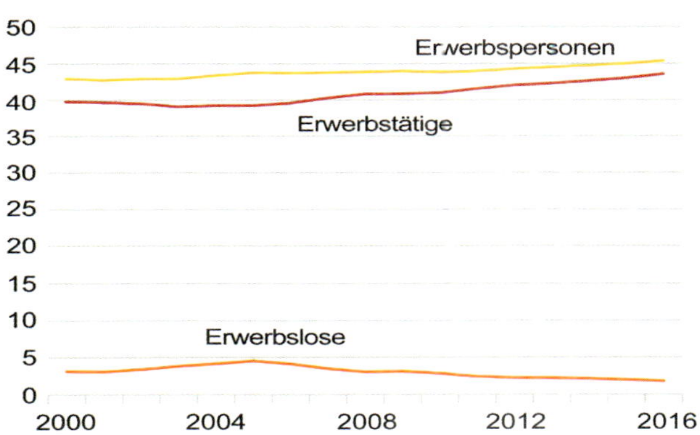

© Statistisches Bundesamt (Destatis), 2017

Erwerbstätige in Deutschland nach Wirtschaftssektoren
Durchschnitt in 1 000 Personen

Jahr	Land- und Forstwirtschaft, Fischerei	Produzierendes Gewerbe	Dienstleistungsbereiche
2016	43 486	24,2	74,3
2015	43 057	24,4	74,1
2014	42 662	24,6	73,9
2013	42 328	24,7	73,8

Statistisches Bundesamt, Wiesbaden, Zugriff am 27.01.2017 unter www.destatis.de/DE/ZahlenFakten/Indikatoren/LangeReihen/Arbeitsmarkt/lrerw013.html#Fussnote1a

1 Wirtschaftsordnung – Wirtschaftspolitik

1.1 Die soziale Marktwirtschaft der Bundesrepublik Deutschland

Die Wirtschaftsordnung kennzeichnet den rechtlichen Rahmen und den organisatorischen Aufbau eines Wirtschaftssystems. Bis zur deutschen Einheit Anfang der 90er-Jahre existieren in Westdeutschland eine marktwirtschaftlich-kapitalistische und in Ostdeutschland eine planwirtschaftlich-sozialistische Wirtschaftsordnung. Innerhalb der beiden „Extremformen" Marktwirtschaft und Planwirtschaft gibt es weitere Differenzierungen, wie z. B. die Wirtschaftsordnung der sozialen Marktwirtschaft.

Obwohl das Grundgesetz keine bestimmte Wirtschaftsordnung vorschreibt, geben einige Artikel Hinweise auf eine soziale Marktwirtschaft.

Zentralverwaltungswirtschaft

auch „Planwirtschaft" genannt, ist eine Wirtschaftsordnung, in der Produktion, Investitionen, Preise, Löhne und der private Verbrauch von einer zentralen staatlichen Stelle festgelegt werden. Staatliches und genossenschaftliches Eigentum an Produktionsmitteln herrschen vor.

Freie Marktwirtschaft

ist eine Wirtschaftsordnung ohne staatliche Eingriffe, in der Unternehmen und Haushalte eigenständig planen, uneingeschränkt Wettbewerb herrscht und Preise und Löhne auf dem freien Markt gebildet werden.

§

Artikel 9 [Vereinigungsfreiheit]

(1) Alle Deutschen haben das Recht, Vereine und Gesellschaften zu bilden.

(2) Vereinigungen, deren Zwecke oder deren Tätigkeit den Strafgesetzen zuwiderlaufen oder die sich gegen die verfassungsmäßige Ordnung oder gegen den Gedanken der Völkerverständigung richten, sind verboten.

(3) Das Recht, zur Wahrung und Förderung der Arbeits- und Wirtschaftsbedingungen Vereinigungen zu bilden, ist für jedermann und für alle Berufe gewährleistet. Abreden, die dieses Recht einschränken oder zu behindern suchen, sind nichtig, hierauf gerichtete Maßnahmen sind rechtswidrig. Maßnahmen nach den Artikeln 12a, 35 Abs. 2 und 3, Artikel 87a Abs. 4 und Artikel 91 dürfen sich nicht gegen Arbeitskämpfe richten, die zur Wahrung und Förderung der Arbeits- und Wirtschaftsbedingungen von Vereinigungen im Sinne des Satzes 1 geführt werden.

Artikel 14 [Eigentum, Erbrecht, Enteignung]

(1) Das Eigentum und das Erbrecht werden gewährleistet. Inhalt und Schranken werden durch die Gesetze bestimmt.

(2) Eigentum verpflichtet. Sein Gebrauch soll zugleich dem Wohle der Allgemeinheit dienen.

(3) Eine Enteignung ist nur zum Wohle der Allgemeinheit zulässig. Sie darf nur durch Gesetz oder auf Grund eines Gesetzes erfolgen, das Art und Ausmaß der Entschädigung regelt. Die Entschädigung ist unter gerechter Abwägung der Interessen der Allgemeinheit und der Beteiligten zu bestimmen. Wegen der Höhe der Entschädigung steht im Streitfalle der Rechtsweg vor den ordentlichen Gerichten offen.

Artikel 15 [Sozialisierung]

Grund und Boden, Naturschätze und Produktionsmittel können zum Zwecke der Vergesellschaftung durch ein Gesetz, das Art und Ausmaß der Entschädigung regelt, in Gemeineigentum oder in andere Formen der Gemeinwirtschaft überführt werden. Für die Entschädigung gilt Artikel 14 Abs. 3 Satz 3 und 4 entsprechend.

Artikel 20 [Grundlagen staatlicher Ordnung, Widerstandsrecht]

(1) Die Bundesrepublik Deutschland ist ein demokratischer und sozialer Bundesstaat.

(2) Alle Staatsgewalt geht vom Volke aus. Sie wird vom Volke in Wahlen und Abstimmungen und durch besondere Organe der Gesetzgebung, der vollziehenden Gewalt und der Rechtsprechung ausgeübt.

Arbeitsvorschläge

1. *Nennen Sie Hinweise des Grundgesetzes auf eine Wirtschaftsordnung Deutschlands.*
2. *Unterscheiden Sie Zentralverwaltungswirtschaft und freie Marktwirtschaft.*

M 1 Grundbild der sozialen Marktwirtschaft

1. Die soziale Marktwirtschaft basiert auf den Funktionen eines beweglichen und sich dynamisch entwickelnden Marktes.
2. Die soziale Marktwirtschaft ist angetreten mit dem Anspruch, durch den marktwirtschaftlichen Prozess nicht nur die Gütererzeugung anzuheben, den Bereich persönlicher freier Gestaltungsmöglichkeiten für die Einzelnen zu erweitern, sondern auch soziale Fortschritte zu bringen. [...]
5. Neben den engeren Aufgaben der Wettbewerbssicherung und den weiteren Aufgaben des sozialen Schutzes steht der Staat seit je und heute bewusster als früher vor Aufgaben der Gesellschaftspolitik, um die [...] Lebensumstände für alle zu verbessern [...] Ich nenne Erweiterung der Vermögensbildung, Verbesserungen der Investitionen im Bereiche des Verkehrs, des Gesundheitswesens, Aufwendungen für Bildung und Forschung, Schutz gegen die wachsende Verschlechterung vieler Umweltbedingungen, Städtebauförderung.

Müller-Armack, Alfred: Unser Jahrhundert der Ordnungsexperimente, in: Genealogie der sozialen Marktwirtschaft, Bern, Stuttgart: Haupt, 2. Auflage 1981, S. 150 f. (gekürzt)

Parteiaussagen zur sozialen Marktwirtschaft

M 2 CDU/CSU

„Unser Kompass ist die soziale Marktwirtschaft", betonte Bundeskanzlerin Angela Merkel in ihrer Regierungserklärung im Deutschen Bundestag. Die soziale Marktwirtschaft sei viel mehr als eine Wirtschafts- und Sozialordnung. „Sie verbindet wirtschaftliche Kraft und sozialen Ausgleich. Ihre Prinzipien sind zeitlos."

CDU Deutschlands, Zugriff am 26.09.2017 unter www.cdu.de/artikel/soziale-marktwirtschaft-ist-unser-kompass

M 3 BÜNDNIS 90/DIE GRÜNEN: Ein funktionierender, fairer Wettbewerb ist für uns tragende Säule für eine soziale und ökologische Marktwirtschaft.

Er führt zu niedrigeren Preisen und höherer Qualität. Fairer Wettbewerb ermöglicht Verbraucherinnen und Verbrauchern Wahlfreiheit und schützt sie vor Abzocke und unfairen Geschäftsbedingungen.

Bundestagswahlprogramm 2017 von BÜNDNIS 90/DIE GRÜNEN, Zugriff am 06.10.2017 unter www.gruene.de/programm-2017/a-bis-z/wir-staerken-unsere-wirtschaft.html

M 4 SPD: Warum wir die soziale Marktwirtschaft brauchen

Die soziale Marktwirtschaft, wie wir sie verstehen, ist eine Gegenthese zu einer Gesellschaft, in der der Gewinner alles bekommt und Solidarität ein Fremdwort ist. Unsere Vorstellung der Marktwirtschaft ist die eines Marktes der Vielen gegenüber einem elitären Marktplatz der Wenigen. In der Sprache der neuen sozialen Protestbewegungen gesagt: Die soziale Marktwirtschaft ist die Gesellschaftsform der 99 Prozent gegen den Machtanspruch des 1 Prozent.

Großer Europa-Appell der SPD-Troika (Sigmar Gabriel, Peer Steinbrück, Frank-Walter Steinmeier, Zugriff am 26.09.2017 unter www.spd-rothenbuch.de/meldungen/warum-wir-die-soziale-marktwirtschaft-brauchen/

M 5 DIE LINKE

Wir brauchen einen Richtungswechsel in der Wirtschafts- und Finanzpolitik. [...] Dazu muss die inländische Nachfrage durch eine Umverteilung zugunsten kleiner und mittlerer Einkommen und eine Ausweitung öffentlicher Leistungen gestärkt werden.

DIE LINKE, 1. Entwurf für ein Programm der Partei DIE LINKE, Zugriff am 26.09.2017 unter www.archiv2017.die-linke.de/partei/dokumente/programm-der-partei-die-linke/iv1-wie-wollen-wir-leben-gute-arbeit-soziale-sicherheit-und-gerechtigkeit/aktive-wirtschafts-und-arbeitsmarktpolitik/

M 6 AfD

Wir bekennen uns zur Sozialen Marktwirtschaft im Sinne Ludwig Erhards, die am besten geeignet ist, Wohlstand zu schaffen und zu sichern.

AfD, Wirtschaftspolitik und TTIP, Zugriff am 26 09.2017 unter www.alternative-fuer-bochum.de/faq/wirtschaftspolitik-und-ttip

M 7 FDP

Die Verantwortung gegenüber der Gesellschaft unterscheidet die SMW vom reinen Kapitalismus.

Beschluss des Bundesvorstandes vom 26.05.2014, abgerufen unter www.fdp.de/sites/default/files/uploads/2016/01/25/201-05-26buvoweiterentwicklungdersozialenmarktwirtschaft.pdf

Arbeitsvorschläge

1. *Schreiben Sie die Schlüsselbegriffe aus M 1 heraus.*
2. *Finden Sie die Unterschiede in den Parteiaussagen zur sozialen Marktwirtschaft. Erstelen Sie dazu eine Übersicht. (M 2 bis M 7)*
3. *Welchen Aussagen stimmen Sie zu? Begründen Sie Ihre Antwort.*

1.2 Wirtschaftliche Grundbegriffe

1.2.1 Bedürfnisse als Ursache des Wirtschaftens

Die Bedürfnisse der Menschen gelten als unbegrenzt. Sobald nämlich Bedürfnisse befriedigt werden, treten weitere auf. Es ist wohl in der Natur des Menschen begründet, dass seine Ansprüche wachsen. Bedürfnisse lassen sich als Gefühle des Mangels beschreiben, die von dem Wunsch begleitet sind, den Mangel zu beseitigen. Bedürfnisse können die physische, aber auch die psychische und mentale Ebene des Menschen betreffen. Primärbedürfnisse entstehen aus dem Menschen heraus. Auch äußere Beeinflussungen rufen Bedürfnisse hervor. So kann die Zugehörigkeit des Menschen zu bestimmten sozialen Gruppen (z. B. Familie, Beruf, Gesellschaftsschicht u. a.) unterschiedliche Bedürfnisse entstehen lassen. Auch Werbung beeinflusst unsere Bedürfnisse.

M 1 **Bedürfnisse als Ursache des Wirtschaftens**

Einteilungsmöglichkeiten

nach Dringlichkeit:	**Existenzbedürfnisse** (Primärbedürfnisse)	**Kulturbedürfnisse** (Sekundärbedürfnisse)	**Luxusbedürfnisse** (Sekundärbedürfnisse)
	Nahrung Kleidung Wohnung	Bildung Reisen Konzertbesuch	Sportwagen Kreuzfahrt Frack, Modellkleid
	Abgrenzungen sind fließend, Einordnung nach – allgemeinem Lebensstandard, beruflicher Tätigkeit, Wohnort, ...		
nach gesellschaftl. Befriedigungsmöglichkeiten	**Individualbedürfnisse** Fernsehen	**Kollektivbedürfnisse** Theaterbesuch	
nach individuellen Empfindungen	**materielle Bedürfnisse** Hunger	**immaterielle Bedürfnisse** Ausbildung, Freundschaft	

Individualbedürfnisse

Bedürfnisse eines Einzelnen, wie Lebensmittel, eine Reise, ein Möbelstück

Kollektivbedürfnisse

Gemeinschafts- oder Sozialbedürfnisse, wie Schulen, Krankenhäuser, Umweltschutz, Straßen

Inwieweit der Mensch in der Lage ist, seine Bedürfnisse zu befriedigen, hängt im Allgemeinen von seiner Vermögens- und Einkommenssituation, d. h. von seiner Kaufkraft, ab.
Die Gesamtheit der mit Kaufkraft versehenen Individual- und Kollektivbedürfnisse wird als **Bedarf** bezeichnet. Dieser kann durch den gezielten Erwerb von Gütern gedeckt werden.

M 2 **Vom Bedürfnis zur Nachfrage**

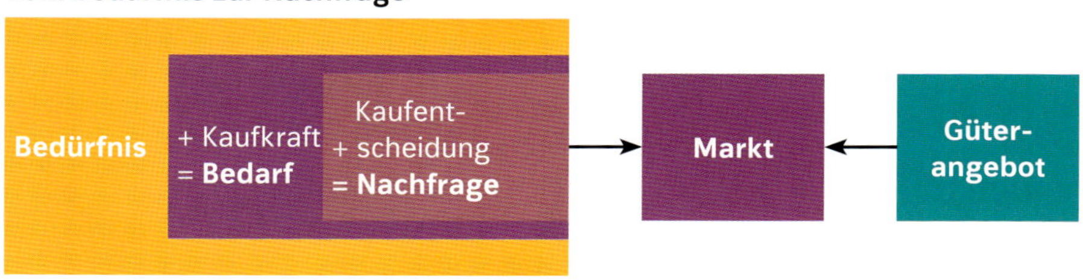

Arbeitsvorschläge

1. *Finden Sie für jede Art von Bedürfnissen weitere Beispiele. (M 1)*
2. *Beziehen Sie Stellung zu der Aussage: „Die Bedürfnisse der Menschen sind unbegrenzt“.*
3. *Stellen Sie den Zusammenhang zwischen Bedürfnis und Nachfrage dar. (M 2)*

1.2.2 Güter

M 1

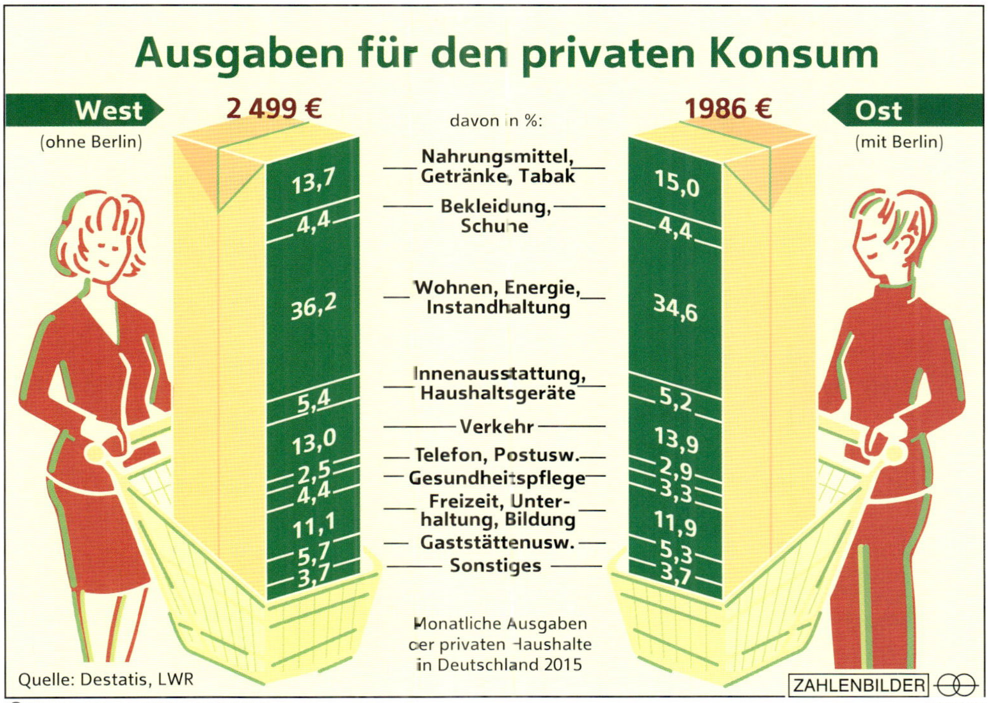

© Bergmoser + Höller Verlag AG 291 137

Fahrräder, Operationen, Beratungsgespräche – das sind Beispiele für Wirtschaftsgüter, in diesem Fall Waren und Dienstleistungen. Wirtschaftsgüter sind oft begehrt und knapp und haben daher einen Preis. Atemluft ist zwar auch begehrt (und saubere Luft ist an manchen Orten auch knapp), aber sie hat keinen Preis; also ist Atemluft kein Wirtschaftsgut, sondern ein freies Gut.

Als Güter bezeichnet man Mittel zur Befriedigung von Bedürfnissen. Sie beseitigen ein bestehendes Mangelgefühl beim Menschen und sind so für den Menschen von Nutzen.

Nicht alle Güter werden durch wirtschaftliche Tätigkeit erstellt. Freie Güter stehen uns in der Natur zur Verfügung (Luft, Sonne, Wind). Für ihre Erlangung muss keine Arbeit aufgewendet werden – deshalb haben sie keinen Preis.

M 2

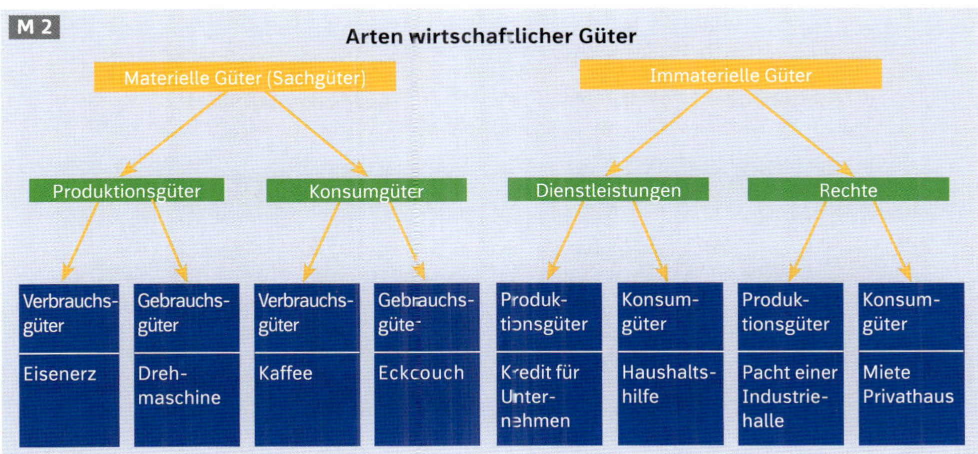

Arbeitsvorschläge

1. *Berechnen Sie den prozentualen Anteil der einzelnen Posten am Gesamtverbrauch der Haushalte in Deutschland. (M 1)*
2. *Ergänzen Sie die Übersicht „Arten wirtschaftlicher Güter" durch weitere Beispiele. (M 2)*

1.2.3 Prinzipien wirtschaftlichen Handelns

Ökonomie (lat.)
Bezeichnung für
1) Wirtschaftswissenschaft
2) Wirtschaftlichkeit
3) wirtschaftliche Struktur

Das ökonomische Prinzip

Die Bedürfnisse der Menschen gelten als unbegrenzt, die Wirtschaftsgüter hingegen sind knapp, da ihre Bereitstellung Kosten verursacht. Dieses Problem lösen private Haushalte und Unternehmen, indem sie sparsam mit den knappen Gütern umgehen, d. h., sie wirtschaften. Dieses planvolle Handeln bezeichnet man als „ökonomisches Prinzip". Dabei werden zwei Einzelprinzipien unterschieden:

Minimalprinzip:	Maximalprinzip:
Es wird versucht, ein gegebenes Ziel mit möglichst wenig (minimalen) Mitteln zu erreichen. Beispiel: Sie definieren genau die Art des gewünschten Gutes und suchen dann nach dem günstigsten Preis dafür.	Es wird versucht, mit gegebenen Mitteln einen größtmöglichen (maximalen) Erfolg zu erreichen. Beispiel: Sie bestimmen den Betrag, den Sie ausgeben wollen (sagen wir 600,00 €), und suchen dann nach dem besten Gut für diesen Preis.

Ökologie (gr.)
Wechselbeziehung zwischen den Organismen und der Umwelt

Das ökologische Prinzip

Die Umwelt steht uns allen zur Verfügung. Freie Güter wie Luft oder Wasser und der Vorrat an Rohstoffen werden durch die fortschreitende Industrialisierung jedoch zunehmend in Mitleidenschaft gezogen. Das ökologische Gleichgewicht ist bedroht.
Wenn sich aber Unternehmen und private Haushalte bei allen wirtschaftlichen Tätigkeiten daran orientieren, die Umwelt so gering wie möglich zu belasten, handeln sie nach dem ökologischen Prinzip.

Produktionsfaktoren

Die Produktion von Waren und Dienstleistungen (Wertschöpfung) erfordert den Einsatz vieler sogenannter „Produktionsfaktoren": Arbeit, Wissen, Management, Kapital, Technologien, natürliche Ressourcen, Boden als Standort usw.
Aus der Verwendung von Produktionsfaktoren entstehen einerseits Kosten, andererseits Einkommen – in der Form von Löhnen, Gehältern, Gewinnen, Zinsen, Mieten, Pachten, Tantiemen (Gewinnanteilen) usw. Das Wachstum der Produktion hängt nicht nur davon ab, ob mehr, sondern auch, ob qualitativ verbesserte Produktionsfaktoren eingesetzt werden.

Volkswirtschaftliche Produktionsfaktoren beziehen sich auf die Gesamtwirtschaft eines Landes, **betriebswirtschaftliche Produktionsfaktoren** auf den betrieblichen Leistungsprozess.

Arbeitsvorschläge

1. *Stellen Sie fest, nach welchem ökonomischen Prinzip in den folgenden Fällen gehandelt wird:*
   a) *Bei der Herstellung von 50 Schutzblechen soll mit möglichst geringem Materialeinsatz gearbeitet werden.*
   b) *Sie möchten einen bestimmten Laptop so günstig wie möglich kaufen.*
   c) *Sie versuchen mit möglichst geringem Einsatz die Facharbeiterprüfung zu bestehen.*
   d) *Ein Unternehmer versucht mit seinem vorhandenen Personal von zwölf Arbeitnehmern den größtmöglichen Umsatz zu erreichen.*
2. *Beurteilen Sie, welche Produktionsfaktoren über den wirtschaftlichen Erfolg Deutschlands entscheiden.*

Produktionsfaktor Boden
Boden ist der Träger der Grundstoffe, auf die letztlich alle Güter zurückgeführt werden können. Sie sind die Produktionsmittel, die von der Natur zur Verfügung gestellt werden (Naturkräfte wie Sonne, Wind, Wasser; Bodenschätze wie Erdgas, Rohöl, Erze; Bodenflächen als Standort für Betriebe oder als landwirtschaftliche Anbauflächen).

Produktionsfaktor Arbeit
Die Grundstoffe für die Güterproduktion müssen der Natur oft mühsam abgerungen werden. Vielfach müssen sie umgeformt und umgewandelt werden, damit sie sich zur Befriedigung menschlicher Bedürfnisse eignen. Schließlich müssen sie dorthin transportiert werden, wo man sie gerade benötigt. Dazu ist körperliche und geistige Arbeit des Menschen erforderlich.

Produktionsfaktor Kapital
Der Produktionsfaktor Kapital umfasst alle materiellen Güter, die nicht sofort verbraucht, sondern als „Mittel" bei der Produktion anderer Sachgüter eingesetzt werden. Man bezeichnet sie deshalb als produzierte Produktionsmittel, wie z. B. Gebäude, Maschinen, Zwischenprodukte.
Es wird also erst durch einen vorübergehenden Konsumverzicht möglich, Kapital zu bilden, um damit später mehr Güter produzieren zu können.

M 1

Betriebswirtschaftliche Produktionsfaktoren
Die Erstellung der betrieblichen Leistung erfolgt durch das Zusammenwirken der betriebswirtschaftlichen Produktionsfaktoren.

betriebswirtschaftliche Produktionsfaktoren			
dispositive Arbeit - Leitung - Planung - Organisation - Kontrolle	**ausführende Arbeit** Tätigkeit zur unmittelbaren Leistungserstellung	**Betriebsmittel** - Grundstücke - Gebäude - Maschinen - Transportmittel u. a.	**Werkstoffe** - Rohstoffe - Hilfsstoffe - Betriebsstoffe - fertige Bestandteile

Arbeitsvorschläge

1. *Geben Sie betriebswirtschaftliche Produktionsfaktoren Ihres Ausbildungsbetriebs an.*
2. *Ordnen Sie folgende Beispiele sowohl den jeweiligen volkswirtschaftlichen als auch den betriebswirtschaftlichen Produktionsfaktoren zu:*
   a) Büroeinrichtung
   b) Arbeitsleistung eines Abteilungsleiters
   c) Lagerbestand an Ersatzteilen
   d) Rohstoffe
   e) Baustellenfahrzeug
   f) Arbeitsleistung
3. *Bearbeiten Sie die Karikatur M 1 mit der Methode „Analyse politischer Karikaturen" (s. S. 246).*

1.2.4 Markt

Um zu überleben, benötigen Menschen Güter (Nahrungsmittel, Bekleidung, Behausung usw.). Um in den Besitz dieser Güter zu kommen, gibt es unterschiedliche Methoden:
- man lässt sie sich schenken,
- man tauscht sie gegen andere Güter bzw. Arbeitsleistungen ein oder
- man greift zu Methoden, die in unserer Gesellschaft verboten sind.

koordinieren – aufeinander abstimmen

Das Tauschprinzip ist typisch für Marktwirtschaften. Märkte sind Veranstaltungen, auf denen Tauschprozesse koordiniert werden: Auf Gütermärkten kann man Güter gegen Geld tauschen, auf Arbeitsmärkten Arbeitsleistungen gegen Geld, auf Finanzmärkten Kapital gegen Geld (Zins). In der Marktwirtschaft steuern Angebot und Nachfrage, Wettbewerb und Preise den Wirtschaftsprozess.
Wenn das Angebot reichlich ist, sinken die Preise. Ist das Angebot knapper, ziehen die Preise an. Neben den konkreten, sinnlich erfahrbaren Wochenmärkten gibt es in „Markt"-Wirtschaften verschiedene „virtuelle" Märkte: Warenmärkte, Dienstleistungsmärkte, Arbeitsmärkte, Finanz- und Kapitalmärkte, Internetmärkte etc. Durch den Wettbewerb zwischen Anbietern und Nachfragern bilden sich die Preise, die ihrerseits das Verhalten der Marktteilnehmer steuern. Nach den gehandelten Gütern werden **Marktarten** unterschieden.

Faktormärkte
- **Arbeitsmärkte (Arbeitskräfte)**
- **Kapitalmärkte (Kredite, ausländische Währungen)**
- **Immobilienmärkte (Grundstücke, Häuser)**

Gütermärkte
- Konsumgütermärkte (Lebensmittel, Autos, Dienstleistungen)
- Produktionsgütermärkte (Maschinen, Rohstoffe)

In der Volkswirtschaftslehre unterscheidet man nach der Anzahl der Marktteilnehmer.

poly = viel
oligo = wenige
mono = einer
(aus dem Griechischen)

Marktformen

Anbieter \ Nachfrager	einer	wenige	viele
einer	**zweiseitiges Monopol** Staat kauft Münzen bei staatlicher Münzanstalt	**beschränktes Angebots-Monopol** Spezialist bewirbt sich bei einigen Firmen	**Angebots-Monopol** Müllabfuhr
wenige	**Beschränktes Nachfrage-Monopol** Stadtverwaltung macht Ausschreibung für einen Schulneubau	**zweiseitiges Oligopol** Autohersteller kaufen Reifen bei Reifenherstellern	**Angebots-Oligopol** Tankstellen
viele	**Nachfrage-Monopol** Bundeswehr kauft Kriegsgerät	**Nachfrage-Oligopol** Getreidemarkt	**Zweiseitiges Polypol** (vollst. Konkurrenz) Wochenmarkt

Marktformen unterscheiden sich nach vollkommenen und unvollkommenen Märkten. Vollkommene Märkte haben folgende Merkmale:
- **homogene Güter:** gleichartig, substituierbar (austauschbar)
- **unbeschränkter Marktzugang:** für jeden erreichbar und zugänglich
- **Markttransparenz:** Preise, Qualitäten, Zahl der Anbieter und Nachfrager sind bekannt
- **keine Präferenzen:** keine Bevorzugung aus persönlichen Gründen

Arbeitsvorschlag

Listen Sie auf, welche Märkte in Ihrem Leben eine Rolle spielen.

1.3 Wirtschaftspolitik

Auch eine Wirtschaftsordnung bedarf einer ständigen Entwicklung und Anpassung an veränderte Bedingungen. Deshalb greift der Staat in das Wirtschaftsgeschehen ein. Dieses staatliche Handeln heißt Wirtschaftspolitik.

M 1 Die fünf wichtigsten Gründe, warum der Staat Wirtschaftspolitik betreibt, sind folgende:

a) die Markt- und Wettbewerbsordnung ist nicht stabil; sie erhält sich nicht von selbst, sondern muss gesichert werden;
b) der Markt funktioniert bei privaten Gütern, aber nicht bei öffentlichen Gütern (z. B. Straßen, Schulbildung, innerer und äußerer Sicherheit usw.); diese müssen deswegen über öffentliche Haushalte und Zwangsabgaben (Steuern) bereitgestellt werden;
c) das wirtschaftliche Verhalten produziert häufig Effekte, die vom Staat möglichst internalisiert werden, z. B. durch Auflagen, Umweltschutzabgaben, Ökosteuern usw.;
d) der Markt führt zu einer sehr ungleichen Einkommens- und Vermögensverteilung;
e) der Markt neigt zu Konjunktur- und Wachstumsschwankungen.

internalisieren (lat.): verinnerlichen, übernehmen (z. B. Meinungen, Normen oder Werte)

M 2

In Deutschland trägt die Bundesregierung in erster Linie die Verantwortung für die Wirtschaftspolitik. Ferner nehmen Länder und Gemeinden durch ihre Ausgaben Einfluss auf die Wirtschaft. Daneben wirken die Tarifparteien mit ihrer Lohnpolitik und die Verbraucher durch ihr Konsumverhalten auf die Wirtschaft ein.

Arbeitsvorschläge

1. *Erklären Sie die fünf wichtigsten Gründe des Staates, Wirtschaftspolitik zu betreiben. (M 1)*
2. *Nennen Sie Beispiele wirtschaftlichen Handelns von Bund, Ländern, Gemeinden sowie Tarifpartnern. Ordnen Sie die Beispiele den Bereichen „staatlicher Wirtschaftspolitik“ zu. (M 2)*

Der Balanceakt der Wirtschaftspolitik

Wirtschaftspolitik umfasst die Ziele und Maßnahmen, die der Staat aus seiner Verpflichtung zur Steuerung der Gesamtwirtschaft ergreift. Diese sind im „Gesetz zur Förderung der Stabilität und des Wachstums", kurz **Stabilitätsgesetz** genannt, festgelegt.

§ 1 Stabilitätsgesetz vom 08.06.1967

„Bund und Länder haben bei ihren wirtschafts- und finanzpolitischen Maßnahmen Erfordernisse des gesamtwirtschaftlichen Gleichgewichtes zu beachten. Diese Maßnahmen sind so zu treffen, dass sie im Rahmen der marktwirtschaftlichen Ordnung gleichzeitig zur **Stabilität des Preisniveaus**, zu einem **hohen Beschäftigungsstand** und **außenwirtschaftlichem Gleichgewicht** bei stetigem und angemessenem **Wirtschaftswachstum** beitragen."

Der Staat muss sich darum kümmern, dass die vier genannten Ziele erreicht werden. Weil sich seit der Verabschiedung des Gesetzes im Jahre 1967 Wirtschaft und Gesellschaft erheblich verändert haben, meinen viele politische Gruppierungen, dass heute zwei weitere Ziele genauso wichtig sind: die **gerechte Verteilung von Einkommen und Vermögen** sowie die **Erhaltung einer lebenswerten Umwelt**.

Zur Erleichterung der Entscheidungen der Bundesregierung und zur Information der Öffentlichkeit wurde 1963 der Sachverständigenrat zur Begutachtung der gesamtwirtschaftlichen Entwicklung geschaffen. Seine Mitglieder, im Volksmund die „Fünf Weisen" genannt, werden auf Vorschlag der Bundesregierung vom Bundespräsidenten ernannt. Der Rat berichtet mindestens einmal im Jahr in einem Gutachten über die aktuelle wirtschaftliche Lage, gibt Hinweise auf die zu erwartende Wirtschaftsentwicklung und Anregungen zur Wirtschaftspolitik. Auch die Tarifparteien erhalten Hinweise zur Lohnpolitik.

1.4 Ziele der Wirtschaftspolitik

Gegen die sechs Ziele der Wirtschaftspolitik wird sicher niemand etwas einwenden wollen. Das Wort „magisch" beim Sechseck meint aber, dass es der Zauberei bedürfe, alle Ziele gleichzeitig zu erreichen. Welches Ziel Vorrang hat, darüber sind sich die Regierung, die Oppositionsparteien und die Verbände selten einig. Die Wirtschaftspolitik konzentriert sich deshalb meist auf die Ziele, die am stärksten gefährdet sind.

Arbeitsvorschläge

1. *Bringen Sie die sechs Ziele der Wirtschaftspolitik in eine begründete Reihenfolge.*
2. *Beschreiben Sie Abhängigkeiten zwischen den sechs Zielen.*
3. *Überprüfen Sie die Erreichung der sechs Ziele in der gegenwärtigen wirtschaftlichen Lage.*

1.4.1 Wirtschaftswachstum (Konjunktur)

Die wirtschaftliche Entwicklung in den Industriestaaten ist Schwankungen unterworfen, deren Ursachen vielfältig sind (siehe grafische Darstellung). Der Verlauf des Wirtschaftswachstums wird als **Konjunktur** bezeichnet.

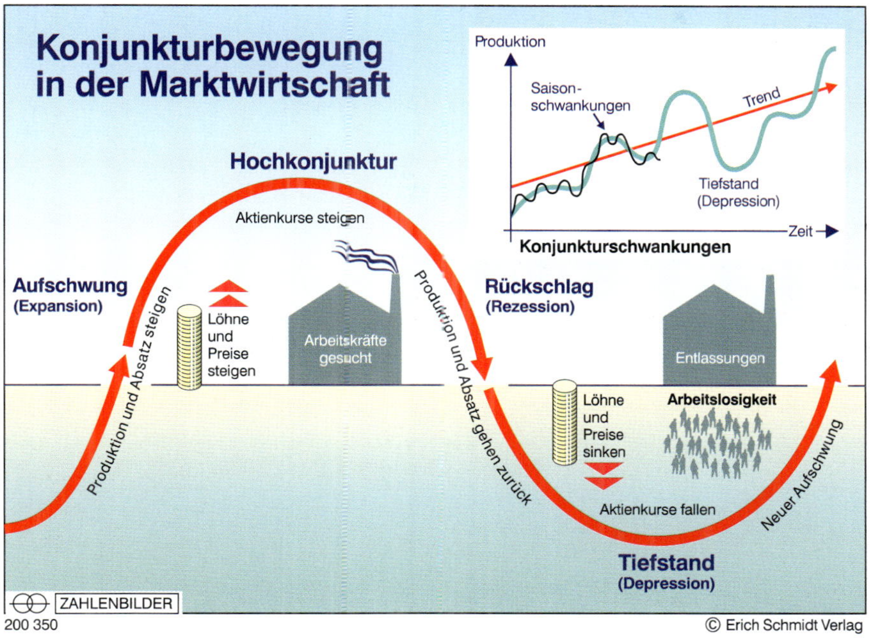

Ziel der staatlichen Wirtschaftspolitik ist es, die Schwankungen des Wirtschaftsverlaufs – die konjunkturellen Auf- und Abschwünge – möglichst kleinzuhalten und ein gleichmäßiges Wirtschaftswachstum zu erreichen.

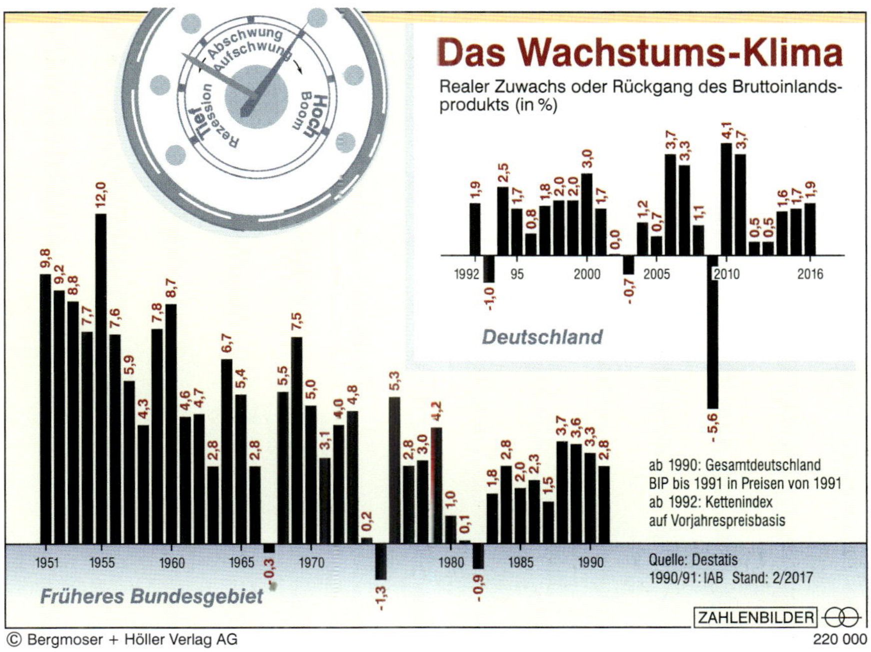

Biblische Wirtschaftslagen

Wechselnde Wirtschaftslagen sind seit alters her bekannt. Schon das Alte Testament beschreibt die Träume des Königs Pharao von den sieben fetten Kühen, die von sieben mageren gefressen werden. Auf die Deutung des Traums durch den jüdischen Josef reagierte der Pharao zeitgemäß: Die Überschüsse der sieben fetten Jahre sollten für die folgenden sieben Notjahre gelagert werden.

Arbeitsvorschlag

Beschreiben Sie die gegenwärtige konjunkturelle Lage.

Staatliche Konjunkturpolitik

Die Beratungen über den Bundeshaushalt gehören zu den wichtigsten Debatten im Bundestag, da dieser Einnahmen- und Ausgabenplan die wesentlichen Eckpfeiler für die Politik des kommenden Jahres setzt. Die Steuer- und Ausgabenpolitik ist das Instrument des Staates, um aktive Konjunkturpolitik zu betreiben.

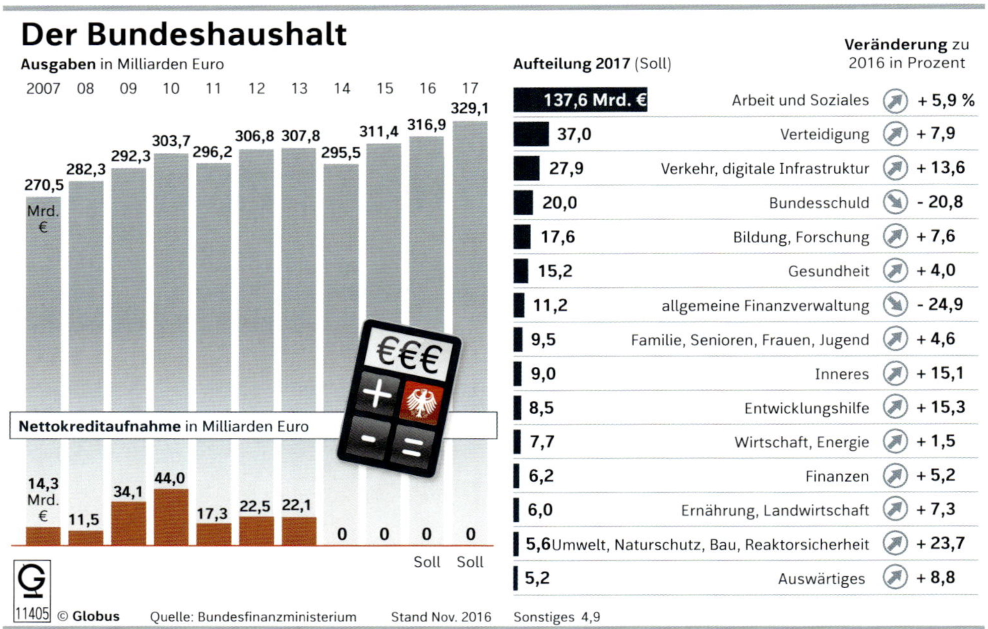

In der Konjunkturpolitik gibt es unterschiedliche Ansätze, die miteinander konkurrieren. Die **Angebotspolitik** zielt darauf ab, die gesamtwirtschaftliche Nachfrage auf einem hohen Niveau zu halten. Ihr Ziel ist es, die Angebotsbedingungen der Wirtschaft zu verbessern, also günstigere Voraussetzungen dafür zu schaffen, dass neue und bessere Güter angeboten werden; dadurch können Wachstum und Beschäftigung zunehmen.

Wenn die Angebotsbedingungen für die Unternehmen günstig sind, dann erhöht das ihre Rentabilität und damit ihre Neigung zu investieren; dies ist Voraussetzung für mehr Wachstum und Beschäftigung. Zur Angebotspolitik gehören deswegen Steuersenkungen, Verringerung der Lohnnebenkosten (Lohnkosten, Sozialabgaben), Deregulierung, Flexibilisierung, Modernisierung der Infrastruktur und der Berufsausbildung sowie die allgemeine Verbesserung der Standortbedingungen.

Deregulierung = weniger Regulierungen

Dem **Keynesianismus** zufolge hängt die Beschäftigung von der Produktion ab und die Produktion von der Nachfrage. Wenn es den Unternehmen an Nachfrage fehlt und sie deswegen weniger produzieren und Arbeitskräfte entlassen, dann muss der Staat dafür sorgen, dass die gesamtwirtschaftliche Nachfrage wieder steigt. Das kann er tun, indem er die Staatsausgaben erhöht. Sollte dies zu Haushaltsdefiziten führen und die Staatsverschuldung erhöhen, dann muss man das eben in Kauf nehmen. Wenn die Krise überwunden ist, erhöhen sich auch wieder die Steuern und damit die Einnahmen des Staates. Aus Haushaltsüberschüssen können die Schulden dann wieder getilgt werden.

Keynesianismus

Als Keynesianismus wird eine staatliche Wirtschaftspolitik bezeichnet, die darauf ausgerichtet ist, die Nachfrage nach Gütern und Dienstleistungen zu beleben und so die Wirtschaft anzukurbeln. Die theoretische Grundlage lieferte der englische Wirtschaftswissenschaftler John Maynard Keynes in den 30er-Jahren des 20. Jahrhunderts.

Arbeitsvorschläge

1. *Erarbeiten Sie geeignete Maßnahmen zur Steuerung der gegenwärtigen Konjunktur und präsentieren Sie diese.*
2. *Sammeln Sie Pro- und Kontra-Argumente zu folgender These: „Der Staat soll in die Wirtschaft eingreifen, wenn Tausende von Arbeitsplätzen auf dem Spiel stehen!“*

1.4.2 Vollbeschäftigung

Wenn in einem Land für alle Erwerbstätigen genügend Arbeitsplätze zur Verfügung stehen, also für jeden Menschen Arbeit vorhanden ist, dann sprechen wir von „Vollbeschäftigung“. Nun wird es sicherlich immer Menschen geben, die aus den verschiedensten Gründen keinen Arbeitsplatz haben, z. B. weil sie ihr Arbeitsverhältnis gelöst haben, um sich einen anderen Arbeitsplatz zu suchen.

So spricht man selbst bei einer Arbeitslosenquote von 2 % bis 3 % der unselbstständigen Erwerbspersonen noch von Vollbeschäftigung. Andere Volkswirte setzen aber die Grenze schon bei 1 % an.

M 1 Erwerbstätigkeit

Beteiligung der Bevölkerung am Erwerbsleben

	Bevölkerung	Erwerbspersonen	Erwerbslose	Erwerbstätige		
				zusammen	davon	
					Arbeitnehmer/-innen (%)	Selbstständige (%)
1991	79 973	41 023	2 172	38 851	90,8	9,2
1996	81 466	41 361	3 471	37 890	89,8	10,2
2001	81 517	42 726	3 059	39 667	89,9	10,1
2006	81 173	43 663	4 104	39 559	88,7	11,3
2011	80 275	43 933	2 399	41 534	89,0	11,0
2012	80 426	44 231	2 224	42 007	89,1	10,9
2013	80 646	44 451	2 182	42 269	89,5	10,5
2014	80 983	44 730	2 090	42 640	89,7	10,3
2015	81 589	44 938	1 950	42 988	89,9	10,1

Statistisches Bundesamt, Wiesbaden, 2016: Statistisches Jahrbuch 2016, S. 348

Beteiligung der Bevölkerung am Erwerbsleben

Die Bevölkerung gliedert sich in Erwerbspersonen und Nichterwerbspersonen. Die Erwerbspersonen umfassen die Erwerbstätigen und die Erwerbslosen (Arbeitslosen). Nichterwerbspersonen sind alle Personen, die keinerlei auf Erwerb gerichtete Tätigkeit ausüben.

M 2 Kommen paradiesische Zeiten für Beschäftigte? Leider nein!

[...] 42,6 Millionen Erwerbstätige – das ist Rekord. Bald erreichen die geburtenstarken Jahrgänge das Rentenalter und kleinere Jahrgänge folgen nach. Dann könnten viele Stellen unbesetzt bleiben, weil Fachkräfte fehlen. [...] Headhunter und Unternehmen werden künftig um Beschäftigte werben. Doch gute Ausbildung schützt nicht vor Jobverlust. Akademiker verlieren im Schnitt genauso häufig ihren Arbeitsplatz wie Ungelernte. Sie finden nur schneller einen neuen – wenn sie dafür oft weit wegziehen. Flexibilität der Arbeitnehmer wird immer wichtiger auf dem Arbeitsmarkt. Viele Forscher meinen, es werde immer weniger Festanstellungen auf Lebenszeit geben. Das kann herausfordernd und abwechslungsreich sein. Für viele aber wird das bedeuten: Kein fester Arbeitsplatz, kein stetiger Gehaltsanstiegs mit dem Alter. Etwa die Hälfte aller neu Eingestellten bekommt nur noch befristete Verträge. Außerdem wächst die Zahl der Leiharbeiter, Teilzeitarbeiter und freien Mitarbeiter. Dadurch steigt die Angst vor Arbeitsplatzverlust. Die Situation ist paradox. Viele verspüren trotz gestiegener Arbeitsplatzzahlen nicht mehr Sicherheit, sondern sogar weniger. [...]

Nadine Oberhuber © ZEIT ONLINE (www.zeit.de) vom 11. März 2015: „Arbeitsmarkt ohne Arbeitslose“

Arbeitsvorschlag

1. *Stellen Sie die Tabelle M 1 als Kurvendiagramm dar.*
2. *Fassen Sie den Text M 2 zusammen und nehmen Sie dazu Stellung.*

Arten der Arbeitslosigkeit

© Erich Schmidt Verlag 258 200

Strukturelle Arbeitslosigkeit. Vollzieht sich in einem Wirtschaftszweig ein grundlegender Wandel, wie z. B. im Bergbau oder in der Stahlindustrie, so spricht man von einem Strukturwandel. Die Gliederung, der Aufbau des Wirtschaftszweigs hat sich geändert. Entsprechend wird die Art der Arbeitslosigkeit nach ihrer Ursache als strukturelle Arbeitslosigkeit bezeichnet.

Konjunkturelle Arbeitslosigkeit. Die Entwicklung der Wirtschaft in den westlichen Industriestaaten ist Schwankungen unterworfen, deren Ursachen vielfältig sind. Der Verlauf der wirtschaftlichen Entwicklung wird als Konjunktur bezeichnet. Der wirtschaftliche Abschwung hat regelmäßig eine Zunahme der Arbeitslosigkeit zur Folge. Die Arbeitslosigkeit eines Bauarbeiters, die durch einen allgemeinen Rückgang der Bautätigkeit hervorgerufen wird, bezeichnet man nach ihrer Ursache als konjunkturelle Arbeitslosigkeit.
Vorhandene Stellen in den Unternehmen können nicht besetzt werden, weil die Produktionskapazitäten schlecht ausgelastet sind. Es fehlt an Nachfrage, also wird weniger produziert, also benötigen die Unternehmen auch weniger Arbeitskräfte: Sie stellen nicht ein, sondern sie entlassen Mitarbeiter.

Saisonale Arbeitslosigkeit. Wenn Beschäftigungsschwankungen auf jahreszeitliche Einflüsse oder Witterungsverhältnisse zurückzuführen sind, so spricht man von saisonaler Arbeitslosigkeit. Beispiele dafür sind Wald- und Forstwirtschaft, Baugewerbe, Tourismusbranche u. a.

Mismatch-Arbeitslosigkeit. Ursächlich sind hier die Unterschiede zwischen den Merkmalen der Arbeitslosen und den Anforderungen bei den offenen Stellen; viele Arbeitslose können die Qualifikationsanforderungen nicht erfüllen. Bei dieser „Mismatch"-Arbeitslosigkeit gibt es also sowohl offene Stellen als auch Arbeitslose, aber beide passen nicht zusammen.

Friktionelle Arbeitslosigkeit. Der Arbeitsmarkt ist ständig in Bewegung. Wenn der Übergang von einer Arbeitsstelle in eine andere nur durch eine Zwischenphase möglich ist, spricht man von friktioneller Arbeitslosigkeit. Die Ursache dieser Arbeitslosigkeit sind Friktionen (= Hemmnisse, Widerstände) auf dem Arbeitsmarkt. Wegen dieser Friktionen kommt es zu Verzögerungen bei der Besetzung vorhandener offener Stellen durch Arbeitslose: Passende Stellen müssen erst gefunden werden, dann müssen sich die Arbeitslosen bewerben, gegebenenfalls müssen sie umziehen, wenn die Stelle in einer anderen Stadt liegt usw.

Arbeitsvorschläge

1. *Welche Arten von Arbeitslosigkeit treten Ihrer Meinung nach in dem Bundesland, in dem Sie leben, besonders deutlich hervor? Nennen Sie Beispiele.*
2. *Ermitteln Sie die Arbeitslosenquote Ihrer Heimatregion und stellen Sie die Besonderheiten des regionalen Arbeitsmarktes zusammen, die für diese Situation maßgeblich sind.*

Mindmap

Die Mindmap dient zur Erschließung und Darstellung von Themengebieten. Sie ist eine Methode, um Inhalte zu strukturieren und zu veranschaulichen.
Die Mindmap wird auf unliniertem Papier im Querformat erstellt. In der Mitte steht das zentrale Thema. Davon ausgehend werden die Hauptthemen mit Hauptlinien verbunden. Jede Linie entspricht einem Schlüsselbegriff. Daran schließen sich in dünner werdenden Linien die zweite Gedankenebene und weitere Gedankenebenen (Unterthemen) an.

Tipps zur Gestaltung einer Mindmap

Schrift: Am besten in gut leserlichen Druckbuchstaben schreiben.
Farbe: Hauptthemen und Unterthemen können farblich voneinander abgesetzt werden.
Aufteilung: Zentrale Themen möglichst gleichmäßig um das Hauptthema platzieren.
Zeichen: Alles, was nicht viel Platz benötigt, kann eingefügt werden.

Mindmap „Wünsche für meine Ausbildung“

Arbeitsvorschlag

Erstellen Sie eine Mindmap zum Thema „Die Wirtschaftspolitik Deutschlands“. Präsentieren Sie Ihr Ergebnis in der Klasse.

1.4.3 Der Wert des Geldes – Geldwertstabilität

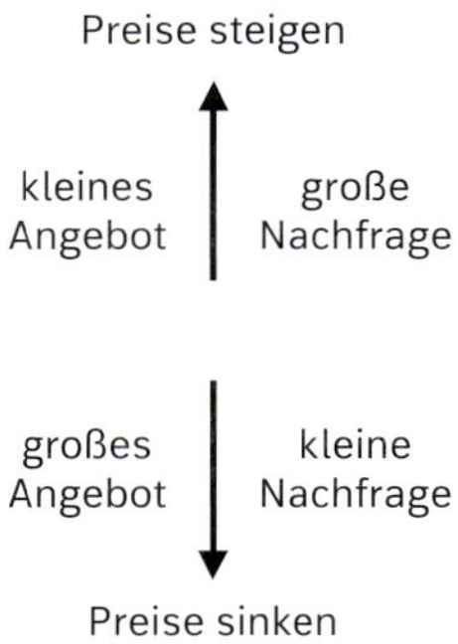

Neben der Höhe der Einkommen bestimmt die Stabilität des Geldwertes unseren Lebensstandard, die **Kaufkraft** des Geldes. Sie ist abhängig von der allgemeinen Preisentwicklung. Diese folgt in der Marktwirtschaft dem Prinzip von Angebot und Nachfrage, wenngleich viele Preise auch staatlich beeinflusst sind, z. B. die Benzinpreise durch Steuern.

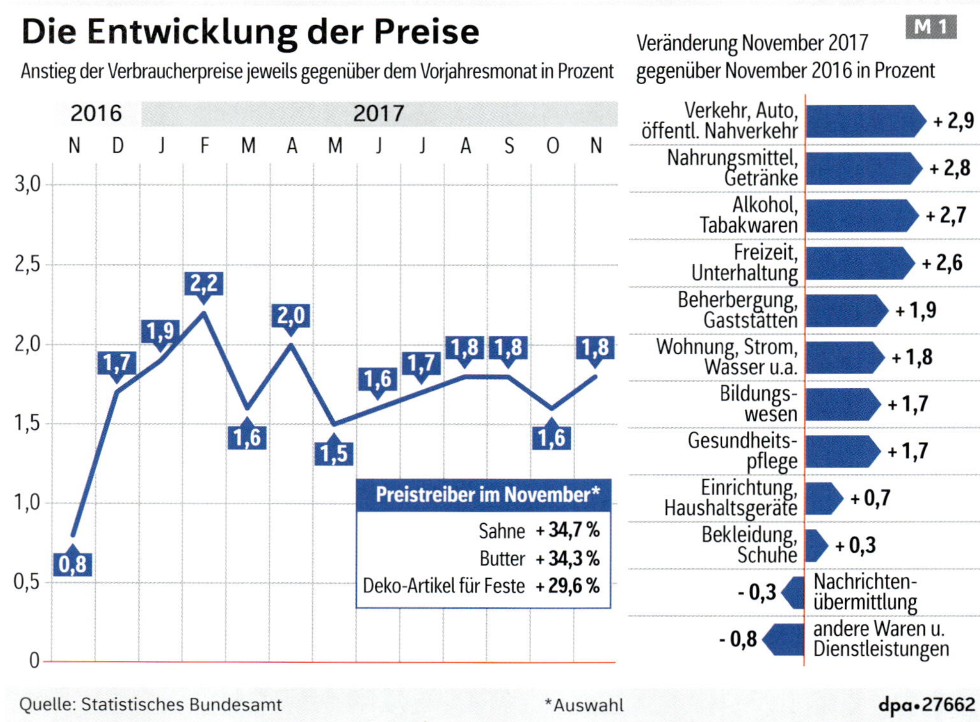

M 2 Inflationsgewinner und -verlierer

Verlierer von Inflation sind vor allem die Gläubiger, die feste Geldforderungen gegenüber Dritten haben. Dazu zählen **Arbeitnehmer, Inhaber von Sparguthaben, Rentner und Vermieter**. Im Gegensatz dazu zählen **Schuldner, Besitzer von Sachvermögen** sowie der **Staat** zu den **Inflationsgewinnern**.

Die **Europäische Zentralbank (EZB)** bestimmt durch ihre **Geldpolitik** die Preisentwicklung der 19 Mitgliedstaaten der **Eurozone**. Vorrangiges Ziel ist, die Preisstabilität mit einer Inflationsrate unter 2 % zu gewährleisten.

Ihr wichtigstes Mittel ist der Leitzins, zu dem sich Banken von der EZB Geld leihen können. 2017 lag er bei 0 % Zinsen. Dadurch sollte vor allem den Krisenländern Südosteuropas geholfen werden, ihr Wirtschaftswachstum anzukurbeln. Parken Banken überschüssiges Geld bei der EZB, müssen sie dafür Strafzinsen zahlen.

Arbeitsvorschläge

1. *Erläutern Sie einem Partner/einer Partnerin, warum die Stabilität des Geldwertes unseren Lebensstandard beeinflusst.*
2. *Erklären Sie, wie Preisveränderungen ermittelt werden. (M 1)*
3. *Begründen Sie, warum es bei Preissteigerungen Gewinner und Verlierer gibt. (M 2)*
4. *Überprüfen Sie Auswirkungen der Zinspolitik der EZB für Verbraucher, Sparer, Unternehmen und Staat.*

1.4.4 Außenwirtschaftliches Gleichgewicht

Das Ziel eines außenwirtschaftlichen Gleichgewichts ist Bestandteil des Stabilitäts- und Wachstumsgesetzes und stellt damit einen wichtigen Teil des magischen Vierecks dar.

M 1 Das außenwirtschaftliche Gleichgewicht kennzeichnet zwei Situationen zwischen Staaten mit wirtschaftlichen Beziehungen.

- Vom Ausland gehen keine negativen Wirkungen auf die binnenwirtschaftliche Entwicklung des eigenen Landes aus. Somit liegt ein außenwirtschaftliches Gleichgewicht dann vor, wenn vom Ausland weder Inflation, Arbeitslosigkeit noch eine Wirtschaftskrise in die Binnenwirtschaft hereingetragen werden.
- Vom Inland gehen keine negativen Wirkungen auf die wirtschaftliche Entwicklung des Auslands aus (d. h. kein Export heimischer Inflation, heimischer Beschäftigungsprobleme bzw. keine exportierte Wachstumsschwäche). Eine Politik, die die heimischen Probleme auf Kosten des Nachbarn löst, wird auch als „beggar my neighbour policy" bezeichnet.

M 2 **Zahlungsbilanz**

In der **Zahlungsbilanz** werden die wirtschaftlichen Transaktionen eines Landes mit dem Ausland erfasst. Die wichtigsten Daten werden monatlich von der Deutschen Bundesbank veröffentlicht. Die Gesamtübersicht setzt sich aus Einzelangaben über die Leistungsbilanz sowie die Kapitalbilanz zusammen. Zur Leistungsbilanz zählen:

- der Außenhandel (Waren-Einfuhren und -Ausfuhren),
- die Dienstleistungen, die vor allem die Touristenausgaben, aber beispielsweise auch Lizenzgebühren und Frachten sowie Kapitalerträge umfassen,
- die Übertragungen, in denen sich insbesondere Lohnüberweisungen der Gastarbeiter in ihre Heimatländer und Beiträge des Bundes an internationale Organisationen niederschlagen.

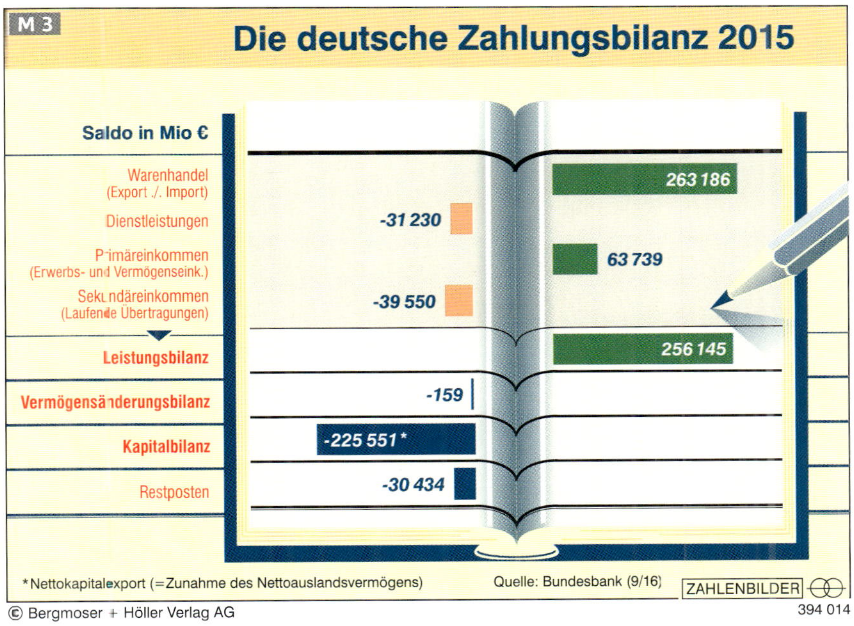

© Bergmoser + Höller Verlag AG

In der Kapitalbilanz werden der Zufluss und der Abfluss von Kapital (Direktinvestitionen, Wertpapieranlagen) und der Kreditverkehr mit dem Ausland verbucht.
Während der Außenhandel der Bundesrepublik durch hohe Exportüberschüsse gekennzeichnet ist, verursachen die Ausgaben für Dienstleistungen und Übertragungen an das Ausland hohe Defizite.

Arbeitsvorschläge

1. *Erklären Sie die Bedeutung eines außenwirtschaftlichen Gleichgewichts für ein Land. (M 1)*
2. *Zeigen Sie auf, welche Informationen in der Zahlungsbilanz verarbeitet werden. (M 2)*
3. *Erläutern Sie die Grafik M 3.*

1.4.5 Gerechte Einkommens- und Vermögensverteilung

Um die Verteilung des Volkseinkommens wird in den Tarifauseinandersetzungen zwischen den Gewerkschaften und den Arbeitgeberverbänden ständig gekämpft. Die Leistung und Qualifikation des Arbeitnehmers einerseits und die Erfolge der Gewerkschaften bei der Lohnpolitik andererseits entscheiden darüber, wie viel Geld dem einzelnen Arbeitnehmer vom gesamten Volkseinkommen zufließt. Der Staat greift in diesen Streit nicht direkt ein, er respektiert die Tarifautonomie. Diese „primäre" Verteilung des Einkommens nimmt aber keine Rücksicht auf den besonderen Bedarf bestimmter Personengruppen.

M 1 Armut in Deutschland

Eine Person gilt nach der EU-Definition als armutsgefährdet, wenn ihr weniger als 60 % des mittleren Einkommens der Gesamtbevölkerung zur Verfügung stehen. In Deutschland verläuft die Armutsgrenze derzeit bei Alleinstehenden bei einem Nettoeinkommen von rund 1 000,00 € pro Monat; im Falle eines Paares mit zwei Kindern bei etwa 2 000,00 €. Somit gelten rund 16 Millionen Menschen in Deutschland als arm, davon ca. 2.5 Millionen Kinder.

M 2 Armuts- und Reichtumsbericht

Wer mehr Geld hat, dessen Interessen werden bei politischen Entscheidungen in Deutschland stärker berücksichtigt. [...] „In Deutschland beteiligen sich Bürgerinnen mit unterschiedlichem Einkommen nicht nur in sehr unterschiedlichem Maß an der Politik, sondern es besteht auch eine klare Schieflage in den politischen Entscheidungen zulasten der Armen. Damit droht ein sich verstärkender Teufelskreis aus ungleicher Beteiligung und ungleicher Responsivität, bei dem sozial benachteiligte Gruppen merken, dass ihre Anliegen kein Gehör finden und sich deshalb von der Politik abwenden – die sich in der Folge noch stärker an den Interessen der Bessergestellten orientiert."

Deckwirth, Christina: Armuts- und Reichtumsbericht: Bundesregierung zensiert unliebsame Studie, 15.12.2016, Zugriff am 27.09.2017 unter www.lobbycontrol.de/2016/12/armuts-und-reichtumsbericht-bundesregierung-zensiert-unliebsame-studie/ (gekürzt)

M 2

Die Vermögenspolitik soll die ungleiche Vermögensverteilung mildern. Sie soll eine möglichst gerechte Vermögensverteilung erreichen. Grundsätzlich ist dabei von einer Gesellschaft zu klären, was hinsichtlich der Verteilung der Vermögen als gerecht angesehen wird. Mittel der Vermögenspolitik sind die Vermögensumverteilung und die Vermögensbildung. Vermögensumverteilung erfolgt durch Steuern, wie z. B. die Erbschaftsteuer, Vermögensbildung durch staatliche Sparförderung. Dabei zahlt der Staat z. B. eine Arbeitnehmersparzulage, wenn bestimmte Einkommensgrenzen nicht überschritten werden.

Arbeitsvorschläge

1. *Beschreiben Sie in einem kurzen Aufsatz, was Sie unter einer „gerechten Einkommens- und Vermögensverteilung" verstehen. (M 1, M 2)*
2. *Bearbeiten Sie die Karikatur M 3 mithilfe der Methode „Analyse politischer Karikaturen" (siehe S. 246).*
3. *Finden Sie mithilfe der Methode „WebQuests" unterschiedliche Forderungen von Parteien zur gerechten Einkommens- und Vermögensverteilung heraus.*

1.4.6 Umweltschonung und -erhaltung

M 1

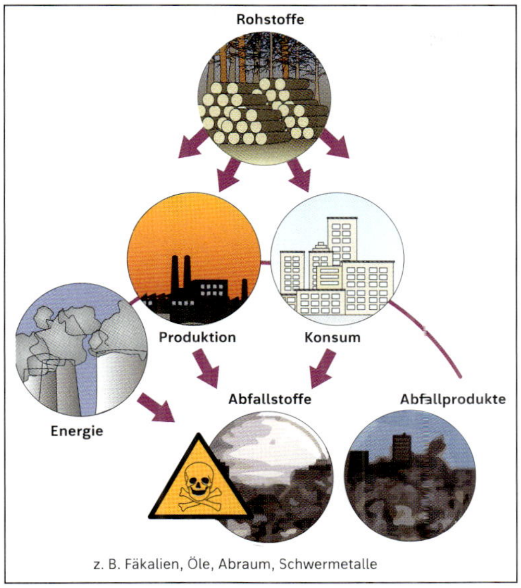

In der „Wirtschaftsweise" der Natur wird ständig produziert, konsumiert und abgebaut, ohne dass unverträgliche „Abfälle" oder Schadstoffe zurückbleiben. Verglichen damit ist die industrielle Art des Produzierens und Konsumierens noch weitgehend eine „Einbahnstraße". Hochkonzentrierte Stoffe werden der Natur entnommen, unter großem Aufwand an Energie zu Gütern umgeformt und veredelt. Was nach dem Gebrauch übrig bleibt, ist „Müll". Diese Vorgänge sind begleitet von energieintensiven Personen- und Gütertransporten und Abfallstoffen verschiedenster Art.

In den **60er-Jahren** bezieht sich klassisches umweltpolitisches Denken und Handeln zunächst auf die vielfältigen Gefährdungen lokaler und regionaler Naturstücke, wie die Schadstoffbelastung von Böden, Wasser, Luft und der Wälder oder die Zerstörung einzelner komplexer Biotope. Doch bereits zu Beginn der **70er-Jahre** globalisiert sich die Umweltfrage mit der Sorge um die Erschöpfung natürlicher Ressourcen, wie der Club of Rome sie in seiner 1972 veröffentlichten Studie „Grenzen des Wachstums" formulierte. Als Reaktion auf diesen Bericht und die Weltumweltkonferenz 1972 in Stockholm entwickelte das im selben Jahr gegründete Umweltprogramm der Vereinten Nationen (UNEP) den Ecodevelopment-Ansatz, den Vorläufer nachhaltiger Entwicklung.
Ende der **80er-Jahre** rücken neben der Sorge um die Verknappung natürlicher Ressourcen zunehmend die Probleme einer begrenzten Aufnahmekapazität von Umwelträumen für Abfall- und Schadstoffe in den Vordergrund. Zugleich geraten immer komplexere Schadensmuster und globale ökologische Probleme in den Blick, allen voran Klimaveränderungen, der Verlust der biologischen Vielfalt, Süßwasserknappheit, Überfischung und Verschmutzung der Weltmeere, fortschreitende Entwaldung usw.
Der Brundtland-Bericht „Unsere gemeinsame Zukunft", vorgelegt 1987, fasst die bisherige internationale Debatte in einer Kernformel zusammen: **„Dauerhafte Entwicklung ist Entwicklung, die die Bedürfnisse der Gegenwart befriedigt, ohne zu riskieren, dass künftige Generationen ihre eigenen Bedürfnisse nicht befriedigen können."**
Mit der UN-Konferenz zu Umwelt und Entwicklung 1992 nimmt die internationale Staatengemeinschaft nachhaltige Entwicklung als politische Leitidee an. Mit der UN-Konferenz von Rio sollen die politischen Weichen zu einer globalen Partnerschaft auf dem Weg zu einer ökonomisch, ökologisch und sozial verträglichen Entwicklung gestellt werden.
Auf der Rio-Konferenz ist deutlich geworden, dass eine nachhaltige Entwicklung nur durch ein weltweites Aktionsprogramm erreicht werden kann. Mit der in Rio verabschiedeten **Agenda 21** werden detaillierte Handlungsaufträge gegeben, um einer weiteren Verschlechterung der Situation des Menschen und der Umwelt entgegenzuwirken und eine nachhaltige Nutzung der natürlichen Ressourcen sicherzustellen.

Das Industrieland Deutschland hat bereits einige Schritte in Richtung Energiewende getan. Über 33 % des Stroms wird aus erneuerbaren Energien gewonnen, vor allem Strom aus Wind und Sonne. Bei der Umsetzung der Energiewende im Bereich Wärme und Verkehr ist Deutschland allerdings noch nicht weit vorangekommen.

Arbeitsvorschläge

1. *Erklären Sie das Schaubild M 1.*
2. *Gestalten Sie einen Zeitstrahl zur Entwicklung umweltpolitischen Denkens und Handelns und präsentieren Sie Ihr Ergebnis.*

2 Betriebe in Wirtschaft und Gesellschaft

2.1 Arten von Betrieben

M 1 Betrieb	Sektoren der Wirtschaft	Wirtschaftliche Leistungen
landwirtschaftlicher Betrieb **forstwirtschaftlicher Betrieb** **Fischereibetrieb (Urproduktion)**	primär	vorwiegend Erzeugung von Konsumgütern Erzeugung von Grundstoffen
Steinkohlebergwerk (Urproduktion) **Handwerksbetrieb** **Industriebetrieb**	sekundär	Abbau von Grundstoffen Herstellung von Sachgütern, als - Konsumgüter zum Verbrauch in den Haushalten - Produktionsgüter zum Einsatz in den Betrieben
Handelsbetrieb **Dienstleistungsbetrieb**	tertiär tertiär	Verteilung, Lagerung und Verkauf von Gütern und Dienstleistungen Wartung, Reparatur, Serviceleistung, z. B. bei Kreditinstituten, Versicherungs-, Verkehrs- und Nachrichtenbetrieben

In Betrieben werden durch die Kombination der Produktionsfaktoren Arbeit, Boden (Natur) und Kapital Güter und Dienstleistungen erstellt, die auf dem Markt angeboten werden.
Anders gesagt: Betriebe sind **Produktionsstätten** mit einer Organisation, mit Menschen, Geräten, Maschinen, Gebäuden und Anlagen an einem bestimmten Standort.
Betriebe können z. B. ein Einzelhandelsgeschäft, eine Autowerkstatt, ein Architekturbüro oder ein landwirtschaftlicher Betrieb sein. In ihnen wird eine Ware verkauft, ein Auto repariert, ein Gebäude entworfen und Getreide geerntet.

Betriebe werden in drei Sektoren eingeteilt.
- Zum **primären Sektor** zählen Land- und Forstwirtschaft, Fischerei und die Gewinnung von Steinen und Erden. Der Bergbau gehört eigentlich auch dazu, wird aber dem
- **sekundären Sektor** (Verarbeitung) zugerechnet.
- Den **tertiären Sektor** bilden Handel, Dienstleistungen und staatliche Einrichtungen.

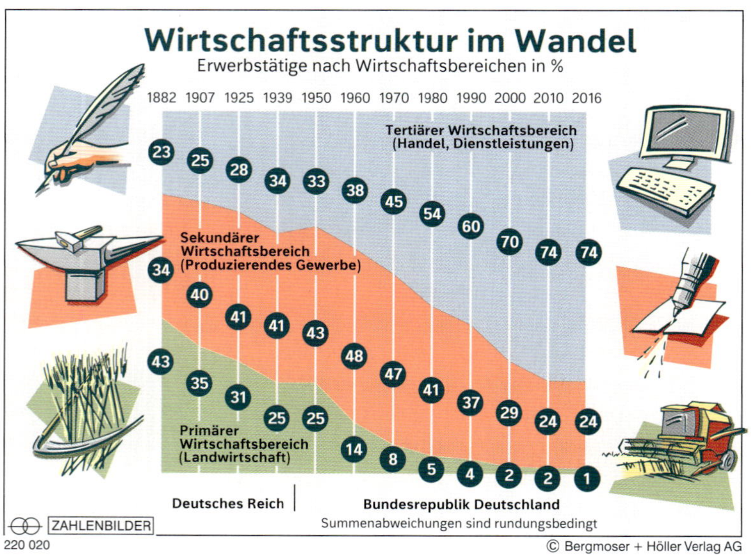

M 2 Während in Deutschland um das Jahr 1800 der **primäre Sektor** noch etwa 75 % der gesamten Wirtschaftsleistung erbrachte (Agrargesellschaft), sind es 2018 nur noch knapp 1 %. Immer weniger Landwirte versorgen immer mehr Menschen.

Bis in die Mitte des vorigen Jahrhunderts hat zunächst der **sekundäre Sektor** zugenommen und einen Anteil von fast 50 % der Gesamtwirtschaft erreicht. (Industriegesellschaft). Dieser Anteil ist zwar auf rund 30 % gesunken, ist aber immer noch ein wichtiger Garant für wirtschaftliche Stabilität.

Mit dem **Dienstleistungssektor**, dessen Anteil auf 69 % gestiegen ist, hat sich Deutschland zu einer hoch entwickelten Volkswirtschaft gewandelt. Die weitere Entwicklung ist durch die digitale Vernetzung von Maschinen, Geräten und Arbeitsplätzen geprägt. Dafür wird der Begriff **Industrie 4.0** (vierte industrielle Revolution) verwendet (s. S. 149).

Betriebliche Grundaufgaben am Beispiel eines Automobilkonzerns

M 3 Leitung/Management

Dies wird von der Geschäftsleitung ausgeübt. Sie legt fest, welche Automobile hergestellt und wie sie innerhalb des betrieblichen Ablaufs technisch produziert werden. Die Geschäftsleitung entscheidet über alle durchzuführenden Pläne, setzt ihre Beschlüsse gegenüber den Mitarbeitern durch und kontrolliert deren Einhaltung.

Beschaffung/Logistik

Um die Automobile produzieren zu können, muss das Unternehmen sich die Arbeitskräfte für Fertigung und Verwaltung sowie Maschinen und Werkzeuge beschaffen. Ebenfalls sind Rohstoffe und Halbfabrikate, beispielsweise Bleche und vorgeformte Kunststoffe, erforderlich. Ferner benötigt es eigene und eventuell fremde Geldmittel zur Finanzierung der Produktionsmittel und Bezahlung der Löhne.

Produktion

Zur Kraftfahrzeugherstellung muss das Unternehmen die betrieblichen Produktionsfaktoren Arbeit, Betriebsmittel und Werkstoffe ökonomisch, d. h. wirtschaftlich sinnvoll miteinander kombinieren, um das bestmögliche Leistungsergebnis zu erzielen. Darum muss ein Automobilproduzent den betrieblichen Ablauf exakt organisieren, beispielsweise die Arbeitskräfte nach Befähigung gezielt einsetzen.

Absatz

Jeder Betrieb lebt vom Absatz seiner Güter und Dienstleistungen. Zur Absatzvorbereitung, dem Marketing, gehören Marktforschung und Marktbeobachtung, Produktgestaltung, Werbung, Preisgestaltung sowie Verkauf und Versand der Kraftfahrzeuge. Aufgabe der Marktforschung ist z. B. zu ermitteln, welche Käuferschichten Mittelklasse- bzw. Kleinwagen kaufen.

Atmosphäre muss stimmen

Arbeitsklima-Index
Beeinflussung des Wohlbefindens durch Arbeitsaspekte in Prozent

Arbeitsklima	57
Aufgaben	40
Gehalt	39
Sicherheit des Arbeitsplatzes	30
Angebote zur Vereinbarkeit von Berufs-, Familien- und Privatleben	15
Persönlichkeit des Vorgesetzten	10
Sozialleistungen, Altersvorsorge	10
Entwicklungsmöglichkeiten	9
Unternehmenskultur	9
Förderung/Weiterbildung	6

Job AG: Atmosphäre muss stimmen. In: FOCUS 39/08 vom 22. September 2008, Seite 135

Arbeitsvorschläge

1. *Ermitteln Sie Beispiele für Betriebe und ihre Produkte aus den drei Sektoren der Wirtschaft. (M 1)*
2. *Erklären Sie den Wandel von der Agrar- zur Dienstleistungsgesellschaft (M 2) in einem Kurzreferat.*
3. *Erstellen Sie für die betrieblichen Grundaufgaben (M 3) eine Mindmap über Ihren Ausbildungsbetrieb.*
4. *Zeigen Sie Schwierigkeiten auf, die bei Produktionsbetrieben wie bei privaten Haushalten auftreten würden, wenn es keinen tertiären Sektor gäbe.*

2.2 Aufbau von Betrieben

Organisation eines Handwerksbetriebs

Jede Herstellung oder Reparatur eines Produkts erfordert mehrere Bearbeitungsgänge bis zur Fertigstellung. Dazu ist eine genaue Planung, Steuerung und Kontrolle des gesamten Betriebablaufs erforderlich.
Eine wichtige Voraussetzung dafür ist die überschaubare Gliederung des Betriebs nach Aufgabenbereichen, Zuständigkeiten und Verantwortung der einzelnen Mitarbeiter/-innen. So kann wirtschaftlich gearbeitet werden.

Das Organisationsschema eines Kfz-Handwerksbetriebs soll diese Gliederung verdeutlichen.

Organisation eines Kfz-Handwerksbetriebs

M 1

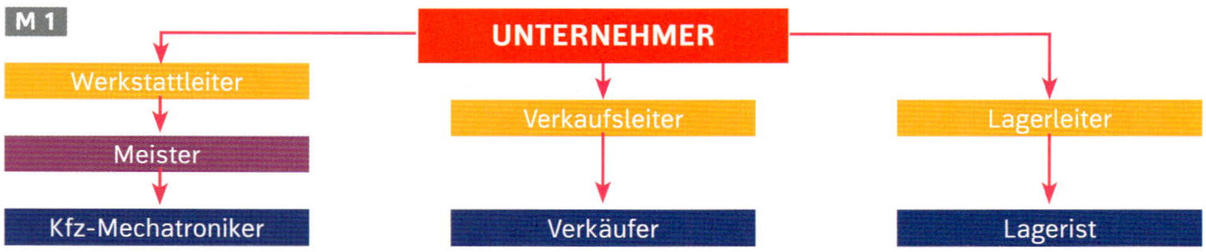

M 2

Organisation eines Industriebetriebs

Obere Leitung
- Geschäftsleitung
- Produktionsleitung
- Kaufm. Leitung

Mittlere Leitungsebene (Abteilungen)
- Konstruktion
- Planung
- Forschung
- Entwicklung
- Produktion
- Datenverarbeitung
- Personalwesen
- Rechtswesen
- Einkauf
- Verkauf
- Lager

Untere Leitungsebene
- Meister
- Vorarbeiter
- Gruppenleiter

In kleineren Betrieben des Handwerks, im Einzelhandel und in der Landwirtschaft ist der Produktionsablauf für den Einzelnen übersichtlich. Die zahlreichen betrieblichen Aufgaben sind auf wenige Mitarbeiter/-innen verteilt. Der Betriebsinhaber übernimmt häufig die Leitung.

In einem Industriebetrieb sind die betrieblichen Aufgaben vielfältiger und in ihrem Zusammenwirken komplizierter als in einem Handwerksbetrieb. Je größer der Industriebetrieb, desto weniger überschaubar wird das Betriebsgeschehen. Die betrieblichen Aufgaben sind auf Abteilungen mit ähnlichen Aufgaben verteilt. Die Mitarbeiter/-innen kennen meist nur ihre unmittelbaren Vorgesetzten und die nächsten Arbeitskollegen. Arbeitsaufträge und Informationen erfolgen häufig schriftlich oder telefonisch.

Organisationspläne regeln sowohl den Ablauf als auch die Aufgabenverteilung unter den Mitarbeitern. Diese werden umso verzweigter, je vielfältiger die Produktion und je mehr arbeiter/-innen ein Betrieb hat. Der reibungslose Ablauf ist nur dann sichergestellt, wenn die vorgeschriebenen Wege genau eingehalten werden. Sonst kommt es zu Störungen im Betriebsablauf.

Arbeitsvorschläge

1. *Erkunden Sie in einem Betrieb die Organisationsstruktur und erstellen Sie einen Organisationsplan nach dem Vorbild von M 1.*
2. *Beschreiben Sie wesentliche Unterschiede und Gemeinsamkeiten in der Organisation eines Handwerksbetriebs und eines Industriebetriebs mithilfe von M 1 und M 2.*
3. *Stellen Sie den Kommunikations- und Informationsstrom zwischen Leitung und Ausführungsebene in einem kurzen Rollenspiel dar.*

2.3 Der Betrieb als Ort wirtschaftlicher Entscheidungen

Ziele von Betrieben

M 1 Die Unternehmerin Petra Schramm hat 80 000,00 € Eigenkapital in ihr Geschäft investiert. Sie möchte dieses Kapital zu mindestens 7 % verzinsen. Als monatliches Unternehmergehalt beansprucht Petra Schramm 2 500,00 €. Außerdem berechnet sie insgesamt 4 000,00 € für Forderungsausfälle und 2 500,00 € für Warenverderb als Risikoersatz. Im Vorjahr belief sich der Umsatz auf 534 500,00 €, der Einkaufspreis dafür belief sich auf 415 200,00 €. Die Geschäftskosten schlugen mit 77 200,00 € zu Buche.

Umsatz	534 500,00 €
Einkaufskosten	– 415 200,00 €
Geschäftskosten	– 77 200,00 €
Gewinn	42 100,00 €

Gewinnermittlung	
Kapitalverzinsung	5 600,00 €
Unternehmergehalt	+ 30 000,00 €
Wagnisse	+ 6 500,00 €
Gewinn	42 100,00 €

Durch ihre wirtschaftliche Tätigkeit mit dem investierten (eingesetzten) Kapital wollen die Unternehmungen einen Gewinn erzielen. Betriebe mit dieser Zielsetzung sind **erwerbswirtschaftliche Betriebe**.

Der Gewinn dient dazu:
- die unternehmerische Tätigkeit zu bezahlen, **Unternehmergehalt,**
- das eingesetzte Kapital zu verzinsen, **Kapitalverzinsung**,
- die Wagnisse abzudecken, **Risikoersatz**.

Der Wunsch nach **Steigerung der Produktion** und nach **Steigerung des Umsatzes** ergibt sich aus dem Gewinnstreben und soll eine **Erhöhung des Marktanteils** bewirken.

Ohne einen angemessenen Gewinn kann das Unternehmen:
- seine Betriebsmittel nicht erneuern und verbessern,
- keine neuen Arbeitsplätze schaffen oder alte sichern,
- sein Eigenkapital nicht stärken, um Neuinvestitionen zu ermöglichen.

Je stärker die Eigenkapitalbasis eines Unternehmens ist, desto größer sind seine Chancen, eine längere wirtschaftliche Flaute zu überwinden. Unternehmen können auch in finanzielle Schwierigkeiten geraten. Beispielsweise durch
- Umsatzrückgang,
- Gewinnminderung, eventuell sogar Verluste,
- Schrumpfen des Eigenkapitals,
- Zunahme der Verschuldung,
- fehlende Geldmittel.

Immer dann, wenn Unternehmen in wirtschaftliche Schwierigkeiten geraten – unabhängig davon, wem dies anzulasten ist, entstehen Probleme für die Besitzer oder Anteilseigner, z. B. Geld für die Bezahlung von Investitionen bereitzustellen. Für Arbeitnehmer kann das zur Verringerung der Einkommen oder gar zum Verlust des Arbeitsplatzes führen.

Arbeitsvorschlag

Berechnen Sie für M 1 den Prozentsatz, den die Unternehmerin Petra Schramm auf den Selbstkostenpreis aufschlagen muss, um ihr Unternehmensziel zu erreichen. Erörtern Sie in der Klasse, ob die Höhe des Gewinns angemessen ist.

Öffentliche Betriebe – Erwerbswirtschaftliche Betriebe

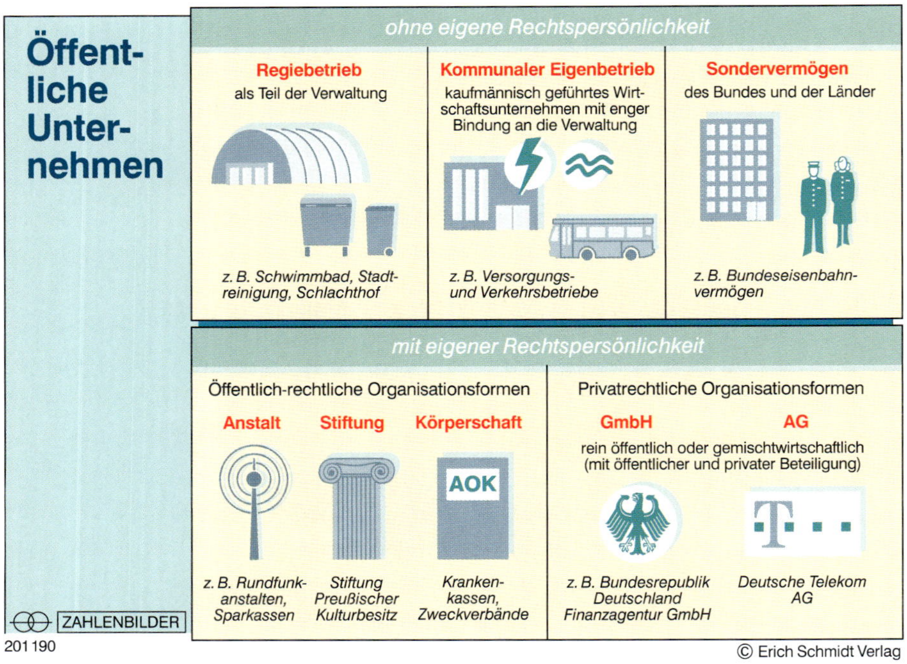

Im Gegensatz zu den erwerbswirtschaftlichen Betrieben mit ihrem Gewinnstreben versuchen die **gemeinwirtschaftlichen** oder gemeinnützigen **Betriebe** und Einrichtungen nach dem Kostendeckungsprinzip zu wirtschaften. Durch angemessen kalkulierte Preise werden die entstehenden Kosten abgedeckt. Viele öffentliche Einrichtungen können mit ihren Einnahmen nicht ihre Kosten decken. Sie sind auf Zuschüsse (**Subventionen**) der öffentlichen Hand aus Steuermitteln angewiesen oder werden privatisiert. Öffentliche Betriebe decken dort einen Bedarf ab, wo das Wohl der Allgemeinheit im Vordergrund steht.

Daneben hält auch der Staat bei Unternehmen mit erwerbswirtschaftlicher Zielsetzung Anteile, der Bund z. B. bei der Deutschen Bahn und das Land Niedersachsen bei Volkswagen.

M 1

Soziale Rücksichten
Bei der Preisgestaltung gemeinwirtschaftlicher Betriebe wird vielfach auf sozial schwächere Personengruppen, z. B.: Rentner/-innen oder kinderreiche Familien, Rücksicht genommen.

Diskutiert wird gegenwärtig, ob die Wasserversorgung privatisiert werden darf. Gegen Pläne der EU-Kommission, den freien Wettbewerb durch Privatisierung öffentlicher Betriebe zu fördern, hat eine europäische Bürgerinitiative 2014 fast 1,7 Millionen Unterstützer gefunden. Wasser als eine Angelegenheit des Allgemeinwohls habe Vorrang vor Geschäftsinteressen.

Übersicht

Betrieb	Ziel	Beispiele
erwerbswirtschaftlich	Gewinn	Handwerksbetriebe, Industriebetriebe, Einzelhandelsbetriebe
gemeinwirtschaftlich	Bedarfsdeckung Kostendeckung soziale Ziele	öffentliche Verkehrsbetriebe, öffentliche Versorgungsbetriebe, öffentliche Krankenhäuser
genossenschaftlich	Vorteile für Mitglieder	Konsumgesellschaften, Genossenschaftsbanken, landwirtschaftliche Genossenschaften

Arbeitsvorschläge

1. *Verhalten sich viele Städte und Gemeinden noch zeitgemäß, wenn sie mit kommunalen Wasserwerken die Verantwortung für die Grundversorgung der Bevölkerung übernehmen? Stellen Sie Pro und Kontra gegenüber.*
2. *Erkunden Sie, ob bei der Preisgestaltung öffentlicher Schwimmbäder in der Nähe Ihres Wohnorts soziale Gesichtspunkte (M 1) berücksichtigt werden.*

2.4 Betriebswirtschaftliche Kenndaten

Um im Wettbewerb erfolgreich zu sein, muss der Unternehmer laufend die Leistungsfähigkeit seines Betriebs überprüfen. Mithilfe der betriebswirtschaftlichen Kenndaten Produktivität, Wirtschaftlichkeit und Rentabilität kann festgestellt werden, ob die Betriebsmittel so eingesetzt sind, um das bestmögliche Produktionsergebnis zu erzielen.

Produktivität

In den allermeisten Wirtschaftszweigen ist die menschliche Arbeitskraft, insbesondere dank moderner Technik, heute bedeutend produktiver als früher. Mit der Produktivität lässt sich die Ergiebigkeit einer wirtschaftlichen Tätigkeit ausdrücken.

$$\text{Produktivität} = \frac{\text{Produktionsergebnis (Output)}}{\text{Faktoreneinsatz (Input)}}$$

Die Produktivität lässt sich auch für einzelne Produktionsfaktoren ermitteln.

$$\text{Arbeitsproduktivität} = \frac{\text{Produktionsergebnis}}{\text{Arbeitsstunden}}$$

Die Arbeitsproduktivität spielt eine große Rolle bei Tarifverhandlungen.

Beispiel:
Der Verkaufspreis eines Mittelklasse-Pkws beträgt 25 000,00 €. Für die Produktion werden 100 Arbeitsstunden benötigt. Nach verbessertem Produktionsablauf sind es nur noch 90 Arbeitsstunden.

Arbeitsproduktivität

A: $\frac{25\,000}{100} = 250$ B: $\frac{25\,000}{90} = 277{,}8$

Wirtschaftlichkeit

Bei der Berechnung der Wirtschaftlichkeit werden Produktionserlöse und Produktionskosten aufeinander bezogen.

$$\text{Wirtschaftlichkeit} = \frac{\text{Leistung}}{\text{Kosten}}$$

Beispiel:
Eine Firma produziert verschiedene Produkte. Produkt A lässt sich für 5 000,00 € verkaufen, die Herstellungskosten betragen 3 500,00 €. Bei Produkt B wird ein Verkaufspreis von 9 000,00 € erzielt, die Herstellung kostet 6 000,00 €.

Wirtschaftlichkeit für

A: $\frac{5\,000}{3\,500} = 1{,}42$ B: $\frac{9\,000}{6\,000} = 1{,}50$

Demnach kann Produkt B wirtschaftlicher hergestellt werden. Um die Wirtschaftlichkeit von Produkt A zu erhöhen, könnte der Verkaufspreis angehoben werden bzw. die Kosten der Herstellung müssten gesenkt werden.

Rentabilität

Die Verzinsung des eingesetzten Kapitals wird mit dem Begriff „Rentabilität“ bezeichnet.

$$\text{Eigenkapitalrentabilität} = \frac{\text{Gewinn} \cdot 100}{\text{Eigenkapital}}$$

Beispiel:
Frau M., Inhaberin eines Dienstleistungsbetriebs, erwirtschaftet in einem Geschäftsjahr mit einem Eigenkapital von 700 000,00 € einen Reingewinn von 50 000,00 €.

$$\text{Eigenkapitalrentabilität} = \frac{50\,000 \cdot 100}{700\,000} = 7{,}1\,\%$$

Durch diese Messgröße erfährt der Unternehmer, ob sein Kapital angemessen verzinst wird.

Für viele Betriebe ist die Umsatzrentabilität eine wichtige Kenngröße. Dieser Wert besagt, wie viel Gewinn ein bestimmter Umsatz einbringt, d. h., wie viel pro 100,00 € Umsatz verdient wird.

$$\text{Umsatzrentabilität} = \frac{\text{Gewinn} \cdot 100}{\text{Umsatz}}$$

Arbeitsvorschlag

„Eine Steigerung der Produktivität muss nicht immer auch eine Steigerung der Wirtschaftlichkeit bedeuten.“ Untersuchen Sie diese Aussagen am Beispiel einer „Imbissbude“.

Investitionen und Rationalisierung

M 1 Investitionen

Von Investitionen spricht man, wenn Geldmittel (Geldkapital) zum Erwerb von Produktionsgütern eingesetzt werden: Kauf von Grundstücken, Maschinen und Anlagen, Erweiterung des Fuhrparks, Errichtung von Gebäuden, Bau eines Kraftwerks. Aber auch der Kauf von Roh- und Hilfsstoffen zählt zu den Investitionen.
Investitionen dienen aber auch dazu, sich an anderen Firmen zu beteiligen oder sie aufzukaufen, um die eigene Produktpalette auszuweiten oder Konkurrenten auszuschalten. In der Marktwirtschaft kommt den Investitionen eine Schlüsselrolle zu. Sie sind eine der wichtigen Voraussetzungen für eine gute Konjunktur (wirtschaftliche Gesamtlage). Wenn Unternehmen investieren, schaffen sie Nachfrage und tragen auf diese Weise selbst dazu bei, die Konjunktur zu verbessern und damit auch häufig neue Arbeitsplätze zu schaffen.
Die **Niedrigzinspolitik** der europäischen Zentralbank (s. S. 138) will dies fördern. Die Unternehmen müssen aber auch darauf achten, dass sie ihre Produkte am Markt absetzen können. Sonst gefährden sie ihre Existenz und die Arbeitsplätze der Belegschaft.

M 2

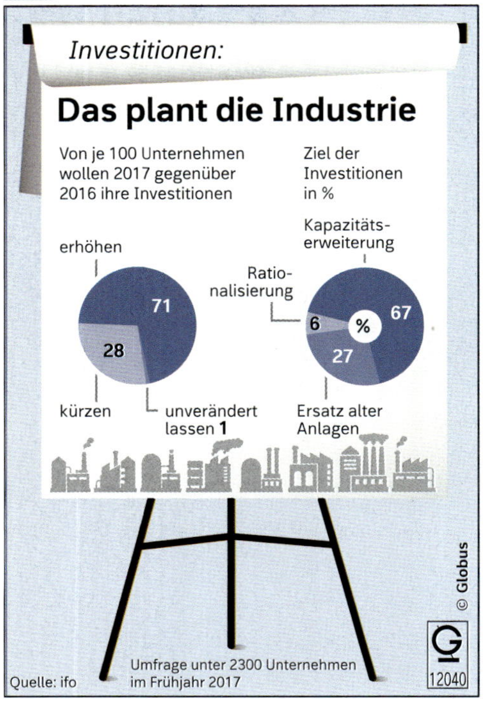

M 3 Aufgaben von Investitionen

- **Ersatz** dient der Substanzerhaltung, also dem Ersatz veralteter Produktionsanlagen;
- Erweiterung bedeutet in der Regel Ausweitung der bestehenden Produktionskapazitäten und Schaffung zusätzlicher Arbeitsplätze;
- **Rationalisierung** dient der Einsparung von Kosten, teilweise auch von Arbeitsplätzen, hilft aber, den Konkurrenzdruck der Arbeitskosten (s. M 4) abzuschwächen.

M 4

Arbeitskosten international je Arbeitnehmerstunde für Arbeiter und Angestellte im verarbeitenden Gewerbe 2015 in Euro

Schweiz	*58,13*
Norwegen	*49,28*
Belgien	*43,20*
Westdeutschland	*40,90*
Frankreich	*37,27*
Ostdeutschland	*26,46*
Türkei	*6,09*
Rumänien	*4,47*
Bulgarien	*3,40*

Quelle: Institut der deutschen Wirtschaft Köln (IWD), Zugriff am 27.09.2017 unter www.iwd.de/artikel/arbeit-in-deutschland-ist teuer-301207

Rationalisierung

Unter Rationalisierung versteht man alle Maßnahmen, die betriebliche Abläufe verbessern und Betriebskosten senken. Dazu gehört z. B. die Organisation der Auftragsabwicklung oder die Verringerung der Lagerkosten durch die „Just-in-Time-Fertigung“: Die für die Produktion benötigten Hilfsstoffe oder Bauteile (z. B. Vergaser bei VW) werden zu dem Zeitpunkt angeliefert, zu dem sie gebraucht werden. Bei der Fertigung werden z. B. Roboter eingesetzt oder Teile der Produktion automatisiert: Die einzelnen Arbeitsschritte werden von technischen Anlagen ausgeführt und von Menschen nur noch überwacht.
Ohne Rationalisierung besteht für einige Wirtschaftszweige die Gefahr, wegen der internationalen Konkurrenz vom Markt verdrängt zu werden. Oder Betriebe weichen auf Auslandsstandorte mit geringeren Lohnkosten aus. Für Arbeitnehmer/-innen führt der Einsatz von Maschinen und Robotern zu Arbeitserleichterungen, wenn damit schwere und gefährliche Arbeiten übernommen werden. Das kann in einem Betrieb zum Abbau von Arbeitsplätzen führen, zugleich Kernarbeitsplätze sichern. Aber: Seit Jahren wird rationalisiert, doch steigt insgesamt die Zahl der Arbeitsplätze. Die nächste Stufe der Rationalisierung bei der industriellen Produktion ist die **Digitalisierung**.

Arbeitsvorschläge

1. *Nennen Sie anhand von M 1 und M 2 Gründe, die ein Unternehmen zu Investitionen veranlassen.*
2. *Erläutern Sie die Investitionsziele (M 3) hinsichtlich ihrer Auswirkungen auf Arbeitsplätze.*
3. *Begründen Sie anhand von M 2 und M 4 die Notwendigkeit von Rationalisierungsmaßnahmen für deutsche Unternehmen.*
4. *Tragen Sie mögliche Vor- und Nachteile der Automation für Arbeitnehmer/-innen zusammen. Erstellen Sie eine Pro- und Kontra-Liste und legen Sie gemeinsam mit Ihrer Klasse eine Rangfolge der Argumente fest, z. B. mit der Pünktchenmethode. (Pünktchenmethode: Die Schüler/-innen bewerten die unterschiedlichen Argumente, indem sie Klebepunkte vergeben, z. B. drei Punkte für ein besonders gutes Argument.)*

2.5 Industrie 4.0

M 1

M 2 Unter dem Sammelbegriff „Industrie 4.0“ wird die intelligente Vernetzung von Menschen, Maschinen, Objekten und Informations- und Kommunikationssystemen diskutiert. Bedingung ist ein global verfügbares schnelles Internet. Betroffen davon sind sämtliche Wirtschaftsbereiche. Auch für private Haushalte gibt es bereits einfache Angebote.
Industrie 4.0 verändert die Arbeitswelt in mehrfacher Hinsicht:

- Der „Kollege Roboter“ nimmt eintönige, schmutzige und schwere körperliche Arbeit ab. Bei VW sind das z.B. Tätigkeiten im Innenraum eines Autos oder Überkopfarbeiten. Neue Roboter müssen aber programmiert werden. Dafür werden Industriemechaniker/-innen qualifiziert.
- In Büros werden menschliche Arbeit, wie Buchhaltung durch die Digitalisierung abgelöst. Lagerhaltung wird elektronisch überwacht, Ersatzbedarf gemeldet.

Viele herkömmliche Berufe werden überflüssig, neue entstehen. Der Autobauer VW will z. B. in Deutschland bis zu 23 000 Jobs streichen, zugleich aber 9 000 Arbeitsplätze für IT-Spezialisten und für den Elektro-Antrieb schaffen. Elektromotoren benötigen viel weniger Teile als herkömmliche Motoren. Die Montage eines Autos geht schneller. Zulieferbetriebe fürchten den Wegfall von Aufträgen. Wie sich die Beschäftigung langfristig entwickelt, ist noch unklar. Gegenwärtig wird davon ausgegangen, dass der Wegfall von Arbeitsplätzen zu keiner höheren Arbeitslosigkeit führen wird.

- Der technische Fortschritt verläuft immer schneller. Die Entwicklung von Hard- und Software muss damit Schritt halten und schafft neue Arbeitsplätze.
- Arbeitsplätze in Deutschland bleiben erhalten, weil der Trend zur Abwanderung in Niedriglohnländer durch die Produktivitätssteigerung „ausgebremst“ wird.
- 2017 sind etwa 800 000 Arbeitsplätze unbesetzt. Arbeitnehmer/-innen der geburtenstarken Jahrgänge scheiden aus dem Erwerbsleben aus.

M 3
Die Wahrscheinlichkeit der Automatisierung in den nächsten 20 Jahren besteht mindestens für 70 % aller Tätigkeiten.

Wahrscheinlichkeit der Automatisierung in den nächsten 20 Jahren

unter 30 %	**derzeit Beschäftigte in Millionen**
Kinderbetreuung, -erziehung	*0,8*
Gesundheit, Krankenpflege	*0,7*
Maschinenbau, Betriebstechnik	*0,4*
Betriebstechnik	*0,4*
Kfz-Technik	*0,4*
Einkauf, Vertrieb, Handel	*0,3*
Altenpflege	*0,3*

Daten von A. T. Kearney Deutschland. In: Der Spiegel 36/2016, S. 14 (gekürzt)

Arbeitsvorschläge

1. *Entnehmen Sie M1 einige Beispiele für intelligente Vernetzung.*
2. *Formulieren Sie „Industrie 4.0“ mit eigenen Worten (M 2).*
3. *Untersuchen Sie Ihr Berufsfeld auf Veränderungen und überprüfen Sie anhand von M 3 die Wahrscheinlichkeit weiterer Automatisierung.*

2.6 Produktion von Gütern

Die Produktion in Handwerks- und Industriebetrieben erfolgt in unterschiedlichen **Fertigungsverfahren**, die vor allem von der Art des Produkts und den technischen Erfordernissen bestimmt sind. Drei Fertigungsverfahren werden unterschieden.

M 1

- Einzelfertigung erfolgt nach besonderem Auftrag, z. B. ein Wohnhaus.
- Serienfertigung gleichartiger Produkte in größeren, aber begrenzten Stückzahlen (z. B. Autos eines Sondertyps).
- Massenfertigung gleicher Erzeugnisse in sehr großen Stückzahlen, (z. B. Ziegel, Schrauben).

Die Einzelfertigung ist **arbeitsintensiv**. Es werden in der Regel qualifizierte Arbeitskräfte benötigt. Beim herkömmlichen Hausbau betragen die Lohnkosten durchschnittlich 50 % der Gesamtkosten.
Die Serien- und Massenfertigung hingegen ist **kapitalintensiv**, d. h., die Aufwendungen für Maschinen und Anlagen sind deutlich höher als die Lohnkosten. In der Automobilindustrie z. B. liegen die Lohnkosten bei 15 – 20 %. Es können auch angelernte Arbeiter eingesetzt werden. Dabei gilt: Je höher die Kapazitätsauslastung (= mögliche maximale Produktion), desto geringer werden die fixen Kosten und damit die Stückkosten (= Kosten pro Mengeneinheit). Fixe Kosten fallen immer an, z. B. Gehälter der kaufmännischen Abteilung, Mieten, Maschinen- und Kapitalkosten usw., unabhängig von der produzierten Menge.

Gruppenfertigung

Die Gruppenfertigung ist eine Mischform aus Werkstatt- und Fließfertigung.
In Form von Fertigungsinseln trägt sie zur Humanisierung (s. S. 86 f.) der Fließfertigung bei.
Zusammen mit der Verbesserung weiterer Arbeitsbedingungen wie Belüftung und Beleuchtung kann auch die Arbeitsproduktivität (s. S. 147) gesteigert werden.

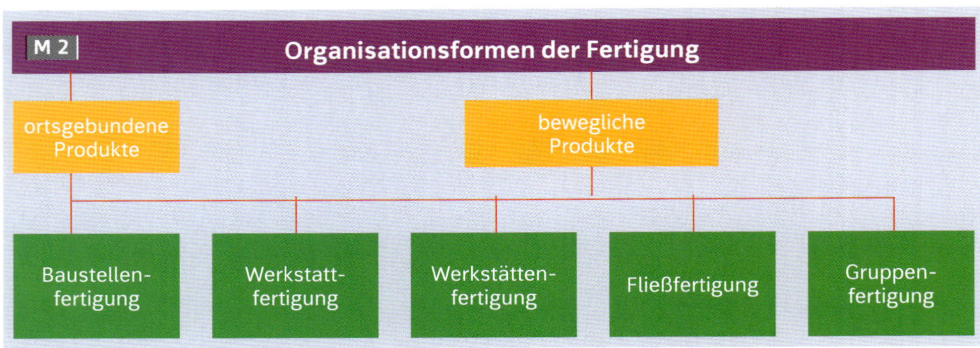

Baustellenfertigung ist meist Einzelfertigung. Das ausführende Personal, die Werkstoffe und Geräte müssen zur Baustelle gebracht werden, damit z. B. ein Haus oder eine Brücke gebaut werden kann.
Werkstattfertigung ist vor allem im Handwerk üblich. Die Werkstatt ist mit allen erforderlichen Werkzeugen und Maschinen ausgerüstet. Das Produkt einer Tischlerei, z. B. eine Haustür, wird in allen Produktionsstufen dort angefertigt und dann auf einer Baustelle eingebaut. Einzelfertigung oder Kleinserienfertigung herrschen vor. Die Anpassung an Marktveränderungen und Kundenwünsche ist groß.
Fließfertigung ist ein Ablaufsystem der Produktion, bei dem die Werkstücke lückenlos eine Abfolge von Arbeitsgängen in Fertigungsstraßen durchlaufen. Die Beförderung der Werkstücke erfolgt durch zentral gesteuerte Transportbänder („Bandarbeit"). Zum reibungslosen Ablauf ist eine besonders abgestimmte Logistik erforderlich.

Arbeitsvorschläge

1. *Unterscheiden Sie Fertigungsverfahren (M 1) und Organisationsformen der Fertigung (M 2) und nennen Sie Beispiele aus Ihrem Erfahrungsbereich.*
2. *Ordnen Sie Ihre berufliche Tätigkeit den Fertigungsverfahren und Organisationsformen der Fertigung zu und berichten Sie darüber in Ihrer Klasse.*

M 3 **VW plant „Silicon Wolfsburg" für die digitalisierte Mobilität**

Die Autobranche steht vor einem tiefgreifenden Wandel. Ein attraktives Blechkleid samt zeitgemäßer Technik für Motor und Fahrwerk wird in Zukunft nicht mehr ausreichen, um Kunden zu überzeugen. Dafür sorgt die Digitalisierung, die alle Lebensbereiche und auch die Mobilität durchdringt. Künftige Autos müssen [...] zugleich immer enger ans Internet angebunden sein, um zusätzlichen Komfort zu bringen. Dazu gehört bargeldloses Bezahlen im Parkhaus ebenso wie intelligente Verkehrswarnsysteme oder – irgendwann – das autonome Fahren. Hinzu kommen neue Antriebe wie der Elektro-Motor und auch neue Mobilitätsangebote wie Mitfahrdienste und Carsharing (sich das Auto teilen).

Schweiger, Andreas: VW plant „Silicon Wolfsburg für die digitalisierte Mobilität". In: Braunschweiger Zeitung vom 28.12.2016, S. 4 (leicht verändert)

M 4

M 6

Diskussionsentwurf

CHARTA DER DIGITALEN GRUNDRECHTE DER EUROPÄISCHEN UNION
ART. 21 (Arbeit)

(1) Arbeit bleibt eine wichtige Grundlage des Lebensunterhalts und der Selbstverwirklichung.
(2) Im digitalen Zeitalter ist effektiver Arbeitsschutz zu gewährleisten.
(3) Der digitale Strukturwandel ist nach sozialen Grundsätzen zu gestalten.

Anzeige, Jan Philip Albrecht MdEP und andere, (Hrsg.) ZEIT-Stiftung Ebelin und Gerd Bucerius, in: Die Zeit, 01.12.2016, S. 13, Zugriff am 08.05.2018 unter https://digitalcharta.eu/paragraph/fassung-2016/

Neben den Veränderungen von Produktionsformen und Dienstleistungen durch die Digitalisierung in ortsgebundenen Betrieben und Büros mit geregelten Arbeitszeiten verstärkt sich der Trend zu anderen Arbeitsformen.

M 5 **Räumliche und zeitliche Flexibilisierung**

Notebooks, Tablets oder Smartphones („mobile Endgeräte") in Verbindung mit an immer mehr Orten verfügbaren drahtlosen Internetverbindungen ermöglichen die Aufhebung der traditionellen Orts- und Zeitgebundenheit von Arbeit. Wenn die notwendigen (technischen) Voraussetzungen gegeben sind, ist Arbeit jederzeit und überall möglich. [...]

Die Flexibilität erleichtert das Erreichen von Arbeitsergebnissen und die Vereinbarkeit von Familie und Beruf, kann aber zur Auflösung der Grenzen zwischen Privat- und Arbeitsleben führen und damit **selbstgefährdendes** Verhalten fördern. [...]

Flexibilität und Zeitsouveränität (Herr über die eigene Zeit) führen bei hohem Arbeitsaufkommen häufig dazu, dass die Erwerbstätigen länger arbeiten und zu wenige Pausen machen. Erholungszeiten werden vernachlässigt und es entsteht die Gefahr der Überschreitung der eigenen Leistungsgrenzen.

Deutsche gesetzliche Unfallversicherung (DGUV): Neue Formen der Arbeit, Berlin 2016, Auszug aus den S. 13, 16, 23 f. (gekürzt)

Bisher können die Veränderungen infolge der Digitalisierung von Produktion und Dienstleistungen durch Gesetze und Verordnungen (Arbeitssicherheit), Mitbestimmungsrechten und flexiblen Tarifverträgen überwiegend sozialverträglich geregelt werden. Experten erwarten aber schon für die nahe Zukunft eine Beschleunigung dieser Entwicklung. Deswegen wird z. B. im Bundesarbeitsministerium an einer Reform der Arbeitszeitordnung gearbeitet. Die gesetzlichen Unfallversicherungen fordern eine Anpassung des Arbeitsschutzes. Strittig ist die Gestaltung der Mitbestimmung, z. B. bei flexiblen Arbeitszeiten und die Frage, welche Personengruppen unter die Mitbestimmung fallen, z. B. die freien Mitarbeiter.

Arbeitsvorschläge

1. *Entnehmen Sie aus M 3 fünf Stichworte zur künftigen digitalen Mobilität bei Kraftfahrzeugen. Nennen und begründen Sie davon ein Beispiel, das für Sie künftig bedeutsam sein könnte.*
2. *Bearbeiten Sie die Karikatur M 4 mit der Methode „Analyse politischer Karikaturen" (s. S. 246).*
3. *Entwerfen Sie für sich einen begründeten Wunschkatalog für eine flexible Arbeitsplatzgestaltung (M5, M6).*
4. *Verfolgen Sie in den Medien Reformbemühungen zur Arbeitszeit, zum Arbeitsschutz und zur Mitbestimmung, die ihren Ursprung in der Digitalisierung haben. Diskutieren Sie in Ihrer Lerngruppe gegensätzliche Positionen.*

3 Unternehmensgründung

M 1 **Marion**

Marion war arbeitslos und alleinerziehend. Als Alleinerziehende hat sie es auf dem Arbeitsmarkt schwer. Die Fremdsprachensekretärin bewarb sich – erfolglos. Irgendwann wurde sie wütend. „Ich weiß noch ganz genau, wie ich eines Tages im Badezimmer in den Spiegel schaute und mir gesagt hab: Das kannst du doch auch selbst! Wozu brauchst du die denn alle?", erzählt sie. Also begann sie, im Kindergarten ihres Sohnes Englischkurse anzubieten. „Das ließ sich gut verbinden, und die kannten mich schon", erinnert sich die Gründerin. Zwei Jahre ist das nun her.

Mittlerweile gibt sie Kurse in 17 weiteren Kitas. Es war harte Arbeit. Besonders die [...] Akquise fiel Marion anfangs schwer. Einfach so in Einrichtungen anzurufen, ihr Angebot vorzustellen und trotz Absagen nicht den Mut zu verlieren – Marion musste sich überwinden. [...]

Akquise
Kundengewinnung

Wahrle, Anna: Existenzgründerinnen. Die Trümmerfrauen vom Arbeitsmarkt. In: ZEIT ONLINE, 22.02.2011. Zugriff am 28.09.2017 unter www.zeit.de/karriere/beruf/2011-02/existenzgruender-frauen

M 2 Die sechs wichtigsten Eigenschaften eines erfolgreichen Unternehmers sind:

- Mut,
- Fleiß,
- gesunder Menschenverstand,
- Ehrlichkeit,
- Offenheit gegenüber den Mitmenschen,
- Verlässlichkeit.

M 3

Vorteile der Selbstständigkeit	Nachteile der Selbstständigkeit
– Verwirklichung eigener Ideen und Ziele – eigene Entscheidungen treffen – Ansehen durch Erfolg bekommen – hohes Einkommen möglich – viel persönliche Freiheit – Alternative zur Arbeitslosigkeit – höhere Motivation zu arbeiten – selbst gewählte Arbeitszeiten – Arbeitsumfeld wie Team, Ort usw. kann man selbst gestalten	– Einkommen ist von der Auftragslage abhängig – finanzielles Risiko – meist hohe Arbeitsbelastung (Selbstständige arbeiten ca. 50–60 Stunden die Woche) – soziale Absicherung (Rente, Arbeitsunfähigkeit, Krankenversicherung) nur durch eigene Vorsorge – eventuell Aufgabe eines sicheren Arbeitsverhältnisses

Arbeitsvorschläge

1. *Notieren Sie, welche wichtigen Eigenschaften die Unternehmerin Marion Ihrer Meinung nach auszeichnen (M 1, M 2).*
2. *Nennen Sie die wichtigsten Vor- und Nachteile einer Unternehmensgründung aus Ihrer Sicht (M 3).*

Wer eine Geschäftsidee hat, möchte am liebsten gleich starten. Was liegt also näher, als das Gewerbeamt aufzusuchen und die Gewerbeanmeldung auszufüllen?

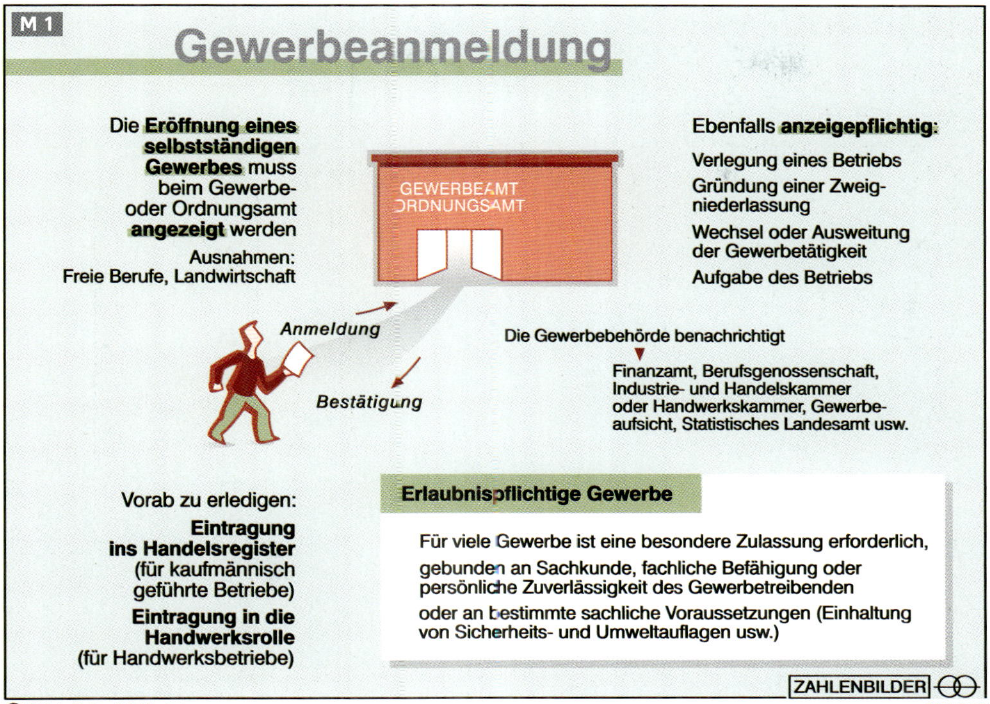

© Erich Schmidt Verlag 201 345

Hauptziele eines Gewerbetriebs sind Selbstständigkeit, Gewinnabsicht, Teilnahme am Markt und Nachhaltigkeit, d. h., der Betrieb ist auf Dauer angelegt. Die **Firma** ist der Name, unter dem jemand im Handelsregister eingetragen ist. Dabei gilt der Grundsatz der Ausschließlichkeit, d. h., der Firmenname darf nicht zu Verwechslungen führen. Unterschieden werden:

M 2

- **Namen- oder Personenfirma**, z. B. Erwin Meier OHG;
- **Sachfirma,** z. B. Naturstein Müller KG;
- **Fantasiefirma**, z. B. Studio Sonnenschein GmbH;
- **gemischte Firma**, z. B. Busch & Strauch Industriebau GmbH & Co. KG

Firmenzusätze

e. K., e. Kfm., e. Kffr. eingetragene/-r Kaufmann/Kauffrau

M 3 Wer hilft bei der Unternehmensgründung?

„Nirgendwo gibt es eine vergleichbare Förderlandschaft wie in Deutschland", sagt Marc Evers, Existenzgründerexperte des Deutschen Industrie- und Handelskammertages (DIHK). Allein die Förderdatenbank des Wirtschaftsministeriums (BMWi) listet mehr als 300 Programme auf, von der europäischen bis zur lokalen Ebene. Schließlich sorgen die kleinen und mittleren Unternehmen in Deutschland für 38,5 % des Bruttoinlandsproduktes und stellen 60,2 % der sozialversicherungspflichtig Beschäftigten.

Poganatz, Hilmar: Unternehmensgründung. Loslegen mit der Förderfibel. In: ZEIT ONLINE, 24.02.2011. Zugriff am 28.09.2017 unter www.zeit.de/2011/09/GS-Firmengruendung

Fördermittel der EU
(s. S. 256 f.)

z. B. Programm „Mikrostarter für Kleinstgründer" bei der N-Bank Hannover, Förderbank des Landes Niedersachsen

Weitere Informationen unter www.nbank.de

Es gibt kostenlose Existenzgründerberatungen bei den IHKs, HWKs und der zuständigen Landwirtschaftskammer.

Arbeitsvorschläge

1. *Notieren Sie mithilfe von M 1 die erforderlichen Schritte für die Gründung eines handwerklichen und eines kaufmännischen Unternehmens.*
2. *Ermitteln Sie unterschiedliche Firmennamen und ihre Rechtsformen (M 2).*
3. *Suchen Sie geeignete Hilfen für eine Unternehmensgründung (M 3).*

Etwa die Hälfte der Unternehmensgründungen scheitert in den ersten fünf Jahren ihrer Geschäftstätigkeit. Die Gründe für das Scheitern sind sehr unterschiedlich. Eine gute Vorbereitung stellt deswegen eine zwingende Notwendigkeit vor einer Unternehmensgründung dar.

Wichtige Fragen vor einer Unternehmensgründung

Geschäftsidee
- Welche Produkte oder welche Dienstleistungen will ich anbieten?
- Was ist die Besonderheit an meiner Geschäftsidee?
- Welchen Bedarf decke ich damit ab?

Rechtsform des Unternehmens
- Gründe ich das Unternehmen – allein oder mit Partnern?
- Wer übernimmt welche Aufgaben?
- Wie hoch ist der Kapitalbedarf?
- Welche Haftung gehe ich ein?

Markteinschätzung
- Wer sind meine Kunden?
- Wer sind meine Konkurrenten?
- Wie könnten die Konkurrenten reagieren?

Standort
- Wo errichte ich das Unternehmen?
- Welche Absatzmöglichkeiten gibt es?
- Welche Verkehrsanbindungen, Kommunikations- und Zulieferbedingungen sind vorhanden?
- Wie sind die Grundstücks-, Miet- und Energiepreise?
- Gibt es öffentliche Fördermöglichkeiten?
- Gibt es behördliche Auflagen?

Marketing
- Welche Werbemittel will ich einsetzen?
- Wie will ich mein Produkt, meine Dienstleistung verkaufen?
- Was sollen meine Produkte/Dienstleistungen kosten?

Finanzierung
- Welche Ausgaben sind besonders am Anfang zu erwarten?
- Woher bekomme ich das Startkapital?
- Welche Ausgaben und Einnahmen werde ich haben?
- Welche Steuern muss ich zahlen?
- Welche Fördermittel stehen mir zu?

Zukunftsaussichten
- Wie könnte sich der Markt für meine Produkte/meine Dienstleistung entwickeln?

Zahlreiche Fragen sind hier zu beantworten.

Arbeitsvorschlag

Gründen Sie mit einem Partner/einer Partnerin ein Unternehmen von der Geschäftsidee bis zur Finanzierung und präsentieren Sie Ihr Ergebnis der Klasse. Nutzen Sie die Hinweise zur Unternehmensgründung im Internet.

3.1 Rechtsformen der Unternehmung

Jedes Jahr werden in der Bundesrepublik Deutschland viele hundert Unternehmen neu gegründet. Zusätze in den Firmennamen wie e. K., GmbH, GmbH & Co. KG, OHG und AG weisen auf die jeweilige Rechtsform hin. Sie ist von weitreichender Bedeutung. Mit der Entscheidung über die Rechtsform ergeben sich bestimmte Vor- und Nachteile für die Führung der Unternehmung.

HRB 202001: 10.05.2011
M&L Autozubehörhandel GmbH, Salzgitter
Gegenstand: Der Handel mit neuen Autoteilen ...
Stammkapital: 25 000,00 €

HRB 202999: 10.05.2011
mi. to. Pharm UG (haftungsbeschränkt), Wolfenbüttel
Gegenstand: Handel mit Pharmaerzeugnissen
Stammkapital: 5 000,00 €

HRB 201061: 02.05.2011
Jürgen Block, Landwirtschafts KG, Vechelde
Gemeinschaftliche Bewirtschaftung des landwirtschaftlichen Betriebs ...

M 1

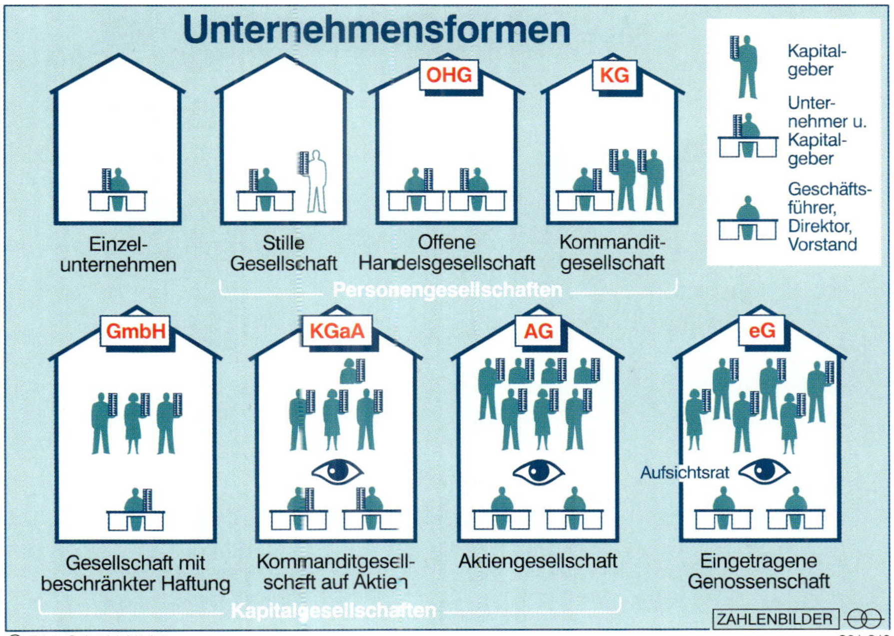

© Erich Schmidt Verlag 201 310

Jegliche geschäftliche Tätigkeit richtet sich nach dem allgemeinen Recht des **Bürgerlichen Gesetzbuchs (BGB)**. Für Kaufleute gilt zusätzlich das Sonderrecht des **Handelsgesetzbuchs (HGB)**, welches auf den Grundregeln des BGB aufbaut. Für bestimmte Unternehmensformen gelten weitere Rechtsgrundlagen wie Aktiengesetz (AktG), GmbH-Gesetz und Genossenschaftsgesetz. Hinzu kommen europäische Gesetze (s. S. 160).

Steuerpflichtige Unternehmen in Deutschland 2015

Einzelunternehmen	2 181 285
Personengesellschaften	432 820
u. a.	
OHG	14 879
KG	16 516
GmbH & Co. KG	141 070
GbR	208 016
Kapitalgesellschaften	563 855
u. a.	
AG	7 732
GmbH	523 038
UG (haftungsbeschränkt)	27 754
Europäische AG	469
Genossenschaften	5 567
insgesamt	5 870 477

Statistisches Bundesamt, Zugriff am 28.09.2017 unter www.destatis.de/DE/ZahlenFakten/GesellschaftStaat/OeffentlicheFinanzenSteuern/Steuern/Umsatzsteuer/Tabellen/Voranmeldungen_Rechtsformen.html;jsessionid=F982CEBD5FA4E72B160F-C8DB6C29989B.cae4

M 2 Aus der Rechtsform der Unternehmung kann man vier Grundfragen beantworten:
1. Wem gehört die Unternehmung?
2. Wer leitet die Unternehmung?
3. Wem gehört der Gewinn, der aus der Unternehmenstätigkeit erwächst?
4. Wer haftet für die Schulden, die das Unternehmen hat?

Bei Personengesellschaften ist kein Mindestkapital (Stammkapital) erforderlich, weil mindestens eine Person mit ihrem Privatvermögen haftet. Das ist anders bei Kapitalgesellschaften, bei denen die Haftung auf das Gesellschaftsvermögen beschränkt ist. Deshalb sind bei ihrer Gründung grundsätzlich sogenannte „Stammeinlagen" nachzuweisen. Lediglich bei einigen neueren Kapitalgesellschaften wie der britischen „Limited" (s. S. 160) oder der 2008 geschaffenen deutschen „Unternehmensgesellschaft (haftungsbeschränkt)" (s. S. 158) ist die Gründung mit nur einem britischen Pfund bzw. mit einem Euro möglich.

Arbeitsvorschläge

1. *Finden Sie Beispiele für die vier in M 1 genannten Unternehmensformen.*
2. *Beantworten Sie die vier Grundfragen zur Rechtsform (M 2) am Beispiel eines Ihnen bekannten Unternehmens.*

Das wünschen sich die Kunden von ihrem Handwerker

1. Zuverlässigkeit
2. Fachkönnen
3. Ehrlichkeit
4. Sauberkeit
5. Interesse an ihren Problemen
6. Beratung
7. Preiswürdigkeit
8. Höflichkeit

Je besser der Handwerker die Anforderungen des Kunden erfüllt, je zuverlässiger, freundlicher, ehrlicher, sauberer er auftritt, desto weniger muss er darum kämpfen, seine Preise durchzusetzen. Wer schlampig arbeitet, wer unzuverlässig ist und wer es an der Sauberkeit bei der Arbeit mangeln lässt, wird viel häufiger mit dem Preis argumentieren müssen als derjenige, der die Wünsche seiner Kunden erfüllen kann.

Einzelunternehmung

M 1 Klaus Heinen, gelernter Kfz-Mechatroniker, hat die Meisterprüfung im Kfz-Handwerk bestanden. Zusammen mit seiner Ehefrau Silvia hat er 22000,00 € gespart. Ihr gemeinsames Ziel ist es, sich selbstständig zu machen.
Klaus übernimmt eine Tankstelle und eröffnet eine kleine Kfz-Reparaturwerkstatt. Nach anfänglichen Schwierigkeiten läuft das Geschäft gut. Er stellt einen Auszubildenden ein und benutzt den erwirtschafteten Gewinn, um seine Werkstatt technisch besser auszurüsten.

Als Einzelunternehmen werden die meisten Klein- und Mittelbetriebe insbesondere in Handel, Handwerk und Landwirtschaft betrieben. Der Alleininhaber, wie Klaus Heinen, trifft alle betrieblichen Entscheidungen selbst, schließt alle Verträge ab und vertritt die Firma nach außen. Er muss allein das gesamte Betriebskapital aufbringen. Fremdkapital von einer Bank bekommt er nur als Personalkredit, wenn er über Sicherheiten verfügt, z. B. ein Eigenheim. Der Einzelunternehmer entscheidet allein über die Verwendung seines Gewinns, trägt Verantwortung und Risiko und haftet unbeschränkt auch mit seinem Privatvermögen für alle Geschäftsschulden.

Der Einzelkaufmann			
leitet	entscheidet	trägt	haftet
allein und ist Alleininhaber	allein über die Gewinnverwendung	allein die Verluste	allein und unbeschränkt

Stille Gesellschaft

Eine stille Gesellschaft hat eine nach außen nicht sichtbare (stille) Beteiligung (Einlage) an einer Einzelfirma. Diese Einlage geht in das Vermögen der Firma über. Der „Stille" ist im Verhältnis zu seinen Einlagen am Gewinn beteiligt, nicht aber an der Geschäftsführung. Bei Verlusten haftet er nur bis zur Höhe seiner Einlagen. Eine Verlustbeteiligung kann sogar vertraglich ausgeschlossen werden. Der stille Gesellschafter ist aber berechtigt, den Jahresabschluss der Gesellschaft „in Abschrift" zu erhalten, damit er die Unterlagen nachprüfen kann.

Arbeitsvorschläge

1. *Beschreiben Sie wie sich Klaus Heinen selbstständig gemacht hat und welche wesentlichen Voraussetzungen dazu erforderlich sind (M 1).*
2. *Äußern Sie mit einem Satz spontan Ihre Erwartung an einen Handwerker. Vergleichen Sie Ihre Vorstellungen mit den genannten Kundenwünschen in der Randspalte.*

Offene Handelsgesellschaft (OHG)

M 1 Seit einigen Jahren betreibt Klaus Heinen erfolgreich seinen Kfz-Reparaturbetrieb. Ihm wird die Möglichkeit angeboten, sich an der benachbarten Unternehmung, der Heinz Meyer OHG, zu beteiligen.
Zwei der drei OHG-Gesellschafter wollen ihre Unternehmensanteile aus Altersgründen veräußern. Klaus Heinen und Ehefrau Silvia kaufen mit Zustimmung des dritten gleichberechtigten Gesellschafters die beiden Anteile. Klaus und Silvia sind nun Gesellschafter der OHG.
Durch den Gesellschaftsvertrag wird Klaus mit der Geschäftsführung beauftragt und übernimmt die örtliche Werksvertretung eines Automobilunternehmens. Die Firma heißt jetzt Heinen und Meyer OHG.

Die offene Handelsgesellschaft ist eine Personengesellschaft, in der jeder Gesellschafter grundsätzlich gleichberechtigt ist. Jeder hat das gleiche Recht und die gleiche Pflicht zur Geschäftsführung, sofern im Gesellschaftsvertrag keine andere Regelung vereinbart ist.

Die Geschäftsführung in einem Unternehmen betrifft das Innenverhältnis einer Firma und umfasst die Berechtigung, alle Handlungen vorzunehmen, die im „normalen" Betrieb erforderlich sind. Die Gesellschafter einer OHG sind zudem zur **Vertretung** der Firma im Außenverhältnis berechtigt. Sie geben rechtswirksame Willenserklärungen, z. B. gegenüber Kunden und Lieferanten ab.

Gesellschaft Bürgerlichen Rechts (GbR)
Keine Firma, vertraglicher Zusammenschluss von zwei oder mehreren Personen für gemeinsame Tätigkeit, keine Eintragung in das Handelsregister, Gemeinschaftsvermögen, Haftung mit dem Privatvermögen

Das Reinvermögen der Firma gehört den Gesellschaftern entsprechend ihrem Anteil am gesamten Eigenkapital. Die Kapitaleinlagen können in Geld, in Sachwerten, beispielsweise einem Grundstück mit Werkstattgebäuden, oder in anderen Rechten, wie Patenten, geleistet werden.

Falls keine andere vertragliche Regelung über die Gewinnverteilung beschlossen ist, gilt die gesetzliche Regelung. Danach erhält jeder Gesellschafter zunächst 4 % auf seinen Kapitalanteil, der noch verbleibende Gewinn wird gleichmäßig auf die Gesellschafter verteilt.

Bei Verlusten der OHG haftet jeder Gesellschafter unmittelbar. Weiterhin haftet jeder Gesellschafter unbeschränkt für die Gesellschaftsschulden, auch mit seinem Privatvermögen. Jeder Gesellschafter haftet solidarisch für die übrigen Gesellschafter. Das bedeutet, dass er allein für Schulden der Gesellschaft aufkommen muss, wenn die Partner zahlungsunfähig sind oder „unbekannt verzogen" sind. Wegen der solidarischen Haftung ist die Kreditwürdigkeit einer OHG größer als die einer Einzelunternehmung.

M 2

In einer offenen Handelsgesellschaft (OHG), bestehend aus mindestens zwei gleichberechtigten Gesellschaftern

leitet	entscheidet	tragen	haften
grundsätzlich jeder Gesellschafter	der Gesellschaftsvertrag oder das Gesetz über die Gewinnverteilung	die Gesellschafter die Verluste zu gleichen Teilen	alle Gesellschafter unmittelbar, solidarisch, unbeschränkt

Genossenschaft (eG)
Mindestens drei Mitglieder (Genossen), Vorstand, mindestens zwei Mitglieder, vom Aufsichtsrat gewählt.
Vorteile: z. B. günstiger Einkauf, Absatzförderung, Gewinnbeteiligung

Arbeitsvorschläge

1. *Ermitteln Sie anhand von M 1 und M 2 die vertragliche Ausnahme hinsichtlich der Geschäftsführung.*
2. *Diskutieren Sie in Ihrer Gruppe, unter welchen Voraussetzungen eine gute Zusammenarbeit der drei Gesellschafter der OHG gelingen kann.*
3. *Erläutern Sie den Begriff „solidarische Haftung" an einem Beispiel.*

Gesellschaft mit beschränkter Haftung (GmbH)

M 1 Ein paar Jahre später sind Silvia und Klaus Heinen alleinige Gesellschafter der Unternehmung. Die Firmenbezeichnung lautet jetzt Silvia und Klaus Heinen OHG. Insgesamt 45 Mitarbeiter sind in den zwei Betrieben beschäftigt.
Um die Haftung ihrer Unternehmung auf eine kalkulierbare Höhe zu beschränken, beschließen Silvia und Klaus Heinen, eine Kapitalgesellschaft, und zwar eine GmbH, zu gründen. Bei Verlusten haften Kapitalgesellschaften nur bis zur Höhe ihres Gesellschaftsvermögens. Das dazu erforderliche Stammkapital der Gesellschaft in Höhe von 25 000,00 € ist in Form des OHG-Betriebsvermögens bereits vorhanden.

Prokura

Die Prokura ermächtigt zu allen gerichtlichen und außergerichtlichen Geschäften und Rechtshandlungen, die der Betrieb eines Handelsgewerbes mit sich bringt (§ 49 HGB).

Insolvenz

Gerichtliches Verfahren zur zwangsweisen Auflösung eines Unternehmens, weil es überschuldet ist. Eine Überschuldung liegt vor, wenn die Schulden das Vermögen übersteigen.

Zur Gründung einer Gesellschaft mit beschränkter Haftung ist ein Gesellschafter und ein Stammkapital von 25 000,00 € erforderlich. Bei mehreren Gesellschaftern muss jeder mindestens 100,00 € als Geschäftsanteil einbringen. Dieser ist teilbar, vererblich und kann veräußert werden. Die Gesellschafter bestimmen im **Gesellschaftsvertrag** die Zahl der Geschäftsführer. Gewinne stehen den Gesellschaftern zu. In der **Gesellschafterversammlung** wird festgelegt, ob und in welcher Höhe diese „ausgeschüttet" oder in die Rücklage gestellt werden. Verluste vermindern das Kapital und werden, sofern vorhanden, aus den Rücklagen gedeckt.

Seit 2008 kann das Stammkapital bis auf 1,00 € unterschritten werden. Die Gesellschaft muss dann aber die Bezeichnung „**Unternehmensgesellschaft (haftungsbeschränkt)**" oder „**UG haftungsbeschränkt**" tragen und darf höchstens drei Gesellschafter und drei Geschäftsführer haben. Ein Teil des Jahresüberschusses ist in Rücklagen einzuzahlen, bis das Stammkapital in voller Höhe vorhanden ist. Erst dann kann die Eintragung in das Handelsregister erfolgen (§ 5a GmbHG). Seitdem sind in Deutschland die „Ltd."-Gründungen nach IHK-Angaben deutlich zurückgegangen.

Beschäftigt die Gesellschaft mehr als 500 Mitarbeiter, muss ein **Aufsichtsrat** gebildet werden. Er setzt sich zu zwei Dritteln aus Vertretern der Kapitalgeber und zu einem Drittel aus Arbeitnehmervertretern zusammen (s. S. 69). Sind ein oder zwei Arbeitnehmer in den Aufsichtsrat zu wählen, so müssen sie im Unternehmen beschäftigt sein. Bei größeren Aufsichtsräten müssen mindestens zwei Arbeitnehmervertreter im Unternehmen beschäftigt sein.

Auf Vorschlag der EU-Kommission beschließt das EU-Parlament im März 2009 eine **„Europa GmbH"** mit 1,00 € Mindestkapital.

Die Gesellschaft mit beschränkter Haftung ist die einfachste Form der Kapitalgesellschaft. Sie eignet sich für Unternehmungen jeder Größe und ist wegen der beschränkten Haftung sehr beliebt.

In einer Gesellschaft mit beschränkter Haftung (GmbH), Stammkapital mindestens 25 000,00 €

leitet	entscheidet	trägt	haftet
die von den Gesellschaftern eingesetzte Geschäftsführung	die Gesellschafterversammlung über die Gewinnverteilung	die Gesellschaft mit ihrem Kapital die Verluste	nur die Gesellschaft als juristische Person mit ihrem Vermögen

Arbeitsvorschläge

1. a) In einer GmbH können sich alle Kapitalgeber der unbeschränkten Haftung entziehen. Stellen Sie die Vor- und Nachteile dieser Regelung einander gegenüber. (M 1)
b) Erweitern Sie diese Gegenüberstellung auf die neue „UG – haftungsbeschränkt".

2. Vergleichen Sie die Rechtsform einer OHG mit der einer GmbH unter folgenden Gesichtspunkten: Gründung, Geschäftsführung, Gewinn, Verlust und Haftung. Bewerten Sie Vor- und Nachteile beider Rechtsformen.

Kommanditgesellschaft (KG)

In der Kommanditgesellschaft gibt es zwei Arten von Gesellschaftern, Komplementäre und Kommanditisten. Die **Komplementäre** sind in ihren Rechten und Pflichten den Gesellschaftern einer OHG gleichgestellt, also auch Vollhafter. Die **Kommanditisten** sind nur Geldgeber, die nicht mehr als ihre Kapitaleinlage verlieren können (Teilhafter), dafür aber auch kein Geschäftsführungs- und -vertretungsrecht besitzen. Im angemessenen Verhältnis zu ihrer Einlage können sie Gewinne beanspruchen und Verluste übernehmen.

In einer Kommanditgesellschaft (KG) bestehend aus mindestens je einem Komplementär und Kommanditisten			
leitet	entscheidet	tragen	haften
der Komplementär allein, Kommanditisten haben nur Einsichts- und Widerspruchsrecht	der Gesellschaftsvertrag über die Gewinnverteilung	die Gesellschafter die Verluste im angemessenen Verhältnis	Komplementäre voll und Kommanditisten nur bis zur Höhe ihrer Einlage

GmbH & Co. KG

Mischform eines Unternehmenszusammenschlusses. Eine Personengesellschaft mit nur einer natürlichen Person.
Ziel des Zusammenschlusses ist es, Vorteile der Personengesellschaft KG mit den Vorteilen einer Kapitalgesellschaft zu verknüpfen.
Die GmbH übernimmt die Haftung in der KG. Die Geschäfte werden über die KG abgewickelt.
Die Kreditwürdigkeit dieser Mischform ist wegen der begrenzten Haftung oft gering.

Aktiengesellschaft (AG)

Bei einer Aktiengesellschaft wird das Kapital in der Regel von vielen Gesellschaftern aufgebracht. Das Gesellschaftskapital heißt nach dem Aktiengesetz „Grundkapital". Für die Gründung einer AG sind ein oder mehrere Gesellschafter erforderlich, die Aktionäre. Weiterhin ist zur Gründung ein Grundkapital von mindestens 50 000,00 € notwendig.
Die einzelnen Anteile sind nennwertlose Stückaktien oder haben einen Nennwert von mindestens 1,00 €. Wenn Aktien an der **Börse** frei gehandelt werden, so werden sie zu einem **Kurswert**, der unterschiedlich vom Nennwert ist, gekauft und verkauft. Der Kurswert entsteht aus Angebot und Nachfrage nach einzelnen Aktien. Die Kurse der 30 größten deutschen Unternehmen werden im **DAX** (Deutscher Aktienindex) gemittelt und veröffentlicht. Alle Aktionäre haben einen Anspruch auf **Dividende** (Gewinnanteile), die auf der Hauptversammlung der Aktionäre festgelegt wird.
Die Organe der Aktiengesellschaft sind die **Hauptversammlung** der Aktionäre, der **Aufsichtsrat** und der Vorstand. In der Hauptversammlung werden die Vertreter der Aktionäre im Aufsichtsrat gewählt. Bei mehr als 500 Mitarbeitern ist der Aufsichtsrat zu einem Drittel, bei mehr als 2000 Mitarbeitern zur Hälfte mit Arbeitnehmervertretern zu besetzen (s. S. 69). Der Aufsichtsrat wählt und kontrolliert den Vorstand. Der Vorstand führt die Geschäfte und vertritt das Unternehmen nach außen. Seine Mitglieder werden „Manager" genannt.

KGaA

Kommanditgesellschaft auf Aktien. Mischform zwischen der AG und der KG. Mindestens ein Gesellschafter haftet unbeschränkt (Komplementär), die anderen sind als Teilhafter (Kommanditaktionäre) mit Aktien am Grundkapital beteiligt.

Aktionär ist, wer mindestens eine Aktie besitzt.

Genossenschaft

Genossenschaftliche Unternehmungen haben kein Gewinnstreben, sondern bieten ihren Mitgliedern wirtschaftliche Vorteile, z. B. als Einkaufsgenossenschaften oder Absatzgenossenschaften (Winzer). Genossenschaften sind Kapitalgesellschaften mit einem Vorstand. Erforderlich zur Gründung sind mindestens drei „Genossen" und eine Satzung.

In einer Aktiengesellschaft (AG) Grundkapital mindestens 50 000,00 €			
leitet	entscheidet	trägt	haftet
der vom Aufsichtsrat bestellte Vorstand	die Hauptversammlung der Aktionäre über die Gewinnbeteiligung	die Gesellschaft mit ihrem Grundkapital die Verluste	nur die Gesellschaft mit ihrem Vermögen

Arbeitsvorschläge

1. *Vergleichen Sie die rechtliche Stellung der Gesellschafter einer OHG mit der einer KG.*
2. *Ermitteln Sie aktuelle Aktienkurse einiger bekannter Unternehmen aus den Medien. Notieren und berichten Sie über Veränderungen der Aktienkurse und ihre Ursachen.*
3. *Ermitteln Sie ein Beispiel für eine Genossenschaft und ihre Ziele.*

3.2 Wirtschaftliche Verflechtungen

Unternehmens-konzentration

Gemessen am bundesweiten Absatz teilen sich die vier großen Handelsunternehmen EDEKA, REWE, Aldi und die Schwarz-Gruppe (u. a. Lidl) über 67 % des Marktes.

Statista: Lebensmitteleinzelhandel in Deutschland. Marktanteile führender Unternehmen im Jahr 2016, Zugriff am 06.10.2017 unter www.de.statista.com/statistik/daten/studie/4916/umfrage/marktanteile-der-5-groessten-lebensmitteleinzelhaendler/

EDEKA und REWE übernehmen Tengelmann- und Kaiser-Filialen

Kartellverbot und Ministererlaubnis: Einigung 2016 zur Arbeitsplatzrettung

Opel-Übernahme durch PSA

*PSA (**P**eugeot **S**ociété **A**nonyme) übernimmt 2017 Opel und Vauxhall (GB) von GM*

Wirtschaftliche Verflechtungen und Unternehmenskonzentration nehmen stetig zu. Dabei finden sich in Handel und Industrie immer mehr **transnationale Unternehmen** mit europa- (Airbus Industries) und weltweiten Aktivitäten (**Volkswagen**). Sie haben Niederlassungen und Produktionsstätten in vielen Ländern der Erde, was eine Folge der Globalisierung ist. Grundlagen der wirtschaftlichen Globalisierung sind die schnelle Verbesserung der Kommunikationstechnologien und des Transportwesens sowie eine weitgehende Deregulierung der Weltwirtschaft, d. h. der Wegfall wirtschaftshemmender Vorschriften.

Außerdem hat der Europäische Gerichtshof 2003 entschieden, dass innerhalb der EU keine Begrenzung des Gesellschaftsrechts zulässig ist. Somit musste auch in Deutschland die Gründung von Unternehmen mit ausländischen Rechtsformen zugelassen werden.

M 1 Vor allem die britische **„Limited“** (= Begrenzung) hat danach eine schnelle Verbreitung, vor allem bei Kleinunternehmen, gefunden. Wie bei einer GmbH ist nur ein Gesellschafter erforderlich, der zugleich Geschäftsführer („Director“) ist. Auch die Gewinn- und Verlustverteilung bei mehreren Gesellschaftern entspricht der der GmbH. Aber die Gründung geht schneller, es besteht kein Notarzwang und das Mindestkapital beträgt ein 1 Britisches Pfund (ca. 1,14 €). Als Stammsitz muss England gewählt werden, wo ein „Sekretär“ ansässig sein muss. Dafür gibt es Spezialfirmen. In Deutschland erfolgt dann die Eintragung in das Handelsregister und die Besteuerung. Auch besteht die Pflichtmitgliedschaft in Kammern. Die Haftungsbeschränkung schützt aber nur, wenn in England vor Gericht kein Verschulden bei Haftungsfragen nachgewiesen werden kann. Diese Unternehmensform ist dann vorteilhaft für deutsche Unternehmen, wenn diese international tätig sind.

M 2 Eine weitere internationale Unternehmensform ist seit 2002 die **Europäische Aktiengesellschaft** (**SE** = Societas Europaea), kurz Europa-AG. Sie ist für Großunternehmen gedacht, die in mindestens in zwei EU-Staaten tätig sind und über ein Stammkapital von 120 000,00 € verfügen. Ein Beispiel ist die 2007 gegründete Porsche Holding SE. Die Gründer haben die Wahl zwischen einer „dualistischen“ Verfassung mit Aufsichtsrat und Vorstand (Porsche Holding) oder einem „monistischen System“ mit einem „Verwaltungsrat“ und interner Kontrolle. Der Verwaltungsrat besteht aus mindesten zwei, bei einem mitbestimmten Unternehmen aus drei Personen. Der Hauptvorteil dieser Unternehmensform ist, dass eine SE europaweit arbeiten kann, ohne Tochterunternehmen gründen zu müssen.

Welche Probleme sich als Folge des geplanten Brexits für internationale Unternehmen wie die britische Limited oder die Europa-AG ergeben, ist noch nicht abzusehen.

Formen wirtschaftlicher Zusammenarbeit

Wenn Unternehmen zusammenarbeiten, sich zusammenschließen oder Tochtergesellschaften im Ausland gründen, geschieht dies aus wirtschaftlichen Gründen:
- Kostenersparnis bei der Produktion;
- mehr Finanzkraft für Forschung, Entwicklung und für Großprojekte;
- durch größere Marktmacht eine bessere Position im internationalen Wettbewerb erringen oder Verdrängung der Konkurrenz vom Markt.

Wirtschaftliche Zusammenarbeit vollzieht sich in unterschiedlichen Formen. Eine lose Verbindung sind **Fachverbände** (s. S. 163) zur fachlichen Beratung und zur Vertretung nach außen, z. B. bei Tarifverhandlungen.

Kartelle sind vertragliche Zusammenschlüsse von wirtschaftlich und rechtlich selbstständigen Unternehmen gleicher Art, z. B. der Bauindustrie. Sie wollen durch Absprachen, z. B. über Preise und Absatzgebiete, den Wettbewerb untereinander einschränken. Solche Kartelle sind grundsätzlich **verboten**.
Ausnahmen vom Kartellverbot gewähren **Gruppenfreistellungsverordnungen** der EU-Kommission. Ähnliches gilt nach deutschem Recht auch für sogenannte **Mittelstandskartelle**. Kleine und mittlere Unternehmen (KMU) dürfen Absprachen – z. B. über gemeinsamen Einkauf, Vertrieb, Werbung und Forschung – treffen, um ihre Wettbewerbsfähigkeit zu verbessern.

Konzerne: „Sind ein herrschendes und ein oder mehrere Unternehmen unter einheitlicher Leitung des herrschenden Unternehmens zusammengefasst, so bilden sie einen Konzern; die einzelnen Unternehmen sind Konzernunternehmen.“ (Aktiengesetz § 18) Die herrschende Gesellschaft wird auch **Muttergesellschaft**, Dachgesellschaft oder Holding genannt. Die abhängigen Konzernunternehmen sind die „Töchter“. Verlieren die Töchter neben ihrer wirtschaftlichen auch ihre rechtliche Unabhängigkeit, entsteht ein **Trust**.

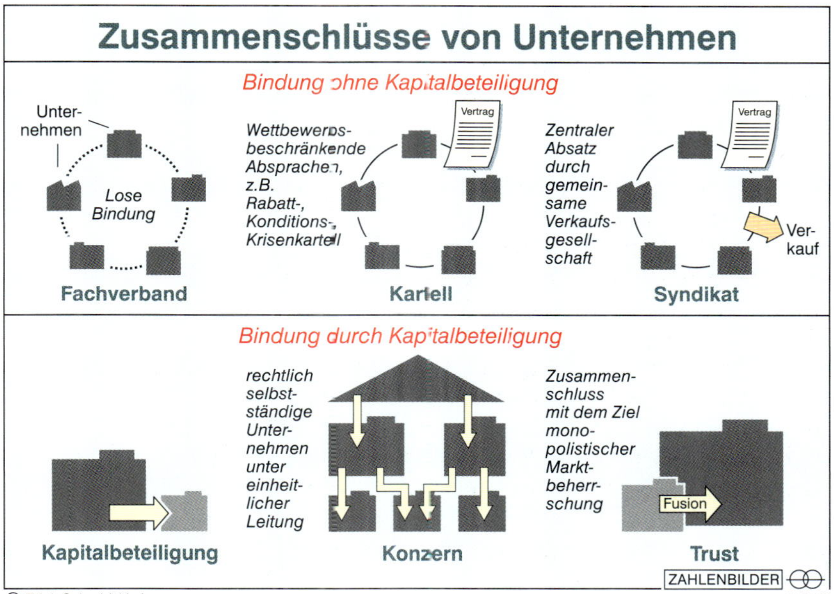

© Erich Schmidt Verlag 210 110

Da Konzerne den Markt beherrschen und damit den Wettbewerb einschränken können, unterliegen sie dem „Gesetz gegen Wettbewerbsbeschränkungen“ GWB, Kartellgesetz. In der EU überwacht eine Anti-Kartell-Behörde den Wettbewerb.
Inländische Konzerne müssen der Kartellbehörde in Berlin gemeldet werden, wenn sie einen Marktanteil von 20 % oder 10 000 Beschäftigte oder einen Umsatz von 250 Millionen € erreichen. Das **Bundeskartellamt** kann Unternehmenszusammenschlüsse untersagen, wenn diese zur Marktbeherrschung führen. Das Bundeswirtschaftsministerium kann einen solchen Zusammenschluss dennoch genehmigen, wenn die gesamtwirtschaftlichen Vorteile überwiegen (Ministererlaubnis). Das ist bis 2017 neunmal erfolgt.

Arbeitsvorschläge

1. *Vergleichen Sie die Merkmale einer GmbH und einer Limited (M 1, S. 160) und erwägen Sie die Vor- und Nachteile.*
2. *Stellen Sie eine Reihe von Vor- und Nachteilen der Wirtschaftskonzentration zusammen.*
3. *Ermitteln Sie aus den Medien ein Beispiel, bei dem das Kartellamt einen Unternehmenszusammenschluss untersagt oder ihm zugestimmt hat bzw. bei dem eine „Ministererlaubnis“ erforderlich wurde.*
4. *Beschreiben Sie die Europäische Aktiengesellschaft (SE). (M 2)*

Konsortium

Zusammenarbeit von Banken (Konsorten) für ein Geschäft

Holding von „to hold“ (engl.) = halten (von Anteilen)

KMU: (Klein- und mittelständische Unternehmen)

Unternehmen mit bis zu 250 Beschäftigten und 50 Mio. € Jahresumsatz

Konzern

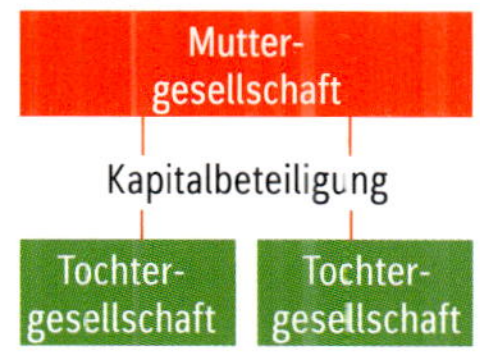

Joint Venture

Internationales Gemeinschaftsunternehmen selbstständiger Unternehmen

Regeln für Fusionen des deutschen Übernahmegesetzes

- **Kontrolle**
  Spätestens vier Wochen nach Ankündigung der Übernahme muss dem Bundesaufsichtsamt für den Wertpapierhandel ein detailliertes Kaufangebot vorliegen, das anschließend veröffentlicht wird.
- **Information**
  Aktionäre und Beschäftigte sollen vom Käufer umfassend über die Folgen einer Übernahme unterrichtet werden.

3.3 Organisationen des Handwerks, der Landwirtschaft, der Industrie und des Handels

Organisationen des Handwerks

Nach der **Handwerksordnung (HWO)** ist die Organisation des Handwerks zweigleisig aufgebaut. Selbstständige Handwerker sind Pflichtmitglieder der Handwerkskammer und können freiwillig einer Innung beitreten.
Die **Handwerkskammer** ist die gesetzliche Berufsstandsvertretung des Handwerks in einem Kammerbezirk. Auf Landesebene bilden sie Arbeitsgemeinschaften. Spitzenorganisation ist der **Zentralverband des deutschen Handwerks** als Sprachrohr gegenüber der Öffentlichkeit, den Regierungen und Parlamenten sowie der Europäischen Union.
Handwerkskammern beraten ihre Mitglieder, unterstützen Behörden, z. B. durch Gutachten, und führen die Dienstaufsicht für ihre Innungen und Kreishandwerkerschaften.

ZDH
ZENTRALVERBAND DES DEUTSCHEN HANDWERKS

M 1 §91 HWO

(1) Aufgabe der Handwerkskammer ist insbesondere,
4. die Berufsbildung zu regeln, Vorschriften hierfür zu erlassen, ihre Durchführung zu überwachen sowie die Lehrlingsrolle zu führen [...],
5. Gesellenprüfungsordnungen für die einzelnen Handwerke zu erlassen, Prüfungsausschüsse [...] zu errichten oder Handwerksinnungen (dazu) ermächtigen [...],
6. Meisterprüfungsordnungen für die einzelnen Handwerke zu erlassen und die Geschäfte des Meisterprüfungsausschusses zu führen.

Handwerksinnungen

Die selbstständigen Handwerker des gleichen oder einander nahestehender Handwerke eines Handwerksbezirks schließen sich freiwillig zu Handwerksinnungen zusammen, z. B. zur Friseur-, Bäcker- oder Tischlerinnung. Sie sind Arbeitgeberverbände, fördern ihre gemeinsamen Interessen und können Tarifverträge abschließen, sofern dies nicht durch einen Landesinnungsverband geschieht. Sie können übertriebliche Ausbildungsstätten unterhalten und Innungskrankenkassen errichten. Streit gibt es darüber, ob Innungen Mitglieder aufnehmen sollen, die sich nicht an Tarifverträge gebunden fühlen.
Handwerksinnungen der verschiedenen Berufe einer Stadt oder eines Landkreises bilden die Kreishandwerkerschaft.

Organisationen der Landwirtschaft

Die **Landwirtschaftskammer (LWK)** ist die gesetzliche Berufsvertretung der Betriebe der Land-, Forst- und Hauswirtschaft, des Gartenbaus, der Imkereien und Fischer. Die Bundesebene bildet der **Verband der Landwirtschaftskammern**. Ihre Aufgaben entsprechen weitgehend denen der Handwerks- bzw. Industrie- und Handelskammer. Auch die Landwirtschaftskammer regelt die Berufsbildung und die Prüfungen für Auszubildende und Meister.

M 2 Die Landwirtschaftskammer

- fördert Erzeugung und Absatz landwirtschaftlicher Produkte,
- erfüllt staatliche Aufgaben, u. a. auf dem Gebiet der Tierzucht und -seuchenbekämpfung,
- unterstützt Behörden durch Gutachten und Berichte,
- unterhält landwirtschaftliche Forschungsanstalten und Lehr- und Versuchsgüter.

Als Tarifvertragsparteien haben sich die Verbände der verschiedenen Berufsgruppen zum **Bundesverband der Land- und forstwirtschaftlichen Arbeitgeberverbände e. V.** zusammengeschlossen. Das **Landvolk** ist eine regionale Organisation der Landwirte, des Landhandels und ähnlicher Berufe, aber auch der Verpächter von Ländereien.

Organisationen des Handels und der Industrie

Die **Industrie- und Handelskammer (IHK)** ist die gesetzliche Gesamtvertretung der gewerblichen Wirtschaft eines Kammerbezirkes. Alle gewerblichen Betriebe und Handelsunternehmen, die nicht in der Handwerksrolle bei der Handwerkskammer eingetragen sind, müssen ihr angehören. Finanziert wird die IHK durch die Beiträge ihrer Mitglieder. Die Spitzenorganisation aller Kammern ist der **Deutsche Industrie- und Handelskammertag (DIHK)**. Er vertritt die Interessen der gewerblichen Wirtschaft gegenüber der Regierung, den Parlamenten, der EU und der Öffentlichkeit. Die Aufgaben der IHK sind ähnlich wie die der Handwerkskammer:

M 3

- Förderung der gewerblichen Wirtschaft, Ausgleich zwischen den einzelnen Gewerbezweigen,
- Beratung der Mitgliedsfirmen, Berichte und Gutachten für Behörden,
- Überwachung der Berufsausbildung und Feststellung der Eignung von Ausbildungsstätten,
- Festlegung der Prüfungsordnungen für die Berufsausbildung und Abnahme der Zwischen- und Abschlussprüfungen.

Die Unternehmungen der Industrie können sich zu **Fachverbänden** zusammenschließen, um ihre gemeinsamen wirtschaftlichen und wirtschaftspolitischen Interessen gegenüber der Politik und der Öffentlichkeit besser wahrnehmen zu können. Dabei bleibt ihre rechtliche Selbstständigkeit erhalten. Die Fachverbände vereinigen Unternehmen des gleichen oder eines verwandten Wirtschaftszweigs.

Die 35 Industrieverbände (01.01.2018) haben sich freiwillig im **Bundesverband der Deutschen Industrie (BDI)** zusammengeschlossen. Er zählt zu den einflussreichsten Interessenverbänden auf Bundesebene. Er befasst sich mit gemeinsamen Problemen wie Industrieforschung, Umweltschutz, Digitalisierung und Fragen des Wettbewerbsrechts.

M 4

© Bergmoser + Höller Verlag AG

Die **Bundesvereinigung der Deutschen Arbeitgeberverbände (BDA)** (s. S. 90) verfolgt die sozialpolitischen Interessen der angeschlossenen Fachverbände. Gemeinsam mit dem BDI nimmt die BDA z. B. Stellung zu Veränderungen bei der betrieblichen Mitbestimmung. Die Mitgliedsverbände haben u. a. das Ziel, die Wirtschaftlichkeit ihrer Mitglieder zu verbessern, sie sind **Tarifparteien** bei Tarifverhandlungen und geben ihren Mitgliedern Rechtsschutz. Da vor allem in den ostdeutschen Bundesländern viele Unternehmen ausgehandelte Tarifverträge umgehen möchten, wird teilweise eine „OT“(= ohne Tarifbindung)-Mitgliedschaft angestrebt. Diese sogenannte „Tarifflucht“ wird von Gewerkschaften scharf kritisiert.

Arbeitsvorschläge

1. *a) Erkundigen Sie sich nach der für Ihren Ausbildungsbetrieb zuständigen Kammer bzw. Innung.*
b) Informieren Sie sich über die angebotenen Weiterbildungsmöglichkeiten.

2. *Beschreiben Sie nach M 1 und M 3 die Aufgaben der Kammern für die Berufsausbildung.*

3. *Ermitteln Sie aus M 2 Aufgaben der Landwirtschaftskammern für den Verbraucherschutz.*

4. *Stellen Sie die Mitgliedschaft in den jeweiligen Kammern und den übrigen Berufsverbänden einander in einer Tabelle gegenüber und begründen Sie die unterschiedlichen Aufgaben dieser Organisationen.*

5. *Erkunden Sie einige wichtige Unterschiede von BDI (M 4) und BDA (s. S. 90).*

Präsentieren

Bei einer Präsentation werden Arbeitsergebnisse vor einem ausgewählten Teilnehmerkreis vorgestellt. Eine Präsentation wird daran gemessen, ob es gelingt, Inhalte anschaulich, überzeugend und originell zu vermitteln. Die Präsentation gliedert sich in die **drei Phasen Vorbereitung, Ablauf und Auswertung**.

Zur Vorbereitung

Warum wird präsentiert?

Einige Beispiele für Präsentationsziele:
- Informationen vermitteln
- ein neues Produkt präsentieren
- zum Kauf anregen usw.

Wer ist der Adressatenkreis?

Einige Leitfragen zum Adressatenkreis:
- Welche Erwartungen haben die Teilnehmer?
- Wer nimmt an der Präsentation teil?
- Welche Vorkenntnisse sind vorhanden?

Was soll präsentiert werden?

Folgende Leitfragen erleichtern die Stoffauswahl:
- Was ist das Ziel der Präsentation?
- Was ist das Wesentliche der Thematik?
- Was interessiert die Teilnehmer/-innen?
- Welche Fakten könnten reduziert werden?
- Wie viel Zeit steht zur Verfügung?

Wie soll präsentiert werden?

Einige Beispiele für Präsentationsarten
- Text
- Grafiken
- Bilder
- Symbole

Zum Ablauf
- Einstieg
- Hauptteil
- Abschluss

Zur Auswertung
- Sind die Ziele der Präsentation erreicht worden?
- Sind die Teilnehmer/-innen mit der Präsentation zufrieden?
- Ist die inhaltliche Aufarbeitung des Themas korrekt gewesen?

Zehn goldene Regeln für eine gelungene Präsentation

So schwer ist es gar nicht, einen guten Vortrag zu halten, wenn man einige Kernregeln beherzigt:

1. Sichern Sie sich eine positive Grundeinstellung zum Thema und zum Publikum. Dabei hilft eine sorgfältige Vorbereitung.
2. Lernen Sie, mit Redehemmungen umzugehen, z. B. durch einen Probevortrag vor Freunden.
3. Beachten Sie das Gesetz des guten Ersteindrucks.
4. Präsentieren Sie glaubwürdig und engagiert.
5. Senden Sie positive Beziehungsbotschaften (offene Gestik, freundliche Mimik, ruhiger Blick).
6. Halten Sie vorrangig Blickkontakt zum Publikum, jeder muss subjektiv den Eindruck haben, dass er wichtig ist (Trick: die Nasenwurzel fixieren).
7. Wie bei einem Theaterstück spielt bei einem Vortrag die Dramaturgie eine wichtige Rolle: Wechseln Sie deshalb gezielt den Standort.
8. Sprechen Sie lebendig und wirkungsvoll: nicht zu schnell, flüssig und klar, mit Pausen an den richtigen Stellen.
9. Halten Sie die Aufmerksamkeit des Auditoriums auf einem hohen Stand, z. B. durch Anekdoten, Karikaturen, Fragerunden oder Diskussionen.
10. Umschiffen Sie die typischen Klippen bei Computerpräsentationen: überladene Folien, undeutliche Schrift, zu schneller Folienwechsel, Verwendung zu langer Sätze.

Thiele, Albert: Kleiner Knigge. Präsentieren und vortragen – aber richtig. In: c't Magazin Online, 21.05.2001. Zugriff am 09.10.2017 unter www.heise.de/ct/artikel/Kleiner-Knigge-285054.html

Regeln, um eine Präsentation zum Scheitern zu bringen

1. Setzen Sie sich vor die Zuhörer und drehen Sie diesen den Rücken zu. Schließlich geht es nicht um Ihre Person, sondern um Ihre Präsentation.
2. Lesen Sie die Folien direkt von der Projektionswand ab, das erspart Ihnen Fehler.
3. Füllen Sie die Folien mit so vielen Informationen wie möglich.
4. Wählen Sie eine kleine Schrift, dann sind alle gezwungen, sich weiter nach vorne zu setzen.
5. Präsentieren Sie die wesentlichen Informationen in Textform, alles andere lenkt nur ab.
6. Wählen Sie immer eine schwarze Schrift auf weißem Untergrund, das spart Farbe beim Ausdruck.
7. Vermeiden Sie es, Ihre Folien vor Präsentationsbeginn anzuschauen, das macht nur nervös.
8. Gestatten Sie keine Zwischenfragen, dann können Sie Ihren Zeitplan einhalten.

Arbeitsvorschlag

Entwickeln Sie einen eigenen Ratgeber für eine gelungene Präsentation und stellen Sie diesen zur Diskussion.

4 Konsumenteninteresse – Produzenteninteresse

4.1 Privatrechtliche Verträge – Rechtsfähigkeit

Gesetzliche Grundlage bildet das BGB.

Jeder Mensch ist Träger von Rechten und Pflichten. Die **Rechtsfähigkeit** eines Menschen beginnt mit der Vollendung der Geburt. Damit erwachsen verschiedene Rechte, z. B. das Recht auf Versorgung. Die Rechtsfähigkeit endet mit dem Tod.

M 2 **§ 1 BGB**

Das BGB setzt die Rechtsfähigkeit des Menschen voraus. Das war nicht immer so. Der römische Sklave hatte keine Rechtsfähigkeit und zur Zeit des Nationalsozialismus gab es Versuche, die Rechtsfähigkeit ganzer Personengruppen zu leugnen.
Heutzutage versucht der Hundeliebhaber seinem Hund vergebens sein Vermögen zu vererben, denn Tiere sind nicht rechtsfähig.
Mit dem Tode endet die Rechtsfähigkeit. Auch nach dem Tod wirkt das Persönlichkeitsrecht gegen ehrverletzende Angriffe.
Ehrverletzend sind Angriffe auf die Persönlichkeit (z. B. üble Nachrede).

M 1 Die zweijährige Lisa verliert durch einen tragischen Unglücksfall ihre Eltern. Dadurch erbt sie ein nicht unerhebliches Vermögen und eine große Villa. Aus dieser Tatsache erwächst nicht nur das Recht, die Erbschaft anzutreten, sondern auch die Pflicht der Zahlung von Erbschaftsteuer an das Finanzamt.

M 3

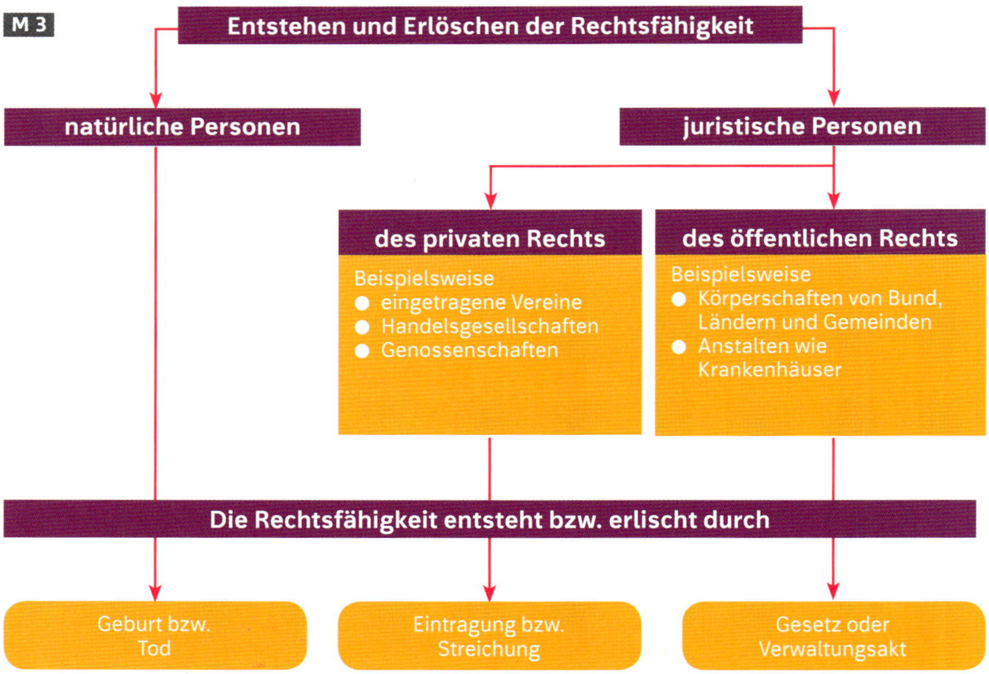

Juristische Personen können nicht selbst tätig werden. Sie benötigen eine natürliche Person, die ihre Rechtsfähigkeit ausübt.

Für juristische Personen handeln deshalb die Organe. Hierzu ein Beispiel: Ein Vorstandsmitglied eines Sportvereins kauft Ausstattungen für die Vereinssporthalle. Käufer ist der Sportverein. Wird das Bestellte nicht bezahlt, haftet der Verein, nicht das Vorstandsmitglied.

Arbeitsvorschläge

1. *Benennen Sie in M 1 die natürliche Person. Warum kann Lisa das Erbe antreten?*
2. *Kann ein prominenter Schauspieler seinem Hund sein Vermögen vererben? (M 2)*
3. *Erarbeiten Sie weitere Beispiele für juristische Personen des privaten und des öffentlichen Rechts. Verwenden Sie hierzu M 3.*

4.2 Die Geschäftsfähigkeit

M 1 Der zwölfjährige Peter kauft in Begleitung seiner geschäftsunfähigen Oma ein Zirkuszelt. Peters Vater hat seit einiger Zeit die gesetzliche Betreuung für seine Mutter übernommen und möchte den Kauf rückgängig machen. Wird er Erfolg haben?

Die Willenserklärung eines beschränkt Geschäftsfähigen bedarf der Einwilligung des gesetzlichen Vertreters, (Vormund), sonst ist das Rechtsgeschäft „schwebend unwirksam".

Geschäftsfähig sein heißt, rechtswirksam handeln zu können. Das Alter sowie der körperliche und geistige Zustand bestimmen den Umfang der **Geschäftsfähigkeit**.

Die gesetzlichen Vorschriften zur Geschäftsfähigkeit sollen Menschen, die dem Geschäftsverkehr nicht gewachsen sind, vor unvernünftigen Geschäften bewahren.

M 2 Das BGB unterscheidet die Geschäftsfähigkeit in drei Gruppen:

geschäftsunfähig: §§ 104, 105 BGB	von der Geburt bis zum vollendeten 7. Lebensjahr, Rechtsgeschäft nichtig
beschränkt geschäftsfähig: §§ 106, 107 BGB	Minderjährige vom 7. Lebensjahr bis zum 18. Geburtstag, Rechtsgeschäft schwebend unwirksam
voll geschäftsfähig: § 2 BGB	ab dem 18. Lebensjahr können Rechtsgeschäfte im vollen Umfang getätigt werden, Rechtsgeschäft voll gültig

„Schwebend unwirksam" bedeutet: Ein Rechtsgeschäft ist so lange nicht gültig, bis der gesetzliche Vertreter seine Zustimmung (Unterschrift) gegeben hat.

Es gibt eine Reihe von Rechtsgeschäften Minderjähriger, die keiner Zustimmung des gesetzlichen Vertreters bedürfen. Hierzu gehören die Taschengeldgeschäfte (§ 110 BGB) und solche, die einen rechtlichen Vorteil bringen. Dazu gehört z. B. die Schenkung. Diese bringt jedoch nur dann einen rechtlichen Vorteil, wenn das Geschenk keine Folgekosten verursacht. Das Schenken von Tieren verursacht immer Folgekosten und muss deshalb vom gesetzlichen Vertreter entschieden werden.

Beispiele für Taschengeldgeschäfte
- Ein siebenjähriger Junge kauft am Kiosk eine Tüte Bonbons.
- Ein sechsjähriges Mädchen kauft sich ein Eis.

Stufen der Geschäftsfähigkeit

- geschäftsunfähig bis Vollendung des 7. Lebensjahres

- beschränkt geschäftsfähig vom vollendeten 7. bis zum 18. Lebensjahr

- voll geschäftsfähig ab vollendetem 18. Lebensjahr

Arbeitsvorschläge

1. *Beantworten Sie die in M 1 gestellte Frage mithilfe von M 2.*
2. *Lösen Sie folgende Fälle:*
   a) *Marie, 17 Jahre, bekommt von ihrem Onkel einen Motorroller geschenkt. Kann sie das Geschenk annehmen, ohne ihre Eltern zu fragen?*
   b) *Ben, 16 Jahre, macht eine Ausbildung zum Industriekaufmann. Er kauft sich eine Monatskarte, um zur Ausbildungsstätte zu fahren. Seine Eltern sind gegen diese Ausgabe. Ist der Kauf rechtswirksam?*
   c) *Leon, 17 Jahre, möchte seine Ausbildung zum Mechatroniker aufgeben und in einem Betrieb am Band arbeiten, da er dort mehr Geld verdient. Darf er ohne Einwilligung seiner Eltern kündigen?*

4.3 Rechtsgeschäfte

§ 116 ff. BGB

Rechtsgeschäfte kommen durch Willenserklärungen zustande.

M 1

1. Frau Papke bestellt per Bestellschein in einem Versandhaus ein Abendkleid.
2. Herr Müller legt an der Kasse im Supermarkt Milch und Butter auf das Band.
3. Annas Handyvertrag verlängert sich um ein Jahr.
4. Die Firma F & M bekommt von einem Vertragspartner ein geändertes Angebot und reagiert nicht.

Die Kündigung eines Arbeitsvertrags oder das Jawort auf dem Standesamt sind eindeutige Willenserklärungen.

M 2

Durch Abgabe von Willenserklärungen entstehen Rechtsgeschäfte.
Willenserklärungen können folgendermaßen erfolgen:

- durch **ausdrückliche Erklärung** – sie kann schriftlich oder mündlich sein, z. B. die schriftliche Bestellung bei einem Versandhaus.
- durch **schlüssige Handlung** – z. B. setzt sich ein Gast in ein Taxi und teilt dem Fahrer das Fahrziel mit.
- durch **Schweigen** – gilt im Allgemeinen im privaten Bereich als Ablehnung, unter Kaufleuten, die langjährige Geschäftsbeziehungen haben, auch als Zustimmung.

Ein Grundstückskauf ohne Notar und Kaufvertrag ist nichtig, d. h. ungültig.

Formvorschriften

Rechtsgeschäfte können in beliebiger Form abgeschlossen werden.
Auch Kaufverträge können sowohl mündlich als auch schriftlich erfolgen. Bei etwaigen Unstimmigkeiten ist jedoch die schriftliche Form für beide Seiten von Vorteil.
Für die Gültigkeit von Willenserklärungen bei wichtigen Rechtsgeschäften gibt es Formvorschriften.
Wird eine geforderte Form nicht eingehalten, so ist das Rechtsgeschäft nichtig, d. h. ungültig.

Ein Testament muss handschriftlich vorliegen.

M 3

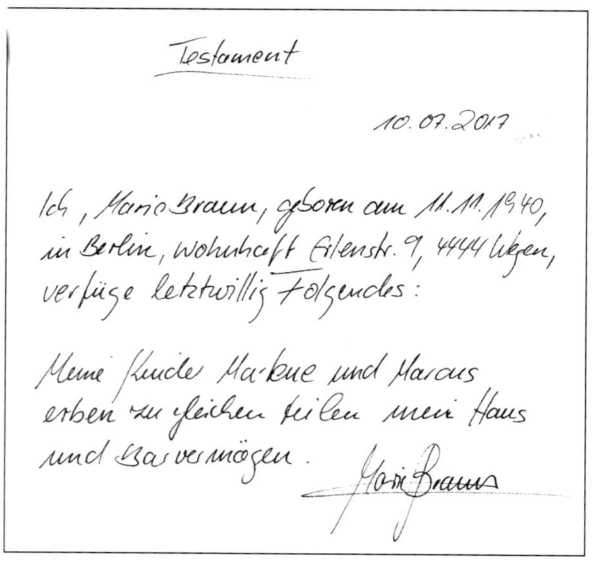

Testament

10.07.2017

Ich, Mario Braun, geboren am 11.11.1940, in Berlin, wohnhaft Eilenstr. 9, 4444 Ligen, verfüge letztwillig Folgendes:

Meine Kinder Marlene und Marcus erben zu gleichen Teilen mein Haus und Barvermögen.

Mario Braun

Die Schriftform: Der Vertrag muss in schriftlicher Form vorliegen und von beiden Vertragspartnern eigenhändig unterschrieben werden. (§ 126 BGB)
Beispiele: Berufsausbildungsvertrag, Testament, Ratenkauf
Öffentliche Beglaubigung: Ein Schriftstück oder ein Vertrag wird vom Notar oder einer Behörde beglaubigt. Dabei wird die Richtigkeit des Inhalts und die Echtheit der Unterschriften bestätigt. (§ 129 BGB)
Beispiele: Anträge auf Eintragung ins Grundbuch, ins Vereins- und Handelsregister
Öffentliche Beurkundung: Ein Notar hält die Willenserklärung schriftlich fest und bestätigt somit die Unterschriften und den Inhalt. (§ 128 BGB)
Beispiele: Eheverträge, Grundstückskauf, Schenkungsversprechen

Testament:
Hiermit verfüge ich, dass nach meinem Tod meine Kinder Marlene und Marcus zu gleichen Teilen mein Haus und Barvermögen erben.

Arbeitsvorschläge

1. *Um welche Willenserklärungen handelt es sich bei den in M 1 genannten Beispielen? Nehmen Sie M 2 zu Hilfe.*
2. *Mit welchen Formvorschriften (M 3) hatten Sie bereits zu tun?*

Arten der Rechtsgeschäfte

Ein Rechtsgeschäft kann durch die Abgabe einer oder mehrerer Willenserklärungen entstehen.

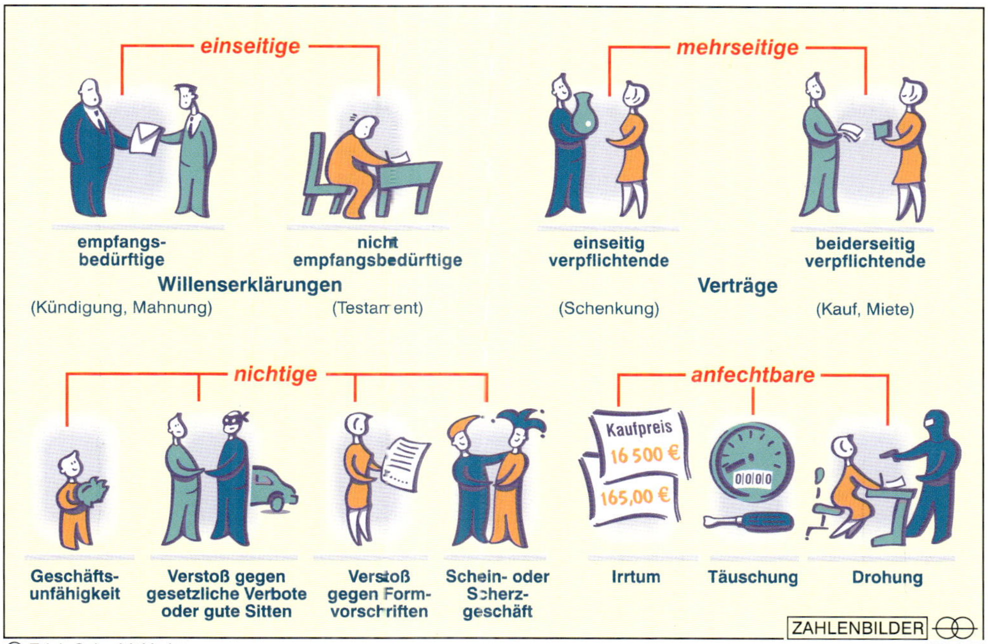

© Erich Schmidt Verlag 128 035

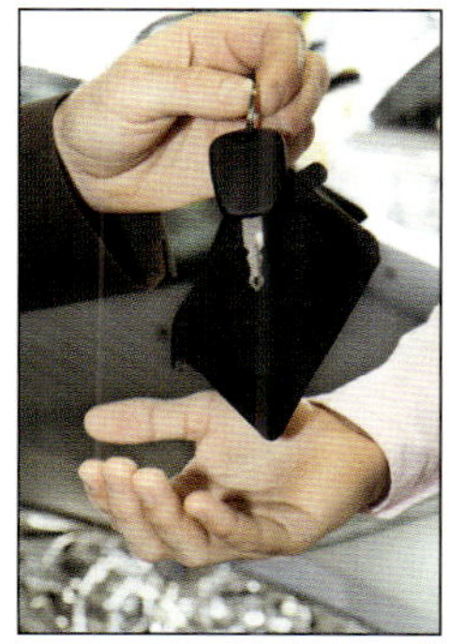

Auslobung § 657: „Wer durch öffentliche Bekanntmachung eine Belohnung für die Vornahme einer Handlung [...] aussetzt, ist verpflichtet, die Belohnung [...] zu entrichten."

Hinweis: Verträge kann man per Internet herunterladen.

- Herr Schmidt verfasst sein Testament und setzt seinen Neffen als Alleinerben ein. Da ein Testament ein einseitiges Rechtsgeschäft ist, muss der Neffe nicht einwilligen.
- Ein Mietvertrag ist ein beidseitig verpflichtender Vertrag und bedeutet, dass der Mieter die Miete pünktlich und in vereinbarter Höhe zu zahlen hat und dass der Vermieter die Wohnung im ordnungsgemäßen Zustand übergeben muss.
- Frau Schneider bestellt einmal die ganze Speisekarte, die 20 Speisen umfasst. Da diese Bestellung ein nicht ernst gemeinter Scherz ist, zählt sie zu den nichtigen Rechtsgeschäften.
- Herr Bromski kauft ein Auto mit ziemlich niedrigem Tachostand. In der Werkstatt seines Vertrauens lässt er den Wagen checken. Dabei stellt der Mechaniker fest, dass das Auto mindestens 100 000 km mehr gefahren ist, als der Tachostand anzeigt. Da hier eine Täuschung vorliegt, ist der Kauf anfechtbar.

Beispiele für einseitig verpflichtende Verträge
- Die Eltern von Paul übernehmen für ihn die Bürgschaft, damit er einen Kredit für seine Unternehmensgründung bekommt.
- Großeltern schenken ihrem Enkel 10 000,00 €.

Arbeitsvorschlag

Sind die folgenden Rechtsgeschäfte gültig?
Lösen Sie die Fälle mithilfe von M 1 oder M 3 (s. S. 168).

a) *Angelika hängt im Betrieb einen Aushang mit folgendem Wortlaut aus: „Verkaufe Smartphone für 100,00 €." Ihr Kollege Leon schreibt daraufhin auf diesen Zettel: „Nehme Angebot an." Angelika erscheint der Kaufpreis nun zu niedrig und sie will ihm das Gerät nicht mehr verkaufen. Kann Leon Vertragserfüllung verlangen?*

b) *Herr Bromski hat vor Jahren ein Haus ohne Kaufvertrag gekauft. Nun möchte er es verkaufen. Ist das möglich?*

c) *Der Onkel von Frau Klara Korn ist verstorben und hat sie als Erbin eingesetzt. Da sie den Onkel nicht leiden mochte, will sie das Erbe nicht antreten, und zwar mit der Begründung, dass sie dem Testament nie zugestimmt habe. Ist sie im Recht?*

Wirksamkeit der Rechtsgeschäfte

Manche Rechtsgeschäfte sind von Anfang an ungültig oder nichtig. Andere wiederum können im Nachhinein angefochten werden.

M 1

Nichtige Rechtsgeschäfte sind solche, die von Anfang an unwirksam sind und

- die gegen ein **gesetzliches Verbot verstoßen**, z. B. Handel mit Rauschgiften, Menschen und illegale Beschäftigung, (§ 138 BGB)
- die gegen die **guten Sitten verstoßen**, z. B. Kreditverträge mit 45 % Zinsen, 1 000,00 € Miete für ein Bett pro Nacht, (§ 105 (1) BGB)
- die **mit Geschäftsunfähigen** oder mit beschränkt Geschäftsfähigen geschlossen werden, z. B. ein 6-Jähriger kauft sich ein Pferd, ein Mann mit geistiger Behinderung verkauft den Schmuck seiner Mutter, (§ 118 BGB)
- die **als Scherz** gedacht sind, z. B. ein Gast bestellt das Essen der gesamten Speisekarte, eine Frau verkauft ihr Ferienhaus für 1,00 €, (§ 117 BGB)
- die **zum Schein** abgeschlossen werden, z. B. eine Rechnung wird, um Steuern zu sparen, viel zu niedrig ausgestellt, (§ 130)
- die die **gesetzlich vorgeschriebene Form nicht aufweisen**, z. B. Grundstückskauf ohne Notar, mündlicher Mietvertrag.

M 2

Anfechtbare Rechtsgeschäfte sind solche, die bis zur Anfechtung gültig sind und

- die durch **widerrechtliche Drohung** zustande gekommen sind, z. B. ein Zoohändler droht mit Schlägen, wenn man seinen Papageien nicht kauft, (§ 123 BGB)
- die durch **arglistige Täuschung** zustande gekommen sind, z. B. ein Auto wird nach Totalschaden repariert und als unfallfrei verkauft, (§ 123 BGB)
- bei denen **ein Irrtum** oder ein **Übermittlungsfehler** vorliegt, z. B. Preisschilder werden vertauscht, versehentlich Lieferung zum falschen Datum, versehentlich wird die falsche Größe verkauft. (§§ 119, 120 BGB)

Fristen der Anfechtung

§ 123 BGB

Innerhalb eines Jahres können Willenserklärungen, die durch widerrechtliche Drohung oder arglistige Täuschung zustande gekommen sind, rückgängig gemacht werden.
Bei Irrtum muss die Anfechtung sofort nach Bemerken erfolgen.

Arbeitsvorschlag

Überprüfen Sie folgende Fälle mithilfe von M 1 und M 2 auf ihre Gültigkeit.

- *Ein Mann schenkt seiner Freundin ein Auto und behält den Kfz-Brief. Kurz danach bereut er die Schenkung. Ist diese trotzdem wirksam?*
- *Ein Verkäufer überredet eine gebrechliche alte Dame, eine Dauerkarte für die Wasserskianlage zu kaufen.*
- *Am Packtisch eines Supermarkts bezahlt ein Mann Herrenschuhe in der Größe 45 und erhält einen Schuhkarton mit Damenpantoletten.*

4.4 Der Kaufvertrag

Zustandekommen und Erfüllung

M 1

Frau Papke aus Güstrow bestellt per Telefon einen Kühlschrank. Der Händler liefert innerhalb von 24 Stunden.

§§ 145, 147 BGB

M 2

Kaufverträge entstehen durch mindestens zwei übereinstimmende Willenserklärungen, durch das Angebot und dessen Annahme.

Werbeprospekte, Kataloge, Schaufensterauslagen usw. sind keine Angebote, sondern Aufforderungen zum Kauf.

Das Angebot kann sowohl durch den Verkäufer als auch durch den Käufer erfolgen. Dazu zwei Beispiele:

- Die Computerfirma Schell macht Herrn Pauls ein Angebot über einen Computer. Herr Pauls nimmt dieses Angebot ohne Änderung an. Das Angebot erfolgt über den Verkäufer.

- Herr Dolfi bestellt bei der Firma Haustechnik eine Alarmanlage. Die Firma nimmt die Bestellung an. Hier ist das Angebot über den Käufer erfolgt. In beiden Fällen sind Kaufverträge entstanden.

Grundsätzlich ist der Verkäufer an sein Angebot gebunden. Nur bei verspäteter oder veränderter Annahme durch den Käufer kann die Bindung an das Angebot aufgehoben werden.

§ 150 (1,2) BGB

Der Verkäufer kann sich jedoch durch Äußerungen wie „solange der Vorrat reicht“ oder „unverbindlich“ von einer Bindung befreien.

Ein **Verpflichtungsgeschäft** ist eine vertragliche Verpflichtung, durch einstimmige Willenserklärung beider Vertragspartner.

§ 433 BGB

Ein **Erfüllungsgeschäft** ist die Lieferung, die Bezahlung und die Annahme von Ware und Geld sowie die Eigentumsübertragung.

M 3

Pflichten des Verkäufers:	Übergabe der Sache
	Übertragung des Eigentums
Pflichten des Käufers:	Annahme der Sache
	Bezahlung des Kaufpreises

M 4

Pflichten des Verkäufers sind Rechte des Käufers.

Rechte des Verkäufers sind Pflichten des Käufers.

Erfüllungsort ist der Ort, an dem der jeweilige Schuldner seine Leistung erbringen muss. Der Verkäufer schuldet die Lieferung der Ware. Der Käufer schuldet die Zahlung des vereinbarten Kaufpreises.

§ 269 BGB

Der Verkäufer muss die Ware an seinem Geschäftssitz zur Verfügung stellen. Der Käufer muss diese dort abholen, falls nichts anderes vereinbart ist.

Arbeitsvorschlag

Begründen Sie mithilfe von M 2, warum es sich in M 1 um einen Kaufvertrag handelt und diskutieren Sie die in M 4 gemachte Aussage. Beachten Sie dabei auch M 3.

Besitz und Eigentum

Herr Papke fährt einen Geschäftswagen. Er besitzt zwar einen Wagen, aber er gehört ihm nicht, weil seine Firma Eigentümerin des Pkw ist.

M 1

„Ich besitze viele wertvolle Dinge, sie sind aber nicht mein Eigentum", sagt Hanna zu Leon.

M 2 §854 BGB

(1) Der Besitz einer Sache wird durch die Erlangung der tatsächlichen Gewalt über die Sache erworben.

M 3

Besitz ist die tatsächliche Verfügungsgewalt über eine Sache.
WER HAT DIE SACHE?
Eigentum ist die rechtliche Verfügungsgewalt über eine Sache.
WEM GEHÖRT DIE SACHE?

§903 BGB

(1) Der Eigentümer einer Sache kann mit der Sache nach Belieben verfahren und andere von jeder Einwirkung ausschließen.

Der Eigentümer kann die Sache verschenken, benutzen, verleihen, verpfänden oder sogar zerstören.
Bemächtigt sich jemand der Sache widerrechtlich, so kann er sich dagegen auch mit Gewalt zur Wehr setzen. Viele Streitigkeiten dieser Art landen vor Gericht.
Mit Abschluss eines Kaufvertrags verpflichtet sich der Verkäufer, sein Eigentum an den Käufer zu übertragen.
Bei beweglichen Sachen erfolgt mit der Einigung eine Übergabe. Ist die Sache bei einem Dritten, wird der Herausgabeanspruch abgetreten.
Bei unbeweglichen Sachen wie Häusern oder Grundstücken erfolgt die Auflassung (Einigung über den Eigentumsübergang vor dem Notar) und dann die Eintragung ins Grundbuch.

M 4 Marlene borgt sich von Sarah einen Mantel und verkauft ihn für 50,00 €.

§§ 598, 599, 604, 816 BGB

M 5

Geborgte, gestohlene oder verlorene Sachen können nicht auf guten Glauben hin erworben werden. Der rechtmäßige Eigentümer kann die Herausgabe verlangen und den Diebstahl anzeigen. Steht in einem Kaufvertrag in den Lieferbedingungen das Wort „Eigentumsvorbehalt", so bedeutet das, dass der Verkäufer bis zur Zahlung des Kaufpreises Eigentümer der Sache bleibt.

Arbeitsvorschläge

1. *Interpretieren Sie Hannas Ausspruch in M 1 mithilfe von M 2 und M 3.*
2. *Die Polizei warnt vor dem Kauf gestohlener Sachen. Erklären Sie die Rechtslage.*
3. *Jessica hat im Internet ein Ferienhaus gefunden, das sie kaufen möchte. Informieren Sie sich, wie sie beim Kauf des Hauses vorgehen sollte.*
4. *Notieren Sie aus Ihrem persönlichen Umfeld Beispiele für Besitz und Eigentum.*
5. *Entscheiden Sie über Besitz bzw. Eigentum bei den folgenden Beispielen und begründen Sie Ihre Aussage.*
   a) geleaster Pkw
   b) Dienstwagen
   c) Gründstückskauf – Zahlung der letzten Rate
   d) Geschenk
6. *Bewerten Sie die in M 4 beschriebene Handlung mithilfe von M 5.*

Inhalt des Kaufvertrags

KAUFVERTRAG

abgeschlossen zwischen den Eheleuten Mustermann

Dipl. Ing. Max Mustermann, geb. 01.01.1980
Ingenieur
12345 Musterhausen, 12

und

Marianne Mustermann, geb. 01.01.1980
Dipl. Sozialpädagogin
12345 Musterhausen, 12

als Käufer einerseits, und der

Muster GmbH & Co. KG
12234 Musterhausen, 1

als Verkäufer andererseits, wie folgt:

Art und Güte der Ware: ...

Lieferzeit: ...

Verpackungs- und Beförderungskosten: ...

Zahlungsbedingungen: ...

Preisnachlässe: 2 % Skonto bei Zahlung innerhalb von 14 Tagen

Erfüllungsort: 12234 Musterhausen, Musterweg 1

Warenschulden: ...

Gerichtsstand: ...

Muster GmbH & Co. KG
Hr. Muster

Musterhausen den,12.03.2017

Bei vielen Rechtsgeschäften des Alltags ist es nicht nötig, per Kaufvertrag die Bedingungen auszuhandeln, z. B. Kauf von Brot.
Bei wichtigen Rechtsgeschäften liegen ohnehin besondere Formvorschriften vor. Einen schriftlichen Vertrag muss man aushandeln, auch um Streitigkeiten aus dem Weg zu gehen.
Für den Abschluss eines Kaufvertrags gelten folgende Bedingungen:

§ 433 BGB

§ 433 (2) Der Käufer ist verpflichtet, dem Verkäufer den vereinbarten Kaufpreis zu zahlen und die gekaufte Sache abzunehmen.

Art und Güte der Ware: Die mittlere Art und Güte ist zu liefern.

Lieferzeit: Wird vereinbart oder es ist sofort zu liefern?

Verpackungs- und Beförderungskosten: Diese Kosten trägt der Käufer ebenso wie die der Versand- und der Übergabeverpackung.

Zahlungsbedingungen: Der Käufer muss auf eigene Kosten und Gefahr das Geld überbringen.

Preisnachlässe: Rabatt oder Skonto darf nur dann vom Käufer abgezogen werden, wenn dies vorher vereinbart wurde.

Erfüllungsort: Der gesetzliche Erfüllungsort gilt immer dann, wenn kein anderer Ort vereinbart wurde. Das ist der Wohn- oder Firmensitz des jeweiligen Schuldners. Beim Kaufvertrag gibt es zwei Schuldner, den Käufer als Geldschuldner und den Verkäufer als Warenschuldner.

Warenschulden: Sind Holschulden, d. h., der Verkäufer hält die Ware an seinem Firmensitz zur Abholung bereit. Lässt er die Ware zusenden, trägt der Käufer das Risiko. Geldschulden sind laut Gesetz Bringschulden oder Schickschulden. Der Käufer ist verpflichtet, den Geldbetrag rechtzeitig von seinem Wohnort abzuschicken.

Gerichtsstand: Ist der Ort, an dem der jeweilige Schuldner wegen Nichterfüllung verklagt werden kann. Wenn nichts weiter vereinbart wurde, gilt der gesetzliche Gerichtsstand, d. h. der jeweilige Wohn- oder Geschäftssitz des Schuldners. Privatkäufer können laut Verbraucherschutzgesetz am Wohnort klagen und auch nur dort verklagt werden.

Arbeitsvorschlag

Sind folgende Aussagen richtig? Begründen Sie Ihre Meinung.
„Warenschulden sind Holschulden, Geldschulden sind Bringschulden."
„Der Gerichtsstand ist für beide Seiten der Ort des Verkäufers."
„Der Verkäufer übernimmt die Kosten für Beförderung und Verpackung."
„Rabatt oder Skonto kann jederzeit vom Käufer abgezogen werden."

Grundbuch: öffentliches Register über Rechtsverhältnisse an Grundstücken

Auflassung: Einigung zwischen Käufer und Verkäufer, dass das Eigentum übertragen werden soll

Der Immobilienkauf

M 1

Helfried Lange verkauft das Haus seiner Eltern ohne deren Wissen. Schnell findet er einen Käufer, mit dem er sich über den Kaufpreis sehr bald einig wird. Das Geld soll der Käufer ihm bar in die Hand geben. Als der Käufer einen Kredit bei der Bank aufnehmen möchte, um das Haus auszubauen, wird ihm mitgeteilt, dass er nicht Eigentümer sei und die Bank demzufolge auch keinen Kredit geben könne.

Immobilienkäufe erfolgen mithilfe eines Notars. So muss jeder Kaufvertrag über ein Grundstück notariell beurkundet werden.
Verträge, die nicht in dieser Form abgeschlossen worden sind, sind **nichtig**.
Bei Grundstücken erfolgt die Eigentumsübertragung durch Auflassung und Eintragung ins Grundbuch.
Der Notar veranlasst, dass die Eintragung ins Grundbuch erfolgt.
Erst dann ist das Eigentum übertragen.

§ 873 BGB

Kauf auf Abzahlung

M 2

Marlene und Andy wollen sich eine neue Wohnzimmereinrichtung auf Abzahlung kaufen. Der Verkäufer trifft mit ihnen eine mündliche Vereinbarung über zehn Raten. Nach einer Woche will er jedoch den gesamten Kaufpreis sofort bezahlt haben.

§§ 241, 242, 243 BGB

Kreditscoring
Dient der Ermittlung der Kreditwürdigkeit für die Vergabe von Ratenkrediten an private Kunden. Dies erfolgt auf Grundlage einer statistischen Annahme mit der Vergabe von Punkten. Dazu gehören: Beruf, wie lange man an einem Ort wohnt, wie attraktiv die Wohnlage ist, welche Sicherheiten vorhanden sind etc. Die sich ergebenden Punkte entscheiden, ob ein Kredit vergeben wird oder nicht. Es können z. B. auch Punkte abgezogen werden, wenn man in einem einkommensschwachen Wohnbezirk wohnt, in dem es viele Schuldner gibt. Kreditscoring ist eine Methode, um Kreditausfälle zu vermeiden.

Wenn der Kunde den Kaufpreis einer größeren Sache nicht sofort bezahlen kann, besteht die Möglichkeit des Ratenkaufs. Hier wird vereinbart, in welcher Höhe und in welchen Abständen die Zahlung erfolgen soll. Zur Sicherheit liefert der Verkäufer auf Eigentumsvorbehalt. Bis zur vollständigen Bezahlung bleibt die Ware Eigentum des Verkäufers. Kann der Käufer nicht mehr zahlen, hat der Verkäufer ein Rücknahmerecht. Der Ratenkauf muss schriftlich abgeschlossen werden. Er muss folgende Bestandteile enthalten:
- den Barzahlungspreis und den Teilzahlungspreis,
- die Anzahl, Höhe und Fälligkeit der Raten,
- den effektiven Jahreszins,
- einen deutlichen Hinweis (zweite. Unterschrift), dass der Vertrag innerhalb einer Woche ohne Angabe von Gründen widerrufen werden kann.

Der Käufer hat mit der schriftlichen Form nicht nur mehr Rechtssicherheit, sondern auch den Vergleich, wie viel höher der Preis beim Ratenkauf gegenüber dem Barzahlungspreis ist.
Er kann keinen Barzahlungsnachlass (Skonto) bekommen. Der Ratenkauf ist leicht getätigt, es muss hier jedoch vor Überschuldung gewarnt werden. Käufer und Verkäufer müssen sich ihrer Verantwortung beim Ratenkauf bewusst sein.

Arbeitsvorschläge

1. *Stellen Sie fest, ob die Bank im Fall M 1 recht hat. Ist hier ein Grundstücksverkauf erfolgt?*
2. *Bearbeiten Sie M 2. Kann der Verkäufer den gesamten Kaufpreis verlangen?*

4.5 Weitere Vertragsarten

M 1

Erfahrene Friseurin kommt zu Ihnen ins Haus. Anruf unter ...
Holzdecken (Nut- und Federsystem) montiert Fa. Holzkeil. Tel. ...
2-Zi.-Whg. m. Balkon ab 01.06. zu vermieten. Tel. ...
Fingernagelmodelage preisgünstig bei Ihnen zu Hause. Tel. ...
Biete Garten (800 qm) ab 01.04. zur Pacht an. Tel. ...
Suche ausgebildete/-n Karosseriemechaniker/-in für meine Werkstatt. Tel. ...

Werkvertrag: Ein Kunde bestellt die Herstellung eines Werkes und bezahlt dafür (z. B. Haarschnitt beim Friseur).

§ 631 ff. BGB Werkvertrag

Werklieferungsvertrag: Ein Kunde bestellt die Lieferung von herzustellenden beweglichen Sachen (z. B. ein Tisch wird beim Schreiner bestellt).

§ 651 BGB Werklieferungsvertrag

Dienstvertrag

Eine Person verpflichtet sich zur Leistung von Diensten gegen Entgelt. So soll z. B. eine Haushaltshilfe u. a. den Hausputz übernehmen.
Der bekannteste Dienstvertrag ist der Arbeitsvertrag.
Der Dienstvertrag ist erfüllt, wenn die Person in der entsprechenden Zeit tätig wurde, auch wenn diese nicht erfolgreich war. Der Arzt zum Beispiel untersucht einen Patienten, allerdings erfolglos. Der Vertrag ist durch das Tätigwerden erfüllt. Der Erfolg spielt hier keine Rolle. Im Gegensatz dazu setzt ein Werkvertrag immer den Erfolg voraus. Soll ein Arzt die Gallenblase entfernen, so ist dieser erst erfüllt, wenn die Gallenblase tatsächlich herausoperiert wurde.

Dienstvertrag §§ 611–639 BGB

Entgelt ist die Zahlung eines vereinbarten Geldbetrags.

Mietvertrag

Der Vermieter verpflichtet sich, dem Mieter eine Sache zum Gebrauch zu überlassen. Hierfür erhält er ein Entgelt, den sogenannten „Mietzins".
Mietverträge sind grundsätzlich formfrei. Für das Mieten von Wohnungen gilt jedoch die Schriftform. Das Mietverhältnis endet nach vertraglicher Vereinbarung oder durch Kündigung. Hier gelten die besonderen Vorschriften des „Mieterschutzes", die auch die Mieterhöhung betreffen. Der Vermieter muss die Sache überlassen und in einem benutzbaren Zustand erhalten. Der Mieter muss den Mietzins zahlen und die Sache am Ende der Mietzeit zurückgeben.

Mietvertrag §§ 566–580 BGB

Pachtvertrag

Pacht- und Mietvertrag sind sich sehr ähnlich. Die Vorschriften des Mietvertrags werden auch beim Pachtvertrag angewendet. Beim Pachtvertrag wird dem Pächter nicht nur der Gebrauch der Sache überlassen, sondern auch der Ertrag (sogenannter „Fruchtgenuss"). Zum Beispiel darf der Pächter eines Gartens auch die Früchte ernten. Der Mieter eines Ferienhauses darf die auf dem Grundstück stehenden Kirschbäume nicht abernten. Das ist ihm verboten.

Pachtvertrag §§ 581–584 BGB

Leihvertrag

Eine Sache wird beim Leihvertrag unentgeltlich zum Gebrauch überlassen. Danach hat der Entleiher dem Verleiher die verliehene Sache zurückzugeben und im Schadensfall zu ersetzen. Deshalb ist ein Hinweisschild „Bootsverleih, Stunde 5,00 €" schlichtweg falsch. Denn hier findet kein Verleih statt, sondern es wird vielmehr ein Mietverhältnis angeboten.

Leihvertrag §§ 598–606 BGB

Leasingvertrag

Durch einen Leasingvertrag werden Gegenstände, z. B. ein Auto, zum Gebrauch überlassen. Dafür wird eine monatliche Leasinggebühr entrichtet. Der Vorteil ist, dass kaum Eigenkapital benötigt wird. Der Leasinggeber bleibt Eigentümer des geleasten Gegenstandes.

Arbeitsvorschläge

1. *Nennen Sie die Vertragsarten, die in M 1 zum Tragen kommen.*
2. *Notieren Sie für die aufgeführten Vertragsarten je ein zusätzliches Beispiel.*

Außerhalb von Geschäftsräumen geschlossene Verträge

Außerhalb von Geschäftsräumen geschlossene Verträge (Haustürgeschäfte) unterliegen dem „Gesetz über den Widerruf von Haustürgeschäften und ähnlichen Geschäften".

Angelika ist in der Zeitung auf ein Inserat für spezielle Kochtöpfe aufmerksam geworden. Sie bestellt den netten Vertreter ins Haus und vereinbart die Lieferung einer größeren Anzahl von Töpfen.
Nach einem Gespräch mit ihrem Mann entscheidet sie sich jedoch, den Kauf wieder rückgängig zu machen.

Ein Haustürgeschäft ist der Abschluss eines Kaufvertrags in der Privatwohnung, am Arbeitsplatz, bei einer Kaffeefahrt o. Ä. ohne vorherige Bestellung. Gemeinsam ist den hier genannten Beispielen, dass sie außerhalb von Geschäftsräumen geschlossen werden. Der Käufer kann innerhalb einer Woche das Geschäft rückgängig machen, wenn er meint, den Kauf unbedacht abgeschlossen zu haben.
Es besteht kein Widerrufsrecht, wenn der Käufer den Vertreter bestellt hat, es sich um ein Bagatellgeschäft (unter 40,00 €) handelt, wenn ein Vertrag notariell beurkundet oder ein Versicherungsvertrag abgeschlossen wurde.

E-Commerce

Zum Zweck des Vertragsabschlusses bedient man sich beim elektronischen Warenverkehr (E-Commerce) der Telemedien. Das Onlineportal muss übersichtlich und einfach gestaltet sein, sodass der Kunde Eingabefehler vor der Bestellung korrigieren kann. Die Bestellung muss per Mail bestätigt werden. Die AGB müssen vor Vertragsabschluss per Download dem Verbraucher zur Kenntnis gegeben werden. Die akzeptierten Zahlungsmittel müssen bekannt gegeben werden, und der Verbraucher muss das Häkchen dazu selbst setzen. Es muss deutlich gekennzeichnet werden, dass hier eine zahlungspflichtige Bestellung vorgenommen wird. Hat die Übersendung der Datei, z. B. bei Musik oder Software, begonnen, erlischt das Widerrufsrecht, wenn der Verbraucher durch Anklicken eines Buttons ausdrücklich zugestimmt hat. Eine Widerrufsfrist besteht 14 Tage per Mail, Fax, Brief oder Telefonanruf. Erfolgt keine Belehrung über das Widerrufsrecht, so verjährt es nach 12 Monaten.

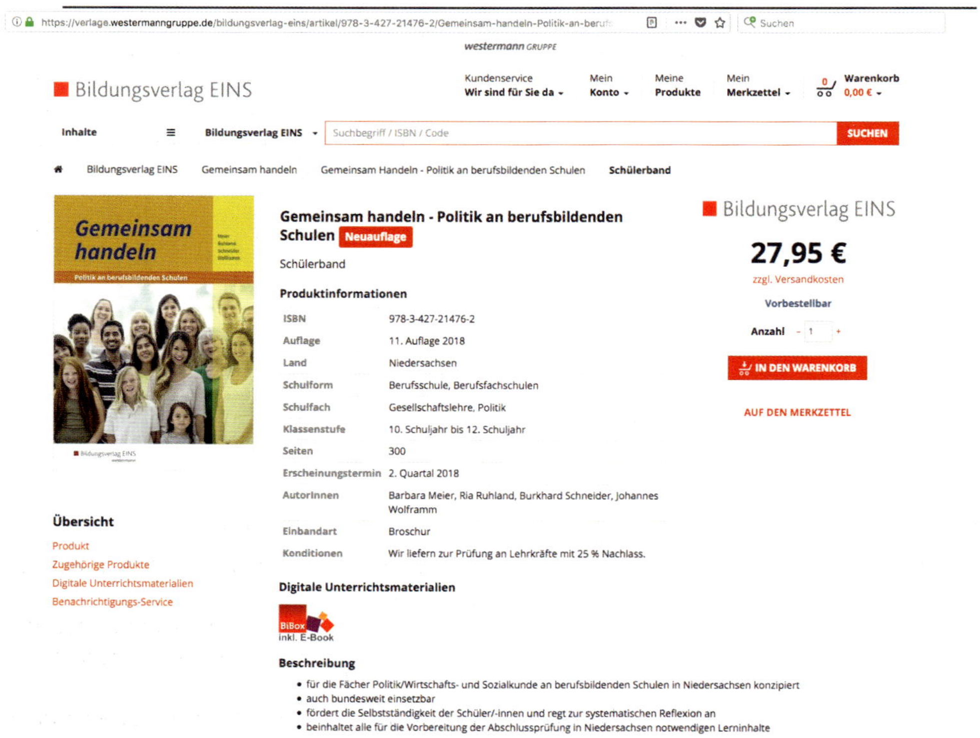

4.6 Leistungsstörungen

Seit Juni 2014 sind in der EU einheitliche Regelungen für Geschäfte mit Verbrauchern anzuwenden.

Der Verkäufer muss den verkauften Gegenstand mangelfrei liefern. Sind Mängel vorhanden, muss sie der Käufer rügen, d. h. reklamieren. Es gilt:

Mängel (Fehler)
- in der Beschaffenheit
- in der Güte (Qualität)
- in der Art
- in der Menge der Ware

Gewährleistung für neue Ware

Die Gewährleistung beträgt zwei Jahre. Im ersten halben Jahr muss der Verkäufer beweisen, dass die Ware beim Kauf fehlerfrei war, danach ist der Käufer in der Beweispflicht. Weist die gekaufte Ware einen Mangel auf, kann der Kunde vom Verkäufer zunächst verlangen, dass er ihm die gleiche Ware, jetzt fehlerfrei, liefert oder sie repariert. Der Verkäufer muss dabei die Kosten für Transport, Arbeitsleistung und Materialien tragen. Den Kaufpreis reduzieren oder vom Vertrag zurücktreten kann man erst, wenn die Reparatur zweimal scheitert, dem Kunden nicht zumutbar ist oder wenn die Ersatzlieferung fehlschlägt. Mehr als zwei Reparaturen muss aber niemand hinnehmen.

Garantie bei Sonderangeboten

Auch bei Sonderangeboten oder Waren, die zu Discounterpreisen verkauft werden, hat der Käufer ein Recht auf Garantie. Das hat das Oberlandesgericht (AZ: 6 U 137/96) entschieden. AP, 10.05.1999

Gewährleistung für gebrauchte Waren (Secondhand-Ware)

Die Gewährleistung beträgt zwei Jahre, allerdings nicht für den Kauf unter Privatleuten. Der Verkäufer kann die Gewährleistung in den allgemeinen Geschäftsbedingungen auf ein Jahr heruntersetzen, wenn er das vorher ausdrücklich mit dem Kunden vereinbart hat.

Montageanleitung (Ikea-Klausel)

Unverständliche Anleitungen gelten als Mangel. Die Ware kann reklamiert werden.

Werbeversprechen

Beziehen sich Werbeversprechen auf konkrete Eigenschaften, muss das Produkt genau das halten, was die Werbung verspricht.

„Red Bull verleiht Flügel" – Mit diesem Slogan wirbt der Getränkehersteller für seine Produkte, die die Leistung steigern sollen. **Hält sein Werbeversprechen aber nicht ein.**
Also klagte ein Amerikaner gegen den Hersteller. Der Kläger trug vor Gericht vor, dass er seit vielen Jahren dieses Getränk zu sich nehme und keine Leistungssteigerung feststellen könne. Geschweige denn, dass er fliegen könne. Somit war das Werbeversprechen nicht eingehalten worden, andere Konsumenten schlossen sich der Klage an, und der Hersteller entschloss sich zu einer Vergleichszahlung.

Das Gesetz gegen den unlauteren Wettbewerb (UWG) verbietet irreführende geschäftliche Handlungen.

Arbeitsvorschläge

1. *Klara kauft ein Bügeleisen. Nach 15 Monaten funktioniert es nicht mehr. Bekommt sie ein neues von ihrem Händler? Begründen Sie Ihre Antwort.*
2. *Die gekaufte Ware funktionierte nicht. Der Verkäufer hat die Ware reparieren lassen und fordert den Kunden auf, 10,00 € für Transport, Arbeitsleistung und Material zu bezahlen. Ist das korrekt?*
3. *Der vom Verkäufer gelieferte Selbstbausatz enthält eine Gebrauchsanweisung auf Chinesisch. Kann der Käufer die Ware zurückgeben?*
4. *Notieren Sie für die oben genannten Leistungsstörungen (Mängel) eigene Beispiele.*

Mangelnde Lieferung

§§ 434, 435 BGB

Handelsklasse bedeutet, dass die Ware in verschiedenen Qualitäten geliefert werden kann.

Die gelieferte Ware muss beim Käufer in einwandfreiem Zustand ankommen. Ist das nicht der Fall, können folgende Mängel auftreten:
Art: falsche Ware, z. B. eine Kette statt eines Armbands.
Menge: zu viel oder zu wenig.
Qualität: eine andere Qualität, z. B. schlechtere Handelsklasse.
Beschaffenheit: verdorbene oder beschädigte Ware.

§ 439 BGB

Vorrangiges Recht: Nacherfüllung

Nachrangiges Recht: Rücktritt Minderung Schadenersatz

Rechte des Käufers:
Vorrangiges Recht bedeutet, dass der Verkäufer das Recht auf Nacherfüllung hat.
Das heißt, dem Käufer steht eine Reparatur oder eine Ersatzlieferung zu.
Nachrangiges Recht bedeutet, dass der Käufer vom Kauf zurücktreten kann, der Kaufpreis gemindert werden oder Schadenersatz gefordert werden kann.
Zusätzlich muss der Verkäufer die Kosten des Käufers, wie z. B. Transport-, Arbeits- und Materialkosten, tragen.
Hat der Verkäufer vorsätzlich oder fahrlässig gehandelt, kann der Käufer Schadenersatz fordern.

Nicht-Rechtzeitig-Leistung

Nicht-Rechtzeitig-Lieferung (Verzug) liegt vor bei schuldhafter Nichtleistung trotz Fälligkeit und Mahnung.

Nicht-Rechtzeitig-Lieferung
Hat der Verkäufer schuldhaft eine Ware nicht zum vereinbarten Termin geliefert, gerät er in Verzug. Konnte aufgrund von höherer Gewalt, z. B. Streiks oder Naturkatastrophen, nicht geliefert werden, entfällt das Verschulden.

Rechte des Käufers:
- Er kann auf der Lieferung bestehen.
- Er kann nachträglich liefern lassen und Schadenersatz fordern.
- Er kann eine Nachfrist setzen und danach vom Vertrag zurücktreten.
- Nach der Nachfrist kann er die Lieferung ablehnen und Schadenersatz wegen Nichterfüllung fordern.

§ 280 BGB

§ 440 BGB Rechte des Käufers sind nur ausgeschlossen, wenn er bei Vertragsabschluss Mängel erkennt.

Gläubigerverzug – (Annahmeverzug)
Nimmt der Käufer die pünktlich und ordnungsgemäß angelieferte Ware nicht oder nicht rechtzeitig an, gerät er in Verzug.

Rechte des Verkäufers:
- Er nimmt die Ware in Verwahrung und klagt auf Abnahme.
- Unverderbliche Ware kann er sicher einlagern und später versteigern.
- Verderbliche Ware kann er sofort verkaufen. Kosten und Mindererlöse trägt der Käufer.

Nicht-Rechtzeitig-Zahlung:
Bezahlt der Käufer bis zu einem festgesetzten Zahlungstermin oder nach einer Mahnung die Ware nicht, gerät er in Zahlungsverzug.

Rechte des Verkäufers:
- Der Verkäufer kann weiter auf Zahlung bestehen (Vertragserfüllung).
- Er verlangt die Zahlung und Verzugszinsen.
- Er kann nach einer angemessenen Nachfrist vom Vertrag zurücktreten und die Ware abholen.

§ 323 BGB
§ 346 ff. BGB

Arbeitsvorschlag

Lösen Sie folgende Fälle.
a) Frau Schmidt hat einen Schrank bestellt, der beschädigt ankommt. Welches Recht hat sie?
b) Herr Beyer hat ein Klavier bestellt, das er bei Lieferung nicht annimmt. Welches Recht hat der Verkäufer?

Gewährleistung und Garantie

Die Gewährleistung ist gesetzlich geregelt, während die Garantie eine freiwillige Leistung des Händlers ist. Für Mängel, die bereits beim Kauf vorhanden waren, haftet der Händler. Das Gleiche gilt für Mängel, die in der Konstruktion der Ware begründet sind. Der Händler kann die Haftung nicht durch die allgemeinen Geschäftsbedingungen einschränken oder ausschließen. Dagegen kann die Garantie befristet oder an Bedingungen geknüpft werden. Zum Beispiel wenn eine reibungslose Funktion der Ware nur durch regelmäßige Wartung in einer autorisierten Werkstatt garantiert werden kann.
Was ist mangelhafte Ware? Eine Ware ist dann mangelhaft, wenn die vertraglich vereinbarte Beschaffenheit nicht vorhanden ist. Hat der Kunde beispielsweise einen neuen Kühlschrank bestellt und der angelieferte ist völlig verbeult, ist das genauso ein Mangel wie wenn das neue Stück nicht kühlt.
Der Handwerker muss nachbessern? Der Tischler fertigt Stühle. Die Lehnen wackeln nach kurzer Zeit. Der Tischler muss innerhalb der ersten zwei Jahre kostenlos nachbessern. Er kann aber die Gewährleistung in den Geschäftsbedingungen auf ein Jahr verkürzen. Außerdem entscheidet nicht der Kunde, sondern der Tischler, ob er die Lehnen erneut einklebt oder diese auswechselt.
Wann Reparatur? Wann Umtausch? Wann Geld zurück? Wenn das neue Hauswasserwerk nicht die versprochene Wassermenge fördert, hat der Käufer die Wahl zwischen Reparatur oder Umtausch. Erst wenn das Hauswasserwerk nach zwei Reparaturen erneut nicht die Leistung bringt, kann der Käufer die Ware zurückgeben und sein Geld zurück verlangen.
Das Wahlrecht ist jedoch eingeschränkt. Bei höherwertigen Sachen wie einem Fernseher, einem Motorrad oder einem Auto muss der Kunde eine Reparatur geringer Mängel akzeptieren. Bedingung ist, dass die Reparatur in vier Wochen erledigt ist und der Händler die Kosten für Versand und Transport trägt.

Das Rabattgesetz und die Zugabeverordnung sind abgeschafft. Erlaubt waren maximal 3 % Preisnachlass. Händler können jetzt so viel Rabatt geben, wie sie wollen. Durch große oder kleine Extras können sie den Kaufanreiz erhöhen. So kann geworben werden mit: „Satte Rabatte" oder „Kauf zwischen 20.00 und 22.00 Uhr 10 % billiger".

Der Verbraucher sollte sich bei vielen angebotenen Rabatten jedoch nicht täuschen lassen. Oftmals lohnt sich der Kauf von Produkten, die mit Preisnachlass angeboten werden, nur sehr eingeschränkt. Zum Beispiel wenn es sich um verderbliche Ware handelt, die man sofort verbrauchen muss (z. B. Lebensmittel), wenn sie bereits aus der Mode sind oder es bereits ein Nachfolgeprodukt gibt, das auf einem technisch höheren Niveau ist. Bei vielen Rabatten ist ein Nachrechnen dringend erforderlich, um nicht angelockt von dem vermeintlich guten Preisangebot doch am Ende zu viel zu bezahlen. Auch Werbesprüche wie „Nimm drei, zahle zwei und spare dabei" sind sehr trügerisch, wenn man eigentlich so viel Geld gar nicht ausgeben wollte.

Arbeitsvorschläge

1. *Entscheiden Sie, ob es sich in den folgenden Beispielen um Maßnahmen handelt, die den Wettbewerb um den Kunden verzerren.*
   a) Im Schaufenster und in der Zeitung wird ein „Räumungsverkauf wegen Geschäftsaufgabe" angekündigt. Tatsächlich wird das Geschäft von einem neuen Inhaber weitergeführt.
   b) Aus einer Anzeige: „Empfohlener Richtpreis 120,00 €, bei mir 98,99 €".
2. *Am 1. Juli ... wurde ein Kaufvertrag über einen Pkw in Höhe von 16 980,00 € abgeschlossen. Die Lieferfrist für dieses Modell betrug zu diesem Zeitpunkt 11 Monate. Am 2. Januar des folgenden Jahres wurden die Preise des Herstellers um 2,4 % erhöht. Welcher Preis war bei Auslieferung am 1. Juni zu zahlen, wenn in den allgemeinen Geschäftsbedingungen des Produzenten die Zahlung des zur Zeit der Auslieferung gültigen Preises festgelegt ist? Prüfen Sie mithilfe des AGB-Gesetzes.*

4.7 Durchsetzung von Rechten aus Verträgen

Im Wirtschafts- und Privatleben werden täglich Lieferungen und Zahlungen angemahnt, weil Schuldner nicht pünktlich ihren Verpflichtungen nachkommen. Aber auch die Mahnschreiben führen häufig noch nicht zum gewünschten Erfolg. Dann müssen die Gläubiger versuchen, die Leistungen der Schuldner zu erzwingen. Die Zivilprozessordnung (ZPO) sieht dafür das gerichtliche Mahnverfahren und das Klageverfahren vor.

Rechtspfleger
ist Beamter, nimmt zur Entlastung von Richtern und Staatsanwälten bestimmte Aufgaben wahr: u. a. im Mahnverfahren, in Nachlasssachen.

Gerichtliches Mahnverfahren

Hat der Gläubiger seine vertraglichen Verpflichtungen erfüllt und Anspruch auf Zahlung einer Geldsumme als Gegenleistung, kann er das gerichtliche Mahnverfahren einleiten. Er füllt das vorgeschriebene Formular aus (erhältlich im Papierwarengeschäft) und reicht den Antrag auf Erlass eines Mahnbescheids beim zuständigen Gericht ein. Gebühren sind im Voraus zu entrichten. Sachlich zuständig ist immer das Amtsgericht, örtlich zuständig jenes Amtsgericht, in dessen Bezirk der Antragsteller (Gläubiger) seinen Wohnsitz hat. Mithilfe des gerichtlichen Mahnverfahrens kann der Antragsteller seine Ansprüche rasch, einfach und billig durchsetzen.

Gerichtsvollzieher
unabhängiges staatliches Vollstreckungsorgan, er führt die Zwangsvollstreckung durch, soweit sie nicht den Gerichten zugewiesen ist.

Der Vollstreckungsbescheid

(1) Der Gläubiger beantragt nach Ablauf der Widerspruchsfrist innerhalb von sechs Monaten beim Amtsgericht einen Vollstreckungsbescheid.
(2) Das Amtsgericht stellt den Vollstreckungsbescheid dem Schuldner zu.
(3) Der Gläubiger erhält damit einen vorläufig vollstreckbaren Titel (eine Urkunde, welche die Zwangsvollstreckung zulässt) gegen den Schuldner.
(4) Der Schuldner kann gegen den Vollstreckungsbescheid innerhalb von 14 Tagen Einspruch einlegen. Das Amtsgericht gibt dann die Angelegenheit an das für den Zivilprozess zuständige Gericht weiter.

Unterbleibt der Einspruch, so wird der Vollstreckungsbescheid rechtskräftig. Er kann nicht mehr angefochten werden.

M 2

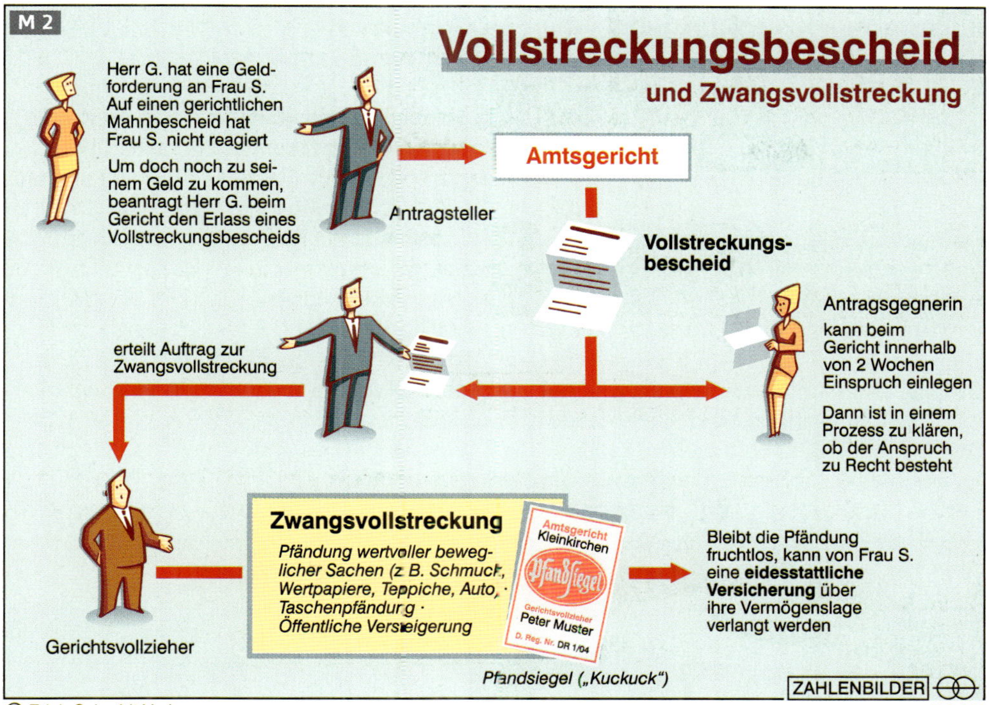

© Erich Schmidt Verlag

Auch Privatpersonen können Insolvenz anmelden

Für mehr als zwei Millionen überschuldete Bundesbürger gibt es mit der Insolvenzordnung vom 01.01.1999 erstmals die Möglichkeit des Privatkonkurses und damit die Chance für einen wirtschaftlichen Neuanfang. Zunächst muss ein Schuldner versuchen, innerhalb von sechs Monaten eine Einigung mit seinen Gläubigern herbeizuführen. Schlägt der außergerichtliche Einigungsversuch fehl, kann er beim Amtsgericht ein Insolvenzverfahren und eine Restschuldbefreiung beantragen. Es folgt eine sieben Jahre währende Periode des „Wohlverhaltens". In dieser Zeit wird der pfändbare Teil des Einkommens an einen Treuhänder abgeführt, der ihn an die Gläubiger verteilt. Danach erklärt das Amtsgericht den Betroffenen für schuldenfrei. Gläubiger können dann keine Ansprüche mehr geltend machen.

Die Zwangsvollstreckung

Der Gerichtsvollzieher nimmt die Zwangsvollstreckung im Auftrag des Gläubigers vor. Dies geschieht durch Pfändung.

- Bei beweglichem Vermögen nimmt der Gerichtsvollzieher wertvolle Gegenstände (z. B. Schmuck) bei der **Pfändung** in seinen Besitz. Schwer transportierbare Sachen (z. B. Teppiche, Maschinen) versieht er mit einem Pfandsiegel („Kuckuck"). Die Verwertung der Pfänder erfolgt durch öffentliche Versteigerung.
- Unpfändbar sind Sachen, die für den persönlichen Haushalt oder für die Berufsausübung notwendig sind.
- Bei Grundstücken und Gebäuden, die das unbewegliche Vermögen darstellen, erfolgt die Zwangsvollstreckung durch:
  1. Zwangsversteigerung. Aus dem Erlös werden die Schulden bezahlt.
  2. Zwangsverwaltung. Aus den Einnahmen wie Mieten werden die Schulden bezahlt.
  3. Eintragung einer Sicherungshypothek (Zwangshypothek) in das Grundbuch. Sie führt nicht zur Befriedigung des Gläubigers, sondern nur zur Sicherung seiner Ansprüche.
- Bei Ansprüchen aus Arbeitseinkommen (Lohn, Gehalt) erlässt das Gericht einen **Pfändungs- und Überweisungsbeschluss**. Der Arbeitgeber z. B. darf dann nur einen für den Lebensunterhalt notwendigen Betrag an den Arbeitnehmer auszahlen. Den Rest muss er an den Gläubiger überweisen. Dieser Betrag wird in der Lohnpfändungstabelle ausgewiesen. Sie kann über den Buchhandel bezogen werden.

Arbeitsvorschläge

1. *Geben Sie Gründe für die Einleitung eines gerichtlichen Mahnverfahrens an. (M 1, S. 180)*
2. *Herr Schulz hat die Rechnung für seinen Fernseher längst bezahlt und erhält trotzdem einen gerichtlichen Mahnbescheid. Was kann er tun?*
3. *Erläutern Sie, aus welchem Grund man einen Vollstreckungsbescheid erhalten kann. (M 2)*
4. *Eine Zwangsvollstreckung steht ins Haus. Was darf nicht gepfändet werden?*

Instanzenzug

im Zivilprozess
- Amtsgericht
- Landgericht
- Oberlandesgericht
- Bundesgerichtshof

Rechtsmittel

- Berufung
  gegen Endurteile erster Instanzen. Sie führt zu einer Überprüfung des Urteils in tatsächlicher und rechtlicher Hinsicht.
- Revision
  wird eingelegt nur zur rechtlichen Überprüfung eines Urteils durch eine höhere Instanz.

(1) Der Kläger reicht die Klageschrift beim zuständigen Gericht ein.
(2) Das Gericht stellt sie dem Beklagten zu und bestimmt den Termin für die mündliche Verhandlung.
(3) Die mündliche Verhandlung dient der Klärung des Sachverhalts. Die streitenden Parteien haben Gelegenheit, ihre Standpunkte vorzutragen (Parteivernehmung). Als weitere Beweismittel kommen infrage: Zeugenaussagen, Gutachten von Sachverständigen, Urkunden, Augenschein (Besichtigung des Streitgegenstands).
(4) Das Gericht versucht, die Parteien zu einem Vergleich zu bewegen. Misslingt dieses, so endet das Verfahren mit der Verkündung des Urteils.

Klageverfahren (Zivilprozess)

Zu einem Zivilprozess kommt es
- auf Antrag einer Partei nach einem Widerspruch gegen einen Mahnbescheid,
- von Amts wegen nach einem Einspruch gegen einen Vollstreckungsbescheid,
- nach Einreichung einer Klage.

Grundlage für das Verfahren ist der Streitwert, also der Wert des Streitgegenstandes (z. B. die Höhe der Geldforderung). Bei einem Streitwert
- bis einschließlich 5000,00 € ist das Amtsgericht (Einzelrichter),
- über 5000,00 € das Landgericht zuständig.

Das Verfahren findet vor dem Gericht statt, in dessen Bezirk der Schuldner seinen Wohnsitz hat (Kaufleute können einen anderen Gerichtsstand vereinbaren).
Gegen das Urteil kann die unterlegene Partei in bestimmten Fällen Rechtsmittel (z. B. Berufung) einlegen. Ein rechtskräftiges Urteil kann vollstreckt werden.

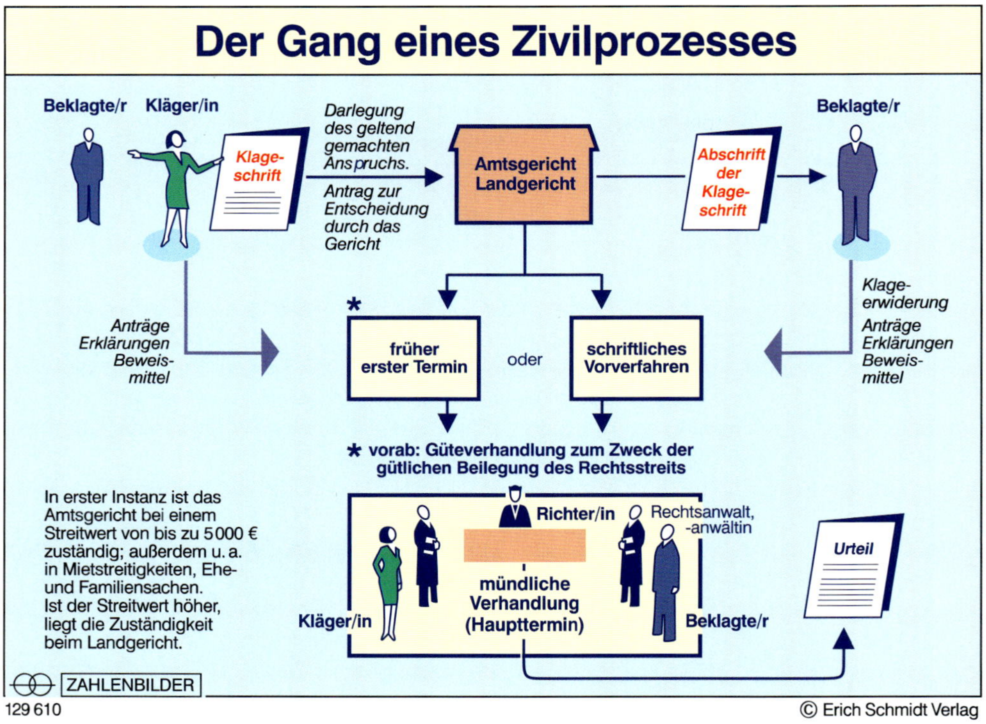

Arbeitsvorschläge

1. *Ermitteln Sie Möglichkeiten, auf einen Mahnbescheid zu reagieren. (M 1, S. 180)*
2. *Die Zwangsvollstreckung erfolgt auf Antrag des Gläubigers. Beschreiben Sie den Ablauf dieses Verfahrens. (M 2, S. 181)*
3. *Kommt der Schuldner beim Mahnverfahren oder beim Klageverfahren schneller zu seinem Geld?*

4.8 Überschuldung – Was nun?

M 1

Von den 13- bis 17-Jährigen sind bereits 6 % mit einem Durchschnittsbetrag von 370,00 € verschuldet. Handygebühren und Markenkleidung machen dabei den größten Anteil aus.
Bei den 18- bis 20-Jährigen steigt die Verschuldungsrate bereits auf 13 % mit einem Betrag von 1 430,00 € an.

M 2

Die 21- bis 24-Jährigen sind sogar zu 16 % mit einem Betrag von immerhin 2 170,00 € verschuldet. Um eine eigene Wohnung zu haben und von den Eltern unabhängig zu sein, lebt jeder Achte dieser Altersgruppe über seine Verhältnisse.

M 3 Wofür werden Schulden gemacht?
28 % für Auto, Mofa, Roller
18 % für Einrichtung
18 % Handy, Telefon
17 % Ausgehen
12 % Essen und Trinken
11 % Kleidung
9 % CDs
8 % Urlaub, Reisen

Der Gang zur Schuldnerberatung ist ein wichtiger Schritt, um nicht nur eine Beratung zu erhalten, sondern auch, um mit dem Mitarbeiter dieser Beratungsstelle Wege aus der Schuldenfalle zu erarbeiten. Dabei müssen folgende Fragen und Probleme geklärt werden:

1. Was hat zur Überschuldung geführt? (Versandhausbestellungen, Kredite)
2. Wie sieht die momentane Einnahmen- und Ausgabensituation aus?
3. Welche Ausgaben sind vermeidbar?
4. Benötigt man Hilfe bei Verhandlungen mit Banken und anderen Gläubigern?

Der Schuldner muss bereit sein, die Überschuldung zu klären und notwendige Konsequenzen zu ziehen.
Die Schuldnerberatung ist kostenfrei und insbesondere für private Haushalte gedacht. Viele Schuldner kommen jedoch um eine Verbraucherinsolvenz nicht herum (s. S. 184).

Beratungsstellen:
- bei Sozialämtern
- Verbraucherzentralen
- freien Wohlfahrtsverbänden

Die Zahlungsmoral

Mit der Zahlungsmoral steht es in Deutschland nicht zum Besten.
Hauptgrund für das Nichtbezahlen offener Rechnungen ist die Überschuldung von Privatpersonen wegen Arbeitslosigkeit oder Scheidung. Aber auch vorübergehende Liquiditätsengpässe können Ursache dafür sein.
Mancher Kunde handelt auch mit Vorsatz, das heißt, er zahlt nicht vor der letzten Mahnung und gibt vor, die Rechnung vergessen zu haben.
Aber auch nur 56 % der öffentlichen Auftraggeber gleichen die Forderungen rechtzeitig aus und 18 % bezahlen ihre Rechnungen sogar erst nach zwei oder mehr Monaten.

Liquiditätsengpass: Man ist momentan nicht in der Lage zu zahlen.

Hauptgründe für das Nichtbezahlen offener Rechnungen:

88 % wegen Überschuldung,
79 % wegen Arbeitslosigkeit,
45 % wegen eines Liquiditätsengpasses,
44 % bezahlen absichtlich nicht,
5 % aus Vergesslichkeit

Arbeitsvorschläge

1. *Diskutieren Sie in der Gruppe, ob die in M 3 gemachten Angaben zutreffend sein können.*
2. *Lesen Sie M 1 und M 2. Was würden Sie den Betroffenen raten?*

Die Verbraucherinsolvenz

Bei der Verbraucherinsolvenz trägt der Schuldner die Kosten des Verfahrens.

Der Schuldner kann sich durch eine Verbraucherinsolvenz von der Schuldenlast befreien. Das Verfahren kann in folgenden Schritten ablaufen:

Außergerichtlicher Versuch der Einigung: Der Schuldner bietet den Gläubigern einen Schuldentilgungsplan an. Gelingt keine Einigung, so beantragt er ein **gerichtliches Einigungsverfahren**.

Er muss dem zuständigen Gericht eine Bescheinigung über den außergerichtlichen Einigungsversuch vorlegen, des Weiteren die Einkommens- und Vermögensaufstellung sowie einen Schuldenbereinigungsplan. Außerdem muss der Schuldner einen Antrag auf Restschuldbefreiung stellen. Das Gericht stellt diese Unterlagen den Gläubigern zu.

Sind diese damit nicht einverstanden, erfolgt das **gerichtliche Insolvenzverfahren**.

Durch einen Treuhänder, den das Gericht bestellt, wird der Schuldner kontrolliert und erhält die nötige Hilfe. Das pfändbare Vermögen des Schuldners wird zur Bezahlung der Gläubiger verwendet. Die Kosten trägt der Schuldner.

Eine Restschuldbefreiung erfolgt erst nach sechs Jahren.

Diesen Zeitraum bezeichnet man als **Wohlverhaltensperiode**. In dieser Zeit ist der Schuldner verpflichtet, jede zumutbare Arbeit anzunehmen, alle pfändbaren Einkommensanteile abzuführen, keine neuen Schulden zu machen und ehrlich mit dem Treuhänder zusammenzuarbeiten.

Hinweis: Die Broschüre „Was mache ich mit meinen Schulden?“ ist beim Ministerium für Familie, Senioren, Frauen und Jugend erhältlich. Internetadresse: www.bmfsfj.de

Strategien zur Vermeidung von Verschuldung

1. Führen Sie ein Haushaltsbuch.
2. Planen Sie ihre Ausgaben langfristig.
3. Vermeiden Sie möglichst Ratengeschäfte.
4. Beachten Sie das Gebot der kaufmännischen Vorsicht. Geben Sie weniger aus, als Sie einnehmen.
5. Kein Aktienkauf bzw. Urlaub auf Kredit.
6. Pflegen Sie einen angemessenen Lebensstil, legen Sie zwei Monatsgehälter als Reserve zurück.
7. Beachten Sie Folgekosten bei Anschaffungen (PC, Drucker, Haustiere, Auto, Smartphone).
8. Vergleichen Sie Angebote und verhandeln Sie über Preise.

Bei der Aufnahme von Krediten wird eine **Restkreditversicherung** mit angeboten. Wenn mit Arbeitslosigkeit zu rechnen ist, sollte man eine solche Versicherung abschließen. Diese Versicherung übernimmt auch die Tilgung des Kredits bei Krankheit oder Unfall.

Arbeitsvorschläge

1. *Finden Sie heraus, wo sich in Ihrer Stadt eine Schuldnerberatung befindet. Welche Informationen können Sie dort erhalten?*
2. *Erarbeiten Sie einen Ablaufplan zur Verbraucherinsolvenz.*

4.9 Verbraucherschutzgesetze

M 1

- Discounter werben für Aktionsware, die sehr preisgünstig ist, die aber nicht im ausreichenden Maße vorhanden ist.
- Bei gleichbleibenden Preisen und gleichbleibender Packungsgröße verringern die Hersteller den Inhalt.
- Artikel werden im Preis gesenkt, der alte Preis wird mit angegeben.

In der Marktwirtschaft ist es üblich, dass die Hersteller um die Gunst des Kunden werben. Da es überall schwarze Schafe gibt, hat der Gesetzgeber das Gesetz gegen den unlauteren Wettbewerb erlassen.

Gesetz gegen den unlauteren Wettbewerb (UWG)

(1) Unlautere geschäftliche Handlungen sind unzulässig.
(2) Geschäftliche Handlungen, die sich an Verbraucher richten oder diese erreichen, sind unlauter, wenn sie nicht der unternehmerischen Sorgfalt entsprechen und dazu geeignet sind, das wirtschaftliche Verhalten des Verbrauchers wesentlich zu beeinflussen.
(3) Die im Anhang dieses Gesetzes aufgeführten geschäftlichen Handlungen gegenüber Verbrauchern sind stets unzulässig.
(4) Bei der Beurteilung von geschäftlichen Handlungen gegenüber Verbrauchern ist auf den durchschnittlichen Verbraucher oder, wenn sich die geschäftliche Handlung an eine bestimmte Gruppe von Verbrauchern wendet, auf ein durchschnittliches Mitglied dieser Gruppe abzustellen. [...]

Vorschrift neugefasst durch das Zweite Gesetz zur Änderung des Gesetzes gegen den unlauteren Wettbewerb vom 02.12.2015 (BGBl. I S. 2158), in Kraft getreten am 10.12.2015, Zugriff am 29.09.2017 unter www.dejure.org/gesetze/UWG/3.html

Zeitlich begrenzte Verkaufsaktionen mit Preisnachlässen sind jederzeit erlaubt. Vorgeschriebene Schlussverkaufszeiten gibt es nicht mehr.

Die soziale Marktwirtschaft der Bundesrepublik Deutschland hat das Ziel, Verbraucher wie auch Mitbewerber zu schützen und den Wettbewerb zu sichern.

M 2

Das Gesetz wendet sich gegen:
- falsche oder irreführende Angaben bei der Warenkennzeichnung (Beschaffenheit, Herstellungsart),
- Verleumdung von Konkurrenten (unwahre Behauptungen),
- Verwendung fremder Namen und Firmenbezeichnungen zur Vorteilsnahme,
- irreführende Werbung, wie preiswerte Lockangebote, die nicht in ausreichender Menge vorhanden sind,
- unzumutbare belästigende Werbung, z. B. E-Mails oder Anrufe.

Das Gesetz gegen Wettbewerbsbeschränkungen (GWB), auch **Kartellgesetz** genannt, soll den Markt vor wettbewerbswidrigen Vereinbarungen schützen.
Der Hersteller einer Ware darf dem Endverkäufer den Endverkaufspreis nicht vorschreiben. Er kann lediglich eine Preisempfehlung geben (unverbindliche Preisempfehlung). 2005 wurde das GWB an das europäische Wettbewerbsrecht angepasst.

Arbeitsvorschläge

1. *Beurteilen Sie die Aussagen in M 1 mithilfe des Gesetzes gegen unlauteren Wettbewerb. Nehmen Sie M 2 zu Hilfe.*
2. *Sammeln Sie in den nächsten vier Wochen Angebote, die gegen das UWG verstoßen. Wählen Sie eine Form, um Ihre Ergebnisse der Klasse zu präsentieren.*

Warenkennzeichnung

Waren- bzw. Produktkennzeichnungen sind Informationen über ein Produkt, die dieses zum Verbraucher begleiten.

Enthalten sind Informationen über Beschaffenheit, Inhalt und Qualität.
Produktkennzeichen können die Form von Logos, Piktogrammen, Symbolen oder kleinen Texten haben.

Festgelegt ist die Kennzeichnung durch internationale und nationale Richtlinien. Unterschieden wird zwischen freiwilliger und verpflichtender Kennzeichnung.

EAN = **E**uropäische **A**rtikel **N**ummer. Die Scannerkassen lesen den Code und holen sich den Preis aus der Artikeldatei des jeweiligen Supermarkts. Die Preiskennzeichnung erfolgt nicht am Produkt, sondern durch ein Preisschild am Regal.

Verpflichtende Angaben in Deutschland sind z. B.:
- Preisangabe
- Textilkennzeichnung
- Qualitäts- und Handelsklassen
- Inhaltsstoffe bei Lebensmitteln
- Allergiekennzeichnung
- Liste der Zutaten

Freiwillige Angaben können z. B. sein:
- Nährwertkennzeichnung
- Qualitätsstandard
- Sicherheitszeichen
- DIN-, EN- und ISO-Normen
- Umweltzeichen, Sicherheitszeichen

Die Handelsklassen basieren auf nationalen oder EU-Richtlinien und sind beispielsweise bei Obst und Gemüse von „Extra" bis „Qualität III" eingeteilt. Während „Qualität III" starke Mängel aufweist, ist „Extra" von hervorragender Qualität, was sich im Preis bemerkbar macht.

Die Lebensmittelkennzeichnungsverordnung verlangt folgende Angaben in deutscher Sprache, leserlich und gut sichtbar:
- Anschrift des Herstellers, Verpackers oder eines in der EU niedergelassenen Verkäufers,
- handelsübliche Inhaltsbezeichnung,
- Verzeichnis der Zutaten in der Reihenfolge des Mengenanteils nach QUID (**qu**antitative **i**ngredient **d**eclaration),
- Menge nach deutschem Maß und Gewicht,
- Mindesthaltbarkeitsdatum bei richtiger Lagerung.

Das Eichgesetz schreibt die Angabe der Füllmenge auf allen Verpackungen vor und ergänzt somit die Lebensmittelkennzeichnungsverordnung.

Die Preisangabenverordnung verpflichtet den Einzelhandel, den Verkaufspreis einschließlich Umsatzsteuer auszuzeichnen. Auch der Stundensatz mit Umsatzsteuer kann anstelle des Endpreises angegeben werden, z. B. bei Reparaturen.

Das Textilkennzeichnungsgesetz verlangt die Angabe der verwendeten Rohstoffe auf dem Etikett oder der Verpackung der Ware, z. B. „100 % Baumwolle". Die Pflegehinweise sind nicht vorgeschrieben, werden aber von vielen Herstellern angegeben.

Verbraucherbewusstes Verhalten

Gesetz zur Regelung des Rechts der Allgemeinen Geschäftsbedingungen (AGB-Gesetz)

Vorformulierte Bedingungen sind aus dem Geschäftsverkehr nicht mehr wegzudenken: Kaufleute, Handwerker, Kreditinstitute, Reiseunternehmen – alle verwenden „allgemeine Geschäftsbedingungen“. Lange Zeit bezeichnete man diese als „das Kleingedruckte“ auf der Rückseite von Verträgen, weil diese Klauseln oft nur mit der Lupe zu lesen waren. Die Vertragsfreiheit hatte den Anbietern gestattet, ein eigenes Klausel-Recht neben dem BGB zu entwickeln. Das war möglich, weil Vertragspartner grundsätzlich frei sind bei der Festlegung der Bedingungen, die sie zur Grundlage ihres Vertrags machen wollen. Die vorformulierten Bedingungen nahmen aber den Käufern zu viele Rechte und bürdeten ihnen Risiken auf. Mit dem AGB-Gesetz hat der Gesetzgeber eingegriffen und sichergestellt, dass einseitig Vorgedrucktes nicht mehr einseitiges Recht ist. Rund 40 Klauseln, die den Käufer benachteiligten, sind inzwischen verboten.

Allgemeine Geschäftsbedingungen
1. Allgemeines und Geltungsbereich
2. Lieferungsbedingungen
3. Zahlungsbedingungen
4. Ratenkauf
5. Gewährleistung
6. Eigentumsvorbehalt
7. Reparaturen
8. Allgemeine Haftungsbegrenzungen
9. Erfüllungsort und Gerichtsstand

Wichtige Bestimmungen des Gesetzes sind:
- Der Kunde muss auf die AGB hingewiesen werden und sie in angemessener Weise zur Kenntnis nehmen können.
- Persönliche Absprachen (Sondervereinbarungen) haben Vorrang vor den AGB.
- Unangemessen lange Fristen für die Vertragsannahme und für die Lieferung sind nicht zulässig.
- Preiserhöhungen sind frühestens vier Monate nach Vertragsabschluss möglich.
- Bei mangelhafter Lieferung gelten grundsätzlich die Bestimmungen des BGB. Ist Nachbesserung vereinbart, so muss die Reparatur (Material und Arbeitslohn) kostenlos erfolgen.

Verbraucherzentralen in Deutschland – Verbraucherzentrale Bundesverband e. V.

verbraucherzentrale

Die Verbraucherzentralen in Deutschland sind in den einzelnen Bundesländern angesiedelt und im Bundesverband zusammengeschlossen. Der Bundesverband ist die Stimme der Verbraucher auf politischer Ebene und vertritt u. a. verbraucherpolitische Interessen auf Bundes- und EU-Ebene. Die Verbraucherzentralen sind zuständig für die Verbraucherberatung und -information und leisten bei Bedarf rechtlichen Beistand.

Zu folgenden Themen wird geholfen:
- Kaufvertrag
- Werkvertragsrecht (Handwerkerleistungen)
- Dienstvertragsrecht
- Kreditrecht
- Insolvenzverfahren und ihre Vermeidung
- Versicherungsverträge
- Stromanbieterwechsel
- Baufinanzierungen
- Patientenrecht
- Gesundheitsdienstleistungen.

Verbraucherzentralen helfen gegen ein Entgelt bei Rechtsproblemen. Sie vertreten einzelne Verbraucher sowie Verbrauchergruppen. Dabei streben sie gerichtliche und außergerichtliche Einigungen an. In der letzten Zeit konzentrierte sich der Arbeitsschwerpunkt auf Telekommunikationsdienstleistungsverträge.

Die **Verbraucherzentralen** haben folgende Aufgaben:
- Sie ermöglichen einen Überblick über Angebote und Marktlage.
- Sie vertreten die Verbraucherinteressen auf Landesebene.
- Sie geben Rat per Telefon, Internet oder in der Beratungsstelle.
- Sie verteilen Abmahnungen und Klagen bei Rechtsverstößen.
- Sie vertreten Verbraucherinteressen auf parlamentarischer Ebene.
- Sie informieren und führen Projekte und Aktionen durch.

Payback – System und Überwachung des Kundenverhaltens

Der Einzelhandel führt nicht nur Rabattschlachten, sondern verteilt auch zahlreiche Payback-Karten. Einerseits werden den Kunden Prozente gutgeschrieben, andererseits kann das Kaufverhalten der Kunden von den Konzernen nachvollzogen werden. Dies ermöglicht es den Anbietern, den Kunden zielgenaue Werbung in Papier- oder elektronischer Form zuzusenden, um ihr weiteres Kaufverhalten zu beeinflussen.

Arbeitsvorschläge

1. *Wählen Sie zwei Beispiele aus den allgemeinen Geschäftsbedingungen und erläutern Sie diese.*
2. *Erläutern Sie die Bedeutung und die Ziele der Verbraucherzentralen in Deutschland.*
3. *Zu welchem Thema könnten Sie sich vorstellen, eine Beratung bei der Verbraucherzentrale in Anspruch zu nehmen?*
4. *Erläutern Sie Vor- und Nachteile des Payback-Systems für den Kunden.*

5 Steuern

M 1 **Steuern – Sind sie wirklich nötig?**

Zweifel an der Funktionsweise unseres Steuersystems haben wir oft. Wir sehen unsere zu zahlende Lohnsteuer als harte Wirklichkeit in vermeintlich großen Zahlen auf der Entgeltabrechnung. Wir lesen die ausgewiesene Umsatzsteuer auf Rechnungen und Quittungen. Sicher, wir alle würden gern diese Steuern lieber auf unserem eigenen Konto sehen. Aber was passiert dann mit den Leistungen, die Bund, Länder und Gemeinden ihren Bürgern bieten und die für uns einfach selbstverständlich sind?

Mit unseren Steuern finanzieren wir all die Dinge, die nur durch uns alle gemeinsam erbracht werden können. Wenn wir dabei Qualität und Zuverlässigkeit wünschen, müssen wir dafür auch genug leisten.

Sicher zahlen wir alle nicht gern Steuern und empfinden diese oft als viel zu hoch. Aber sind sie es wirklich?

Steuern sind Zwangsabgaben (einmalig oder laufend), die den Betroffenen vom Staat auferlegt werden, **ohne** dass sie dafür eine **direkte** Gegenleistung erhalten. Bund, Länder und Gemeinden (bezeichnet auch als öffentliche Hand) können ihre umfangreichen Aufgaben nur erfüllen, wenn sie auf die Steuern als Einnahmequelle zurückgreifen kann.

M 2 **Die größten Aufgabenbereiche der öffentlichen Hand sind:**

Bund	Länder	Gemeinden
- soziale Sicherung, - Verteidigung, - Verkehrswesen	- Bildungswesen, - Polizei, - Justiz	- Straßenbau - Bau und Unterhalt von Schulen und Krankenhäusern, - Müllabfuhr, - Wasserversorgung

M 3

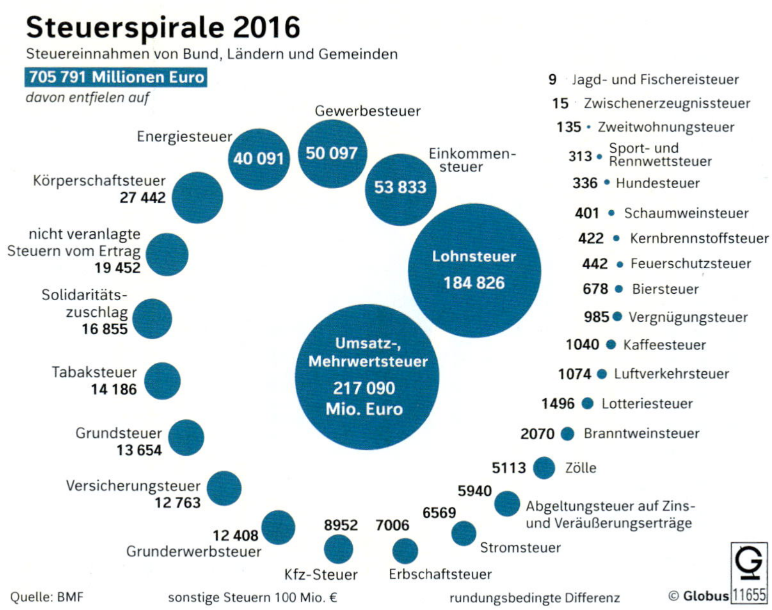

Arbeitsvorschläge

1. Finden Sie weitere Aufgabenbereiche der öffentlichen Hand mithilfe einer Internetrecherche.
2. Erklären Sie einem Mitschüler/einer Mitschülerin die Notwendigkeit der Besteuerung (M 1, M 2).

5.1 Einteilung der Steuern

M 1

Einteilung nach der Art der Steuererhebung	
direkte Steuern	**indirekte Steuern**
Steuerschuldner und Steuerträger sind diese be Person, der Arbeitnehmer muss z. B. seine Lohnsteuer selbst tragen	Steuerschuldner ist derjenige, der die Steuer an das Finanzamt abführen muss, Steuerträger ist der Verbraucher
Beispiele: Lohn- und Einkommensteuer, Vermögens- und Erbschaftsteuer	Beispiele: Umsatzsteuer, Verbrauchsteuern wie Tabak-, Getränke-, Mineralölsteuer

M 3

Abgeltungssteuer

Seit dem 01.01.2009 wird auf alle Kapitalerträge einheitlich die Abgeltungssteuer von 25 % erhoben. Bestehen bleibt der Sparerfreibetrag bei Alleinstehenden von 750,00 €/Jahr und Ehepaaren von 1 500,00 €/Jahr. Dazu kommt noch eine Werbekostenpauschale von 51,00 €/Jahr für Alleinstehende und 102,00 €/Jahr für Ehepaare. (Stand seit 2007)

M 2

Einteilung nach dem Gegenstand der Besteuerung			
Besitzsteuern	Verkehrsteuern	Verbrauchsteuern	Zölle
Einkommen-, Lohn-, Erbschaft-, Grundsteuer	Umsatz-, Grunderwerbsteuer	Tabak-, Mineralölsteuer	Einfuhrzölle

M 4 **Auswege aus dem Steuerchaos?**

Mehrwertsteuer, Mineralölsteuer, Lohnsteuer, Stromsteuer ... der fast unübersichtliche Berg an Steuern in unserem Land bringt uns ins Schwitzen. Wann muss ein Auszubildender Steuern zahlen? Gibt es in den Steuergesetzen Möglichkeiten, für ihn Ausnahmen zu machen? Gelten diese dann für ihn auch verlässlich? Diese und viele andere Fragen stellen sich angesichts der Steuervielfalt.

M 5

Eine Tatsache erklärt unsere Unsicherheit(en), ohne dass uns damit geholfen ist: das deutsche Steuersystem **ist wirklich** kompliziert. Der Grund: Es versucht, die Vielschichtigkeit der Lebensverhältnisse abzubilden und somit nach der Leistungsfähigkeit zu besteuern. Haben wir z. B. einen weiten Weg zur Arbeit, erhalten wir dafür über die Pendlerpauschale einen Steuernachlass. Für diejenigen unter uns, die am Wochenende, nachts oder im Schichtdienst arbeiten gilt Gleiches. Betreuen wir unsere Kinder oder andere Angehörige, gibt es Steuerentlastungen.

Die Schwierigkeit: Jede Sonderregelung ruft Missbrauch hervor, den der Gesetzgeber dann wieder unter Kontrolle bekommen muss – durch noch mehr Gesetze.

M 6

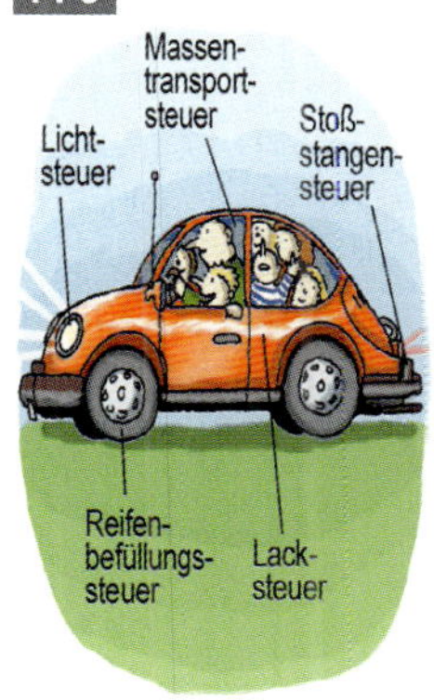

Vergnügungssteuer

Arbeitsvorschläge

1. *Ordnen Sie die in der Grafik „Steuerspirale“ (M 4, S. 188) und die in M 3 genannten Steuerarten den Einteilungen in den Tabellen M 1 und M 2 zu.*
2. *Interpretieren Sie die Karikatur M 6 mithilfe der Methode „Analyse politischer Karikaturen“ (s. S. 246).*
3. *Der Kassenbon in M 5 enthält zwei verschiedene Umsatzsteuersätze. Informieren Sie sich dazu im Internet. Bereiten Sie einen Kurzvortrag über das Thema „Umsatzsteuersätze“ vor.*
4. *Erörtern Sie in der Gruppe, welche Probleme das deutsche Steuersystem mit sich bringt (M 4). Notieren Sie Ihre Ergebnisse und stellen Sie diese im Plenum vor.*

5.2 Steuermoral, Steuergerechtigkeit, Steuermentalität – eine wacklige Balance

Steuermoral (Steuerehrlichkeit)

Einstellung des Steuerpflichtigen zum Steuerdelikt. Mangelnde Steuermoral führt zu illegalem Steuerwiderstand (z. B. Steuerhinterziehung).

Steuermentalität

Grundsätzliche Einstellung der Bürger zum Steuersystem, zur Steuergerechtigkeit und zur individuellen Steuerlast.

www.steuerzahler.de

M 1 Wir Deutschen halten es für wichtig, Steuergesetze einzuhalten, obwohl wir ein sehr gespanntes Verhältnis zum Steuersystem haben. So eine Studie aus 2014, die der Bund der Steuerzahler in Auftrag gegeben hat. Danach hat sich unsere Steuermoral seit 2008 erheblich verbessert. Gründe dafür sind vielfältig; einer ist die Angst, erwischt zu werden. Zum anderen wirkt sich die Präsenz des Themas Steuerhinterziehung in der Öffentlichkeit stark auf unsere moralische Bewertung aus.

Die Steuermentalität hat sich dagegen verschlechtert. Wir Deutschen sehen unser Steuersystem immer kritischer. Wir empfinden unsere Steuerbelastung als zu hoch. Wir haben auch den Eindruck, dass der zeitliche und finanzielle Aufwand zur Erfüllung der steuerlichen Pflichten zu groß ist. Wir empfinden die kalte Progression als ungerecht (s. dazu S. 192). Wir wollen, dass der Staat mit unseren Steuergeldern verantwortungsvoll umgeht.

Der Großflughafen Berlin-Brandenburg, die Hamburger Elbphilharmonie und Stuttgart 21 haben ihre Spuren hinterlassen.

Kurz – wir fordern, und das seit langem, ein einfacheres Steuersystem.

M 2

M 3 **Trickserei muss konsequent verfolgt werden**

Ohne Steuergerechtigkeit verliert der Staat seine Bindungskraft. Warum begreifen die Finanzminister in Bund und Ländern nicht diese einfache Sozialstaatsformel? Dort, wo viel ist, gibt es für den Staat noch immer viel zu holen. Das zeigt der spektakuläre Kampf gegen Hinterzieher und Trickser beim Stichwort „Panama Papers" oder der Blick auf die abenteuerlichen Tarnversuche kickender Millionarios und ihrer Manager. Ganz ohne Agenda 2010, Hartz IV oder Sozialkontrolle, sondern schlicht und einfach bei Einhaltung geltender allgemeiner und gleicher Steuerregelungen für alle. [...]

Es wird höchste Zeit, dass endlich alle das ihnen Mögliche zur Aufrechterhaltung der gesellschaftlichen und staatlichen Infrastruktur leisten. Es gibt manche, die könnten mehr tun, wenn man sie eindringlich dazu ermunterte. Notfalls mit einer Steuerpolizei.

RND/Wonka, Dieter: Kommentar zu Steuergerechtigkeit – Trickserei muss konsequent verfolgt werden. In: haz.de, 26.12.2016. Zugriff am 29.09.2017 unter www.haz.de/Nachrichten/Wirtschaft/Deutschland-Welt/Trickserei-muss-konsequent-verfolgt-werden

Arbeitsvorschläge

1. *Erläutern Sie mithilfe von M 1, wie sich Steuermoral und Steuermentalität seit 2008 in Deutschland entwickelt haben. Nutzen Sie dazu auch die Studie des Bundes der Steuerzahler (unter www.steuerzahler.de).*
2. *Diskutieren Sie zunächst in der Gruppe, dann im Klassenverband, ob die Einführung einer Steuerpolizei und die Bestrafung von Steuerhinterziehung in unser aller Interesse ist. (M 1, M 2, M 3).*

5.3 Die Einkommensbesteuerung von Arbeitnehmern

Die Erhebung der Lohnsteuer

Arbeitnehmer müssen Lohnsteuer für ihre Einkünfte aus nicht selbstständiger Arbeit zahlen. Zum Abzug der Lohnsteuer ist der Arbeitgeber verpflichtet, der sie an das Finanzamt abführen muss. Dazu nutzt der Arbeitgeber die elektronische Lohnsteuerkarte, die er von der Finanzverwaltung für jeden Arbeitnehmer zur Verfügung gestellt bekommt. Diese beinhaltet folgende Angaben: Steuerklasse, Kinderfreibeträge, weitere Freibeträge (z. B. Entlastungsbetrag für Alleinerziehende), Kirchensteuerabzugsmerkmale.

M 1 **Lohnsteuerklassen**

Steuerklasse	Anwendung
I	für unverheiratete Arbeitnehmer, dauernd getrennt lebende, geschiedene oder verwitwete Arbeitnehmer ohne Kinder
II	für in Steuerklasse I aufgeführte Arbeitnehmer, wenn ihnen mindestens ein Kind zuzuordnen ist, für das sie einen Kinderfreibetrag erhalten
III	bevorzugte Klasse des besser verdienenden Ehepartners
IV	für Ehepartner, die beide über ein ungefähr gleich hohes Einkommen verfügen
V	wird dem Ehepartner zugewiesen, der wesentlich weniger Einkommen als sein Partner hat
VI	für jedes zusätzliche Arbeitsverhältnis

Wahl der Lohnsteuerklasse

Die Lohnsteuerklasse kann bei Notwendigkeit und auf Wunsch des Arbeitnehmers auch während des laufenden Jahres geändert werden. Deshalb kann das Finanzamt erst nach Ablauf des Jahres über die endgültige Höhe der Steuerschuld entscheiden.

Das zu versteuernde Einkommen

Einkommensteuerpflichtig sind alle natürlichen Personen, die in Deutschland ihren Wohnsitz haben. Gesetzliche Grundlage dafür ist das Einkommensteuergesetz.
Es gibt zwei Möglichkeiten der Steuererhebung auf Einkommen.
Die Wichtigste ist die Erhebung Lohnsteuer, die bereits oben vorgestellt worden ist. Alle anderen Einkünfte unterliegen der Einkommensteuerpflicht. Dazu gibt der Steuerpflichtige eine **Einkommensteuererklärung** ab. Danach erstellt das Finanzamt einen **Steuerbescheid**.
Eine grobe Übersicht, wie alle Einkommen und Entlastungen in der Einkommensteuererklärung Eingang finden, sehen Sie im Folgenden. Nähere Informationen dazu werden auch auf S. 193 angeboten.

M 2 **Bruttoarbeitslohn**

– Werbungskosten (Arbeitnehmerpauschbetrag)
= Einkünfte
– Sonderausgaben
– außergewöhnliche Belastungen
= Einkommen
– Kinderfreibetrag
= zu versteuerndes Einkommen

Arbeitsvorschläge

1. *Bestimmen Sie für folgende Arbeitnehmer die richtige Steuerklasse (M 1).*
   - *Herr Walter ist alleinstehend.*
   - *Herr und Frau Hechter arbeiten im selben Beruf und verdienen beide jeweils 2 465,00 € brutto.*
   - *Frau Salzmann arbeitet als Sachbearbeiterin und lebt mit ihrer 9-jährigen Tochter allein.*
   - *Herr Kolding arbeitet nebenberuflich als Dozent an der Volkshochschule.*
2. *Überlegen Sie, welche Steuerklassen Sie im Laufe Ihres Lebens haben könnten (M 1).*
3. *Konkretisieren Sie die Übersicht M 2 mithilfe der Informationen auf S. 193. Tauschen Sie sich dazu mit einem Partner/einer Partnerin aus.*

5.4 Der Einkommensteuertarif

Je nach Höhe des zu versteuernden Einkommens werden unterschiedliche Steuersätze angewendet.

Die Höhe der Einkommensteuer

M 1

Als Auszubildende/-r haben Sie in der Regel bereits ein eigenes Einkommen, das der Steuerpflicht unterliegt. Das Einkommensteuergesetz sieht jedoch vor, dass bis zu einer festgelegten Einkommenshöhe (Grundfreibetrag) keine Einkommensteuer erhoben wird. Grund: Das zur Bestreitung des Existenzminimums nötige Einkommen darf nicht durch Steuern gemindert werden. Dieser Betrag wird jährlich angepasst und beträgt für das Jahr 2018 beispielsweise 9 000,00 €.

M 2

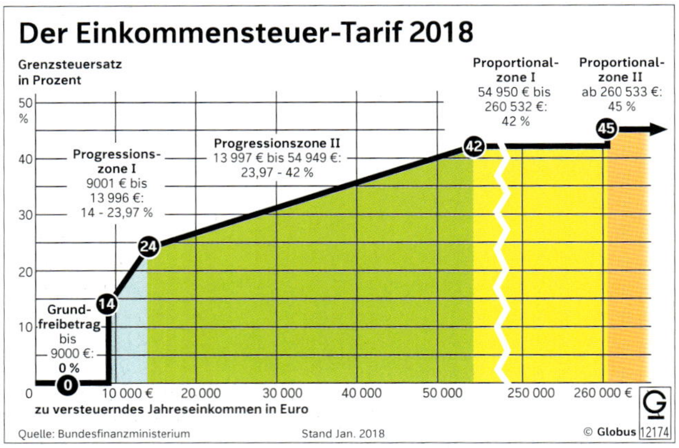

Oberhalb des Grundfreibetrags müssen Sie Einkommensteuer zahlen. Je mehr Einkommen Sie haben, umso höher ist der prozentuale Anteil der Steuer. Das nennt man auch Steuerprogression (Ansteigen des Steuersatzes in Abhängigkeit vom zu versteuernden Einkommen). Die Diskussionen um die Gerechtigkeit einer progressiven Besteuerung werden immer wieder geführt. Der Gesetzgeber beruft sich dabei auf das Sozialstaatsprinzip, also auf soziale Gerechtigkeit (vgl. auch Kapitel 2, S. 28). Der Grundgedanke dabei ist folgender: Derjenige, der ein hohes Einkommen hat, besitzt nach Steuerabzug trotzdem noch genügend Geld für eine angemessene Lebensführung. Jemand, der wenig verdient, könnte durch zu hohe Steuern schnell in Existenznöte kommen.

Zum Einkommen zählen dabei nicht nur Lohn oder Gehalt, sondern auch alle anderen Einkünfte (siehe dazu auch S. 193).

M 4

Ehepaare können gemeinsam veranlagt werden (Ehegattensplitting).

So funktioniert das Ehegattensplitting

- Das Einkommen beider Partner wird zusammengezählt und dann durch zwei geteilt. Verdient der Mann 50 000,00 € und die Frau (in Teilzeitbeschäftigung) 10 000,00 €, so unterliegen sie nicht den gleichen Steuersätzen wie Singles.
- Der Staat behandelt das Ehepaar wie zwei Alleinstehende mit jeweils 30 000,00 €. Das mindert die Steuerprogression. Splitting-Vorteil in diesem Fall: knapp 2 000,00 €.

M 3 **Kalte Progression – Die heimliche Steuererhöhung**

„Kalte Progression" bedeutet, dass im deutschen Steuersystem kleinere Lohnerhöhungen zu einem sinkenden Realeinkommen führen können. Wenn ein Arbeitnehmer z. B. eine Lohnerhöhung bekommt, die etwa so groß ist wie die Inflation, rutscht er oftmals in einen höheren Steuersatz.

Er gibt dem Staat also mehr Einkommen ab als vorher. Die höhere Besteuerung führt somit zu einem Verlust.

Der Steuerzahler hat somit kein höheres Realeinkommen, sondern sogar ein geringeres: Er kann sich – rein rechnerisch – mit seinem neuen Einkommen weniger kaufen als mit seinem alten.

Thema „Kalte Progression". In: WELT.de. Zugriff am 08.10.2017 unter www.welt.de/themen/kalte-progression
© Axel Springer SE. Alle Rechte vorbehalten

Arbeitsvorschläge

1. *Ermitteln Sie mithilfe von M 2, welche Steuern Sie als Ledige/-r bei einem Bruttojahreseinkommen von 8 000,00 €, 15 000,00 €, 20 000,00 € und 35 000,00 € zahlen müssten.*
2. *Begründen Sie Ihre Meinung zur folgenden These: „Ehepaare sollen auf jeden Fall steuerlich bevorzugt werden!" Beziehen Sie sich dabei auch auf M 4.*
3. *Erklären Sie einem Partner/einer Partnerin, was mit „kalter Progression" gemeint ist. (M 3)*
4. *Erstellen Sie zu den Informationen in M 1 einen Spickzettel (s. S. 207). Erklären Sie einem Partner/einer Partnerin nun mit seiner Hilfe das Thema „Die Höhe der Einkommensteuer".*

Die Einkommensteuererklärung des Arbeitnehmers

Die Einkommensteuer ist eine Jahressteuer. Eine **Pflicht** zur Einkommensteuererklärung besteht dann, wenn
- die Ehepartner die Steuerklassenkombinationen III/IV oder IV/VI haben,
- der oder die Einkommensteuerpflichtige(n) andere Einkünfte erzielen, z. B. aus nicht selbstständiger Arbeit, aus Kapitalvermögen, aus Vermietung und Verpachtung oder sonstige Einkünfte.

Besteht die Pflicht, wird der Steuerpflichtige vom Finanzamt zur Abgabe der Einkommensteuererklärung aufgefordert. Über die Fristen zur Abgabe der Einkommensteuererklärung muss man sich aktuell informieren.

Die **Einkommensteuer** wird auf **alle Einkünfte** erhoben.

Die **Lohnsteuer** wird nur auf **Einkünfte aus nicht selbstständiger Arbeit** berechnet. Sie ist der größte Bereich der Einkommensteuer und die wichtigste Einnahmequelle des Staates.

M 1 Freiwillige Einkommensteuererklärung

Der Steuerpflichtige kann innerhalb der Antragsfrist von zwei Jahren über die Einkommensteuererklärung nachträglich zu viel bezahlte Lohnsteuer zurückfordern. Dies lohnt sich insbesondere in folgenden Fällen:
- Der Arbeitnehmer hat **nicht das ganze Jahr über gearbeitet**, z. B. wegen einer Unterbrechung des Arbeitsverhältnisses, des Besuchs von Schulen etc.
- Der Arbeitnehmer hat während des Kalenderjahres **Einkommen in unterschiedlicher Höhe erhalten**, z. B. wegen Lohn- oder Gehaltserhöhungen, Kurzarbeit, Überstunden, Arbeitsplatzwechsel.
- Die **Familienverhältnisse** haben sich geändert, z. B. durch Heirat oder Geburt eines Kindes.
- Der Arbeitnehmer kann **erhöhte Werbungskosten** nachweisen (d. h. mehr als 920,00 €, die bereits als **Werbungskostenpauschale** in der Lohnsteuer verrechnet sind), wie z. B. Fahrtkosten von der Wohnung zum Arbeitsplatz, Beiträge zu Berufsverbänden oder Gewerkschaften, Ausgaben für Arbeitsmittel wie z. B. Berufsbekleidung und Fachliteratur, berufliche Weiterbildung etc.
- Der Arbeitnehmer kann erhöhte **Sonderausgaben** geltend machen, wie z. B. Beiträge zu den Sozialversicherungen, Prämien für private Unfall-, Kranken-, Lebens- und Haftpflichtversicherungen, beschränkt auch für Bausparbeiträge.
- **Unbeschränkt geltend** kann die gezahlte Kirchensteuer, **beschränkt geltend** können Spenden für kirchliche, religiöse und gemeinnützige Zwecke oder Aufwendungen für Aus- und Fortbildung in einem nicht ausgeübten Beruf geltend gemacht werden.

Hinweis:
Konkrete Informationen zur Definition und Anrechnung von Werbungskosten und Sonderausgaben geben die Finanzämter jährlich kostenlos und aktuell als Anleitungsmaterial zur Einkommensteuererklärung heraus.

Hilfe bei der Anfertigung der Einkommensteuererklärung

Wer sich unsicher ist, wie die Formulare für eine Einkommensteuererklärung richtig auszufüllen sind, kann sich Hilfe bei Lohnsteuerhilfevereinen holen. Das sind Selbsthilfeeinrichtungen von Arbeitnehmern zur Hilfeleistung in Steuersachen. Die Mitgliedschaft ist einkommensabhängig, liegt aber meist unter 100,00 € pro Jahr. Dafür erhält man als Vereinsmitglied Hilfe bei folgenden Angelegenheiten:
- komplette Erstellung der Einkommensteuererklärung, Abwicklung beim Finanzamt, Überprüfen der Bescheide u. a.,
- Beratung und Antragsbearbeitung bei Kindergeld, Eigenheim- und Investitionszulagen, Lohnsteuerermäßigung, Freistellungsanträge bei Einnahmen aus Kapitalvermögen u. a.,
- Beratung zur Arbeitnehmersparzulage, Wohnungsbauprämie, Minijobs, Wahl der richtigen Steuerklasse u. a.

ELSTER (elektronische Steuererklärung)
Die ELSTER-Formulare gibt es kostenlos von den Finanzämtern im Internet unter www.elster.de
Damit kann jeder auch selbst seine Einkommensteuererklärung erledigen.

Arbeitsvorschläge

1. *Suchen Sie im Internet Hilfen für die Einkommensteuererklärung von Arbeitnehmern (z. B. unter www.elster.de). Ergänzen Sie mit deren Hilfe M 1.*
2. *Bereiten Sie sich auf einen Besuch beim Lohnsteuerhilfeverein vor. Erstellen Sie eine Liste mit Fragen, die Sie den Mitarbeitern dort stellen möchten.*

6 Ökonomie und Ökologie

Methode:

Spinnwebanalyse

Die Spinnwebanalyse ist eine einfache Form der Darstellung, mit deren Hilfe Ursachen nachgegangen werden kann. Außerdem können Zusammenhänge aufgezeigt oder Folgen deutlich gemacht werden.

Vorgehensweise

1. Ein konkretes Problem (oder ein Sachverhalt) wird benannt und in die Mitte eines großen Pinnwand-Papiers geschrieben, z. B. „Warum gibt es Umweltverschmutzung?"
2. Danach sammelt die Gruppe die direkten Ursachen oder Folgen des Problems. Diese werden nun in Stichworten um das Problem herum festgehalten (Ursachen erster Ordnung).
3. In einem nächsten Schritt werden die direkten Hintergründe der eben gefundenen Ursachen ausgemacht und wiederum festgehalten (Ursachen zweiter Ordnung). Wenn zwischen Ursachen Querverbindungen bestehen, werden diese eingezeichnet.
4. Diese Ursachen werden wiederum auf ihre Entstehungsbedingungen zurückverfolgt (Ursachen dritter Ordnung).
5. So entsteht ein Ursachengeflecht, das vielfältige Querverbindungen aufweist und (vielleicht) auch einige der Hauptursachen verdeutlicht.
   Im Idealfall ensteht eine Grafik, die dem Netz einer Spinne gleicht.

Materialien

- für jede Gruppe Pinnwand-Papier
- Stifte

Zeitbedarf: ca. 45 Minuten

Arbeitsvorschlag

Erstellen Sie auf einem Pinnwand-Papier eine Spinnwebanalyse zum Thema „Arten und Ursachen von Umweltverschmutzung".
Präsentieren Sie Ihr Gruppenergebnis.

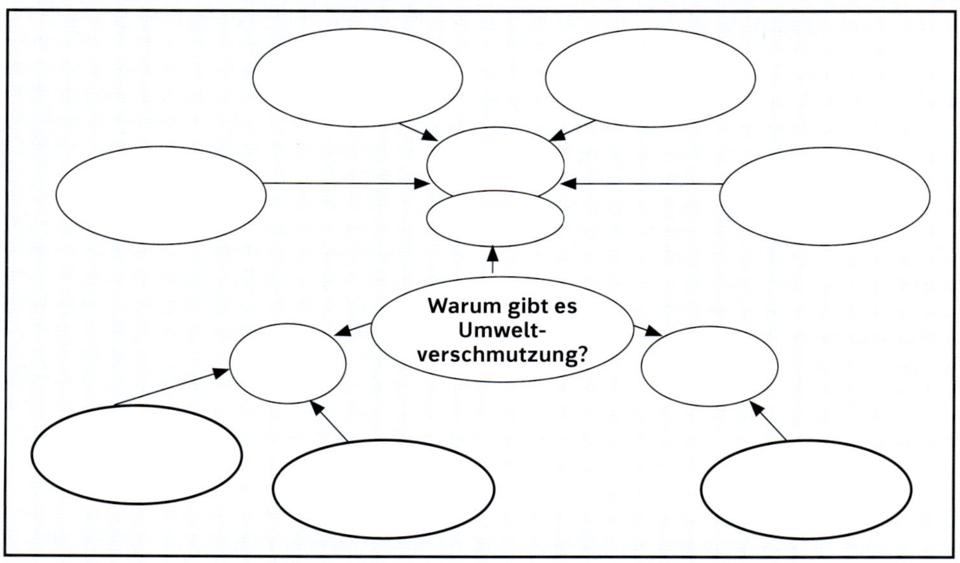

6.1 Das Ökosystem Erde

M 1 Als im Jahr 1968 die Raumfahrer der Apollo 8 als erste Menschen die Erde über dem Mond aufgehen sahen, war das nicht nur für sie ein neuer Blick auf die Erde: Das Foto ging um die Welt. Einer der Raumfahrer, der Astronaut James Lovell, beschrieb die Erde als „eine prachtvolle Oase in der riesigen Wüste des Weltalls". Das Leben auf der Erde wurde erst durch den Blick von außen als hauchdünne, zerbrechlich erscheinende Schicht erkannt. [...]

Aufgang der Erde über dem Mond. Aufgenommen von der Besatzung der Apollo 8 im Dezember 1968

Der neue Blick auf die Erde fiel in eine Zeit, in der erstmals viele Menschen ein Bewusstsein für den „Umweltschutz" entwickelten und eine globale Umweltbewegung entstand (und vielleicht trug ja das Foto auch zu der Entstehung dieses Bewusstseins bei). Diese Umweltbewegung hatte erkannt, dass die Menschheit allen technischen Fortschritten zum Trotz immer noch auf Gedeih und Verderb von Prozessen in natürlichen Ökosystemen abhängt: In diesen entsteht die Luft, die wir atmen, wird das Wasser gereinigt, das wir trinken, der Boden gebildet, auf dem unsere Nahrung wächst [...] Und nichts geht ohne den ständigen Energiefluss von der Sonne, ohne den ständigen Kreislauf von Stoffen in den Ökosystemen, ohne die komplexen Prozesse, die unser Klima regulieren. Das ist es, was die Erde von allen anderen Himmelskörpern unterscheidet, die wird kennen: die Erde ist selbst ein Ökosystem, eben jene von James Lovell beschriebene Oase in den Weiten des Weltraums.

Paeger, Jürgen: Ökosystem Erde, Zugriff am 29.09.2017 unter www.oekosystem-erde.de/html/einfuhrung.html

Mit der Entwicklung ihrer Kulturen vor rund 10 000 Jahren haben die Menschen begonnen, ihre natürliche Umwelt zu verändern, um sich bessere Lebensbedingungen zu schaffen. Insbesondere seit Beginn der Industrialisierung und der damit verbundenen Steigerung des Lebensstandards ist die Umwelt mehr und mehr bedroht.

Arbeitsvorschläge

1. *Schildern Sie Ihre Gedanken beim Betrachten des Bildes (M 1).*
2. *Erarbeiten Sie M 1 mithilfe der Methode „Gruppenlesen" (s. S. 10).*
3. *Erklären Sie einem Partner/einer Partnerin den Ausdruck „Ökosystem Erde".*

6.2 Ökologische Bedrohungen für unseren Planeten – und ihre Lösungen?

Klimawandel und Luftverschmutzung
Abholzung
Artensterben
Bodenerosion
Verschmutzung der Weltmeere
Überbevölkerung

Klimawandel und Luftverschmutzung

Nicht nur auf der Erde, sondern auch in unseren Ozeanen wird es immer wärmer. Die Verbrennung fossiler Brennstoffe wie Kohle, Öl und Gas, landwirtschaftliche und industrielle Produktion haben zu einem Überschuss an Kohlenstoffdioxid geführt. Weltweit erkennen wir Auswirkungen dieses Klimawandels. Die Luftverschmutzung durch krebserregende Stoffe, Feinstaub und andere Gifte führt zu Krankheiten und vermehrten Todesfällen.

Die Lösung? Energie einsparen, fossile Brennstoffe durch erneuerbare Energien ersetzen, Wiederaufforstung, Verringerung der Emissionen aus Industrie und Landwirtschaft, Veränderung der industriellen Prozesse usw.

Abholzung

Immer mehr Wälder werden zerstört. Besonders in den Tropen wird durch Zerstörung Platz für die Viehzucht, den Anbau von Sojabohnen, für Palmöl-Plantagen oder für andere landwirtschaftliche Monokulturen gemacht.

Die Lösung? Abgeholzte Gebiete wieder aufforsten.

Artensterben

An Land werden Tiere für ihr Fleisch, Elfenbein oder andere „medizinische" Produkte bis zum Aussterben gejagt. Auf See rotten industrielle Fischerboote ganze Fischpopulationen aus. Auch der Verlust und die Zerstörung des Lebensraums tragen zum Verschwinden vieler Arten bei.

Die Lösung? In Zukunft muss es mehr Maßnahmen geben, um weiteres Artensterben zu verhindern. Der Schutz und die Wiederherstellung von Lebensräumen ist eine wichtige Maßnahme. Auch das Verbot von Wilderei und Wildtierhandel ist notwendig.

Bodenerosion

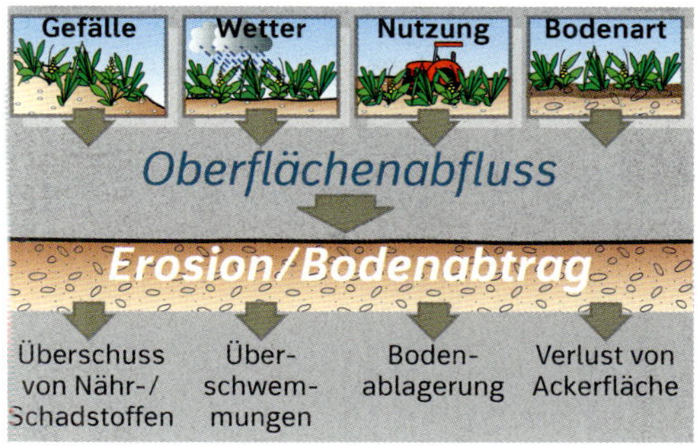

Monokulturen, Überweidung, Bodenversiegelung, Überdosierung von Schadstoffen usw. Die Liste von Möglichkeiten, unseren Böden Schäden zuzufügen, scheint endlos. Nach Schätzungen der Vereinten Nationen (UN) werden ungefähr zwölf Millionen Hektar Ackerland jedes Jahr entwertet. Das entspricht etwa der Ackerlandfläche Deutschlands (2016).

Die Lösung? Es gibt bereits Bodenschutz- und Wiederherstellungstechniken, wie z. B. nachhaltige Landwirtschaft, Wasserrückhalt durch Terrassenbau, Begrünung von Wüsten usw.

Verschmutzung der Weltmeere

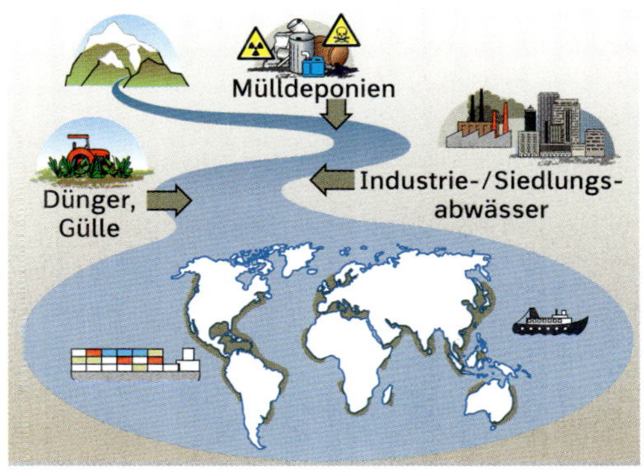

Unser moderner Müll, wie Plastik, Erdöl, Pestizide, Düngemittel, Schwermetalle, Arzneimittelrückstände sowie radioaktive Substanzen belasten die Weltmeere.

Die Lösung? Mehr Kontrollen auf See, in den Häfen und an Abwasserausflüssen. Harte Strafen bei Vergehen. Schifffahrt, Offshore-Industrie und Landwirtschaft müssen sich ihrer ökologischen Verantwortung bewusst werden. Jeder Einzelne ist gefordert, weniger Müll zu produzieren und diesen umweltgerecht zu entsorgen.

Überbevölkerung

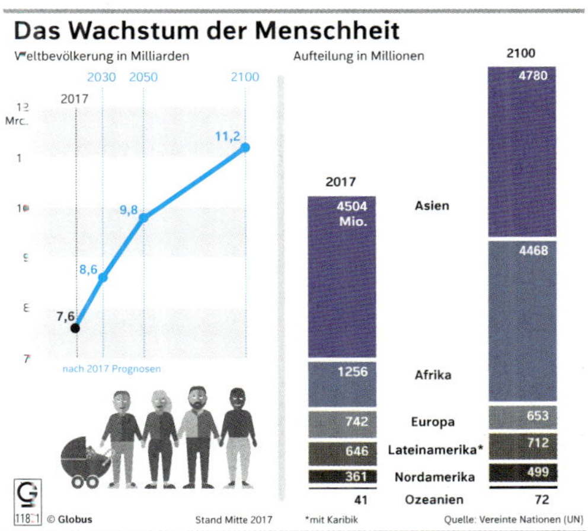

Bis 2050 könnte die weltweite Bevölkerung auf zehn Milliarden anwachsen. Das wird noch mehr Druck auf wichtige natürliche Ressourcen ausüben. Die Bevölkerung auf dem afrikanischen Kontinent und in Süd-Ostasien nimmt am schnellsten zu.

Die Lösung? Frauen, die selbst über Sexualität und Verhütung entscheiden können, bekommen tendenziell weniger Kinder. Deshalb sind Aufklärungskampagnen und die Bereitstellung von Verhütungsmitteln für Familienplanung weiterhin sehr wichtig.

Arbeitsvorschläge

1. *Bringen Sie die sechs ökologischen Bedrohungen in eine begründete Reihenfolge.*
2. *Fassen Sie die Auswirkungen der ökologischen Bedrohungen in Stichworten zusammen.*
3. *Überprüfen Sie, welche der Bedrohungen Ihrer Meinung nach ökonomische Ursachen haben.*
4. *Erarbeiten Sie an mindestens zwei Bedrohungen weitere Lösungen und stellen Sie diese zur Diskussion.*
5. *Recherchieren Sie, inwieweit Deutschland von den hier genannten ökologischen Bedrohungen betroffen ist und berichten Sie darüber.*

6.3 Die Agenda 21 – das Aktionsprogramm für das 21. Jahrhundert

M 1 Die menschliche Entwicklung im Spannungsfeld von Fortschritt und Risiko

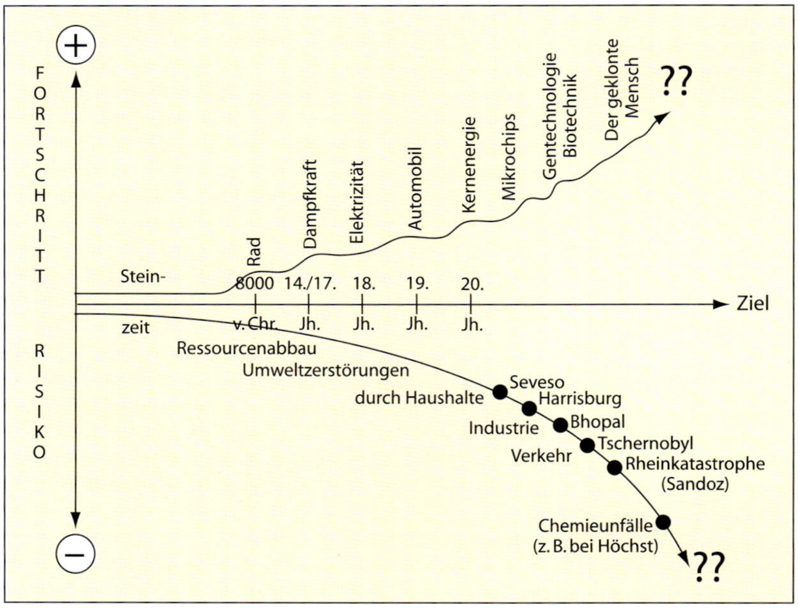

Weinbrenner, Peter: Zukunftswerkstätten – Eine Methode zur Verknüpfung von ökonomischem, ökologischem und politischem Lernen, in: Gegenwartskunde Nr. 4/1988, S. 542

Seit der Konferenz der Vereinten Nationen für Umwelt und Entwicklung (UNCED) in Rio de Janeiro hat die Umweltdiskussion eine neue Qualität bekommen: Und zwar durch die Agenda 21, das Aktionsprogramm für das 21. Jahrhundert. Die mehr als 170 in Rio vertretenen Staaten, auch Deutschland, haben sich auf folgenden Beschluss geeinigt:

M 2

Konsens = Übereinkommen

„In der Agenda 21 werden die dringlichsten Fragen von heute angesprochen, während gleichzeitig versucht wird, die Welt auf die Herausforderungen des 21.Jahrhunderts vorzubereiten. Die Agenda 21 ist Ausdruck eines globalen Konsenses und einer politischen Verpflichtung auf höchster Ebene zur Zusammenarbeit im Bereich von Entwicklung und Umwelt." (Präambel der Agenda 21, Hg. Bundesministerium für Naturschutz, Umwelt und Reaktorsicherheit)
In verschiedenen Kapiteln werden Ziele festgelegt, wie
die Forderung einer nachhaltigen Entwicklung in den Entwicklungsländern,
die Armutsbekämpfung,
die Veränderung der Konsumgewohnheiten,
der Schutz und die Förderung der menschlichen Gesundheit,
der Schutz der Erdatmosphäre,
die Bekämpfung der Entwaldung,
die Erhaltung der biologischen Vielfalt und
ein umweltverträglicher Umgang mit Abfällen.
Auf der untersten Ebene muss jeder Einzelne verantwortlich im Sinn der Agenda 21 handeln. Auf Bundes- und Landesebene und international sollen Politiker Rahmenbedingungen und Anreize zur Umsetzung schaffen.

Arbeitsvorschläge

1. *Führen Sie das Schaubild M 1 mit Ihnen bekannten Fortschritten und Risiken/Unfällen fort.*
2. *Bringen Sie die Ziele der Agenda 21 in eine begründete Reihenfolge (M 2).*
3. *Erkunden Sie Beispiele für die Umsetzung der Agenda 21 auf lokaler Ebene.*

6.4 Ökonomie – Ökologie – ein globales Spannungsfeld?

Das weltweite Zusammenwachsen der Wirtschafts- und Finanzmärkte und seine gesellschaftlichen Auswirkungen haben dazu beigetragen, dass heute vom Global Village, von der Welt als Dorf die Rede ist. Die **Globalisierung** der Wirtschaft hat zu einem rasanten Anstieg von Importen und Exporten geführt. Aufgrund der Globalisierung wächst die Weltwirtschaft mit erheblichen Folgen für die Umwelt. Die Globalisierung lässt sich nicht mehr aufhalten. Sie bringt einem Großteil der Menschen Vorteile, die man nicht mehr missen möchte. Damit aber die wirtschaftlichen Folgen der Globalisierung unsere Umwelt nicht zerstören, müssen Mittel und Wege gesucht werden, Produktionen umweltgerecht zu ermöglichen.

M 1 Globalisierung und Umwelt

Globale Umweltprobleme [...] lassen sich nicht im nationalen Alleingang lösen (z. B. in Deutschland oder auch in Europa). Zu groß ist die Gefahr [...], dass strenge nationale Umweltschutzvorschriften auf internationalen Umwegen unterlaufen werden [...] Umweltverschmutzung [ist] grenzüberschreitend [...]. Solange aber verschiedene Staaten wirtschaftlich miteinander konkurrieren, besitzt ein Land mit schärferen Umweltschutz-Gesetzen in der Globalisierung einen Wettbewerbsnachteil gegenüber einem Land mit geringeren Umweltschutzvorschriften. Noch gibt es keine globale Wirtschafts-, Wettbewerbspolitik und Umweltpolitik, sondern nur regionale Kooperationen von verschiedenen Ländern. [...] Wird Umweltverschmutzung nicht weltweit spürbar teurer, dann besteht die Gefahr von Umwelt-Dumping, d. h., umweltunfreundliche Produkte verdrängen die umweltfreundlicher hergestellten Produkte vom Markt.

Fries, Oliver: Definition von Globalisierung und Umwelt – Auswirkungen, Folgen, Zukunft, in: Treffpunkt Umweltethik, Zugriff am 02.10.2017 unter www.treffpunkt-umweltethik.de/systeme/globalisierung-umwelt.htm

M 2

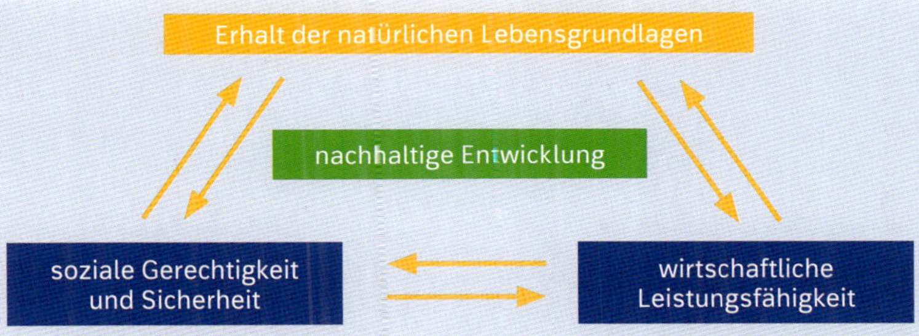

„Eine nachhaltige entwicklung befriedigt die Bedürfnisse der heutigen Generation, ohne die Möglichheiten künftiger Generationen zur Befriedigung ihrer Bedürfnisse zu beeinträchtigen.“ (Brundtland-Kommission)

Arbeitsvorschläge

1. *Fassen Sie den Inhalt des Artikels „Globalisierung und Umwelt“ in zehn Stichworten zusammen. (M 1)*
2. *Erklären Sie einem Partner/einer Partnerin M 2 und nehmen Sie dazu Stellung.*
3. *Erweitern Sie M 2 mit der Methode Spinnwebanalyse.*

6.5 Umweltschutz als Staatsziel

Mit der Aufnahme des Staatsziels „Umweltschutz“ in das Grundgesetz ist die Bundesrepublik Deutschland verpflichtet, in allen Bereichen staatlichen Handelns den Umweltschutz unmittelbar zur Geltung kommen zu lassen. Gesetzgebung, Verwaltung und Rechtsprechung gleichermaßen sind in ihrem Handeln dem Staatsziel „Umweltschutz“ verpflichtet. Bei jeder Gesetzgebungsmaßnahme muss also der Umweltschutz berücksichtigt werden, soweit das von der Sache her zu rechtfertigen ist.

§

Artikel 20a Grundgesetz [Schutz der natürlichen Lebensgrundlagen]

Der Staat schützt auch in Verantwortung für die künftigen Generationen die natürlichen Lebensgrundlagen und die Tiere im Rahmen der verfassungsmäßigen Ordnung durch die Gesetzgebung und nach Maßgabe von Gesetz und Recht durch die vollziehende Gewalt und die Rechtsprechung.

Das Umweltrecht ist bis jetzt in zahlreichen Gesetzen verteilt geregelt. Zu Recht wird deshalb die Unübersichtlichkeit der derzeitigen Regelung kritisiert. Alle Umweltanforderungen, für die der Bund verfassungsmäßig zuständig ist, sollen in einem Gesetzbuch gebündelt werden. Das Umweltrecht der Länder bleibt zunächst ausgenommen.

M 1

M 2 Welche Umweltprobleme sind in Deutschland Ihrer Ansicht nach heutzutage am wichtigsten?

- Luftverschmutzung	49 %
- Erderwärmung/Klimawandel	49 %
- übermäßige Verpackung von Verbrauchsgütern	42 %
- Abfallprodukte	33 %
- Emissionen	27 %
- Wasserverschmutzung	23 %
- Artenschutz	18 %
- Abholzung	15 %
- Abreicherung von Bodenschätzen	10 %
- mangelhafte Trinkwasserqualität	9 %
- Bodenerosionen	4 %

Statista GmbH (Hg.), Zugriff am 02.10.2017 unter www.de.statista.com/statistik/daten/studie/4630/umfrage/wichtigste-umweltprobleme-in-deutschland/

Arbeitsvorschläge

1. *Stellen Sie die globalen Umweltprobleme aus der Karikatur M 1 zusammen.*
2. *Wie schätzt der Karikaturist die Fähigkeit der Politiker ein, auf Umweltprobleme angemessen zu reagieren? Äußern Sie dazu Ihre Meinung (M 1).*
3. *Finden Sie heraus, welche Umweltprobleme insbesondere Deutschland betreffen. (M 1, M 2).*
4. *Führen Sie eine Umfrage entsprechend M 2 durch und werten Sie diese aus.*

6.6 Lassen sich Ökonomie und Ökologie miteinander vereinbaren?

M 1 **FAKTOR VIER „Weniger Natur verbrauchen und mit dem Wenigen wirksamer arbeiten. Es muss eine Effizienzrevolution in Gang gesetzt werden, die dazu führt, dass die Naturgüter mindestens viermal besser genutzt werden als bisher."**

Die Menschheit ist krank geworden durch das, was uns der große Erfolg gebracht hat. Gemeint ist der Erfolg der industriellen Revolution.
„Wir haben Maschinen entwickelt, die die Schätze der Erde immer schneller und effektiver in Bequemlichkeit und Wohlstand verwandeln. Aber wir waren ungeduldig und gierig. Die Schätze schienen zunächst so reichlich bemessen, dass sich unsere Zivilisation nicht die Zeit genommen hat, Maschinen und kulturelle Regeln zu entwickeln, um haushälterisch mit den Schätzen umzugehen. Die Maschinen haben uns gut zehnmal „besser" im Verschwenden von Ressourcen als in deren Nutzung werden lassen."
Zum Glück scheint diese Schwindsucht heilbar zu sein. Das Wunder wirkende Heilmittel besteht darin, Ressourcen effizient zu nutzen, aus weniger mehr zu machen.
„Es geht um eine neue industrielle Revolution, in der wir dramatische, bislang unvorstellbare Zuwächse bei der Produktivität von Energie, Rohstoffen und Verkehr erreichen."
Energie sparen heißt also nicht, weniger Auto zu fahren und im Winter mehr zu frieren, sondern die vorhandene Energie effizienter zu nutzen.
„Es geht weiterhin um ein angenehmes Leben ohne Einschränkungen. Im Sinne einer reiferen Zivilisation sind auch Verzicht und Sparen hohe Tugenden, die zur Erhöhung der Lebensqualität beitragen. Wir legen aber Wert darauf, diese nicht mit der Effizienzrevolution zu vergleichen."
von Weizsäcker, Ernst Ulrich/ Lovins, Amory und Hunter: Faktor vier: Doppelter Wohlstand – halbierter Naturverbrauch, Droemer Knaur, München 1995, S. 62

M 2

„Sagen wir es gleich rundheraus:

Wer angesichts der Verheerungen unserer Lebensweise die Verdoppelung unseres Wohlstands als erstrebenswertes Ziel verkündet (oder verkünden lässt), hat kaum etwas von dem begriffen, was im letzten Vierteljahrhundert diskutiert wurde."

Christian von Ditfurth: Otto-Katalog 2005. Über das Buch „Faktor vier: Doppelter Wohlstand, halbierter Naturverbrauch", Zugriff am 02.10.2017 unter www.cditfurth.de/faktor4.htm

M 3 **Konflikt Ökonomie/Ökologie**

	Ökonomie	Ökologie	
Grundgedanke	**Wohlstandsgesellschaft:** Wachstum des Sozialproduktes, Gewinnmaximierung, bestmögliche Versorgung mit Gütern	**Erhaltung der Natur:** schonender Umgang mit endlichen Ressourcen, begrenzte Aufnahmefähigkeit an Schadstoffen, Gleichgewicht zwischen Mensch, Tier, Pflanzen	
Beispiele für Konflikte (Zielkonkurrenz)	1) Kauf von Waren, wo sie am preiswertesten produziert werden können (erhöhtes Transportaufkommen, Aushebelung von Arbeitsschutzgesetzen → Globalisierung) 2) Starke Orientierung an Moden (schneller Produktwechsel), Technologiewandel 3) Schadstoffe werden aus Kostengründen ungefiltert in die Umwelt abgegeben (emittiert)	**Folgen:** 1) klimatisches Gleichgewicht wird gestört, Schadstofferzeugung, Treibhauseffekt und globale Umweltkatastrophen 2) Waren werden weniger lang genutzt, als es möglich wäre → starker Ressourcenverbrauch 3) Verschmutzung von Luft, Wasser, Boden	**Lösungsmöglichkeiten** 1) Erhöhung der Kosten für Transport (Kerosinsteuer, Lkw-Maut) 2) Aufklärung der Verbraucher, Recycling 3) Erhöhung der Umweltstrafen, Umwelttechnologie
Beispiele für die einheitliche Verfolgung von Zielen für die Ökonomie und Ökologie	• Einsparung von Energie- und Wasserverbrauch führt zu Kosteneinsparungen • Vermeidung von Müll führt zur Senkung der Müllbeseitigungskosten • Rückführung von Materialien in die Produktion führt zur Senkung der Materialkosten • Wiederverwertbare Verpackungen führen zur Senkung der Verpackungskosten		

Freie Universität Berlin (Programm Transfer-21): Zugriff am 02.10.2017 unter www.transfer-21.de/daten/berlin/dokume/29oeko/29mat.pdf, S. 45

Arbeitsvorschläge

1. *Fassen Sie M 1 mit eigenen Worten zusammen.*
2. *Untermauern oder widerlegen Sie Christian von Ditfurths These in M 2.*
3. *Erarbeiten Sie weitere Lösungsmöglichkeiten für die Vereinbarung von ökonomischen und ökologischen Zielen. (M 3)*

6.7 Prinzipien und Instrumente staatlicher Umweltpolitik

M 1

In der Bundesrepublik Deutschland beruht die staatliche Umweltpolitik auf unterschiedlichen Prinzipien: dem Vorsorgeprinzip, dem Verursacherprinzip, dem Kooperationsprinzip und dem Gemeinlastprinzip. Diese Prinzipien werden durch die Gesetzgebung, öffentliche Maßnahmen zum Umweltschutz und die Förderung privatwirtschaftlichen Umweltschutzes umgesetzt. Die einzelnen Forderungen und Leistungen werden als **umweltpolitische Maßnahmen** bezeichnet.

Das Vorsorgeprinzip verhindert mögliche Umweltschäden durch vorbeugende Maßnahmen. Von vornherein sollen Entwicklungen verhindert werden, die zukünftig zu Umweltbelastungen führen können.
Das Verursacherprinzip geht von dem Grundgedanken aus, dass derjenige die Kosten der Vermeidung oder Beseitigung einer Umweltbelastung tragen soll, der für ihre Entstehung verantwortlich ist.
Das Kooperationsprinzip sieht Umweltschutz als eine Gemeinschaftsaufgabe an, zu der alle gesellschaftlichen Gruppen ihren Beitrag leisten können. Das sind z. B. Bürger, Umweltorganisationen, Gewerkschaften, Kirchen, Vertreter aus Wissenschaft und Wirtschaft usw.
Das Gemeinlastprinzip soll nur eingesetzt werden, wenn das Verursacherprinzip nicht oder nicht vollständig durchgesetzt werden kann. Es ist das Gegenstück zum Verursacherprinzip. Weil die Erhaltung der Umwelt im Interesse aller liegt, soll nach diesem Prinzip die Gemeinschaft für die Kosten des Umweltschutzes aufkommen. Zur Durchsetzung verfügt der Staat über verschiedene Instrumente

Instrumente der Umweltpolitik sind staatliche Mittel, um umweltpolitische Ziele durchzusetzen. Produzenten und Konsumenten werden damit veranlasst, Maßnahmen zur Vermeidung, Verringerung oder Beseitigung von Umweltbelastungen zu ergreifen.

- Ordnungsrecht: Genehmigungsbedingungen, Auflagen, Grenzwerte und Normen, Gebote und Verbote, Umweltstrafrecht usw.
- Planung: Landes- und Regionalplanung, Bauleitplanung, Luftreinhaltepläne, Abfallwirtschaftspläne, Umweltverträglichkeitsprüfung usw.
- Öffentliche Ausgaben: Finanzierung nach dem Gemeinlastprinzip, Subventionen für Umweltforschung, umweltbewusste Beschaffungspolitik usw.
- Öffentliche Einnahmen: Steuern, Sonderabgaben, Gebühren, Tarife, Bußgelder usw.
- Kooperation: Verhandlungen zwischen Staat und potenziellen Verursachern („freiwillige Selbstverpflichtung"), Information und Warnungen durch das Umweltministerium, durch Umweltämter oder Umweltbüros usw.
- Partizipation: Bürgerbeteiligung und Anhörung, Volksentscheide usw.

Partizipation = Teilhabe

Arbeitsvorschläge

1. *Bereiten Sie mithilfe von zehn Stichworten einen Kurzvortrag zu den Prinzipien der Umweltpolitik vor.*
2. *Bearbeiten Sie die Karikatur M 1 mithilfe der Methode „Analyse politischer Karikaturen" (s. S. 246).*
3. *In der Praxis sind der Anwendung des Verursacherprinzips Grenzen gesetzt. Schreiben Sie auf, welche Schwierigkeiten sich bei der Durchsetzung ergeben könnten.*
4. *Ordnen Sie die Instrumente der Umweltpolitik den oben genannten Prinzipien zu.*

6.8 Unternehmensverantwortung – was heißt das?

Unternehmen haben durch ihre Geschäftstätigkeit Einfluss auf die Lebens- und Arbeitsbedingungen ihrer Mitarbeiterinnen und Mitarbeiter, auf Kunden, Lieferanten usw. Die Verantwortung, die daraus resultiert, ist heute ein wichtiger Aspekt der modernen Unternehmensführung. Dafür hat sich der englische Begriff Corporate Social Responsibility (CSR) – Unternehmensverantwortung – eingebürgert.

M 1 Wirtschafts-, Unternehmens-, Individualethik

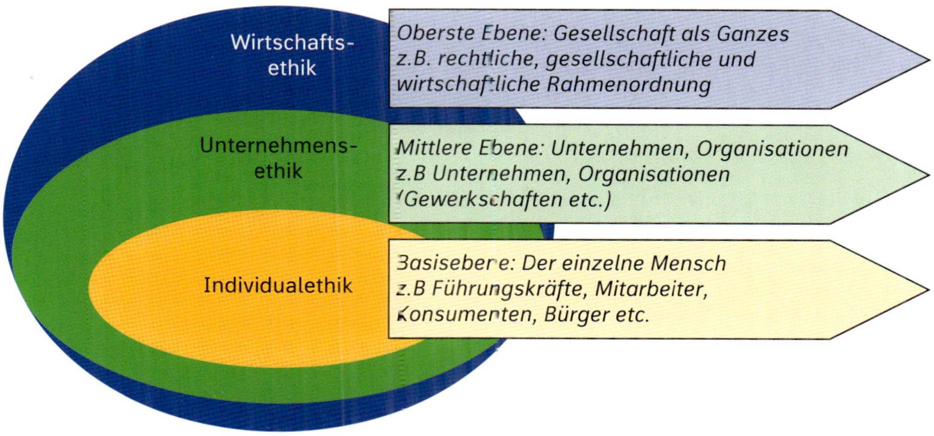

M 2 Was ist Unternehmensethik?

- „Abkehr von rein kurzfristig am Gewinn orientierten Maßstäben."
- „Allgemeine Grundsätze für das berufliche Miteinander, die den Arbeitsalltag und das Arbeitsklima positiv beeinflussen."
- „Zunächst sollte sich ein Unternehmen in den Arbeitsbedingungen der Mitarbeiter und dem Verhalten der Führungskräfte fair, zugänglich, kritikfähig, lösungsorientiert zeigen. Erst wenn diese Bedingungen stimmen, sollte sich ein Unternehmen Projekten zuwenden, die ebenfalls fair, zugänglich kritikfähig und lösungsorientiert sind, um nicht an Glaubwürdigkeit zu verlieren."

M 3 Nationaler Aktionsplan „Wirtschaft und Menschenrechte"

Die verantwortungsvolle Gestaltung einer nachhaltigen und erfolgreichen Weltwirtschaft ist für Deutschland von besonderer Bedeutung. Wenige Staaten sind wirtschaftlich so stark international verflochten wie die Bundesrepublik Deutschland. Deutsche Unternehmen leisten weltweit einen wichtigen Beitrag zur Schaffung von Arbeitsplätzen und zur Anhebung von Umwelt- und Sozialstandards. Die Marke „Made in Germany" steht für hohe Qualität und Zuverlässigkeit. Die zunehmende Vernetzung deutscher Unternehmen in globalen Liefer- und Wertschöpfungsketten bietet dabei Chancen und Herausforderungen zugleich.

Nationaler Aktionsplan Umsetzung der UN-Leitprinzipien für Wirtschaft und Menschenrechte 2016–2020, 21.12.2016, S. 3

Arbeitsvorschläge

1. *Unterscheiden Sie Wirtschafts-, Unternehmens- und Individualethik (M 1, M 2).*
2. *Beurteilen Sie die Chancen deutscher Unternehmen, Umwelt- und Sozialstandards weltweit zu verbessern (M 3).*

6.9 Die Macht des Einzelnen

Ob die Agenda 21 ein Erfolg wird, entscheidet jeder Einzelne von uns mit. Es geht um ein bewussteres Konsumverhalten. In unserer sozialen Marktwirtschaft entscheiden die Konsumenten mit, was und wie produziert wird. Produkte ohne Nachfrage verschwinden vom Markt. Verbraucher entscheiden also ständig mit.

M 1 Das Prinzip des strategischen Konsums

Strategischer Konsum: Wie wir heute für die Zukunft einkaufen.
Das böse Prinzip des Konsums, mit jedem Kauf das Ungleichgewicht der Welt zu vergrößern, Kinderarbeit zu unterstützen, indische Bauern in Pestiziden baden zu lassen und dazu gleichzeitig auch noch den Umsatz des Fachhändlers in der kleinstädtischen Fußgängerzone zu schmälern, geht nicht mehr auf. Konsum kann nämlich auch ganz anders. [...] Was also kann ein strategischer Konsument tun?

1. Der strategische Konsument informiert sich.
[...] Lesen Sie also Zeitschriften wie Ökotest, achten Sie auf Gütesiegel, und fragen Sie doch einfach mal, woher die Ware kommt, die Sie in den Händen halten. Sie werden im schlimmsten Fall böse überrascht sein und das Stück Fleisch, Stoff, Brot oder Gemüse wieder in das Regal zurücklegen.

2. Der strategische Konsument kauft bewusst ein.
Die fair gehandelten und ökologisch korrekten Produkte, die heute am Markt zu kaufen sind, gehören auf die Einkaufsliste. [...] Das setzt ein deutliches Signal und zwingt ganze Branchen zum Umdenken.

3. Der strategische Konsument plant langfristig.
[...] Der nicht pestizidverseuchte Bioapfel ist gesünder, und ein energiesparender Kühlschrank spart langfristig Strom, und damit Geld. Und: Je mehr Bioprodukte gekauft werden, desto mehr Anbieter wird es geben, desto günstiger werden im Wettbewerb die Preise.

4. Der strategische Konsument ist selbstbewusst.
[...] Denn das Ziel ist klar: Es gibt keine Alternative zu einem nachhaltigen Lebensstil. Das ist das Prinzip des strategischen Konsums. Wir bestimmen, was wir kaufen wollen.

Utopia GmbH: Das Prinzip des strategischen Konsums, Zugriff am 02.10.2017 unter www.utopia.de/0/magazin/das-prinzip-des-strategischen-konsums

M 2 Konsumentenethik – Geiz war geil

Es war der bekannteste Werbeslogan der vergangenen Jahre. „Geiz ist geil“ traf die Konsumstimmung der Deutschen mitten im Herz [...]. Billig, billig, billig [...] „Die reine Orientierung am Preis ist überholt“ [...] „Heute geht es um Werte statt um Preise. Die Kunden wollen in ein Produkt wieder Vertrauen haben.“ [...] Schließlich beeinflussen auch andere Kriterien jenseits des Preises die Kaufentscheidung. Wie hoch ist der Energie- und Wasserverbrauch eines Produkts? Gibt es Umweltbedenken?

Waldermann, Anselm: Werbeslogans – Geiz war geil. In: SPIEGEL ONLINE, 29.05.2007. Zugriff am 02.10.2017 unter www.spiegel.de/wirtschaft/0,1518,485489,00.html

Arbeitsvorschläge

1. *Entwerfen Sie eine Mindmap zum Thema „Die Macht des Einzelnen beim Kauf“ und stellen Sie diese zur Diskussion. (M 1)*
2. *Zählen Sie mögliche Ursachen auf, warum der Slogan „Geiz ist geil“ nicht mehr verwendet wird. Vergleichen und bewerten Sie die Ergebnisse. (M 2)*
3. *Entwerfen Sie eine Werbung für ein ökologisch wertvolles Produkt.*

6.10 Umwelt- und Sozialverträglichkeit von Produkten – wie kann ich das überprüfen?

Der Blaue Engel ist eines der ältesten und bekanntesten Umweltzeichen für Büromaterial, Haushaltszubehör, Elektrogeräte und vieles mehr. Der Blaue Engel bescheinigt keineswegs die völlige Unbedenklichkeit eines Produkts. Er sagt nur aus, dass die Produkte umweltfreundlicher sind als vergleichbare Produkte. Der Blaue Engel gibt keine Informationen darüber, welches von zwei ausgezeichneten Produkten besser ist. Beim Kauf eines Produkts mit dem Blauen Engel ist Nachhaltigkeit zwar nicht garantiert, aber dieses Produkt ist doch mit einiger Wahrscheinlichkeit besser als Produkte ohne dieses Kennzeichen.

M 1 Kommunikationsproblem

Unternehmen wissen häufig nicht, wie ein umweltfreundliches Produkt beschaffen sein soll und was der Verbraucher erwartet – die Verbraucher hingegen wissen nicht, woran sie ein umweltfreundliches Produkt erkennen können.

Dieses Problem sollen Umweltzeichen lösen. Mittlerweile gibt es hunderte von Umweltzeichen, außerdem Logos für fair gehandelte Produkte, soziale Verträglichkeit, nicht zu vergessen die Prüfzeichen für Sicherheit und Qualität. Es ist kaum möglich, da den Überblick zu behalten.

Woran erkennen Sie ein gutes Umweltzeichen?

Es muss erkennbar sein, was an dem Produkt so besonders umweltfreundlich ist, wie z. B.

- Herstellung aus Recyclingmaterial,
- energiesparend,
- aus ökologischem Anbau,
- biologisch abbaubar,
- ohne Schadstoffe.
- [...].

Grossmann, Ulrike (Hg.): Über Umweltzeichen, in: umweb – Das Magazin für umweltbewussten Einkauf, Zugriff am 08.10.2017 unter www.umweb.de/magazin/Label/einfuehrung.html

M 2 Weitere Fragen an ein Produkt

- Besteht es aus Rohstoffen, die ohne Unterdrückung gewonnen werden?
- Ist es in sinnvollen, unzerstückelten Arbeitsgängen hergestellt?
- Ist es vielfach verwendbar?
- Ist es langlebig?
- In welchem Zustand wirft man es fort und was wird dann daraus?
- Lässt es den Benutzer von zentralen Versorgungen oder Service abhängig werden, oder kann es dezentralisiert gebraucht werden?
- Privilegiert es den Benutzer oder regt es zur Gemeinsamkeit an?
- Ist es frei wählbar oder zwingt es zu weiteren Käufen? [...]

Selle, Gert: Geschichte des Design in Deutschland, aktualisierte und erweiterte Neuausgabe, Campus, Frankfurt/M. 2007, S. 263

Doch nach Ansicht vieler Experten liegen die eigentlichen Probleme darin, dass wir in einer sogenannten „Überflussgesellschaft“ leben, in der es Produkte im Übermaß gibt.

M 3

www.blauer-engel.de
www.fsc-deutschland.de/de-de
www.msc.org/zertifizierung/fischereien
www.fairtrade-deutschland.de/

Arbeitsvorschläge

1. *Nennen Sie die Bedeutung der Umweltzeichen (M 3).*
2. *Finden Sie weitere Umweltzeichen und ermitteln Sie deren Bedeutung.*
3. *Überprüfen Sie an einem selbst gewählten Beispiel die Umweltverträglichkeit eines Produkts (M 1, M 2).*

Methode:

Textanalyse

Bereits in den 30er-Jahren des 20. Jahrhunderts hat der Sozialwissenschaftler Harold Lasswell, um die Wirkung von politischen Reden, Zeitungstexten oder auch Fernsehsendungen analysieren zu können, folgende Formel gefunden:
Who says **what** in **which** channel to **whom** with **what** effect?
(**Wer** sagt **was**, **wie**, zu **wem**, mit **welcher** Wirkung?)
Mit dieser Formel beabsichtigte Lasswell, Ziele, Absichten und Wirkungen nationalsozialistischer Propaganda zu erfassen.
Das Schema wirkt auf den ersten Blick sehr einfach, ermöglicht es aber, die Zusammenhänge zwischen Absender, Inhalt der Aussage, dem jeweiligen Medium und dem Empfänger sichtbar zu machen.

Ablauffolge

Die Textanalyse umfasst folgende Schritte, die nacheinander bearbeitet werden sollten:

Wer sagt	1. **Welche Quelle** (Absender) liegt dem Text zugrunde? – Was erfährt man über den Autor (Politiker, Journalist, Wissenschaftler)? – Welches Medium bringt den Beitrag (welche Zeitung, welches Buch, welcher Fernsehsender)?
was	2. **Was ist der Inhalt** des Textes? – Was lässt die Überschrift vom Text erwarten (umfassende Sachdarstellung, wertender Kommentar, neutraler Bericht)? – Was wird im Text gesagt oder gezeigt, bzw. was wird verschwiegen oder nicht gezeigt?
wie	3. Welche **Form**, welcher **Stil**, welche **Methode** werden verwendet? – Welchen Inhalt haben die einzelnen Textabschnitte und in welchem Zusammenhang stehen sie zueinander (Kritik, Bewertung, Erklärung, Zweifel, Aneinanderreihung)? – Welche zentralen Aussagen macht der Text?
wem	4. **Wer ist der Leser, Zuhörer, Zuschauer?** – Welcher Personenkreis soll angesprochen werden (gilt der Text einem breiten Publikum oder nur ausgesuchten Personen, z. B. nur Jugendlichen, nur Älteren, nur Arbeitnehmern)?
mit welcher Wirkung?	5. **Welche Absicht verbirgt sich hinter dem Text?** – Welche Wirkung möchte der Autor mit seinem Text erzielen (Zustimmung oder Widerstand, objektive Information oder Manipulation, Beruhigung oder Aufregung, Empörung, Neugier)?

Textbearbeitung

Methode: Die 5-Schritt-Lese-Methode (SQ3R-Methode) zum Einprägen von Inhalten schwieriger Texte

1. **Survey = Überblick gewinnen**
   Machen Sie sich mit den wesentlichen Informationen des Textes vertraut.

2. **Question = Fragen stellen**
   Hinterfragen Sie den Text (z B. Welche Informationen beinhaltet der Text? Nach welchen Informationen suche ich? Weiß ich schon etwas zum Thema? Ergänzt der Text mein bisheriges Wissen?).

Read = Lesen
Lesen Sie den Text konzentriert. Dabei empfiehlt es sich, wichtige Passagen zu unterstreichen bzw. sich Randnotizen zu machen.

Recite = Zusammenfassen
Wiederholen Sie den Text kapitel- oder absatzweise und fassen Sie ihn mündlich oder schriftlich zusammen.

Review = Wiederholen
Durch eine abschließende Wiederholung sollen Sie die erarbeiteten Einzelergebnisse zu einem Ganzen zusammentragen und auf diese Weise sichern.

„Spickzettel schreiben"

Texte möglichst knapp zusammenfassen

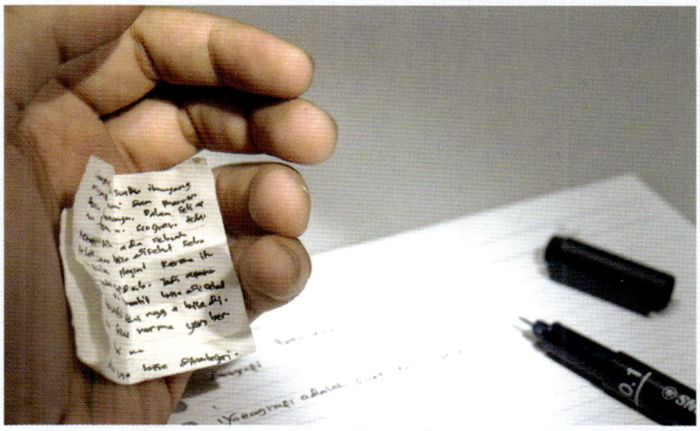

Eine begrenzte Anzahl von Wörtern (Schlüsselwörter = Substantive) wird aus einer Informationsquelle oder einem Text herausgeschrieben. Die Anzahl der Wörter richtet sich nach der Schwere des zu bearbeitenden Textes, sollte aber so knapp wie möglich gehalten werden.
Es dürfen beliebig viele Symbole als Merkhilfe verwendet werden.
Günstig ist es, für diese Übung kleine Notizzettel zu verwenden, um den Raum für Notizen zu begrenzen.

1 Menschenrechte

Artikel 1: *Alle Menschen sind frei und gleich an Würde und Rechten geboren. Sie sind mit Vernunft und Gewissen begabt und sollen einander im Geiste der Brüderlichkeit begegnen.*

Artikel 3: *Jeder Mensch hat das Recht auf Leben, Freiheit und Sicherheit der Person.*

Artikel 5: *Niemand darf der Folter oder grausamer, unmenschlicher oder erniedrigender Behandlung oder Strafe unterworfen werden.*

Artikel 7: *Alle Menschen sind vor dem Gesetz gleich und haben ohne Unterschied Anspruch auf gleichen Schutz durch das Gesetz.*

Artikel 9: *Niemand darf willkürlich festgenommen, in Haft gehalten oder des Landes verwiesen werden.*

Artikel 11: *Jeder Mensch, der einer strafbaren Handlung beschuldigt wird, ist so lange als unschuldig anzusehen, bis seine Schuld in einem öffentlichen Verfahren, in dem alle für seine Verteidigung nötigen Voraussetzungen gewährleistet waren, gemäß dem Gesetz nachgewiesen ist.*

Artikel 18: *Jeder Mensch hat Anspruch auf Gedanken-, Gewissens- und Religionsfreiheit.*

Artikel 19: *Jeder Mensch hat das Recht auf freie Meinungsäußerung.*

Artikel 20: *Jeder Mensch hat das Recht auf Versammlungs- und Vereinigungsfreiheit zu friedlichen Zwecken. Niemand darf gezwungen werden, einer Vereinigung anzugehören.*

Artikel 23: *Jeder Mensch hat das Recht auf Arbeit, auf freie Berufswahl, auf angemessene und befriedigende Arbeitsbedingungen sowie auf Schutz gegen Arbeitslosigkeit. Alle Menschen haben ohne jede unterschiedliche Behandlung das Recht auf gleichen Lohn für gleiche Arbeit.*

Amnesty International
Menschenrechtsorganisation, die Menschenrechtsverletzungen weltweit nachgeht, sie öffentlich macht und zu verhindern versucht.

Beispiele für die weltweite Verletzung der Menschenrechte

Deutschland: Amnesty international rügt Deutschland, weil nordafrikanische Länder zu sicheren Herkunftsländern erklärt werden, um nicht anerkannte Flüchtlinge schneller abzuschieben. In den genannten Ländern gibt es zahlreiche Menschenrechtsverletzungen, wie Unterdrückung der Meinungsfreiheit, Folter und das Verbot von Versammlungen.
Polen: Die polnische Regierung schränkt die Meinungsfreiheit im erheblichen Maße ein.
Saudi-Arabien: Saudi-Arabien gehört zu den autoritärsten Staaten der Welt. Auf einer Skala von 1 (größte Freiheit) bis 7 (geringste Freiheit) wird dieses Land von der Vereinigung „Freedom House" auf Stufe 7 gesetzt. Beim Demokratieranking landete Saudi-Arabien auf Platz 163 von 167 Plätzen. Die Todesstrafe findet bei Erwachsenen und Kindern Anwendung. Frauen unterliegen einer Vormundschaft durch Vater oder Ehemann. Autofahren war Frauen bis 2017 verboten, und sie sind zur Vollverschleierung verpflichtet. Grundsätzlich erlaubt ist nur die Ausübung des sunnitischen Islam. Alle anderen Religionen sind verboten ebenso die Errichtung von Kirchen oder Synagogen.
Vietnam: Vietnamesische Behörden bringen tausende Prostituierte und Drogenabhängige in völlig überfüllte Lager und verweigern ihnen eine Behandlung.
Afghanistan: Tausende Menschen, die nicht an kriegerischen Handlungen beteiligt waren, werden durch Militär und Selbstmordattentäter getötet.
Japan: Japan ist in Asien das Hauptziel für den Handel mit Frauen und Mädchen aus Thailand und den Philippinen.
Norduganda: Kinder werden entführt und gezwungen, als Kindersoldaten zu dienen. Folter und die Todesstrafe sind an der Tagesordnung.
Demokratische Republik Kongo: Regierungstruppen und bewaffnete Gruppen töten wahllos Menschen, inhaftieren sie ohne Anklage und lassen sie in geheimen Gefängnissen verschwinden.

Syrien: In syrischen Gefängnissen werden täglich Menschen durch Erhängen getötet. Die Hinrichtungen werden durchgeführt ohne Anklage und Urteil. Die syrische Regierung führt Krieg gegen die eigene Bevölkerung. Wichtige Lebensgrundlagen werden durch die kriegerischen Handlungen entzogen und somit sind Tausende gezwungen, das Land zu verlassen.

Hoffnungsbringende Ereignisse
In **Zypern, Irland und den USA** haben gleichgeschlechtliche Paare per Gesetz die Möglichkeit, eine eheähnliche Verbindung einzugehen. In Deutschland dürfen seit 2017 homosexuelle Paare heiraten.

Die Verkündung der Menschenrechte durch die Vereinten Nationen hat nicht automatisch geltendes Recht geschaffen. Anders verhält es sich, wenn die Menschenrechte in die Verfassungen der einzelnen Staaten übernommen werden. Dann wird die Einhaltung der Menschenrechte für den Staat und seine Bürger zum unausweichlichen Auftrag. In der Verfassung der Bundesrepublik Deutschland – dem Grundgesetz (GG) – werden die Menschenrechte ausdrücklich anerkannt.

1.1 Menschenrechte im Grundgesetz

M 1

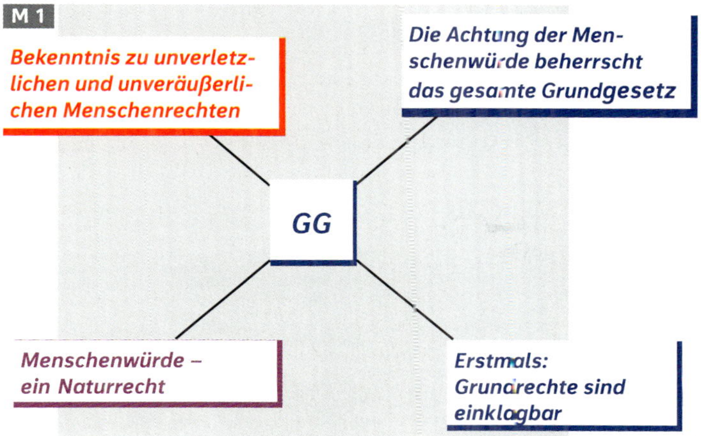

M 2

Die Verkündung der Menschenrechte durch die Vereinten Nationen h at nicht automatisch geltendes Recht geschaffen. Anders verhält es sich, wenn die Menschenrechte in die Verfassungen der einzelnen Staaten übernommen werden. Dann wird die Einhaltung der dieser für den Staat und seine Bürger zum unausweichlichen Auftrag. In der Verfassung der Bundesrepublik Deutschland – dem Grundgesetz (GG) – werden die Menschenrechte ausdrücklich anerkannt.

Artikel 1 GG (Schutz der Menschenwürde)

Die Würde des Menschen ist unantastbar. Sie zu achten und zu schützen ist Verpflichtung aller staatlichen Gewalt.

Die im Grundgesetz garantierten Menschenrechte werden als **Grundrechte** bezeichnet. Bei der Ausarbeitung des Grundgesetzes durch den Parlamentarischen Rat sind die Grundrechtsregelungen aus früheren deutschen demokratischen Verfassungen (Paulskirchen-Verfassung und Weimarer Verfassung) mit einbezogen worden, aber erstmalig stehen sie gleich am Beginn des Verfassungstextes. Das weist auf die Bedeutung hin, die den Grundrechten in unserem Land zugemessen wird.

Arbeitsvorschläge

1. *Analysieren Sie gegen welche Artikel der „Erklärung der Menschenrechte" verstoßen die aufgeführten Staaten? Fertigen Sie eine Übersicht an.*
2. *Vervollständigen Sie die Mindmap mit den dazugehörigen Artikeln des Grundgesetze (M 1).*
3. *Interpretieren Sie die Karikatur (M 2) mithilfe der Methode „Analyse politischer Karikaturen".*

M 1 **Der Grundrechtereport**

Der Grundrechte-Report wird seit 1996 in jedem Jahr auf einer Pressekonferenz präsentiert. Es ist das Projekt von acht Bürgerrechtsgruppen in Deutschland.

In diesem Report wird in jedem Jahr eine kritische Bilanz zur Lage der Grund- und Menschenrechte in Deutschland gezogen. Es werden Missstände aufgezeigt und Beispiele genannt, wie Gesetzgeber, Verwaltungen, Behörden, Gerichte oder auch Privatunternehmen die demokratischen und freiheitlichen Grundlagen unserer Gesellschaft gefährden. Die Berichte der Bürgerrechtsorganisationen beruhen auf praktischen Erfahrungen. Die Betroffenen sind bei der Präsentation anwesend und stehen für Rückfragen zur Verfügung.

Für den aktuellen Bericht werden folgende Schwerpunkte genannt:
- der menschenunwürdige Umgang mit Flüchtlingen, Außerkraftsetzung der europäischen Normen, insbesondere bei Kindern und Jugendlichen,
- illegale Überwachungsmaßnahmen der Geheimdienste und Defizite der gerichtlichen wie parlamentarischen Kontrolle,
- Datenschutz im Gesundheitsbereich und beim internationalen Datentransfer,
- unverhältnismäßige Polizeieinsätze bei Demonstrationen, im Anti-Terror-Kampf und beim Großstadtalltag.

M 2

"Sie bekommen Bescheid, wenn es für Sie soweit ist!"

Arbeitsvorschläge

1. *Interpretieren Sie die Karikatur mithilfe der Methode „Analyse politischer Karikaturen“ (s. S. 246).*
2. *Notieren Sie, wie die Grundrechte in Deutschland erfolgreich gesichert werden können.*
3. *Erläutern Sie den Satz „Die Freiheit schenkt sich nicht“.*

1.2 Menschenrechte und soziale Rechte

M 1

Weltweit sind etwa 60 Millionen Menschen auf der Flucht und leben unter diesen Umständen in extremer Armut und mit schweren psychischen Belastungen.
Die Durchsetzung der Menschenrechte ist aufgrund von kriegerischen Handlungen, die zu extremer Armut und Ausweglosigkeit für die einzelnen betroffenen Menschen in weiten Teilen der Welt führen, nicht mehr möglich. Die Menschen fliehen unter katastrophalen Bedingungen, begeben sich in die Hände von Schlepperbanden und kommen im gewünschten Land an oder sterben auf der Flucht.
Alle Mitgliedstaaten der EU sind verpflichtet, die Menschenrechte einzuhalten. An den EU-Außengrenzen werden jedoch zunehmend Maßnahmen getroffen, um gestrandeten Menschen den Zugang zu verweigern. Hier verstößt die EU massiv gegen das Recht auf Achtung der Menschenwürde, das Recht auf Leben und auf körperliche Unversehrtheit. Weder die kriegführenden Parteien (z. B. IS) noch die betroffenen Staaten (z. B. Syrien) sind sich der von ihnen begangenen Menschenrechtsverletzung bewusst, noch sind sie davon abzubringen.

M 2

Die Menschenrechte sind umfassend. Freiheitsrechte hängen mit sozialen Rechten zusammen, sie bedingen sich gegenseitig. Das grundlegende Recht auf Leben nutzt wenig, wenn es keine Arbeit gibt, um den Lebensunterhalt zu verdienen. Andererseits kann sich an dieser Armutssituation auch nichts ändern, wenn z. B. das Recht auf freie Wahlen aus Resignation nicht mehr wahrgenommen wird oder freie Wahlen überhaupt nicht zugelassen sind. Grundsätzlich besteht dieses Problem nicht nur für die Armen in den Entwicklungsländern, sondern auch für verarmte Randgruppen in den reichen Industrieländern. Auch die Situation der Frauen kann sich nur verändern, wenn Menschen bereit sind, auf dem Papier stehende Rechte zu leben.

Auf der Grundlage der UN-Menschenrechtserklärung gelingt es den im Europarat (siehe S. 248) vertretenen Staaten, untereinander verbindliche und gerichtlich durchsetzbare Abmachungen bezüglich der Sicherung der Menschenrechte zu treffen (Menschenrechtskonvention). Zur Kontrolle der Menschenrechtskonvention nimmt der **Europäische Gerichtshof für Menschenrechte** beim Europarat seine Arbeit auf. Jeder der über 400 Millionen Bürger der EU kann, wenn er sich in seinen Menschenrechten verletzt fühlt, seinen eigenen Staat anklagen und Wiedergutmachung verlangen. Jährlich wenden sich 400 Menschen, die mit ihrem Anliegen in ihrem Heimatland nicht durchdringen können, hilfesuchend an den Europäischen Gerichtshof.

M 3 An der Stellung, welche die Frauen in einem Land einnehmen, kann man sehen, wie klar und frei die Luft eines Staates ist.

Luise Otto-Peters (1819–1895), Frauenrechtlerin

M 4

Die Würde des Menschen darf nicht angetastet werden. Der Rest schon ...

M 5

Arbeitsvorschläge

1. *Erklären Sie die Schwierigkeiten bei der Durchsetzung der Menschenrechte in armen und kriegführenden Ländern. Verwenden Sie dazu M 1.*
2. *Informieren Sie sich über den derzeitigen Stand der Einhaltung der Menschenrechte an den EU-Außengrenzen. Bereiten Sie einen Vortrag vor.*
3. *Interpretieren Sie die Karikaturen M 2, M 4, M 5.*
4. *Beurteilen Sie die Aussage in M 3 hinsichtlich ihrer Aktualität.*

1.3 Die Grundrechte

60 110

© Erich Schmidt Verlag

Menschenwürde
bezieht sich auf den Anspruch des Menschen, als Träger geistig-sittlicher Werte um seiner selbst willen geachtet zu werden. Sie verbietet jede erniedrigende Behandlung oder die Behandlung eines Menschen als „bloßes Objekt“.

Bibliographisches Institut & F. A. Brockhaus AG, 1999

Bürgerrechte
sind im eigentlichen Sinne die Rechte, die einem Staatsangehörigen zustehen, insbesondere das Recht zur Teilnahme am Staatsleben durch aktives und passives Wahlrecht und das Recht, öffentliche Ämter zu bekleiden.

Zu den grundlegenden Prinzipien einer freiheitlich-demokratischen Grundordnung gehört die Achtung der im Grundgesetz konkretisierten Menschenrechte. Gemeint ist die Achtung der Grundrechte, die in den Artikeln 2 bis 19 des Grundgesetzes aufgeführt werden, ergänzt durch Rechte aus anderen Teilen des Grundgesetzes (s. grafische Darstellung). Untersucht man diese Grundrechte im Hinblick auf ihre Bedeutung für die Menschen in der Bundesrepublik Deutschland, so lassen sich folgende Funktionen der Grundrechte beschreiben:

- **Sie sollen dem Bürger einen Freiraum gegenüber dem Staat sichern.**
  Eingriffe des Staates in bestimmte Lebensbereiche (z. B. Kunst und Wissenschaft) sollen ausgeschlossen werden, die Unverletzlichkeit bestimmter Rechtsgüter (z. B Briefgeheimnis) wird garantiert.

- **Sie sollen die politisch-gesellschaftliche Mitwirkung der Bürger sichern.**
  Meinungs- und Interessenvielfalt der Bürger, Mitwirkung des Volkes im Staat durch Wahlen, gleiche Chancen beim Zugang zu öffentlichen Ämtern sollen bewahrt werden.

- **Sie sollen den Staat zur Betreuung von in Not geratenen Bürgern verpflichten.**
  Aus der Bestimmung des Grundgesetzes, dass die Bundesrepublik Deutschland ein sozialer Staat ist, wird die Pflicht des Staates abgeleitet, das sogenannte „soziale Netz“ zu knüpfen. Der Staat trifft Vorsorge für Notfälle im Leben seiner Bürger.

- **Sie binden den Staat als unmittelbar geltendes Recht.**
  Es gibt keine Durchführungsverordnungen und Richtlinien für die Grundrechte.

Die Voraussetzungen, unter denen die Grundrechte derartig umgesetzt werden können, schafft das Grundgesetz selbst. Es setzt fest:

- **Grundrechte binden die Staatsgewalt als unmittelbar geltendes Recht.**
  Es gibt keine Durchführungsverordnungen und -richtlinien für die Grundrechte. Der Bürger darf sich allein auf den Text des Grundgesetzes verlassen.

- **Grundrechte sind subjektive Rechte.**
  Dem Bürger steht zur Durchsetzung seiner Grundrechte der Rechtsweg offen. Unabhängige Gerichte schützen den Bürger und seine Rechte. Die Verfassungsbeschwerde beim Bundesverfassungsgericht (s. S. 238) ist für den einzelnen Bürger das äußerste Mittel, gegen Grundrechtsverletzungen vorzugehen.
  Aufsehen erregt hat das Urteil des Bundesverfassungsgerichts zur Volkszählung 1983. Durch eine einstweilige Anordnung hat das Gericht die Volkszählung ausgesetzt.

- **Grundrechte dürfen in ihrem Wesensgehalt nicht angetastet werden.**
  Möglichkeiten, Grundrechte einzuschränken, legt das Grundgesetz selbst fest. Artikel 1 und 20 dürfen gemäß Artikel 79 weder eingeschränkt noch geändert werden.

Gleichheit und Gerechtigkeit

„Um es gerecht zu machen, bekommt ihr alle dieselbe Aufgabe. Klettert auf diesen Baum!"

Arbeitsvorschläge

1. *Gibt es im Grundgesetz Grundrechte, die überarbeitet werden müssen? Begründen Sie Ihre Antwort.*
2. *Nennen Sie die Grundrechte,*
   a) die es den Bürgern ermöglichen, ihre Interessen gegenüber dem Staat zu wahren;
   b) welche die politisch-gesellschaftliche Mitwirkung sichern.
3. *Erläutern Sie die Karikatur M 1.*
4. *Erarbeiten Sie eine Gegenüberstellung von Menschen- und Bürgerrechten.*

1.4 Missachtung der Grundrechte

Paragraf 130 StGB verbietet CDs mit volksverhetzenden Texten wie z. B. „Anpassung ist Feigheit – Lieder aus dem Untergrund“

oder

„Hier kommt der Schrecken aller Linken und Pauker“

M 1 Die Grundrechte werden in Deutschland, Europa und in der übrigen Welt in vielfältiger Form verletzt. Kriegerische Auseinandersetzungen in vielen Ländern führen dazu, dass Flüchtlinge mit verschiedenen Religionen und aus vielfältigen Kulturen nach Deutschland kommen und ihre Lebensweisen mitbringen. Das führt dazu, dass wir unsere Grundsätze des Zusammenlebens, die sich auf die Grundrechte stützen, den Ankömmlingen vermitteln und zuweilen gegen Widerstände und Verstöße durchsetzen müssen. So gibt es große Probleme bei der Akzeptanz der Gleichheit und der Rechte der Frau, beim Verbot von Zwangsheirat und dem Verbot von Kinderehen, der staatlichen Schulaufsicht und dem damit verbundenen Bildungsauftrag usw. Derartige Probleme werden von Rechtsradikalen aufgegriffen, die sie für ihre Propaganda gegen geflüchtete Menschen und zur Rechtfertigung fremdenfeindlicher Gewalttaten nutzen.

Die Gruppe der **Salafisten** hat in den letzten Jahren erheblich zugenommen. Sie lehnen die demokratische Grundordnung ab und sind bereit, ihre Ansichten auch mit Gewalt durchzusetzen. Des Weiteren versorgen sie die Terrormiliz „**Islamischer Staat**“ (IS) mit Geld und jungen Kämpfern. Diese gehen nach Syrien und in andere Kriegsgebiete und verüben unglaubliche Gewalttaten, die sie mithilfe ihrer Handys filmen und über das Internet verbreiten.
Der IS schleust mithilfe des Flüchtlingsstroms Menschen in nach Europa, um Attentate gegen die „Ungläubigen“ zu verüben. Zu Attentaten kam es in Paris, Würzburg, Ansbach, Brüssel, Berlin. Ziel ist die Spaltung demokratischer und freiheitlicher Gesellschaften und die Errichtung eines islamistischen Gottesstaates.
Islamistische Gruppen und Rechtsradikale verbindet ein ausgeprägter **Antisemitismus**. Beide Gruppen schüren einen tiefen Judenhass und rufen zur Vernichtung des Staates Israel auf.

Ungläubige: aus Sicht der Islamisten alle, die nicht den islamischen Glauben der Urväter praktizieren

M 2

Arbeitsvorschläge

1. *Erklären Sie mithilfe von M 1, warum Freiheit und Grundrechte von jedem Bürger verteidigt werden müssen.*
2. *Erarbeiten Sie eine Übersicht, wer gegen welche Grundrechte verstößt. Nutzen Sie dazu M 1 und M 2.*
3. *Analysieren Sie die Karikatur M 2 mithilfe von M 1.*

Vorurteile – ein Problem?!

M 1 Vorurteile sind vorgefasste Meinungen, die wir von anderen Menschen übernommen oder die wir uns im Laufe des Lebens angeeignet haben. Ohne Vorurteile hätte die Menschheit wohl kaum überlebt, weil sie es ermöglichen, die Umgebung in gefährlich und ungefährlich einzuordnen. Vorurteile können aber auch zu Feindlichkeit gegenüber anderen Religionen und Lebensweisen führen. Einheimische und Zugewanderte kennen die Lebensweise der anderen oftmals kaum und sind oft misstrauisch. Daraus erwächst Angst und Ablehnung. So kommt es zur Bildung von **Parallelgesellschaften**.

Parallelgesellschaft
Eingewanderte Menschen, egal, welcher Nationalität, bleiben nach der Einwanderung unter sich. Organisieren und führen eigene Läden Restaurants, Reisebüros usw. und bleiben der Gesellschaft des Einwanderungslandes, soweit es geht, fern.

Vorurteile gibt es auch gegenüber Schwulen und Lesben. In einigen Ländern und Religionen wird diese Art des menschlichen Zusammenlebens nicht nur mit Vorurteilen belegt, sondern auch bestraft. Mittlerweile können in Deutschland homosexuelle Menschen heiraten, seit dem 01.10.2017 gibt es die „Ehe für alle“.

Vorurteilen gegenüber Menschen mit Benachteiligung soll in deutschen Schulen bereits im Kindesalter entgegengewirkt werden, und zwar durch die Einführung der sogenannten **Inklusion**. So können in deutschen Schulen Kinder mit körperlicher und geistiger Behinderung mit nichtbehinderten Kindern in einer Klasse lernen. Einerseits soll diese Eingliederung Kinder mit Behinderung in ihrem Selbstbewusstsein stärken, andererseits können die anderen Kinder soziales Engagement im Umgang mit ihren benachteiligten Klassenkameraden lernen.

M 2

M 3

- Der Wolf ist eine Bestie.
- Frauen können nicht einparken.
- Männer denken nur an das Eine.
- Alle Ausländer wollen nur Hartz IV.
- Lehrer sind faule Säcke.
- Deutsche trinken nur Bier und essen Bratwürste.
- Menschen mit Behinderung können nicht für sich selbst sorgen.

Der Abbau von Vorurteilen und Intoleranz hängt von friedlichen und rechtstaatlichen Lebensbedingungen ab. Wo nur eine politische oder eine religiöse Überzeugung als wahr gilt, wo Menschen weißer Hautfarbe auf Menschen mit anderer Hautfarbe herabsehen, wo die eigene Lebensweise als Maßstab für die Lebensweise anderer Menschen gilt, werden Vorurteile gefördert und gefährden die Menschenrechte. Die Gefahr ist umso größer, je weniger zugelassene oder wirkungsvolle Kontrollorgane wie Parlamente, Gerichte, Parteien, freie Zeitungen es gibt. Besonders anfällig für Vorurteile und Intoleranz sind Einparteiensysteme und Militärdiktaturen.

Arbeitsvorschläge

1. *Erklären Sie mithilfe von M 1 welche Bedeutung Vorurteile haben.*
2. *Analysieren Sie die Karikatur M 2 mithilfe der Methode „Analyse politischer Karikaturen“.*
3. *Bewerten Sie die in M 3 genannten Vorurteile. Finden Sie weitere Beispiele.*
4. *Erklären Sie, welchen Einfluss politische Verhältnisse auf Vorurteile haben.*

1.5 Recht auf Asyl – ein Grundgesetzproblem?

Artikel 16a des Grundgesetzes

Art. **16a. [Asylrecht]** (1) Politisch Verfolgte genießen Asylrecht.
(2) Auf Absatz 1 kann sich nicht berufen, wer aus einem Mitgliedstaat der Europäischen Gemeinschaften oder aus einem anderen Drittstaat einreist, in dem die Anwendung des Abkommens über die Rechtsstellung der Flüchtlinge und der Konvention zum Schutze der Menschenrechte und Grundfreiheiten sichergestellt ist. Die Staaten außerhalb der Europäischen Gemeinschaften, auf die die Voraussetzungen des Satzes 1 zutreffen, werden durch Gesetz, das der Zustimmung des Bundesrates bedarf, bestimmt. In den Fällen des Satzes 1 können aufenthaltsbeendende Maßnahmen unabhängig von einem hiergegen eingelegten Rechtsbehelf vollzogen werden.
(3) Durch Gesetz, das der Zustimmung des Bundesrates bedarf, können Staaten bestimmt werden, bei denen auf Grund der Rechtslage, der Rechtsanwendung und der allgemeinen politischen Verhältnisse gewährleistet erscheint, dass dort weder politische Verfolgung noch unmenschliche oder erniedrigende Bestrafung oder Behandlung stattfindet. Es wird vermutet, dass ein Ausländer aus einem solchen Staat nicht verfolgt wird, solange er nicht Tatsachen vorträgt, die die Annahme begründen, dass er entgegen dieser Vermutung politisch verfolgt wird.

Asyl (griech.) =
Zufluchtstätte, politischer Schutz
Das Völkerrecht gibt dem Einzelnen kein Recht, in einem Staat seiner Wahl Zuflucht zu suchen. Es garantiert dem Staat aber das Recht, Asyl zu gewähren, sei es auf seinem Territorium (territoriales Asyl) oder in seiner Auslandsvertretung (diplomatisches Asyl).

Aus dem Asylrecht wurde ein Asylbewerberrecht. Asyl wird nicht nur gewährt, sondern seine Gewährung vielmehr gesetzlich geregelt. Der Status des Asylbewerbers umfasst eine Reihe von Vorteilen: Recht auf Einreise nach Deutschland, Anspruch auf Unterkunft, Verpflegung, Taschengeld und medizinische Versorgung.

Wirtschaftsflüchtlinge
Menschen, die wegen fehlender wirtschaftlicher Perspektiven (z. B. Arbeitsmöglichkeiten) in ihrem Heimatland in einem anderen Land Zuflucht suchen

Internet
www.bmas.de
www.bmwi.de

Die ständig steigende Zahl von Asylbewerbern hat den Gesetzgeber gezwungen, die Praxis des Asylrechts zu überdenken und eine Änderung des Grundgesetzes zu beschließen, die noch immer umstritten ist.

Die Kriege im Nahen Osten und Afrika haben zu einem Anschwellen der Flüchtlingsströme geführt. So kamen 2015 rund 1,1 Mio. Flüchtlinge, insbesondere aus Syrien, nach Deutschland. So steht unsere Gesellschaft heute vor einer großen Herausforderung. Gelingt es, das Asylrecht so zu handhaben, dass politisch Verfolgte in Deutschland Verständnis und Hilfe finden und das Grundrecht auf Asyl gewahrt bleibt? Und können wir verhindern, dass – durch einen unkontrollierten Zuzug von Asylbewerbern – die Angst vieler Deutscher vor Arbeitsplatzverlust, zunehmender Wohnungsnot und Kriminalität zu Vorurteilen gegenüber Menschen anderer Hautfarbe, Sprache und Religion führt?

Derzeit befinden sich Millionen Menschen auf der Flucht. Viele kommen nach Deutschland und möchten bleiben. Vom Flüchtling zum Bürger der Bundesrepublik Deutschland ist es ein allerdings weiter Weg, der mit vielen Hindernissen versehen ist.

1.6 Zuwanderung – Einwanderung – Einbürgerung

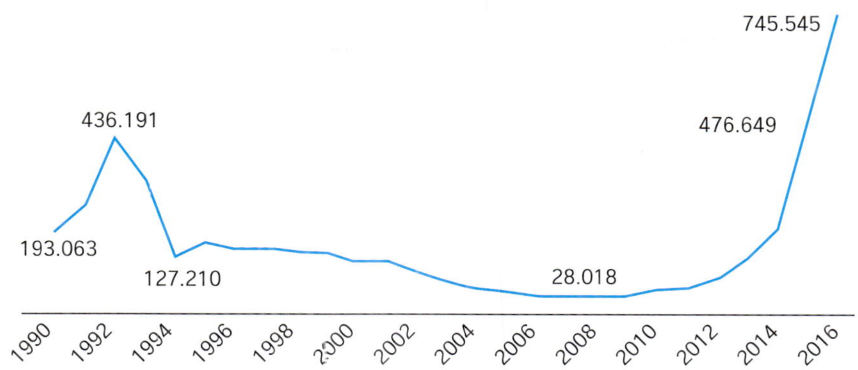

Quelle: BAMF © MEDIENDIENST INTEGRATION 2016

Flüchtlinge finden nach der Ankunft, Registrierung und der Erteilung eines vorübergehenden Ausweisdokumentes eine Aufnahme in der Erstaufnahmeeinrichtung der jeweiligen Kommune.

In einem Ankunftszentrum erfolgt die persönliche Asylantragstellung. Mithilfe eines Dolmetschers werden Antragstellende über ihre Rechte und Pflichten im Rahmen des Asylverfahrens aufgeklärt. Sie sind verpflichtet, ihre Identität nachzuweisen. Die erfassten Daten werden mit denen des Bundeskriminalamts und des Ausländerzentralregisters abgeglichen. Nach der Antragstellung wird eine Bescheinigung über die **Aufenthaltsgestattung** erteilt. Damit wird dokumentiert, dass sich der Asylsuchende rechtmäßig in Deutschland aufhält. Es besteht Residenzpflicht. Schon während des Antragsverfahrens werden Asylsuchende über Integrationskurse und den Zugang zum Arbeitsmarkt informiert. Die Arbeitsagenturen erhalten die Daten und stehen zur Beratung bundesweit zur Verfügung.

Den Asylsuchenden kann genehmigt werden:
- Aufenthaltserlaubnis für drei Jahre,
- Niederlassungserlaubnis nach drei oder fünf Jahren, wenn ausreichende Deutschkenntnisse und die eigene Sicherung des Lebensunterhaltes gegeben sind,
- unbeschränkter Arbeitsmarktzugang,
- Anspruch auf privilegierten Familiennachzug.

Die **Einbürgerung** kann ab dem 16. Lebensjahr beantragt werden. Bei Kindern erfolgt der Antrag von den Erziehungsberechtigten. Ein handgeschriebener Lebenslauf muss vorliegen. Wesentliche Voraussetzungen für die Einbürgerung sind:
- acht Jahre ununterbrochener und rechtmäßiger Aufenthalt in Deutschland
- Besitz einer Aufenthalts- oder Niederlassungserlaubnis
- Bekenntnis zum Grundgesetz
- keine verfassungsfeindlichen Betätigungen
- Sicherung des Lebensunterhalts, kein Bezug von Leistungen wie z. B. Hartz IV,
- Straflosigkeit,
- ausreichende Deutschkenntnisse und bestandener Einbürgerungstest.

Residenzpflicht

Der Asylsuchende muss sich in dem Bezirk aufhalten, in dem sich die zuständige Aufnahmeeinrichtung befindet.

Asylberechtigt sind
- politisch Verfolgte, die im Herkunftsland bei ihrer Rückkehr staatlich verfolgt werden und schwere Menschenrechtsverletzungen zu erwarten haben
- wegen der Zugehörigkeit zu einer Rasse oder Religion verfolgte Menschen
- wegen politischer Überzeugungen Verfolgte

Nicht asylberechtigt sind
- Kriegsverbrecher
- Personen die Straftaten außerhalb Deutschlands begangen haben,
- die wegen eines Verbrechens zu einer Freiheitsstrafe verurteilt wurden, auch außerhalb Deutschlands
- die eine Gefahr für die Sicherheit der Bundesrepublik darstellen

Einbürgerungsgebühr

Erwachsene zahlen 255,00 €.

Minderjährige, die allein eingebürgert werden, zahlen 255,00 €.

Minderjährige mit Eltern zahlen 51,00 €.

Arbeitsvorschläge

1. *Interpretieren Sie die Karikaturen auf S. 216 mithilfe der Methode „Analyse politischer Karikaturen“ (s. S. 246).*
2. *Erarbeiten Sie ein Flussschema für den Weg vom Flüchtling zum Bundesbürger.*
3. *Bei der Niederlassungserlaubnis und bei der Einbürgerung verlangt der Gesetzgeber die Sicherung des Lebensunterhalts. Finden Sie Gründe für diese Forderung unter Einbeziehung der Grafik.*
4. *Recherchieren Sie unter www.bmi.bund.de nach weiteren Voraussetzungen für die Einbürgerung.*

WebQuests

Frei übersetzt bedeutet WebQuests so viel wie „abenteuerliche Spurensuche im Internet". Im Rahmen von WebQuests arbeiten Schüler/-innen aktiv an der Aneignung von Wissen. WebQuests sind eine Methode, um sinnvoll mit PC und Internet zu arbeiten.
Bei „WebQuests" geht es um das aktive Erforschen von Fragestellungen, wobei die Arbeit in Gruppen erfolgt und auf authentischen Texten und Quellen beruht. Primär sollten diese Quellen im Internet zugänglich sein und dort abgerufen werden (man kann natürlich auch weiteres Material aus Büchern und Zeitschriften, eigene Fotos etc. benutzen).

WebQuests fördern das selbstständige und autonome Lernen. Sie ermöglichen es, sich mit einem Thema intensiv auseinanderzusetzen. Ziel soll es zudem sein, dass die Schüler und Schülerinnen die Ergebnisse ihrer Arbeit im Netz präsentieren, um andere zu informieren und diese zu eigenen ähnlichen Aktivitäten anzuregen. Die Nutzung des Internets soll so eine „Lernspirale" in Gang setzen.

Schüler und Schülerinnen sollen ihre Auseinandersetzung mit dem Thema dokumentieren und in eigenständiger und persönlicher Weise darzustellen. Sie sollen dadurch veranlasst werden, Informationen in ein vernetztes Ganzes einzubringen.

Vorgehensweise bei WebQuests

Folgende Schritte werden für WebQuests vorgeschlagen:

1. **Einführung in das Thema**
   Die Schüler/-innen widmen sich einer Thematik und suchen einen Lösungsansatz für eine Fragestellung.
2. **Aufgaben**
   Eine auf das Thema bezogene Aufgabenstellung wird formuliert. Schülerinnen und Schüler sind in diesen Schritt möglichst einzubeziehen.
3. **Materialien**
   Eine Anzahl von Quellen ist anzugeben, welche helfen, die Aufgabe zu lösen. Dabei handelt es sich um Hinweise auf Webseiten oder weitere Datenquellen, die benutzt werden können.
4. **Prozess**
   Die Schüler/-innen werden von der Lehrkraft beraten, wenn sie nicht mehr weiterkommen.
5. **Evaluation**
   Am Ende der WebQuests bekommen die Lernenden die Möglichkeit, den Lernprozess kritisch zu reflektieren und zu bewerten.
6. **Präsentation**
   Die Resultate der Arbeit werden in der Klasse präsentiert.

Suchstrategien im Internet		
1.	Nachdenken und Vorüberlegen:	Was will ich wie, wo, warum . . . finden?
2.	Genaue Suchanfrage:	Welchen Begriff/welches Stichwort suche ich?
3.	Sprache:	In welcher Sprache suche ich das Dokument?
4.	Suchmaschinenauswahl:	Welche Suchmaschine ist passend?
5.	Kataloge/Links/Stichwort:	Ist der Suchbegriff genügend präzise?
6.	Erweiterte Suche:	Kann ich mit Operatoren (z. B. „", AND, OR, NOT . . .) die Suchergebnisse sinnvoll einschränken?

Debatte

Materialien

Rednerpult,
(Glocke für den Präsidenten/die Präsidentin),
Stimmzettel,
Behälter zum Einsammeln der Stimmzettel

Die Debatte ist die wesentliche Form für die Entscheidungsfindung in Verbänden, Parteien und Parlamenten. So kann z. B. eine Bundestagsdebatte im Unterricht simuliert werden.

Vorbereitung

Wählen Sie in Ihrer Klasse ein aktuelles Thema, das in der Öffentlichkeit umstritten ist und entscheiden Sie, ob eine Bundestagsdebatte, z. B. mit einem Gesetzesantrag, gespielt werden soll. Die Lerngruppe bekommt dann die Gelegenheit, sich selbstständig Informationen zu beschaffen.
Für die Durchführung sollte ein Rednerpult (z. B. ein Karton) vorgesehen werden und die Sitzordnung nach Fraktionen organisiert werden.

Durchführung

Schritt 1: Wahl des Führungspersonals

Von der Lerngruppe sind zunächst die jeweiligen Präsidenten und Schriftführer/-innen zu bestimmen. Außerdem werden ein Bundeskanzler/eine Bundeskanzlerin und Minister benötigt. Diese haben in beiden Häusern Rederecht.

Schritt 2: Bildung von Kleingruppen

Es werden Kleingruppen entsprechend den im Bundestag vertretenen Parteien gebildet, eventuell durch Los. Auch wird die Reihenfolge der Redebeiträge verabredet.
Die Gruppen haben die Aufgabe, eine Stellungnahme zu dem gewählten Thema zu erarbeiten. Begründungen werden z. B. von Neben- zu Hauptargumenten aufgebaut. Mögliche Gegenargumente sollten bedacht werden. Jede Gruppe notiert ihre Positionen und entwickelt ein knappes Redekonzept. Ein/eine Franktionssprecher/-in wird gewählt. Die übrigen Teilnehmer/-innen bekommen einen Beobachtungsauftrag und sollen sich Notizen machen. Beobachtungsgesichtspunkte sollten verabredet werden.

Schritt 3: Plenardebatte

Der Bundestagspräsident oder die Bundestagspräsidentin eröffnet die Sitzung, begrüßt die Teilnehmer/-innen, nennt den „Beratungsgegenstand“ und ruft die Redner/-innen auf.
- Der verantwortliche Minister stellt seinen Gesetzentwurf vor und begründet ihn.
- Die Fraktionssprecher/-innen geben ihre Stellungnahmen in der vereinbarten Reihenfolge ab:
  „Herr Präsident, verehrte Kolleginnen und Kollegen. Ich möchte zum Thema ... sprechen.“
- Je nach Zeit (sollte begrenzt werden) kann nun eine allgemeine Debatte erfolgen.

Schritt 4: Abstimmung

- Es folgt die Abstimmung über den Gesetzentwurf durch alle Teilnehmer/-innen, entweder durch Handzeichen oder mit vorbereiteten Stimmzetteln.
- Das Präsidium zählt die Stimmen aus.
- Der Präsident/die Präsidentin gibt das Ergebnis bekannt.

Auswertung

Verlauf und Ergebnisse der Debatte können neben den Notizen der Teilnehmer/-innen auch durch eine Video- oder Tonbandaufzeichnung festgehalten werden. Die Debattenbeiträge werden analysiert. Mögliche Gesichtspunkte:
- Aufbau und Überzeugungskraft der Argumentation,
- Einsatz rhetorischer Mittel: Veranschaulichung durch Beispiele und Vergleiche, Ironie, Humor, Sprechgeschwindigkeit, Pausensetzung,
- Körpersprache, Blickkontakte, Gestik.

2 Die deutsche Demokratie

2.1 Grundlagen der Demokratie

M 1

Alle Macht beim König

dem Nachfahren von Saudi Arabiens Staatsgründer Ibn Saud (1931). Salman Ibn Abd al-Assis als Saud, 31. Sohn wird 2015 Nachfolger des verstorbenen Königs Abdullah al Saud. Er ist ein absoluter Monarch, Regierungschef, Oberbefehlshaber des Militärs und oberster Gesetzgeber nach den Regeln der streng islamischen Scharia. Parteien sind verboten.

M 2

Das Wahljahr 2017 – neue Farbenlehre

17. Mai, Saarland:
Es bleibt die alte **schwarz-rote** Koalition.
27. Juni, Nordrhein-Westfalen:
Aus Rot-Grün wird **Schwarz-Gelb.**
28. Juni, Schleswig-Holstein:
Aus SPD, Grünen und SSW (Südschleswigscher Wählerverband) wird „Jamaika", also CDU, BÜNDNIS 90/DIE GRÜNEN und FDP.
22. November, Niedersachsen:
Aus Rot-Grün wird **Rot-Schwarz.**
Bundestagswahlen vom 24. September:
„Jamaika" platzt im November:
Was kommt 2018?
Große Koalition, Minderheitsregierung oder Neuwahlen?

M 3

Militärputsch in Thailand:
Nach politischen Unruhen hat das Militär in Thailand die Macht übernommen und die Verfassung außer Kraft gesetzt.
(Mai 2014)

Simbabwe
Präsident Robert Mugabe entlässt seinen Stellvertreter Mnangagwa. Das Militär unterstützt diesen, setzt den Präsidenten unter Hausarrest und ergreift selbst die Macht.
(November 2017)

Macht
wird ausgeübt, wenn eine Person oder Gruppe ihre Ziele gegen Widerstände durchsetzt.

Herrschaft
ist Macht an bestimmte Institutionen (Einrichtungen, Ämter) gebunden, spricht man von „Herrschaft".

Nicht nur der Blick in die Vergangenheit, sondern auch die Betrachtung der Gegenwart zeigt, dass es immer noch unterschiedliche Wege zur politischen Macht und Herrschaft gibt. Viele haben dabei eine breite Blutspur und Verwüstungen hinterlassen.
Erfahrungen aus Jahrtausenden haben die Menschen aber auch gelehrt, dass Freiheit und Gerechtigkeit für alle am ehesten in einer **Demokratie** mit freien Wahlen, Gewaltenteilung und Rechtsstaatlichkeit zu erreichen sind.
Das griechische Wort Demokratie bedeutet „Volksherrschaft" – Ein Volk entscheidet selbstständig über seine Angelegenheiten. Es ist souverän. „Alle Staatsgewalt geht vom Volke aus", dies ist die wichtigste Aussage des Grundgesetzes, der Verfassung der Bundesrepublik Deutschland.

§

M 4 **Grundgesetz für die Bundesrepublik Deutschland vom 23. Mai 1949**

Artikel 20
[Grundlagen staatlicher Ordnung, Widerstandsrecht]
(1) Die Bundesrepublik Deutschland ist ein demokratischer und sozialer Bundesstaat.
(2) Alle Staatsgewalt geht vom Volke aus. Sie wird vom Volke in Wahlen und Abstimmungen und durch besondere Organe der Gesetzgebung, der vollziehenden Gewalt und der Rechtsprechung ausgeübt.
(3) Die Gesetzgebung ist an die verfassungsmäßige Ordnung, die vollziehende Gewalt und die Rechtsprechung sind an Gesetz und Recht gebunden.
(4) Gegen jeden, der es unternimmt, diese Ordnung zu beseitigen, haben alle Deutschen das Recht zum Widerstand, wenn andere Abhilfe nicht möglich ist.

In Europa hat sich der Weg zu parlamentarischen Demokratien durchgesetzt: Ein Volk wählt seine Vertreter in ein Parlament. Dieses wählt seine Regierung, beschließt Gesetze und beruft die obersten Richter. Staatsoberhäupter sind – je nach Tradition und Verfassung – entweder Präsidenten, wie in der Bundesrepublik Deutschland, oder Königinnen und Könige wie z. B. in Großbritannien und Spanien.

Arbeitsvorschläge

1. *Ermitteln Sie aus den Texten und Schlagzeilen von M 1 bis M 3 Wege zur politischen Herrschaft.*
2. *Formulieren Sie Stichworte zur deutschen Staatsordnung (M 4).*

2.2 Möglichkeiten politischer Beteiligung

In Demokratien leiten Regierungen und Parlamente ihre Rechtfertigung für ihre Handlungen von der Zustimmung durch ihre Bürger ab. Wahlen können diese Zusammensetzungen von Parlamenten und damit von Regierungen direkt beeinflussen. Indirekte Möglichkeiten der Einflussnahme und Meinungsbildung haben Bürger im „vorparlamentarischen Raum“. Merkmal einer freiheitlichen Gesellschaft ist die Möglichkeit, dass sich Menschen mit unterschiedlichen Überzeugungen und Interessen zu Parteien und Interessenverbänden zusammenschließen, Bürgerinitiativen gründen und an Demonstrationen teilnehmen. Einzeln haben sie die Möglichkeit, Leserbriefe zu schreiben, sich mit Petitionen (Bitten, Gesuche) an Parlamente und mit Beschwerden an Verwaltungen oder gar an das Bundesverfassungsgericht zu wenden.

Verbände und Lobbyisten

Interessenverbände fassen Einzelinteressen ihrer Mitglieder zusammen und vertreten sie gegenüber der Öffentlichkeit, den Parteien, Verwaltungen, Parlamenten und Regierungen. Sie sind ein wichtiger Bestandteil unserer pluralistischen Demokratie (Plural = Mehrzahl, Vielfalt). Interessen und Interessengegensätze begegnen uns überall im Alltag. Arbeitnehmer und ihre Gewerkschaften fordern z. B. höhere Löhne, Arbeitgeber und ihre Verbände hingegen sehen in zu starken Lohnerhöhungen Gefahren für ihre Wettbewerbsfähigkeit und für ihre Gewinne. Diskutiert wird, wie die Balance zwischen berechtigter Interessenvertretung, gewünschtem Sachwissen und unkontrollierter Einflussnahme gehalten werden kann. Das Schaubild zeigt Wege und Mittel der Einflussnahme.

M 1

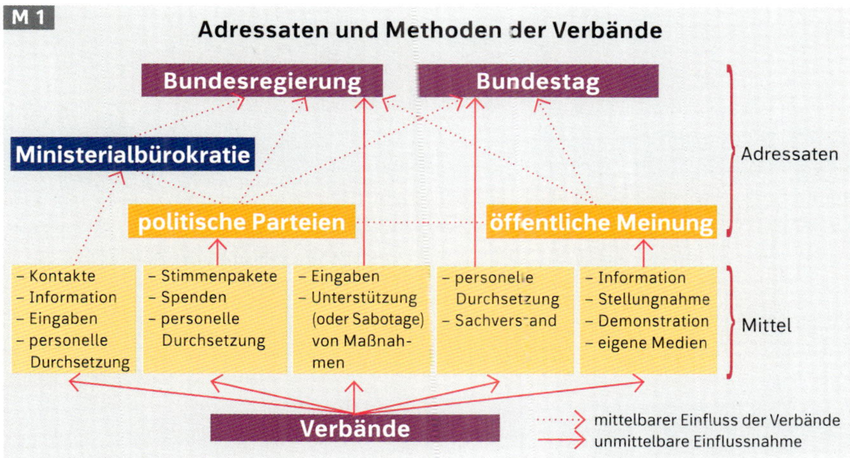

M 2 In Deutschland sind über 600 000 Vereine und Verbände mit etwa 700 000 Mitgliedern registriert. Allein der Deutsche Sportbund vertritt rund über 88 000 Vereine mit 25 Mio. Mitgliedern. (Im Vergleich dazu hatten 2018 alle im Bundestag vertretenen Parteien nur knapp 1,2 Mio. Mitglieder.) Für die Verbände arbeiten etwa 5000 Lobbyisten in Berlin. (Lobby ist das englische Wort für die Vorhalle des Parlaments.) Beim Deutschen Bundestag sind etwa mehr als 2000 Verbände in ein öffentliches Lobbyregister eingetragen. Davon haben etwa 500 Vertreter einen „Hausausweis“, mit dem sie die Regierungs- und Parlamentsgebäude betreten dürfen. Mit dem Hausausweishaben sie einen direkten Zugang zu den Ministerien, Fraktionen und einzelnen Abgeordneten. Kritiker sehen darin eine Gefahr für eine undurchsichtige Einflussnahme.

Lobby

Eingangshalle von Gebäuden, Parlamenten, heute: Interessenvertreter, die Einfluss auf politische Entscheidungen nehmen wollen

Verbände

In Deutschland gibt es rund 14 000 Verbände, davon etwa 5 000 mit politischen Interessen.
Der Deutsche Sportbund vertritt 88 000 Vereine mit ca. 27 Mio. Mitgliedern.

Beispiele für Verbände aus verschiedenen Bereichen:

Wirtschaft:

Gewerkschaften, Arbeitgeberverbände, Arbeitsgemeinschaft der Verbraucherverbände

Soziales:

Deutsches Rotes Kreuz, Arbeiterwohlfahrt, Deutsche Krebshilfe

Kultur, Sport, Freizeit:

Volkshochschulverband, Sportverbände, Automobilclubs, Naturfreunde

Umwelt, Natur:

Bund Umwelt und Natur (BUND), Greenpeace, Vogelschutzbund

Politik:

Amnesty International, Europaunion

Arbeitsvorschläge

1. *In welchen Vereinen oder Verbänden könnten Sie Mitglied sein?*
2. *Ermitteln Sie in den Medien ein aktuelles Beispiel für eine Einflussnahme, wie in M 1 dargestellt.*
3. *Stellen Sie Nutzen und Risiken der Beteiligung von „Lobbyisten“ an Gesetzgebungsverfahren in einer Tabelle gegenüber (M 2).*

Bürgerinitiativen

Aktionsbündnisse entstehen meist spontan und überwiegend örtlich begrenzt. Sie sind Reaktionen auf Missstände, vor allem wenn sich die Bürger durch Veränderungen eingeschränkt oder bedroht sehen. Die Einschränkung kann z. B. die Ausweisung eines neuen Baugebiets sein, mit dem der freie Blick auf die Landschaft für die Anwohner beschnitten wird. Oder auch die Sorge um die geplante Schließung einer Schule mit längeren Schulwegen für die Kinder. Bedroht sehen sich z. B. Bürger, die sich im Verein „AufpASSEN“ im Landkreis Wolfenbüttel/Niedersachsen zusammengeschlossen haben. Sie sehen Gefahren sowohl beim Verbleib wie auch bei der Bergung mittel- bis schwach-radioaktivem Materials in einem ehemaligen Asse-Salzbergwerk.

M 1

Konsensgesellschaft

Bürgerinitiativen versuchen, durch zeitlich begrenzte Aktionen die Öffentlichkeit über ihre Sorgen und Ziele zu informieren. Sie werben um Unterstützung durch Flugblätter, Presseerklärungen, Unterschriftensammlungen, Online-Petitionen, Protestkundgebungen und **Demonstrationen**. Durch die Mobilisierung der öffentlichen Meinung wollen sie politische Entscheidungen beeinflussen und Druck auf Parteien, Parlamente und Verwaltungen ausüben, die Missstände in ihrem Sinne zu beheben. Zu den aktivsten Bürgerinitiativen zählt das „Aktionsbündnis gegen Stuttgart 21“, den Umbau eines Kopfbahnhofs zu einem unterirdischen Durchgangsbahnhof.

Aktionsbündnis gegen Stuttgart 21
Die 383. Montagsdemo findet am 28. August 2017 ab 18 Uhr auf dem Schlossplatz statt.

Quelle: Roswitha Götz, unter www.bei-abriss-aufstand.de/2017/08/23/die-383-montagsdemo-am-28-august-2017/ [03.05.2018]

Demonstrationen

Bürgerinitiativen erreichen durch Demonstrationen (Demos) am meisten Wirkung in der Öffentlichkeit. Auch Nichtmitglieder können spontan daran teilnehmen und sich mit den Zielen der Demonstranten solidarisch erklären. Versammlungen und Demonstrationen sind ein **hochrangiges Grundrecht** und werden durch den Artikel 8 des Grundgesetzes (Versammlungsfreiheit) geschützt. Um dieses zu gewährleisten, müssen Veranstaltungen „unter freiem Himmel“ vorher angemeldet werden. Die Veranstalter müssen Personen benennen, die für eine ordnungsgemäße Durchführung verantwortlich sind. Rechtmäßige Demonstrationen, auch von „unbequemen“ Gruppen, haben deshalb auch das Recht auf Polizeischutz. Das wird vor allem dann notwendig, wenn zugleich Gegendemonstrationen angemeldet werden.

M 2 Mit dem Auftreten der „Patriotischen Europäer gegen die Islamisierung des Abendlandes“ (Pegida) im Oktober 2014 verschärft sich die Situation von Demonstrationen und Gegendemonstrationen. Die **Pegida** vertritt einen extrem ausländerfeindlichen Kurs, der bereits in mehreren Städten Nachahmer gefunden hat. Bei den **Gegendemonstrationen** finden sich Bürger, die eine offene Gesellschaft vertreten, aber auch linke Gruppierungen aus dem sogenannten „antifaschistischen Lager“ mit einem „schwarzen Block“ Gewaltbereiter. Die Situation hat sich wohl seit Ende 2016 entschärft. Wegen der andauernden Flüchtlingskrise gibt es aber weiterhin Anlässe für nationalistische Demonstrationen und Kundgebungen „gegen Rechts“. Geraten sonst friedliche Demonstrationen wegen gewaltbereiter Chaoten außer Kontrolle, können sie aufgelöst und die Gewalttäter bestraft werden. Um diese identifizieren zu können, sind Vermummungen verboten.

Petitionen

M 3 Grundgesetz Artikel 17 (Petitionsrecht)

Jedermann hat das Recht, sich einzeln oder in Gemeinschaft mit Bitten oder Beschwerden an die zuständigen Stellen und an die Volksvertretung zu wenden.

Jeder Bürger kann sich einzeln oder gemeinsam mit anderen schriftlich oder im Internet an den Petitionsausschuss wenden, um Beschwerden, Bitten oder Vorschläge für die Politik zu machen. Dabei ist die Adresse anzugeben, um den oder die Absender zu informieren. Petitionseingaben können aber auch an die Petitionsausschüsse bei den Landtagen, beim Europäischen Parlament oder an den Europäischen Bürgerbeauftragten gerichtet werden.
Der Petitionsausschuss oder einzelne Mitglieder können
- Akten der Bundesregierung und der Bundesbehörden einsehen,
- Auskünfte von Regierung und Behörden verlangen, denn sie haben Zutritt zu deren Einrichtungen.
- Sie können Bittsteller (Petenten), Zeugen und Sachverständige anhören, Gerichte und Behörden müssen Amtshilfe leisten.

Der Petitionsausschuss und seine Mitglieder sind also mit erheblicher Kontrollmacht ausgestattet.

2016 sind 11 236 Petitionen beim Petitionsausschuss im Bundestag eingegangen. Am häufigsten waren folgende Ministerien betroffen:

Arbeit und Soziales	2 158
Inneres	1 627
Justiz und Verbraucherschutz	1 455
Gesundheit	1 176
Finanzen	962

Deutscher Bundestag, Sekretariat Petitionsausschuss (Stand 2017)

Bürgerbeteiligungen

In allen Bundesländern ist seit 2006 ein Bürgerentscheid auf kommunaler Ebene als „basisdemokratisches Element" eingeführt worden. Voraussetzung ist die rechtliche Zuständigkeit der Gemeinde. Zunächst ist ein **Bürgerbegehren** erforderlich. In Niedersachsen müssen sich dafür 5 % bis 10 % der Wahlberechtigten mit ihren Unterschriften für oder gegen ein Anliegen aussprechen, z. B. „Für den Erhalt unserer Grundschule" oder „Gegen den Skaterpark am Friedhof". Die Kommunalvertretung kann dann in dieser Sache einen zustimmenden Beschluss fassen. Tut sie das nicht, gibt es einen **Bürgerentscheid**, an dem alle Wahlberechtigten teilnehmen können. Es müssen aber mindestens 25 % sein, die mit einfacher Mehrheit mit „ja" oder „nein" abstimmen. Eine Kostendeckung muss nicht nachgewiesen werden. Die Kommunen informieren aber bereits vorher über die Machbarkeit, sodass bisher keine Projekte beschlossen wurden, die nicht zu finanzieren gewesen wären.

Volksentscheide sind auf Bundesebene, wie etwa in der Schweiz, nicht vorgesehen. Damit werben vor allem populistische Parteien mit dem Argument „mehr Demokratie". Sie erhoffen sich damit eine größere Zustimmung zu ihrer Politik. Auch werden Volksentscheide häufig von sachfremden Stimmungen überlagert. Kompromisse, die in einer parlamentarischen Debatte gefunden werden können, gibt es dabei nicht. Auch besteht die Gefahr einseitiger Informationen. Bei der Volksabstimmung über einen Austritt Großbritanniens (Brexit) aus der EU 2016 deuteten Umfragen eher auf Ablehnung des Austritts. Die Brexit-Gegner, vor allem junge Menschen, fühlten sich infolgedessen offenbar zu sicher und nahmen daher nicht an der Abstimmung teil. 52 % der Briten stimmten dann für einen Austritt Großbritanniens aus der EU.

Das Eintreten der Rechtsradikalen für Volksabstimmungen erklärt der Politikwissenschaftler Herfried Münkler mit dem Zwang für die Diktatur, sich demokratisch zu verkleiden.
Wagner, Thomas: Rechtsextremismus. Direkt gegen die Demokratie, Warum auch Rechtsextremisten und Rechtspopulisten mehr Bürgerbeteiligung wollen, in: Die Zeit, 08.03.2012, S. 13

Arbeitsvorschläge

1. *Bearbeiten Sie die Karikatur M 1 auf S. 222 mit der Methode „Analyse politischer Karikaturen" (s. S. 246).*
2. *Begründen Sie das Recht auf Polizeischutz bei Demonstrationen.*
3. *Erörtern Sie mit einem Partner/einer Partnerin mögliche Folgen für die innere Sicherheit bei Demonstrationen, die mit einem großen Polizeieinsatz über Monate geführt werden. Diskutieren Sie Ihre Ergebnisse in der Klasse.*
4. *Berichten Sie über Bürgerinitiativen, Demonstrationen und Bürgerbeteiligungen. Erkunden Sie deren Anlässe, ihren Verlauf und mögliche Ergebnisse.*

2.3 Parteien in einer parlamentarischen Demokratie

Die Stellung der Parteien in der parlamentarischen Demokratie

M 1 Grundgesetz Artikel 21 (Parteien)

(1) Die Parteien wirken bei der politischen Willensbildung des Volkes mit. Ihre Gründung ist frei. Ihre innere Ordnung muss demokratischen Grundsätzen entsprechen. Sie müssen über die Herkunft ihrer Mittel öffentlich Rechenschaft geben.
(2) Parteien, die nach ihren Zielen oder nach dem Verhalten ihrer Anhänger darauf ausgehen, die freiheitliche demokratische Grundordnung zu beeinträchtigen oder zu beseitigen oder den Bestand der Bundesrepublik Deutschland zu gefährden, sind verfassungswidrig. Über die Frage der Verfassungswidrigkeit entscheidet das Bundesverfassungsgericht.
(3) Das Nähere regeln Bundesgesetze.

M 2 Gesetz über die politischen Parteien (Parteiengesetz)

§ 1 Verfassungsrechtliche Stellung und Aufgaben der Parteien

(1) Die Parteien sind ein verfassungsrechtlich notwendiger Bestandteil der freiheitlichen demokratischen Grundordnung. Sie erfüllen mit ihrer freien, dauernden Mitwirkung an der politischen Willensbildung des Volkes eine ihnen nach dem Grundgesetz obliegende und von ihm verbürgte öffentliche Aufgabe.
(2) Die Parteien wirken an der Bildung des politischen Willens des Volkes auf allen Gebieten des öffentlichen Lebens mit, indem sie insbesondere
auf die Gestaltung der öffentlichen Meinung Einfluss nehmen,
die politische Bildung anregen und vertiefen,
die aktive Teilnahme der Bürger am politischen Leben fördern,
zur Übernahme öffentlicher Verantwortung befähigte Bürger heranbilden,
sich durch Aufstellung von Bewerbern an den Wahlen in Bund, Ländern und Gemeinden beteiligen,
auf die politische Entwicklung in Parlament und Regierung Einfluss nehmen,
die von ihnen erarbeiteten politischen Ziele in den Prozess der staatlichen Willensbildung einführen und
für eine ständige lebendige Verbindung zwischen dem Volk und den Staatsorganen sorgen.
(3) Die Parteien legen ihre Ziele in politischen Programmen nieder.

§ 2 Begriff der Partei

(1) „Parteien sind Vereinigungen von Bürgern, die dauernd oder für längere Zeit von Bürgern für den Bereich des Bundes oder eines Landes auf die politische Willensbildung Einfluss nehmen und an der Vertretung des Volkes im Deutschen Bundestag oder einem Landtag mitwirken wollen, wenn sie […] eine ausreichende Gewähr für die Ernsthaftigkeit dieser Ziele bieten.“

Die Parteienvielfalt ist ein wichtiges Merkmal der Demokratie. Die Geschichte zeigt, dass Staaten mit einer Einheitspartei Diktaturen sind.
In Deutschland traten 2017 bei der Bundestagswahl insgesamt 42 Parteien an, in unterschiedlicher Zahl in den Bundesländern. In Niedersachsen waren es z. B. nur 18.
Bei der Europawahl 2014 kandidierten 24 Parteien, von denen, nach dem Wegfall der 5 %-Klausel, 13 im Europaparlament vertreten sind.

Die Parteien der Bundesrepublik Deutschland

In der Bundesrepublik Deutschland gibt es eine Vielzahl von Parteien. Sieben von ihnen sind einer breiten Öffentlichkeit bekannt, weil sie in den Parlamenten vertreten sind:

- die Christlich Demokratische Union (CDU) und ihre bayerische Schwesterpartei,
- die Christlich Soziale Union (CSU),
- die Sozialdemokratische Partei Deutschlands (SPD),
- die Freie Demokratische Partei (FDP),
- das Bündnis 90/Die Grünen (BÜNDNIS 90/DIE GRÜNEN),
- Die Linke (DIE LINKE),
- die Alternative für Deutschland (AfD).

Daneben verfügt die umstrittene „Nationaldemokratische Partei Deutschlands" (NPD) in einigen Kommunen über Abgeordnete und erlangte 2014 wie die „Piratenpartei Deutschlands" (Piraten) einen Sitz im Europaparlament. Die 2013 gegründete „Alternative für Deutschland" (AfD) hat dort sieben Sitze.

Parteiprogramme

Parteien müssen ihre politischen Ziele in Programmen darlegen, die in der Partei diskutiert und auf Parteitagen verabschiedet werden.

Grundsatzprogramme	Sachprogramme	Wahl- und Regierungsprogramme
langfristig, allgemein gehalten, prinzipielle Standortbestimmung, Beispiele: Godesberger Programm der SPD (1959), Freiburger Thesen der FDP (1971); aktuelle Grundsatzprogramme: CDU 2007, SPD 2007, FDP 2012, BÜNDNIS 90/DIE GRÜNEN 2002, DIE LINKE 2011, AfD 2016	**mittelfristig von Grundsätzen** abgeleitete Handlungskonzepte für praktische Politik, Beispiele: Bildungspolitik, Sicherheitspolitik, Energiepolitik, Kommunalpolitik aller politischen Parteien	**kurzfristig** kurzfristig (vier oder fünf Jahre) für die Dauer einer Legislaturperiode auf Europa-, Bundes-, Landes- oder Kommunalebene; überprüfbare Aktionsprogramme, Probleme bei Koalitionen

Die Tatsache, dass das Parteiensystem in der Verfassung verankert ist, zeigt die zentrale Rolle der Parteien bei der politischen Willenbildung in unserem parlamentarischen Regierungssystem. Ihre Reichweite geht aber über den politischen Bereich hinaus, wenn leitende Beamte in den Stadt-, Kreis- und Gemeindeverwaltungen von Rats- bzw. Kreistagsmitgliedern gewählt werden. Wird dabei die Parteizugehörigkeit berücksichtigt, können Verwaltungsentscheidungen indirekt von Parteien beeinflusst werden. Dies ist dann problematisch, wenn das Parteibuch wichtiger ist als der Sachverstand. Es ist allerdings auch zu beobachten, dass parteilose Bewerber um die Ämter als Bürgermeister, Oberbürgermeister und Landräte bei direkter Wahl gute Erfolgschancen haben.

Zur Erfüllung ihrer Aufgaben benötigen die Parteien finanzielle Mittel, die sich aus Mitgliedsbeiträgen, Spenden und staatlichen Mitteln zusammensetzen. Die staatlichen Mittel dienen vor allem zur Erstattung der Wahlkampfkosten. Parteien müssen über ihre Einnahmen und Ausgaben öffentlich Rechenschaft ablegen und private Spender über 10 000,00 € benennen, um mögliche Einflussnahmen offenzulegen. Wenn Parteien dagegen verstoßen (CDU 1999/2000) oder unrichtige Rechenschaftsberichte vorlegen (NPD 2009), werden sie mit hohen Geldstrafen belegt.

Arbeitsvorschläge

1. *Nennen Sie die Bedingungen für die Gründung einer Partei. (M 1, M 2)*
2. *Erklären Sie die im Parteiengesetz (M 2) genannten Aufgaben der Parteien mit eigenen Worten.*
3. *Erläutern Sie das Schlagwort „Parteiendemokratie".*
4. *Gestalten Sie in Gruppen Wandzeitungen mit Wahlaussagen, präsentieren Sie Ihr Ergebnis und diskutieren Sie darüber.*
5. *Berichten Sie über Parteiverbotsverfahren und erkunden Sie deren Hintergründe (M 3).*

M 3 **Parteienverbot**

Nur das Bundesverfassungsgericht entscheidet über Parteienverbote. 1952 wurde die Deutsche Reichspartei als neonazistische Partei verboten, 1956 die KPD. Danach hielt man es lange Zeit für besser, sich mit ihren Anhängern politisch auseinanderzusetzen.

Ein Antrag auf Verbot der NPD wird vom Bundesverfassungsgericht 2003 wegen eines Verfahrensfehlers eingestellt.

Nachdem im Herbst 2011 bekannt wird, dass Rechtsextremisten für zahlreiche Morde an Menschen mit Migrationshintergrund verantwortlich sind, wird von allen Bundestagsfraktionen erneut ein NPD-Verbot erwogen.

2013 beantragt der Bundesrat ein erneutes Verbot der NPD. Doch das Bundesverfassungsgericht lehnte ein Verbot der NPD 2017 ab. Es ließ aber Spielräume für zukünftige Verfahren. So kommen Parteiverbote nach wie vor in Betracht – und auch aus allein präventiven Gründen. Allerdings muss in diesem Fall überzeugend begründet werden, dass die Partei die freiheitlichdemokratische Grundordnung der Bundesrepublik Deutschland gefährden könnte.

Parteimitglieder
Stand: 8/2017

CDU	427 566
CSU	142 000
SPD	440 309
BÜNDNIS 90/DIE GRÜNEN	62 132
DIE LINKE	59 523
FDP	59 000
AfD	26 000

Quelle: Parteizentralen

2.4 Politische Wahlen

Das Wahlsystem

M 1

Sonja W., 18. Jahre alt, Schülerin einer Berufsbildenden Schule, hat den Wahlkampf vor der Bundestagswahl im September 2017 im Wahlkreis Nr. 50, Braunschweig, aufmerksam verfolgt und auch Wahlveranstaltungen mehrerer Parteien besucht.
Aussichtsreichste Kandidaten sind Dr. Carola Reimann (SPD) und Carsten Müller (CDU). Frau Dr. Reimann erhält die meisten Erststimmen und gewinnt damit den Wahlkreis. Einen Tag nach der Wahl liest Sonja aber zu ihrem Erstaunen, dass auch Carsten Müller einen Sitz im Bundestag erhalten hat.

Wahlen sind die einfachste und wichtigste Form politischer Beteiligung in der Demokratie. Für die Mehrheit der Bürger sind sie die einzige Form der direkten Teilnahme am politischen Prozess. Alle anderen Arten von Partizipation sind mit einem deutlich höheren Aufwand verbunden. Durch Wahlen wird die politische Führung bestimmt und der politische Kurs der nächsten Legislaturperiode festgelegt.

Politik
(griech. „Kunst der Staatsverwaltung")
jede Beschäftigung, die sich auf Ordnung und Gestaltung des Gemeinwesens bezieht. Im modernen Sinne bedeutet Politik, dass sich Einzelpersonen und Gruppen innerhalb der Gesellschaft bemühen, Macht und Herrschaft zu erlangen.

Legitimation
In demokratischen Staaten wird Herrschaft durch Wahlen legitimiert (gerechtfertigt).

M 2

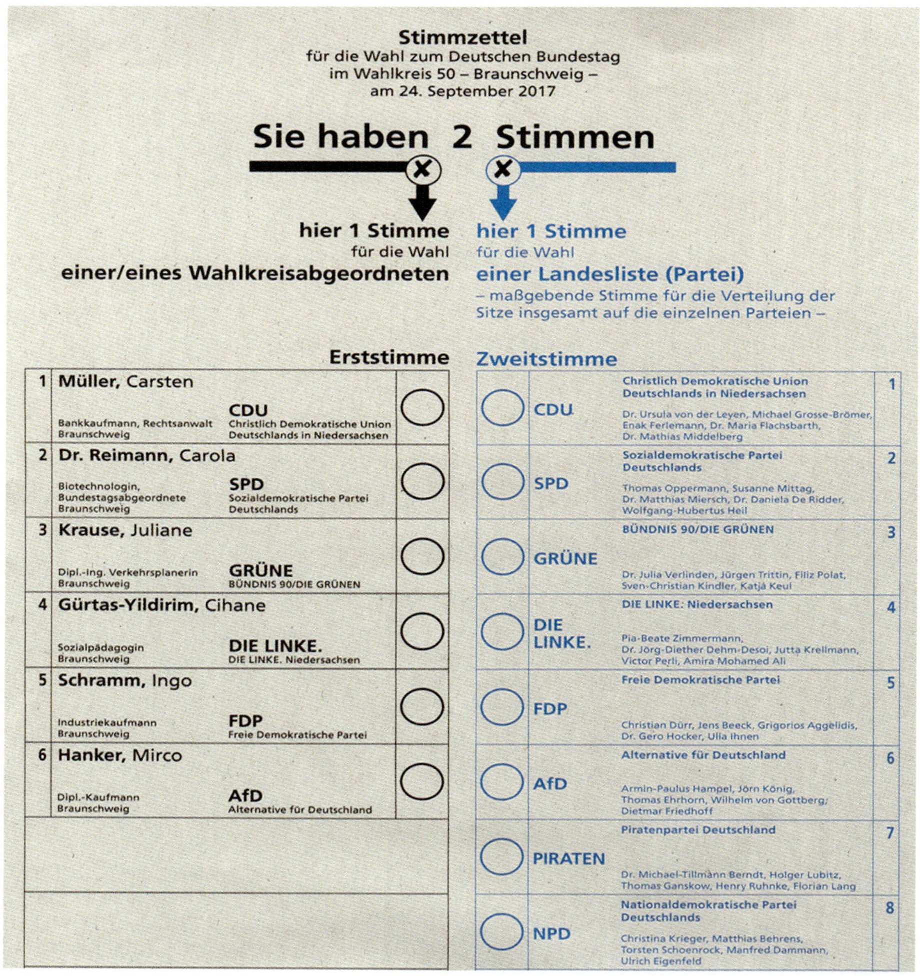

Stimmzettel
für die Wahl zum Deutschen Bundestag
im Wahlkreis 50 – Braunschweig –
am 24. September 2017

Sie haben 2 Stimmen

hier 1 Stimme
für die Wahl
einer/eines Wahlkreisabgeordneten

hier 1 Stimme
für die Wahl
einer Landesliste (Partei)
– maßgebende Stimme für die Verteilung der Sitze insgesamt auf die einzelnen Parteien –

Erststimme

1	**Müller, Carsten** Bankkaufmann, Rechtsanwalt Braunschweig	**CDU** Christlich Demokratische Union Deutschlands in Niedersachsen	◯
2	**Dr. Reimann, Carola** Biotechnologin, Bundestagsabgeordnete Braunschweig	**SPD** Sozialdemokratische Partei Deutschlands	◯
3	**Krause, Juliane** Dipl.-Ing. Verkehrsplanerin Braunschweig	**GRÜNE** BÜNDNIS 90/DIE GRÜNEN	◯
4	**Gürtas-Yildirim, Cihane** Sozialpädagogin Braunschweig	**DIE LINKE.** DIE LINKE. Niedersachsen	◯
5	**Schramm, Ingo** Industriekaufmann Braunschweig	**FDP** Freie Demokratische Partei	◯
6	**Hanker, Mirco** Dipl.-Kaufmann Braunschweig	**AfD** Alternative für Deutschland	◯

Zweitstimme

◯	**CDU**	**Christlich Demokratische Union Deutschlands in Niedersachsen** Dr. Ursula von der Leyen, Michael Grosse-Brömer, Enak Ferlemann, Dr. Maria Flachsbarth, Dr. Mathias Middelberg	1
◯	**SPD**	**Sozialdemokratische Partei Deutschlands** Thomas Oppermann, Susanne Mittag, Dr. Matthias Miersch, Dr. Daniela De Ridder, Wolfgang-Hubertus Heil	2
◯	**GRÜNE**	**BÜNDNIS 90/DIE GRÜNEN** Dr. Julia Verlinden, Jürgen Trittin, Filiz Polat, Sven-Christian Kindler, Katja Keul	3
◯	**DIE LINKE.**	**DIE LINKE. Niedersachsen** Pia-Beate Zimmermann, Dr. Jörg-Diether Dehm-Desoi, Jutta Krellmann, Victor Perli, Amira Mohamed Ali	4
◯	**FDP**	**Freie Demokratische Partei** Christian Dürr, Jens Beeck, Grigorios Aggelidis, Dr. Gero Hocker, Ulla Ihnen	5
◯	**AfD**	**Alternative für Deutschland** Armin-Paulus Hampel, Jörn König, Thomas Ehrhorn, Wilhelm von Gottberg, Dietmar Friedhoff	6
◯	**PIRATEN**	**Piratenpartei Deutschland** Dr. Michael-Tillmann Berndt, Holger Lubitz, Thomas Ganskow, Henry Ruhnke, Florian Lang	7
◯	**NPD**	**Nationaldemokratische Partei Deutschlands** Christina Krieger, Matthias Behrens, Torsten Schoenrock, Manfred Dammann, Ulrich Eigenfeld	8

Wahlen sind das wirksamste Instrument demokratischer Kontrolle: Wenn die Wähler mit der Politik der Regierenden unzufrieden sind, können sie diese abwählen und einen Machtwechsel herbeiführen.

Die Parteien haben in den einzelnen Bundesländern Landeslisten aufgestellt. Die Namen der ersten fünf Bewerber erscheinen auf dem Stimmzettel neben den Namen der Parteien. Bei der Verteilung der Sitze im Bundestag werden nur die Parteien berücksichtigt, die mindestens 5 % der Zweitstimmen erhalten oder drei Direktmandate errungen haben. Die „Fünfprozentklausel" soll eine Parteienzersplitterung im Parlament wie in der Weimarer Republik verhindern.

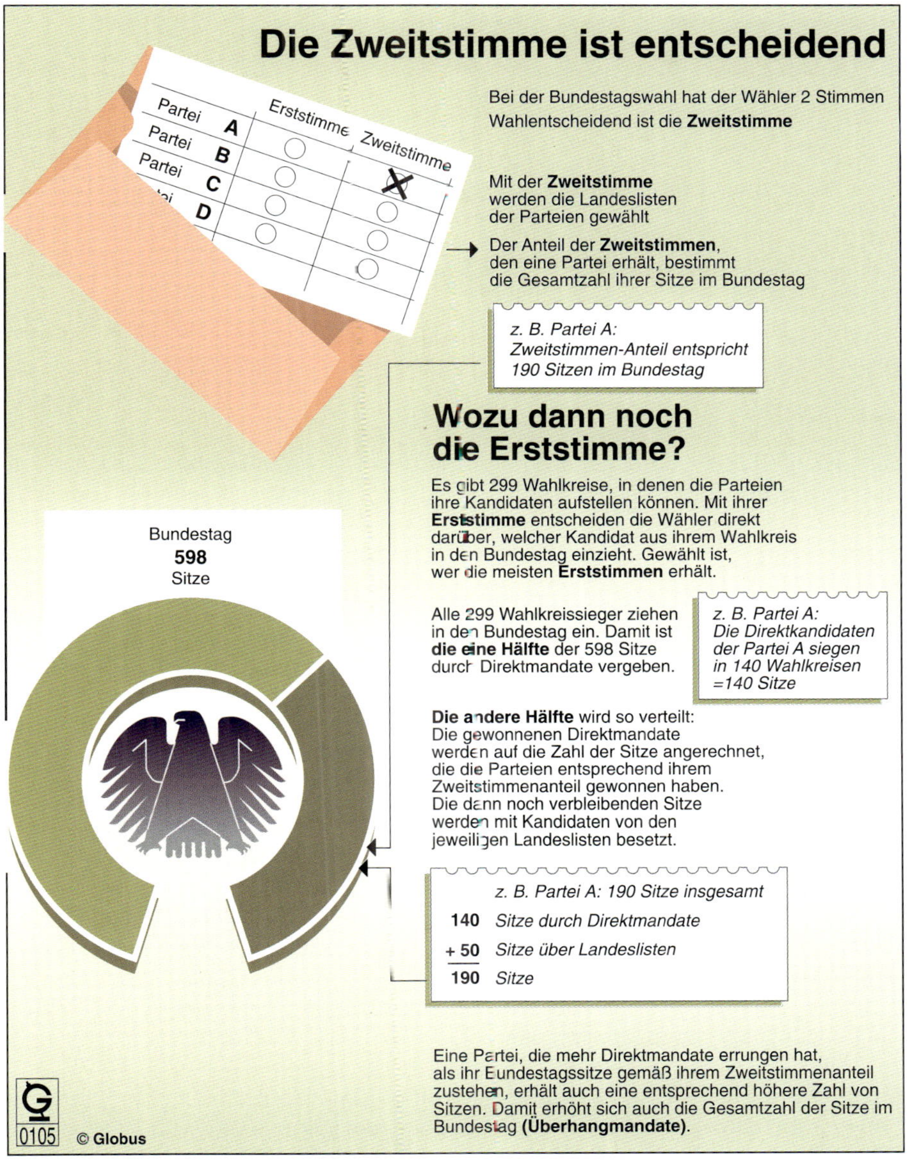

Von 299 Wahlkreisen zum Deutschen Bundestag entfallen bei der Bundestagswahl 2017 z. B. auf Niedersachsen 30, auf Brandenburg 10 und auf Nordrhein-Westfalen 64. Um die Chancengleichheit der Wähler zu wahren, sind bei der Größe der Wahlkreise die Einwohnerzahlen zu berücksichtigen und für jede Wahlperiode neu zu berechnen. Der 19. Deutsche Bundestag hat einschließlich von 111 Überhangs- und Ausgleichsmandaten (s. S. 228) 709 Abgeordnete (18. WP 632), darunter 218 Frauen (18. WP 228).

Der Wahlakt
Sein Ablauf ist in der Bundeswahlordnung festgelegt.

Wahlvorstand

Wahlhelfer	Wahlvorsteher	Wahlhelfer
Prüfung der Wahlberechtigung	Aufsicht im Wahllokal	Aushändigung des Stimmzettels

Wer am Wahltag verhindert ist, kann vorher durch Briefwahl seine Stimme abgeben.

Arbeitsvorschläge

1. *Erläutern Sie, auf welche Weise Carsten Müller (s. M 2) in den Bundestag gekommen ist, obgleich Carola Reimann den Wahlkreis gewonnen hat.*
2. *Analysieren Sie die Karikatur M 1 auf S. 226 mithilfe der Anleitung auf Seite 246.*
3. *Erklären Sie, wie eine Partei einen Kandidaten durch eine Landesliste absichern kann.*

Seit der Bundestagswahl 2009 ist für die Berechnung der Zweitstimmen ein neues Auszählverfahren eingeführt worden, das **„Höchstzahlverfahren Sainte-Laguë/Schepers"**.

M 1 Verfahren der Stimmverrechnung in Verhältniswahlsystemen

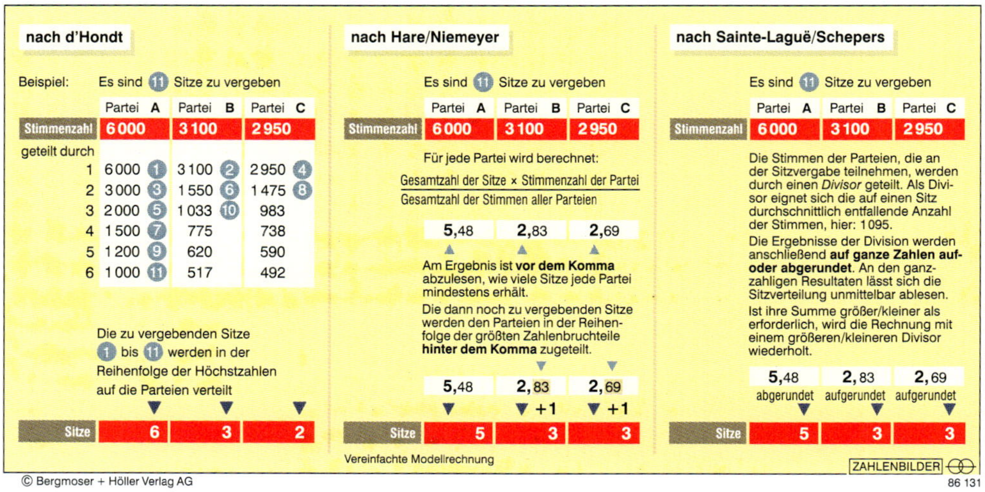

© Bergmoser + Höller Verlag AG 86 131

Bundestags- und Landtagswahlen sind **personalisierte Verhältniswahlen**, also Kombinationen aus **Verhältnis- und Mehrheitswahl**. Sie sollen die jeweiligen Nachteile ausgleichen.

Verhältniswahl	Mehrheitswahl
Die Sitze im Parlament werden im Verhältnis der abgegebenen Stimmen auf die Parteien verteilt. Es gibt keine Wahlkreise. Die Parteien stellen vor der Wahl Listen auf, welche die Reihenfolge der Kandidaten festlegen. Alle Parteien, die Listen aufstellen, können im Parlament vertreten sein.	Das Wahlgebiet ist in Wahlkreise eingeteilt. Ihre Zahl richtet sich nach den Sitzen im Parlament. Gewählt ist der Kandidat, der die meisten Stimmen (relative Mehrheit) oder mehr als 50 % der Stimmen (absolute Mehrheit) auf sich vereinigt. Die Stimmen für die übrigen Kandidaten bleiben ohne Gewicht.

Überhangmandate entstehen, wenn Parteien mehr Wahlkreise und damit mehr Direktkandidaten gewinnen, als ihnen nach den Zweitstimmen zustünden. Dadurch habe nicht jede Stimme das gleiche Gewicht, stellte Bundesverfassungsgericht 2012 fest. Das Wahlgesetz musste geändert werden. Die übrigen Parteien erhalten nun die gleiche Zahl an Ausgleichsmandaten. Dieses Verfahren ist z. B. bei den Landtagswahlen in Niedersachsen üblich. Damit bleibt das Zweitstimmenverhältnis gewahrt. Die Zahl der Abgeordneten könnte aber stark steigen. Der Vorschlag des damaligen Bundestagspräsidenten Norbert Lammert für eine Begrenzung fand keine Zustimmung.

Die **Sitzverteilung** bei Wahlen zu Landtagen, Bürgerschaften (Hamburg und Bremen) und zum Abgeordnetenhaus in Berlin erfolgt überwiegend nach Hare/Niemeyer, z. B. in Niedersachsen, Sachsen-Anhalt, Berlin und Brandenburg. Das frühere D´Hondt-Verfahren benachteiligt kleinere Parteien. Beim Verfahren nach Sainte-Laguë/Schepers bleibt des Verhältnis der Zweitstimmen gewahrt.

M 2

Fünfprozentklausel

Sie ist 1949 im Bundeswahlgesetz eingeführt und 1953 bzw. 1957 verschärft worden. Für die Zuteilung eines Landeslistenmandats werden folgende Bedingungen erhoben:

1949 5 % der Zweitstimmen in einem Bundesland oder ein Direktmandat in einem Wahlkreis dieses Bundeslandes.
1953 5 % der Zweitstimmen im Bundesgebiet oder ein Direktmandat in einem Wahlkreis.
1957 5 % der Zweitstimmen im Bundesgebiet oder drei Direktmandate.

Zur Bundestagswahl 1994 hat die PDS wegen dreier Direktmandate erstmals die 5 %-Hürde überwunden.
Für die Europawahl 2014 hat das Bundesverfassungsgesetz die Fünfprozentklausel gekippt.

Arbeitsvorschläge

1. *Begründen Sie die Fünfprozentklausel des Bundeswahlgesetzes. (M 2)*
2. *a) Erläutern Sie die Unterschiede der Auszählungsverfahren bei Wahlen. (M 1)*
   b) Erkunden Sie die Auszählungsverfahren Ihres Landesparlaments und bei den Kommunalwahlen.
3. *Vergleichen Sie das Mehrheits- mit dem Verhältniswahlsystem unter den Gesichtspunkten „Wahlgerechtigkeit", „Mehrheitsfähigkeit" (Regierungsfähigkeit) und „Wählernähe".*

Rechtliche Grundlagen

Wahlrecht und Wählbarkeit sind im Bundeswahlgesetz und in entsprechenden Gesetzen auf Landes- und Gemeindeebene geregelt. Die Bestimmungen über das Wahlrecht legen fest, wer wählen darf (Wahlberechtigung), während die Bestimmungen über die Wählbarkeit regeln, unter welchen Voraussetzungen man gewählt werden kann. Im Sprachgebrauch haben sich die Begriffe **aktives** und **passives Wahlrecht** durchgesetzt.

© Erich Schmidt Verlag 86 020

Direkte Demokratie
bedeutet, dass die Bevölkerung durch Abstimmen direkt an den Entscheidungen beteiligt wird. Beispiele dafür gibt es vereinzelt noch in der Schweiz, z. B. im Kanton Appenzell, wo sich einmal jährlich die Einwohner auf dem Marktplatz treffen, um die anstehenden Fragen zu entscheiden.

Repräsentative (indirekte) Demokratie
ist die in modernen Staaten übliche Form der Volksherrschaft.
Die Bürgerinnen und Bürger wählen ihre Vertreter/-innen auf Zeit und übertragen ihnen dadurch die Aufgabe, politische Entscheidungen zu treffen.

Dreiklassenwahlrecht in Preußen bis 1918
Aufteilung der Wählerschaft in drei Gruppen mit je einem Drittel des Steueraufkommens: Bewertung der Stimmen nach Steuerleistung (ungleiches Wahlrecht).

Durch Grundgesetz Artikel 38 Absatz 1 werden die Grundsätze einer demokratischen Wahl festgelegt: „Die Abgeordneten des Deutschen Bundestages werden in allgemeiner, unmittelbarer, freier, gleicher und geheimer Wahl gewählt."

Die Wahl ist
- **allgemein**, wenn Männer und Frauen unter gleichen Voraussetzungen wahlberechtigt sind,
- **unmittelbar**, wenn die Abgeordneten direkt in das Parlament gewählt werden, also nicht über Wahlmänner und Wahlfrauen,
- **frei**, wenn der Wähler unter mehreren Kandidaten oder Parteien ohne Zwang wählen kann,
- **gleich**, wenn jeder Wähler die gleiche Stimmenzahl und jede Stimme das gleiche Gewicht hat,
- **geheim**, wenn der Wähler unbeobachtet seine Stimme abgeben kann.

Vom Wahlrecht ausgeschlossen ist,
- wer das Wahlrecht durch Richterspruch verloren hat,
- wer zur Besorgung aller seiner Angelegenheiten einen gesetzlichen Betreuer erhalten hat,
- wer nicht nur vorübergehend durch Richterspruch in einem psychiatrischen Krankenhaus untergebracht ist.

Arbeitsvorschläge

1. *Führen Sie in Ihrer Klasse eine Wahl zum Bundestag oder zu einem Landtag durch. Verwenden Sie dafür möglichst Muster-Stimmzettel. Beachten Sie dabei die jeweiligen Wahlvorschriften. Vergleichen Sie Ihr Wahlergebnis mit dem „amtlichen Endergebnis".*
2. *„Auch Nichtwähler wählen!" (Gansäuer, ehemaliger Parlamentspräsident im Niedersächsischen Landtag). Nehmen Sie Stellung zu dieser These.*

2.5 Gewaltenteilung und Gewaltenverschränkung

Dreiteilung der Staatsgewalt

In der Bundesrepublik Deutschland wird die Dreiteilung der Staatsgewalt vom Grundgesetz und den Länderverfassungen vorgeschrieben. Sie ist Kennzeichen aller freiheitlichen demokratischen Grundordnungen. Neben demokratischen Wahlen ist sie das wirksamste Mittel zur Kontrolle politischer Macht. Voneinander unabhängige Teile der Staatsgewalt sollen sich gegenseitig kontrollieren und die Rechtmäßigkeit ihrer Handlungen überprüfen.

Gewaltenteilung

Die Lehre geht auf den französischen Philosophen Charles de Montesquieu (1689–1755) zurück. Er hat seine Gedanken in dem Satz zusammengefasst: „Macht hält die Macht in Schranken."

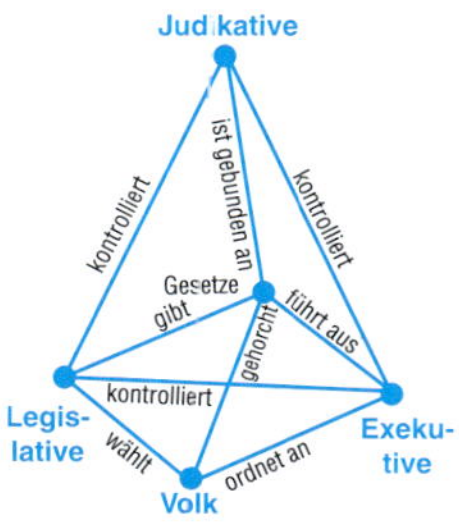

Haben die Parlamente ein Gesetz beschlossen (bei Bundesgesetzen unter Mitwirkung des Bundesrates), sorgen die Regierungen mit ihren Behörden für dessen Durchführung. Die Gerichte haben darüber zu wachen, dass das Gesetz der Verfassung entspricht, dass seine Anwendung rechtmäßig erfolgt und dass die Bürger das Gesetz beachten. Gesetzgebung, Ausführung und Rechtsprechung sind verfassungsrechtlich voneinander unabhängig.

Die Gewaltenteilung zwischen den Staatsorganen des Bundes, nämlich Bundestag und Bundesrat als Gesetzgeber, Bundesregierung und Bundesverfassungsgericht (Bundesebene) wird als **horizontale Gewaltenteilung** bezeichnet.
In der **„föderalistischen"** Staatsform (lat. foedus = Bündnis) der Bundesrepublik Deutschland sind 16 selbstständige Bundesländer vereint. Außerdem haben die Gemeinden und Gemeindeverbände (Samtgemeinden, Landkreise) das Recht **zur kommunalen Selbstverwaltung** (Art. 28. Abs. 2 GG). Dies wird als **vertikale Gewaltenteilung** bezeichnet.

Arbeitsvorschläge

1. *Ordnen Sie den Fremdwörtern „Legislative", „Exekutive" und „Judikative" die deutschen Begriffe zu (M 1).*
2. *Unterscheiden Sie mit eigenen Worten die horizontale von der vertikalen Gewaltenteilung (M 1).*

Gewaltenverschränkung

Artikel 76 GG [Gesetzesvorlagen]

(1) Gesetzesvorlagen werden beim Bundestag durch die Bundesregierung, aus der Mitte des Bundestages oder durch den Bundesrat eingebracht.
(2) Vorlagen der Bundesregierung sind zunächst dem Bundesrate zuzuleiten [...]
(3) Vorlagen des Bundesrates sind dem Bundestag durch die Bundesregierung innerhalb von sechs Wochen zuzuleiten. Sie soll hierbei ihre Auffassung darlegen.

Zu den Aufgaben des Bundestages als Organ der Gesetzgebung gehört nicht nur die Verabschiedung von Gesetzen, sondern auch ihre Vorbereitung und Einbringung (Gesetzesinitiative). Die meisten Gesetze werden jedoch von der Bundesregierung (ausführende Gewalt) eingebracht. Die Abgeordneten der Regierungsparteien sorgen dafür, dass die Vorschläge der Regierung bei Abstimmungen die erforderliche Mehrheit erhalten. Die Gründe für diese Verschiebung der Aufgaben liegt in der Notwendigkeit, Gesetze von Fachleuten ausarbeiten zu lassen. Fachleute sind die Mitarbeiter der Ministerien, aber auch Vertreter von Fachverbänden, den „Lobbyisten". Bei den parlamentarischen Beratungen der Regierungsvorlagen (Gesetzesentwürfe) setzen vor allem die Regierungsparteien bestimmte „Nachbesserungen" durch.
Diese Aufgabenverteilung zwischen Parlament und Regierung ist ein Zeichen für Gewaltenverschränkung zwischen der Regierung und ihrer parlamentarischen Mehrheit. Dies unterscheidet parlamentarische Demokratien (z. B. Großbritannien) von Demokratien mit einem Präsidialsystem (z. B. USA): Dort ist der Regierungschef zugleich Staatsoberhaupt, er wird vom Volk gewählt, und es herrscht strikte Gewaltenteilung. Dort dürfen Regierungsmitglieder keinem Parlament angehören.

M 1

Kontrolle durch die parlamentarische Opposition

Die Aufgabe, die Regierung zu kontrollieren, damit sie ihre Macht nicht missbraucht, hat in parlamentarischen Systemen hauptsächlich die Opposition. Sie besteht aus den Parteien im Parlament, die nicht an der Regierung beteiligt sind. Damit bleibt das Prinzip der Gewaltenteilung gewahrt. Die Opposition

- überwacht die Maßnahmen der Regierung und nutzt Parlamentsdebatten und Fragestunden, um Fehler und Unterlassungen der Öffentlichkeit, und damit den Wählern, aufzuzeigen. Sie zeigt auch Alternativen zur Regierungspolitik auf. Bei vermuteten Verfehlungen kann sie Untersuchungsausschüsse zur Klärung beantragen.
- arbeitet in den Parlamentsausschüssen an der Gesetzgebungsarbeit mit und kann Ergänzungen und Korrekturen einbringen.
- ist die sachliche und personelle Alternative zur jeweiligen Regierung und bereit, selbst Regierungsverantwortung zu übernehmen, z. B. nach Neuwahlen.

Die Achtung der besonderen Rolle der Opposition in einer Demokratie wurde in der 18. Legislaturperiode deutlich. Weil sie nur aus 127 Abgeordneten bestand, hat der Bundestag die Geschäftsordnung geändert. Bereits 120 Mitglieder statt ein Viertel des Bundestages konnten Ausschüsse beantragen (vgl. M2). Den Oppositionsparteien wurden auch längere Redezeiten eingeräumt. Beim gegenwärtigen 19. Bundestag ist das nicht mehr erforderlich.

M 2

Grundgesetz Artikel 44

(1) Der Bundestag hat das Recht und auf Antrag eines Viertels seiner Mitglieder die Pflicht, einen Untersuchungsausschuss einzusetzen, der in öffentlicher Verhandlung die erforderlichen Beweise erhebt. Die Öffentlichkeit kann ausgeschlossen werden.
(2) Auf Beweiserhebungen finden die Vorschriften über den Strafprozess sinngemäß Anwendung. Das Brief-, Post- und Fernmeldegeheimnis bleibt unberührt.

Arbeitsvorschläge

1. *Begründen Sie die enge Zusammenarbeit zwischen Regierungsmehrheit im Bundestag und Bundesregierung.*
2. *Erklären Sie die Gewaltenverschränkung am Beispiel der oben stehenden Karikatur (M 1).*
3. *Überprüfen Sie mit einem Partner/einer Partnerin anhand aktueller Gesetzgebungsvorhaben der Regierung, ob und wenn ja, welche Änderungen durch die Regierungsfraktionen oder durch die Opposition erwirkt werden.*
4. *Leiten Sie aus der Änderung der Geschäftsordnung des Bundestages zugunsten von Minderheitsrechten die Bedeutung der Opposition in der parlamentarischen Demokratie ab.*

2.6 Die gesetzgebende Gewalt

Organisation und Aufgaben des Bundestages

M 1 Deutscher Bundestag: 555 Gesetze verabschiedet

Der Deutsche Bundestag hat in der 18. Wahlperiode 2013 bis 2017 555 Gesetze verabschiedet. „Eingebracht" wurden 729 Gesetzesinitiativen. Davon kamen 525 von der Bundesregierung, 147 vom Bundestag und 57 vom Bundesrat. Außerdem wurden rund 2 000 Dokumente und Entschließungen des Europäischen Parlaments beraten.

Daten: Deutscher Bundestag, Referat Parlamentsdokumentation, Stand: 03.07.2017

Die Vollversammlung des Bundestages, das Plenum, verhandelt grundsätzlich öffentlich, ein Ausschuss grundsätzlich unter Ausschluss der Öffentlichkeit.

Bundestagsausschüsse

Der Bundestag bildet zu jedem politischen Fachgebiet einen Ausschuss mit Mitgliedern aller Bundestagsparteien.

Beispiele:
Haushaltsausschuss, Finanzausschuss,
Verteidigungsausschuss, Arbeits- und Sozialausschuss,
Innenausschuss,
Petitionsausschuss,
Europaausschuss

M 2

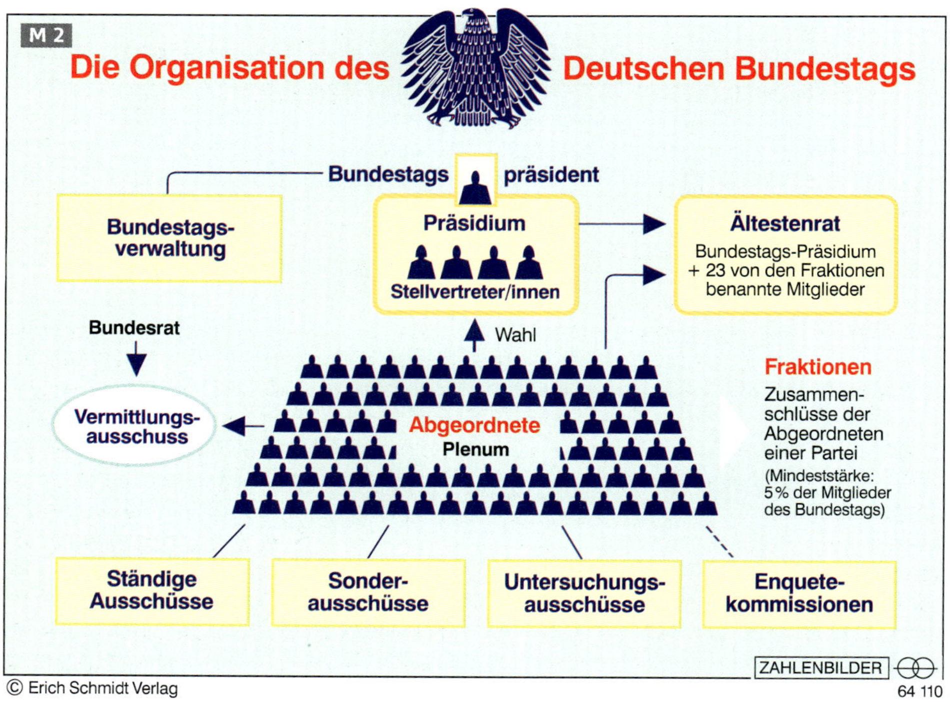

© Erich Schmidt Verlag

M 3

Neben der Gesetzgebung ist die Kontrolle der Regierung eine weitere ständige Aufgabe des Bundestages. Als Mittel stehen ihm zur Verfügung:
- Anfragen an die Regierung,
- Verabschiedung des Bundeshaushalts,
- Einsetzung von Untersuchungsausschüssen,
- Berufung des Wehrbeauftragten.

Einmalige Aufgaben des Bundestages sind:
- Wahl des Bundeskanzlers/der Bundeskanzlerin,
- Mitwirkung bei der Wahl des Bundespräsidenten,
- Wahl der Hälfte der Richter des Bundesverfassungsgerichts,
- Mitwirkung im Richterausschuss bei der Berufung der Bundesrichter,
- Feststellung des Verteidigungsfalles zusammen mit dem Bundesrat,
- Zustimmung bei Auslandseinsätzen der Bundeswehr.

Um die Regierungspolitik erfolgreich zu gestalten, sind parlamentarische Mehrheiten erforderlich. Abstimmungen, bei denen eine Regierung keine eigene Mehrheit ihrer Abgeordneten für einen Gesetzentwurf oder für eine Entschließung erhält, sind in der parlamentarischen Praxis äußerst selten. Die Gefahr für die Handlungsfähigkeit einer Regierung durch abweichende Abstimmungen einzelner oder mehrerer Abgeordneten wird umso größer, je geringer ihre Parlamentsmehrheit ist. Zur Stellung der Abgeordneten formuliert das Grundgesetz in Artikel 38 Absatz 1 das sogenannte „freie Mandat":

Pflichten der Abgeordneten des Bundestages

Abgeordnete müssen im Handbuch und auf der Internetseite des Bundestages Angaben über ihren Beruf sowie über „einmalige oder regelmäßige Einnahmen" ab 1 000,00 € veröffentlichen, um mögliche Interessenkollisionen aufzuzeigen.

Kürschners Volkshandbuch Deutscher Bundestag, 18. Wahlperiode, Kürschners Politikkontakte, Bad Honnef 2014, S. 31

M 4 Die Abgeordneten sind Vertreter des ganzen Volkes, an Aufträge und Weisungen nicht gebunden und nur ihrem Gewissen verantwortlich.

M 5 **Abgeordnete zwischen freiem Mandat und Fraktionsdisziplin**

„Fraktionsdisziplin ist für Sozialdemokraten nichts anderes, als gemeinsam mehr Erfolg zu haben."
Olaf Scholz, parlamentarischer Geschäftsführer der SPD-Bundestagsfraktion 2007, seit 2011 Erster Bürgermeister von Hamburg

„Parteien bilden den Allgemeinwillen, nicht der einzelne Abgeordnete".
Josef Isensee, Staatsrechtler

„Das Problem entsteht, wenn das, was die Fraktion tut, zu weit vom Wahlprogramm entfernt ist."
Dagmar Enkelmann, DIE LINKE

Zitate aus: Hille, Sebastian: „Nicht ohne mein Gewissen", in: Das Parlament vom 30.04.2007, S. 4

Der „Alltagsfall" des Abgeordneten sieht anders aus, als im Grundgesetz vorgesehen ist. Vor allen wichtigen Abstimmungen im Bundestag laden die Vorsitzenden der **Fraktionen** des Bundestags ihre Mitglieder zu Fraktionssitzungen ein. Dort wird das Abstimmungsverhalten durch Mehrheitsentscheidung festgelegt. Die Minderheit, die sich dieser Entscheidung unterwirft, übt **„Fraktionsdisziplin"**. Bei Themen, die innerhalb der Fraktion umstritten sind, z. B. der „EU-Rettungsschirm" zur Unterstützung hoch verschuldeter Mitglieder der Eurozone (2011), werden auch Probeabstimmungen durchgeführt, um die Sicherung der eigenen Mehrheit auszuloten. Bei Abstimmungen über ethische Sachverhalte wird das Abstimmungsverhalten in den Fraktionen „freigegeben". Zudem kann kein Abgeordneter zu einem bestimmten Abstimmungsverhalten gezwungen, er kann allenfalls überredet werden.
Zur Rechtfertigung der Fraktionsdisziplin wird darauf hingewiesen, dass vor Entscheidungen diskutiert und dann erst demokratisch abgestimmt wird. Zudem hängt die Regierungsfähigkeit einer Partei oder **Koalition** (= Bündnis mehrerer Parteien zur Regierungsbildung) von stabilen Mehrheiten ab. Ein wichtiges Argument ist auch, dass normalerweise die Grundlage für eine erfolgreiche Kandidatur, außer bei Kommunalwahlen, die Mitgliedschaft in einer Partei ist. Die Partei sorgt für den organisatorischen Rahmen des Wahlkampfs, nachdem sie in einem demokratischen Verfahren ihre Kandidaten bestimmt hat. Zudem wünscht der Wähler oder geht zumindest davon aus, dass die Kandidaten und ihre Partei die gleichen politischen Ziele verfolgen.
Parteilose Abgeordnete gab es nur im ersten Deutschen Bundestag von 1949 bis 1953. Danach ging die erfolgreiche Bewerbung nur über eine Partei. Letzter Ausweg für einen Abgeordneten, um nicht gegen sein Gewissen entscheiden zu müssen, ist der Austritt. Das ist in mehreren Legislaturperioden vorgekommen. So ist beispielsweise 2017 Frauke Petri aus der AfD-Fraktion ausgetreten. Die Abgeordneten haben ihr Mandat behalten, um als Unabhängige oder in anderen Fraktionen weiter politisch tätig zu sein. Zur Rückgabe ihres Mandats können sie nicht gezwungen werden.

Fraktion

Darunter versteht man den Zusammenschluss der Abgeordneten einer Partei im Parlament. CDU und CSU haben sich im Deutschen Bundestag zu einer Fraktionsgemeinschaft zusammengeschlossen.

Mittel zur Disziplinierung sind u. a. eine Mahnung, von wichtigen Ausschüssen abgezogen zu werden oder bei der nächsten Wahl keinen sicheren Listenplatz zu bekommen.

Mandat

Durch eine politische Wahl erteilter Auftrag zur Mitarbeit in einem Parlament.

Arbeitsvorschläge

1. *Erstellen Sie einen Bericht über Organisation und Aufgaben des Bundestages. (M 1 bis 3)*
2. *Erklären Sie, warum das freie Mandat nicht immer durchgesetzt wird. (M 4, M 5)*
3. *Ein Abgeordneter wechselt die Fraktion, behält aber sein Mandat. Führen Sie zu diesem Thema eine Diskussion.*

Der Bundesrat

Mahgreb-Staaten – sichere Herkunftsländer? Bundesrat blockiert Gesetz

Länder mit Regierungsbeteiligung der Grünen, ohne Baden-Württemberg, haben die Einstufung von Algerien, Tunesien und Marokko (Mahgreb) als sichere „Herkunftsländer“ verhindert. (März 2017)

Vermittlungsverfahren

Die Bundesratsbank besteht aus 16 Mitgliedern des Bundesrates, und zwar ein Mitglied aus jedem Bundesland [...]
Die Bundestagsbank setzt sich zusammen aus 16 Abgeordneten des Bundestags, die die Stärkeverhältnisse der Fraktionen [...] repräsentieren. [...].
Zweck des Vermittlungsverfahrens ist, das betreffende Gesetz so umzuarbeiten, dass Bundestag und Bundesrat der geänderten Fassung gleichermaßen zustimmen können.

Linn, Susanne/Sobolewski, Frank: So arbeitet der Deutsche Bundestag, Neue Darmstädter Verl.-Anst., Rheinbreitbach 2014, S. 134 f.

„Durch den Bundesrat wirken die Länder bei der Gesetzgebung und Verwaltung des Bundes und in Angelegenheiten der Europäischen Union mit.“ (Art. 50 GG) Die Mitglieder werden von den Länderregierungen bestellt. Ihre Zahl richtet sich nach der Einwohnerzahl des entsprechenden Landes. Die Stimmen eines Bundeslandes können nur einheitlich und nur durch anwesende Mitglieder oder deren Vertreter abgegeben werden.
Beschlüsse muss der Bundesrat mit der absoluten Mehrheit seiner Stimmen fassen. Er wählt einen Präsidenten auf ein Jahr, und zwar den jeweiligen Regierungschef eines Bundeslandes. Der **Bundesratspräsident** ist zugleich **Vertreter des Bundespräsidenten**.
Seit 1950 soll in der Reihenfolge jeweils der Ministerpräsident des Landes mit der nächstkleineren Bevölkerungszahl zur Wahl vorgeschlagen werden. Durch diese Regelung ist die Wahl des Bundesta gspräsidenten dem Länder- und Parteienstreit entzogen.

M 1

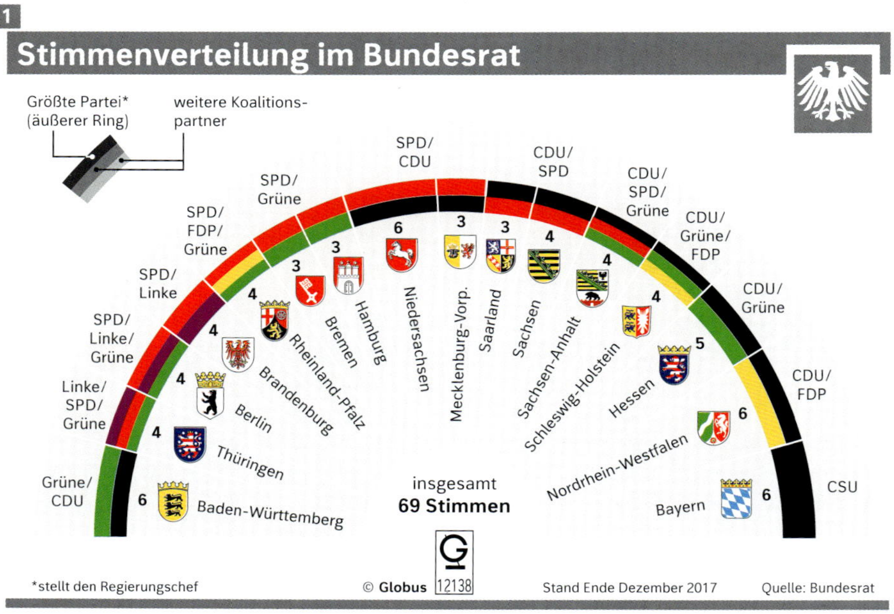

Bei der Gesetzgebung des Bundes wird zwischen einfachen, zustimmungsbedürftigen und verfassungsändernden Gesetzen unterschieden. Einfache Gesetze berühren keine Länderinteressen und können deshalb vom Bundestag auch gegen den Bundesrat durchgesetzt werden. Der Einspruch des Bundesrates muss in diesem Fall vom Bundestag mindestens mit den Stimmen der Mehrheit seiner Mitglieder zurückgewiesen werden (vgl. Art. 77 Abs. 4 GG). In den anderen Fällen handelt es sich um Gesetze, die ohne Zustimmung des Bundesrates nicht in Kraft treten können. Mit der Förderalismusreform im Jahr 2006 ist die Zahl der zustimmungspflichtigen Gesetze verkleinert worden.
Der **Vermittlungsausschuss** soll Gegensätze zwischen Bundestag und Bundesrat bei der Gesetzgebung des Bundes möglichst überbrücken. Die vom Bundesrat entsandten Mitglieder sind nicht an Weisungen ihrer Regierungen gebunden. Der Vermittlungsausschuss kann bei allen Gesetzen vom Bundesrat, bei Zustimmungsgesetzen auch vom Bundestag angerufen werden.

Arbeitsvorschläge

1. *Ermitteln Sie die aktuelle Stimmenverteilung des Bundesrates.*
2. *Erkunden Sie das Bundesland und den Namen des gegenwärtigen Bundesratspräsidenten.*
3. *Erstellen Sie einen Kurzvortrag über Organisation und Aufgaben des Bundesrates.*

Der Gang der Gesetzgebung

Endlager: Der Startschuss

CDU/CSU, SPD und Grüne bringen Neustart der Endlagersuche auf den Weg. Linke kritisieren die mangelnde Einbindung der Anti-Atominitiativen.

Reimer, Sören Christian, in: Das Parlament, 27.03.2017, S. 8

Ehe für alle

Der Bundestag hat sich im Juni 2017 nach längerer Debatte für die Gleichbehandlung homosexueller Paare („Ehe für alle") ausgesprochen. Während SPD, Grüne und Linke geschlossen dafür stimmten, wurde die Abstimmung in der CDU/CSU-Fraktion freigegeben. 75 Abgeordnete stimmten dafür. Eine Verfassungsklage wird erwartet.

Debatte

Die Aussprache im Parlament, bei der in Rede und Gegenrede die unterschiedlichen politischen Meinungen dargelegt werden, nennt man Debatte. Ihr gehen in der Regel Diskussionen in den Arbeitskreisen, Ausschüssen und Fraktionen voraus. In den Fraktionen legt man auch fest, welche Abgeordneten zu welchen Sachpunkten das Wort ergreifen sollen. Die Plenardebatte im Parlament dient dazu, die unterschiedlichen Standpunkte darzustellen und die Öffentlichkeit über die Sachgründe zu informieren, die zu dieser oder jener politischen Entscheidung geführt haben.

M 1

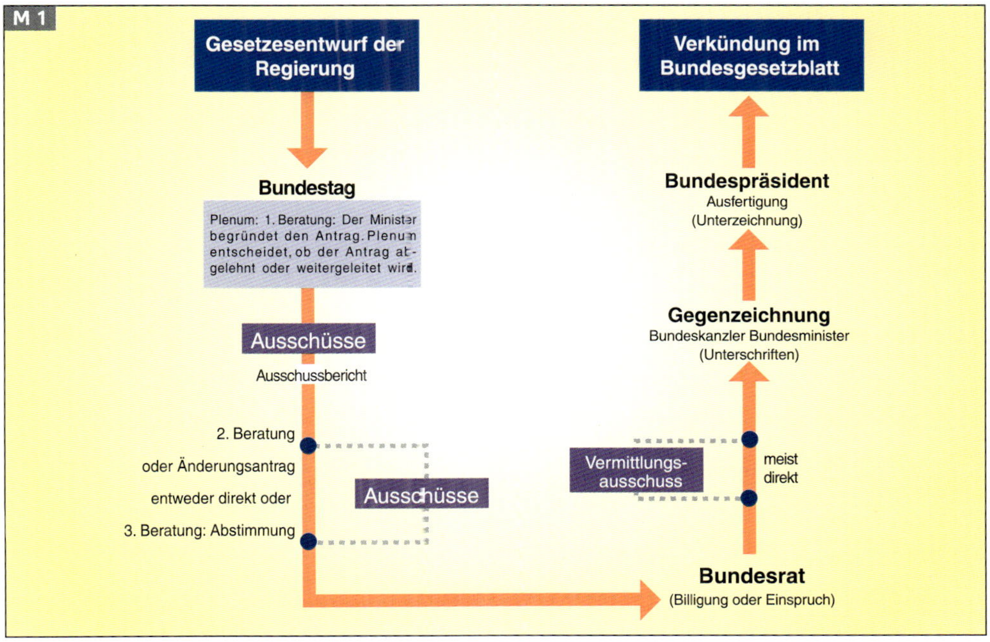

Oberstes Organ der Gesetzgebung ist der Bundestag. Mindestens 5 % der Abgeordneten, das sind zurzeit 32, können sich zusammenschließen und gemeinsam einen Gesetzesvorschlag „einbringen". Dieser wird der Regierung und dem Bundesrat zugeleitet.
Gesetzesvorlagen der Bundesregierung und des Bundesrates werden beim Bundestag eingereicht, dort in drei Lesungen debattiert und mit der Mehrheit der abgegebenen Stimmen verabschiedet, es sei denn, das Grundgesetz bestimmt etwas anderes. So benötigen Verfassungsänderungen Zweidrittelmehrheiten von Bundestag und Bundesrat. Bei zustimmungspflichtigen Gesetzen, die vom Bundestag und vom Bundesrat mit Mehrheit verabschiedet werden müssen, können sich beide Parlamente bei unterschiedlichen politischen Mehrheiten gegenseitig blockieren.

Arbeitsvorschläge

1. *Entwickeln Sie mit einem Partner einen Gesetzesvorschlag und fertigen Sie eine Ablaufskizze über den Weg an, den Ihr Vorschlag gehen muss (M 1).*
2. *Begründen Sie die Regelung, dass das Mandat eines Bundestagsabgeordneten an seine Person gebunden ist, er also z. B. bei Abstimmungen über Gesetzesvorlagen nicht vertreten werden kann, während Mitglieder des Bundesrates vertreten werden können.*
3. *Ermitteln Sie aktuelle Mehrheiten in Bundestag und Bundesrat und verfolgen Sie in den Medien ein Gesetzgebungsverfahren (M 1).*

Der Amtseid

Ich schwöre, dass ich meine Kraft dem Wohle des deutschen Volkes widmen, seinen Nutzen mehren, Schaden von ihm wenden, das Grundgesetz und die Gesetze des Bundes wahren und verteidigen, meine Pflichten gewissenhaft erfüllen und Gerechtigkeit gegen jedermann üben werde. So wahr mir Gott helfe. (Der Eid kann auch ohne religiöse Beteuerung geleistet werden.)

Art. 64 Abs. 2 GG und Art. 56 GG

2.7 Die vollziehende Gewalt

Von der Wahl zur Regierungsbildung

M 1

24. September 2017: Wahl zum 19. Deutschen Bundestag
Volksparteien CDU/CSU und SPD verlieren Stimmen, FDP kommt zurück, AfD ist neu dabei, Martin Schulz (SPD) in der Wahlnacht: „Wir gehen in die Opposition".

11. Januar 2018:
Koalitions-Sondierungen zwischen Union und SPD erfolgreich. Was sagt die SPD-Basis ?

14. März 2018: Angela Merkel ist zum vierten Mal Kanzlerin.
Sie wurde im ersten Wahlgang mit 364 von 688 gültigen Stimmen gewählt.

24. Oktober: Der Bundestag konstituiert sich
Wolfgang Schäuble (CDU) wird neuer Bundestagspräsident.

20. November, kurz vor Mitternacht:
Christian Lindner (FDP) lässt „Jamaika" platzen.

21. November, Bundespräsident Steinmeier
„Die Parteien dürfen sich nicht drücken!"

Die Bundeskanzler der Bundesrepublik Deutschland:

Konrad Adenauer (CDU) 1949–1963
Ludwig Erhard (CDU) 1963–1966
Kurt Georg Kiesinger (CDU) 1966–1969
Willy Brandt (SPD) 1969–1974
Helmut Schmidt (SPD) 1974–1982
Helmut Kohl (CDU) 1982–1998
Gerhard Schröder (SPD) 1998–2005
Angela Merkel seit 2005

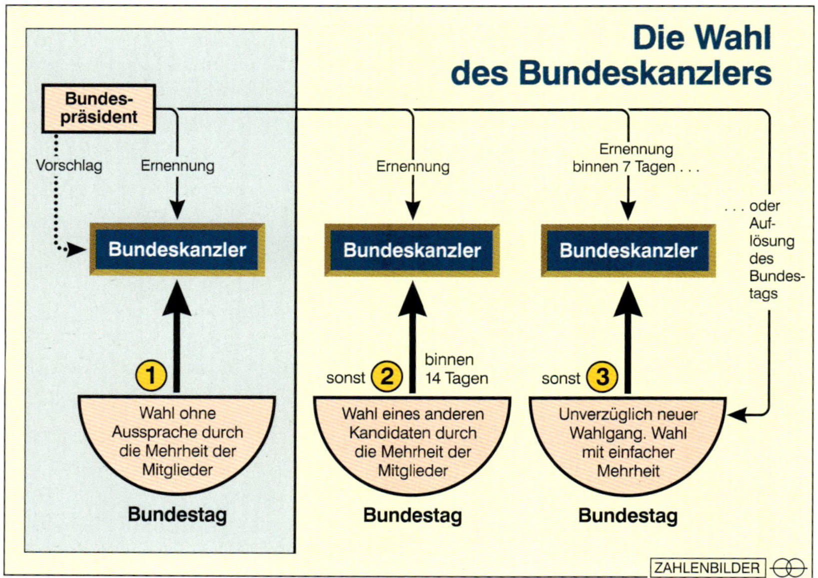

© Erich Schmidt Verlag

Angela Merkel

Der erste Schritt zu einer neuen Regierung ist die Wahl eines Bundeskanzlers oder einer Bundeskanzlerin „auf Vorschlag des Bundespräsidenten" (Art.63 GG) mit der Mehrheit der Mitglieder des Bundestages. Hat keine Partei allein diese Mehrheit, müssen Partner für eine **Koalition** (Bündnis) aus zwei oder mehreren Parteien gefunden werden. Das führt häufig zu schwierigen Verhandlungen, denn jede Partei möchte ihre Wahlversprechen einbringen. Sie müssen sich aber auf Kompromisse einlassen. Erfolgreiche Verhandlungen münden in einen **Koalitionsvertrag**, der Richtschnur für die künftige Regierungspolitik sein soll.
Wird der Vorgeschlagene nicht gewählt, kann der Bundestag mit der Mehrheit seiner Mitglieder innerhalb von zwei Wochen einen anderen Bundeskanzler wählen. Erringt dieser Vorschlag keine Mehrheit, ist „unverzüglich" ein weiterer Wahlgang erforderlich. Gewählt ist dann der Vorschlag mit den meisten Stimmen. Der Bundespräsident kann ihn als Bundeskanzler ernennen – das führt zu einer **Minderheitsregierung** – oder der Bundestag wird aufgelöst und es kommt zu **Neuwahlen**. Bundesminister werden auf Vorschlag des Bundeskanzlers vom Bundespräsidenten ernannt (Art. 64 GG). Bei Koalitionen sind es die Vorschläge der Koalitionspartner.

Meinungsverschiedenheiten können z. B. auftreten, wenn Minister einer Fraktion oder einer Koalition über die Lösung politischer Probleme bei einem Gesetzesvorhaben streiten, z. B. der Finanz- mit dem Wirtschaftsminister.
Wird der Streit in die Öffentlichkeit getragen, entsteht der Eindruck einer Regierungskrise. Auseinandersetzungen über den richtigen Weg sind aber auch ein Merkmal der Demokratie.
Wie viel Macht hat der Bundeskanzler? Er hat vom Grundgesetz eine starke Stellung erhalten. Seine Richtlinienkompetenz wird aber eingeschränkt durch die politische Abhängigkeit von seiner Fraktion und seiner Partei und gegebenenfalls durch die Ansprüche seiner Koalitionspartner.

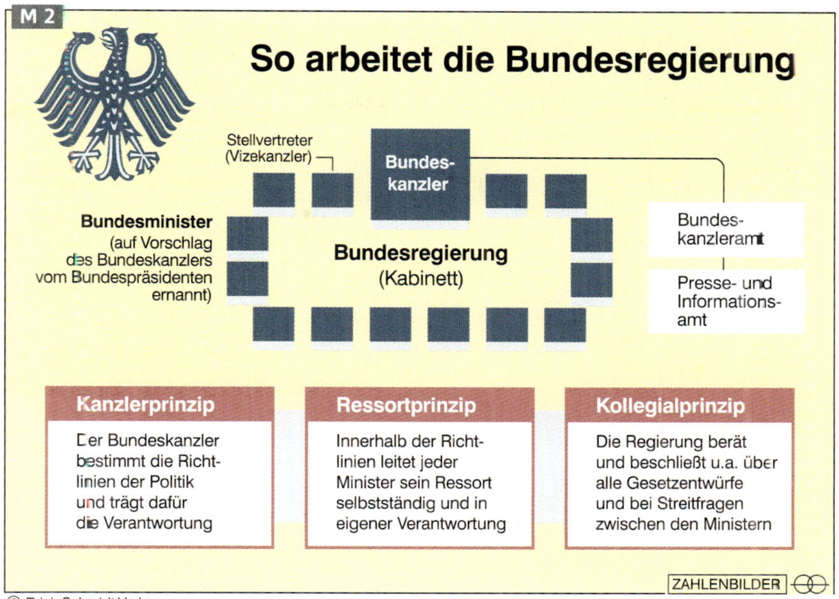

© Erich Schmidt Verlag 67 123

Regierungswechsel

Die Schöpfer des Grundgesetzes haben den Regierungswechsel während einer Legislaturperiode erschwert, weil sie „Weimarer Verhältnisse“ verhindern wollten. Zwischen 1928 und 1933 gab es fünf Reichskanzler und ebenso viele Reichstagswahlen. Gestürzt werden kann der Kanzler nur durch ein **konstruktives Misstrauensvotum**, indem der Bundestag mit Mehrheit seiner Mitglieder einen Nachfolger wählt (Art 67 GG). Zwei andere Wege gehen von ihm selbst aus:
- Er kann **zurücktreten** und damit den Weg für die Wahl eines Nachfolgers frei machen.
- Er kann die **Vertrauensfrage** stellen. Erhält er nicht die Zustimmung des Bundestages, „so kann der Bundespräsident auf Vorschlag des Bundeskanzlers binnen einundzwanzig Tagen den Bundestag auflösen.“ (Art. 68 GG) Dieses Recht erlischt nur, wenn der Bundestag in der Zwischenzeit einen anderen Bundeskanzler wählt.

Die Vertrauensfrage ist das wichtigste Mittel des Kanzlers zum Erhalt seiner Macht oder seiner Ablösung. Er kann wichtige Sachentscheidungen mit der Vertrauensfrage verbinden, um Abgeordnete, die anderer Meinung sind, zu „disziplinieren“ (zum Einlenken bewegen). Bei Entzug des Vertrauens und Auflösung des Bundestages müssen sie befürchten, von ihrer Partei nicht mehr als Kandidaten aufgestellt zu werden.

In der Geschichte der Bundesrepublik ist die Vertrauensfrage bisher dreimal bewusst eingesetzt worden, um eine Regierung abzulösen und Neuwahlen herbeizuführen, zuletzt 2005 vom ehemaligen Bundeskanzler Schröder. Verfassungsrechtlich ist dieser Weg umstritten.

Arbeitsvorschläge

1. *Ergänzen Sie die Schlagzeilen von der Bundestagswahl 2017 (M1) und die weiteren Stationen bis zu einer Regierungsbildung und erklären Sie den Zeitaufwand.*
2. *Erklären Sie, warum die Fraktions- und Parteivorsitzenden der Regierungsparteien, manchmal auch Einzelpersonen, wichtige Gesprächspartner für den Bundeskanzler sind.*
3. *Suchen Sie Gründe dafür, dass die Vertrauensfrage ein „Disziplinierungsinstrument“ des Bundeskanzlers gegenüber den Abgeordneten der Regierungsparteien ist.*
4. *Ermitteln Sie aus den Medien aktuelle Auseinandersetzungen innerhalb einer Regierungskoalition. Berichten Sie, ob und wie der Streit gelöst wurde.*

Garant für die Demokratie

Bundesverfassungsgericht feiert 60-jähriges Bestehen.

Der Bundespräsident lobt die Wächterrolle der Richter. „Ohne die gelebte Unabhängigkeit dieses Gerichts wäre die Republik eine andere.“ (Angela Merkel, Bundeskanzlerin)

Crolly, Hannelore, in: Die Welt vom 29.09.2011, S. 11

2.8 Das Bundesverfassungsgericht

Bindung staatlicher Gewalt an Verfassung, Gesetz und Recht

Verstoßen Entscheidungen staatlicher Behörden nach Auffassung eines Bürgers, eines Verbandes oder einer Partei gegen geltendes Recht, so können die je nach Sachverhalt zuständigen Gerichte angerufen werden. Sie können den Bürgern Schutz gewähren, weil sie gegenüber Regierung und Verwaltung unabhängig sind. Eine Reihe gesetzlicher Bestimmungen soll diese Unabhängigkeit der Richter sicherstellen. So sagt das Grundgesetz: **„Die Richter sind unabhängig und nur dem Gesetz unterworfen.“** (Art 97 Abs. 1 GG). Sie sind an keine Weisungen, z. B. des Justizministers, gebunden und können gegen ihren Willlen nicht versetzt werden. Die Gerichtsbarkeit ist die „dritte Gewalt“ eines demokratischen Staates.

§

Bundesverfassungsgerichtsgesetz § 1 Abs. 1

Das Bundesverfassungsgericht ist ein allen übrigen Verfassungsorganen gegenüber selbstständiger und unabhängiger Gerichtshof des Bundes.

M 2

Wichtige Urteile des Bundesverfassungsgerichts in der Geschichte der Bundesrepublik Deutschland

- Urteil zum KPD-Verbot
- Urteil zur Wehrdienstverweigerung
- Urteil zum Grundlagenvertrag
- Urteil zur Parteienfinanzierung
- Volkszählungsurteil
- Urteil zum Einigungsvertrag
- Urteil zur Online-Durchsuchung
- Urteil zum Bundeswahlgesetz
- Urteil zum Europawahlgesetz
- Urteil zum NPD-Verbot

M 1

© Erich Schmidt Verlag

Das Bundesverfassungsgericht (BVG) überprüft, ob in Deutschland das Grundgesetz beachtet wird. Überprüft das Bundesverfassungsgericht ein Gesetz auf seine Verfassungsmäßigkeit, spricht man von einem **Normenkontrollverfahren**. Streiten Bund und Länder vor dem Gericht, hat das Verfahren **Bund-Länder-Streitigkeiten** zum Inhalt.

Fühlt sich ein Bürger durch die öffentliche Gewalt in einem seiner Grundrechte verletzt, so kann er das Bundesverfassungsgericht anrufen. Das Verfahren wird als **Verfassungsbeschwerde** bezeichnet. Sie ist Ausdruck der besonderen Bedeutung, die das Grundgesetz den Grundrechten für die verfassungsmäßige Ordnung des Staates beimisst. Die Verfassungsbeschwerde kann jeder Bürger selbst ohne Hilfe eines Rechtsanwalts erheben. Voraussetzung ist nur, dass die Verfassungsbeschwerde notwendig ist, um eine Grundrechtsverletzung zu verhindern.

Viele Bürger sehen in den 16 Richtern des Bundesverfassungsgerichts oft die letzte Hilfe vor staatlicher Ungerechtigkeit. Jährlich gehen an die 5000 Verfassungsbeschwerden ein.

Arbeitsvorschläge

1. *Beschreiben Sie Aufbau und Aufgaben des Bundesverfassungsgerichts (M 1).*
2. *Erklären Sie in einem Kurzreferat die Bedeutung der Unabhängigkeit der Richter für einen demokratischen Staat.*
3. *Berichten Sie, mithilfe einer Internetrecherche, über ein aktuelles Urteil des BVG (M 2).*

2.9 Der Bundespräsident

Der Bundespräsident ist **Staatsoberhaupt** der Bundesrepublik Deutschland. Bei Verhinderung wird er vom Präsidenten des Bundesrates vertreten.
Der Bundespräsident wird von der **Bundesversammlung** ohne Aussprache auf fünf Jahre gewählt, es sei denn, seine Amtszeit endet vorzeitig. Eine Wiederwahl ist einmal möglich. Wählbar sind Deutsche, die das Wahlrecht zum Bundestag besitzen und mindestens 40 Jahre alt sind.

Artikel 54 (3) GG (Wahl)

Die Bundesversammlung besteht aus den Mitgliedern des Bundestages und einer gleichen Anzahl von Mitgliedern, die von den Volksvertretungen der Länder nach den Grundsätzen der Verhältniswahl gewählt werden.

Die Vertreter der Bundesländer in der Bundesversammlung werden als Wahlmänner und Wahlfrauen bezeichnet und von ihren Parteien benannt. Es müssen keine Abgeordneten der Länderparlamente sein.

Der Kandidat oder die Kandidatin zum Amt des Bundespräsidenten braucht im ersten und zweiten Wahlgang die Mehrheit der Stimmen (absolute Mehrheit). In einem dritten Wahlgang ist gewählt, wer die meisten Stimmen erhält (relative Mehrheit). Der gegenwärtige Bundespräsident Frank-Walter Steinmeier wurde bereits im ersten Wahlgang mit einer deutlichen Mehrheit gewählt.

M 1

Aufgaben des Bundespräsidenten
- die völkerrechtliche Vertretung des Bundes gegenüber anderen Staaten
- Abschluss von Verträgen mit anderen Staaten
- Beglaubigung und Empfang der Gesandten auswärtiger Staaten
- Vorschlag, Ernennung und Entlassung des Bundeskanzlers und der Minister
- Ernennung und Entlassung der Bundesrichter, Bundesbeamten, Offiziere und Unteroffiziere
- Ausfertigung, Gegenzeichnung und Verkündung von Gesetzen mit Gegenzeichnung durch den Bundeskanzler oder durch den zuständigen Minister
- Begnadigung in Einzelfällen
- Erklärung des Gesetzgebungsnotstands

M 2 Der **Gesetzgebungsnotstand** ist das Recht einer Regierung, in besonderen Situationen mit Zustimmung des Bundesrates Gesetze zu erlassen, wenn sie dafür keine Mehrheit im Bundestag findet (Art. 81 GG).

Der Bundespräsident hat vor allem repräsentative Aufgaben und hat weder das Recht noch die Macht, politische Prozesse direkt zu beeinflussen. Es gibt zwei Ausnahmen:
- Er kann die Zustimmung zu einem Gesetz verweigern, wenn er es für nicht verfassungsgemäß hält. Es tritt dann nicht in Kraft. Das gilt auch beim Gesetzgebungsnotstand.
- Wenn bei der Kanzlerwahl nach einem dritten Wahlgang ein Kandidat keine Mehrheit bekommt (s. S. 336), kann er den Bundestag auflösen. Es folgen Neuwahlen. Oder er ernennt den Kandidaten zum Kanzler, der die meisten Stimmen erhält. Es gibt dann eine Minderheitsregierung, die auf wechselnde Mehrheiten angewiesen ist.

Arbeitsvorschläge

1. *Ordnen Sie die Aufgaben des Bundespräsidenten einem „politischen" und einem „repräsentativen" Bereich zu (M 1 und Text).*
2. *Stellen Sie anhand von Art. 81 GG fest, unter welchen Umständen ein Gesetzgebungsnotstand auftreten kann (M 2).*
3. *Sollte der Bundespräsident künftig direkt vom Volk gewählt werden? Führen Sie dazu eine Diskussion.*

Bundesversammlung 2017
(Wahl von Frank-Walter Steinmeier)

CDU/CSU	539
SPD	384
BÜNDNIS 90/DIE GRÜNEN	147
Die Linke	95
FDP	36
AfD	35
Piraten	11
Freie Wähler	19
Brandenburger Vereinigte Bürgerbewegung (BVB)/FW	1
Fraktionslose	1

Die Bundespräsidenten der Bundesrepublik Deutschland

Theodor Heuss (FDP)
1949–1954, 1954–1959
Heinrich Lübke (CDU)
1959–1964, 1964–1969
Gustav Heinemann (SPD)
1969–1974
Walter Scheel (FDP)
1974–1979
Carl Carstens (CDU)
1979–1984
Richard von Weizsäcker
1984–1989, 1989–1994
Roman Herzog (CDU)
1994–1999
Johannes Rau (SPD)
1999 –2004
Horst Köhler (CDU)
2004–2009, 2009–2010
Christian Wulff (CDU)
2010–2012
Joachim Gauck
2012–2017
Frank-Walter Steinmeier (SPD)
ab 2017

Frank-Walter Steinmeier

2.10 Der bundesstaatliche Aufbau Deutschlands

Die Verteilung der staatlichen Macht

Urteil des Bundesverfassungsgerichtes zur Eigenstaatlichkeit der Länder vom 23.10.1951

Die Länder sind als Glieder des Bundes Staaten mit eigener – wenn auch gegenständlich beschränkter – nicht vom Bund abgeleiteter, sondern von ihm anerkannter staatlicher Hoheitsmacht. Solange ein Land besteht und seine verfassungsmäßige Ordnung sich im Rahmen des Art. 28 Abs. 1 GG hält, kann der Bund ohne Verletzung des im Grundgesetz garantierten bundesstaatlichen Prinzips in seine Verfassungsordnung nicht eingreifen.

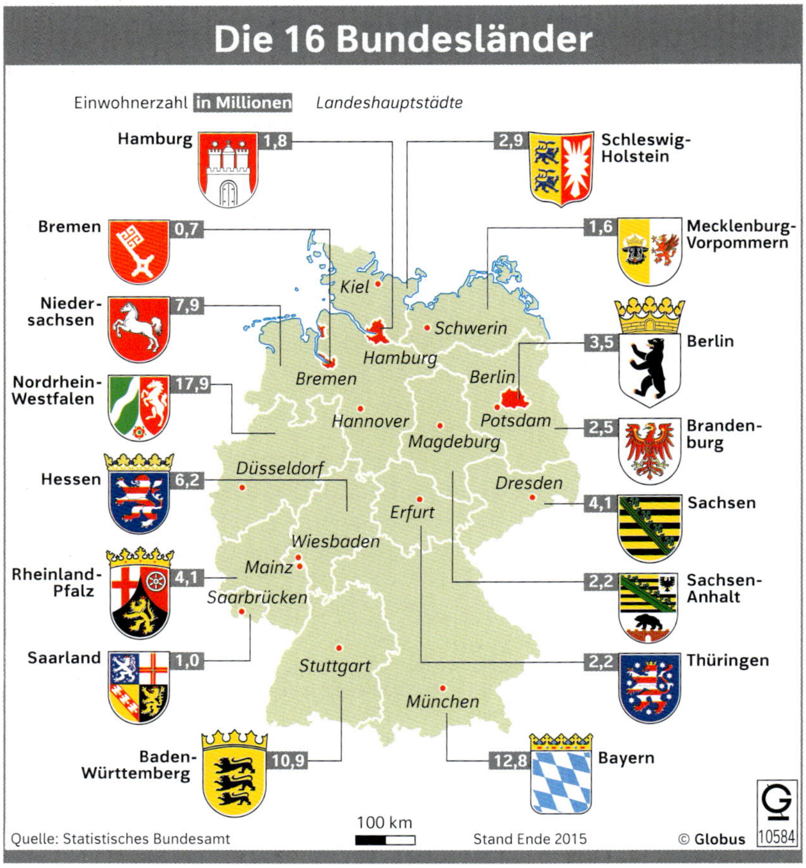

Die Deutschen in den Ländern Baden-Württemberg, Bayern, Berlin, Brandenburg, Bremen, Hamburg, Hessen, Mecklenburg-Vorpommern, Niedersachsen, Nordrhein-Westfalen, Rheinland-Pfalz, Saarland, Sachsen, Sachsen-Anhalt, Schleswig-Holstein und Thüringen haben in freier Selbstbestimmung die Einheit und Freiheit Deutschlands vollendet. Damit gilt dieses Grundgesetz für das gesamte Deutsche Volk.

Auszug aus der Neufassung der Präambel des Grundgesetzes vom Oktober 1990

Die Bundesrepublik Deutschland ist nach dem Grundgesetz ein **Bundesstaat**. In ihr sind 16 Gliedstaaten, die **Länder**, zu einem Gesamtstaat, dem **Bund**, zusammengeschlossen.

Eine bundesstaatliche Ordnung wird **föderative Ordnung** genannt (lat. foedus = Bund, Bündnis). In unserem föderativen Staat ist die Staatsgewalt auf den Bund und die Länder aufgeteilt, d. h., die Länder sind neben dem Bund Staaten mit eigenständiger gesetzgebender, ausführender und richterlicher Gewalt.

Kommt es in unserem komplizierten Staatsaufbau zu Problemen zwischen dem Bund und zwischen den Ländern und können diese nicht einvernehmlich gelöst werden, so ist das Bundesverfassungericht (s. S. 238) als Schiedsstelle vorgesehen.

Arbeitsvorschläge

1. *Zählen Sie Vor- und Nachteile eines Bundesstaates auf.*
2. *Nennen Sie Beispiele für die Staatsgewalt von Bundesländern.*

Die Rechtsbereiche werden zwischen der Bundes- und der Länderebene unterschieden. Hinzu kommt, dass für einige Politikbereiche die Zuständigkeit auf die Europäische Union übertragen wurde (Vertrag über die Arbeitsweise der Europäischen Union AEUV, Bestandteil des Lissabon-Vertrags). Allerdings haben die nationalen Parlamente ein Mitspracherecht bei allen europäischen Rechtsakten und werden vorher informiert. Sie können dagegen Einspruch einlegen, falls sie einen Verstoß gegen das **Subsidiaritätsprinzip** vermuten. Dies ist der Fall, wenn eine Angelegenheit besser auf nationaler oder regionaler Ebene geregelt werden könnte. Die Kommission muss dann ihren Vorschlag überdenken. Außerdem kann jedes nationale Parlament beim Europäischen Gerichtshof klagen.

Die Bund-Länderbeziehungen sind 2017 durch 13 Grundgesetzänderungen neu geregelt worden. So wird z. B. künftig der Länderfinanzausgleich zwischen „armen" und „reichen" Ländern nicht mehr aus den Steuereinnahmen der Länder, sondern über die Verteilung der Umsatzsteuer ausgeglichen. Zudem erhalten die Länder ab 2020 Zuschüsse vom Bund zur Sanierung von Schulen.

Gesetzgebungskompetenz			
der Länder	**des Bundes** (Art. 73 GG)	**konkurrierend** (Art. 73 GG)	**der EU** (Art. 3, AEUV)
- Landesstaatsrecht - Kommunalrecht - Schulrecht - Kulturrecht - Allgemeines Polizei- und Ordnungsrecht - Strafvollzug - Begnadigungsrecht - Ladenschlussrecht u. a.	- auswärtige Angelegenheiten - Verteidigung - Waffen- und Sprengstoffrecht - Melde- und Ausweiswesen - Postwesen und Telekommunikation - Terrorabwehr	- Vereinsrecht - Aufenthaltsrecht für Ausländer - Wirtschaftsrecht - Arbeitsrecht und Betriebsverfassung - Lebensmittelrecht - Umweltschutz - Wasserhaushalt - Hochschulzulassung	- Zollpolitik - Binnenmarkt - Wettbewerbspolitik - Geld- und Währungspolitik (der Eurostaaten) - Fischereipolitik (teilweise) - Umweltschutz - Verbraucherschutz

Verwaltung

Neben dem Bund verfügt jedes Bundesland über eine eigene Verwaltungsorganisation. Da die Länder ihre eigenen Gesetze und einen Großteil der Bundesgesetze ausführen müssen, ist die Verwaltungstätigkeit eine der Hauptaufgaben der Länder, aber auch der Gemeinden. Die Länderverwaltung umfasst die obersten Landesbehörden (z. B. Ministerien), in einigen Bundesländern Mittelbehörden (z. B. Bezirksregierungen) und die unteren Behörden auf Stadt-, Kreis- und Gemeindeebene.

Justiz

Bund und Länder verfügen über eigene Gerichte für die verschiedenen Rechtsbereiche. Dabei wird zwischen ordentlichen Gerichten und Fachgerichten unterschieden. Bürgerinnen und Bürger, Unternehmen und Organisationen kommen in einem Streitfall zunächst mit den Gerichten eines Landes in Berührung. Die Länder haben neben ihren oberen Instanzen (z. B. Oberlandesgericht) mittlere (z. B. Landgericht) und untere Instanzen (z. B. Amtsgericht). Die Bundesgerichte – also der Bundesgerichtshof, das Bundesverwaltungsgericht, das Bundesarbeitsgericht und das Bundessozialgericht – sind die obersten Instanzen der einzelnen Gerichtszweige.

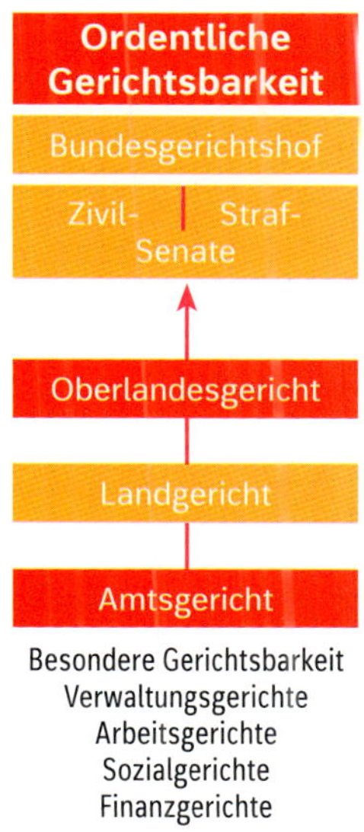

Arbeitsvorschläge

1. *Erörtern Sie folgende Aussagen:*
   a) Der Föderalismus ist teuer, schwerfällig und erschwert bundeseinheitliche Regelungen dringender Probleme.
   b) Der Föderalismus fördert den Wettbewerb zwischen den Ländern. Jedes Land kann neue Ideen entwickeln, sie weitergeben und dadurch zum Fortschritt beitragen.

2. *Entwerfen Sie in Gruppenarbeit einen neuen Zuschnitt der Bundesländer und diskutieren Sie die Ergebnisse in Ihrer Klasse.*

2.11 Streitbare Demokratie – Sicherheit kontra Freiheit

Gegner der Demokratie

M 1

Brauner Terror in Deutschland

Die Terrorgruppe „Nationalsozialistischer Untergrund" (NSU) hat zwischen 2000 und 2007 neun türkisch- und griechisch-stämmige Kleinunternehmer und eine Polizistin ermordet.

Straßenschlachten in Hamburg

Hamburger Linksextremisten, der „Schwarze Block", haben am Rande des G-20-Gipfels im Juli 2017 Schaufenster eingeschlagen, Autos „abgefackelt" und 476 Polizisten verletzt.

Islamistischer Terror im Herzen Berlins

LKW rast in Weihnachtsmarkt bei der Gedächtniskirche, 12 Tote, fast 50 Verletzte. Der Täter vom 19.12. 2016, Anis Amri, ist ein abgelehnter Asylbewerber aus Tunesien und galt als „Gefährder" mit Kontakten zu Salafisten.

Sanches, Miguel, in: Braunschweiger Zeitung, 02.01.2017, S. 7

Cyber-Krieg: Hackerangriff auf Bundesverwaltung

Nach dem Hacker-Angriff 2015 auf den Bundestag ist im Dezember 2017 ein neuer Angriff erkannt worden. Die Medien berichteten davon erst am 1. März 2018. Die Angreifer werden in Russland vermutet.

Politisch motivierte Kriminalität 2016
41 549 Straftaten, darunter 13 923 Propagandadelikte
rechts: 23 555 mit 1 698 Gewalttaten
links: 9 389 mit 1 702 Gewalttaten (außerdem Ausschreitungen beim G-20-Gipfel in Hamburg, 2017)
Ausländer: extremistisch motivierte Gewalt: 2 566 mit 427 Gewalttaten: Islamisten: ca. 24 000 Delikte, Gewalt: häufig durch Einzeltäter
BMI: Verfassungsschutzbericht 2016, Berlin 2017, S. 12 ff.

Islamismus
radikal-einseitige Auslegung des Korans mit dem Ziel eines „Gottesstaates"

Koran
Heilige Schrift des Islam, nach dem Glauben der Muslime das „unverfälschte Wort Gottes", verkündet durch den Propheten Mohammed

Scharia
islamisches Recht mit Strafrecht für alle Lebensbereiche der Gläubigen, basierend auf den Lehren Mohammeds, entstanden im 7. Jh.

Jede Staatsform hat einen Teil ihrer Bürger als Gegner. Auch funktionierende Demokratien haben ihre offenen und versteckten Feinde. Es sind überwiegend Vertreter anderer Gesellschaftsmodelle linker, rechter oder radikal-religiöser Art. Häufig gelingt es ihnen, Anhänger zu finden, die sich von der Gesellschaft ausgegrenzt fühlen, sich als Verlierer betrachten und nun ein neues Selbstwertgefühl erfahren. Sie finden in den jeweiligen Ideologien einfache Antworten für alle Missstände der Welt. Mit Terror soll Angst und Schrecken verbreitet, das Vertrauen in die verhassten politischen Führungen untergraben und eine Umgestaltung der politischen Systeme vorbereitet werden.

M 2

- **Rechtsextremisten** verstoßen durch Ausländerfeindlichkeit und Rassismus gegen den demokratischen Grundsatz, dass alle Menschen vor Gott und dem Gesetz gleich sind. Erst durch eine Schießerei im Oktober 2016 in Bayern, bei der ein Polizist getötet und drei weitere verletzt wurden, richtet sich der Blick auf bis dahin unauffällige rechtsextreme Gruppen, die sich **„Reichsbürger"** nennen. Sie „leben" im Deutschen Reich in den Grenzen von 1937 und erkennen den deutschen Staat nicht an.
- **Linksextremisten** sind Gegner der verfassungsgemäßen Ordnung und des Rechtstaats. Nach der Lehre von Marx und Lenin seien dies eine Form des Kapitalismus und Auslöser von Ausbeutung und Kriegen. Vor allem gewaltorientierte **Autonome** suchen bei Großveranstaltungen in Ballungsräumen wie Hamburg und Berlin die Konfrontation mit der Polizei und verüben schwere Gewalttaten. Wichtig ist für sie auch, rechtsextremistische Veranstaltungen zu verhindern.
- **Islamistische Extremisten** wollen die Trennung von geistlicher und weltlicher Herrschaft aufheben, sie lehnen die Demokratie ab, weil sie nur Allah gehorchen wollen. Ihr Ziel ist ein „Gottesstaat" nach den Gesetzen des Korans und der Scharia.

In den letzten Jahren wird zunehmend intensiver eine neue Gefahr wahrgenommen: Der Angriff aus dem Internet auf das Internet, die **Cyber-Kriminalität**. Ziele sind Wirtschaftsunternehmen, Verwaltungen und politische Institutionen. So gab es 2015 einen Hacker-Angriff auf den Bundestag mit Zugang zu internen Netzwerken. Für den politischen Bereich werden fremde Geheimdienste vermutet. Ideologische Zuordnungen sind dabei nicht möglich. 2016 wurden in Deutschland 900000 Telefonanschlüsse und im Mai 2017 viele Bahnhöfe durch Cyberangriffe gestört. Befürchtet wird, dass auch Krankenhäuser oder die Stromversorgung angegriffen werden können.

M 3 Mudschahedin – die „Gotteskrieger" – wollen die Weltherrschaft

Islamisten gelten als „Fundamentalisten", wie sie in anderen Religionen auch anzutreffen sind. Ihre „heilige Schrift", der Koran, wurde dem Religionsstifter Mohammed durch den Erzengel Michael diktiert und wird wörtlich genommen. Nur die passenden „Suren" (Verse) werden für die eigene Weltsicht herangezogen und ausgelegt. Das Gebot der Vollverschleierung von Frauen ist im Koran nicht zu finden. Aus dem Koran wird abgeleitet, dass alles private und öffentliche Handeln von Gott vorgegeben und somit die Demokratie gottlos sei. Das Ziel ist die Weltherrschaft des Islam in einem Gottesstaat mit islamischem Recht, der Scharia. Dazu zählt z. B. Verbot von Alkohol, Steinigung von Ehebrecherinnen, Handamputation bei Diebstahl. Das Mittel ist Dschihad, der Krieg gegen Ungläubige durch die Mudschahedin.

Bereits 2005 sagte der damalige Innenminister Otto Schily (SPD): **„Islamistischer Terror bleibt die Hauptgefahr"**. Mit dem Anschlag vom 19. Dezember 2016 auf den Weihnachtsmarkt in Berlin mit neun Toten und 55 Verletzten ist dies auch in Deutschland grausame Wirklichkeit geworden. Zunächst ist der Kern islamistischen Terrors das weltweit operierende Netzwerk „al-Quaida" (die Basis) des 2011 getöteten geistigen Führers Osama bin Laden.
Im syrischen Bürgerkrieg bildet sich dann die sunnitische Terrormiliz **Islamischer Staat (IS)**. Diese kämpft im Irak gegen die schiitische Regierung und mordet in Syrien Christen und Jesiden, die sie als „Teufelsanbeter" bezeichnet. Zeitweise erobert der IS weite Gebiete des Iraks und Syriens, formt ein staatsähnliches Gebilde und finanziert seine „Kämpfer" u. a. durch den Verkauf von Öl aus den eroberten Ölquellen. Es kommt zu einer großen Fluchtbewegung mit schrecklichen Zuständen, zunächst in Richtung Türkei und Jordanien, von dort nach Europa. Folge ist eine zunächst weitgehend unkontrollierte Flüchtlingswelle nach Deutschland im Jahr 2015. Dabei haben sich auch Terroristen nach Europa eingeschleust.
Nachdem der IS durch internationalen Einsatz viele Gebiete verloren hat, umkämpfte Städte zerstört und neue Fluchtbewegungen ausgelöst worden sind, gilt nun den am Krieg beteiligten Staaten die Rache des IS. Deutschland hat z. B. kurdische „Peschmerga" unterstützt.

Jesiden
Eine im 12. Jh. zunächst muslimische Bruderschaft im kurdischen Siedlungsgebiet. Sie glauben an Seelenwanderung und verneinen die Existenz eines Teufels.

Mudschahedin
„die den Dschihad ausüben"

Dschihad
„Bemühen auf dem Weg Gottes" zu moralischem Handeln, z. B. nicht zu betrügen. Der „kleine Dschihad" aber gilt als Aufforderung, auch mit kriegerischen Mitteln den Islam zu verteidigen oder auszubreiten.
vgl. Bundeszentrale für politische Bildung (Hg.): Kleines Islam-Lexikon, BzpB Schriftenreihe 383, Bonn 2003, S. 146 ff.

„Die Terroristen haben nichts mit dem Islam zu tun, wie ihn die Mehrheit unserer islamischen Mitbürger versteht."
Armin Maus, Chefredakteur der BZ, Braunschweiger Zeitung, 14.01.2017, S. 4

M 4 Salafisten

Die Radikalisierung junger Leute geschieht nach gesicherten Erkenntnissen des Verfassungsschutzes durch Salafisten, den „Altvorderen". In Deutschland, aber auch international, sind sie die am stärksten wachsende islamistische Gruppierung. Von 3 800 Personen 2011 stieg ihre Zahl bis Anfang 2018 auf über 10 000, obgleich einige ihrer Vereine verboten worden sind. Neben missionierenden Salafisten, die etwa kostenlose Korane verteilen, werden „dschihadistische" beobachtet, von denen 711 als Gefährder eingestuft werden. Bis 2017 hatten über 900 junge Deutsche Kontakt zu Salafisten, bevor sie in den Krieg nach Syrien zogen.

Radikalisiert werden nicht nur junge Männer, sondern auch Mädchen, wie das Beispiel der 16-jährigen Safia S. Im Februar 2016 greift sie bei einer Personenkontrolle einen Bundespolizisten mit einem Messer an und verletzt ihn dabei schwer.

M 5

Der Salafismus bietet jungen Menschen ohne geschlossenes Weltbild Orientierung. Es entsteht ein starkes Gemeinschaftsgefühl. Im schlimmsten Fall kann die extremistische Gruppe zur Ersatzfamilie werden. Bei Mädchen spielt die Partnersuche und eine verklärte Vorstellung von Liebe eine Rolle.
Vgl. Maertens, Vanessa, in: Braunschweiger Zeitung, 10. November 2016, S. 3

Arbeitsvorschläge

1. *Nennen Sie Motive und Zielgruppen terroristischen Handelns. (M 1 bis M 3)*
2. *Beschreiben Sie Mittel des IS, einen „Gottesstaat" zu verwirklichen. (M 3)*
3. *Auf welche Weise versuchen Salafisten, Mitglieder zu werben? (M 4, M 5)*
4. *Berichten Sie über eigene Erfahrungen mit salafistischer Werbung. Sammeln Sie Informationen hierüber.*
5. *Berichten Sie über Ihre Erfahrungen im Umgang mit muslimischen Mitbürgern. Falls Sie selbst Muslim sind, können Sie Ihre Mitschüler/-innen über Ihren Glauben informieren.*
6. *Berichten Sie über extremistische Vorfälle und ihre Hintergründe.*

Gefahrenabwehr

M 1 Aus der Abschiedsrede des Bundespräsidenten Joachim Gauck

Deutschland ist das beste, das demokratischste Deutschland, das wir je hatten, (dem aber) auch Gefahren drohen. Und dass große Anstrengungen notwendig sein werden, um es für die Zukunft stark zu machen. [...] Die neue deutsche Demokratie sollte nicht schwach, sondern wehrhaft sein. Sie sollte – so sagte es Carlo Schmidt, einer der großen Politiker der Nachkriegszeit – „auch den Mut zu Intoleranz denen gegenüber aufbringen, die die Demokratie gebrauchen wollen, um sie umzubringen." (Deshalb) ist es gegenwärtig so, dass mehr Sicherheit keine Gefahr für die Demokratie bedeutet, als vielmehr ein Erfordernis zu ihrem Schutz. [...] Wir brauchen eine engere internationale Zusammenarbeit und eine effektive Gefahrenabwehr im Innern. Was wir allerdings besonders brauchen, ist wirksame Prävention durch politische, kulturelle und religiöse Bildung, sodass Menschen gar nicht erst in den Bann von Extremisten gleich welcher Couleur kommen.

Gauck, Joachim: Rede zum Ende der Amtszeit zu der Frage „Wie soll es aussehen, unser Land?" aus der Antrittsrede vom 23. März 2012, Zugriff am 04.10.2017 unter www.bundespraesident.de/SharedDocs/Reden/DE/Joachim-Gauck/Reden/2017/01/170118-Amtszeitende-Rede.htm

M 2

Die Diskussion in Deutschland wird seit Langem im Spannungsfeld von „Freiheit und Sicherheit" geführt. Geschichte und Gegenwart lehren auch, dass es keine totale Sicherheit geben kann. Gestritten wird nun, welche Maßnahmen zur Sicherheitsvorsorge geeignet sind, das Prinzip der Freiheit und die Forderung nach Sicherheit in ein Gleichgewicht zu bringen. Richtschnur für das politische Handeln in Deutschland ist das Grundgesetz. Es entstand auch als Reaktion auf die Erfahrungen der Weimarer Verfassung. Diese ermöglichte den Weg in die verbrecherische nationalsozialistische Diktatur. Deshalb kann das Bundesverfassungsgericht (BVG) Parteien und Vereinigungen verbieten, wenn diese die freiheitliche demokratische Grundordnung schwächen oder beseitigen wollen (s. S. 224).

Parteienverbote gab es 1952 (Sozialistische Reichspartei SRP) und 1956 (Deutsche Kommunistische Partei – KPD). 2003 wurde ein NPD-Verbotsantrag abgelehnt, u. a. waren V-Leute des Verfassungsschutzes in der NPD.

M 3 Das Bundesverfassungsgericht hat am 17. Januar den Verbotsantrag des Bundesrates abgewiesen. Zwar kam der zweite Senat einstimmig zu dem Ergebnis, dass das Konzept der NPD auf die Beseitigung der freiheitlich demokratischen Grundordnung gerichtet ist. Insofern sei (sie) verfassungswidrig und wesensverwandt mit dem Nationalsozialismus. „Es fehlt aber derzeit an konkreten Anhaltspunkten von Gewicht, die es möglich erscheinen lassen, dass ihr Hand eln zum Erfolg führt", sagte Gerichtspräsident Andreas Voßkuhle.

„Karlsruhe weist NPD-Verbotsantrag des Bundesrates ab". In: Frankfurter Allgemeine Zeitung vom 18.01.2017, S. 1. © Alle Rechte vorbehalten. Frankfurter Allgemeine Zeitung GmbH, Frankfurt. Zur Verfügung gestellt vom Frankfurter Allgemeine Archiv

„Wir brauchen die Freiheit, um den Missbrauch der Staatsgewalt zu verhindern, und wir brauchen den Staat, um den Missbrauch der Freiheit zu verhindern."
Karl Popper, in: BMI (Hg.): Extremismus in Deutschland, Berlin 2004, S. 353

Religionsprivileg
Nach dem Vereinsgesetz sind religiöse Gemeinschaften keine Vereine und konnten daher nicht verboten werden. Dieses Verbot wurde im Rahmen des Anti-Terror-Pakts aufgehoben.

Das Urteil macht deutlich, dass eine parlamentarische Demokratie nur mit einem Mehrparteiensystem möglich ist. „Ein Parteienverbot ist kein Gesinnungs- und Weltanschauungsverbot", so Voßkuhle. Allerdings seien gegen Verfassungsfeinde Sanktionen möglich. Deshalb haben Bundestag und Bundesrat im Juni 2017 gesetzliche Wege eingeleitet, Extremisten von der staatlichen Finanzierung auszuschließen.

Nicht nur Parteien., sondern auch andere verfassungsfeindliche Organisationen können verboten werden. Zur Gefahrenabwehr wurde deshalb das Religionsprivileg im Vereinsrecht aufgehoben. Damit konnten islamistischer Gruppierungen wie der „Kölner Kalifatstaat" und andere salafistischer Gruppierungen verboten werden.

Im **Cyber-Abwehrzentrum** werden Informationen zwischen den Behörden ausgetauscht, um Maßnahmen gegen IT- zu koordinieren. Die Infrastruktur des Landes soll vor Hackern geschützt werden. Auch die Spionageabwehr wird verstärkt. Im Innern soll die Terrorabwehr durch ein Bündel von Maßnahmen verbessert werden. Einige sind umstritten. Einig ist man sich über die Ausweitung von vorbeugenden Maßnahmen gegen rechte, linke und islamistische Radikalisierung, z. B. durch Beratungsstellen.

Ein Problem der Gefahrenabwehr ist die **Unterbesetzung der Polizei.** In den letzten Jahren wurden 15 000 Stellen gestrichen. Die Zahl der Straftaten ist aber gestiegen. Allein zur lückenlosen Beobachtung eines „Gefährders' über eine Woche ist rechnerisch der volle Einsatz von 21 Polizisten erforderlich. Immerhin sollen Bundespolizei und Bundeskriminalamt bis 2020 über 8 000 zusätzliche Stellen bekommen. Die Beobachtung von Gefährdern könnte durch den Einsatz von **elektronischen Fußfesseln** erleichtert werden.

M 4 Bundessicherheitschaos

Die Zuständigkeit unterschiedlicher Behörden, die und vor Kriminalität und Terror schützen sollen, sind so verworren, wie die Trampelpfade im Urwald von Guinea. Allein um den [...] Tunesier Anis Amri kümmerten sich [...] drei Landesverfassungsschutzämter, drei Landeskriminalämter (insgesamt 13 Ämter, d. Verf.).

Moritz, Hans-Jürgen: Bundessicherheitschaos, in: Focus Nr. 2 2017, S. 20

M 5 Neue Sicherheitsgesetze sollen die Bekämpfung des Terrorismus erleichtern.

- **Abschiebehaft:** Sie wird durch einen neuen Haftgrund „Terrorgefahr" oder „erhebliche Gefahr für die Sicherheit Deutschlands" erleichtert. Sie kann bei Bedarf über drei Monate verlängert werden, wenn z. B. die Herkunftsländer die erforderlichen Papiere nicht rechtzeitig ausstellen.
- **Datenvernetzung:** Um künftig Informationslücken zu schließen, soll eine zentrale Datenbank den Zugriff aller Dienststellen ermöglichen und der internationale Datenaustausch verstärkt werden.
- **Datenspeicherung:** Viele Verbrecher und ihre Verbindungsleute werden erst durch Auswertung ihrer Telefon- und Handygespräche entdeckt. Diese werden von den Telefongesellschaften gespeichert. Umstritten ist die Speicherdauer.
- **Videoüberwachung:** Grundsätzlich wird die Videoüberwachung von Plätzen, Bahnhöfen und anderen Orten, bei denen Straftaten möglich sind, allgemein akzeptiert. Strittig ist ihre Ausweitung.

M 6

"Ich käme nie auf die Idee, im Big-Brother-Fernsehen aufzutreten!"

M 7 Videoüberwachung – ja oder nein?

Behauptung: Kameras verhindern keinen Terroranschlag. Sie ermuntern sogar Täter. Denn ihre „Heldentat" wird verbreitet und erzeugt Angst und Schrecken.
Gegenbehauptung: Durch Videoüberwachung können Täter erkannt und ergriffen werden. Sie können dann keine Anschläge mehr verüben.

Arbeitsvorschläge

1. *Analysieren Sie M 1 mit der Methode Textanalyse (s. S. 206).*
2. *Interpretieren Sie M 2 mithilfe der Methode „Analyse politischer Karikaturen" auf S. 246.*
3. *Nehmen Sie Stellung zum Ausschluss Extremistischer Organisationen von staatlicher Finanzierung.*
4. *Finden Sie Beispiele, auf welche Weise die Sicherheitsmaßnahmen zu mehr Sicherheit führen können. (M 5)*
5. *Interpretieren Sie die Karikatur. (M 6)*
6. *Führen Sie in Ihrer Klasse eine Pro- und Kontra-Diskussion zur Ausweitung der Videoüberwachung und stimmen Sie darüber ab. (M 6, M 7)*

In Europa leben und arbeiten

Methode:

Analyse politischer Karikaturen

M 1

M 2 **Karikaturen übertreiben ...**

Sie heben bestimmte Seiten eines Problems hervor, um darauf aufmerksam zu machen. Durch das Mittel der Zuspitzung zeigen sie dabei Zusammenhänge und Hintergründe kurz und prägnant auf.

Karikaturen umfassen ein breites Spektrum ...

Es reicht von der sozialkritischen Pressezeichnung bis zum harmlos gezeichneten Witz. Seit Karikaturen politische Themen aufs Korn nehmen, werden sie auch immer im Kampf gegen Unrecht, Unterdrückung und Korruption eingesetzt. Sie gelten nach wie vor als wichtiges Medium zur Aufdeckung von Missständen und zur Wahrung der Menschenrechte.

Karikaturen sind „Interessenvertreter" ...

Sie waren und sind Mittel, um politische Interessen deutlich zu machen und Meinungen zu beeinflussen. Dies gilt auch für Karikaturen mit unpolitischen, reaktionären, rassistischen und sexistischen Inhalten.

Karikaturen sind Spiegelbild gesellschaftlicher Spannungen ...

Karikaturen sind, wenn sie über bestimmte Personen oder Volksgruppen, über Gegebenheiten und Erscheinungen berichten, stets provoziert worden. Der Widerspruch zwischen Anspruch und Wirklichkeit bildet dazu den Auslöser.

Karikaturen müssen hinterfragt werden ...

Um Karikaturen zu verstehen, muss die aktuelle oder historische Situation bekannt sein oder aufgedeckt werden.

M 3

M 4 **Analyseschema Karikaturen**

Analysebereich	Leitfragen
Was wird karikiert? (Aussage)	Was sieht man? Welche Personen/Gegenstände sind zu erkennen? Welches Problem/Ereignis ist dargestellt? Welcher Widerspruch wird aufgedeckt?
Wie wird karikiert? (Stil)	Welche Mittel werden verwendet? Was fällt besonders auf? Wie werden Personen dargestellt? Auf welche Weise wird der Betrachter angesprochen?
Wer karikiert? (Sender)	Wer hat die Karikatur gezeichnet? Welche Ziele verfolgt der Karikaturist? Welche bzw. wessen Partei ergreift er?
Wann und wo wurde karikiert? (Zeit/Ort)	Wann ist die Karikatur entstanden? Wo ist sie entstanden? Was wissen wir über diese Zeit? Wie wurde (wird) sie verbreitet (Zeitung, Fernsehen, Internet u. a.)?
Warum wurde karikiert? (Intention)	Was will der Karikaturist erreichen? Wen (was) greift er an und warum tut er das?
Welche Wirkung ist beabsichtigt?	Welche Empfindungen löst die Karikatur aus? Wie wirkt die Karikatur – auf die Zeitgenossen, – auf uns, – auf andere?

Arbeitsvorschläge

1. *Fassen Sie den Sinn und die Aufgaben einer Karikatur mit eigenen Worten zusammen (M 2).*

2. *Bearbeiten Sie die Karikaturen M 1 und M 3 mithilfe der oben stehenden Tabelle (M 4).*

1 Die Europäische Union entsteht

Winston Churchill (1874–1965)

Nach dem Zweiten Weltkrieg entsteht bei vielen Menschen die Idee eines vereinten Europa. Berühmt wurde eine Rede des damaligen britischen Premierministers Sir Winston Churchill 1946 in Zürich, in der er seine Idee von einer Art Vereinigter Staaten von Europa vortrug.

M 1 „Wenn Europa einmal einträchtig sein gemeinsames Erbe verwalten würde, dann könnten seine bis vierhundert Millionen Einwohner ein Glück, einen Wohlstand und einen Ruhm ohne Grenzen genießen [...]
Wir müssen eine Art Vereinigter Staaten von Europa schaffen [...] Der Weg dahin ist einfach. Es ist nichts weiter dazu nötig, als dass Hunderte von Millionen Männer und Frauen Recht statt Unrecht tun und Segen statt Fluch ernten."

Zitiert nach: Presse- und Informationsamt der Bundesregierung: Reihe Politik-Informationen, Europa, Bonn 1986, S. 8

M 2 Gründe für die **Forderung nach europäischer Einigung nach 1945**:
- Das vom Krieg zerstörte Europa kann den wirtschaftlichen Wiederaufbau nur leisten, wenn die Staaten zusammenarbeiten.
- Ein vereintes Europa soll den Nationalismus abbauen und damit künftige Kriege verhindern helfen.
- Der sich verschärfende Ost-West-Konflikt verstärkt in Westeuropa auch das Bedürfnis nach militärischer Zusammenarbeit, um eine drohende kommunistische Machterweiterung zu verhindern.

Den ersten Versuch einer europäischen Einigung bildet die Gründung des **Europarats** in Straßburg im Jahr 1949. Die Bundesrepublik Deutschland tritt ihm 1951 bei, heute gehören ihm 47 Staaten an. Die Hoffnungen auf eine rasche europäische Einigung erfüllen sich jedoch nicht, denn die Beschlüsse des Europarats sind für die Mitgliedsstaaten lediglich Empfehlungen und für die Regierungen der Mitgliedsstaaten nicht bindend. Nachdem deutlich wird, dass im Europarat kaum Fortschritte erzielt werden, schließen sich Belgien, die Bundesrepublik Deutschland, Frankreich, Italien, Luxemburg und die Niederlande zur **Montanunion** zusammen. Diese wird 1957 ergänzt durch die **Europäische Atom- und Wirtschaftsgemeinschaft**. Zehn Jahre später folgt der Zusammenschluss zur **Europäischen Gemeinschaft**, die 1993 in die **Europäische Union** mündet. Verbunden damit ist u. a. die **Unionsbürgerschaft** für alle EU-Bürger, das aktive und passive **Kommunalwahlrecht** im jeweiligen Aufenthaltsland sowie das **Petitionsrecht** beim Europäischen Parlament.

Mit dem Europäischen Binnenmarkt 1993 und der Einführung des **Euro** 1999 für zunächst zwölf Länder – die Bargeldausgabe erfolgt 2002 – sind Schritte noch engerer wirtschaftlicher Zusammenarbeit eingeleitet worden. Litauen hat 2015 als 19. Land den Euro eingeführt. Wegen der Verschuldungskrise südlicher Länder, vor allem Griechenlands, wird über eine noch engere wirtschaftliche Zusammenarbeit strittig diskutiert. Auch der Abschied vom Euro wird von einigen „populistischen" Politikern gefordert.

Mit dem Beitritt Kroatiens 2013 sind aus sechs Gründungsmitgliedern 28 EU-Staaten geworden. Großbritannien hat sich in einer Volksabstimmung mit knapper Mehrheit für den sogenannten **Brexit** entschieden (Exit = Austritt). Die Mitteilung ist am 29. März 2017 in Brüssel eingegangen. Möglich wird der Austritt nach vermutlich schwierigen Verhandlungen erst 2019. Trotz aller Krisen haben weitere Länder Beitrittsanträge gestellt (s. S. 260).

Arbeitsvorschläge

1. *Was ist aus Churchills Idee (M 1) geworden? Formulieren Sie Ihre Meinung.*
2. *Untersuchen Sie, welche in M 2 genannten Argumente heute noch oder heute wieder Gültigkeit haben.*

M 1 Der Weg zur Europäischen Union

1951: EGKS	1957: EWG	1957: Euratom
Europäische Gemeinschaft für Kohle und Stahl (Montanunion)	Europäische Wirtschaftsgemeinschaft	Europäische Atomgemeinschaft
Ziel: Schaffung eines gemeinsamen Marktes für Kohle und Stahl (Vertrag läuft am 23. Juli 2002 aus)	Ziele: – Zollunion, gemeinsamer Markt – gemeinsamer Agrarmarkt – polit. Zusammenarbeit	Ziel: gemeinsame, friedliche Nutzung der Kernenergie

Mitglieder:
Belgien, Bundesrepublik Deutschland, Frankreich, Italien, Luxemburg, Niederlande

↓

1. Juli 1967
Zusammenschluss der drei Gemeinschaften zur Europäischen Gemeinschaft (EG)

↓

1. Juli 1973 Erweiterung der EG durch Beitritt Dänemarks, Großbritanniens und Irlands

↓

1. Januar 1979
Inkrafttreten des Europäischen Währungssystems (EWS) zur Koordinierung der nationalen Währungspolitik. (Großbritannien nimmt am Wechselkursmechanismus nicht teil.)

↓

10. Juni 1979 Erste Direktwahl zum Europäischen Parlament

↓

1. Januar 1981 Beitritt Griechenlands

↓

1. Januar 1986 Beitritt Spaniens und Portugals

↓

7. Februar 1992 Vertrag über die Europäische Union (EU) – Vertrag von Maastricht

↓

1. Januar 1993 Europäischer Binnenmarkt

↓

8. November 1993 Europäische Union

Gemeinsame Außen- und Sicherheitspolitik	Europäische Gemeinschaft Zollunion und Binnenmarkt gemeinsamer Agrarmarkt Wirtschafts- und Währungsunion	Zusammenarbeit in der Innen- und Rechtspolitik

Die drei Säulen des Einigungswerks nach dem Vertrag von Maastricht

↓

1. Januar 1995 Beitritt Österreichs, Schwedens und Finnlands (Norweger stimmten gegen Beitritt)

↓

1. Januar 1999 Beginn der Währungsunion durch Einführung des Euro (€)

↓

1. Januar 2002
Der Euro ist alleiniges Zahlungsmittel im „Euroland“ (EU ohne Dänemark, Großbritannien und Schweden)

↓

1. Mai 2004 Erweiterung der EU um 10 mittel- und osteuropäische Länder, Zypern und Malta

↓

1. Januar 2007 Beitritt Bulgariens und Rumäniens

↓

1. Dezember 2009 Reformvertrag von Lissabon tritt in Kraft

↓

21. Januar 2012 Fiskalpakt wird von 25 EU-Ländern geschlossen

↓

1. Juli 2013 Beitritts Kroatiens

↓

23. Juni 2016 52 % der Briten stimmen für einen Austritt aus der EU (Brexit).

Arbeitsvorschlag

Arbeiten Sie aus M 1 die wichtigsten „Meilensteine“ heraus, die Europa verändert haben.

2 Die Organe der Europäischen Union – zwischen nationaler Selbstständigkeit und gemeinsamer Politik

Mehr Informationen unter www.consilium.europa.eu

Die Europäische Union benötigt wie jeder Einzelstaat Einrichtungen (Organe), die politische Regelungen anregen, vorbereiten, entscheiden und durchführen. Hinzu kommt eine demokratische Kontrolle. Von anfänglich vorwiegend wirtschaftlicher Zusammenarbeit hat sich eine immer stärkere politische Zusammenarbeit entwickelt. Mit dem **Vertrag von Lissabon** sollte die Union handlungsfähiger als bisher werden.

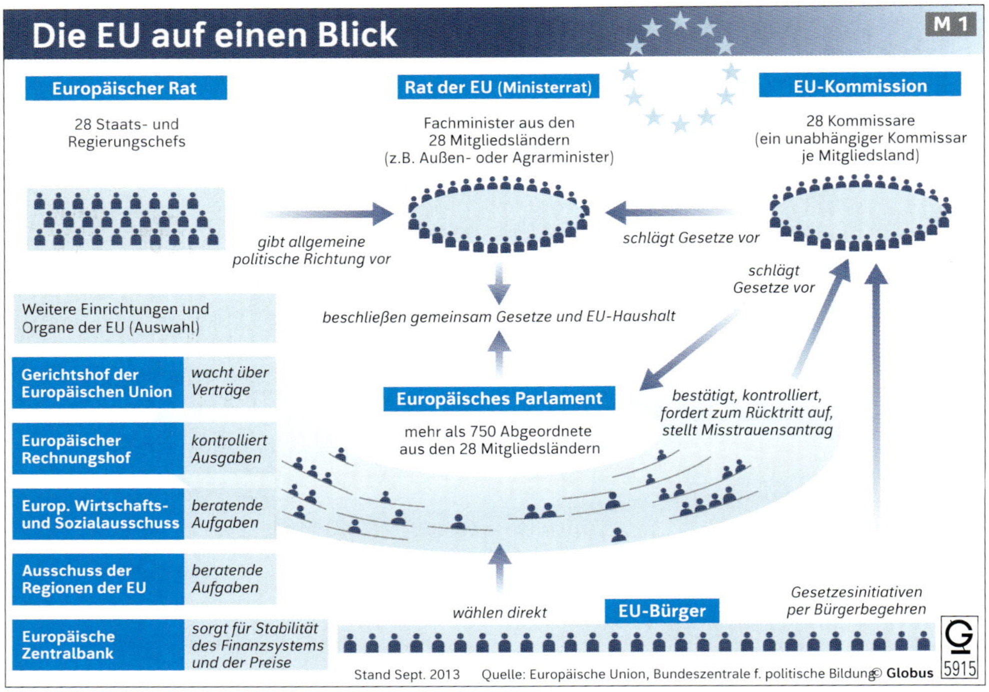

www.european-council.europa.eu

Der Europäische Rat – der „Gipfel“

Der Europäische Rat wird von den Staats- und Regierungschefs der Mitgliedsländer, seinem Präsidenten und dem Präsidenten der Kommission gebildet. Er tagt in der Regel viermal im Jahr („Gipfeltreffen“). Seit 2009 wird der Ratspräsident für jeweils zweieinhalb Jahre gewählt. Der Europäische Rat bestimmt die Grundsätze der Außen- und Sicherheitspolitik, formuliert die allgemeinen politischen Ziele und setzt Schwerpunkte zur Entwicklung der Union. Er gibt Impulse, ist aber an der unmittelbaren Gesetzgebung nicht beteiligt.

Der Ministerrat – die Stimmen der Mitgliedsstaaten

Der Rat der EU, „Ministerrat“ oder kurz „**Rat**“ genannt, setzt sich aus den jeweiligen Fachministern der Mitgliedsländer oder ihren Vertretern zusammen. Diese können für ihre Regierungen verbindlich handeln. Gemeinsam mit dem Europäischen Parlament ist der Rat Gesetzgeber der Union. Der Vorsitz wechselt halbjährlich zwischen den Ländern in der Reihenfolge ihrer Größe. Beschlüsse werden entweder einstimmig (z. B. Steuerpolitik), in den meisten Fällen aber mit qualifizierter Mehrheit gefasst: 55 % der Ratsmitglieder aus mindesten 15 Ländern müssen 65 % der EU-Bevölkerung ausmachen.

Rechtsakte der Union

Verordnungen gelten unmittelbar in jedem Mitgliedsstaat. Sie sind mit einzelstaatlichen Gesetzen vergleichbar.

Das Europäische Parlament (EP) – die Stimme der Bürger

Das Europäische Parlament wurde 2014 zum neunten Mal seit 1979 direkt für fünf Jahre gewählt. Auf die Länder entfallen zwischen 96 (Deutschland) und 6 (Malta) Abgeordnete. Die anfänglichen Beratungsrechte des Parlaments werden schrittweise erweitert.

- Das **Mitentscheidungsverfahren**, gemeinsam mit dem Rat, gilt für 90 % der Gesetzgebung aller Politikbereiche der EU.
- Das **Zustimmungsverfahren** ist u. a. für die Ernennung der Kommission, für den Beitritt weiterer Länder und für internationale Verträge vorgesehen.
- Das **Haushaltsrecht** wird gemeinsam mit dem Ministerrat wahrgenommen.
- Eine **Anhörung** ist für Ratsentscheidungen unverbindlich. Sie gilt z. B. für die Steuer- und Außenhandelspolitik sowie für alle Politikbereiche, für die im Ministerrat Einstimmigkeit erforderlich ist.

Das Parlament kontrolliert die EU-Organe, kann **Untersuchungsausschüsse** einrichten, **Petitionen** der Bürger annehmen und der Kommission das **Misstrauen** aussprechen. Der Sitz ist Straßburg, die Ausschüsse tagen in Brüssel. Die Abgeordneten vertreten ihre nationalen Interessen, mit ihren Fraktionen auch parteipolitische Ziele.

Richtlinien gelten für die Mitgliedsstaaten. Sie sind verbindlich im Ziel, überlassen den Einzelstaaten die Umsetzung in nationales Recht.

Entscheidungen sind für diejenigen verbindlich, die genannt werden, z. B. eine Regierung oder ein Unternehmen.

Empfehlungen und Stellungnahmen sind nicht verbindlich.

Die Europäische Kommission – „Regierung" der Union

Die Europäische Kommission in Brüssel ist praktisch die Regierung der Union. Den Vorsitz hat ein Präsident, seit 2014 Jean-Claude Juncker. Er wurde nach der Europawahl erstmalig auf Vorschlag der stärksten Fraktion, der Europäischen Volkspartei gewählt, auch von den Sozialisten. Jedes der 28 EU-Staaten schlägt eine geeignete Person für die Kommission vor. Die Kommissionsmitglieder werden dann vom Parlament gewählt und von Rat ernannt. Von Weisungen ihrer Regierungen unabhängig, sind sie nur gegenüber dem Parlament rechenschaftspflichtig.

Das Vorschlagsrecht für Rechtsakte liegt bei der Kommission. Sie übernimmt aber auch Anregungen von Parlament und Ministerrat, formuliert die Rechtsakte, sorgt für ihre Durchführung und Einhaltung. Bei Verstößen kann sie Bußgelder verhängen. Der **Hohe Vertreter für die Außen- und Sicherheitspolitik** ist zugleich Vizepräsident der Kommission.

Der Europäische Gerichtshof (EUGH) – Hüter des Rechts

Der EUGH hat seinen Sitz in Luxemburg und kann von EU-Institutionen, Regierungen, Verbänden, Unternehmen und einzelnen Bürgern angerufen werden, wenn es um Auslegung und Anwendung des europäischen Rechts geht.

Beratende Ausschüsse

Im **Wirtschafts- und Sozialausschuss** sind Gewerkschaften, Arbeitgeber- und andere Verbände vertreten. Die deutschen Mitglieder im **Ausschuss der Regionen** vertreten ihre Bundesländer und ihre kommunale Spitzenverbände (Städte- und Gemeindebund). Sie müssen vom Rat und von der Kommission gehört werden, wenn ihre Anliegen beraten werden.

Mitwirkung der nationalen Parlamente und der Bürger

- Bei allen Vorhaben der EU-Gesetzgebung müssen die nationalen Parlamente „frühzeitig und umfassend" informiert werden. Vor allem wachen sie darüber, ob das Prinzip der **Subsidiarität** eingehalten wird. Das bedeutet, dass die EU in einer Sache nur tätig werden darf, wenn sie von den Mitgliedsstaaten nicht erfüllt werden kann. Auf Drängen der Länder erhalten die nationalen Parlamente beim Freihandelsabkommen mit Kanada erstmalig ein Mitspracherecht. Alle Länder müssen zustimmen. In Belgien ist dafür auch die Zustimmung von zwei der drei Regionalparlamente erforderlich.
- Mit dem **Europäischen Volksbegehren** kann die Kommission mit einer Mio. Unterschriften (von 500 Mio. EU-Bürgern) aufgefordert werden, Gesetzesvorschläge vorzubereiten.

M 2

Europäisches Parlament Fraktionen 2017

Fraktion	Sitze
EVP Europäische Volkspartei	216
S&P Progressive Allianz der Sozialdemokraten	189
EFD Europäische Konservative und Reformisten	74
ALDE Allianz der Liberalen und Demokraten für Europa	68
GUE/NGL Vereinigte Europäische Linke/Nordische grüne Linke	52
Verts/ALE Die Grünen/Freie europäische Allianz	50
EC Europa der Freiheit und der direkten Demokratie	44
ENF Europa der Nationen und der Freiheit	39
Fraktionslose	18
	751

Europäisches Parlament (Hg.): Europa 2017, S. 70 f.

Arbeitsvorschläge

1. *Ordnen Sie die EU-Organe den Bereichen Legislative, Exekutive und Judikative zu (M 1).*
2. *Ermitteln Sie die Fraktionen im EP, in denen deutsche Parlamentarier mitarbeiten.*
3. *Vergleichen Sie einstimmige Beschlüsse und solche mit qualifizierter Mehrheit im Rat hinsichtlich der Handlungsfähigkeit der Union und der Interessenwahrung der Länder.*
4. *Diskutieren Sie, dass bei internationalen Verträgen alle Länderparlamente zustimmen müssen.*
5. *Erstellen Sie einen Bericht „So funktioniert Europa".*

3 Der europäische Binnenmarkt

M 2

Was bringt uns der EU-Binnenmarkt?

Handelshemmnisse werden abgebaut:
Normen werden vereinheitlicht oder müssen weichen (z. B. Lebensmittelvorschriften)

▼

Binnengrenzen fallen weg:
keine Zollformalitäten mehr

▼

Markt wird größer:
Unternehmen können in größerem Stil und deshalb kostengünstiger produzieren

▼

Wettbewerb nimmt zu:
Unternehmen müssen schärfer kalkulieren – Verbraucher profitieren

Mit der Einführung des Binnenmarktes zum 1. Januar 1993 wird ein wichtiger Schritt zum weiteren Zusammenwachsen Europas beschritten. Er soll vor allem den gemeinsamen Austausch erleichtern. Die Ziele wurden bereits 1986 in der „Einheitlichen Europäischen Akte" formuliert.

1. Verwirklichung eines Raums ohne Binnengrenzen
2. Durchführung strukturpolitischer Maßnahmen
3. Zusammenarbeit auf den Gebieten Forschung und technologische Entwicklung
4. Zusammenarbeit in der Wirtschafts- und Währungspolitik (Wirtschafts- und Währungsunion)
5. Soziale Dimension (Vereinheitlichung der Arbeitnehmerrechte)
6. Umweltpolitik

EG-Kommission: Start in den Binnenmarkt, Brüssel, Luxemburg 1991, S. 8

M 3 Die Voraussetzungen für den Binnenmarkt sind die **vier Grundfreiheiten:**

1. **Freier Personenverkehr:** Jeder Bürger kann ohne Kontrolle in alle Länder der EU reisen, seinen Arbeitsplatz suchen oder sich selbstständig machen. Mit Ausnahme von Großbritannien und Irland entfallen die Grenzkontrollen. Bei Neumitgliedern gibt es zeitliche Übergangsregelungen, auch für den Arbeitsmarkt.
2. **Freier Warenverkehr:** Durch den Wegfall der Grenzkontrollen können alle Waren in der EU frei befördert werden. Um zusätzliche Handelshemmnisse zu beseitigen, ist es erforderlich, z.B. Normen und Verbraucherschutzvorschriften anzugleichen.
3. **Freier Dienstleistungsverkehr:** Verbraucher haben durch EU-weite Dienstleistungsunternehmen wie Banken und Versicherungen eine größere Auswahl.
4. **Freier Kapitalverkehr:** Jeder kann sein Geld dort anlegen oder borgen, wo es ihm am vorteilhaftesten erscheint. Geldbeträge können unbeschränkt mitgeführt werden.

Reisemitbringsel aus dem Urlaub (2017)
Bei der Rückreise aus EU-Ländern gelten für den privaten Verbrauch keine Mengenbeschränkungen.

Bei Genussmitteln wird unterschieden (Beispiele):

EU	Drittländer
Zigaretten	
800 Stück	200 Stück
Schaumwein	
60 l	20 l
Bier	
110 l	16 l

Außerhalb der EU sind zollfrei:
im Landverkehr 300,00 €,
bei Flug- oder Seereisen 430,00 €
Tipp: Auskunft beim Zoll

Vorausgegangen ist 1968 die **Zollunion** mit der schrittweisen Abschaffung von Zöllen zwischen den Mitgliedern der damaligen „Europäischen Gemeinschaft". Außer zu den Teilnehmern am **Europäischen Wirtschaftraum (EWR** = EU + Norwegen, Island und Liechtenstein) sowie gegenüber der Türkei (seit 1996) und den Zwergstaaten Andorra und San Marino wird gegenüber Drittstaaten Zoll erhoben, wenn bestimmte Freimengen überschritten werden.

Unterschiede bleiben bei den nationalen Verbrauchsteuern. Privatreisende zahlen die Umsatzsteuer für Waren des privaten Bedarfs im jeweiligen Land. Händler kaufen ihre Waren in anderen EU-Ländern steuerfrei ein und versteuern sie zu Hause.

M 4 Neben den Vorteilen des Binnenmarktes werden auch Nachteile befürchtet.

- Arbeitnehmer sorgen sich über die Abwanderung deutscher Unternehmen in EU-Länder mit geringeren Löhnen oder wenn dort strukturpolitische Zuschüsse winken (s. S. 256).
- Handwerksmeister sehen eine billige Konkurrenz durch ausländische Fachkräfte, die mit sechsjähriger Berufserfahrung nach EU-Recht selbstständig arbeiten dürfen.

M 5 In Großbritannien werden von einem Teil der Bevölkerung weitere Nachteile der EU gesehen. Dazu gehören u. a. die Arbeitnehmerfreizügigkeit, „Nettozahlungen“ an die Union und das sogenannte Diktat aus Brüssel über Teile der eigenen Gesetzgebung. Diese haben dazu geführt, dass 52 % der Briten in einer Volksabstimmung für den Austritt aus der Europäischen Union stimmten. Für neue Verhandlungen sind zwei Jahre vorgesehen. Der Austritt ist deshalb erst Anfang 2019 möglich. Der Ausgang der Verhandlungen ist noch ungewiss.

Parallel zur Öffnung des Binnenmarkts ist das **Schengener Abkommen** in Kraft getreten. Damit entfallen grundsätzlich die Grenzkontrollen zwischen den beteiligten Ländern. Nur bei Seehäfen und internationalen Flughäfen bleiben die Pass- und Zollkontrollen. Hier reisen auch Menschen aus Drittstaaten in den Schengenraum ein. Bis auf Großbritannien und Irland sind fast alle EU-Länder, Norwegen, Island und die Schweiz dem Abkommen beigetreten.

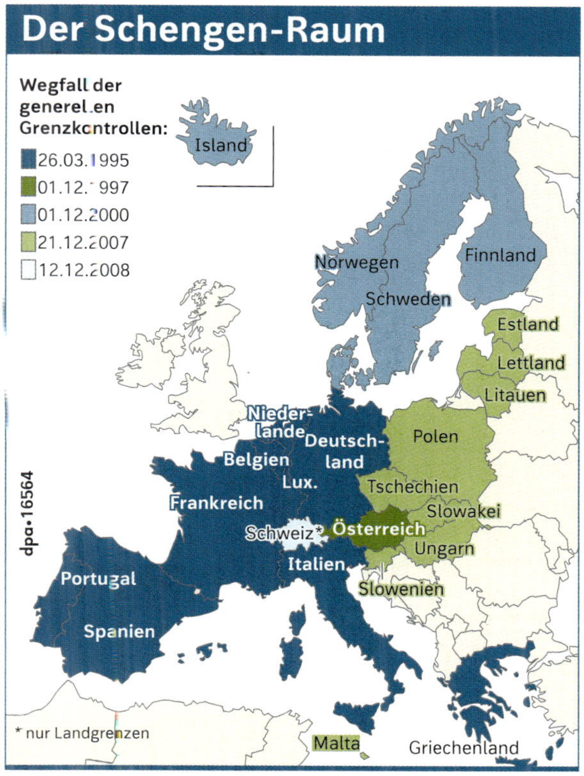

Verschärfte Grenzkontrollen an allen **Außengrenzen** der EU sollen die grenzüberschreitende Kriminalität bekämpfen und illegale Einwanderung verhindern. Der Grenzschutz wird international unterstützt. Deutsche Zöllnerarbeiten z.B. an der polnischen Außengrenze zu Weißrusslandund der Ukraine. Illegale Grenzübertritte haben seit 2015 zugenommen. Es handelt sich hierbei um Folgen der Fluchtbewegungen aus den Bürgerkriegsländern. AuchDeutschland hat zeitlich befristete Kontrollen an der Grenze zu Österreich eingeführt.

Die Befugnisse der überstaatlichen Polizeibehörde **Europol**, diebisher nur ermitteln darf, sollen erweitert werden. Helfen soll dabei das **Schengener Computer Fahndungs- und Informationssystem (SIS)**. Die gegenseitige Weitergabe von Informationen und das Informationssystem müssen aber noch verbessert werden, um den Sicherheitskräften jederzeit den Zugriff zu ermöglichen.

Seit 2005 unterstützt die EU-Grenzschutzagentur **Frontex** (franz. Frontières extérieures) vor allem Griechenland, Italien und Spanien bei der Bewältigung der Flüchtlingsströme, die über das Mittelmeer kommen. Ergänzend hilft seit Oktober 2016 die neue EU-**Agentur für Grenzschutz und Küstenwache** mit 1 500 Einsatzkräften, Flüchtlinge ohne Papiere zu identifizieren und Reisedokumente aus Drittstaaten anzufordern. Umstritten ist, wie derKampf gegen **Schlepperbanden** verbessert werden kann.

Arbeitsvorschläge

1. *Beschreiben Sie die vier Freiheiten des Binnenmarktes mit je einem Beispiel. (M 3)*
2. *Berichten Sie über Ihre Erfahrungen an den Grenzen innerhalb und außerhalb der EU.*
3. *Stellen Sie mit einem Partner/einer Partnerin eine Liste von Vor- und Nachteilen der EU zusammen.Diskutieren Sie in Ihrer Klasse, ob diese zutreffen. (M 1–5)*
4. *Erkunden Sie, ob oder wo noch Grenzkontrollen innerhalb der EU bestehen.*

SOLVIT hilft Bürgern und Unternehmen bei Problemen mit dem Binnenmarkt

SOLVIT ist ein Onlinenetzwerk zur Lösung von Problemen, die durch eine fehlerhafte Anwendung von Binnenmarktvorschriften durch Behörden entstehen, und seit Juli 2002 in Betrieb. Themenbereiche sind u. a.:

- Anerkennung von Berufsqualifikationen,
- Zugang zu Aus- und Weiterbildung,
- Aufenthaltsgenehmigungen,
- soziale Sicherung,
- Zulassung von Produkten.

SOLVIT-Stellen sind Teil der nationalen Verwaltungen und sollen innerhalb von 10 Wochen Problemlösungen finden. Nähere Informationen zu SOLVIT finden Sie auf der Internetseite der Europäischen Kommission: www.ec.europa.er/solvit/index_de.htm

4 Das soziale Europa

Leben und Arbeiten in Europa

In einer Berufsschulklasse mit Auszubildenden zum Beruf Koch/Köchin wird das Thema „Europäischer Binnenmarkt“ erörtert. Dabei stellt sich die Frage, welche Arbeitsbedingungen in einem anderen EU-Land vorzufinden sind, wenn das Recht auf Freizügigkeit in Anspruch genommen wird, um nach der Ausbildung dort einen Arbeitplatz zu finden. Neun von 21 Schülerinnen und Schülern ziehen einen solchen Schritt in Erwägung. Eine Schülerin berichtet von einer Freundin aus Braunschweig, deren Handelslehranstalt an Austauschprogrammen mit Betriebspraktika in Spanien beteiligt ist.

M 1 **Leonardo da Vinci**

Leonardo da Vinci , das europäische Förderprogramm für berufliche Bildung, ist in der EU-Förderperiode 2014–2020 gemeinsam mit den Programmen Comenius (Schule) und Erasmus (Hochschule) Bestandteil von Erasmus+. Dafür sind insgesamt 14,7 Mrd. € vorgesehen. Leonardo da Vinci finanziert u. a. Stipendien für Betriebspraktika in allen Ländern der EU und des Europäischen Wirtschaftsraums (Island, Norwegen, Schweiz).

Das Recht, überall in der Europäischen Union leben und arbeiten zu können, gilt seit 1968. Für die Arbeitsaufnahme werden allerdings bei neuen Mitgliedsländern Übergangsfristen vereinbart. Für die osteuropäischen Länder betrugen diese zu sieben Jahre. Mit dem Binnenmarkt sind weitere Erleichterungen verbunden, so die weitgehend gegenseitige Anerkennung von Berufsabschlüssen. Hieran wird aber noch gearbeitet.

M 2

Informationen über Überbrückungsmöglichkeiten, Ausbildungs- und Studienmöglichkeiten im (europäischen) Ausland erhalten junge Leute in den Berufsinformationszentren (BiZ) in den lokalen Agenturen für Arbeit. Hilfen bietet auch die europäische Jobagentur EURES.

Zur Förderung der Mobilität in Europa bietet die EU den **Europass** (s. S. 22) an. Er soll das Leben und Arbeiten in Europa erleichtern. Ein „Lebenslauf“ enthält z. B. erworbene Qualifikationen.

- Wer länger als drei Monate in einem Mitgliedsstaat der Union lebt, muss eine Aufenthaltserlaubnis beantragen. Sie muss gewährt werden, wenn ein Arbeitsverhältnis vorliegt. Dies gilt nicht bei „Nebenjobs“ von Studenten. Diese müssen drei Bedingungen erfüllen, um eine Aufenthaltserlaubnis zu bekommen:
  - Sie müssen an einer Hochschule eingeschrieben sein,
  - ausreichende Mittel für den Lebensunterhalt nachweisen,
  - krankenversichert sein.
- Erwerbstätige sind in dem Land kranken-, arbeitslosen und rentenversichert, in dem sie arbeiten. Das gilt auch dann, wenn sie in einem anderen Mitgliedsstaat wohnen oder der Arbeitgeber seinen Sitz in einem anderen Mitgliedsstaat hat. Ausgenommen davon sind Erwerbstätige, die für ihre deutsche Firma im Ausland arbeiten, z. B. „auf Montage“. Erwerbstätige unterliegen aber nur den Rechtsvorschriften eines Landes.

Schutz sozialer Leistungen

Unterschiedliche Traditionen haben in Europa auch abweichende Sozialsysteme hervorgebracht, die sich nach allgemeiner Einschätzung nur teilweise angleichen lassen. Dies betrifft u. a. tarifliche und gesetzliche Lohnnebenkosten. Zu starke Benachteiligungen sollen jedoch durch die europäische **Sozialpolitik** gemindert und neue vermieden werden. Diese ergänzt die Strukturpolitik der EU (s. S. 256 f.) u. a. mit Bestimmungen zum Arbeitsschutz. Dazu gehören z. B. die Verbesserung des Mutterschutzes und die Festlegung des gesetzlichen Mindesturlaubs, der deshalb in Deutschland von 18 auf 24 Werktage erhöht werden musste.

Erasmus +

Neues EU-Programm für allgemeine und berufliche Bildung, Jugend und Sport für 2014 bis 2020
www.erasmusplus.de

Bundesagentur für Arbeit

Zentrale Auslands- und Fachvermittlung (ZAV)
www.arbeitsagentur.de/zav

Unterstützung bietet auch das europäische Job-Netzwerk EURES

http://eures.europa.eu

„Dokumente“ des Europasses
- Lebenslauf
- Sprachenpass
- Zeugniserläuterung
- Diplomzusatz
- Mobilitätsnachweis

www.europass-info.de

Weitere Informationen sind bei den Agenturen für Arbeit erhältlich.

IBS

Informations- und Beratungsstelle für Aus- und Weiterbildung im Ausland beim Bundesinstitut für Berufsbildung
Internet: www.go-ibs.de
E-Mail: ibs-info@bibb.de
Tel.: 0228/107-1644

Ziel ist die Angleichung des Arbeitsschutzes auf ein Mindestniveau, ohne weitergehende Vorschriften anderer Länder anzutasten. Kritiker befürchten, dass zusätzlicher Arbeitsschutz die Kluft zwischen den armen und reichen Regionen in Europa vertiefen. Produktionskosten würden erhöht und damit die Wettbewerbsfähigkeit vermindert.

M 3 „Man sagt uns: Europa verbessert die Arbeitsbedingungen für Frauen und begrenzt z. B. die Arbeitszeit für werdende Mütter. Dadurch haben aber junge Frauen schlechtere Chancen, eine Stelle zu bekommen. Ich darf nicht die Überstunden machen, die ich könnte, weil in meinem Betrieb viel zu tun ist. Ich würde gern mehr arbeiten, denn so verdiene ich weniger Geld, als ich verdienen könnte." (Eine griechische Arbeiterin)

M 6 Jedes EU-Land konnte bis 2011 selbst entscheiden, wann es seine Grenzen für Arbeitssuchende aus den neuen ost- und mitteleuropäischen Ländern öffnet.

keine Einschränkungen
seit 2004
Irland, Großbritannien, Schweden
seit 2006
Griechenland, Portugal, Spanien, Finnland, Italien

Einschränkungen
bis 2007
Niederlande
bis 2009
Belgien, Frankreich, Luxemburg, Dänemark
bis 2011
Deutschland, Österreich

Für Rumänien und Bulgarien ist der EU-Arbeitsmarkt ab 01.01.2014 geöffnet worden. Damit enden die Arbeitsmarktbeschränkungen.

Grundlage für den sozialen Arbeitsschutz in der Europäischen Union ist die **„Gemeinschaftscharta der sozialen Grundrechte der Arbeitnehmer"** von 1989.

M 4 EU-Sozialcharta

1. Das Recht der Arbeitnehmer, in dem Mitgliedsstaat ihrer Wahl zu arbeiten
2. Das Recht auf ein geregeltes Entgelt
3. Das Recht auf verbesserte Lebens- und Arbeitsbedingungen
4. Das Recht auf sozialen Schutz entsprechend den Gegebenheiten der einzelnen Mitgliedsstaaten
5. Die Koalitionsfreiheit und das Recht auf Tarifverhandlungen
6. Das Recht auf Berufsausbildung
7. Das Recht von Männern und Frauen auf Gleichbehandlung
8. Das Recht der Arbeitnehmer auf Unterrichtung, Anhörung und Mitwirkung
9. Das Recht auf Gesundheitsschutz und Sicherheit am Arbeitsplatz
10. Der Kinder- und Jugendschutz
11. Das Recht der älteren Menschen auf einen angemessenen Lebensabend
12. Die Förderung der sozialen und beruflichen Eingliederung von Menschen mit Behinderung

Europäische Kommission (Hg.): Für ein soziales Europa, Brüssel 1996, S. 9

Auch in der Charta der Grundrechte der Europäischen Union werden Arbeitnehmerrechte formuliert und sind mit dem Vertrag von Lissabon seit Dezember 2009 bindendes Recht.

M 5 Teil II, Die Charta der Grundrechte der Europäischen Union

Artikel II – 73	Versammlungs- und Vereinigungsfreiheit
Artikel II – 87	Recht auf Unterrichtung und Anhörung der Arbeitnehmerinnen und Arbeitnehmer im Unternehmen
Artikel II – 88	Recht auf Kollektivverhandlungen und Kollektivmaßnahmen
Artikel II – 90	Schutz vor ungerechtfertigten Entlassungen
Artikel II – 91	Gerechte und angemessene Arbeitsbedingungen
Artikel II – 92	Verbot von Kinderarbeit und Schutz der Jugendlichen am Arbeitsplatz

Arbeitsvorschläge

1. Projekt „Arbeiten in Europa": Erstellen Sie in Ihrer Klasse einen Fragenkatalog zur Arbeitsaufnahme und zu Arbeitsbedingungen in ausgewählten Ländern (M 2). Sammeln Sie diese Informationen in Arbeitsgruppen und präsentieren Sie Ihre Ergebnisse.
2. Ermitteln Sie Informationen zu Betriebspraktika in der EU.
3. Erstellen Sie mithilfe der Homepage www.europass-info.de eine Bewerbung für ein Land Ihrer Wahl.
4. Diskutieren Sie den Zielkonflikt zwischen Arbeitsschutz und Arbeitsmarktchancen für junge Frauen (M 3).

5 Europäische Struktur- und Beschäftigungspolitik

M 1

EU-Gipfel beschließt Sparhaushalt 2014-2020 auf Druck des Parlaments (Februar 2013)

Parlament lehnt Finanzrahmen des Rates ab. Nicht genutzte Mittel sollen nicht mehr an die Länder zurückgehen, sondern auf Folgejahre übertragen werden. (März 2013)

Der Streit ist beendet. Das Parlament stimmt dem Haushalt zu: Fast eine Billion €, davon **325 Mrd. € für Strukturfonds** und 33. Mrd. € für territoriale Zusammenarbeit. (November 2013)

Zwischen den Ländern der Europäischen Union und in diesen selbst bestehen erhebliche Unterschiede in der Wirtschaftsleistung, und damit auch bei der Beschäftigung und den Einkommen. Das widerspricht dem Ziel, den Lebensstandard der Menschen in Europa schrittweise anzunähern und das soziale Gefälle abzubauen (**Kohäsionspolitik**). Die **Wachstumsstrategie Europa 2020** fördert diesen Prozess, um Europa zukunftsfähig zu machen. Deshalb muss die Wettbewerbsfähigkeit der Wirtschaft gestärkt werden. Zugleich sollen Ziele des Klimaschutzes und der Energiesicherung erreicht werden. Dafür werden die Mittel der **Europäischen Struktur- und Investitionsfonds (ESI)** bereitgestellt.

M 2

Struktur- und Investitionsfonds in Mrd. Euro

	EU	D
- Europäische Fonds für die regionale Entwicklung (EFRE)	83,5	10,8
- Kohäsionsfonds für Umweltschutz und Verkehrsinfrastruktur (KF)	74,9	-
- Europäischer Sozialfonds (ESF)	80,3	7,5
- Europäischer Landwirtschaftsfonds für die Entwicklung des ländlichen Raums (ELER)	63,4	8,3
- Europäischer Meeres- und Fischereifonds (EMFF)	6,5	-

M 3

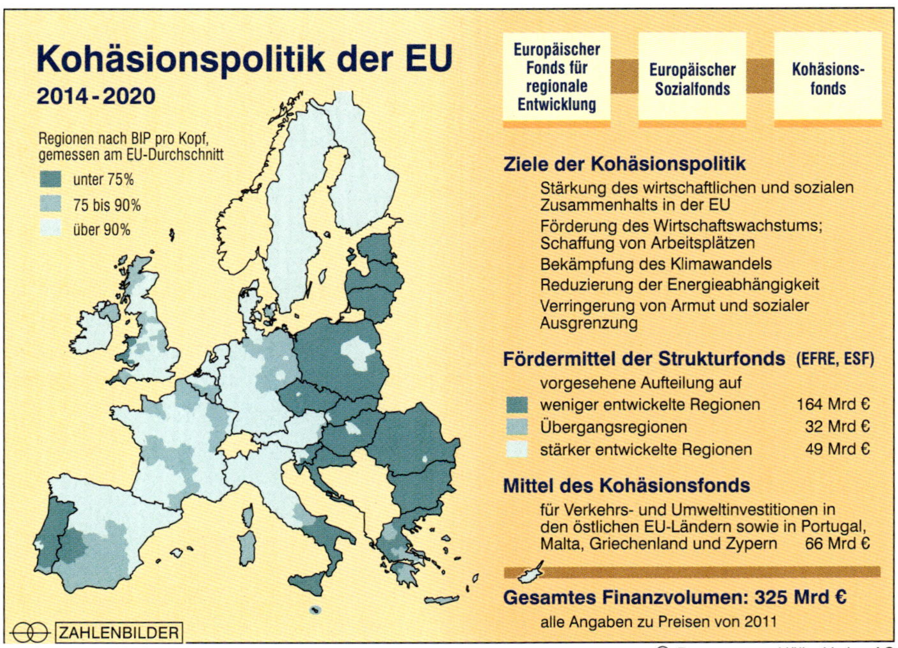

725 368 © Bergmoser + Höller Verlag AG

Neben den Strukturfonds stehen der „Connecting Europe Facility“ **(CEF)** für länderübergreifende Projekte zum Ausbau der Infrastruktur (Verkehr, Finanzrahmen, Energie, Telekommunikation) 33,4 Mrd. € zur Verfügung. Das Europäische Amt **für Betrugsbekämpfung (OLAF)** soll die falsche Verwendung von Fördermitteln aufdecken.

Fazilität = Finanzrahmen
Connecting = engl. „to connect“ = verbinden

M 4

Strukturförderung 2014–2020	**Mrd. €**
Bevölkerung 2011	
Niedersachsen *(Bev. 7,8 Mio.)*	2,6
Sachsen-Anhalt *(Bev. 2,3 Mio.)*	2,3
Brandenburg *(Bev. 2,5 Mio.)*	2,1
Mecklenburg-Vorpommern *(Bev. 1,6 Mio.)*	1,9
Berlin *(Bev. 3,3 Mio.)*	0,9

M 5 **Beschäftigung**

Die Mitgliedsstaaten und die Union arbeiten [...] auf die Entwicklung einer koordinierten Beschäftigungsstrategie und insbesondere auf die Qualifizierung, Ausbildung und Anpassungsfähigkeit der Arbeitnehmer sowie der Fähigkeit des Arbeitsmarkts hin, auf die Erfordernisse des wirtschaftlichen Wandels zu reagieren [...].

Vertrag über die Arbeitsweise der Europäischen Union, Artikel 145 (Vertrag von Lissabon)

Hauptmittel der Beschäftigungspolitik der EU ist der **Europäische Sozialfonds**. Um daraus Fördermittel für konkrete Projekte beantragen zu können, sind öffentlich-rechtliche oder private Partnerschaften zu bilden. Für die Berufsausbildung kann z. B. das Land Niedersachsen mit einer Handwerks- oder Industrie- und Handelskammer kooperieren. Für jedes Projekt sind Kernziele der Wachstumsstrategie mit inhaltlichen Schwerpunkten zu kombinieren. Zur Beschäftigungspolitik zählen:

M 6

Kernziele	Thematische Ziele
– 75 % Erwerbstätigkeit in der Altersgruppe 20 bis 64 Jahre	– Förderung der Wettbewerbsfähigkeit kleinerer und mittlerer Unternehmen
– Rückgang der Schulabbrecher auf unter 10 %	– Förderung nachhaltiger und hochwertiger Beschäftigung und Unterstützung der Mobilität von Arbeitskräften
– mindestens 30 bis 40 % der 30- bis 40-Jährigen mit Hochschulabschluss	– Investition in Bildung, Ausbildung und Berufsbildung

Europäische Kommission, Europa 2020: Europas Wachstumsstrategie, Luxemburg 2013, S. 3

M 7

Wichtige Bausteine für diese Ziele sind:
- der **Europäische Fonds für die Anpassung an die Globalisierung**, er unterstützt Arbeitnehmer, deren Betriebe oder ganze Wirtschaftszweige bei Problemen, die durch Veränderungen im Welthandelsgefüge entstehen;
- die Initiative **Jugend in Bewegung**. Sie unterstützt „Mobilität zu Lernzwecken“ und Beschäftigungsmobilität, z. B. bei einem Umzug zur Arbeitsaufnahme;
- das **Flexurity**-Konzept, mit dem bei flexiblem Arbeitseinsatz der Sozialschutz verbessert werden soll;
- die **Jugendgarantie**: Jeder arbeitslose Jugendliche unter 25 Jahren soll innerhalb von vier Monaten eine Ausbildung oder mindestens einen Praktikumsplatz bekommen.

Arbeitsvorschläge

1. *Beschreiben Sie die Rolle des Parlaments bei dem Streit um das Förderprogramm 2014–2020 (M 1).*
2. *Ermitteln Sie anhand von M 3 und mithilfe eines Atlas Übergangsregionen.*
3. *Erklären Sie an einem Beispiel mithilfe von M 3 die unterschiedlichen Förderhöhen beim Vergleich der Bevölkerungszahlen (M 4).*
4. *Geben Sie den Inhalt von M 5 mit eigenen Worten wieder.*
5. *Erkunden Sie sich bei Ihrer Stadt- oder Kreisverwaltung nach geförderten Projekten und deren Fonds. (M 2)*
6. *Erarbeiten Sie in Gruppen ein Beispiel, mit dem Sie aus M 6 ein Kernziel der Wachstumsstrategie mit entsprechenden thematischen Zielen erreichen wollen. Sie können sich dabei auch der „Bausteine“ (M 7) bedienen.*

6 Die Agrarpolitik – Ärgernis oder Stütze der EU?

M 1

2017 endet das Zuckerkartell
Rübenbauern und die Zuckerindustrie hoffen auf 2020

Grüner, günstiger, gerechter?
Einigung der EU auf eine Agrarreform. Nun gibt es Kritik von allen Seiten

Verbraucher müssen umdenken
Verbrauchersicherheit ist nicht umsonst, denn Kontrolle kostet Geld

Seit Beginn des Einigungsprozesses der EU zählt die Agrarpolitik zu den wichtigsten Aufgabenbereichen europäischer Politik. Ihre Anfänge stehen noch in Erinnerung an die Hungerjahre nach dem Zweiten Weltkrieg. Europa konnte sich noch nicht selbst versorgen.

M 2 Artikel 39 des EWG-Gründungsvertrags 1957

Ziel der gemeinsamen Agrarpolitik ist es:

a) die Produktivität der Landwirtschaft durch Förderung des technischen Fortschritts, Rationalisierung der landwirtschaftlichen Erzeugung und den bestmöglichen Einsatz der Produktionsfaktoren, insbesondere der Arbeitskräfte, zu steigern;
b) auf diese Weise der landwirtschaftlichen Bevölkerung, insbesondere durch Erhöhung des Pro-Kopf-Einkommens der in der Landwirtschaft tätigen Personen, eine angemessene Lebenshaltung zu gewährleisten;
c) die Märkte zu stabilisieren;
d) die Versorgung sicherzustellen;
e) für die Belieferung der Verbraucher zu angemessenen Preisen Sorge zu tragen.

Die Ziele des Gründungsvertrags gelten fort werden aber durch neue Schwerpunkte ergänzt.

M 3 Seit über 50 Jahren gibt es in der EU eine **Gemeinsame Agrarpolitik** (GAP), die mehrfach umfangreich reformiert wurde. Sie stützt sich auf zwei Säulen: die **Marktpolitik** (Direktzahlungen und marktbezogene Maßnahmen) und die **nachhaltige Entwicklung des ländlichen Raumes**. Umweltbelange haben immer mehr an Bedeutung gewonnen. So werden Betriebsprämien jedem Bauernhof unabhängig von den Produktionsmengen gezahlt. Von 2014–2020 umfassen die Direktzahlungen [...] für Deutschland jährlich rund 5 Mrd. Euro, gebunden an strenge Auflagen für Umwelt- und Tierschutz, Lebensmittelqualität und an die Erhaltung der Kulturlandschaft.
Europäisches Parlament (Hg.): Europa 2015, S. 94

Konkrete Schritte zur Verwirklichung einer gemeinsamen Agrarpolitik werden am 14.01.1962 mit der Verabschiedung von ersten gemeinsamen **Marktordnungen** durch den Ministerrat eingeleitet. Weitere folgen bis 1968.

- Marktordnungen gewähren den Landwirten einen Schutz durch Absatz- und Preisgarantien, z. B. für Getreide, Zucker und Milcherzeugnisse. Produkte, die zu einem bestimmten Mindestpreis nicht abgesetzt werden können, werden von staatlichen Stellen zu einem „Interventionspreis“ aufgekauft und gelagert. Früher lag dieser Preis über dem Weltmarktpreis, heute liegt er teilweise darunter. Überschüsse werden nur noch privat gelagert.
- Den Schutz vor billigen Importen für einige landwirtschaftliche Produkte, z. B. Eier und Geflügel, wird durch Zölle erreicht. Wegen internationaler Abmachungen ist das heute nur noch zur Abwehr von Dumpingpreisen möglich.

Diese für die Nachkriegszeit sinnvollen Maßnahmen führten in den Folgejahren zu ständig wachsenden Überschüssen mit „Butterbergen“ und „Milchseen“. Verbesserte Anbaumethoden und die finanziellen Anreize machten dies möglich.

Die Kosten des Agrarmarktes steigen von 4 Mrd. € im Jahr 1974 auf 56,1 Mrd. € 2018. Diese Summe wäre aber ohne Reformen noch höherausgefallen. Zur Lösung dieses Problems gibt es prinzipiell zwei Möglichkeiten (s. M 3). In einem ersten Reformschritt wird 1992 beschlossen:

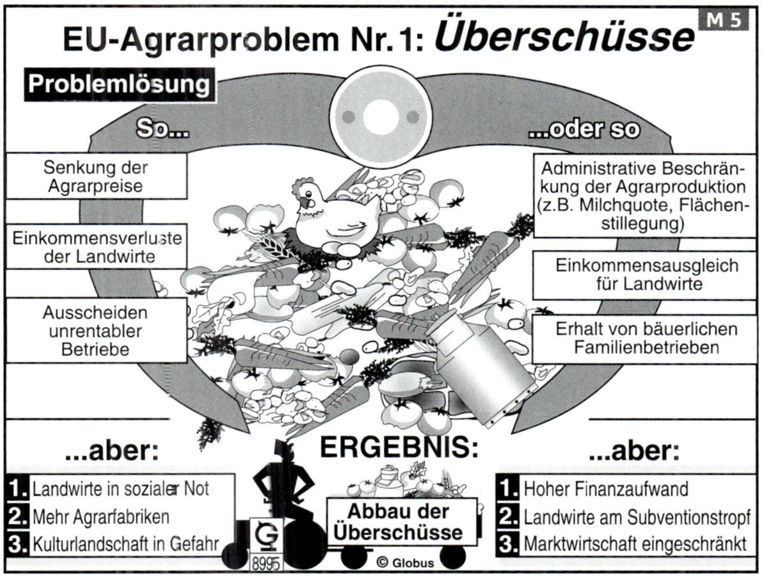

- Die „Milchquotenregelung“ wird z. B. auf Zucker ausgedehnt. Es werden nur noch Garantiemengen (Quoten) aufgekauft. Wer mehr produziert, bekommt weniger Geld, wenn er seine Produkte nicht auf dem freien Markt verkaufen kann.
- Ankaufspreise werden gesenkt, dafür werden Ausgleichszahlungen gewährt.
- Flächenstilllegungen und der Anbau industriell verwertbarer Rohstoffe werden gefördert.

Eine neue Herausforderung für die Agrarpolitik ergibt sich mit der Erweiterung der EU um die mittel- und osteuropäischen Länder mit einem hohen Anteil landwirtschaftlicher Produktion. Es werden daher u. U. weitere Garantiepreise gesenkt (**Agenda 2000**). Die BSE-Krise von 2001 führte schließlich zur **„ökologischen Agrarwende“**.
Auf Druck der **WTO** für einen freieren Welthandel, vor allem um den Zugang der ärmsten Entwicklungsländer zum EU-Markt zu erleichtern, werden z. B. Preissenkungen für Zuckerrüben eingeleitet. In der Praxis profitieren davon aber vor allem Großproduzenten wie Brasilien.

Welthandelsorganisation (World Trade Organization/ WTO), gegründet 1994, 162 Mitglieder (2016), 90 % des Welthandels, strebt u. a. den Abbau von Zöllen und Handelshemmnissen an.

Brasilien als größter Produzent von Rohrzucker erzeugt diesen unter Missachtung aller Umwelt- und Sozialstandards zu Preisen, mit denen die ärmsten Länder nicht konkurrieren können.

M 4 Um eine ökologischere Gemeinsame Agrarpolitik zu erreichen, entfallen ab 2015 30 Prozent […] auf grüne Direktzahlungen. [Sie] werden von drei Bewirtschaftspraktiken abhängig gemacht: Anbaudiversifizierung (Vervielfältigung), Erhaltung von Dauergrünland und Dauerweideland sowie die Ausweisung von fünf Prozent […] der Flächen für Umweltzwecke (Hecken, aufgeforstete Gebiete etc.) auf den eigenen Agrarbetrieben […].

Europäisches Parlament (Hg.): Europa 2015, S. 95

Direktzahlungen gehen nur noch an aktive Landwirte. Sie sinken zudem in Stufen bei größeren Flächen. Die Finanzierung erfolgt durch zwei „Säulen“:
- Der **Garantiefonds für die Landwirtschaft EGFL** finanziert Direktzahlungen (s. M 3). Auf Deutschland entfallen bis 2020 jährlich etwa 5 Mrd. €.
- Aus dem **Europäischen Fonds für die Entwicklung des ländlichen Raumes ELER** (s. S. 256) erhält Deutschland 2014 bis 2020 8 3 Mrd. €. Damit können Maßnahmen für die regionale Entwicklung beantragt werden.

Ein Beispiel für regionale Entwicklung ist die LEADER-Region Elm-Schunter, in der mehrere Gemeinden und Gemeindeverbände zusammenarbeiten, um gemeinsam Fördermittel zu erhalten.
http://leader-elm-schunter.de/
LEADER ist die französische Abkürzung für **ELER**.

Arbeitsvorschläge

1. *Welche Ziele der Agrarpolitik von 1957 (M 2) halten Sie heute noch für gerechtfertigt?*
2. *Formulieren Sie den Konflikt zwischen freiem Welthandel und der Gefährdung von Arbeitsplätzen in Deutschland und Europa, die von der Landwirtschaft abhängen, als Globalisierungsproblem.*
3. *Beobachten Sie (z. B. „Greening“ am Feldrand) und sammeln Sie Informationen zu Auswirkungen der Agrarreformen (M 1 bis M 5). Berichten Sie über Ihre Erkenntnisse.*

7 Die Zukunft Europas – Chancen oder Risiken?

Offizielle **Beitrittskandidaten** (Verhandlungen) sind Mazedonien (Namensstreit mit Griechenland), Serbien (Problem Kosovo), Montenegro, Türkei (Problem Zypern, Pressefreiheit u. a.). Bosnien und Herzegowina haben 2016 einen Aufnahmeantrag gestellt.
Die Anträge der Schweiz und Norwegens ruhen seit ablehnenden Volksabstimmungen. Island hat seinen Antrag zurückgezogen.
Künftige Beitrittskandidaten sind Albanien, Kosovo und Bosnien-Herzegowina.

7.1 Die Erweiterung der Europäischen Union

Vertrag über die Europäische Union

Artikel 6 Absatz 1
„Die Union beruht auf den Grundsätzen der Freiheit, der Demokratie, der Achtung der Menschenrechte und Grundfreiheiten sowie der Rechtsstaatlichkeit."

Artikel 49
„Jeder europäische Staat, der die in Artikel 6 Absatz 1 genannten Grundsätze achtet, kann beantragen, Mitglied der Union zu werden."

Ein Merkmal der europäischen Einigung ist bisher die stetige Erweiterung. Aus sechs Gründungsmitgliedern wurden 28. Trotz aller Probleme wollen weitere Länder in die EU, obgleich Großbritannien aus der EU ausscheiden will. Beitrittländer müssen die **„Kopenhagener Kriterien"** erfüllen, die 1993 als „gemeinsamer Besitzstand" (Acquis Communautaire) vereinbart wurden. Sind Beitrittsverhandlungen abgeschlossen, müssen **alle** Länder zustimmen.

- **Stabilität der Demokratie** und ihrer Institutionen: Rechtsstaat, Mehrparteiensystem, Schutz der Menschenrechte und Minderheiten, Kampf gegen Korruption und organisierte Kriminalität
- **funktionierende Marktwirtschaft**: Preis- und Handelsliberalisierung, Eigentumsrechte, freie Märkte, Fähigkeit, dem Wettbewerbsdruck in der Union zu bestehen,
- **Übernahme aller Rechte und Pflichten** aus der Mitgliedschaft, den Zielen der politischen Union und der Wirtschafts- und Währungsunion.

Die Europäische Union

	Beitrittsjahr	Einwohner 2016[1] in Mio.	BIP[1,2] 2016 pro Kopf in Tausend Euro
Belgien	1958	11,4 Mio.	34,2 Tsd. €
Deutschland	1958	82,8	35,7
Frankreich	1958	67,0	30,3
Italien	1958	60,6	27,9
Luxemburg	1958	0,6	77,4
Niederlande	1958	17,1	37,5
Dänemark	1973	5,7	36,4
Großbritannien	1973	65,8	31,2
Irland	1973	4,8	53,2
Griechenland	1981	10,8	19,5
Portugal	1986	10,3	22,4
Spanien	1986	46,5	26,5
Finnland	1995	5,5	31,7
Österreich	1995	8,8	36,7
Schweden	1995	10,0	35,9
Estland	2004	1,3	21,5
Lettland	2004	2,0	19,0
Litauen	2004	2,8	21,9
Malta	2004	0,4	27,6
Polen	2004	38,0	20,1
Slowakei	2004	5,4	22,4
Slowenien	2004	2,1	24,1
Tschechien	2004	10,6	25,7
Ungarn	2004	9,8	19,5
Zypern	2004	0,9	23,6
Bulgarien	2007	7,1	13,9
Rumänien	2007	19,6	17,2
Kroatien	2013	4,2	17,3

Gründungsmitglieder

11892 © Globus [1]zum Teil vorläufig oder geschätzt, [2]kaufkraftbereinigt Quelle: Eurostat

Seit langem wird über die Grenzen der Aufnahmefähigkeit der EU diskutiert. **Vertiefung vor Erweiterung** lautet ein Schlagwort. Auch werden Zweifel angemeldet, ob die Aufnahmekriterien für einige Länder zu großzügig ausgelegt wurden.

7.2 Eurokrise – Schuldenkrise – Europakrise?

M 1 Seit 2008 ist die Finanzwelt nicht mehr in Ordnung.

Phase 1:
Eine Bankenpleite in den USA wirkt wie eine Lawine, die weltweit Banken überrollt, so auch in Deutschland. Ursache ist, dass Hausbauer und -käufer in den USA Kredite ohne Sicherheiten erhalten und sie nicht mehr bezahlen können. Ihre Schuldverschreibungen, die auch in Deutschland gehandelt werden, sind plötzlich wertlos. Banken, die solche Papiere besitzen, weil sie sich davon hohe Gewinne versprechen, droht nun die Pleite. Hiervon wären aber u. a. auch private Sparer und Versicherungen betroffen. Der gesamte Wirtschaftskreislauf in Europa wäre gefährdet, wenn Unternehmen keine Kredite mehr erhalten könnten. Deshalb erhalten Banken von ihren Regierungen Kredite (Bankenrettung). Die Eurostaaten überschreiten ihre Schuldengrenzen, zu denen sie sich mit dem Eintritt in die Eurozone verpflichtet haben, noch stärker.

Ratingagenturen bewerten das Ausfallrisiko von Wertpapieren. Damit sollen Anleger informiert werden, auf was sie sich einlassen, wenn sie solche Papiere kaufen. Sogenannte „Bonitätsnoten“ sollen Auskunft darüber geben.
Umstritten ist mittlerweile, wie objektiv diese Bewertungen sind.

Phase 2:
Die Kreditwürdigkeit, zuerst Islands, dann Griechenlands, wird von den amerikanischen Ratingagenturen herabgestuft. Für neue Kredite müssen sie höhere Zinsen zahlen. Um eine Zahlungsunfähigkeit von Staaten zu vermeiden, erhalten sie von der **Europäischen Zentralbank** (s. S. 138) und dem **Internationalen Währungsfonds** Kredite zu günstigeren Bedingungen. Zudem wird 2010 ein **Europäischer Rettungsschirm (ESF)** mit Beteiligung von EZB und IWF auf den Weg gebracht.

Phase 3:
2012 wird ein **Fiskalpaket** (Fiskus = Staat) beschlossen. Daran beteiligen sich außer Großbritannien und Tschechien alle übrigen EU-Mitglieder. Sie verpflichten sich, eine „Schuldenbremse“ in nationales Recht umzusetzen. Der Europäische Stabilitätsmechanismus (ESM) löst den ESF ab. Er wird vorerst mit 500 Mrd. € ausgestattet. Staaten, die daraus Kredite mit niedrigen Zinsen aufnehmen, müssen Auflagen zur Stabilisierung ihrer Haushalte erfüllen, z. B. Steuern erhöhen. Nicht nur in Griechenland führt das zu heftigen Protesten. Ob diese Maßnahmen ausreichen und wie den Staaten geholfen werden kann, ihre Wirtschaft zu stärken, ohne die Staatsschulden zu stark auszuweiten, bleibt abzuwarten.

M 4

Europäischer Stabilitätsmechanismus

pro
- Finanzmärkte sollen beruhigt werden.
- „Wir sitzen alle in einem Boot“ – Die Pleite eines Landes könnte den Euro gefährden.

kontra
- Das Risiko ist zu hoch.
- Die Garantiesumme reicht nicht für alle verschuldeten Länder.
- Bei einer Garantie gegen Zahlungsunfähigkeit fehlt der Anreiz zum Sparen.

M 2 2014 beginnt eine gemeinsame **Bankenaufsicht** durch die Europäische Zentralbank (Bankenunion). Riskante Spekulationen sollen verhindert werden, außerdem ist zu überprüfen, ob Banken genug Eigenkapital haben, um Finanzprobleme selbst zu lösen. Gleichzeitig werden Regeln erstellt, um Banken zu schließen. Zunächst sollen Eigentümer und Kreditgeber zur Kasse gebeten werden. Gemeinsame „Fonds“ (Geldtöpfe) sollen kleine Sparer entschädigen. Kritiker sehen darin eine „Vergemeinschaftung“ nationaler Risiken.

M 3 Die von Politikern und Journalisten fälschlich immer wieder zitierte Krise des Euro ist sowohl eine Krise der überschuldeten Mitgliedsstaaten als auch vielmehr eine Krise der Handlungsfähigkeit der EU insgesamt. Weder gibt es eine gemeinsame Wirtschafts- noch eine gemeinsame Finanzpolitik [...].
Schmidt, Helmut, in: Die ZEIT vom 05.05.2011, S. 22

Islands Wirtschaft hat sich inzwischen erholt und den Rettungsschirm verlassen. 2014 hat dies auch Portugal verkündet. Sorgen bereiten neben Italien und Spanien weiterhin vor allem Griechenland. 2017 sind erneute Geldzuweisungen erforderlich. Umstritten sind ein Schuldenerlass für Griechenland und die gemeinsame Haftung für Staatsschulden durch **Eurobonds**.

Eurobonds: Staatsanleihen, für die alle EU-Länder haften. Folgen: Für Krisenländer sinken die Kreditzinsen, solide Länder müssen höhere Zinsen zahlen.

Arbeitsvorschläge

1. *Informieren Sie sich über den Stand von Beitrittsverhandlungen.*
2. *Zeigen Sie an einem Beispiel die Notwendigkeit der Übernahme von Rechtsnormen als Voraussetzung für die Aufnahme in die EU (s. S. 260).*
3. *Berichten Sie über die weitere Entwicklung der Finanz- und Schuldenkrise und ihre Auswirkungen (M 1, M 2, M 3).*

7.3 Europa und die Flüchtlinge – wo bleibt die Solidarität?

Bürgerkriege in Syrien, im Irak und Afghanistan sowie auf dem afrikanischen Kontinent sind seit langem Fluchtursachen für die Menschen, denen die Existenzgrundlage genommen wird und die um ihr Leben fürchten müssen. Deshalb suchen sie seit Jahrzehnten Zuflucht in Europa. Daneben kamen und kommen auch Menschen, die sich hier ein besseres Leben versprechen.

Die Lage verschärft sich, als 2014 schiitische „Gotteskrieger" weite Gebiete des Iraks und Syriens erobern und den „Islamischen Staat" (IS) ausrufen. Tausende Menschen werden grausam ermordet. Opfer sind vor allem Christen und Jesiden, aber auch Muslime. Uralte Kulturdenkmäler werden vom IS als „unislamisch" zerstört. Altertümer tauchen auf dem Schwarzmarkt auf, eine Finanzquelle des IS.

Mitarbeiter des roten Halbmondes bergen Leichen, die an der lybischen Küste angespült worden sind.

M 1 Weniger als die Hälfte der benötigten Hilfsgelder stand dem UN Flüchtlingshilfswerk 2015 zur Verfügung und auch das Welternährungsprogramm musste seine Unterstützung in Jordanien und dem Libanon drastisch kürzen.
Jetzt verzweifeln die Flüchtlinge, sie haben Angst, leiden unter Kälte und Hunger. Viele von ihnen sehen als einzigen Ausweg aus der Not nur die gefährliche Flucht nach Europa. Tausende haben ihr Leben dabei verloren.
Schwalb, Jens, in: Der Johanniter (Rundbrief), 22.01.2016

Ziele von über einer Million Flüchtlinge sind zunächst Griechenland, Italien und Spanien. Nach dem **Dublin-Abkommen** müssten sie in dem Land Asyl beantragen, in dem sie zuerst EU-Boden betreten. Die Grenzkontrollen an den EU-Außengrenzen sind jedoch der Masse der Flüchtenden nicht gewachsen.

Die sogenannte **Balkanroute** führt über **Ungarn**. Das Land fühlt sich überfordert und schließt im September 2015 seine Grenzen zur übrigen EU. Dort staut sich der Flüchtlingsstrom mit geschwächten Menschen und hungernden Kindern. Das ist die Situation, in der die deutsche Bundeskanzlerin Angela Merkel den umstrittenen und oft falsch interpretierten Satz formuliert: **„Ihr seid willkommen"**. Gemeint sind die Flüchtlinge am Stacheldraht, angesprochen fühlen sich aber viele Menschen, die nach Deutschland wollen, z. B. aus Serbien und dem Kosovo. Beide Länder wollen Mitglieder der EU werden, eine allgemeine Verfolgung ist daher weitgehend auszuschließen.

Ein Versuch der EU, Flüchtlinge europaweit zu verteilen, scheitert an den Egoismen vieler Länder, darunter z. B. Ungarn und Polen. Ein Argument lautet: „Ihr Deutschen habt die Flüchtlinge eingeladen, ohne uns vorher zu fragen." Selbst eine vertraglich verabredete Verteilung von 160 000 Flüchtlingen aus Italien an alle EU-Länder kann nicht umgesetzt werden.

2016 hat ein umstrittener „Deal" mit der **Türkei** den Zustrom von Flüchtlingen, vor allem nach Deutschland, deutlich verringert. Für sechs Milliarden Euro verpflichtet sich die Türkei, Flüchtlinge zurückzunehmen, die aus der Türkei nach Griechenland gelangt sind. Auch kontrolliert die Türkei ihre Küsten schärfer. Es ist unklar, ob diese Vereinbarung wegen der zunehmenden Spannungen (Verfassungsänderung, Verhaftung deutscher Journalisten usw.) von Dauer ist.

M 3

EU-Strukturförderung 2014–2020 im Vergleich

	Bevölkerung in Mio.	*Mrd. Euro*
Deutschland	81,9	19,2
Polen	38,5	77,6
Tschechien	23,7	22,0
Ungarn	9,8	21,9

„Kann man dicke Subventionen der EU [...] kassieren und gleichzeitig jede Solidarität mit Flüchtlingen ablehnen?"
Margarete van Ackeren/Ulrich Reitz, in: Focus 52/53, 2015, S. 33

M 2 Was die Wirtschaftsflüchtlinge angeht, müssen wir versuchen, die Probleme in Afrika zu lösen. Die Wüste breitet sich immer weiter aus und zerstört Anbauflächen. Die islamische Terrororganisation Boko Haram wütet in weiten Teilen Afrikas. Entweder wir handeln und investieren dort mehrere Milliarden Euro – oder es werden in den kommenden 20 Jahren Millionen Afrikaner nach Europa strömen [...].
Tajani, Antonio, EU-Parlamentspräsident, Interview mit Jörg Quoos und Michael Backfisch, Braunschweiger Zeitung, 27.02.2017, S. 4 (leicht verändert)

7.4 Neue Weltlage: Stärkung oder Zerfall der EU?

Mit der Wahl Donald Trumps zum neuen US-Präsidenten hat sich die Weltlage für die EU verändert. Handelshürden gegenüber die EU werden angekündigt („Amerika zuerst!") und höhere Verteidigungsausgaben gefordert. Rechtspopulisten fühlen sich gestärkt. Innenpolitisch steht die EU vor neuen Herausforderungen.

M 4 Angst vor dem Dominoeffekt

Der niederländische Rechtspopulist Geert Wilders kommt immer wieder auf das Thema EU-Austritt zurück – und lässt sich dabei auch von den negativen Auswirkungen für die Wirtschaft nicht schrecken. „Der Brexit ist ein Segen für die Briten und ein Nexit würde ein Fest für die Niederländer sein." [...] Wird der Brexit also noch zu einem Anstoß für eine regelrechte Austrittwelle? [...] Seit Jahren spielen euroskeptische Parteien, etwa in den Niederlanden, Österreich, Frankreich, Schweden, Ungarn oder Tschechien, eine wachsende Rolle. Die meisten eint eine Ablehnung von Entwicklungen, die unter den Schlagwörtern Globalisierung [...], Liberalismus (unkontrollierte Wirtschaft) und Multikulti zusammengefasst wird.

Kafsack, Hendrik: Angst vor dem Dominoeffekt. Das Vertrauen in die Gemeinschaft nimmt überall ab. In: Das Parlament Nr. 35-36 vom 29.08.2016, S. 10 (gekürzt und leicht verändert)

M 5 Für die Einheit Europas

Aus der Rede des Karlspreisträgers 2015, Martin Schulz, damals EP-Präsident

Das ist die Botschaft Europas: Das Trennende zu überwinden, um das Einende zu schaffen. [...] Wer Grenzen wiedereinführen will, der will uns erneut trennen! [...] Wenn wir uns in unsre Einzelteile zerlegen, dann versinkt Europa in die Bedeutungslosigkeit. Zusammen sind wir Europäer eine starke Gemeinschaft [...]. Hören wir endlich auf, die Europäische Union schlecht zu reden. Wir haben gemeinsam so viel erreicht: Feinde wurden zu Freunden, Diktaturen zu Demokratien, Grenzen geöffnet, den größten und reichsten Binnenmarkt der Welt geschaffen. Wir haben Menschenrechte und Pressefreiheit, aber keine Todesstrafe oder Kinderarbeit. Warum sind wir darauf nicht stolz?

Schulz, Martin: Für die Einheit Europas, Rede anlässlich der Verleihung des Karlspreises an Martin Schulz, 2015, Zugriff am 04.10.2017 unter www.karlspreis.de/de/preistraeger/martin-schulz-2015/ (gekürzt und leicht verändert)

M 6 Die Briten haben ein Problem. Mit dem Brexit stimmten sie gegen die Arbeitnehmerfreizügigkeit und Zahlungen an die EU. Sie möchten aber den Zugang zum Binnenmarkt nicht verlieren. Bisher wurde aber nur Staaten der Weg in den Binnenmarkt geöffnet, die, wie Norwegen, **alle** Binnenmarktregeln anerkennen. Außerdem müssen sie auch Zahlungen an die EU leisten, ohne in der EU mitbestimmen zu können.

Auch für die **Gemeinsame Sicherheits- und Verteidigungspolitik** (GASP) der EU, dritte Säule des Vertrags von Maastricht, hat sich die Sicherheitslage verändert. Neben höheren Verteidigungskosten müssen die vorhandenen Fähigkeiten besser koordiniert werden. Europa kann sich bei seinen weltweiten Interessen nicht nur auf die USA verlassen. Außerdem bevorzugen die südeuropäischen EU-Staaten eher Auslandseinsätze des EU-Militärs im Mittelmeer. Die EU-Staaten Osteuropas sehen sich durch Russland bedroht und setzen auf Landesverteidigung.

Einrichtung beschlossen: Neue EU-Zentrale für militärische Einsätze
Zeitungsmeldung vom Juni 2017

Arbeitsvorschläge

1. *Formulieren Sie in Stichworten Fluchtursachen, die zu einem verstärkten Ansturm auf Europa und Deutschland führten (M 1, M2 und Text).*
2. *Unterscheiden Sie: Politisch Verfolgte mit Aussicht auf Asyl, Bürgerkriegsflüchtlinge mit Aufenthaltsrecht nach der UN-Konvention und Wirtschaftsflüchtlinge. Diskutieren Sie in Ihrer Klasse, welche Hilfe den jeweiligen Gruppen zukommen werden sollte (M 2, Text).*
3. *Diskutieren Sie die Solidaritätsfrage im Zusammenhang mit der Flüchtlingsfrage (M 3).*
4. *Entwerfen Sie ein Szenario „Die Zukunft Europas". Berücksichtigen Sie M4–M6.*

Welt im Wandel mitgestalten

Methode:

Szenario

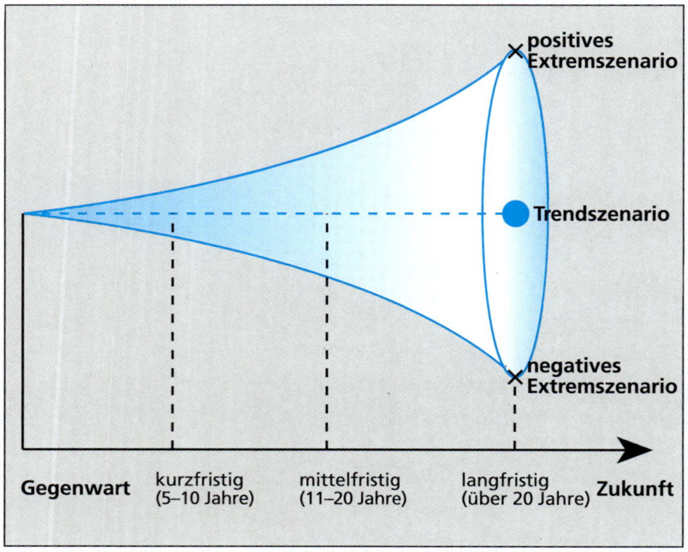

Der Begriff „Szenario“ kommt aus der Welt des Schauspiels und meint die Spiel- oder Bildfolge eines Bühnenstücks. Mithilfe der Szenario-Spiel-Methode soll hier der Versuch unternommen werden, sich vorzustellen, wie sich die Welt von morgen in naher, mittlerer oder ferner Zukunft entwickeln könnte. Vor allem Wirtschaftsplaner, Politiker und Militärs bedienen sich dieser Methode, um sich rechtzeitig auf mögliche künftige Entwicklungen einzustellen und passende Maßnahmen treffen zu können.
Ausgangspunkt ist die gegenwärtige Lage mit bekannten Entwicklungstendenzen, z. B. der immer schnellere Wandel der Produktionstechniken, die Krise der Europäischen Union, die Flüchtlingskrise, die weltweite Umweltverschmutzung, das Wachstum der Weltbevölkerung oder die Entwicklung der internationalen Sicherheit. Diese Fakten und Gegebenheiten werden nun unter dem Gesichtspunkt betrachtet, wie sie sich weiterentwickeln könnten. Je nach Fantasie und verfügbarer Zeit ist dabei eine unbegrenzte Zahl von Möglichkeiten denkbar.
Ein häufig herangezogenes Modell zur Entwicklung von Szenarien ist der Szenario-Trichter, der u. a. die Unterscheidung von Trend- und Extremszenarien vorsieht. Trendszenarien schreiben die wahrscheinliche Entwicklung fort, Extremszenarien die bestmöglichen und die denkbar schlechtesten.

Eine einfache Anwendungsform der Szenario-Methode ist die Formulierung und Beantwortung von Schlüsselfragen: „Was wäre, wenn ...?“, z. B.:

- Was wäre, wenn der freie Zugang zum Trinkwasser eingeklagt werden könnte?
- Was wäre, wenn es ein Recht auf Nahrung geben würde?
- Was wäre, wenn die Abholzung der Wälder verboten würde?
- Was wäre, wenn es keinen Terrorismus mehr geben würde?
- Was wäre, wenn alle Schulden der Entwicklungsländer aufgehoben würden?

Für diese Methode ist ein Vorgehen in mehreren Schritten üblich. Mit einem vereinfachten Drei-Schritt-Modell soll versucht werden, Hinweise für die Entwicklung von Szenarien zu geben.

1. Vorbereitungsphase

In der Vorbereitungsphase soll zwischen Schülern und Lehrern zunächst das organisatorische Vorgehen abgesprochen werden: Zeitplanung, Gruppenzusammensetzungen, Informationsbeschaffung und Darstellungsweisen der Arbeitsergebnisse. Auch sind möglichst Gruppenarbeitsräume und die erforderlichen Sachmittel bereitzustellen: Papier, Flipcharts, Stifte, Befestigungsmittel, Computer, Beamer usw.

2. Durchführungsphase

Problemanalyse
Die Durchführungsphase beginnt mit der Auswahl von Fragen zu einem Teilbereich der internationalen Beziehungen, z. B.:
- Welche Auswirkung hätte die Erweiterung der Europäischen Union durch die Türkei auf uns?
- Wie reagieren wir auf die Gefährdung unserer und der internationalen Sicherheit durch den internationalen Terrorismus oder auf die Fähigkeit einiger autoritärer Staaten, künftig atomare, chemische und biologische Waffen bis nach Mitteleuropa einsetzen zu können?
- Welche Auswirkungen hat die Bevölkerungszunahme und Verarmung von Entwicklungsländern für unsere Nachbarn und für uns? Wie gehen wir in der EU und in Deutschland mit Flüchtlingen um?

Anschließend sind in arbeitsteiligen Gruppen mögliche Schwierigkeiten, Risiken und Probleme aufzulisten und schriftlich festzuhalten, z. B. auf Wandzeitungen.

Bestimmung von Einflussfaktoren (Umfeldanalyse)
Jetzt sollen Sie in Gruppen mithilfe des Buchs und weiterer Informationen untersuchen, welche Faktoren (Personengruppen, Institutionen, geografische Gegebenheiten usw.) wesentliche Einflüsse auf die weitere Entwicklung nehmen. Auch diese Ergebnisse sind für alle festzuhalten.

Entwicklung von Szenarien
Dies erfordert Ihre Fantasie. Nachdem Sie die Probleme analysiert und Faktoren bestimmt haben, sollen Sie nun in Gruppen Bilder von möglichen zukünftigen Situationen und Zuständen der Welt von morgen entwerfen.
Dabei sind Verabredungen denkbar, z. B. dass eine Gruppe „rosige“ und eine andere „düstere“ Auswirkungen beschreibt („Positiv-“ und „Negativ-Szenarien“). Stellen Sie Ihre Ergebnisse erneut vor.

Auswirkungsanalyse
Auf der Grundlage der unterschiedlichen Szenarien können nun Chancen und Risiken künftiger Entwicklungen eingeschätzt und bewertet werden. Nach der Vorstellung der Arbeitsergebnisse durch die Gruppen ergibt sich die Überleitung zur letzten Phase.

3. Problemlösungsphase

Der letzte Schritt ist die Folgerung aus den erarbeiteten Szenarien und der Auswirkungsanalyse. Gemeinsam oder wieder in Gruppen sollen Sie nun einen Katalog von Entscheidungen und Maßnahmen erstellen, auf welche Weise unerwünschte Entwicklungen vermieden bzw. vermindert und gewünschte gefördert werden.

Schließlich sollten Sie überlegen, welchen Beitrag Sie selbst zur Förderung gewünschter Entwicklungen leisten können (z. B. Fair Trade-Produkte zur Unterstützung der Landbevölkerung in Entwicklungsländern kaufen). Um keine Illusionen aufkommen zu lassen, sollten Sie auch darüber diskutieren, welche Realisierungschancen Ihre Vorschläge haben.

1 Frieden in der Welt – Ziele und Aufgaben der UNO

Das Scheitern des Völkerbundes gipfelte 1939 im Ausbruch des Zweiten Weltkrieges. Noch während des Krieges nahmen der US-amerikanische Präsident Franklin D. Roosevelt und der britische Premier Winston Churchill die Idee einer Weltorganisation zur Sicherung des Weltfriedens wieder auf. Offiziell gibt es die UNO seit dem 24. Oktober 1945. An diesem Tag wurde die Urkunde auch von China, Frankreich, der Sowjetunion, dem Vereinigten Königreich, den USA und vielen anderen Ländern unterzeichnet.

UN
United Nations

UNO
United Nations Organization

Die Vereinten Nationen

Die Vereinten Nationen (UN, häufig auch UNO) sind ein Zusammenschluss von 193 Staaten (Stand 2017). Die wichtigsten Aufgaben der UN sind die Sicherung des Weltfriedens, die Einhaltung des Völkerrechts, der Schutz der Menschenrechte und die Förderung der internationalen Zusammenarbeit.

§

Aus der Charta der Vereinten Nationen (Gründungsvertrag) vom 26. Juni 1945

Artikel 1
Die Vereinten Nationen setzen sich folgende Ziele:
1. den Weltfrieden und die internationale Sicherheit zu wahren und zu diesem Zweck wirksame Kollektivmaßnahmen zu treffen, um Bedrohungen des Friedens zu verhüten und zu beseitigen, Angriffshandlungen und andere Friedensbrüche zu unterdrücken und internationale Streitigkeiten oder Situationen, die zu einem Friedensbruch führen könnten, durch friedliche Mittel nach den Grundsätzen der Gerechtigkeit und des Völkerrechts zu bereinigen oder beizulegen;
2. freundschaftliche, auf der Achtung vor dem Grundsatz der Gleichberechtigung und Selbstbestimmung der Völker beruhende Beziehungen zwischen den Nationen zu entwickeln und andere geeignete Maßnahmen zur Festigung des Weltfriedens zu treffen;
3. eine internationale Zusammenarbeit herbeizuführen, um internationale Probleme wirtschaftlicher, sozialer, kultureller und humanitärer Art zu lösen und die Achtung vor den Menschenrechten und Grundfreiheiten für alle ohne Unterschied der Rasse, des Geschlechts, der Sprache oder der Religion zu fördern und zu festigen;
4. ein Mittelpunkt zu sein, in dem die Bemühungen der Nationen zur Verwirklichung dieser gemeinsamen Ziele aufeinander abgestimmt werden.

Artikel 2
Die Organisation und ihre Mitglieder handeln [...] nach folgenden Grundsätzen:
1. Die Organisation beruht auf dem Grundsatz der souveränen Gleichheit aller ihrer Mitglieder.
2. Alle Mitglieder erfüllen, um ihnen allen die aus der Mitgliedschaft erwachsenden Rechte und Vorteile zu sichern, nach Treu und Glauben die Verpflichtungen, die sie mit dieser Charta übernehmen.
3. Alle Mitglieder legen ihre internationalen Streitigkeiten durch friedliche Mittel so bei, dass der Weltfriede, die internationale Sicherheit und die Gerechtigkeit nicht gefährdet werden.
4. Alle Mitglieder unterlassen in ihren internationalen Beziehungen jede gegen die territoriale Unversehrtheit oder die politische Unabhängigkeit eines Staates gerichtete oder sonst mit den Zielen der Vereinten Nationen unvereinbare Androhung oder Anwendung von Gewalt.
5. Alle Mitglieder leisten den Vereinten Nationen jeglichen Beistand bei jeder Maßnahme, welche die Organisation im Einklang mit dieser Charta ergreift; sie leisten einem Staat, gegen den die Organisation Vorbeugungs- oder Zwangsmaßnahmen ergreift, keinen Beistand [...]

Arbeitsvorschlag

Umreißen Sie die Ziele der UNO in zehn Schlagworten.

1.1 Das System der Vereinten Nationen

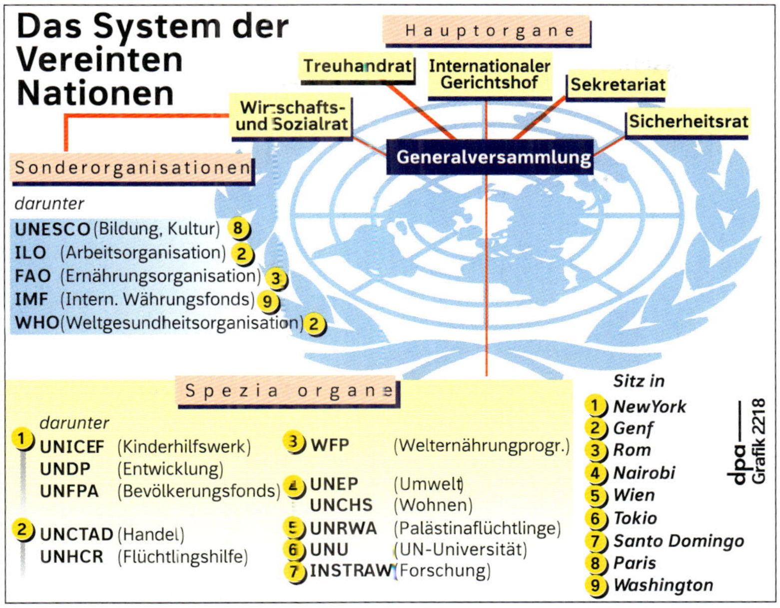

Generalversammlung der UN
Vollversammlung der Mitgliedsstaaten der Vereinten Nationen. Sie tritt jährlich im September in New York zusammen. Jeder Mitgliedsstaat darf durch bis zu fünf Personen in einer Sitzung vertreten sein.

Beispiele für die Umsetzung der UN-Charta durch ihre Einrichtungen

Hauptorgane, z. B. **Sicherheitsrat**: USA, GB, F, Russland, China: ständige Mitglieder mit Sonderrechten	Friedenserhaltende Maßnahmen: z. B. Entsendung von Blauhelmen, Handelsembargo Schlichtung von Streitigkeiten zwischen Staaten	
Hauptorgane, z. B. **Internationaler Gerichtshof**	Beilegung völkerrechtlicher Streitigkeiten durch ein gerichtliches Verfahren	
Sonderorganisationen z. B. **IWF**	Wenn ein Mitglied in Zahlungsschwierigkeiten gerät, kann es beim IWF Hilfe beanspruchen	
Unterorganisationen, z. B. **UNHCR**	Schutz und Unterstützung von geflüchteten Menschen	

Arbeitsvorschlag

Finden Sie mithilfe der Methode „WebQuests" (s. S. 218) aktuelle Beispiele für die Umsetzung der UN-Charta durch ihre Einrichtungen und berichten Sie darüber.

1.2 Der Weltsicherheitsrat

Der Weltsicherheitsrat ist das einzige Organ der UN, dessen Beschlüsse für alle Mitgliedsstaaten bindend sind. Um Beschlüsse zu fassen, sind insgesamt neun Stimmen nötig. Damit sind die ständigen Mitglieder des UN-Sicherheitsrats also auch auf die Stimmen der nichtständigen Mitglieder angewiesen. Die USA, Russland, China, Großbritannien und Frankreich können mit einem Veto (Einspruch) Entscheidungen des Rats blockieren.

Kritiker betonen immer wieder, der Sicherheitsrat sei nicht mehr zeitgemäß, weil er noch immer die Machtverhältnisse nach dem Zweiten Weltkrieg widerspiegele.

Schon seit vielen Jahren fordern Mitgliedsstaaten eine **Reform des Sicherheitsrats**. Eine der Hauptforderungen zur Reform lautet: Das Vetorecht muss ausgesetzt werden, wenn mit dem Vetorecht Aktionen des Sicherheitsrats zur Prävention oder Beendigung von Kriegsverbrechen, Verbrechen gegen die Menschlichkeit und Völkermord blockiert werden. Des Weiteren wird eine bessere Abstimmung mit den übrigen UN-Mitgliedsstaaten gefordert, insbesondere wenn es um Sanktionen und Friedensoperationen geht.

Arbeitsvorschläge

1. *Erklären Sie einem Partner/einer Partnerin das Schaubild „Der Weltsicherheitsrat".*
2. *„Ein ständiges Mitglied kann mit seinem Veto Maßnahmen blockieren. Deswegen ist der Sicherheitsrat nicht mehr zeitgemäß." Nehmen Sie zu dieser These begründet Stellung.*
3. *Erkunden Sie den aktuellen Stand von Reformen des Sicherheitsrats.*

1.3 Die Mittel der UN zur Friedenssicherung

M 1 Aus der UN-Charta

Artikel 39 (Beschlussfassung)
Der Sicherheitsrat stellt fest, ob eine Bedrohung oder ein Bruch des Friedens oder eine Angriffshandlung vorliegt; er gibt Empfehlungen ab oder beschließt, welche Maßnahmen aufgrund der Artikel 41 und 42 zu treffen sind, um den Weltfrieden und die internationale Sicherheit zu wahren oder wiederherzustellen.
Artikel 41 (Zwangsmaßnahmen)
Der Sicherheitsrat kann beschließen, welche Maßnahmen – unter Ausschluss von Waffengewalt – zu ergreifen sind, um seinen Beschlüssen Wirksamkeit zu verleihen. Er kann die Mitglieder [...] auffordern, diese Maßnahmen durchzuführen. Sie können die vollständige oder teilweise Unterbrechung
- der Wirtschaftsbeziehungen,
- des Eisenbahn-, See- und Luftverkehrs sowie sonstiger Verkehrsmöglichkeiten und
- den Abbruch diplomatischer Beziehungen

einschließen.
Artikel 42 (Anwendung von Waffengewalt)
Sollte der Sicherheitsrat zur Auffassung gelangen, dass die in Artikel 41 vorgesehenen Maßnahmen nicht genügen oder sich als ungeeignet erwiesen haben, kann er durch Luft-, See- oder Landstreitkräfte die Operationen durchführen, die zur Aufrechterhaltung oder Wiederherstellung des Weltfriedens und der internationalen Sicherheit erforderlich sind. Solche Maßnahmen können Demonstrationen, Blockaden und andere Operationen von Luft-, See- oder Landstreitkräften von Mitgliedern der Vereinten Nationen umfassen.
Charta der Vereinten Nationen, Zugriff am 04.10.2017 unter www.unric.org/de/charta

M 2 Die Mittel der UN zur Friedenssicherung

vorbeugende Diplomatie
vorbeugende Einsätze
Friedensschaffung
Friedenssicherung
Friedensdurchsetzung
Friedenserzwingung durch militärische Gewalt
Friedenskonsolidierung

M 3 Die Vereinten Nationen verfügen über ein vielseitiges Instrumentarium zur Sicherung und Wiederherstellung von Frieden und Stabilität in Konfliktgebieten. Das verbreitetste und bekannteste Mittel der Friedenssicherung durch den UN-Sicherheitsrat ist die Entsendung von UN-Friedensmissionen in Konfliktgebiete. Mit dem Einsatz unparteiischer Friedenstruppen („Blauhelme") sollen Spannungen in einem Konflikt abgebaut und eine Eskalation der Gewalt verhindert werden. In den letzten beiden Jahrzehnten haben sich die Anforderungen an Friedenssicherungseinsätze gewandelt. Neue Herausforderungen entstanden durch die Abnahme zwischenstaatlicher Kriege und die gleichzeitige zunehmende innerstaatliche Gewalt. Langjährige Bürgerkriege ziehen dramatische Folgen nach sich und hinterlassen oftmals zerstörte Staatsstrukturen, die neuer Gewalt, z. B. durch Terrorismus, Auftrieb verleihen. [...] Heutzutage setzen sich Friedensmissionen meist aus zivilem Personal, Polizei und Friedenstruppen zusammen, übernehmen verstärkt zivile und administrative Aufgaben und kooperieren vermehrt mit regionalen Organisationen (z. B. der OSZE). Die ausführende Leitung der UN-Friedensmissionen liegt beim UN-Generalsekretär. Dazu ernennt er Sonderbeauftragte, welche die Einsatzleitung vor Ort übernehmen.
Deutsche Gesellschaft für die Vereinten Nationen e. V.: Friedenssicherung im Überblick, Zugriff am 04.10.2017 unter www.frieden-sichern.dgvn.de/friedenssicherung/ueberblick/(Auszug)

Arbeitsvorschläge

1. *Erarbeiten Sie in einer Gruppe mithilfe einer Mindmap, wie die UN den Frieden sichern kann (M 1, M 2, M3).*
2. *Erkunden Sie die aktuellen Einsätze der UN-Blauhelme und berichten Sie darüber.*

1.4 Die NATO als Unterstützerin der UN

Die NATO ist ein Militärbündnis, das 1949 nach dem Ende des Zweiten Weltkriegs von den USA, Kanada und zehn westeuropäischen Staaten gegründet wird. Inzwischen gehören 29 Staaten dem Bündnis an. Das Ziel der NATO ist die Zusammenarbeit auf politischem, wirtschaftlichem und militärischem Gebiet zur Friedenssicherung und Krisenbewältigung. Sie arbeitet mit der OSZE und der UNO zusammen.

§

M 1 Nordatlantikvertrag vom 4. April 1949

Artikel 5 Die Parteien vereinbaren, dass ein bewaffneter Angriff gegen eine oder mehrere von ihnen in Europa oder Nordamerika als ein Angriff gegen sie alle angesehen werden wird; sie vereinbaren daher, dass im Falle eines solchen bewaffneten Angriffs jede von ihnen [...] Beistand leistet, indem jede von ihnen unverzüglich für sich und im Zusammenwirken mit den anderen Parteien die Maßnahmen, einschließlich der Anwendung von Waffengewalt, trifft, die sie für erforderlich erachtet, um die Sicherheit des nordatlantischen Gebiets wiederherzustellen und zu erhalten. Von jedem bewaffneten Angriff und allen daraufhin getroffenen Gegenmaßnahmen ist unverzüglich dem Sicherheitsrat Mitteilung zu machen. Die Maßnahmen sind einzustellen, sobald der Sicherheitsrat diejenigen Schritte unternommen hat, die notwendig sind, um den internationalen Frieden und die internationale Sicherheit wiederherzustellen und zu erhalten.

M 2

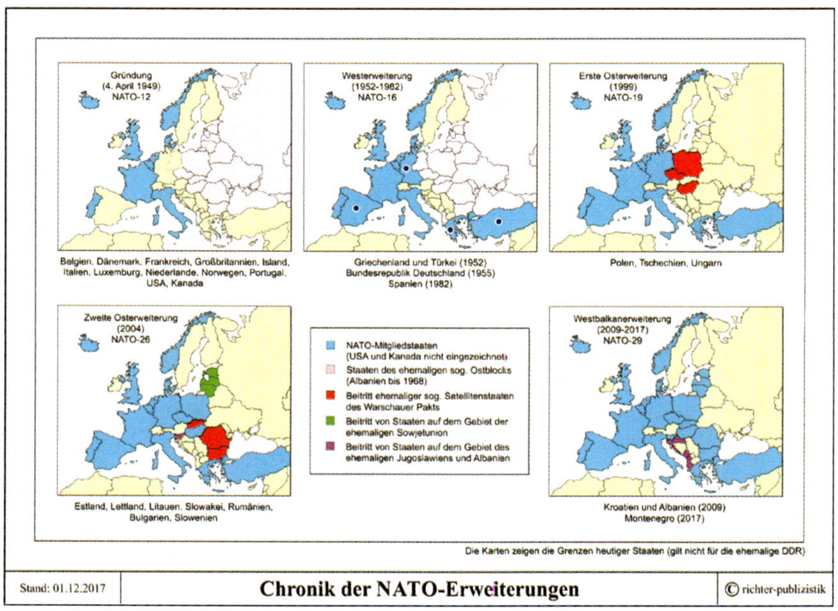

Eine neue strategische Konzeption der NATO wird 2010 in Lissabon verabschiedet. Diese soll der Leitfaden für die weitere Phase der Entwicklung sein. Die NATO will sich neuen sicherheitspolitischen Herausforderungen stellen, wie internationaler Terrorismus, Cyber-Angriffe, Verbreitung von Massenvernichtungswaffen usw.

Arbeitsvorschläge

1. *Fassen Sie M 1 mit eigenen Worten zusammen.*
2. *Erläutern Sie die Grafik M2.*
3. *Analysieren und beurteilen Sie die gegenwärtigen Beziehungen zwischen der NATO und Russland.*

1.5 OSZE und Bundeswehr als Unterstützerinnen der UN

OSZE – Organisation für Sicherheit und Zusammenarbeit in Europa

Die Ziele der OSZE sind Stabilität und Sicherheit in ganz Europa. Das soll durch engere Zusammenarbeit der Länder in den Bereichen Wirtschaft, Wissenschaft, Kultur und Umweltschutz geschehen. Ihre Instrumente sind Diplomatie, Wiederaufbauhilfe nach Konflikten und Abrüstung. Ihre Bedeutung ist vor allem darin zu sehen, dass sie die einzige Organisation ist, in der alle europäischen Staaten gleichberechtigte Mitglieder sind. Die OSZE versteht sich als europäische UN.

Die Bundeswehr

Seit 1990 wird die Bundeswehr zu „friedenserhaltenden“ und „friedenssichernden“ Maßnahmen außerhalb der Bundesrepublik Deutschland eingesetzt.

Aufgaben der Bundeswehr
- Landes- und Bündnisverteidigung im Rahmen der NATO und der EU
- internationales Krisenmanagement
- Heimatschutz
- Partnerschaft und Kooperation auch über EU und NATO hinaus
- humanitäre Not- und Katastrophenhilfe.

Weißbuch 2016, Zugriff am 04.10.2017 unter www.bmvg.de/resource/blob/13708/015be272f8c0098f1537a491676bfc31/weissbuch2016-barrierefrei-data.pdf

Die Bundeswehr im internationalen Einsatz

Deutschland beteiligt sich aktuell mit rund 3500 Soldaten an diesen Einsätzen

	Einsatz	Land	aktuelle Truppenstärke	Obergrenze
1	**Resolute Support** Int. Sicherheitsunterstützungstruppe der Nato	Afghanistan	**950**	980
2	**MINUSMA** Friedensmission der UN	Mali, Senegal	**885**	1000
3	**KFOR** Friedenstruppe der Nato	Kosovo	**466**	800
4	**Sea Guardian** Nato: Seeraumüberwachung u. Terrorismusabwehr	Mittelmeer	**403**	650
5	**Anti-IS-Einsatz**	Syrien, Nahost	**279**	1200
6	**EUTM Mali** Trainingsmission der EU	Mali	**149**	300
7	Ausbildungsunterstützung	Nordirak	**143**	150
8	**UNIFIL** Friedensmission der UN	Libanon	**122**	300
9	**Operation Sophia** EU-Mission gegen Schleuser	Mittelmeer	**84**	950
10	**Atalanta** Anti-Piraterie-Mission der EU	Horn von Afrika	**19**	600
11	**UNMISS** Friedensmission der UN	Südsudan	**16**	50
12	**UNAMID** Friedensmission der UN und Afrikan. Union	Sudan	**9**	50
13	**EUTM Somalia** Trainingsmission der EU	Somalia	**8**	20

Quelle: Bundeswehr Stand 14. August 2017

Für Auslandseinsätze der Bundeswehr gibt es vom Bundesverfassungsgericht festgelegte Bedingungen.

Grundgesetz Artikel 24

(2) Der Bund kann sich zur Wahrung des Friedens einem System gegenseitiger kollektiver Sicherheit einordnen; er wird hierbei in die Beschränkungen seiner Hoheitsrechte einwilligen, die eine friedliche und dauerhafte Ordnung in Europa und zwischen den Völkern der Welt herbeiführen und sichern.

- Vor jedem Einsatz muss der Bundestag ein Gesetz verabschieden, welches genau regelt, in welchem Rahmen der Einsatz stattfinden darf. Das Gesetz gilt für maximal ein Jahr.
- Internationale Beteiligungen der Bundeswehr können nur im Auftrag des Weltsicherheitsrates erfolgen.
- Nur der Bundestag darf entscheiden, ob deutsche Soldatinnen und Soldaten in einen Auslandseinsatz geschickt werden dürfen.

Arbeitsaufträge

1. *Beschreiben Sie an einem von Ihnen gewählten Auslandseinsatz der Bundeswehr, welche Ziele die Bundeswehr dort verfolgt.*
2. *Analysieren Sie, wie die OSZE gegenwärtig bei friedensstiftenden Maßnahmen mitwirkt.*

2 Armut und Hunger auf der Welt

2.1 Folgen von Armut und Hunger

M 1

Die Weltbank definiert Menschen als **extrem arm,** wenn sie weniger als 1,90 US-Dollar pro Tag zur Verfügung haben.

Unter Armut versteht man verschiedene Arten von Entbehrungen im Zusammenhang mit der Unfähigkeit, menschliche Grundbedürfnisse zu befriedigen. Dazu gehören vor allem der Mangel von Nahrungsmitteln, Gesundheitsversorgung, Bildung, Ausübung von Rechten, Mitsprache, Sicherheit und Würde sowie menschenwürdige Arbeit.
Nach Angaben der Weltbank ist die extreme Armut in der Welt 2015 erstmals auf unter zehn Prozent der Weltbevölkerung zurückgegangen. Rund 702 Millionen Menschen leben in extremer Armut, dies sindca. 9,6 % der Weltbevölkerung.

M 2 „Alle fünf Sekunden verhungert ein Kind unter zehn Jahren. Ein Kind, das an Hunger stirbt, wird ermordet."
Ziegler, Jean, UN-Sonderberichterstatter für das Menschenrecht auf Nahrung, Zugriff am 05.10.2017 unter www.we-feed-the-world.at/facts2.htm

M 3

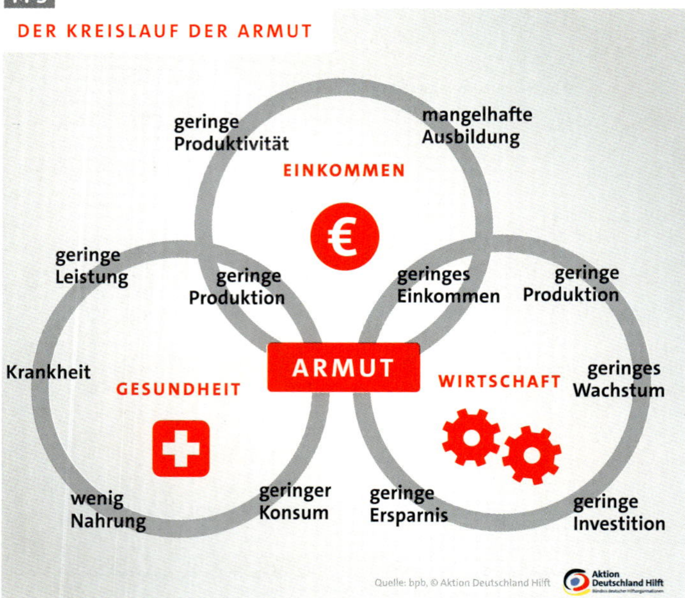

M 4 Gestorben wird überall gleich. Ob in den somalischen Flüchtlingslagern, den Elendsvierteln von Karachi oder in den Slums von Dacca, der Todeskampf folgt immer denselben Etappen.
Bei unterernährten Kindern setzt der Zerfall nach wenigen Tagen ein. Der Körper braucht erst die Zucker-, dann die Fettreserven auf. Die Kinder werden erst lethargisch, dann immer dünner. Das Immunsystem bricht zusammen. Durchfälle beschleunigen die Auszehrung. Mundparasiten und Infektionen der Atemwege verursachen schreckliche Schmerzen. Dann beginnt der Raubbau an den Muskeln. Die Kinder können sich nicht mehr auf den Beinen halten. Ihre Arme baumeln kraftlos am Körper. Ihre Gesichter gleichen Greisen. Dann folgt der Tod. [...]
Der französische Schriftsteller Georges Bernanos sagt: „Gott hat keine anderen Hände als die unseren." Entweder wir verändern diese Welt oder sonst tut es niemand.
Ziegler, Jean: Wie kommt der Hunger auf die Welt?, übersetzt von Hanna van Laak, Bertelsmann Jugendbuch Verlag, München 2002, S. 7 ff.

Arbeitsvorschläge

1. *Wie könnte man in Deutschland mit 1,90 $ pro Tag überleben? (M1)*
2. *Erklären Sie die Aussage des ehemaligen UN-Sonderberichterstatters über das Menschenrecht auf Nahrung und nehmen Sie dazu Stellung (M 2).*
3. *Entwickeln Sie mit einem Partner oder einer Partnerin Vorschläge, wie der Teufelskreis der Armut unterbrochen werden könnte (M3).*
4. *„Entweder wir verändern diese Welt oder sonst tut es niemand." Nehmen Sie Stellung zudieser Aussage (M 4).*

2.2 Die Agenda 2030 der UN

Die Vereinten Nationen (UN) wollen bis 2030 Hunger und extreme Armut auf der ganzen Welt beseitigen. Mithilfe von17 Nachhaltigkeitszielen wollen die Staats- und Regierungschefs aus aller Welt die Zukunft des Planeten rundum verbessern. Die Ziele gelten seit dem 01.01.2016.

Den 17 Nachhaltigkeitszielen sind **fünf Kernbotschaften** vorangestellt:

1. Die Würde des Menschen achten – Eine Welt ohne Armut und Hunger schaffen
2. Den Planeten schützen – Klimawandel begrenzen, natürliche Lebensgrundlagen bewahren
3. Wohlstand für alle fördern – Globalisierung gerecht gestalten
4. Frieden fördern – Menschenrechte einhalten und gute Regierungsführung schaffen
5. Globale Partnerschaften aufbauen – Global gemeinsam voranschreiten

17 Ziele für eine nachhaltige Entwicklung

Developed in collaboration with TROLLBÄCK + COMPANY | TheGlobalGoals@trollback.com | +1.212.529.1010
For queries on usage, contact: dpicampaigns@un.org | Non official translation made by UNRIC Brussels (September 2015)

Arbeitsvorschläge

1. *Bringen Sie die Ziele der Agenda 2030 in eine begründete Reihenfolge.*
2. *Überprüfen Sie mithilfe einer Internetrecherche, wie es um die Verwirklichung der Ziele steht. Berichten Sie von Ihren Ergebnissen.*
3. *Bilden Sie Arbeitsgruppen, die sich mit einzelnen Zielen befassen, und erarbeiten Sie Lösungsvorschläge zur Erreichung dieser Ziele.*

3 Den Planeten schützen

M 1

Die zunehmende Gefährdung unserer Umwelt, die wachsende Kluft zwischen den Industrieländern und den sogenannten armen Ländern, die immer größer werdende Kluft zwischen Arm und Reich sind heute die Probleme, welche die gesamte Menschheit bedrängen. Eine weltweite Verbreitung der Lebensstile der Menschen in den Industrieländern hätte den baldigen Kollaps des Planeten zur Folge. Notwendig ist deshalb eine Entwicklungsstrategie, die allen lebenden Menschen und den künftigen Generationen die gleichen Lebenschancen einräumt, die jedem Menschen das gleiche Recht auf eine intakte Umwelt zubilligt. Dies allerdings mit der Einschränkung, dass die Natur dadurch nicht übernutzt wird. Die Menschen erkennen nur langsam, dass die Natur ein kompliziertes und empfindliches Ökosystem ist, das durch zu große Eingriffe seine Ausgewogenheit verliert. Als Folge ergeben sich Schäden für alle Lebewesen.

M 2 Raumschiff Erde

„Stellen wir uns die Erde als ein riesiges Raumschiff vor. Mit Menschen an Bord rast es durch das Weltall. Die Verbindungen zum Heimatplaneten sind abgebrochen. Es gibt keine Rückkehr mehr. Die Passagiere müssen mit den vorhandenen Vorräten an Nahrung, Wasser, Sauerstoff und Energie auskommen. Während die Zahl der Menschen an Bord steigt, verringern sich die Vorräte. Gleichzeitig steigen Abfall- und Schadstoffmengen an. Das Leben wird immer schwieriger, die Luft zum Atmen immer knapper. Einige Bewohner des Raumschiffes geraten in Panik. Sie prophezeien einen baldigen Tod durch Ersticken, Verdursten, Verhungern oder Erfrieren. Andere beuten die zu Ende gehenden Vorräte aus, schlagen Warnungen in den Wind, maßvoller damit umzugehen. Sie vertrauen darauf, dass jemandem noch in letzter Minute etwas zur gemeinsamen Rettung einfallen werde."

„Umweltschutz – die Schöpfung bewahren", Berlin 1990 (in Zusammenarbeit mit dem Bundesministerium für innerdeutsche Beziehungen), S. 5

M 3 Wir können die erste Generation sein, der es gelingt, die Armut zu beseitigen, ebenso wie wir die letzte sein können, die die Chance hat, unseren Planeten zu retten.

Ban-Ki Moon, UN-Generalsekretär von 2007 bis 2016

Arbeitsvorschläge

1. *Bearbeiten Sie die Karikatur M 1 mithilfe der Methode „Analyse politischer Karikaturen" (s. S. 246).*
2. *Nutzen Sie die Gedanken des Textes „Raumschiff Erde" zu einem Rollenspiel über das weitere Geschehen an Bord (M 2).*
3. *Welche Meinung haben Sie zur Aussage in M 3? Bereiten Sie eine Stellungnahme vor.*

3.1 Klimawandel

Unsere Lufthülle ist wie eine Decke, die uns wärmt. Das nennt man den Treibhauseffekt. Wenn wir nun z. B. durch Verbrennen von Kohle, Erdöl oder Gas immer mehr Gase in die Atmosphäre entlassen, dann wird die Decke immer dicker. Und es wird immer wärmer. Ohne den natürlichen Treibhauseffekt wäre die Erde eine Eiswüste, die unbewohnbar wäre.
Die Zunahme der Konzentration von Treibhausgasen, die von den Menschen verursacht wird, verstärkt den Treibhauseffekt: Die durchschnittliche Temperatur auf der Erde steigt. Das Urteil des Weltklimarats lautet: Die Klimaerwärmung ist da, und der Mensch ist sehr wahrscheinlich schuld an der globalen Erwärmung.

M 1

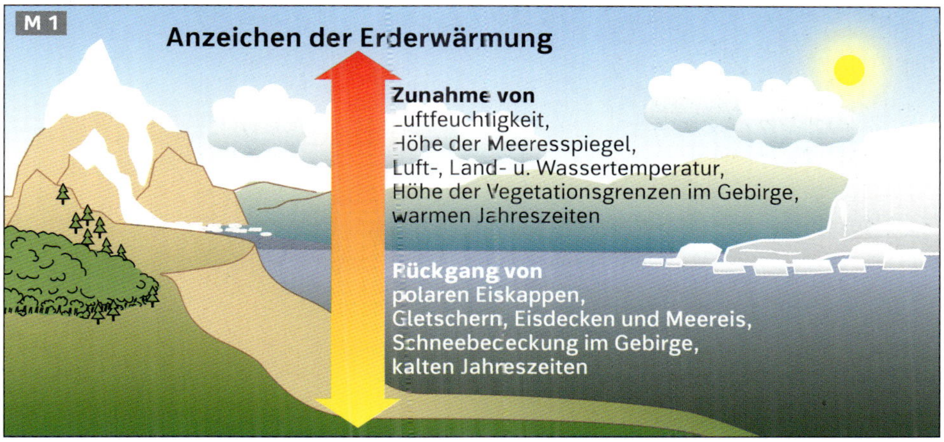

M 2 Die Folgen des Klimawandels

Manche zukünftige Auswirkung des Klimawandels beruht auf einfachen physikalischen Zusammenhängen, etwa der Anstieg des Meeresspiegels; andere stellen komplexe Folgen dar – etwa die Veränderung der Meeresströmungen und die Auswirkungen auf Ökosysteme, Landwirtschaft und Ernährung oder die Gesundheit. Außerdem sind komplexe Systeme wie das Ökosystem Erde immer für Überraschungen gut – es könnten noch Wirkungen auftreten, mit denen heute keiner rechnet. [...]

Paeger, Jürgen: Die Folgen des Klimawandels, Zugriff am 06.10.2017 unter www.oekosystem-erde.de/html/klimawandel-03.html

M 3

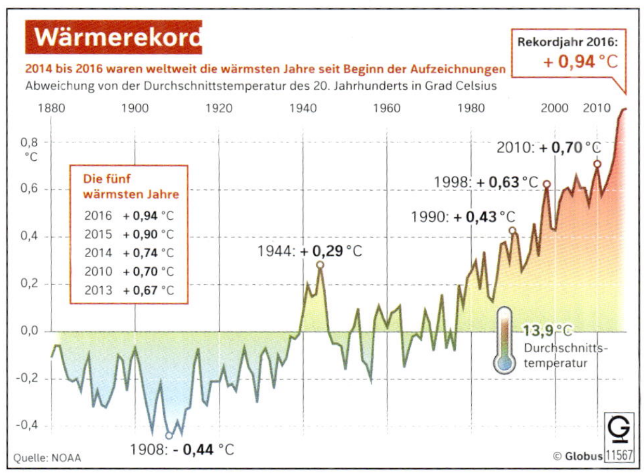

Laut einem Bericht der US-Raumfahrtbehörde NASA zeigen Bodenmessungen und Satellitendaten, dass das Jahr 2016 bisher alle Temperaturrekorde gebrochen hat. Die beiden wichtigsten messbaren Größen der globalen Erwärmung – Oberflächentemperatur und die Ausdehnung des arktischen Eises – machen dies deutlich.

Arbeitsvorschläge

1. *Beschreiben Sie das Schaubild M 1.*
2. *Erstellen Sie mithilfe von 15 Stichworten einen Kurzbericht über mögliche Auswirkungen des Treibhauseffekts und des Klimawandels (M 1, M 2).*
3. *Erklären Sie das Schaubild M3.*

3.2 Klimakonferenzen: Wie bekommen wir die Erderwärmung in den Griff?

M 1

M 2 Klimakonferenz 2015 in Paris

Die Staaten einigen sich auf einen neuen Weltklimavertrag. Erstmals vereinbaren Industrie- und Schwellenländer, dass alle gemeinsam gegen den Klimawandel vorgehen. Fast 190 Staaten haben ihre Klimaschutzpläne schon vorgelegt. Das Ziel: die Erderwärmung auf weniger als zwei Grad Celsius zu begrenzen, womöglich gar auf 1,5 Grad. 111 Staaten haben den Vertrag mittlerweile bereits ratifiziert. Die Vertragsstaaten verpflichten sich, alle fünf Jahre ihre geplanten nationalen Klimaschutzbeiträge bekannt zu geben. 92 Länder bzw. Länderorganisationenhaben das bisher getan. Beispielsweise hat sich die Europäische Union verpflichtet, bis 2030 die Treibhausgasemissionen um 40 % gegenüber dem Stand von 1990 zu senken.

M 3 UN Klima-Gipfel

2016 treffen sich Delegierte aus mehr als 190 Staaten in Marrakesch, um über die Umsetzung des Pariser Klimavertrages zu beraten. Eine Partnerschaft zwischen Industrie- und Entwicklungsländern soll helfen, die Klimaziele einzuhalten. Dazu soll ein Fond eingerichtet werden, um auch armen Ländern bei der Erreichung der Klimaziele zu helfen.
2017 fand ein Treffen in Bonn statt. Ein Regelwerk wurde vorbereitet, nach dem ab dem Jahr 2020 das Klimaabkommen umgesetzt werden soll. 2018 gibt es einen Klimagipfel in Kattowitz.

M 4 Klimaschutz – Hauptsache gemeinsam

45 Staaten haben angekündigt, dass sie aus Kohle, Öl und Gas völlig aussteigen wollen und das bis zur Mitte des Jahrhunderts. Es handelt sich um die Länder, die vom Klimawandel besonders betroffen sind und die eigentlich noch gar nicht Industrieländer sind. Deutschland zählt auch zu der Gruppe, die bis 2050 Abschied von Kohle, Gas und Öl nehmen wollen.

Arbeitsvorschläge

1. *Überlegen Sie, was mit der Banneraufschrift „Energy Revolution now“ gefordert wird (M1).*
2. *Fassen Sie die Ergebnisse von M2 und M3 zusammen.*
3. *Nehmen Sie Stellung zu den Thesen „Klimaschutz – Hauptsache gemeinsam“ und „Genug geredet, Klimaschutz jetzt“ (M4).*

M 1 Ihre persönliche Klimarechnung

Ein Bürger der USA erzeugt ca. 16,7 Tonnen Kohlendioxid (CO_2) pro Jahr; ein Bürger eines typischen Dritte-Welt-Lands nur ca. 1 Tonne. Viele Klimaforscher meinen, dass jeder Bürger dieser Welt höchstens zwei Tonnen CO_2 produzieren dürfe, ohne dass wir schwere Klimaveränderungen in Kauf nehmen müssen.

Beim Autofahren erzeugt ein Liter Sprit beim Verbrennen etwa 2,4 Kilogramm CO_2. Wer im Jahr 20 000 Kilometer zurücklegt, erzeugt bei einem durchschnittlichen Verbrauch von zehn Litern auf 100 Kilometer fünf Tonnen CO_2. Wer mit einem Flugzeug fliegt, produziert etwa 10,3 Kilogramm CO_2 pro 100 Kilometer. Jeder Bundesbürger trägt durch Heizen und Stromkonsum durchschnittlich mit vier Tonnen zum bundesweiten CO_2-Ausstoß bei. Wer in einer kleinen Wohnung lebt, kann von dieser Zahl etwas abziehen. Wer in einer großzügigen Villa mit Swimmingpool lebt, muss ordentlich was dazurechnen.

Sieben Tonnen kommen noch hinzu, wenn man all die Nahrungsmittel und Konsumgüter berücksichtigt, die jeder Bürger während eines Jahres kauft. Wer bescheiden lebt und beispielsweise wenig Fleisch isst, darf ein paar Tonnen abziehen. Wer Wert auf Kleidung mit dem letzten Chic, neuste Unterhaltungselektronik oder Erdbeeren im Dezember legt, muss ein paar Tonnen draufschlagen. Pro Kopf emittiert jeder Deutsche im Mittel elf Tonnen CO_2 im Jahr.

Das ist in jedem Fall weit mehr Treibhausgas, als unser Planet vertragen kann.

Und wie viel erzeugen Sie?

(Eigenberechnung auf Grundlage von UN Datenbanken)

M 2 Klimaschutz im Alltag

Umweltverbände empfehlen als praktische Beiträge zum Energiesparen und zum Klimaschutz:

- Elektrogeräte der Effizienzklassen A+ bis A+++. kaufen,
- abschalten statt Stand-by,
- Kochen mit Deckel,
- Wasserkocher statt Herdplatte nutzen,
- waschen bei 40 statt bei 60 Grad Celsius,
- Verzicht auf einen Trockner,
- Spülmaschine voll beladen,
- Stoß- statt Dauerlüftung,
- Temperatur in Wohnräumen um ein Grad senken,
- Wertstoffe recyceln,
- weniger Auto fahren, weniger fliegen, besser mit dem Fahrrad, der Bahn bzw. anderen öffentlichen Verkehrsmitteln fahren, ein leichtes und sparsames Auto fahren,
- Produkte kaufen, die keine langen Transportwege brauchen,
- weniger Fleisch konsumieren,
- Tasche statt Plastiktüten verwenden,
- Wurst und Käse besser an der Theke kaufen,
- einen Aufkleber „Bitte keine Werbung einwerfen" anbringen.

Arbeitsvorschläge

1. *Berechnen Sie die Jahresmenge CO_2, die Sie oder Ihre Familie im Jahr erzeugen. Orientieren Sie sich dabei an M 1. Welche Möglichkeiten haben Sie, die Menge zu verringern? (M 1)*
2. *Entwerfen Sie eigene Vorschläge zur Reduzierung des CO_2-Ausstoßes und präsentieren Sie diese. (M 2)*

3.3 Klimaflüchtlinge

Als Klimaflüchtlinge werden Menschen bezeichnet, die sich aufgrund von Umweltveränderungen oder Naturkatastrophen gezwungen sehen, ihre Heimat zu verlassen. Genaue Zahlen zum Umfang von Umweltflucht existieren nicht. Doch fest steht: Fast alle Menschen aus ländlichen Gebieten werden in die Elendsviertel der Städte strömen. Denn wohin sollten sie sonst gehen? Wir stehen an der Schwelle einer gigantischen Revolution: vor dem Ende des Landlebens und der Verstädterung der Erde.

Klimaflüchtlinge in einem Camp in Somaliland werden von Oxfam mit Trinkwasser notversorgt

M 1 Die Völkergemeinschaft steuert schleichend, aber zielgenau auf eine humanitäre Katastrophe bisher unbekannten Ausmaßes zu. Durch die menschengemachte Klimaerwärmung verschlechtern sich für viele Millionen Menschen die oft bereits jetzt bedrohten natürlichen Lebensgrundlagen. Vielen bleibt infolgedessen nichts anderes als die nackte Flucht. Wo einst fruchtbares Land bewirtschaftet werden konnte, breiten sich nun Wüsten aus, paradiesische Inseln werden vom Meer verschluckt, ganze Siedlungen versinken im Matsch auftauender Permafrostböden. Etwa 30 der weltweit am wenigsten entwickelten Länder drohen in den kommenden Jahren zu zerfallen. Die Folgen der Klimaerwärmung verschärfen die Probleme von Armut, Destabilisierung und Gewalt, mit denen diese Staaten allein nicht mehr fertig werden. Die Entwicklung macht deutlich, wie dringend der weltweite Klimaschutz ist. Allerdings werden selbst sofortige, wirksame Maßnahmen zur Reduktion der Treibhausgase das Ausmaß der Flüchtlingsströme nur noch begrenzen, aber nicht mehr gänzlich verhindern können.
Jakobeit, Cord/Methmann, Chris: Klimaflüchtlinge, hrsg. von Greenpeace, Hamburg 2007, aus dem Vorwort, Zugriff am 06.10.2017 unter www.greenpeace.de/files/klimafluechtlinge_endv_0.PDF

M 2 Wir verursachen den Klimawandel, die Armen zahlen

Nicht nur beim Anstieg des Klimawandels oder bei Ernterückgängen in der Landwirtschaft, auch bei Problemen mit der Wasserversorgung oder sich ausbreitenden Krankheiten gilt: Betroffen werden vor allem die Ärmsten sein, die kein Geld haben, um bei Ernteausfällen Nahrungsmittel zu kaufen, abgefülltes Wasser oder medizinische Behandlungen zu bezahlen. Dies ist die moralische Last des Klimawandels: Am meisten bezahlen (möglicherweise mit ihrem Leben) müssen die, die am wenigsten dazu beigetragen haben. Nach den Worten des englischen Umweltpolitikers Aubrey Meyer läuft eine Strategie des Abwartens daher auf „die faktische Ermordung von Teilen der ärmeren Weltbevölkerung“ hinaus. […] Die historische Antwort des Menschen auf Klimaveränderungen war immer die Wanderung in andere Regionen. Der ungebremste Klimawandel wird die Anpassungsfähigkeit vieler, vor allem armer Staaten übersteigen und zu politischer Destabilisierung führen; heute gibt es aber keine fruchtbaren, aber unbesiedelten Gebiete mehr auf der Erde. Wanderungsbewegungen heißen jetzt Flüchtlingsströme, und diese führen oftmals auch zu Konflikten zwischen Staaten und können neue Konfliktlinien in der Weltpolitik entstehen lassen.
Paeger, Jürgen: Die Folgen des Klimawandels, Zugriff am 06.10.2017 unter www.oekosystem-erde.de/html/klimawandel-03.html#deutschland

Arbeitsvorschläge

1. *Erklären Sie einem Partner den Begriff „Klimaflüchtling“.*
2. *Zählen Sie Ursachen für die Zunahme von Klimaflüchtlingen auf.*
3. *Erarbeiten Sie mithilfe einer Mindmap Folgen, welche durch die Zunahme der Klimaflüchtlinge entstehen. Präsentieren Sie Ihr Ergebnis (M 1, M2).*

3.4 Weitere Fluchtursachen

Die weltweit wachsenden Flüchtlingszahlen scheinen endgültig auch in unserem Alltag angekommen zu sein. Menschen kommen, auf schwierigsten Wegen und mit unsicheren Transportmitteln nach Europa. Krieg, Hunger und Perspektivlosigkeit treiben sie häufig auf eine waghalsige, gefährliche Reise auch in Richtung Europa. Viele denken, die größte Flüchtlingskrise findet derzeit in Europa statt.

M 1 Weltweit sind mehr als 65 Millionen Menschen auf der Flucht, so viele wie seit dem Zweiten Weltkrieg nicht mehr (Quelle: UNHCR Global Trends 2015, veröffentlicht am 20.06.2016). Sie fliehen vor gewaltsamen Konflikten, Menschenrechtsverletzungen oder politischer, ethnischer und religiöser Verfolgung. Hinzu kommen extreme Naturereignisse, die ebenfalls immer öfter Grund für die Flucht aus der Heimat sind. Nur ein kleiner Teil der Flüchtlinge macht sich auf den Weg nach Europa. Fast 90 Prozent werden von Entwicklungsländern aufgenommen.

BMZE.de, Zugriff am 18.01.2017 unter www.bmz de/de/themen/Sonderinitiative-Fluchtursachen-bekaempfen-Fluechtlinge-reintegrieren/hintergrund/index.jsp

M 2 **UNICEF-BERICHT ZU FLUCHT UND MIGRATION VON KINDERN**

Fast 50 Millionen Kinder und Jugendliche weltweit sind in Folge von Flucht und Migration entwurzelt – mehr als die Hälfte von ihnen (28 Millionen) wurden durch Konflikte aus ihrem Zuhause vertrieben.

Die wichtigsten Fakten zu Flucht und Migration von Kindern:

- Kinder sind von Flucht besonders betroffen: Unter 18-Jährige stellen nur rund ein Drittel der Weltbevölkerung, aber die Hälfte der Flüchtlinge. Rund 45 Prozent aller Flüchtlingskinder unter dem Mandat des UN-Flüchtlingskommissariats (UNHCR) kamen 2015 aus Syrien und Afghanistan.
- 28 Millionen Kinder sind vor Gewalt und Konflikt auf der Flucht. Dazu gehören zehn Millionen geflüchtete Kinder, eine Million Mädchen und Jungen in Asylverfahren und schätzungsweise 17 Millionen Kinder und Jugendliche, die innerhalb ihres Landes auf der Flucht sind (Binnenvertriebene).
- Immer mehr Kinder und Jugendliche verlassen ihre Heimat allein, ohne den Schutz der Eltern. 2015 haben über 100 000 sogenannte unbegleitete minderjährige Flüchtlinge in 78 Ländern Asyl beantragt – das sind dreimal so viele wie 2014. Unbegleitete Flüchtlingskinder sind besonders von Ausbeutung und Missbrauch bedroht.
- Rund 20 Millionen Kinder haben aus unterschiedlichen Gründen ihr Heimatland als Migranten verlassen, beispielsweise um extremer Armut oder gewalttägigen Gangs zu entkommen. Viele von ihnen können leicht Opfer von Missbrauch werden oder werden eingesperrt, weil ihnen Papiere fehlen, sie einen unsicheren Rechtsstatus haben und ihr Wohlergehen nicht systematisch beachtet und erfasst wird. Kinder fallen häufig durch alle Raster.

UNICEF, Pressemeldung vom 07.09.2016, Zugriff am 05.10.2017 unter www.bildungsklick.de/internationales/meldung/fast-50-millionen-kinder-sind-entwurzelt/

Arbeitsvorschläge

1. *Zeigen Sie mithilfe der Methode Spinnwebanalyse (s. S. 194) die Ursachen von Flucht auf (M1).*
2. *Fassen Sie den UNICEF-Bericht mit zehn Stichworten zusammen und tragen Sie diese vor (M2).*

3.5 Welt steht historische Trinkwasserknappheit bevor

Wasser bedeckt zu 71 % unseren Planeten. 97 % davon ist Salzwasser. Nur 1 % der Wasservorräte weltweit ist direkt als Trinkwasser verfügbar. Wasser ist das Lebensmittel Nummer eins. Ohne Wasser existiert kein Leben. Es ist extrem ungleich verteilt. 20 Liter Wasser pro Tag gelten international als ausreichende Menge. Der durchschnittliche Wasserverbrauch in Europa und den USA reicht von 200 bis 400 Litern pro Tag. Bereits mit fünf Minuten Duschen verbrauchen wir mehr Wasser, als vielen Menschen an einem ganzen Tag zur Verfügung steht. Wassermangel ist bereits heute für einen von sechs Menschen bittere Realität. Wassermangel betrifft vor allem die Ärmsten – noch. Denn die Wasservorräte sind auch dort bedroht, wo Wasser zurzeit scheinbar noch im Überfluss zur Verfügung steht.

M 1 UNO warnt vor akutem Wassermangel

Die Verschwendung von Trinkwasser nimmt nach Angaben der UNO bedrohliche Ausmaße an. Es gebe zwar genügend Wasser, um die Bedürfnisse der Weltbevölkerung zu befriedigen, erklärten die Vereinten Nationen [...]. Es seien aber „einschneidende Änderungen bei der Nutzung, Verwaltung und Aufteilung" der Ressource nötig. Sollten Reformen ausbleiben, drohe eine Trinkwasser-Knappheit, die vor allem Länder mit heißem und trockenem Klima hart treffen werde. Bis zum Jahr 2030 könne die Lücke zwischen dem Bedarf und der natürlichen Neubildung von Grundwasser auf 40 Prozen anwachsen, schrieben die Experten der UN-Wetterorganisation WMO. [...] Laut dem UN Bericht haben 748 Millionen Menschen keinen Zugang zu sauberem Trinkwasser, 2,5 Milliarden Menschen leben demnach ohne Kanalisation. Die UN Experten riefen die Politik auf, härter gegen die Verschwendung und Verschmutzung von Wasser vorzugehen sowie Anreize für innovative Lösungen zu geben. „Die derzeitigen Wasserkosten sind im Allgemeinen viel zu niedrig, um eine Verschwendung durch reiche Haushalte oder die Industrie zu verhindern", heißt es in dem Bericht. [...]

Ingham, Richard: UNO warnt vor akutem Wassermangel, 20.03.2015. © Agence France-Presse (gekürzt)

M 2

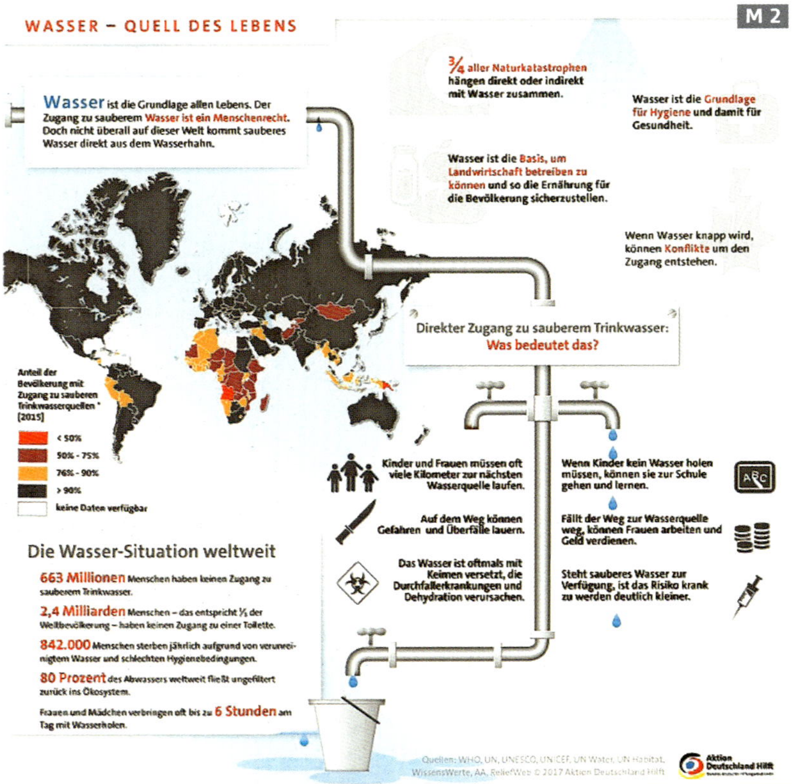

Arbeitsvorschläge

1. Fassen Sie M1 mit zehn Stichworten zusammen.
2. Erläutern Sie die Grafik M2.
3. Welche Lösungen außer der Verteuerung gibt es Ihrer Meinung nach gegen Wasserknappheit? Stellen Sie Ihre Vorschläge zur Diskussion.

3.6 UN machen Trinkwasser zum Menschenrecht

M 1 Die Generalversammlung der Vereinten Nationen hat das Recht auf sauberes Wasser in einer Resolution am 28.07.2010 als Menschenrecht anerkannt. Die Resolution wurde mit großer Mehrheit angenommen. Gegenstimmen gab es keine.

M 2 Jeder Mensch hat das Recht auf sauberes Trinkwasser und Toiletten.
In vielen Ländern gibt es kaum Wasser zum Trinken. Zum Beispiel in einem großen Teil von Afrika. Dort hat fast die Hälfte der Bewohner kein Trinkwasser. Und die meisten haben keine Toilette. Darum fließt der Dreck in das Wasser. Dadurch werden viele Menschen krank. [...] Mehr Kinder sterben an den Folgen von schmutzigem Wasser als an Malaria, Masern oder Aids. [...] Wenn Kinder schmutziges Wasser trinken, bekommen sie oft Durchfall. Dann können sie nicht zur Schule gehen. Darum lernen sie weniger. Lernen ist aber wichtig, um später eine Arbeit zu finden. Und ohne Arbeit verdienen sie kein Geld. Darum bleiben sie arm.

Auswärtiges Amt (Hg.): Jeder Mensch hat das Recht auf sauberes Trinkwasser und Toiletten, Zugriff am 08.05.2018 unter www.auswaertiges-amt.de/de/leichte-sprache/uebersicht-node-leichte-sprache/-/242784 (gekürzt)

M 3 **Menschenrecht Wasser**

„Kein Land der Welt wird sich der Wasserkrise entziehen können"

ZEIT ONLINE: Der Begriff „Globale Wasserkrise" steht für Millionen von Menschen, die weltweit unter Trinkwasserknappheit leiden. Zudem lebt ein Drittel der Menschheit in Ländern mit unzureichenden sanitären Einrichtungen. Betroffen sind vor allem die Entwicklungsländer. Welche Verantwortung tragen die Industriestaaten für diese Entwicklung?
Barlow: Die Industriestaaten und große Investmentfonds kaufen ganze Landstriche und Wasserrechte auf. Das ist besonders in Afrika ein großes Thema. Länder wie China, Indien und Saudi Arabien wissen, dass ihnen das Wasser knapp wird. Deswegen verlagern sie den Anbau von Baumwolle und Lebensmitteln nach Afrika. Wir sprechen hier von einer Fläche, die zweimal so groß ist wie Großbritannien.
ZEIT ONLINE: Kann man sagen, dass die Industriestaaten verschwenderisch mit Wasser umgehen?
Barlow: Ja. Wir müssen endlich einsehen, dass es kein unbegrenztes Angebot an Wasser auf unserem Planeten gibt. An vielen Orten geht den Menschen das Wasser aus. Wir nutzen es, um Pflanzen für die Lebensmittelproduktion anzubauen, in Entwicklungsländern, die nichts davon haben. Hier hungern die Menschen und haben Durst für unseren Wohlstand. Wir schicken Wasser in die großen Metropolen, wo es verschwendet wird und entziehen es den Landmassen systematisch.

Sven Stockrahm © ZEIT ONLINE (www.zeit.de) vom 03. August 2010: „Kein Land der Welt wird sich der Wasserkrise entziehen können" – Interview mit Maude Barlow

Maude Barlow ist ***Trägerin des Alternativen Nobelpreises*** von 2005 und zudem Mitbegründerin des ***Blue Planet Projects***. Außerdem ist sie Ratsmitglied des ***World Future Councils***. Barlow ist seit Jahren Aktivistin für Handels- und Gerechtigkeitsfragen und engagiert sich für den Umweltschutz. Sie erhielt Ehrendoktortitel von sechs kanadischen Universitäten.

Arbeitsvorschläge

1. *Ist der freie Zugang zu Trinkwasser Ihrer Meinung nach ein durchsetzbares Menschenrecht? Bereiten Sie Ihre Stellungnahme vor (M 1).*
2. *Erklären Sie die Folgen von fehlendem oder unsauberem Trinkwasser (M 2).*
3. *Tragen Sie Argumente für oder gegen die folgende These zusammen: „Kein Land der Welt wird sich der Wasserkrise entziehen können." (M 3)*

4 Kann Entwicklungshilfe helfen?

M 1

Millenniumsgipfel in New York

ODA (Official Development assistance)
Öffentliche Mittel für Entwicklungszusammenarbeit. Mitgliedsstaaten, die der EU vor 2002 beigetreten sind, verpflichten sich, eine ODA-Quote von 0,7 % des Bruttonationaleinkommens (BNE) zu erreichen.

Subsidiarität
Eigenverantwortung geht vor staatlichem Handeln.

M 2 Gescheiterte Entwicklungshilfe – Wie Afrika seine Würde verliert

Wenn „wir" in armen Ländern Straßen bauen, Bewässerungskanäle, Brunnen und Schulen, ist das gut für die ODA-Quote, aber nicht unbedingt für die Entwicklung. Wenn diese Werke auch in Eigenleistung, ohne unsere Hilfe, hätten errichtet werden können, z. B. arbeitsintensiv nach chinesischem Vorbild – und dazu sollen afrikanische Regierungen nach jahrzehntelanger Ausbildung von Ingenieuren und anderen Fachleuten an unseren Universitäten nicht in der Lage sein? –, dann haben wir keine Entwicklung gefördert, sondern verhindert, durch einen Verstoß gegen das Subsidiaritätsprinzip.

Gerhard, Kurt: Gescheiterte Entwicklungshilfe – Wie Afrika seine Würde verliert. In: SPIEGEL ONLINE, 11.04.2009. Zugriff am 04.10.2017 unter www.spiegel.de/politik/ausland/0,1518,618368-2,00.html

M 3 Wenigstens wenig schaden

Ich tat, was ich oft mache, wenn mich die Welt ratlos macht: Ich fragte einen Kollegen, der sich auskennt. Er halte nichts von dem Ansatz, immer woanders die Welt zu verbessern, sagte Nicolai aus dem Wirtschaftsressort. Stattdessen würde er versuchen, den Menschen von hier aus möglichst wenig zu schaden. Sein Credo: möglichst wenig konsumieren und das bewusst. „Nichts kaufen, was ich nicht einigermaßen dringend brauche. Sehr viele Produkte schaden über Umwege den Ärmsten. Manche Rohstoffe, zum Beispiel Gold oder Tantal, werden unter extrem problematischen Bedingungen in armen Ländern gefördert. Da geht es um Menschenrechtsverletzungen, Kinderarbeit, Umweltverschmutzung, Finanzierung von Kriegen und Diktatoren und so weiter."

Maack, Benjamin: Spenden für Entwicklungsländer – Hilfe, ich will helfen. In: SPIEGEL ONLINE, 13.06.2016. Zugriff am 22.03.2018 unter www.spiegel.de/panorama/entwicklungshilfe-was-hilft-am-besten-a-1096575.html (Auszug)

Arbeitsvorschläge

1. *Bearbeiten Sie die Karikatur M 1 mithilfe der Methode „Analyse politischer Karikaturen" (s. S. 246).*
2. *Fassen Sie die Texte M 2 und M 3 zusammen. Formulieren Sie Ihre eigene Meinung dazu.*

Würden Sie mithelfen?

Freiwillige Dienste im Ausland

Freiwilligendienste können innerhalb und außerhalb Europas absolviert werden. Auslandserfahrung sammeln zwischen Schule und Berufsausbildung oder Studium: Dazu bieten – neben Jobs und Praktika – auch verschiedene freiwillige Dienste Gelegenheit.

Europäischer Freiwilligendienst für Jugendliche

Gemeinsam mit anderen Jugendlichen im europäischen Ausland eine Tagesstätte für Menschen mit Behinderung einrichten, ein bislang ungenutztes Stück Land in einen Park verwandeln, ein altes Fabrikgebäude renovieren und daraus ein Jugendzentrum machen – solche Möglichkeiten bietet die Europäische Kommission jungen Leuten zwischen 18 und 30 Jahren. Der Europäische Freiwilligendienst für Jugendliche (EFD) dauert von zwei Wochen bis zu maximal zwölf Monaten. Reisekosten, Kosten für Unterkunft und Verpflegung werden erstattet. Außerdem erhalten die Teilnehmer/-innen ein Taschengeld. Neben der Verbesserung der Sprachkenntnisse sind die Erfahrungen, die die Jugendlichen bei diesen Einsätzen sammeln können, auch für die spätere Suche nach einer Ausbildungs- und Arbeitsstelle wertvoll. Deshalb erhalten die Jugendlichen nach Beendigung des EFD ein Zeugnis über die erworbenen Kenntnisse, das sie ihren Bewerbungsunterlagen beilegen können.

Weitere Informationen im Internet unter www.go4europe.de/

Friedensdienste im Ausland

Über Möglichkeiten eines Friedensdienstes im Ausland informiert die Aktionsgemeinschaft Dienst für den Frieden (AGDF), der zum Beispiel die Aktion Sühnezeichen Friedensdienst (ASF) oder der internationale christliche Friedensdienst (EIRENE) angehören.
Die Friedensdienste im Ausland umfassen einen Zeitraum von 12 bis 18 Monaten. Tätigkeitsfelder wie z. B. Umwelt, Soziales, Friedens- und Erinnerungsarbeit stehen im Mittelpunkt der freiwilligen Arbeit. Ein Mindestalter von 18 Jahren wird bei den Teilnehmerinnen und Teilnehmern vorausgesetzt.

Weitere Informationen im Internet unter www.friedensdienst.de/

Die anerkannten Entwicklungsdienste

Gemeinsames Ziel der Entwicklungsdienste ist es, benachteiligte Bevölkerungsgruppen bei ihren Bemühungen um die Verbesserung ihrer Lebenssituation zu unterstützen. Wenn diese Organisationen bestimmte Auflagen im Entwicklungshelfer-Gesetz (EhfG) erfüllen, werden sie vom Bundesministerium für wirtschaftliche Zusammenarbeit und Entwicklung (BMZ) als Entwicklungsdienst anerkannt.
Dazu zählen gegenwärtig folgende Organisationen:

Arbeitsgemeinschaft für Entwicklungshilfe e. V. (AGEH), Christliche Fachkräfte International e. V. (CFI), Deutsche Gesellschaft für Internationale Zusammenarbeit (GIZ-Entwicklungsdienst), EIRENE – Internationaler Christlicher Friedensdienst e. V., Evangelischer Entwicklungsdienst e. V. (EED/DÜ), Forum Ziviler Friedensdienst e. V. (forumZFD), Weltfriedensdienst e. V. (WFD).
Die Dauer des Einsatzes kann zwischen sechs und 24 Monaten betragen, die Regeldauer beträgt 12 bis 18 Monate. Grundsätzlich ist eine Entsendung in alle Entwicklungsländer nach der OECD-Länderliste möglich, wobei afrikanische Staaten einen Schwerpunkt bilden sollen. Arbeitsprojekte sind u. a. in den Bereichen Armutsbekämpfung, Bildung, Gesundheit, Ernährungssicherung, Umwelt und Wasser vorhanden.

Weitere Informationen im Internet unter www.entwicklungsdienst.de/

Bundesagentur für Arbeit (Hg): Freiwillige Dienste, Zugriff am 04.10.2017 unter www3.arbeitsagentur.de/web/content/DE/BuergerinnenUndBuerger/ZwischenSchuleundBeruf/FreiwilligeDienste/Detail/index.htm?dfContentId=L6019022DSTBAI485992

Arbeitsvorschlag

Erkunden Sie Ihre Möglichkeiten, sich an der Beseitigung sozialer Ungleichgewichte in der Welt zu beteiligen.

A

B

C

D

O

P

R

S

T

Fotos

2014 EURES | Zentrale Auslands- und Fachvermittlung (ZAV): S. 254.2
AdobeStock: S. 42 (Alexander Raths), 87.1-4 (Vectimus), 149 (fotohansel), 250.1 (Andrey Kuzmin), 255 (Horvath Botond)
AfD: S. 224.4
akg-images GmbH, Berlin: S. 32, 248
Aktion Deutschland Hilft e.V.: S. 272, 280
Allan Gichigi/Oxfam: 278
asfc – atelier scherer fair consulting GmbH, Fürth: 154.3
BAMF Bundesamt für Migration und Flüchtlinge: S. 217
Bergmoser + Höller Verlag AG, Aachen: S. 17.1, 66, 80, 90.1, 90.2, 105, 127, 133.1, 133.2, 136, 139, 142, 146, 153, 155, 161, 163, 169.1, 180, 181, 182, 212, 228, 229, 230, 232, 236.1, 237, 238, 256
BIBB Bundesinstitut für Berufsbildung, Bonn S. 14
Bildungsverlag EINS, Köln: S. 62
Bildungsverlag EINS/Christian Schlüter: S. 152
BLE Bundesanstalt für Landwirtschaft und Ernährung: S. 186.2
BUND/Jörg Farys: S. 276
Bundesagentur für Arbeit: S. 252.4
Bundesregierung/Steffen Kugler: S. 236.2, 239
BÜNDNIS 90/DIE GRÜNEN: S. 224.3
CDU Deutschlands / Foto: Olaf Blecker, Gestaltung: Jung von Matt: S. 224.5
Deutscher Handwerkskammertag e. V.: S. 162
DGB/Andrea Mährle, Bonn: S. 93
DIE LINKE: 224.6
dpa Infografik GmbH, Hamburg: S. 23, 29, 37.2, 41.5, 43, 46, 69.2, 71, 75, 78, 96, 100, 101, 112, 134, 138, 148, 188, 192, 197.3, 227.1, 234, 240, 250.2, 253, 259, 260, 267.1, 267.1, 268, 271, 275.2
dpa Picture-alliance GmbH, Frankfurt: 37.1, 70.2 (akg-images), 98, 106, 262 (AP Photo), 267.2, 267.5, 281
FDP, Berlin: S. 224.2
Forest Stewardship Council (FSC), Deutschland: S. 205.2
Fotolia.com: S. 33 (Blue Fox), 44 (Franz Pfluegel), 50.1 (gstockstudio), 50.2 (contrastwerkstatt), 50.3 (Mariday), 53 (seanlockephotography), 70.3 (Photographee.eu) 72.1 (Edyta Pawlowska), 72.2 (Kurhan), 74 (iofoto), 85.2 (bilderbox), 121 (Picture-Factory), 126 (margostock), 143.2 (.shock), 143.3 (habrda), 143.4 (industrieblick), 144 (Uwe Annas), 154.1 (Alexey Afanaysev), 156 (industrieblick), 170 (Arestov, Andrew), 178 (calamardebien), 183 (Gina sanders), 184.2 (ookata), 186.1 (Bacho Foto), 186.4 (benjaminnolte), 189.1 (halfpoint), 227.2.1 (anweber), 227.2.2 (picsfive), 227.2.3 (rcx), 258 (Jan Jansen)
GBE Kompakt 06/2011, Robert Koch Institut, Berlin: S. 37.1, 37.2
GUT Gemeinschaft umweltfreundlicher Teppichboden e.V.: S. 186.3
Hariadhi: Creative Commons/ CC BY 2.5: S. 207
IG Metall: S. 91
Marine Stewardship Council, Berlin: S. 205.3
MEV Verlag GmbH, Augsburg: S. 30.1, 30.2, 40, 57, 143.1, 145, 147, 150, 158, 164, 167.1, 167.2, 167.3, 172, 174, 184.1, 185
NASA: S. 195
Richter Publizistik: S. 270
Robert Koch Institut, Berlin: S. 36.1
Shell Jugendstudie: S. 51
SPD: S. 224.1
Stadt Braunschweig, Referat Stadtentwicklung und Statistik Stelle Wahlen: S. 226.2
Statistisches Bundesamt, Wiesbaden 2017: 123.1
Stiftung für Zukunftsfragen, Hamburg: S. 120.2
TransFair e.V. Köln: S. 205.4
Umweltbundesamt, Dessau: S. 205.1
Verbraucherzentrale Bundesverband e.V.: S. 187
Vereinte Nationen – www.un.org/sustainabledevelopment/: S. 273
WDR, Köln: S.114
Wikimedia Commons PD: S. 267.3
Wikimedia Commons PD/International Monetary Fund: S. 267.4
Ziemlich Beste Antworten/gruene.de: S. 224.3

Zeichnungen/Karikaturen

Bildungsverlag EINS/Angelika Brauner: S. 26, 141
Bildungsverlag EINS/Elisabeth Galas: S. 119.1, 197.1+2, 275.1
Bildungsverlag EINS/Lena Ruppert: S. 52.1–5. 59.1–5
Bildungsverlag EINS GmbH/Oliver Wetterauer: S. 189.1
Horst Haitzinger, Berlin: S. 226.1, 244
Kostas Koufogiorgos, Stuttgart: 216.2
Peter Leger/Haus der Geschichte, Bonn: S. 211.1
Reinhold Löffler, Dinkelsbühl: S. 70.1, 86, 123.2
Mandzel/toonpool.com: S. 39.2
Marie Marcks:, Heidelberg: S. 54
Gerhard Mester, Wiesbaden: S. 200, 202, 209, 222, 252
Christiane Pfohlmann, Landsberg am Lech: S. 129
Pfohlmann/toonpool.com: S. 151
Thomas Plaßmann, Essen: S. 28
Scharwel, Leipzig: S. 216.1
Frank Speth, Quickborn: S. 214
Klaus Stuttmann, Berlin: S. 12.1, 12.2, 13.1, 13.2, 17.2, 24, 113, 116 117, 118, 196.3, 211.2+3, 215, 246, 247, 282
Tomaschoff/toonpool.com: S.120.1
Jürgen Tomicek, Werl-Westönnen: S. 48
Hans Traxler, Frankfurt a. Main: S. 213
Götz Wiedenroth, Flensburg: S. 210, 245
Jupp Wolter/ Haus der Geschichte Bonn: S. 25, 35, 97, 231, 274
Freimut Wössner, Berlin: S. 140

Umschlagfoto: iStock.com/FatCamera